Albert Schweitzer

Werke aus dem Nachlaß

Herausgegeben von
Richard Brüllmann (†), Erich Gräßer, Claus Günzler,
Bernard Kaempf, Ulrich Körtner, Ulrich Luz,
Johann Zürcher

Albert Schweitzer

Geschichte des chinesischen Denkens

Herausgegeben
von Bernard Kaempf und
Johann Zürcher

Mit einem Nachwort
von Heiner Roetz

Verlag C. H. Beck

Die Deutsche Bibliothek – CIP-Einheitsaufnahme

Schweitzer, Albert:
Werke aus dem Nachlaß / Albert Schweitzer.
Hrsg. von Richard Brüllmann . . . – München : Beck
ISBN 3-406-39130-3

Geschichte des chinesischen Denkens /
Albert Schweitzer. Hrsg. von Bernard Kaempf und
Johann Zürcher. Mit einem Nachw. von Heiner Roetz.
– München : Beck, 2002
ISBN 3-406-48181 7

ISBN 3 406 48181 7 für diese Ausgabe
ISBN 3 406 39130 3 für die Gesamtausgabe

Satz: Fotosatz Otto Gutfreund GmbH, Darmstadt
Druck- und Bindearbeiten: Kösel, Kempten
Gedruckt auf säurefreiem, alterungsbeständigem Papier
(hergestellt aus chlorfrei gebleichtem Zellstoff)
Printed in Germany

www.beck.de

Inhalt

Vorwort

Die Dokumentationsabschrift aller Texte, die in [ ] gesetzten Herausgeberzusätze, die Anmerkungen, Ergänzungen der Zitatennachweise und der bibliographischen Angaben besorgte Johann Zürcher. Seit 1989 wurde die Arbeit begleitet durch Dr. Bernard Kaempf, Professor an der Protestantischen Theologischen Fakultät in Straßburg. So ist eine gemeinsame Suche nach Lösung der auftretenden Textprobleme möglich geworden. Die endgültige Wahl haben wir immer gemeinsam getroffen, z. B. die Textauswahl aus der Dokumentation des 2. Teils der Fassung 1937. Als «Arbeiter der elften Stunde» – wie er sich selbst in dieser Angelegenheit zu nennen pflegt – hat Bernard Kaempf schließlich den Text auf Diskette gebracht und, nach gemeinsamer Korrektur, druckreif gestaltet. Auch in der folgenden Einleitung hat er bei der Neufassung einiger Passagen, die infolge neuer Gegebenheiten nötig geworden sind, mitgewirkt. Die Register stammen ebenfalls von ihm. Wichtige Hinweise für die Schlußredaktion – besonders der Verzeichnisse – verdanken wir dem Editionsleiter, Herrn Professor Dr. Ulrich Luz.

Die Vorbereitung der Nachlaßedition wurde unterstützt durch folgende Institutionen und Personen, denen die Herausgeber zu Dank verpflichtet sind: Schweizerischer Nationalfonds; Schweizer Hilfsverein für das Albert-Schweitzer-Spital in Lambarene, «Fonds für das geistige Werk»; Evang.-theol. Fakultät der Universität Bern; Hegner-Stiftung Winterthur; Arbeitsgemeinschaft Schweizer Pfarrer (ASP); H.-R. und A. Bütikofer-Bernhard, Zauggenried BE; Société des Amis et Anciens Étudiants de la Faculté de Théologie Protestante, Straßburg; V. Beyer, Straßburg. Zu danken ist schließlich auch noch den früheren Archivarinnen in Günsbach (Elsaß), Frau Ali Silver (†) und Frau Toni v. Leer, für ihre immerwährende Hilfsbereitschaft, sowie Herrn Gustav Woytt (†), Straßburg, für unzählige Auskünfte und das Überlassen seiner Abschrift. Unser besonderer Dank gilt einem ungenannt bleiben wollenden Spender, der die Veröffentlichung durch einen großzügigen Zuschuß unterstützt hat.

Weinbourg (Frankreich) *Bernard Kaempf*
Seftigen (Schweiz), Januar 1999 *Johann Zürcher*

Zur Edition

Allgemein gilt (für alle Nachlaßbände): Was von den Herausgebern beigefügt ist, steht in eckigen Klammern [ ]; runde Klammern () sind original. Textlücken werden mit Punkten in eckigen Klammern angedeutet: [...].

Zu den Anmerkungen: Wenn keine eckigen Klammern angebracht sind, handelt es sich um originale Bemerkungen, die Albert Schweitzer in den Text hinein notiert hat, also nachträglich. (Ganz selten sind es originale Fußnoten.) Davon unterschieden haben wir die Randtexte: Sie erhalten ebenfalls eine Anmerkungszahl, werden aber durch beigefügtes [R] als Randtexte kenntlich gemacht – meistens sind es Vorentwürfe zum Haupttext, Worte, Sätze oder auch mehrere Seiten umfassende Abschnitte, aus denen wir Stellen auswählten, die als inhaltliche oder grammatikalisch-syntaktische Varianten ein Interesse beanspruchen können; manchmal sind es nur Merknotizen, aber auch die Datierungen gehören dazu, die wir stets aufgenommen haben, ferner Notizen über Lambarene, über Witterung oder bestimmte Ereignisse, über erfreuliche oder belastende Umstände und Nachrichten. Dergleichen Notizen haben wir meistens ebenfalls berücksichtigt, weil sie die ganze Atmosphäre, in der der jeweilige Text geschrieben wurde, in charakteristischer Weise dokumentieren.

Über die Schreibweise der chinesischen Namen hat sich Schweitzer in dem Band *Kultur und Ethik in den Weltreligionen* geäußert. Die betreffende Anmerkung sei hier wiederholt:

«Auf eine einheitliche Übertragung der chinesischen Namen und des Titels ‹Meister› haben sich die europäischen Gelehrten noch nicht geeinigt. ‹Meister› geben sie bald mit Tse, bald mit Dsü, bald mit Dsi wieder. Die deutschen Übersetzer haben 1910 die Wilhelm-Lessingsche Schreibweise als die rationellste angenommen.

Die wichtigsten Namenvarianten sind: Mengtse, latinisiert Mencius, Wilhelm-Lessingsche Schreibweise: Mong-Dsi; Tschuangtse oder Chuang Tsü, W.-L. Schreibweise: Dschuang Dsi; Lietse, latinisiert Licius, W.-L. Schreibweise: Liä Dsi; Yangtse oder Yangtschu, W.-L. Schreibweise: Yang Dschu; Metse oder Mitse, latinisiert Micius, W.-L. Schreibweise: Mo Di; Huitse, W.-L. Schreibweise: Hui Dsi.»

Wir haben die von Schweitzer gewählte Schreibweise in der Fassung von 1939 belassen und die der Fassung von 1937 an jene angeglichen. Im Haupttext von 1939/40 trennt Schweitzer «tse» durch Bindestrich ab:

Kung-tse, Lao-tse, Lieh-tse; Dschuang Dsi und Yangtschu werden Tschuang-tse und Yang Tschu wiedergegeben. Bei Zitatangaben haben wir die Schreibweise der jeweiligen Buchtitel eingesetzt.

Nach Korrekturen in der Abschrift Woytt, vermutlich von Prof. Kramers, wurden aber doch folgende Namen korrigiert:

Ms.:	*Korr.:*
Hang We	Hung Wu
Hoai Tsung	Sse-tsung; Tsch'ung-tschen
Hu-shi	Hu Schi
Hung Siu Tsuen	Hung Siu-tsch'üan
Khang-Yu-Wei	Khang Yu-wei
Li-Si	Li-Sse
Shi-huang-tsi	Shi huang-ti
shin (Naturgeister)	shen
Si-Ma-Tsien	Sse-ma Ts'ien
Tchi (der Fürst von)	Ts'i
Tse-tse	Tse-sse
Tzu-Hsi	Tze-Hsi
Wang an schi	
[Wan N'gan Chi]	Wang An-schi
Wang Li	Wan Li
Wang Yang Ming	Wang Yang-ming

Die Abtrennung des Genitiv-*s* durch Apostroph bei chinesischen, indischen und orientalischen Namen wurde belassen.

Abkürzungen

Aufsätze	Albert Schweitzers Aufsätze zur Musik, hrsg. v. S. Hanheide, Kassel/Basel 1988, 1. Teil: J. S. Bach, 2. Teil: Persönlichkeiten und Institutionen des Musiklebens
Dok.	J. Zürcher, Dokumentationsabschrift des theologischen und philosophischen Nachlasses von Albert Schweitzer (im Archiv Günsbach, Elsaß)
Doss.	Dossier(s), Signaturbezeichnung der betr. Manuskriptschachteln in der Zentralbibliothek Zürich
Erinnerungen	A. Schweitzer, Selbstdarstellungen und Erinnerungen, hrsg. v. G. Fischer, Berlin (Ost) 1988
Kirchenbote	Evangelisch-protestantischer Kirchenbote für Elsaß-Lothringen, Straßburg
Lehre	A. Schweitzer, Die Lehre von der Ehrfurcht vor dem Leben. Grundtexte aus fünf Jahrzehnten, hrsg. v. H. W. Bähr, München 1966 (^{6}1991)
Ms.-S.	Manuskriptseite
R	Randnotiz in der Dokumentationsabschrift
Rundbrief	Rundbrief für alle Freunde von Albert Schweitzer, begründet von R. Kik, seit 1930: Heidenheim an der Brenz, seit 1966: Dettingen/Teck, seit 1971: Rottenburg a. N., seit 1992: Dransfeld, hrsg. vom Deutschen Hilfsverein für das A. Schweitzer Spital Lambarene, Frankfurt
Rundbrief DDR	Rundbrief des Albert Schweitzer Komitees beim Präsidium des Deutschen Roten Kreuzes der DDR, Dresden
SRV	Schweizerisches Reformiertes Volksblatt, Basel
Werke	A. Schweitzer, Ausgewählte Werke in fünf Bänden, Berlin (Ost) 1971, 1973 = Gesammelte Werke in fünf Bänden, Zürich/München 1974
ZAG	Zentralarchiv Gunsbach (Elsaß, Frankreich)
ZBZ	Zentralbibliothek Zürich (Schweiz)

Die übrigen Abkürzungen folgen dem Abkürzungsverzeichnis der Theologischen Realenzyklopädie von S. M. Schwertner, Berlin ^{2}1994.

Einleitung

Von Bernard Kaempf und Johann Zürcher

Am 9. 12. 1937 schrieb A. Schweitzer von Lambarene aus an Prof. E. H. von Tscharner-von Meysenberg, Genf,[1] folgenden Brief: «Sie waren so freundlich, sich bereit zu erklären, als Fachmann meine Studien über die chinesische Philosophie durchzugehen, in dem Maschinenexemplar, und mir Bemerkungen dazu zu machen, um mir anzugeben, wo ich Nicht-Fachmann mich in einem Irrtum befinde. Diesen Dienst hat mir für die Studie über die indischen Denker mein lieber Freund Prof. Winternitz geleistet. Ich stelle die Philosophie des Ostens von der Problemstellung der Philosophie überhaupt [aus] dar und arbeite mich, seit zwei Jahrzehnten, in die Materie ein, so gut ich es kann. Aber es ist mir eine Beruhigung, wenn ein Fachmann den Text vor dem Druck gelesen hat. Daß sie mir diesen Dienst leisten, verpflichtet mich zu großer Dankbarkeit. Ich glaube, eine Darstellung der chinesischen Philosophie (die viel bedeutender als die indische ist) vom Standpunkt der Philosophie als solcher aus hat eine Berechtigung.

Den Brief schicke ich Ihnen später als ich dachte. Ich arbeite nämlich den ersten Abschnitt (die alt-chinesische Weltanschauung), der sich mit den Anfängen des chinesischen Denkens befaßt, vor Kung-Tse noch einmal um. Aus Angst, die Studie könne zu lang ausfallen, hatte ich mich zu kurz gefaßt. Darum mache ich ihn neu. In ihm zeige ich die Probleme auf, wie sie sich für das chinesische Denken stellen. – Es vergehen also noch einige gute Wochen, bis Sie den Text erhalten. Er wird sauber getippt sein. Die Zeilen werden weit auseinander sein, daß Sie bequem Ihre Bemerkungen dazwischen schreiben können, wie auch an den Rand. Die erste Niederschrift dieser Arbeit ist von 1920. Seither habe ich sie mindestens im ganzen zweimal neu bearbeitet.[2] Viel verdanke ich dem lieben Richard Wilhelm,[3] den ich 1921 kennen lernte und für den ich eine große Bewunderung hatte.[4]

---

1 Siehe Anm. 13.

2 Die Fassung 1932 und der betr. Abschnitt in *Mensch und Kreatur*, 1933. Vgl. die Übersicht über die verschiedenen Fassungen gegen Schluß der Einleitung, S. 21 ff.

3 Deutscher Sinologe, 1873–1930.

4 Es war eine «durch gegenseitiges Verständnis und gegenseitige Hochachtung» gekennzeichnete Verbundenheit, wie R. Wilhelm in einem Brief an einen seiner Söhne schreibt (zitiert in: S. Wilhelm, *Richard Wilhelm – der geistige Mittler zwischen China und Europa*. Düsseldorf/Köln, 1956, S. 271.

Heute komme ich nun mit einigen Fragen die Literatur betreffend. Ich bin fern von allen Bibliotheken und sollte einige Auskunft haben ...[5]

... Ich halte die chinesische Philosophie für etwas sehr Bedeutendes und möchte sie vom Standpunkte der Philosophie und der philosophischen Probleme aus darstellen, damit die Dozenten und Studenten der Philosophie mit ihr besser bekannt werden als bisher.[6] Auch Hackmanns so interessante Darstellung[7] geht ja auf die Probleme als philosophische Probleme nicht ein. Ich stand mit Hackmann in den letzten Jahren seines Lebens im Briefwechsel. Er beriet mich freundlich über den chinesischen Buddhismus.»

Zitiert sei hier auch noch ein Brief aus demselben Jahr (29. 6. 1937) an Prof. Dr. Oskar Kraus, Prag:[8]

«... An den Abenden (zu denen ich ein gutes Stück Nacht hinzunehme) arbeite ich an der Philosophie. Ohne Rücksicht darauf, wie lang das Buch wird, versuche ich nun, von den Problemen der Welt- und Lebensbejahung und dem der Ethik aus, einen Überblick über den Verlauf des Denkens der Menschheit zu geben. Zur Zeit stelle ich das Kapitel über die chinesischen Denker fertig. Es hat mich seit Jahren beschäftigt und mir viel Arbeit gemacht. Aber ich bereue es nicht. Es sind großartige Köpfe in der chinesischen Philosophie, nicht nur in der klassischen Zeit, sondern auch in der Renaissance der Sungzeit und bis ins 18te Jahrhundert hinein. Und diese beiden großen Richtungen, die nebeneinander einhergehen bis heute: die taoistische Mystik mit ihrem Verzicht auf Welterkennen und der ethische Naturalismus Kungtses und Mengtses. Und wie diese beiden Richtungen sich anziehen; die Synthesen, die versucht werden! Über allen aber die tiefe, natürliche Ethik, die in unserem europäischen Denken viel zu kurz gekommen ist. Also: ich habe es genossen. Freilich, das ganze Buch wird viel zu dick. Aber daran denke ich gar nicht, für den Augenblick wenigstens. Jetzt schreibe ich einmal für mich den großen Roman des Verlaufs des Denkens der Menschheit.»

Trotz der in diesen Briefen angedeuteten Hochschätzung des chinesischen Denkens und der eindeutigen Absicht, eine solche Studie herauszugeben, ist sie nie im Druck erschienen (abgesehen von einer norwegischen Teil-Ausgabe der letzten Fassung von 1939/40, nach Schweitzers Tod, Oslo 1972); aber die Studie über das ihm weniger zusagende indische Denken mit seiner welt- und lebensverneinenden Grundtendenz

---

5 Schweitzers Fragen und die von v. Tscharner gesandten Literaturangaben sind in der Dokumentation (ZAG) enthalten.

6 Eine den Hauptzweck der Studie (Vgl. S. 15 ff.) verschweigende Angabe!

7 Siehe das Literaturverzeichnis S. 345.

8 Siehe *A. Schweitzer, Leben, Werk und Denken, 1905–1965, mitgeteilt in seinen Briefen*. Hg. von H.-W. Bähr, Heidelberg, Lambert Schneider Verlag 1987, S. 145 f.

stellte Schweitzer fertig, so daß sie 1935 erscheinen konnte. Über die Gründe des Nicht-Erscheinens kann man nur mutmaßen: Vielleicht hatte Schweitzer Ursache, anzunehmen, daß englische Leser an einer Studie über Indien mehr interessiert sein möchten als an einer solchen über China. Denkbar ist auch, daß er fand, doch noch zu wenig in Wesen und Geschichte des chinesischen Denkens eingedrungen zu sein, um eine Herausgabe eines besonderen Buches hierüber wagen zu dürfen. Bisher hatte er das chinesische Denken, im vorgenannten Buch über *Die Weltanschauung der indischen Denker*, im Vortrag über *Das Christentum und die Weltreligionen* (1922, gedruckt 1923) wie auch in anderen Vorträgen und in *Kultur und Ethik* (1923), nur kurz und summarisch überblickend oder in einzelnen Zitaten erwähnt, und in Kap. XVI der Selbstdarstellung *Aus meinem Leben und Denken* (1931), in dem kurzen Bericht über die Beschäftigung mit den Weltreligionen 1918–21, wird das Kapitel über China nur gerade angedeutet. Dieses verglichen mit der vorliegenden Studie kurze Chinakapitel von 1920 ist damals ebenfalls nicht im Druck erschienen, allerdings wohl nicht, weil Schweitzer den betreffenden Band (*Kultur und Ethik in den Weltreligionen*) zurückgezogen hätte, als eher deswegen, weil von einer Briefäußerung Schweitzers vom 27. 6. 1921 an Nathan Söderblom, der Band könne allenfalls auch weggelassen werden, Gebrauch gemacht worden war.

Über Schweitzers Absicht, die vorliegende Studie herauszugeben oder zurückzubehalten, liegen sich widersprechende Angaben vor. Am 24. 4. 1962 schrieb er an Gustav Woytt und Robert Minder: «Irgendwo befindet sich ein großes Manuskript: *Die großen Denker Chinas*, das ich als Gegenstück zu *Die großen Denker Indiens* in den Jahren des 2. Weltkriegs[9] geschrieben habe. Ich habe große Freude daran. Aber da ich nie dazu kommen werde, manchen Kapiteln ihre letzte Fassung zu geben, soll es nicht in die Welt ausgehen, sondern nur zu meiner Belehrung und Ergötzung geschrieben sein ... Alle meine Manuskripte hätten ihre definitive Form erlangt, schon lange, wenn die Atomwaffensache nicht dazwischen gekommen wäre. Aber da fühlte ich die Pflicht, was ich an geistiger Autorität in der Welt besitze, für diesen Kampf zu gebrauchen, auf Grund meiner Überzeugung, daß es meine Pflicht sei, und auch weil ich weiß, daß Einstein auf mich zählte und sich darüber kurz vor seinem Tode[10] in einem Brief an Freunde darüber äußerte ...

Ich leide sehr darunter, nicht an der Fertigstellung meiner Werke arbeiten zu können. Aber die ‹Pflicht vor allem›, hat der alte Kant gesagt ...»

Im gleichen Sinn hat sich Schweitzer einst Ali Silver gegenüber geäußert (einer ehemaligen Lambarene-Mitarbeiterin, nach deren Mittei-

9 D. h. 1939/1940.
10 Albert Einstein, 1879–1955.

lung an den Herausgeber): Die große Ausarbeitung über China habe er *für sich* geschrieben, der Text sei noch nicht definitiv. Ob dieses «nicht definitiv»[11] sich auf bloß äußere unvollständige Vorbereitung für den Druck bezog oder auch auf die inhaltliche Gestaltung und die Auseinandersetzung mit dem Stoff, bleibt freilich offen.

Anders jedoch, noch gleich zuversichtlich wie der zitierte Brief von 1937 an v. Tscharner, lautet eine Stelle aus einem Brief an Marie Woytt-Secretan (April 1940): «Die chinesischen Denker habe ich jetzt fertig, ich muß nur noch etwas überholen und das Vorwort dazu schreiben.» Das tönt ganz unbeschwert, das Gelingen der Edition erschien Schweitzer hier offensichtlich als fraglos. Zwar schrieb er diesen Brief zwei Jahrzehnte vor dem Brief von 1962 an Woytt und Minder, aber doch *nach* Abschluß des Haupttextes. Und daß sich Schweitzer bereits auch Gedanken über den Inhalt des Vorwortes gemacht hatte, zeigt eine Notiz in Dossier 8 Nr. 7, S. 15 (April 1937): «Aus der Vorrede der Chinesen: Das Gebiet, das das chinesische Denken in dem Denken der Menschheit einnimmt, bestimmen (aufzeigen).»

Die Absicht, eine Studie über das chinesische Denken zu veröffentlichen, ist jedenfalls bis zum Jahre 1940 eindeutig bezeugt. Möglich ist, daß ohne den 2. Weltkrieg die Ausgabe in den ersten 40er Jahren noch zustande gekommen wäre. Schweitzer hatte sogar schon, wieder nach einer Mitteilung von Ali Silver, einen Widmungsadressaten ins Auge gefaßt, nämlich seinen Basler Freund Pfr. Hans Baur.[12] Später, allmählich, ist dann die Editionsabsicht offenbar immer mehr in den Hintergrund getreten, auch waren ja nach 1945 die deutschen Verlage nicht mehr existent. Die Einsicht in die praktische Unmöglichkeit, neben allen anderen Arbeiten und Inanspruchnahmen den Text druckfertig zu machen, hat dann wohl in den letzten Lebensjahren vollends den Entschluß zur Resignation gezeitigt.

Dem an sich abgeschlossenen Text, von 1939/40, wie er uns heute vorliegt, fehlt die letzte Redaktion, wie Schweitzer sie sonst allen in Lambarene geschriebenen Arbeiten in Europa angedeihen ließ. Es fehlt eine übersichtliche Einteilung in Kapitel; nicht druckfertig sind die Anmerkungen, Literaturangaben und Zitatennachweise, weil oft unvollständig; der eine oder andere Abschnitt hätte gerafft und verschiedene

---

11 Ausdrücklich als *definitiv* sind im Ms. nur die Seiten 36–65 bezeichnet, also alle Seiten des Kapitels II über das indische Denken, das auch in der Überschriftsnotiz Ms.-S. 1, Anm. 2, als definitiv bezeichnet wird. (Daß Schweitzer dieses Kapitel überhaupt beigegeben hat, statt nur auf den Band *Die Weltanschauung der indischen Denker* hinzuweisen, war vielleicht durch die Überlegung begründet, dem Leser eine Zusammenfassung zu bieten, weil in Kap. I nicht nur von der chinesischen, sondern auch von der indischen Mystik die Rede war, oder einfach: ihm für den Fall, daß er den Indienband nicht zur Verfügung hätte, einen Ersatz mitzugeben.)

12 1870–1937.

Duplikate hätten ausgemerzt werden können etc. Ob die im zitierten Brief vom 9.12.37 an Prof. v. Tscharner erwähnte «sauber getippte» Kopie des Textes von 1937 (es müßte sich hauptsächlich um dessen 1. Teil gehandelt haben) bereits solche Abschlußarbeiten enthielt, die 1940 hätten übernommen werden können, entzieht sich unserer Kenntnis, da sie den Herausgebern (auch dem 1977 verstorbenen U. Neuenschwander) nie zu Gesicht gekommen ist. Vielleicht hat sie gar nie existiert, vielleicht hat Schweitzer den Text gar nie aus der Hand gegeben, denn von einem Gutachten durch v. Tscharner existiert ebenfalls keine Spur, nur die Briefantwort mit den Literaturangaben liegt vor.[13]

Für die Herstellung einer neuen Druckvorlage des Haupttextes 1939/1940 (Hauptteil des vorliegenden Bandes) konnte indessen neben dem originalen Ms. noch eine Maschinenabschrift G. Woytts aus dem Jahre 1969 benutzt werden.

Der Zweck der ganzen Bemühungen Schweitzers um das chinesische Denken ist aus der zitierten Vorrede-Notiz von 1937 und aus vielen andern Angaben, den verschiedenen Plänen, Überschriften und Notizen und überhaupt aus Schweitzers ganzem philosophischem Werk klar zu erkennen: Er wollte nichts Geringeres als eine *Geschichte des Denkens der Menschheit* erarbeiten, d. h. eine Übersicht darüber, was einige wichtige Religionen und Kulturen im Bereich der Ethik erreicht und wie sie dieses Erreichte begründet und weiterentwickelt haben.[14] Aus solcher Übersicht sollte sein eigenes Denken und Bemühen um die Begründung der *Ehrfurcht vor dem Leben* herauswachsen, gemäß seiner Grundtendenz, «das Wesen eines Problems nicht nur an sich, sondern auch aus der Art seiner Selbstentfaltung in der Geschichte begreifen zu wollen.»[15] Dementsprechend stehen auch die meisten Manuskripte zur *Geschichte des Denkens der Menschheit* unter dem Obertitel *Ehrfurcht vor dem Leben*, auch die vorliegenden Texte von 1937 und 1939/40.

Daß bei Schweitzers Hauptinteresse an der Ethik und an einer brauchbaren Begründung derselben das chinesische Denken nicht fehlen durfte, ist begreiflich, ja selbstverständlich. Da aber die Arbeiten über Indien und China aus kurzen Übersichtstexten zu immer größeren

13 Eduard Horst von Tscharner (1937 Privatdozent in Genf und Bern, seit 1950 Extraordinarius für Sinologie in Zürich) ist 1962 gestorben: Ihn in dieser Angelegenheit zu befragen, war also schon vor 25 Jahren, als mit der Dokumentation des Schweitzerschen Nachlasses begonnen wurde, nicht mehr möglich.

14 Vgl. U. Neuenschwanders Referat «die Fortsetzung der Kulturphilosophie Albert Schweitzers», Strasbourg 1975, im Anhang zu: U. Neuenschwander, *Christologie, Albert-Schweitzer-Studien* 5, Bern/Stuttgart/Wien 1997, S. 324–334 (leicht gekürzt); ungekürzt in französischer Übersetzung erschienen in der *Revue d'Histoire et de Philosophie Religieuses*, Strasbourg/Paris 1976, Nr. 1–2, S. 83–96.

15 *Aus meinem Leben und Denken*, XII, Absatz 5.

Komplexen heranwuchsen, die als solche nicht mehr einfach in die *Kulturphilosophie* eingefügt werden konnten,[16] löste er sie als gesonderte Bände heraus. Für die definitive philosophische Darstellung benötigte er aber neue Kurztexte. Soweit solche nach 1940 vorliegen,[17] gehören sie also nicht zu den herausgelösten Bänden, sondern zur Fortsetzung der Kulturphilosophie, d. h. zum geplanten und angefangenen III. Band derselben. Auch über die andern, bereits früher behandelten Religionen und Kulturen verfaßte Schweitzer 1940 neue Skizzen und Überblickstexte,[18] die aber ohnehin mit den früheren, soweit diese nicht noch dem II. Band der Kulturphilosophie (*Kultur und Ethik*) von 1923 zuzuordnen sind, zu *Kulturphilosophie III* gehören.

Eigenartig ist die Tatsache, daß Schweitzer sich mit den Übersichtstexten, die er sich 1919–1921 bereits erarbeitet hatte, nicht begnügte. Nachdem er den aus diesen Arbeiten hervorgegangenen Weltreligionen-Kapiteln (*Kultur und Ethik in den Weltreligionen*) schon für Kulturphilosophie II (*Kultur und Ethik*) kurze Auszüge entnommen hatte, ging es ihm, wie erwähnt, offenbar darum, im (unvollendet gebliebenen) III. Band neue, in Umfang und Gestaltung zum jeweiligen neuen Ganzen passende Übersichten zur Verfügung zu haben, die zugleich auf möglichst neuen Erkenntnissen der Religionswissenschaft und der Forschung überhaupt basierten. Deutlich ist das letztere Bestreben in den als eigene Bände ausgesonderten Texten: im Band *Die Weltanschauung der indischen Denker* durch die Beanspruchung der Mitarbeit von Prof. Winternitz und im vorliegenden Band über das chinesische Denken aus dem zitierten Brief an Prof. v. Tscharner. (Im für *Kulturphilosophie III* bestimmten Kurztext von 1932 über die Zarathustrareligion allerdings zitiert er noch nach derselben alten Übersetzung wie im Text des Bandes von 1919/21.)

Die Notiz im Haupttext S. 23, Anm. 1, über das Herauslösen der beiden zur *Geschichte des Denkens der Menschheit* gehörenden Kapitel (China, Indien) sei hier noch ergänzt durch zwei weitere ähnliche Plannotizen Schweitzers:

«Veränderung des Planes. Ursprünglich wollte ich die Geschichte des Denkens der Menschheit (Mystik, Religion, Philosophie) in der Darstellung gewissermaßen zur Orientierung bringen. Aber das würde zu lang und würde die Einheitlichkeit des Buches sprengen ... Das ausge-

---

16 Die relativ kurzen Kapitel von *Kultur und Ethik in den Weltreligionen* (1919/21) sollten ursprünglich als Band I der Kulturphilosophie im Druck erscheinen. Statt diese Kapitel nach Nicht-Zustandekommen der Ausgabe später in neue Textzusammenhänge der Kulturphilosophie einfach einzufügen, arbeitete Schweitzer immer wieder neu solche Texte aus.

17 Z. B. Dossier 10 Nr. 2.

18 Z. B. Dossier 10 Nr. 4 (darin auch wieder Abschnitte über China und Indien) und Nr. 5.

schiedene Stück des bisherigen Textes S. 66–141[19] enthält den Beginn der Darstellung der *Geschichte des Denkens der Menschheit*: Die drei Denkarten: Mystik, Religion, Philosophie. Und die fast fertiggestellte Darstellung der Mystik. Die *Geschichte des Denkens der Menschheit* soll später einmal für sich dargestellt werden. A. S.» (Doss. 9 Nr. 6, Juli 1939, Ms.-S. 125.)

«Hier folgt eine Geschichte des menschlichen Denkens, von dem die Kapitel über indisches und chinesisches Denken definitiv fixiert waren. Aber diese Geschichte, zu Ende geführt, hätte das ganze Buch gesprengt! Also nehme ich mir vor, die Philosophie der *Ehrfurcht vor dem Leben* ohne die Geschichte des menschlichen Denkens zu schreiben und diese Geschichte einmal für sich selbst zu veröffentlichen, wo ich dann nicht, wie bisher, die Qual habe, in undurchführbarer Weise auf Kürze sehen zu müssen. Ich löse also die beiden Kapitel über indisches und chinesisches Denken los und paginiere sie für sich selbst. 1940. A. Schweitzer.» (Doss. 23 Nr. 3, 1939, Nachnotiz am Schluß, Ms.-S. 59).[20] Vgl. Anm. 1 zum Haupttext.

Während die von Schweitzer gewünschte Begutachtung des Textes vom Jahre 1937 vermutlich nie zustande gekommen ist, liegen über den neuen Haupttext von 1939/40 heute zwei spätere Beurteilungen vor, die der Sinologen Siegfried P. Englert (Heidelberg) und Prof. Dr. Robert P. Kramers (Zürich). Beiden danken die Herausgeber für ihre Bemühungen. Englert, der den Text im Jahre 1973/74 überprüfte, urteilt ableh-

19 Aus Doss. 9 Nr. 2 (Frühjahr 1939): «Dieser Text enthält u. a. auch wieder Abschnitte über das indische und chinesische Denken, die natürlich nicht auch noch ihrerseits zur Übernahme in die Bände über China und Indien herausgelöst werden können, das ergäbe eine sinnlose Textzerstückelung.» Er ist, obwohl als Ganzes ausgesondert, im 2. Halbband der *Kulturphilosophie* enthalten, denn einen Band mit dem Titel *Geschichte des Denkens der Menschheit* hat Schweitzer nie eröffnet, nur die beiden zu dieser Geschichte gehörigen Bände über China und Indien liegen vor.

20 Mit den beiden Kapiteln sind wohl Kap. II und III des Haupttextes von 1939/40 im vorliegenden Band gemeint, das ergibt sich aus der fast gleichen zitierten Notiz S. 23, Anm. 1. Und Kap. II ist das einzige vorhandene geschlossene Indienkapitel nach 1932/33 und neben dem edierten Band über Indien (1935). Die Nachnotiz von 1940 in Doss. 23 Nr. 3 ist insofern noch von besonderem Interesse, als sie eine Stelle angibt, wo ursprünglich eine *Geschichte des Denkens der Menschheit* innerhalb der Kulturphilosophie folgen sollte. Beim Text über China könnte es sich auch um die Fassung 1937 handeln: während der Arbeit an derselben hat sich A. S. ja zu deren Verselbständigung entschlossen (vgl. Anm 22); aber die Fassung wird dann ersetzt durch die von 1939/40. Vielleicht hat A. S. diese letzte Fassung zuerst auch wieder mit der Absicht begonnen, einen neuen zusammenfassenden Text für *Kulturphilosophie III* zu schreiben, der sich dann wieder, wie der von 1937, zu einem selbständigen Text ausweitete, denn die Paginierung *für sich* ist zweite Paginierung, zuerst stand eine andere, die leider ausradiert ist. Kap. I wurde etwas später dem II. Kap. vorangestellt (siehe das Datum Anm. 39; die Textabgrenzung ist jedoch nicht ganz deutlich).

nend, weil Schweitzer eine Reihe von Interpretationen und Einschätzungen wiedergebe, die Englert für bedenklich hält oder die in der Zwischenzeit durch neue Forschungen hinfällig geworden seien. Ein korrigierender Kommentar würde nach seiner Meinung an Umfang ein Vielfaches des Ms. selbst ausmachen. Englert verzichtet deshalb auf Angabe näherer Einzelheiten und Gründe und rät, das Ms. nicht zu veröffentlichen. – Differenzierter urteilt Kramers in seinem Bericht vom 11. 8. 1969: Er unterscheidet zwischen Teilen, die ihm als interessant, und solchen, die ihm als problematisch oder für das Ganze wenig relevant erscheinen. Er empfiehlt eine Auswahl-Edition.

Unsere Ausgabe gibt, ihrem Dokumentationszweck entsprechend, dennoch den ganzen Text, also auch problematische Partien, mit den nötigen Anmerkungen und vervollständigten Literatur- und Zitatennachweisen. Erst auf der Grundlage einer solchen Edition ist eine wirkliche Beschäftigung und Auseinandersetzung mit dem Ganzen möglich. Den Dienst eines notwendigen kritischen Kommentars leistete uns im vorliegenden Fall der erwähnte, auf viele Einzelheiten eingehende Bericht Kramers. Aus den Einzelbemerkungen, die dem Bericht beigefügt sind, zitieren wir öfters in den Anmerkungen, mit bestem Dank an den Verfasser für die Erlaubnis (1981). Eine neue, aktuelle Beurteilung erfahren Schweitzers Arbeiten über das chinesische Denken durch Heiner Roetz im Nachwort zum vorliegenden Band (S. 327 ff.), für welches die Herausgeber dem Verfasser ebenfalls ihren besten Dank aussprechen.

Für Nicht-Kenner der chinesischen Geistesgeschichte und des chinesischen Denkens (zu denen sich die Herausgeber zählen) liest sich Schweitzers Studie wie eine Art Einführung. Dies könnte zum Mißverständnis führen, die Studie sei geeignet, bestehende wissenschaftliche Einführungen in die chinesische Geschichte und Kultur überhaupt zu ersetzen; sie will das, als vorwiegend philosophisches und religionsphilosophisches Werk, nicht,[21] setzt solche Einführungen vielmehr voraus und zeigt das Bemühen, sich auf sie zu stützen. Der Leser muß sich dieses Sachverhaltes bewußt sein und auch darauf aufmerksam gemacht werden, daß er mit diesem Text nicht den neuesten Stand der historischen und philologischen Forschung, sondern Ausschnitte aus einem früheren Stand derselben kennenlernt. Immerhin wird er dadurch bekannt mit einem Stück Forschungsgeschichte. Vor allem aber erfährt er, mit welchen Fragestellungen und Interessen Schweitzer sich dem chinesischen Denken naht: Es sind Fragestellungen vergleichender, Einzel-

---

21 In einem Brief vom 27. 6. 1921 an Ch. T. Campion (gleiches Datum wie der Brief an N. Söderblom, s. S. 15) schreibt Schweitzer über die Weltreligionenarbeit von 1919/21 (deren Kapitel ja von gleicher Art sind wie das vorliegende Werk über China, nur kürzer): «Ich schreibe ein philosophisches Werk. Also kommt es nur darauf an, daß der Sinn in den Zitaten richtig angegeben ist.» (Vgl. das ausführlichere Zitat im Vorwort zu *Kultur und Ethik in den Weltreligionen*.)

fakten historischer und philologischer Forschung zwar benötigender, aber doch übersteigender, allgemeiner – und völkerverbindender – Religionsphilosophie[22] in einem für Schweitzer wichtigen Text, dem Gegenstück zur *Weltanschauung der indischen Denker* von 1935. Wie Schweitzer das chinesische Denken angeht, beurteilt, zum Teil auch schon für sein Denken fruchtbar macht, das will die Ausgabe dokumentieren. Die Teile von geringerer Relevanz, als solche erkannt, stören nicht, ihre Weglassung würde nur ursprüngliche Textzusammenhänge unnötig unterbrechen. Auch dokumentieren diese Abschnitte nebenbei Schweitzers Interesse für einige sonst wenig bekannte Kapitel der Geschichte.

Zu den Vorbehalten, die die neuere Forschung gegen die Interpretationen des bei Schweitzer stark zu Worte kommenden Richard Wilhelm anmeldet, ist zu sagen, daß heute dessen Übersetzungen und andere Schriften wieder in neuen Auflagen vorliegen, die anerkennende Rezensionen erhalten, so z. B. die Übersetzung des *Tao te kings*: «Von den zahlreichen deutschen Übersetzungen und Nachdichtungen, die das über 2500 Jahre alte chinesische Weisheitsbuch des Lao-tse in den letzten 150 Jahren erfahren hat, ist jene von Wilhelm vermutlich die gültigste.» (S. Arnold im *Bund* vom 30. 12. 1978, Bern.) Und zur Neuauflage von Wilhelms Schrift *Die Seele Chinas* (Frankfurt a. M. 1980) schreibt ein Rezensent: «Trotzdem uns Heutige vieles von Wilhelms Erfahrungen trennt», «ist sein 1926 zum ersten Male erschienenes Buch ... von solcher Qualität, daß es nicht veralten kann.» (H. P. Holl im *Bund* vom 7. 3. 1981.) Das Vorhandensein dieser Neuausgaben beweist jedenfalls, daß ein neues (wie auch immer geartetes) Interesse an Wilhelms Arbeiten lebendig ist.

Schweitzer hat schon in *Kultur und Ethik in den Weltreligionen* 1919/21 angefangen, die Wilhelmschen Übersetzungen und Erläuterungen heranzuziehen, neben früheren Übersetzungen, z. B. die des *Tao te king* durch Victor v. Strauss, 1870, und die des *Lun yü* durch Wilhelm Schott, 1826. (Das betreffende definitive China-Kapitel hat Schweitzer 1920 geschrieben, also noch vor dem persönlichen Bekannt-Werden mit Wilhelm.)

Der Anhang unserer Ausgabe enthält (nebst den Beilagen) den ersten Teil und Stücke des zweiten Teils der – wie die Fassung 1939/40 –

---

22 Daß für Schweitzer «das Thema der vergleichenden Geistesgeschichte» ein Haupt-Gesichtspunkt und sein eigenstes Anliegen das «einer universellen Kulturphilosophie (oder: Philosophie der Wahrheit)» ist, hebt auch Kramers in Punkt 14 seines Berichtes hervor (Dok.-S. 390). Vgl. hierzu Schweitzers Notiz aus *Kulturphilosophie III*, 1. Halbband, München 1999, S. 32, Doss. 8 Nr. 7 v. Febr. 1937 «Vorrede» (zu *Kulturphilos. III*): «Die chinesische Philosophie in die Weltphilosophie einfügen und von ihr aus zu beurteilen: von den Problemen der Philosophie aus darstellen und beurteilen».

in Lambarene geschriebenen Fassung 1937 (beide Teile wurden fast gleichzeitig, im März 37, angefangen), sowie einige Texte aus den Skizzen von 1940. Die Buchauszüge und Zitatensammlungen des 2. Teils sind nicht alle abgeschrieben worden, im Inhaltsverzeichnis jedoch vermerkt (Stellenangaben, Seitenzahlen aus der betr. Literatur). Diese Fassung gehört ebensowenig in den III. Band der *Kulturphilosophie* wie die Hauptfassung von 1939/40, da auch sie schließlich als hiervon ausgesondertes, selbständiges Ganzes behandelt wurde.[23] Das Nachwort, den durch Schweitzers Manuskript inspirierten und für den Band bestimmten Aufsatz *A. Schweitzer über das chinesische Denken* haben wir bereits oben erwähnt.

Damit sind Schweitzers Texte über das chinesische Denken in unserer Nachlaßausgabe nach originaler Anordnung wie folgt verteilt:

Hauptfassung von 1920 im Band *Kultur und Ethik in den Weltreligionen* (Vorfassung 1919 als Kap. III nur im Archiv von Günsbach); eine kurze Fassung von 1932 (zusammen mit einer solchen über Indien) im III. Band der Kulturphilosophie; die Fassung 1937 sowie die Fassung von 1939/40 im vorliegenden Band; spätere Skizzen und Entwürfe wieder in Bd. III der *Kulturphilosophie.* Die mit *Geschichte des Denkens der Menschheit* betitelten Texte dieses III. Bandes, die einen beträchtlichen Teil desselben ausmachen, enthalten auch die restlichen (früheren) Abschnitte und Skizzen über China. Als einzige Ausnahme ist nur die kleine, in Anm. 2 erwähnte Schrift *Mensch und Kreatur [in den Weltreligionen]* von 1933 aus dem originalen Zusammenhang (nämlich des 1. Teils von *Kulturphilosophie III*) herausgenommen und dem Weltreligionenband von 1919/21 zugeteilt worden. Das Chinakapitel hieraus in der etwas erweiterten Fassung von 1937 (im 2. Teil) ist im vorliegenden Band enthalten (S. 243–313).

Mit der Erschließung all dieser Texte wird erstmals sichtbar, auf welchen Studien Schweitzers bisher bekannte zusammenfassende Andeutungen über das chinesische Denken eigentlich beruhen.

---

23 Briefbemerkung an D. Tovey, 22.11.37: «Immer noch stehe ich an dem Abschnitt über das chinesische Denken, der das Pendant zu dem indischen Denken bildet.» Diese Notiz betrifft offenbar den 2. Teil der Fassung 1937, der Daten bis zum 22.12. enthält. Vom Ende Mai fertiggestellten 1. Teil hatte Schweitzer am 24.7.37 an A. Heisler geschrieben: «Abends Philosophie. Das Kapitel über die chinesischen Denker ist fertig... Jetzt kommt Zarathustra dran. Es wird eine richtige ‹Geschichte des Denkens der Menschheit›»... Diese Geschichte ist hier also wohl noch als Teil von *Kulturphilosophie III* gedacht (die Überschriftnotiz Ms.-S. 1 des 1. Teils (S. 177) 1937 *Ehrfurcht vor dem Leben III* deutet darauf hin), während bereits vier Monate später der Teil zu China ausgesondert werden sollte als Gegenstück zum Band *Die Weltanschauung der indischen Denker* von 1935.

Geschichte des indischen und chinesischen Denkens[1]

[I.] Die Entstehung der Mystik im indischen und chinesischen Denken[2]

Unter dem indischen Denken sind wir gewohnt, das der in Indien ansäßig gewordenen Arier zu verstehen. Diese dringen, wohl schon vor 1500 v. Chr., von Westen her in das Gebiet des Indus und seiner Zuflüsse ein. Später nehmen sie dann auch die Ganges- und Jamna- (Dschamna-, Jumna-) Ebene in Besitz.

Arier (Sanskrit ārya, alt-persisch ariya), das heißt Herren, nennen sich die Angehörigen der indo-iranischen Völker in Vorderasien, Persien und Ost-Iran.

Von dem Denken der alt-eingesessenen Bevölkerung des nördlichen Vorderindiens, die, wie wir durch neuerliche Ausgrabungen wissen, eine bedeutende Kultur besaß, ist uns aus jener Zeit nichts überliefert. Es ist anzunehmen, daß es auf einer höheren Stufe stand als das der arischen Eroberer. Jedenfalls besaßen diese alten Inder wohl bereits um 5000 v. Chr. eine Bilderschrift, deren Zeichen mit der alt-chinesischen verwandt sind. Die arischen Einwanderer waren Nomaden, die erst in Indien seßhaft wurden. Erst nach Jahrhunderten kam die Schrift bei ihnen in Gebrauch. Da sie die Herren des Landes waren, behauptete sich ihre noch in den Anfängen stehende Kultur gegen die schon fortgeschrittene der alt-eingesessenen Bewohner.

Bei den Völkern der südlichen Länder Vorderasiens hingegen, die nicht unter arischer Herrschaft stehen, erhält sich das Geistesleben der alt-eingesessenen Bewohner. Ihr Denken tritt dann mit dem der arischen Inder in Beziehung, erfährt seinen Einfluß und übt Einfluß auf es

---

1 [Doss. 24, Nr. 2: Diese Hauptüberschrift steht auf einem Vorblatt. Hinzugefügt ist folg. Notiz]: 1939/1940 Lambarene (Mit dem wichtigen Kapitel über Entstehung der indischen und chinesischen Mystik.)
Diese beiden Kapitel gehörten der *Ehrfurcht vor dem Leben* an, als ich diese darstellen wollte, indem ich eine Geschichte des menschlichen Denkens vorausschickte in der Fassung 1939/40. Da diese Geschichte des menschlichen Denkens aber den Rahmen des Buches gesprengt hätte, entschloß ich mich, die *Ethik der Ehrfurcht vor dem Leben* zu schreiben, ohne eine Geschichte des Denkens der Menschheit vorauszuschicken. Ich löse also die Kapitel über das indische und chinesische Denken heraus und paginiere sie für sich. Lambarene 1940. A. Schweitzer.

2 [Diese Überschrift ist mit Bleistift oben über den Text geschrieben. Dazu die Notiz:] Neuer Anfang des definitiven Kapitels über das indische Denken.
[R] Lambarene 10. 12. 39.

aus. Dadurch erhalten wir Kenntnis von ihm und sind in der Lage, festzustellen, daß seine Ethik natürlicher und lebendiger ist als die der Indo-Arier, wie es überhaupt die Zugehörigkeit zu einer alten Kultur erkennen läßt.[3]

Nimmt man in das älteste uns bekannte Denken der indischen Arier Einblick, so zeigt sich, daß es nicht einheitlich ist. Es enthält zwei verschiedene Arten des Denkens in sich: eines, das sich in natürlicher Weise mit dem Menschen und der Welt beschäftigt und auf Lebens- und Weltbejahung eingestellt ist, und ein anderes, das seinem Wesen nach Mystik ist und Lebens- und Weltverneinung für geboten hält. Die Mystik beruht auf dem Gedanken des Eins-Seins mit dem Brahman. Das Brahman wird als das reine, unveränderliche, ewige Sein vorgestellt, von dem das entstehende und vergehende Sein, wie es in der Sinnenwelt vorhanden ist, nur eine Erscheinung ist.

Das Denken, das in natürlicher Weise mit dem Menschen und der Welt beschäftigt ist, gehört dem Volke an. Die Mystik des Eins-Seins mit dem Brahman ist die Denkart der bramanischen Priesterschaft.

Erstaunlich ist, daß diese so alte Mystik nicht etwas Unfertiges, sondern in ihrer Art Vollendetes ist.

Das volkstümliche Denken der indischen Arier kennen wir durch die vedischen Hymnen. Aus diesen ist zu ersehen, daß die indischen Arier jener ältesten Zeit ihr Leben in unbefangener Freude am Dasein und in natürlicher Betätigung verbringen. Von den Göttern, die sie in den Hymnen anrufen, erbitten sie große Herden von Rindern und Rossen, Gewinn in allen Unternehmungen, Reichtum, Sieg in Kämpfen und langes Leben.

Die Grundgedanken der brahmanischen Mystik finden sich in den *Upanishad's*.[4]

Der *Veda* (Veda bedeutet Wissen) besteht aus mehreren Teilen, von denen der erste, der *Rig-Veda* (Lieder-Veda) 1028 Hymnen enthält. Die ältesten dieser Hymnen können wohl bis in die Zeit um 1500 v. Chr. zurückgehen; die jüngsten stammen wohl aus dem 10. Jahrhundert v. Chr. – Am meisten besungen werden in den vedischen Hymnen Agni, der Gott des Feuers und des Lichtes, Indra und Varuna.

Die andern Teile des *Veda* – der *Sāma-Veda*, der *Yajur-Veda* und der *Ātharva-Veda* – sind in ihrer jetzigen Fassung jünger als der *Rig-Veda*. Es läßt sich aus ihnen nämlich ersehen, daß die arischen Eroberer unterdes das Gangesgebiet erreicht haben. Die Hymnen des *Rig-Veda* nehmen nur auf das Land des Indus und seiner großen Nebenflüsse Bezug.

Der *Sāma-Veda* besteht aus 585 einzelnen Textstrophen. Er ist gewissermaßen ein Choralbuch. Da man noch keine Musiknotation kennt, wird der bekannteste Strophentext, der zur Melodie gehört und nach dem sie gemerkt wird, angegeben.

---

3 [R] Lambarene 13.12.39.

4 [Schweitzer schreibt durchweg, auch in seinem Indienbuch, die (meistens mit Apostroph versehene) englische Mehrzahlform, statt die deutsche: *Upanischaden*. Wir behalten diese seine Schreibweise bei.]

Der *Yajur-Veda* enthält die für die verschiedenen Opfer (Neu- und Vollmondopfer, Manenopfer, Feueropfer, Jahrzeitenopfer, Somaopfer und Tieropfer) in Betracht kommenden Formeln und Gebote.

Der *Ātharva-Veda* ist nach den ältesten Priestern, den Ātharvans, die den Feuerkult besorgen, benannt. Diese entsprechen den Feuerpriestern (Ātharvans) der Zarathustra-Religion. Den Inhalt des *Ātharva-Veda* bilden Zauber- und Beschwörungsformeln in Liedform, von denen manche uralt sind.

Das Wort *Upanishad* leitet sich von einem Zeitwort *neben jemandem niedersitzen* ab. Es bedeutet *vertrauliche Mitteilung.* Die *Upanishad's* sind etwa zwischen 1000–550 v. Chr. entstandene Betrachtungen über die vier Teile des Veda. Sie geben sich als geheime Unterweisung über den verborgenen Sinn der Lehre des Veda, womit die Mystik des Eins-Seins mit dem Brahman gemeint ist.

Auf die *Upanishad's* präludieren die *Brāhmaṇas*, die vom Wissen um den tiefen Sinn der Opfersprüche handeln, und die *Āraṇyakas. Āraṇyaka* bedeutet *im Walde entstandene Betrachtungen.*

Die vier Teile des *Veda*, die *Brāhmaṇas*, die *Āraṇyakas* und die *Upanishad's* gelten als heilige Offenbarung. Durch Jahrhunderte hindurch werden sie nur mündlich überliefert.

Die arischen Inder schaffen sich keine eigenen Schriftzeichen, sondern entnehmen sie einem alten semitischen Alphabet, das wir aus phönizischen Inschriften und den Aufzeichnungen auf dem berühmten Stein des Moabiterkönigs Mesa (um 890 v. Chr.) kennen. Das älteste Zeugnis des Gebrauchs dieser Schrift in Indien sind die teils in Felsen, teils in Steinsäulen eingemeißelten Edikte, durch die der berühmte buddhistische König Aśoka, aus der Mitte des 3. Jahrhunderts v. Chr., seine Untertanen zum sittlichen und frommen Lebenswandel ermahnt.

Die Sprache der alten heiligen Texte der indischen Arier ist das Sanskrit, ein mit dem Alt-persischen nahe verwandtes Alt-indisch. Lebendig war es wohl noch in den ersten Jahrhunderten n. Chr. Heute spielt es in Indien die Rolle des Lateinischen im Mittelalter.

Bekannt wird die brahmanische Gedankwelt in Europa erstmalig durch den *Oupnek'hat.* Der *Oupnek'hat* (das Wort ist durch Verstümmelung aus *Upanishad* entstanden) ist eine im Jahre 1656 von dem Prinzen Mohammed Dara Schakoh ins Persische übersetzte Auswahl von 60 *Upanishad's.* Dieses Werk brachte der Franzose Anquetil Duperron (1723–1805) mit dem *Avesta* und 180 andern in Indien gesammelten Texten nach Paris und veröffentlichte es in zwei Bänden (1801–1802) unter Beigabe einer von ihm herrührenden lateinischen Übersetzung.

Große Verdienste um die mit dem Beginn des 19. Jahrhunderts anhebende Erforschung der indischen Texte erwerben sich die ersten englischen Indologen Warren Hastings, Charles Wilkins, William Jones, Thomas Colebrooke, Alexander Hamilton.

Im Jahre 1808 läßt Friederich Schlegel, der in Paris von 1803–04 den Unterricht Hamiltons genossen hatte, seine Aufsehen erregende Schrift *Uber die Sprache und Weisheit der Indier* erscheinen. [Heidelberg 1808].

Arthur Schopenhauer schöpft seine Kenntnis des indischen Denkens vornehmlich aus dem *Oupnek'hat.*

Ein großes Verdienst um die erste Erforschung der vedischen Texte hat der französische Orientalist Eugène Burnouf (1801–1852).

Überaus merkwürdig ist, daß die beiden Strömungen, die sich im alten indischen Denken finden, auch im chinesischen vorhanden sind.

Das sich in natürlicher Weise mit der Welt beschäftigende und der Lebens- und Weltbejahung ergebene Denken kommt in den heiligen

Schriften Chinas, dem *I king* (*Buch der Wandlungen*), dem *Schu-king* (*Buch der Urkunden*), dem *Schi-king* (*Buch der Lieder*) und dem *Li-ki* (*Buch der Bräuche*) zu Worte.[5] Diese Schriften geben uns von dem chinesischen Geistesleben im 2. Jahrtausend vor Christus Kunde. Auf ihnen fußt die Lehre des Konfuzius (etwa 552–479 v. Chr.), der mit seinem wahren Namen Kung-tse heißt.

Von der alt-indischen Lebens- und Weltbejahung, wie wir sie aus den vedischen Hymnen kennen, ist die alt-chinesische darin verschieden, daß sie durchdacht ist und einen ausgesprochen ethischen Charakter hat. Dies hängt damit zusammen, daß China mindestens ein Jahrtausend vor der Zeit der vedischen Hymnen bereits im Besitze einer hohen geistigen Kultur ist. Während Indien eine fremde Schrift übernehmen muß, besitzt China seit alter Zeit eine eigene.[6]

Der indischen Mystik des Eins-Seins mit dem Brahman entspricht in China die des Eins-Seins mit dem Tao, wie sie sich in dem *Tao te king* des Lao-tse (etwa 570–490 v. Chr.) und in Schriften, die den Namen des Lieh-tse (Licius, etwa 440–370 v. Chr.) und des Tschuang-tse (etwa 380–310) tragen, vorfindet.

Wie die brahmanische ist auch die taoistische Mystik etwas Fertiges. Ihrer Art nach ist sie so vollendet und so tief wie irgend eine spätere Mystik.[7] Das Tao ist, wie das Brahman, als der Urgrund des Seins gedacht. Aber es wird nicht wie dieses als reines, unveränderliches, ewiges Sein, sondern als geheimnisvolle, in dem Weltgeschehen sich kundgebende Kraft vorgestellt.[8] Auch gelangt die taoistische Mystik nicht zu einer wirklichen Lebens- und Weltverneinung wie die brahmanische. Sie lehnt die Welt insofern[9] ab, als sie die Forderung aufstellt, daß der Mensch sich kein Wirken in der Welt vornehmen soll.

Miteinander vertreten die brahmanische und die taoistische Mystik also den Grundsatz der Nicht-Tätigkeit. Die brahmanische tut dies von der Lebens- und Weltverneinung aus; die taoistische nimmt den merkwürdigen und in sich widerspruchsvollen Standpunkt ein, daß sie an der Lebens- und Weltbejahung grundsätzlich festhält, aber das dieser entsprechende Wirken in der Welt preisgibt.

Gemeinsam haben das alt-indische und das alt-chinesiche Denken auch dies, daß sich in ihnen ein noch früheres Denken in ununterbrochener Kontinuität fortsetzt. Sie haben sich nicht verändert, sondern sich nur den in ihnen vorhandenen Elementen gemäß entwickelt.

---

5 [R]... Von dem ihm entsprechenden indischen [Denken], wie wir es aus den vedischen Hymnen kennen, unterscheidet es sich aber dadurch, daß es viel höher entwickelt ist.

6 [Vgl. die Einleitung zur Fassung 1937 über die chinesische Sprache und Schrift, 1. Teil, unten, S. 177 ff.]

7 [R]!

8 [R]!

9 [R] Nur insofern.

Im iranischen Denken wird die Kontinuität dadurch gestört, daß Zarathustra ihm eine neue Richtung gibt. In derselben Weise gestalten die Propheten das jüdische um. In der griechischen Philosophie vollends hebt ein Denken an, das auf ein früheres überhaupt nicht mehr Bezug nimmt, sondern ganz von vorne anfängt.

Wenn überhaupt eine Möglichkeit besteht, in irgend etwas die zwischen dem bereits in Entwicklung begriffenen und dem noch primitiven Denken bestehenden Zusammenhänge einzusehen, so ist sie in dem alt-chinesischen und alt-indischen Denken gegeben.

In dem alt-chinesischen und alt-indischen Denken liegen also erstaunliche Tatsachen vor. Neben dem sich in natürlicher Weise mit der Welt beschäftigenden und auf Lebens- und Weltbejahung eingestellten Denken ist beide Male ein unnatürliches [Denken], eine sich von der Welt abkehrende Mystik vorhanden. Die beiden Denkarten bekämpfen sich nicht. Die eine, die natürliche, ist die volkstümliche, die andere, die unnatürliche, bleibt auf den kleinen Kreis, in dem sie heimisch ist, beschränkt, wenn sie auch den Anspruch erhebt, der natürlichen überlegen zu sein.

Wie kommt in beiden Fällen neben dem natürlichen Denken das unnatürliche und neben der Lebens- und Weltbejahung die Abkehr von der Welt auf?

Überdies handelt es sich um eine ganz eigenartige Abkehr von der Welt. In seiner späteren Zeit kommt das griechische Denken dazu, sich von der Lebens- und Weltbejahung, die ihm früher als etwas Selbstverständliches galt, abzuwenden, weil es die Zuversicht, sie begründen und festhalten zu können, verliert und überhaupt an der Welt irre wird. Ganz anderer Art aber ist die Abkehr von der Welt in der brahmanischen und taoistischen Mystik. Sie ergibt sich nicht aus einem schmerzlichen Verzicht, zu dem das Denken sich genötigt sieht, weil es die Lebens- und Weltbejahung nicht mehr aufrecht erhalten kann, sondern hat ihren Grund in der von vornherein vorhandenen Idee des Erhaben-Seins über die Welt. Der brahmanische und taoistiche Mystiker verzweifelt nicht an der Welt, sondern will nichts mit ihr zu tun haben, weil er sich nicht für sie interessiert.

Wie aber entsteht die Idee des Erhaben-Seins über die Welt, die zu dieser stolzen Abkehr von der Welt Anlaß gibt? Wie ist zu erklären, daß der Mensch gar nicht mehr mit der Welt beschäftigt ist?

Man sollte meinen, daß diese in gleicher Weise im alt-indischen und im alt-chinesischen Denken vorhandenen Tatsachen und die mit ihnen gegebenen Probleme Beachtung gefunden hätten. Dies ist unbegreiflicherweise aber nicht der Fall. Man hat sich bis heute kaum mit ihnen befaßt. Nicht einmal die Verwandtschaft zwischen dem alt-indischen und alt-chinesischen Denken wurde in Betracht gezogen.

Nur wenn man von den Problemen, wie sie sich stellen, ausgeht, ist es möglich, die Entstehung und das Wesen der brahmanischen und taoistichen Mystik zu begreifen.

Immer noch will man annehmen, daß Lao-tse die Mystik des Eins-Seins mit dem Tao und die Brahmanen die des Eins-Seins mit dem Brahman etwa wie ein philosophisches System erdacht haben. Aber begreiflich zu machen, wie sie dazu kamen und wie sie dabei vorgingen, gelingt in keiner Weise. Es müßte ersichtlich werden, wie in ihrem Denken die Vorstellung des Brahman und des Tao entsteht. Ebenso müßte sich bei ihnen etwas von den Überlegungen finden, durch die sie bewogen werden, das natürliche Verhalten der Welt gegenüber aufzugeben und sich zur Ablehnung der Welt zu entschließen. Aber gerade darüber, wie dieses unnatürliche Denken in ihnen entsteht, erfahren wir nichts. Die ganze Art und Weise, in der sie ihre Mystik vortragen, erweckt den Eindruck, daß diese nicht ihre eigene Schöpfung, sondern etwas bereits Bekanntes ist, das bei ihnen eine weitere Ausbildung erfährt.[10]

Auch die Tatsache, daß die brahmanische und die taoistische Mystik in so merkwürdiger Weise miteinander verwandt sind, läßt sich nur dadurch erklären, daß sie beide eine frühere Mystik miteinander gemein haben.

Welches aber ist diese Mystik? Welcher Zeit gehört sie an?

Daß das chinesische und das arisch-indische Denken einmal in direkter Weise miteinander in Beziehung standen, ist äußerst unwahrscheinlich. Was sie miteinander gemeinsam haben, muß also etwas dem primitiven Denken Zugehörendes sein, das sich bei beiden erhalten hat.

Die[11] Denkweise der Primitiven ist, wie wir feststellen, aber nicht erklären können, in ihren Grundzügen überall und zu allen Zeiten dieselbe. Die noch heute existierenden primitiven Völkerschaften leben in denselben Vorstellungen wie die der Vorzeit.

Das arisch-indische und das chinesische Denken reichen bis in die älteste Zeit zurück. Beide weisen die Besonderheit auf, daß von dem primitiven Denken in ihnen weniger ausgeschieden wird und weniger verkümmert als anderswo.[12] Was sich davon erhält, wird nicht einfach weiter mitgeführt, sondern entwickelt sich. So kommt es, daß sich in dem arisch-indischen und in dem chinesischen Denken neben der bis in

---

10 [R]... Wäre die indische und die chinesische Mystik aber in der Art philosophischer Systeme entstanden, so müßte sich in ihnen etwas von der Gedankenarbeit finden, in welcher aus dem natürlichen Verhalten zur Welt das unnatürliche entsteht. Dies ist aber nicht der Fall. Die Idee des Eins-Seins mit dem Brahman oder dem Tao und die der Abkehr von der Welt werden als etwas Bekanntes vorausgesetzt und als selbstverständlich angesehen.

11 [R] Lambarene 3. Advent. 17. Dez. 39.

12 [R]... Sie haben sich nicht wirklich von dem primitiven Denken emanzipiert. Primitives Denken erhielt sich in ihnen und bildete sich in ihnen weiter aus...

die älteste Zeit zurückgehenden natürlichen Denkweise auch eine Mystik vorfindet, die von primitiver Mystik ihren Ausgang genommen hat.

Gibt es eine primitive Mystik? Worin besteht sie?

Primitive Mystik, ganz allgemein ausgedrückt, ist da vorhanden, wo der Mensch dem Übernatürlichen nicht eine den Abstand wahrende Verehrung entgegenbringt, wie in der Religion, sondern mit ihm als mit etwas, das ihm nicht fremd ist, in Verbindung tritt.

In der höheren Mystik nimmt der Mensch an, daß Gleichartigkeit zwischen seinem Wesen und dem Wesen des Seins überhaupt besteht. Darum will er sein Dasein in tiefster Verbundenheit mit dem unendlichen Sein erleben.

Die Primitiven, auch die der Jetztzeit, glauben nicht nur an Geister und Dämonen, sondern auch noch an eine über diesen stehende unpersönlich vorgestellte Macht, die in der Religionswissenschaft mit einem melanesischen Wort als Mana benannt wird. Sie ist nicht als die Macht, die den Weltlauf regelt, gedacht. Der Primitive ist ja noch nicht zur Vorstellung der Totalität des Seins gelangt und gibt sich noch nicht mit dem Problem des Weltgeschehens ab. Aber er nimmt an, daß jene Macht in Tätigkeit tritt, wenn es gelingt, sie dazu zu bewegen.

Dem Glauben der Primitiven zufolge kann der Mensch, wenn er die dazu erforderlichen magisch wirkenden Zeremonien kennt, mit dieser Macht in Beziehung treten und dadurch übernatürliche Fähigkeiten erlangen. Diese älteste magische Mystik ist nicht Gemeingut. Sie ist bei den Zauberern, Schamanen und Medizinmännern daheim. Nur diese besitzen Kenntnis von den wirkungskräftigen Zeremonien. Sie hüten ihr Geheimnis. Nur wer zu ihnen gehört, ist imstande, das Eins-Werden mit der Macht zu erleben. Für die andern bleibt es etwas, das sie nur vom Hörensagen kennen.

So ist es auch noch bei den heutigen Primitiven. Die Zeremonien, durch die übernatürlichen Fähigkeiten erlangt werden können, werden nur an denjenigen vollzogen, die dem Geheimbund, in dem sie überliefert sind, angehören.

Mit Religion hat diese primitive Mystik noch[13] nichts zu tun. Vorstellungen vom Übernatürlichen als solche machen noch keine Religion aus.[14] Zur Religion, auch der primitiven, gehört, daß die Gesinnung und das Verhalten des Menschen durch die Beziehung, in die er zum Übernatürlichen tritt, bestimmt werden. Dies ist in der primitiven Mystik nicht der Fall. Sie setzt ein völlig ungeistiges Verhalten des Menschen zum Übernatürlichen voraus. Er empfindet keine Ehrfurcht vor

---

13 [*noch* ist nachträglich eingefügt.]

14 [Notiz am untern Rand der vorangehenden Ms.-S. 13:] Unterschied: Überirdisch wird zu übersinnlich. [Vgl. auch S. 36]

ihm, sondern will es sich dienstbar machen und traut sich zu, dies zu vermögen. Etwas wie Frömmigkeit hat der Primitive noch nicht.

Die Mystik des Mächtig-Werdens hat also nichts mit dem Beschäftigt-Sein des Menschen mit den Fragen seines Daseins in der Welt und seines Verhaltens zu ihr zu tun. Dem Menschen, der diese magischen Zeremonien an sich vollziehen läßt, kommt es nur auf die übernatürlichen Fähigkeiten an, in deren Besitz er zu kommen trachtet.

Wer unter Primitiven der Jetztzeit lebt, weiß, welche Rolle der Glaube unter ihnen spielt, daß Menschen durch Zeremonien die Macht erlangen können, Wind und Wetter zu gebieten, die Wipfel der Bäume sich der Erde zu beugen zu lassen, auf dem Wasser einherzuschreiten, durchs Feuer zu gehen und durch nichts, auch nicht durch Dämonen und Geister, Schaden zu erleiden.

Das Brahman und das Tao sind ursprünglich diese höchste Macht, mit der der Mensch durch wirkende Zauber in Verbindung tritt.

Brahman wird sowohl die höchste Macht als auch das magisch wirkende Wort beim Opfer genannt. Brahmanen (*Brāhmaṇa's)* heißen die Angehörigen der höchsten Priesterschaft, als solche, die mit dieser Macht in Verbindung stehen. Die Brahmanen fassen das Opfer nicht so sehr als eine mit Danksagung und Bitten verbundene Darbringung an die Götter, sondern als eine Zauberhandlung auf, durch die sie sich die über den Göttern stehende übersinnliche Macht dienstbar machen.

Die Brahmanen sind ein aus dem Schamanentum hervorgegangenes Priestergeschlecht, das den Anspruch erhebt, im Besitze der höchsten Zauber zu sein. Sie nehmen für sich eine Macht in Anspruch, die der der Götter gleichkommt. So meinen sie zum Beispiel, daß die Sonne nicht aufgehen würde, wenn sie morgens das Feueropfer nicht vollzögen. Daß die Brahmanen in den vedischen Hymnen noch keine Rolle spielen, ist wohl so zu erklären, daß sie nicht mit den ersten Eroberern, sondern erst später in Indien einwanderten.

Tao bedeutet ursprünglich Weg und wird in übertragenem Sinn von der Macht, die den Verlauf von Geschehen bestimmen kann, gebraucht.[15]

Bei Lao-tse[16] vergeistigt und vertieft sich die Vorstellung des Tao. Es wird darunter das in dem Ur-Sein gegebene Grundprinzip des Geschehens verstanden, das in der Welt alle Kräfte in harmonischer und sinnvoller Weise zusammenwirken läßt und in dem Menschen als das höchste Geistige, das ihn zum rechten Verstehen der Welt und zur rechten Gesinnung befähigt, vorhanden ist.

Auch bei Kung-tse kommt das Wort Tao vor. Er redet vom Tao der Welt und vom Tao des Menschen. Unter dem Tao der Welt versteht er den der Weltordnung gemäßen Verlauf des Weltgeschehens, unter dem Tao des Menschen die Tugend als das der Weltordnung entsprechende Verhalten des Menschen.

Bei Lao-tse ist das Tao also eine kosmische Größe, bei Kung-tse nur eine Idee. Das Ursprünglichere findet sich bei Lao-tse. Seine Vorstellung des Tao als des sich im

---

15 [R] Das Tao ist in der primitiven chinesischen Volksreligion, wie sie sich bis in die Jetztzeit erhalten hat, die Macht...

16 [R] Lao-tse findet eine Vorstellung über Welt und Weltgeschehen vor, die er annehmen muß; [die] indische Mystik [ist] noch ganz frei.

Weltgeschehen kundgebenden Urgrundes des Seins geht auf die primitive [Vorstellung] zurück, derzufolge es die *Macht* ist, mit der man durch Magie in Beziehung tritt. Kung-tse und seine Vorläufer verwerfen den primitiven Tao-Glauben als Aberglauben. Darum übernehmen sie von der Tao-Vorstellung [nur die Lehre vom Sein.][17]

Der von gröbsten magischen Vorstellungen beherrschte Volksglaube, in dem das Tao die große Rolle spielt, ist in China bis heute lebendig geblieben.[18] Daß die so vergeistigte Tao-Mystik des Lao-tse ursprünglich mit diesem primitiven Volksglauben zusammenhängt, kann man sich nicht vorstellen, wenn man sie als ein von ihm erdachtes philosophisches System ansieht und die Möglichkeit, daß sie auf eine vor ihm bestehende primitive Tao-Mystik zurückgehe, nicht in Betracht zieht. Nun steht man aber vor der dadurch unbegreiflich gewordenen Tatsache, daß die Mystik Lao-tse's und der durch magische Vorstellungen beherrschte primitive Volksglaube beide Taoismus sind, weil auch der letztere sich auf die Tao-Vorstellung gründet, nur daß er unter dem Tao nicht, wie Lao-tse, das erhabene Prinzip des Weltgeschehens, sondern die *Macht* versteht, mit der man durch Zauber und Zeremonien in Beziehung treten kann. Man hat den zwischen beiden bestehenden Zusammenhang in der Weise erklären wollen, daß man den populären Taoismus als eine später eingetretene Entartung der vergeistigten Tao-Mystik Lao-tse's auffaßte. Eine solche Entartung ist nicht annehmbar und nicht nachweisbar. Wohl kann aus primitiver Mystik sich eine höhere, vergeistigte, entwickeln. Aber daß eine höhere Mystik wieder zu primitiver magischer Mystik wird, ist nicht vorstellbar. Übrigens bestehen in der Folgezeit der höhere und der niederere Taoismus nebeneinander.

Die Beziehung, in der sie zueinander stehen, erklärt sich in natürlicher Weise daraus, daß der primitive Taoismus von jeher vorhanden war und die vergeistigte taoistische Mystik aus der primitiven entstanden ist.

Daß sie diesen Ursprung hat, tritt noch darin zutage, daß in ihr noch etwas von der primitiven Mystik des Mächtig-Werdens weiterlebt. Bei Lao-tse, bei Lieh-tse und bei Tschuang-tse findet sich noch die Idee, daß man durch das Eins-Sein mit dem Tao übernatürliche Fähigkeiten erlangen kann.

---

17 [Unterste Zeile abgerissen. Vgl., unten, den Text der Fassung 1937, 1. Teil, S. 181 (oben): Bei Kung-tse und seinen Nachfolgern ist es die Ethik, die die Bedeutung einer individuellen Frömmigkeit annimmt.]

18 [R]... Darin, daß unter Taoismus sowohl diese primitive Volksreligion als [auch] die erhabene Mystik Lao-tse's verstanden wird, tut sich die ursprüngliche Zusammengehörigkeit dieser Mystik mit dem primitiven Taoglauben und der magischen Tao-Mystik kund.

So heißt es bei Lao-tse:

«Ich habe wohl gehört, wer gut das Leben zu führen weiß (d. h. wer im Besitze des Tao ist), der wandelt durch's Land und braucht nicht zu vermeiden Tiger und Nashorn. Er schreitet durch ein Heer und braucht nicht zu tragen Panzer und Waffen. Das Nashorn hat nichts an ihm, da es sein Horn einbohre.[19] Der Tiger hat nichts, da er seine Krallen einschlage. Die Waffe hat nichts [, das ihre Schneide aufnehme.»] (*Tao te king* 50)[20]

In den unter dem Namen des Lieh-tse gehenden Texten findet sich viel altes Material. Obwohl er etwa hundert Jahre nach Lao-tse lebt, lernen wir durch ihn eine Mystik des Ein-Seins mit dem Tao kennen, die altertümlicher und noch nicht so vergeistigt ist wie die des Lao-tse. Lieh-tse steht nicht unter dem Einfluß des Lao-tse, obwohl er Kunde von ihm hat. Er setzt dessen Werk nicht fort. Wüßten wir nicht, daß er später lebte als er, so würden wir ihn, in Anbetracht der sich bei ihm findenden Gedanken, eher für einen seiner Vorläufer halten.[21]

Das Altertümliche der Tao-Mystik Lieh-tse's gibt sich darin kund, daß sich bei ihm die der primitivsten Mystik angehörende Idee des Erlangens übernatürlicher Fähigkeiten noch viel stärker bemerkbar macht als bei Lao-tse.

Öfters spricht er es aus, daß diejenigen, die im Tao die Vollendung erreicht haben und damit göttergleiche Wesen geworden sind, sich ins Wasser werfen können, ohne zu ertrinken, durch Feuer gehen können, ohne zu verbrennen, sich von Felsen herabstürzen können, ohne Schaden zu nehmen, und in dem Winde einherzufahren vermögen. Er berichtet von Menschen, die durch das Tao die Macht besaßen, durch ihre als Zauber wirkende Musik die Vögel aus der Luft, die Fische aus dem Wasser zu holen, den Frühling in den Herbst und den Sommer in den Winter zu verwandeln und einherziehende Wolken aufzuhalten. [*Liä Dsi* II 1,3,6,9,12,18; III 2][22]

Diese äußerlichen Wirkungen des Besitzes des Tao haben für ihn aber nur noch eine mehr nebensächliche Bedeutung. Er führt an, daß es unter jenen höchsten Menschen solche gab, die ihre übernatürlichen Fähigkeiten als ein Geheimnis für sich behielten und sie nur im Verborgenen gebrauchten, wenn sie dies überhaupt taten. (*Liä Dsi* III 2 [Schluß] und 3 [Anfang].)

Tschuang-tse berichtet von Lieh-tse, daß er auf dem Winde einherzufahren vermochte. (*Dschuang Dsi* I 1)[23]

---

19 [R] Lao-tse nicht durch natürliche Überlegungen (als ob es sich bei ihm um natürliche Überlegungen handelte) erklären.

20 [*Laotse. Tao te king,* übers. von Richard Wilhelm, Jena 1911, 1921.]

21 Kommentar Kramers' (s. Einleitung, S. 19 f.): «Über die Datierungsschwierigkeiten und die relative Chronologie ist von moderner chinesischer Seite Einiges gearbeitet worden. Schweitzer folgt den von ihm benutzten Sekundarquellen, die meist auf die chinesische Tradition zurückgehen.
Der Lao-tse-Text stammt wahrscheinlich aus dem 3. vorchristlichen Jahrhundert. Der Lieh-tse-Text hat wahrscheinlich Schichten, die zeitlich noch mehr auseinander liegen, z. T. viel später [und viel früher? Siehe den folgenden Satz]. So hat Schweitzer wohl recht, diese Gedanken des Lieh-tse als älter denn Lao-tse zu erachten – wodurch seine Andeutung der relativen Chronologie sich erübrigt.»

22 [*Liä Dsi,* übersetzt von R. Wilhelm, Jena 1911, 1921.]

23 [*Dschuang Dsi,* übersetzt von Rich. Wilhelm, Jena 1912, 1920.]

Wenn die vergeistigte Tao-Mystik sich auch noch so hoch über den von magischen Vorstellungen beherrschten primitiven Taoismus erhebt, aus dem sie entstanden ist, so löst sie sich, so unbegreiflich uns dies erscheinen mag, dennoch nicht von ihr los. Die Epochen, in denen, wie zur Zeit der Tang-Dynastie (618–907 n. Chr.), Lao-tse und seine Nachfolger in besonderem Ansehen stehen, sind auch die, in denen der primitive Taoismus und seine magischen Vorstellungen sich der besonderen Gunst des Volkes erfreuen.

Wie die Blüte von den Kelchblättern, so ist die vergeistigte brahmanische und taoistiche Mystik von primitiver Mystik umgeben.

Eine große Rolle spielt in der primitiven Mystik die Ekstase. Die Zauberer, Schamanen und Medizinmänner wissen um die Verfahren, durch die man sich, sei es durch den Saft verschiedener Pflanzen, sei es durch Selbsthypnose in diesen Zustand versetzt. Auch bei den Primitiven der Jetztzeit bezwecken viele der in den Geheimbünden in Brauch stehenden Zeremonien die Herbeiführung der Ekstase.[24]

Das Erlebnis der Ekstase macht auf den primitiven Menschen einen überwältigenden Eindruck. Er erliegt ihm. Sein ganzes Denken wird durch es bestimmt. Er bildet sich seine Anschauung von der Welt nicht mehr auf Grund der durch Erfahrung zu erlangenden Kenntnis derselben, sondern auf Grund der geheimnisvollen Entrücktheit, in die er verfiel. Das Erlebnis der Ekstase nimmt für ihn die Bedeutung einer Offenbarung über das wahre Wesen des Seins an.[25] Es ist für ihn die fundamentale Erfahrung, die den Ausgangspunkt seines Überlegens abgibt.

Weil der Primitive Kenntnis von einem Zustande hat, in dem er sich selber nicht in der Sinnenwelt, sondern in einer übersinnlichen Existenzweise erlebt, steht ihm fest, daß die Sinnenwelt nur die belanglose Erscheinung jener höheren Seinsart ist, in der er sich selber schon befand. In jenem Zustande lernt er auch die Seligkeit kennen, sich nicht mehr in Unruhe, sondern in völliger Ruhe und Willenlosigkeit zu befinden. Darum fühlt er sich über die Welt erhaben und will nichts mit ihr zu tun haben.

Während die ganz primitivste Mystik durch den Glauben an magisch wirkende Zeremonien beherrscht wird, ist das Wesen der bereits weniger primitiven durch das Erlebnis der Ekstase bestimmt.

In dem Erlebnis der Ekstase nimmt alle Mystik ihren Anfang. Sie geht von einer Erkenntnis der Welt aus, die in innerer Schau, mit geschlossenen Augen gewonnen wird.

Das griechische Zeitwort μύειν, müein, von dem sich das Wort Mystik herleitet, bedeutet *die Augen schließen*.

---

24 [R] Heiliger Abend 1939. Lambarene. Von der katholischen Mission höre ich die Gesänge der Mitternachtsmesse.

25 [R] [Hervorhebung des Abschnitts durch Randstrich bis hier, mit Ausrufzeichen.]

Um die Anfänge und den Verlauf des Denkens der Menschheit zu verstehen, muß man sich also über das so überaus Merkwürdige klar werden, daß aus dem Erlebnis der Ekstase ein sich in die späteren Zeiten fortsetzendes Denken entsteht.

Weil es eine Ekstase gibt, kommt von Anfang an neben dem natürlichen ein unnatürliches Denken und neben der Lebens- und Weltbejahung Lebens- und Weltverneinung auf.

Daß die brahmanische Mystik das Erlebnis der Ekstase zur Voraussetzung hat, liegt in den *Upanishad's* zutage. Fort und fort wird in ihnen der Zustand der Weltentrücktheit als das Höchste, das dem Menschen zuteil werden kann, bewertet. Wohl ist die brahmanische Mystik in der Zeit der *Upanishad's* bereits so weit vergeistigt, daß die Idee des Eins-Seins mit dem Brahman auch als ein Ergebnis des Denkens angesehen wird.[26] Immer wird aber noch angenommen, daß der Mensch das Eins-Sein mit dem Brahman in der Ekstase immer aufs neue erleben müsse.

Darum werden in den *Upanishad's* ausführliche Anleitungen gegeben, wie die zur Ekstase führende Konzentration auf das Übersinnliche (Yoga) zu üben sei. Eine große Rolle in diesem Sich-Versenken spielt das Wiederholen des heiligen Lauts Om.

Die Worte Yoga und Yogin hängen mit einem Stamme zusammen, der im lateinischen *iungo*[27] und im deutschen *Joch* vorliegt. Darin kommt zum Ausdruck, daß der Yogin, durch die Übungen, zu denen er sich anhält, seine Verbundenheit mit dem Übersinnlichen erleben will.

Bis in die Jetztzeit hat die Ekstase ihren Platz in der brahmanischen Mystik behalten.

In der Tao-Mystik Lao-tse's und seiner Nachfolger spielt die Ekstase nicht mehr dieselbe Rolle wie bei den Brahmanen. Wohl gibt sich in ihr noch mit aller Deutlichkeit kund, daß sie unter dem Einfluß des Erlebnisses der Ekstase entstanden ist. Es geschieht seiner auch noch Erwähnung. So berichtet Tschuang-tse, daß Kung-tse, als er den Lao-tse besuchte, diesen in einem Zustand der Verzückung antraf, als hätte er die Welt verlassen. (*Dschuang Dsi* XXI 4). Es kommt auch vor, daß Tschuang-tse die Versenkung, in der der Mensch seine Gedanken auf das Tao konzentriert, als ein Sein außerhalb des Leibes und ein Weilen im Unbewußten beschreibt. (*Dschuang Dsi* VI 7; XI 4). Dennoch aber handelt es sich in der Mystik Lao-tse's und seiner Nachfolger mehr um eine Erinnerung an die Ekstase als um diese selbst.

Während bei den Brahmanen der Mensch die Versenkung übt, um der Ekstase teilhaftig zu werden, tritt bei Lao-tse und seinen Nachfol-

---

26 [R]... daß angenommen wird, der Mensch könne also allein durch Denken zur Erkenntnis seines reinen geistigen Wesens und dessen Zugehörigkeit zu dem reinen, in allen Dingen vorhandenen reinen Sein gelangen.

27 [*iungere*: verbinden.]

gern die Versenkung an die Stelle der Ekstase. Das Eins-Sein mit dem Tao wird bei ihnen so völlig in dem auf das Tao gerichteten Denken erlebt, daß die Ekstase bedeutungslos wird.

Daß die Mystik Lao-tse's und seiner Nachfolger der Ekstase entbehren kann, während die der Brahmanen dauernd auf sie angewiesen bleibt, liegt daran, daß sie in der Vergeistigung weiter fortgeschritten ist als diese.

Ihrem geschichtlichen Ursprung nach ist die Mystik aus dem Erlebnis der Ekstase entstanden. An sich aber hat sie es nicht nötig, sich auf es zu berufen. Je mehr sie sich vertieft, desto mehr kommt sie von ihrer Vergangenheit frei und wird, was sie ihrem Wesen nach ist.

In welcher Weise entsteht nun die höhere Mystik aus der primitiven?

Der Antrieb zur Entwicklung ist in dem Erlebnis der Ekstase gegeben. Durch das Bekannt-Werden mit jenem andern Seins-Zustand empfängt der Mensch die Anregung, sich mit dem Wesen des Seins, wie es in ihm und seiner Umwelt vorhanden ist, zu beschäftigen. Damit kommt Denken in der Mystik auf. Indem dieses von dem Erlebnis der Ekstase ausgehende Denken mit dem Wesen des Seins beschäftigt ist, gelangt es notwendig zur Vorstellung der Totalität des Seins. Diese bildet sich in der Mystik früher aus als in dem gewöhnlichen Denken.

Ist die Vorstellung der Totalität des Seins irgendwie vorhanden, so werden das Brahman und das Tao etwas anderes, als sie vorher waren. Sie bedeuten nicht mehr die *Macht*, mit der man durch magische Zeremonien in Beziehung tritt. Es muß nunmehr unter ihnen etwas verstanden werden, das der Totalität des Seins entspricht. Aus magischen werden sie kosmische Größen. Sie sind nun der Inbegriff des Übernatürlichen.

Von der Art, in der sich die Wandlung in der Vorstellung des Brahman vollzog, wissen wir etwas durch die *Brāhmaṇa's*, die *Āraṇyaka's* und die *Upanishad's*. Anfangs sind die Brahmanen noch der Meinung, daß das Geheimnis des Übernatürlichen in den uralten, das Opfer begleitenden Zeremonien und Weihesprüchen verborgen liege und in ihnen zu entdecken sei. Also unternehmen sie es, die vier Teile des *Veda*, insbesondere die, die sich mit dem Opfer befassen, in dieser Absicht zu erforschen und zu deuten, wobei willkürlichste Etymologien und Allegorien die Hauptrolle spielen. Dies ist der für uns so schwer begreifliche Anfang des brahmanischen Denkens, wie er in den *Brāhmaṇa's,* den *Āraṇyaka's* und den *Upanishad's* zutage liegt. Aus diesen Schriften wird aber zugleich ersichtlich, wie die Brahmanen nach und nach dazu fortschreiten, das Problem des Überirdischen auch durch Beobachtungen und Überlegungen, zu denen das Sein Anlaß gibt, zu ergründen. Neben den Geheimnissen der heiligen Überlieferung gewinnen die der Natur für sie Bedeutung. Unter diesen ziehen die des Gebunden-Seins des Lebens an den Odem, [die] des Schlafens, des Träumens, des Enthalten-Seins der

Pflanze in dem Samenkern und des Salzes in dem Salzwasser in besonderer Weise ihre Aufmerksamkeit auf sich. Um diese und andere alltägliche Rätsel erklären zu können, nehmen sie an, daß in allem körperlichen Sein ein nicht-körperliches enthalten sei. Das Übernatürliche wird für sie zum Übersinnlichen, das dem Sein in natürlicher Weise zugehört.

So bildet sich bei ihnen die Lehre aus, daß das eigentliche Wesen aller Dinge etwas Immaterielles und Unvergängliches sei, das aus dem immateriellen und unvergänglichen Urgrunde des Seins, dem Brahman, stammt. Alle Dinge werden als beseelt gedacht. In allem ist etwas enthalten, das aus der Weltseele hervorging und wieder in sie zurückkehrt. Auf diese Weise wird das in der Sinnenwelt stattfindende Entstehen und Vergehen erklärt.

Die Wandlung in der Vorstellung des Brahman gibt sich darin kund, daß es nunmehr auch Ātman (Odem) benannt wird. Der Atem ist für die Brahmanen die Äußerung des Nicht-Körperlichen im Menschen. Ursprünglich wird darunter das Immaterielle des Einzelindividuums verstanden. Nachher bezeichnet es das Immaterielle überhaupt und wird zum Synonym für Brahman.

Die *Brāhmaṇa's*, die *Āraṇyaka's* und die *Upanishad's* bieten keine zusammenhängende Darstellung der brahmanischen Lehre der All-Beseeltheit. Diese findet sich in ihnen nur in größeren oder kleineren Bruchstücken vor, die in Betrachtungen über die vier Teile des Veda eingebettet sind. Überdies sind diese Bruchstücke noch das Werk verschiedener Schulen und verschiedener Zeiten.

Die Wandlung der Vorstellung des Tao können wir nicht in derselben Weise verfolgen wie die des Brahman. Sie hat viel früher als die des Brahman stattgefunden. Es sind keine Texte erhalten, die uns von ihrem Verlauf Kunde geben.

Schon vor Lao-tse ist aus der *Macht* das Ur-Sein geworden. In dieser Bedeutung kommt das Tao schon im *Yin Fu Ging* (*Buch der geheimen Ergänzungen*) vor, einer kurzen Sammlung von Aphorismen, die in die Zeit vor Lao-tse gehört.[28]

Das Ur-Sein stellen sich die Brahmanen und die Taoisten aber nicht in derselben Weise vor. Das Brahman ist als ein unveränderliches, ewig in Ruhe befindliches immaterielles Sein gedacht, von dem die Sinnenwelt mit dem sich in ihr abspielenden Entstehen und Vergehen nur eine wirre, unbegreifliche, bedeutungslose Erscheinung ist. Für Lao-tse und seine Nachfolger ist das Tao aber das Ur-Sein, das die Sinnenwelt in der

---

28 Richard Wilhelm, [*Liä Dsi*, Vorrede S. XVIIIff. (1981, S. 16 ff.).]
[Kommentar Kramers': «Das genannte *Yin fu ging* ist wahrscheinlich auch ein späterer Text, wie Schweitzer später in seinem Ms. auch andeutet.» S. 58.]

ihm entsprechenden Weise aus sich hervorgehen läßt und sich in ihr auswirkt.[29]

Das Brahman ist unschöpferisches und unlebendiges Sein. Die Welt des Geschehens gehört ihm nur wie ein Irrlicht, von dem es umspielt wird, zu.

Hingegen ist das Tao schöpferisches und lebendiges Sein. Es und die Welt des Geschehens gehören organisch miteinander zusammen. Es ist in seinem Wesen gegründet, daß es in einer Welt des Geschehens in Erscheinung tritt und sich in ihr kundgibt.[30]

Wie kommt es, daß das Brahman und das Tao, obwohl sie in der primitiv-magischen Mystik beide dieselbe *Macht* sind, in so verschiedenartiger Weise zum Ur-Sein werden?

Dies liegt daran, daß die Voraussetzungen, unter denen sie die Wandlung durchmachen, in einer Hinsicht nicht dieselben sind. Bei den arischen Indern ist nur eine noch nicht entwickelte Lebens- und Weltbejahung vorhanden. Über diese können sich die Brahmanen hinaussetzen, um an der sich aus dem Erlebnis der Ekstase ergebenden Auffassung des Wesens des Seins festzuhalten und die durch sie geforderte Lebens- und Weltverneinung zu proklamieren.

In China aber finden die Taoisten eine einer alten geistigen Kultur zugehörige Lebens- und Weltbejahung vor, die sich in eingehendem Denken über die Welt entwickelt hat und einen ausgesprochen ethischen Charakter besitzt. Gegen diese kann das aus dem Erlebnis der Ekstase kommende Denken seine Auffassung vom Wesen des Seins und seine Lebens- und Weltverneinung[31] nicht völlig behaupten. Es muß ihr Zugeständnisse machen. Unter dem Einfluß dieser Lebens- und Weltbejahung kann sich die Tao-Mystik das Wesen des Seins nicht mehr als ewige Unbewegtheit und Unveränderlichkeit vorstellen, wie es das aus dem Erlebnis [der Ekstase] kommende Denken verlangt, sondern muß es als schöpferisches Sein, das sich in der Welt sinnvoll auswirkt, auffassen. Auch die Lebens- und Weltverneinung vermag sie sich nicht zu eigen zu machen. In einem aber setzt sich das aus der Ekstase kommende Denken durch: Lao-tse und seine Nachfolger proklamieren den Grundsatz der Nicht-Tätigkeit.

In Theorie bekennt sich die taoistische Mystik zur Lebens- und Weltbejahung. Der Grundsatz des Verhaltens aber, den sie aufstellt, gehört der Lebens- und Weltverneinung an! Die Lebens- und Weltbejahung und die Lebens- und Weltverneinung bringt sie in der Weise miteinander in Einklang, daß die Nicht-Tätigkeit nicht aus der Lebens- und Weltverneinung, sondern daraus begründet wird, daß das Tun, mit dem

29 [R] Logische Entwicklung.

30 [R] 31.12.39. Sonntag. Lambarene.

31 [Ms.:] Lebens- und Weltbejahung.

der Mensch etwas in der Welt ausrichten will, etwas Äußerliches ist, das sich nicht in Übereinstimmung mit dem geheimnisvollen, von innen heraus geschehenden Wirken des Tao befindet.

Der chinesische Geist läßt sich nicht dazu bewegen, auf Grund des Erlebnisses der Ekstase die Welt preiszugeben, sondern erhebt sich in der Versenkung in das Geheimnis des Geschehens zu einer verinnerlichten und vergeistigten Lebens- und Weltbejahung, die keine Taten mehr fordert und so den sich aus dem Erlebnis der Ekstase ergebenden Grundsatz der Nicht-Tätigkeit anerkennen kann.

Die brahmanische Mystik ist etwas Einheitliches, weil sie ganz von dem Erlebnis der Ekstase eingegeben ist. Weil der Mensch in der Ekstase den Seligkeitszustand erlebt, in dem alle Unruhe und aller Tätigkeitsdrang von ihm abgefallen sind, stellt er sich das Brahman als reines, unbewegtes Sein vor und verneint die Sinnenwelt und das Dasein, das er in ihr führt.

Die taoistische Mystik ergibt sich [nicht][32] in dieser Weise aus dem Erlebnis der Ekstase. Sie ist etwas Uneinheitliches. In ihr sehen sich die auf das Erlebnis der Ekstase zurückgehende, der Lebens- und Weltverneinung verfallene Mystik und eine tiefe Lebens- und Weltbejahung [gezwungen,] aufeinander einzugehen und sich miteinander zu versöhnen. Alle Versuche, dieses Uneinheitliche, in dem Lebens- und Weltverneinung und Lebens- und Weltbejahung in Spannung miteinander stehen, als etwas zu begreifen, das rein aus Überlegungen über das Sein entstanden ist, sind aussichtslos. Es handelt sich um ein geschichtlich gewordenes Gebilde.

Aus dem Einfluß der Lebens- und Weltbejahung ist auch zu erklären, daß die Ekstase in der Mystik Lao-tse's und seiner Nachfolger keine Rolle mehr spielt. Sie muß in den Hintergrund treten, weil sie ein Erlebnis ist, aus dem sich immer aufs neue die Idee der Lebens- und Weltverneinung ergibt.

Weil sie unter dem Einfluß der Lebens- und Weltbejahung steht, kommt in der taoistischen Mystik auch keine Askese auf. Die brahmanische Mystik hingegen kennt Weltentsagung,[33] die in Fasten und Selbstkasteiung geübt wird.

Die Einheitlichkeit macht die Stärke der brahmanischen, die Uneinheitlichkeit den Reichtum der taoistischen Mystik aus. Die eine ist wie eine rein gothische Kathedrale, die andere wie eine, in [der] Romanisches und Gothisches sich nebeneinander finden.

Mit der Veränderung, die in der Vorstellung des Brahman und des Tao vor sich geht, erhält die Mystik einen neuen Sinn. Mit der *Macht* wollte der Mensch in Beziehung treten, einzig um übernatürliches Vermögen

32 [Nach dem auf Ms.-S. 35 vorhandenen Entwurfsfragment ergänzt.]
33 [Zuerst:] Das Ideal der Weltentsagung.

zu erlangen. Es ergab sich daraus nichts für sein Verhalten zur Welt und [für] seine Lebensführung. Eine ganz andere Bedeutung hat aber das Eins-Sein mit dem Brahman und dem Tao, wenn diese kosmische Größen sind, in denen das Wesen des Seins offenbar wird. Hier tritt der Mensch mit dem unendlichen Sein in Beziehung. Auf Grund der Einsicht in das Wesen des Seins, zu der er gelangt ist, macht er sich nun eine Vorstellung von seinem Dasein und entschließt sich, es diesem entsprechend zu verbringen. Die höhere Mystik enthält eine Lebens- und Weltanschauung.

Darum hört sie auf, eine Sache von Menschen zu sein, die Kreisen angehören, in denen das Geheimnis magisch wirkender Zeremonien überliefert und die zur Ekstase führende Versenkung geübt wird. Sie geht nun den Menschen als solchen an. Sie steht als der wahre Weg des Lebens allen denen offen, die ihn begehen wollen.

Sich davon Rechenschaft zu geben, daß ihre Mystik nun etwas geworden ist, das sich an alle Menschen wendet, soweit sie der dazu erforderlichen Erkenntnis und Versenkung fähig sind, fällt den Brahmanen, die bisher das Eins-Sein mit dem Brahman als etwas ansahen, das nur sie erleben konnten, nicht leicht. In den *Upanishad's* sind sie noch nicht dazu gekommen, es sich einzugestehen.

Auch hierin ist die taoistiche Mystik der brahmanischen voraus. Lao-tse und seinen Nachfolgern ist es etwas Selbstverständliches, daß es dem Menschen als solchem bestimmt ist, in den Besitz des Tao zu gelangen, wenn er sich in der rechten Weise darum bemüht. Es ist bei ihnen keine Erinnerung mehr vorhanden, daß dies einst das Vorrecht der Schamanen und Zauberer war. Schon lange vor Lao-tse sind es nicht mehr diese Priester des volkstümlichen Tao-Glaubens, sondern Laien, die die Führung in der Tao-Mystik innehaben. In ihrem Denken macht sie die Fortschritte in der Vergeistigung und erreicht die Tiefe und Innerlichkeit, die in den Sprüchen des *Tao te king* einen so ergreifenden Ausdruck findet.[34]

In der primitiven Mystik ist die Idee der Mystik, daß der Mensch mit einem höheren Sein in Beziehung tritt, gegeben. Unter der Einwirkung des Denkens, das durch die Ekstase angeregt wurde, sich mit dem Problem des Wesens des Seins zu beschäftigen und dabei zur Vorstellung der Totalität des Seins gelangte, erhält die Idee einen neuen Inhalt.

So erklärt sich, daß die Mystik die Denkart ist, die in dem großen Frühling des Denkens der Menschheit als erste zu voller Entfaltung kommt. Es gibt eine tiefe Mystik, bevor die Weltreligionen entstehen.

Weil sie die primitive Mystik als den Wildling vorfindet, aus dem sie sich durch Veredelung entwickelt, erreicht die höhere Mystik in Indien und in China eine so frühe Vollendung.

---

34 [R] Silvester 1939. Lambarene. Um Mitternacht. Ein milder Regen fällt.

[II.] Das indische Denken

Die so großartig einfache brahmanische Mystik des Eins-Werdens der Einzelseelen mit der Weltseele ist von dem Gedanken beherrscht, daß der Mensch seinem wahren Wesen nach über die Sinnenwelt erhaben ist. Es waltet ein stolzer Geist in ihr. Die Versenkung in die Weltseele, die die Brahmanen fordern, hat nichts mit der Idee der Erlösung zu tun. Die Seele flüchtet sich nicht aus der Sinnenwelt, sondern gibt ihr hoheitsvoll den Abschied, weil sie den Trug, als ob sie in ihr beheimatet wäre, durchschaut hat und um ihre Zugehörigkeit zum ewigen, unveränderlichen Sein weiß.

Mit den Brahmanen hat Buddha (etwa 557–477 v. Chr.) die Lebens- und Weltverneinung gemein. Aber sie ist bei ihm bereits anderer Art als bei ihnen. Er sieht in der Welt nicht nur, wie es die Brahmanen tun, eine bedeutungslose Erscheinung des Seins, sondern wendet sich von ihr auch deswegen ab, weil sie, auf Grund seiner Erfahrung, durchaus leidvoll ist und dem Menschen nicht die Befriedigung geben kann, die er in ihr sucht. So tritt bei ihm an Stelle der Idee des Erhabenseins über die Welt die der Erlösung von dem leidvollen Sein in ihr.

Buddha gibt die Mystik des Eins-Werdens mit dem Brahman preis. Er will nicht an ein ewiges Sein glauben, sondern ist der Ansicht, daß die wahre Erlösung nur in dem Aufhören des Seins, dem Nirvāṇa, bestehen könne.

Miteinander müssen aber die Brahmanen und Buddha feststellen, daß nur wenige ihrer Zeitgenossen die Einsicht und die Energie aufbringen, um die völlige Abwendung von der Welt, die als die einzig sinnvolle Lebensführung zu gelten hat, durchzuführen. Die andern leben dahin, als wäre die große Wahrheit, daß die Welt ein Gaukelspiel und das Leben nicht lebenswert ist, noch nicht entdeckt. Sie freien und lassen sich freien, sie ziehen Kinder auf, sie bebauen den Acker, sie treiben Handel, sie trachten nach Glück, Reichtum und Macht, sie herrschen und werden beherrscht, sie führen Krieg und werden bekriegt. In allem verbleiben sie also bei der Lebens- und Weltbejahung, die sie aufgeben sollten.

Weil sie noch im tätigen Leben stehen, erkennen sie noch die Geltung ethischer Vorstellung an. Der zur völligen Losgelöstheit von der Welt gelangte Brahmane darf stolz erklären, daß er sich wie von dem Tun so auch von den dafür gültigen Vorstellungen von Gut und Böse abgewandt hat und sich in seiner Tatenlosigkeit nicht um Pflichten, die er versäumt, kümmert. Der Mensch hingegen, der das gewöhnliche Dasein führt, kann nicht anders als Pflichten anzuerkennen und zwischen Gut und Böse zu wählen.

Das Merkwürdige ist nun, daß die Brahmanen und Buddha dieses Verbleiben der Vielen in dem Wirken und Streben nicht, wie sie es von ihrer Erkenntnis aus sollten, als folgenschwere Verirrung bekämpfen. Sie finden sich damit ab. Dies ermöglicht ihnen die Lehre von der Wiedergeburt (Saṃsāra), die auch als Lehre von der Seelenwanderung (Metempsychose) bezeichnet wird.

Die Vorstellung, daß der Mensch hintereinander eine ganze Reihe irdischer Existenzen zu durchlaufen hat,[35] gehört nicht dem ältesten indischen Denken an. Sie findet sich nicht in den vedischen Hymnen. In jener ältesten Zeit erhoffte man für die Abgeschiedenen, daß sie in die himmlische Welt der Götter eingehen. Erst in den *Upanishad's* tritt die Lehre von dem Wiedergeboren-Werden auf. Sie geht auf einen Mythus von der Wanderung der Gestorbenen zu dem Reiche der Seligen zurück, in dem das Zu- und Abnehmen des Mondes daraus erklärt wird, daß er in der Periode des Zunehmens die von der Erde kommenden Seelen in sich aufnimmt und sie in der Zeit des Abnehmens zum Himmel weiterwandern läßt oder sie im Regen wieder auf die Erde herabsendet.

Die Lehre, daß die Menschen einen Kreislauf von irdischen Existenzen durchwandern, erlaubt eine Erklärung dafür, daß die Vielen noch in unbefangener Lebens- und Weltbejahung dahinleben. Sie sind noch nicht zur Wiedergeburt in diejenige Existenz gelangt, in der sie die Fähigkeit erlangen, die Lebens- und Weltverneinung als die Erkenntnis, die not tut, einzusehen. Einmal aber wird ihnen dies zuteil werden.

Das Zugeständnis, das die Brahmanen der Lebens- und Weltbejahung zuteil werden lassen, besteht darin, daß sie den Menschen, die im gewöhnlichen Leben verbleiben, die Tätigkeit, insoweit als sie durch ihre Kaste gefordert wird, erlauben und sogar zur Pflicht machen. Buddha bleibt dabei, Tätigkeit grundsätzlich abzulehnen. Er findet sich [aber][36] mit ihr als mit einem nicht zu vermeidenden Übel ab.

Daß Lebens- und Weltverneinung und Lebens- und Weltbejahung im indischen Denken miteinander vorhanden sind und miteinander in Spannung stehen, macht seine eigentümliche Kompliziertheit aus. Die durch die brahmanische Mystik und den Buddhismus entthronte Lebens- und Weltbejahung kann sich auf die Dauer nicht damit begnügen, bloß geduldet zu sein. Sie lehnt sich auf und erobert mit der Zeit eine Position nach der andern, bis sie, in der Neuzeit, in der Lage ist, sich [mit] der [völligen, unbehinderten] Lebens- und Weltbejahung zu mes-

35 [R] Fortgesetzte Wiederkehr des Menschen in ein neues Dasein.

36 [Gestrichene Fassung:] Buddha geht nicht so weit[, diesen Menschen die Tätigkeit gar zur Pflicht zu machen]. Er findet sich mit der Tätigkeit als einem ...

sen. Der Verlauf des indischen Denkens ist durch dieses in ihm allmählich erfolgende Aufkommen der Lebens- und Weltbejahung bestimmt.

Verdeckt wird der im indischen Denken bestehende Zwiespalt dadurch, daß die Lebens- und Weltbejahung bis in die Neuzeit hinein die Geltung der Lebens- und Weltverneinung anerkennt und für sich selber keine Forderung stellt, sondern sich vorerst nur für eine immer weiter gehende Anerkennung der Berechtigung des tätigen Verhaltens einsetzt.

Die erste bedeutende Forderung, die die Lebens- und Weltbejahung zugunsten des tätigen Verhaltens erhebt, ist die, daß der in frommer Gesinnung vollbrachten Tat der gleiche Wert zugestanden werden solle wie der Abkehr von der Welt in Nicht-Tätigkeit.

Diese Position wird durch den neben dem Brahmanismus und Buddhismus emporkommenden Hinduismus erobert.

Der Hinduismus unterscheidet sich vom Brahmanismus und Buddhismus darin, daß er eine lebendige Religion ist. Der Brahmanismus und der ursprüngliche Buddhismus sind philosophische Weltanschauungen. Erst der spätere Buddhismus entwickelt sich zu einer Religion.

Der Hinduismus ist eine monotheistische Religion, die sich etwa um 700 v. Chr. aus dem volkstümlichen Polytheismus in Kreisen, in denen der Krishṇakult heimisch ist, zu entwickeln beginnt. Dieser Monotheismus bekämpft den Polytheismus nicht, sondern duldet ihn neben sich, indem er alle Gottheiten als Erscheinungsweisen eines All-Gottes auffaßt. Der für den Allgott im Hinduismus gewöhnlich gebrauchte Ausdruck ist Bhagavad, der Erhabene.

Der All-Gott wird nicht als ein neben und über der Welt existierender Weltschöpfer und Weltregierer, sondern als der Urgrund des Seins, der die Welt aus sich hervorgehen ließ, aufgefaßt. In dem älteren Hinduismus besitzt er auch noch kein ausgesprochen ethisches Wesen. Dieses erlangt er erst in späterer Zeit.

Es handelt sich also um einen Monotheismus, der anders geartet ist als der Zarathustras, der jüdischen Propheten und des Christentums. Von diesen andern monotheistischen Religionen unterscheidet sich der Hinduismus auch darin, daß er von dem Menschen nicht nur Gehorsam gegen Gott und Liebe zu ihm, sondern Eins-Werden mit ihm in völliger Hingabe (Bhakti) an ihn verlangt. Er ist eine mit der Mystik verwandte Religion, in der eine lebendige Frömmigkeit vorhanden ist.

Diese sich ausbildende monotheistiche Volksreligion findet die brahmanische Mystik als etwas Fertiges vor und erfährt ihren Einfluß. Auf diesen geht zurück, daß der Hinduismus eine Art Mystik ist und daß er die Lebens- und Weltverneinung als höchste Erkenntnis gelten läßt. Da er aber aus einer ursprünglich auf Lebens- und Weltbejahung eingestellten Volksreligion entstanden ist, trägt er dementsprechende Tendenzen in sich. Diese befinden sich in Spannung mit der vom Brahmanentum übernommenen Lebens- und Weltverneinung. Auf die Dauer vermag darum die auf die Betätigung ausgehende hinduistische Frömmigkeit ihr eigentliches Wesen nicht zu verleugnen. Mit Notwendigkeit kommt sie dazu, sich gegen die brahmanische Denkweise aufzulehnen und, ohne der Lebens- und Weltverneinung die Anerkennung zu versagen, eben jenes Zugeständnis zu verlangen, daß der der frommen Gesinnung entspringenden Tätigkeit derselbe Wert wie der von der Weltentsagung eingegebenen Nicht-Tätigkeit zuerkannt werde.

In der *Bhagavad-Gītā* wird dem Hinduismus seine Forderung vom Brahmanentum zugestanden.

Die *Bhagavad-Gītā* (*Der Gesang des Erhabenen*) ist ein wohl dem 3. Jahrhundert v. Chr. angehöriges Stück des großen Epos Mahābhārata, in dem die Kämpfe der Fürsten aus dem Geschlechte der Bharata's mit denen aus dem Geschlechte der Pāṇḍava's, ihren Verwandten, besungen werden. In diese Erzählung finden sich eine Reihe von lehrhaften Gesängen eingeschoben, von denen die *Bhagavad-Gītā* in der der Hinduismus das Wort führt, der bedeutendste ist.[37] Sie enthält die Belehrung, die der Gott Krishṇa, der hier in der Gestalt des Wagenlenkers des Helden Arjuna auftritt, diesem zuteil werden läßt. Die beiden Heere stehen einander kampfbereit gegenüber. Arjuna sollte das Zeichen zur Schlacht geben. Unentschlossen, mit gesenktem Bogen, sitzt er in seinem Streitwagen. Er ist im Zweifel, ob er die Verantwortung eines zwischen Verwandten stattfindenden Mordens auf sich nehmen dürfe. Da richtet Krishṇa das Wort an ihn und überzeugt ihn, daß er es nicht nur tun dürfe, sondern auch müsse.

Sowohl durch das Aufgeben der Werke als auch durch die Ausübung der Werke, führt er aus, kann der Mensch die Vollkommenheit erlangen. Die Ausübung der Werke ist sogar vorzüglicher als das Aufgeben der Werke. Zwischen Tätigkeit und Nicht-Tätigkeit ist nur ein relativer Unterschied, weil es einzig auf die Gesinnung bei dem einen wie bei dem andern Verhalten ankommt.

Die Welt, belehrt Krishṇa den Arjuna, ist ein unbegreifliches Schauspiel, das Gott sich selber veranstaltet. Es ist nicht in des Menschen Belieben gestellt, ob er sich daran beteiligen will oder nicht. Wenn Gott selber Tätigkeit ausübt, indem er die Welt hervorbringt und erhält, kann der Mensch nicht gut für sich selber erwählen, ohne Werke zu bleiben.

Welches ist nun aber das fromme Tun, für das Krishṇa eintritt?

Die Vorstellung des frommen Tuns erfährt in der *Bhagavad-Gītā* eine merkwürdige Einschränkung. Es wird darunter nicht dasjenige verstanden, das aus der von Gott eingegebenen Liebe kommt, die dem Nebenmenschen Wohltat erweisen will.[38] Die Idee der Liebe zu Gott, die sich

---

37 [Siehe Literaturverzeichnis zum indischen Denken, Anhang, S. 347.]

38 [R] Alles in der Absicht, etwas in der Welt auszurichten, vollbrachte Tun wird verworfen. Nicht auf die Hingabe an die Menschen kommt es an, sondern auf die an Gott...

in Liebe zu den Menschen auswirken will, ist nicht vorhanden. Für fromm wird das Tun einzig daraufhin erklärt, daß es ausschließlich in Hingabe an Gott vollbracht wird. Was es ausrichten will, bleibt außer Betracht. Es darf überhaupt keine andere Absicht, als den Willen Gottes auszuführen, damit verbunden sein. Als die höchste Gesinnung verlangt die *Bhagavad-Gitā* von dem Menschen, also nur dies, daß er die Rolle, die ihm in dem von Gott veranstalteten Spiele zukommt, übernehme und von ihr ganz erfüllt sei, ohne sich um ihren Sinn zu kümmern.

Der von der *Bhagavad-Gitā* aufgestellte Begriff des frommen Tuns ist so leer und so unnatürlich, daß unser unter dem Einfluß der christlichen Idee der Liebe stehendes Denken Mühe hat, über ihn überhaupt ins Klare zu kommen. Darum wird die *Bhagavad-Gitā* gewöhnlich so gedeutet, als ob sie Liebe zu Gott, die sich in Liebe zu den Menschen kundtut, lehrte, was aber dem klaren Wortlaut und der Logik des Textes widerspricht.

Zum Schlusse führt Krishṇa an, daß der Mensch in der Hingabe an Gott sich auch berufen fühlen kann, zu vollbringen, was nach menschlichem Ermessen nicht gut ist. Der All-Gott ist über das, was der Mensch als gut und böse ansieht, erhaben. Die einzige Frage, die dieser sich vorzulegen hat, ist die, ob er sich zu dem Werke als zu einem, das ihm von Gott zugewiesen wird, entschließt und ob er es rein in diesem Gedanken vollbringt. Steht ihm diese Überlegung fest, so bleibt er frei von Schuld, auch wenn er tötet. Das nach menschlichem Urteil nicht-gute Werk wird durch die Gesinnung, in der es vollbracht wird, gut.

Auf Grund dieser von ihm erteilten Belehrung fordet Krishṇa den Arjuna auf, als einer, der begriff, was ihm bisher verborgen war, das Zeichen zur Schlacht zu geben, was er auch tut.

Um zu verstehen, warum die *Bhagavad-Gitā* zu ihrem leeren und unnatürlichen Begriff des frommen Tuns kommt, muß man sich vergegenwärtigen, um was es sich für sie handelt. Sie verlangt von der Lebens- und Weltverneinung, daß sie dem frommen Tun Anerkennung gewähre. Dieses Zugeständnis kann sie aber nicht für das fromme Tun überhaupt, sondern nur für dasjenige erreichen, das es aufgibt, sich für die Welt zu interessieren und etwas in ihr ausrichten zu wollen. Indem es so seinen natürlichen Sinn verliert, bereitet es der Lebens- und Weltverneinung keinen Anstoß mehr. Es findet gewissermaßen in ihrem Geiste statt.

Das in der *Bhagavad-Gitā* zwischen dem Brahmanismus und dem Hinduismus auf Grund der Fiktion des ohne Absichten vollbrachten Tuns abgeschlossene Abkommen ist in einer Weise ausgeklügelt, wie dies nur dem in Verlegenheit befindlichen priesterlichen Scharfsinn möglich ist. Beide Parteien machen sich undurchführbare Zugeständnisse. Die hinduistische Frömmigkeit legt ihrer Lebens- und Weltbejahung die ihr unmögliche Beschränkung auf, daß sie die Lebens- und

Weltverneinung als zu recht bestehend anerkennt. Die brahmanische Lebens- und Weltverneinung ihrerseits legt sich die gleich unmögliche Beschränkung auf, daß sie einer bestimmten Art von tätiger Lebensführung den gleichen Wert zugesteht wie der Losgelöstheit von der Welt.

In der *Bhagavad-Gitā* wird offenbar, wie erfinderisch und verschlagen das Denken unter dem Zwang, die Forderung sowohl der Lebens- und Weltverneinung als auch der Lebens- und Weltbejahung gelten zu lassen, geworden ist.

Die Lebens- und Weltverneinung scheint der bei dem Abkommen im Vorteil befindliche Teil zu sein, weil die Lebens- und Weltbejahung ihr den Vorrang läßt. In Wirklichkeit ist sie es, die nachgibt. Die Lebens- und Weltbejahung erreicht von ihr die Anerkennung der Gleichberechtigung des frommen Tuns mit dem Verhalten der Losgelöstheit von der Welt, also etwas, das sie ihr bisher in keiner Weise zugestand, und bestätigt ihr hierfür nur, daß sie ihre Autorität auch weiterhin gelten lassen will.

In der *Bhagavad-Gitā* trägt die Lebens- und Weltbejahung also einen ersten Erfolg gegen die Lebens- und Weltverneinung davon. Mag er sich auch bescheiden ausnehmen, so bedeutet er dennoch viel. Durch das Zugeständnis, das sie der hinduistischen Lebens- und Weltbejahung machen mußte, ist die Autorität der brahmanischen Lebens- und Weltverneinung erschüttert. Wenn das Tun sie auch noch anerkennt, so nimmt es nunmehr doch eine Stellung ein, die es ihm einmal, wenn es genügend erstarkt ist, ermöglicht, sich von ihr zu emanzipieren.

Ein neuer Vorstoß der Lebens- und Weltbejahung muß kommen. Die tätige Frömmigkeit kann sich an den Kompromiß, den sie einging, nicht halten. Sie kann sich nicht dauernd verstellen, als verzichtete sie darauf, in der Welt etwas ausrichten zu wollen. Sie muß wieder natürlich werden und sich als solche durchzusetzen versuchen.[39]

Und zuletzt muß es dann dahin kommen, daß die in der hinduistischen Frömmigkeit enthaltene Lebens- und Weltbejahung nicht nur die Anerkennung des Tuns verlangt, sondern mit offenem Visier gegen die brahmanische Lebens- und Weltverneinung auf den Plan tritt und ihr den Platz streitig macht.

Die treibende Kraft in dieser Entwicklung ist der Hinduismus. Er ist es, der zwischen 800 v. Chr. und 1500 n. Chr. den die Konzessionen an die Lebens- und Weltbejahung verweigernden Buddhismus überwindet und aus Indien vertreibt. Den Brahmanismus, der seine Fähigkeit, nachgiebig zu sein, in der *Bhagavad-Gitā* erwiesen hat, macht er mehr und

---

39 [R] Lambarene. Dienstag 19. Okt. 39. Die Regen setzen ein. [Dieser Teil (ab S. 40) ist demnach früher als der vorangehende mit späterem Datum geschrieben und die definitive Paginierung also ebenfalls später vorgenommen worden. (Frühere Paginierungen sind ausradiert, aber z. T. noch sichtbar.)]

mehr seinem Geiste dienstbar, indem er die brahmanische Mystik im Sinne seiner eigenen umdeutet.

Die Energie, sich immer mehr gegen das brahmanische Ideal der Tatenlosigkeit durchzusetzen, erlangt die hinduistische Frömmigkeit dadurch, daß sie mehr und mehr durch ethische Gedanken bestimmt wird. Erst das dem Ethischen mit Entschiedenheit dienstbar werdende Tun empfindet sich als so durchaus notwendig, daß es einem anderen Verhalten keine Berechtigung mehr zuerkennen kann.[40]

Der in *Bhagavad-Gitā* zu Worte kommende Hinduismus besitzt noch keinen ausgesprochen ethischen Geist. Der All-Gott wird noch nicht als ethische Persönlichkeit vorgestellt. Etwa von Beginn unserer Zeitrechnung an beginnt sich dann die Idee des ethischen Wirkens auszubilden. Die treibenden Kräfte dieser Entwicklung sind in der überlieferten Ethik der alt-eingesessenen Bevölkerung Indiens gegeben. Diese hat sich ein natürliches entwicklungsfähiges ethisches Empfinden bewahrt.

Die vom Gedanken des Wirkens erfüllte Ethik geht vom südlichen Indien aus. Dies hat seine geschichtlichen Gründe. Als die Arier, etwa um 1500 v. Chr., in Indien eindrangen, fanden sie dort eine auf einer gewissen Höhe stehende Kultur vor.[41] Im nördlichen Indien, wo sie sich nierderließen, vermochte diese sich nicht als solche zu erhalten. Hier setzte sich mit der Zeit die der Eroberer durch, die sich, als diese nach Indien kamen, noch in den Anfängen befand. Bei den Völkern Südindiens hingegen, wo der brahmanische Einfluß viel geringer war als im Norden, entwickelte sich das Geistesleben den in der Überlieferung gegebenen Elementen einer natürlichen ethischen Lebens- und Weltbejahung entsprechend und übte einen Einfluß auf den Hinduismus und durch diesen auf das indische Denken überhaupt aus.

Eine sich in tätiger Menschenliebe auswirkende Frömmigkeit wird im *Kural*, einer wohl im 2. Jahrhundert n. Chr. entstandenen Sammlung ethischer Sprüche, als zum wahren Menschentum gehörig gefordert.

Von Bedeutung für die Fortschritte des Hinduismus in ethischer Hinsicht ist, daß in ihm, vom Mittelalter an, Rāma, ein durch und durch ethischer Gott, die gleiche Verehrung wie Vishṇu, Śiva und Krishṇa zu genießen beginnt. Durch diese nun als eine der bedeutendsten Erscheinungen des All-Gottes angesehene Gottheit kommt das Ethische in dem Charakter des All-Gottes nunmehr stärker zur Geltung.

Der große hinduistiche Lehrer Rāmānanda (etwa 1400 n. Chr.), ein Rāma-Verehrer, verwirft auf Grund der Nächstenliebe die Kastenunterschiede und verlangt die Anerkennung der Menschenwürde und der Menschenrechte der Ärmsten und Verachtetsten des Volkes.

---

40 [R]... daß es die Abdankung der frommen Nicht-Tätigkeit betreiben muß.
41 [Siehe oben, S. 23 ff.]

Der berühmte Dichter Tulsī-Dās (1532–1624), der in der Hindī-Volkssprache des östlichen Indiens die Taten Rāmas besingt, stellt ihn den Menschen als sittliches Vorbild hin und lehrt die Bruderschaft aller Menschen.

Aber erst in der Neuzeit, wo das indische Denken mit der sich im 18. und 19. Jahrhundert im Christentum und im europäischen Denken ausbildenden ethischen Lebens- und Weltbejahung bekannt und von ihr beeinflußt wird, erstarkt die ethische Lebens- und Weltbejahung im Hinduismus so weit, daß sie sich mit der Lebens- und Weltverneinung grundsätzlich auseinanderzusetzen beginnen kann. Von der Lebens- und Weltverneinung abzukommen, fällt den neu-indischen Denkern deswegen nicht leicht, weil sie sie in einer Jahrhunderte zurückreichenden Überlieferung vorfinden, und auch weil sie der Überzeugung sind, daß sie es ist, die dem Denken die Tiefe und Innerlichkeit verleiht. Tatsächlich ist das indische Denken von der Gefahr der Verflachung, der das europäische Denken so vielfach erlegen ist, durch die Lebens- und Weltverneinung – und auch durch die Mystik – bewahrt geblieben.

Die bedeutendsten neu-indischen Denker sind Rām Mohan Rai (1772–1833), Debendranāth Tagore (1817–1905), Keshab Candra Sen (1838–1884), Dayānand Sarasvatī (1824–1883), Ramakrishṇa (1834–1886) und sein Schüler Svāmin Vivekānanda (1863–1902), Rabīndranāth Tagore (geb. 1861[, gest. 1941]), Mahatma Gandhi (geb. 1869[, Opfer eines Attentats, 1948]) und Aurobindo Ghose (geb. 1872[, gest. 1950]).

Von diesen Denkern versucht Gandhi, unter dem Einflusse Buddha's stehend, bei der Lebens- und Weltverneinung zu verbleiben. In dem ehelosen Leben und in dem Verzicht auf alles, was das Dasein bieten kann, sieht er das Ideal. Zugleich mit dieser Weltentsagung verlangt er aber, daß der Mensch dem Mitmenschen und der Gesellschaft in ethischem Wirken diene. Darum kann er unter der Losgelöstheit von der Welt nicht mehr dasselbe verstehen wie die Brahmanen. Sie begreift bei ihm nicht mehr die Nicht-Tätigkeit in sich. Für Gandhi ist die tätige Liebe eine höchste Äußerung der Losgelöstheit von der Welt.

Dem ethischen Wirken die ganze ihm in der Welt zukommende Aufgabe zu setzen, vermag Gandhi aber nicht. Die Lebens- und Weltverneinung läßt es nicht zu, daß er mit dem Ideal einer in jeder, sowohl in geistiger und ethischer als auch in sozialer und materieller Weise vorankommenden Menschheit beschäftigt ist. Die Errungenschaften des Wissens und Könnens, die die Schaffung günstigerer Daseinsbedingungen ermöglichen, unter ihnen sogar die wissenschaftliche Medizin, die den Leidenden Linderung und Heilung bringt, lehnt er ab. Der Kreis des Wirkens erfährt bei ihm also eine weitgehende Einschränkung. Welches Interesses für gewisse weltliche Dinge Gandhi aber fähig ist, zeigt sich darin, daß er sich politisch betätigt. Er nimmt sich das Recht, nationalistisch zu sein, ohne sich einzugestehen, daß sein Nationalismus eine starke und nicht in jeder Hinsicht untadelige Äußerung von Lebens- und Weltbejahung ist. Natürlich vermag er seine Lebens- und Weltverneinung und die eigentlich mit der Lebens- und Weltbejahung zusammenhängende Idee des ethischen Wirkens nicht in überzeugender Weise miteinander in Einklang zu bringen. Daraus ergeben sich die Widersprüche, die in seinem Denken anzutreffen sind, je nachdem er unter dem Einfluß der Lebens- und Weltverneinung oder der Idee des ethischen Wirkens steht. Nicht immer hält er die sonst in harten Worten ausgesprochene Mißachtung der Errungenschaften des Wissens und Könnens aufrecht. Es kommt vor, daß er weitherziger urteilt und den und jenen unter ihnen dennoch irgendwie eine Bedeutung zugesteht, die eine unausgesprochene Lebens- und Weltbejahung in sich enthält.

Auch die andern neu-indischen Denker legen in erster Linie Wert auf die Fortschritte auf dem Gebiete des Geistigen und Ethischen. Aber sie lehnen die Errungenschaften des Wissens und Könnens nicht ab, wie es Gandhi tut, wenn sie auch kein besonderes Interesse für sie bekunden.[42]

Alle treten sie für soziale Reformen ein. Die meisten von ihnen erheben auch nationale Forderungen. Indem sie den Dingen der Welt ein so weitgehendes Interesse entgegenbringen und sich für das Wirken entscheiden, verhalten sie sich im Sinne der Lebens- und Weltbejahung. Aber sich zu dieser zu bekennen, fühlen sie keine Nötigung. Obwohl das indische Denken bei der Frage Lebens- und Weltverneinung oder Lebens- und Weltbejahung angekommen ist und diese sie irgendwie beschäftigt, vermeiden sie es, ihr auf den Grund zu gehen.

Um ihr eigentümliches Verhalten zu verstehen, muß man sich die Lage, in der sie sich befinden, vergegenwärtigen. Daß sie sich von dem überlieferten Denken lossagen und die Geltung eines neuen Denkens proklamieren, kann für sie nicht in Betracht kommen. Die Autorität der Überlieferung ist so groß, daß es ausgeschlossen ist, etwas gegen sie zu unternehmen. Die einzige Möglichkeit, der neuzeitlichen ethischen Lebens- und Weltbejahung Anerkennung zu verschaffen, besteht darin,

---

42 [R] In sozialen Reformen sind sie auch freier als Gandhi, insofern als sie nicht wie er an Anschauungen, die mit dem Brahmanentum zusammenhängen, festhalten. So z. B. hält Gandhi an der Institution der Kasten fest.

[R] Das nationale Interesse. Die indische Nation erneuern. Politische Ziele [...] Eine Religion festlegen, in der der Antrieb zu der allgemeinen Vervollkommnung der Einzelnen gegeben ist. Der Einzelne nicht mehr nur [mit] sich beschäftigt, sondern die [...] Vervollkommnung [wird] nur [erreicht] in der Hingabe an die Aufgabe, die ihm in dem Volke und in der [...] Gesellschaft zufallen. Darin erfüllt [sich] der Wille Gottes, und [die] Idee des Fortschritts ergreift von ihnen Besitz. Dies [ist] das Neue. Reformieren [...] (Rām Mohan Rai) machen sich frei von [der] Überlieferung. Verhalten sich kritisch gegen sie.

daß sie sie durch Künste der Auslegung in die vedischen Schriften hineinlegen und so das Neue als alt ausgeben.[43]

Die vedischen Schriften bestehen aus dem *Rig-Veda* (der Sammlung der vedischen Hymnen), dem *Sāma-Veda*, dem *Yajur-Veda* und dem *Ātharva-Veda* (die Opferliturgien, Gebete und Zauberformeln enthalten), den *Brāhmaṇa's* und den *Upanishad's*, die in Betrachtungen über diese vier Teile des *Veda* die Grundgedanken der brahmanischen Mystik entwickeln. *Veda* bedeutet Wissen.[44]

Nur unter besonderen Umständen verfährt das Denken revolutionär. Für gewöhnlich rechtfertigt es die sich in ihm vollziehende Wandlung, indem es sich als ein Zurückgehen auf in der Überlieferung ursprünglich vorhandene, aber in ihrer Bedeutung nicht genügend gewürdigte Ideen begreiflich zu machen sucht. In derselben Weise wie das neu-indische Denken verfährt das neuzeitliche Christentum. Es bemüht sich, die neu-testamentlichen Schriften für die Lebens- und Weltbejahung, zu der es gelangt ist, zeugen zu lassen, obwohl das Ur-Christentum auf Lebens- und Weltverneinung eingestellt ist.[45]

Im Laufe des 19. Jahrhunderts findet eine Erneuerung des Studiums der vedischen Schriften statt. Diese ist die Voraussetzung dafür, daß die neu-indischen Denker es unternehmen können, sich für die ethische Lebens- und Weltanschauung auf die heiligen Schriften zu berufen.[46]

Bis zu Beginn des 19. Jahrhunderts beschäftigt man sich in Indien mit den heiligen Schriften in einer mehr scholastischen Weise. Man hält sich an die Auslegung der großen Kommentare und die in ihnen vertretene Lehre. Das neu-indische, durch neue Elemente belebte Denken kann in der in früheren Zeiten entstandenen Auslegung der vedischen Schriften nicht mehr volle Befriedigung finden. Es empfindet das Bedürfnis, sich mit ihnen direkt zu befassen und auseinanderzusetzen. Es befindet sich also in derselben Stimmung wie das Christentum der Reformation und der Neuzeit. Auch dieses kommt dazu, an die Stelle der überlieferten Auslegung seiner heiligen Schriften eine aus direkter Beschäftigung mit ihnen erwachsene zu setzen.

Eine wertvolle Förderung in seinem Unternehmen erfährt das neu-indische Denken durch die im Laufe des 19. Jahrhunderts von europäi-

---

43 [R] ... die in den heiligen Schriften niedergelegten Anschauungen preiszugeben. Was setzen [sie] an ihre Stelle? – Enthält alle Ideen. [Das Denken?] fängt an, sich in freier Weise damit zu beschäftigen. Das Neue, ohne das Alte aufzugeben. Hochschätzung des in den heiligen Schriften niedergelegten Denkens. – Vedische Hymnen [haben die] Lebens- und Weltbejahung der Überlieferung preisgegeben – oder [man findet sie darin durch] Umdeuten. Immer in der Geistesgeschichte die Umdeutung. Das Neue setzt sich durch mit [Hilfe von] Umdeutung [des Alten].

44 [Vgl. oben S. 24f.]

45 [Vgl. *Kultur und Ethik in den Weltreligionen*, Kap. VII, Abschnitt: Jesu Ethik der Weltverneinung in ihrem Verhältnis zur indischen.]

46 [R] Lambarene. Allerheiligen 1939.

schen Gelehrten betriebenen wissenschaftlichen Erforschung der alt-indischen Literatur.

Charakteristisch für das neu-indische Denken ist sein außerordentlich starkes Selbstbewußtsein und die ins Absolute gesteigerte hohe Meinung, die es von den vedischen Schriften hat.[47] Svāmin Vivekānanda ist überzeugt, daß Europa und Amerika für das geistige Leben auf die in den heiligen Schriften Indiens enthaltenen Offenbarungen angewiesen sind. Dayānand Sarasvatī zufolge sind in den vedischen Schriften nicht nur alle geistigen und ethischen Wahrheiten zu finden: auch alle je zu machenden wissenschaftlichen Entdeckungen sind in ihnen klar angedeutet.

Auf Grund der Vorstellung, daß die vedischen Schriften alle wertvollen Erkenntnisse enthalten, besitzen die neu-indischen Denker die Gewißheit, daß[48] sich in ihnen auch die Idee der ethischen Lebens- und Weltbejahung vertreten findet, wenn sie auch die ihr zukommende Wirkung noch nicht entfaltet hat und von ihnen gewissermaßen neu entdeckt werden muß.

Das erste klare Bekenntnis zur Lebens- und Weltbejahung legt Rabīndranāth Tagore, der Sohn Debendranāth Tagores, ab. Er sieht ein, daß es mit den bisherigen größeren und kleineren Zugeständnissen der Lebens- und Weltverneinung an die ethische Lebens- und Weltbejahung nicht getan ist, sondern daß es um eine Entscheidung zwischen den beiden geht. Weil er die Verpflichtung zum ethischen Wirken anerkennt, fühlt er sich genötigt, sich mit Entschiedenheit für die ethische Lebens- und Weltbejahung zu erklären. Er sieht es als eine Verirrung des Denkens an, wenn Menschen mit ihrem Eins-Werden mit Gott unter Ablehnung des Wirkens in der aus Gott hervorgegangenen Welt beschäftigt sind. Darum findet er harte Worte für die Verblendung der Sannyāsin's,[49] die sich der Weltentsagung ergeben. Tagore verlangt, daß der Mensch sich bestrebe, im Sinne des Weltgeistes zu wirken und[50] das Seine zur Vollendung der Welt beizutragen. Daß er sich auf Grund der Errungenschaften des Wissens und Könnens die geheimnisvollen Kräfte der Natur dienstbar machen und an einem ganz unabsehbaren Fortschritt mitarbeiten darf, soll ihn mit Schaffensfreude erfüllen. Tagore heißt also die höchste, erst dem modernen Menschen mögliche Lebens- und Weltbejahung gut.

Mit Eindringlichkeit betont er aber zugleich, daß nur die durch das

---

47 [R] Es ist überzeugt, in den vedischen Hymnen, den *Upanishad's* und der *Bhagavad-Gitā* die höchsten je erreichten und jemals erreichbaren Erkenntnisse zu besitzen.

48 [R]... Auch die Idee des ethischen Wirkens und die sich aus ihr gebende Lebens- und Weltbejahung in ihnen zu finden, nur daß ihre Bedeutung erst jetzt richtig erkannt und gewürdigt wird.

49 [R] (Heiligen.)

50 [R] Soweit es menschlichem Tun möglich ist,...

Geistige und Ethische bestimmte Lebens- und Weltbejahung wertvoll ist und sich segensreich auswirkt. Wie die neu-indischen Denker überhaupt, wirft er der europäischen und amerikanischen Lebens- und Weltbejahung vor, daß sie[51] sich in so Vielem ins Nicht-Geistige und Nicht-Ethische verirrt und falsche und verderbliche Ideale aufstellt.

Um gerecht zu urteilen, müßte er stärker hervorheben, daß[52] in Europa und Amerika dennoch auch eine den wahren Idealen zugetane Lebens- und Weltbejahung am Werke war und noch ist, die in geistiger und sozialer Hinsicht Leistungen vollbracht hat, wie sie die indische noch nicht aufzuweisen hat.

Der pessimistischen Betrachtungsweise spricht Tagore jegliche Berechtigung ab. Er ist überzeugt, daß Schönheit, Ordnung und Harmonie in der Welt walten. Was wir an Nicht-Schönheit, Nicht-Ordnung, Nicht-Harmonie und Leid in ihr wahrnehmen, ist bestimmt, sich in Schönheit, Ordnung, Harmonie und Freude aufzulösen.

Von den Schwierigkeiten des Problems des Wirkens im Sinne des Weltgeistes gibt er sich noch keine Rechenschaft. Der Weltwille, sagt er, ist uns nichts Fremdes. Wir erleben ihn in uns. Nur darauf kommt es an, daß wir uns ihm völlig hingeben.[53] Unbefangen nimmt Tagore also an, daß der Mensch mit seinem Wollen und Tun in den Dienst eines sinnvollen Weltgeschehens treten könne. Seine Lebens- und Weltbejahung setzt sich noch nicht in sachlicher Weise mit der Weltwirklichkeit auseinander.

Als den Sinn der Welt erklärt er die Liebe. Er greift auf die alt-brahmanische Vorstellung zurück, daß die Sinnenwelt ein Spiel ist, das das ewige Sein sich selber veranstaltet. Bei ihm ist es aber nicht mehr das nicht-personhafte Brahman, sondern eine göttliche Persönlichkeit, die die Welt aus sich hervorgehen läßt. Für Gott, führt Tagore aus, muß das Spiel einer Notwendigkeit entsprechen und einen Sinn besitzen. Um zum höchsten Bewußtsein seiner selbst zu gelangen, ist er genötigt, aus dem Zustande des Für-Sich-Seins und der Ruhe herauszutreten und eine Welt des Geschehens entstehen zu lassen, in der mit eigenem Willen begabte Individuen ihr Dasein haben. Daß sich diese aus freien Stücken in Liebe ihm und seiner Schöpfung hingeben und zu dem geistigen Eins-Werden mit ihm gelangen, ist das große Erlebnis für sie und für Gott.[54]

---

51 [R]... daß sie der Tiefe und der Ethik ermangle und daher die Orientierung verliert, nur eine veräußerlichte, [...] große Gefahren für den Einzelnen und die Menschheit in sich bergende Kultur hervorbringen könne.

52 [R]... daß... in [...] Europa und Amerika dennoch auch solche [Lebens- und Weltbejahung], die wahrhafte Tiefe und höchste Ideale besitzt, heimisch ist.

53 [R] Die Welt muß gewissermaßen unser größeres [?] Leben werden, und unser Ich muß sich zum Welt-Ich erweitern.

54 [Literatur nennt Schweitzer in *Die Weltanschauung der indischen Denker*, Kap. XV, Abschnitt über Rabīndranāth Tagore.]

Tagore's Deutung des Sinnes der Welt ist mit der der deutschen spekulativen Philosophie, insbesondere mit der Johann Gottlieb Fichtes (1762–1814) verwandt. Naiv ist sie insofern, als sie die unendliche Welt auf die für eine Zeit auf der kleinen Erde auftretende Menschheit hin entstanden sein läßt.

Die neu-indische Lebens- und Weltbejahung in den vedischen Schriften nachzuweisen, ist Tagore insoweit in der Lage, als in den vedischen Hymnen[55] Lebens- und Weltbejahung wirklich vorausgesetzt wird. Aber es ist dies die durchaus naturhafte, nicht über sich reflektierende Lebens- und Weltbejahung des einer noch rudimentären Kultur angehörenden Menschen, nicht die in höher entwickeltem Denken entstandene ethische Lebens- und Weltbejahung. Diese findet sich nicht in den alten Texten, sondern muß von Tagore mit gewalttätigen Auslegungskünsten in sie hineingelegt werden.[56]

In Tagore kommt eine sich über mehr denn zweieinhalb Jahrtausende erstreckende Entwicklung zu Ende. Bei ihm kommt natürliches Denken wieder zu seinem Recht, nachdem durch lange Zeit hindurch das unnatürliche, durch das Erlebnis der Ekstase beherrschte die Vorherrschaft hatte. Auf einem langen Umwege wird der gerade Weg, von dem der indische Geist durch die Brahmanen abgedrängt worden war, wieder erreicht.

Wohl kann es noch Generationen dauern, bis das indische Denken die Versuche aufgeben wird, das als notwendig erkannte ethische Wirken und die überlieferte Lebens- und Weltverneinung zu verbinden. Aber die Entscheidung ist gefallen. Die Einsicht, daß das ethische Wirken die ethische Lebens- und Weltbejahung zur Vorraussetzung hat, ist bei Tagore erreicht. Der Bann ist gebrochen. Die Entwicklung, in der das indische Denken wieder zu dem natürlichen Verhalten der Welt gegenüber gelangt, ist nicht aufzuhalten.

Die jugendliche Unbefangenheit aber, die sie bei Tagore besitzt, vermag sich die ethische Lebens- und Weltbejahung des neu-indischen Denkens auf die Dauer nicht zu bewahren. Durch die mit der Reife in ihr aufkommende Nötigung zu völliger Selbstbesinnung wird sie die Fähigkeit, die Welt so sehen zu können, wie es ihr Bedürfnis ist, verlie-

---

55 [R] [im Haupttext gestrichen:] Den ältesten derselben.

56 [R]... Er will nicht zugeben, daß, wie es in Wirklichkeit ist, eine in der Neuzeit zu Ende kommende Entwicklung einer rudimentären zu einer von ethischem Geiste beherrschten Lebens- und Weltbejahung stattgefunden hat, sondern glaubt annehmen zu müssen, daß diese schon der geistige Besitz der alt-indischen Denker war. – Damit die Theorie, daß in der Autorität der vedischen Schriften, alle Wahrheiten enthalten sind, [stimmt,] will Tagore die ethische Lebens- und Weltbejahung auf sie zurückführen. In Wirklichkeit aber gelangt sie erst in seinem schöpferischen Geiste zum völligen Bewußtsein ihrer selbst.

ren und sich entschließen müssen, sich mit den Schwierigkeiten, die sie ihr bereitet, zu beschäftigen.

Das neu-indische Denken fühlt sich über das neuzeitlich europäische erhaben, weil dieses in Verwirrung geraten ist und das Schauspiel der Zerrissenheit bietet. In diesem Zustande befindet es sich nicht weil es weniger Adel, Tiefe und Energie besitzt als das indische, sondern weil seine ethische Lebens- und Weltbejahung in Auseinandersetzung mit der Welterkenntnis geraten ist und Mühe hat, sich in ihr zu behaupten.

Weil es sich noch nicht mit den Schwierigkeiten abgibt, die die Tatsachen der Welterkenntnis seiner ethischen Lebens- und Weltbejahung bereiten, besitzt das neu-indische Denken solches Selbstbewußtsein und solche Zuversicht.

Auch ihm aber kann es nicht erspart bleiben, daß es, wie das europäische, mit der Welterkenntnis um die ethische Lebens- und Weltbejahung in der Art ringen muß, daß es ihm zum Problem wird, wie es sie sich bewahren kann.[57]

---

57 [R] Lambarene. Montag 6. November 1939.

[III.] Das chinesische Denken

[1. Anfänge, älteste Quellen]

Der Verlauf des chinesischen Denkens ist ein anderer als der des indischen.

Im indischen werden das natürliche Denken und die Lebens- und Weltbejahung zunächst von der brahmanischen Mystik und der Lebens- und Weltverneinung zurückgedrängt. Sie genießen kein Ansehen, sondern sind nur geduldet. Erst im Laufe der Jahrhunderte setzen sie sich, durch eine sich vertiefende Ethik unterstützt, in einem zähen Ringen nach und nach durch.

In China besitzt die aus dem natürlichen Denken kommende Lebensbejahung von jeher ein solches Ansehen und, auf Grund ihrer Tiefe, eine solche Kraft, daß die taoistische Mystik nichts gegen sie vermag, ja unter ihrem Einfluß von der Aufstellung des Grundsatzes der Lebens- und Weltverneinung absieht und nur den der Nicht-Tätigkeit vertritt.

In Indien fließen die beiden Strömungen durcheinander, in China gehen sie einfach nebeneinander einher, wobei die des natürlichen Denkens von Anfang an viel größere Wasser mit sich führt als die der Mystik.[58]

In der nun folgenden Darstellung des chinesischen Denkens werden die latinisierten Namen vermieden, die die in China wirkenden katholischen Missionare drei großen Persönlichkeiten des chinesischen Geisteslebens beilegten und die dann unbegreiflicherweise bis in die neueste Zeit in Europa in Gebrauch blieben. Konfuzius ist eine Latinisierung von Kung-fu-tse (Meister Kung). In derselben Weise ist Mencius aus Meng-tse (Meister Meng, 372–289 v. Chr.), Micius aus Mi-tse (Meister Mi, gest. 400 v. Chr.) und Licius aus Lieh-tse (Meister Lieh, etwa 440–370 v. Chr.) entstanden. Es geht nicht an, daß diese Denker bei uns weiterhin einen Namen führen, den sie nie besaßen.

Die Quellen für unsere Kenntnis des ältesten chinesischen Denkens sind die kanonischen Schriften.[59] Diese zerfallen in zwei Gruppen: die fünf *King* (kanonische Bücher erster Ordnung) und die vier *Shu* (kanonische Bücher zweiter Ordnung). King bedeutet Richtschnur, in übertragenem Sinn heiliges Buch, Shu [bedeutet] Buch überhaupt. Die fünf King sind[60]: das *I king* (*Buch der Wandlungen*), das *Schu-king* (*Buch der Urkun-*

---

58 [Notiz am unteren Seitenrand:] [das] chinesische und [das] indische Denken [werden] von mystischem Charakter beherrscht.

59 [Notiz:] Siehe Grube S. 31 ff. [Wilhelm Grube, *Geschichte der chinesischen Literatur*, Leipzig 1902, 1909]

60 [Vgl. oben S. 26.]

den), das *Schi-king* (*Buch der Lieder*), das *Li-ki* (*Buch der Bräuche*), das *Tsch'un-tsch'iu*[61] (eine *Frühling und Herbst* benannte, dem Kung-tse zugeschriebene, von 722 bis 481 v. Chr. reichende Chronik des Fürstentums Lu).

Merkwürdig ist, daß Kung-tse (Konfuzius), nach einem von ihm überlieferten Worte, das *Tsch'un-tsch'iu* als sein Hauptwerk bezeichnet haben soll, wo es doch nur eine dürre Aufzählung von Geschehnissen bietet. Vieles spricht dafür, daß er unter dem *Tsch'un-tsch'iu* etwas anderes als diese Chronik verstand. Es existiert nämlich ein Kommentar zu dieser Chronik, der die Bezeichnung *Tso-tschuan* führt und dem Tsokiuming, einem Schüler Kung-tse's, zugeschrieben wird. In diesem wird die Darstellung der Chronik weitgehend ergänzt und ein Urteil über die Geschehnisse abgegeben. Es besteht eine große Wahrscheinlichkeit, daß dieses bedeutende Werk, in dem Ansichten über das rechte Regieren niederlegt sind, von Kung-tse selber, nicht von seinem Schüler stammt. Unter dem *Tsch'un-tsch'iu* hätte er demnach die dem fürstlichen Archiv entnommene Chronik und seine die Bemerkungen zu derselben enthaltende Schrift miteinander verstanden, was begreiflich machen würde, daß er ihm eine solche Bedeutung beilegte.

Die vier Shu sind: das *Lun Yü* (*Gespräche* des Kung-tse, von seinen Schülern überliefert), das *Ta-hio* (*die große Lehre*, das heißt eine zusammenfassende Darstellung der Lehre Kung-tse's), das *Tschung-yung* (die *Lehre von der Mitte*, eine Tse-sse, dem Enkel Kung-tse's zugeschriebene Schrift ethischen Inhalts) und ein Buch, das die Lehre und Aussprüche des der Schule Kung-tse's angehörigen Philosophen Meng-tse (Mencius, 372–289 v. Chr.) enthält.

Zu bemerken ist, daß wir die vier, also die vor Kung-tse existierenden King nicht in ihrer ursprünglichen Gestalt, sondern in der, die sie durch ihn erhielten, besitzen. In den letzten Jahren seines Lebens ist er damit beschäftigt, die überlieferten Texte zu sammeln und zu revidieren und das, was er nicht gelten lassen will, aus ihnen zu entfernen. In erster Linie hat er es dabei auf das, was mit Aberglauben und Zauberei zu tun hat, abgesehen. Durch ihn sind uns also so manche Abschnitte, aus denen wir Wertvolles über Anschauungen und Bräuche der ältesten Zeit erfahren hätten, verloren gegangen.

Großen Schaden trug diese älteste Literatur von der großen Bücherverbrennung,[62] die Kaiser Shi-huang-ti, ehemals Fürst des Staates Tsin, im Jahre 213 v. Chr. befahl, davon. Dieser König von Tsin machte im Jahre 221 v. Chr. der seit etwa 1150 v. Chr. den Kaiserthron innehabenden Tschou-Dynastie ein Ende und trat die Herrschaft über das ganze Reich an. Unter ihm wurde die große Mauer zum Schutze gegen die Einfälle der Hunnen erbaut.

---

61 [In *Kultur und Ethik in den Weltreligionen*, Kap. III, nennt Schweitzer das Werk *Tschuntshien*. Bei Grube, a.a.O., Ch'un-ts'iu.]

62 [Kommentar Kramers': «Die Bücherverbrennung ist von späteren Konfuzianisten hochgespielt worden und hat wahrscheinlich keine so eingreifende Wirkung gehabt – was übrigens aus Schweitzers nachfolgender Schilderung selbst wohl hervorgeht.»]

Dieser Kaiser hob das Vasallenfürstentum auf und unternahm es, aus der bisherigen Feudalmonarchie ein in 36 Provinzen eingeteiltes und von Beamten regiertes Reich zu machen.

Da er befürchten mußte, daß die die Tradition vertretenden Schriftgelehrten sich gegen diese und andere Neuerungen auflehnen würden, wollte er nach Möglichkeit mit allem, was an die früheren Zustände erinnerte, aufräumen. Darum ordnete er, auf Betreiben seines allmächtigen Ministers Li-Sse (gest. 208 v. Chr.), die Verbrennung aller in Staats- und Privatbesitz befindlichen Bücher an.

Nicht unter diese Verurteilung fielen die von Medizin, von Wahrsagekunst, von Ackerbau und von der Geschichte des Staates Tsin handelnden Werke. Weil es Regeln der Wahrsagekunst enthält, genoß das *I king* (*Buch der Wandlungen*) diese Duldung. Vor allem hatte der Kaiser es auf das *Schu-king* (*Buch der Urkunden*) und das *Schi-king* (*Buch der Lieder*) sowie auf die von dem Geiste Kung-tse's (Konfuzius) erfüllten Schriften abgesehen. Er wollte den Einfluß dieser die Überlieferung verkörpernden großen Persönlichkeit brechen. Merkwürdigerweise blieb den siebzig Mitgliedern des Gelehrtenkollegiums[63] der Besitz des *Buches der Urkunden* und des *Buches der Lieder* erlaubt.

Daß das den Namen des Meng-tse (Mencius) tragende Buch, obwohl es die Gedanken Kung-tse's vertritt, nicht von der Bücherverbrennung betroffen wurde, ist wohl daraus zu erklären, daß es damals noch kaum bekannt war.

Nach dem Tode Shi-huang-ti's (210 v. Chr.) trat, da seine Nachfolger untüchtig waren, der zur Macht gelangende Fürst des Han-Staates sein Erbe an und begründete die von 202 v. Chr. bis 220 n. Chr. herrschende Han-Dynastie. Da die Kaiser aus dem neuen Hause die von Kung-tse und seiner Schule vertretene Auffassung vom Staatsleben anerkannten, wurde das Edikt gegen die alten Schriften schon zu Beginn der neuen Ära nicht mehr befolgt, wenn seine Aufhebung auch erst 191 v. Chr. stattfand.

Mit Eifer machten sich die Gelehrten nun daran, was noch an Texten vorhanden war, zu sammeln und zu sichten.

Zu dem durch die Bücherverbrennung angerichteten Schaden war noch der Verlust von alten Texten bei dem 207 v. Chr. stattfindenden Brande von Hien-yang, der Residenzstadt Shi-huang-tis, gekommen.

Erschwert wurde die Arbeit der Schriftgelehrten dadurch, daß unterdes die neuen, vom Minister Li-Sse zugleich mit einem neuen Maß- und Gewichtssystem eingeführten, vereinfachten Schriftzeichen in Gebrauch gekommen waren, woraufhin die früheren relativ schnell in Vergessenheit gerieten. Die alten Bücher mußten nun umgeschrieben werden, wobei der Text Not litt. Sicherlich sind auch diese und jene

63 [Notiz:] Grube [S.] 30.

Bücher verloren gegangen, weil man die Schrift, in der sie abgefaßt waren, nicht mehr zu entziffern vermochte.

Verhältnismäßig wenig gelitten hat das *I king* (*Buch der Wandlungen*), das die alt-chinesische Anschauung von dem Sein und Geschehen enthält.

Vom ursprünglichen *Schu-king* (*Buch der Urkunden*) besitzen wir wahrscheinlich nur noch etwas mehr als die Hälfte. Es bietet Reden und Erlasse, die den Herrschern und Würdenträgern aus dem Altertum und der bis in das 7. Jahrhundert v. Chr. gehenden Zeit zugeschrieben werden. Von großer Wichtigkeit ist ein *Hung-fan* (große Regel) betitelter Abschnitt, in dem ethische, politische und philosophische Fragen behandelt werden.

Die Wiederherstellung des Textes des *Schi-king* (*Buch der Lieder*) war verhältnismäßig einfach, weil die Lieder im Gedächtnis des Volkes bewahrt geblieben waren.

Am schwersten mitgenommen war das *Li-ki* (*Buch der Bräuche*). Die Schrift, wie wir sie jetzt besitzen, stellt eine Kompilation alter und junger, bis in den Beginn unserer Zeitrechnung herabreichender Texte dar. Aber noch so ist sie eine reiche Fundgrube für die Kenntnis der religiösen Riten und der Sitten und Gebräuche des Altertums.

Neben den kanonischen Büchern kommen für unsere Kenntnis des Denkens der vorklassischen Zeit vornehmlich die Aufzeichnungen, die auf Kuan-tse, Teng-tse und Yen-tse[64] zurückgehen oder ihnen zugeschrieben werden, in Betracht.

Kuan-tse[65] (etwa 715–645 v. Chr.) war Kanzler des Fürsten von Ts'i. – Yen-tse (etwa 580–500 v. Chr.) bekleidete dieses Amt anderthalb Jahrhunderte nach ihm. - Teng-tse (etwa 570–501 v. Chr.) hatte eine schon etwas sophistische Geistesart.

In den den Namen dieser drei Persönlichkeiten tragenden Schriften wird vorwiegend von ethischen Fragen und von der rechten Art des Regierens gehandelt.

Altes Gut enthält auch das *Lü Schi Tschun Tsiu* (*Frühling und Herbst* des Lü Bu We). Lü Bu We (etwa 300–233 v. Chr.) war ein reicher Kaufmann, der in einer abenteuerlichen Laufbahn Kanzler des Staates Tsin wurde[66] und dieses Amt, in dem er Hervorragendes leistete, auch noch unter dem König Dschong, dem späteren Kaiser Shi-huang-ti, bekleidete. Um auch in Besitz literarischen Ruhmes zu gelangen, ließ er von Gelehrten in einem stattlichen Buche alten und jüngeren Quellen entnommene Geschichten und Bräuche aufzeichnen. Daß es Stoff aus später verloren gegangenen alten Schriften enthält, macht den Wert dieses Buches aus. Bei dem König

64 [Kommentar Kramers': «Auch hier Schwierigkeiten der Textdatierung und relativen Chronologie. Das unter dem Namen Kuan tse bestehende Kompendium hat möglicherweise sehr wenig mit ihm zu tun. Dasselbe gilt wahrscheinlich auch für Yen tse und von Teng tse, wovon wenig erhalten.»]

65 [Voranstehend folg. gestrichener Satz:] Das *Yin Fu Ging* ist eine Sammlung kühner Aphorismen, die in die Zeit vor Lao-tse gehört. [Dazu die Notiz:] Siehe Wilhelm in der Vorrede zu *Lieh-tse*, S. XIX [XVIII]. Aber Wilhelm irrt.

66 [Notiz:] Siehe Vorrede der *Frühling- und Herbstannalen* des Lü Bu We, [*Lü Schi Tschun Tsiu*, aus dem Chinesischen übersetzt von Rich. Wilhelm, Jena 1928.]

Dschong später in Ungnade gefallen und in die Verbannung geschickt, machte Lü Bu We seinem Leben durch Gift ein Ende. Auch Li-Sse fand ein gewaltsames Ende. Von dem Nachfolger Shi-huang-ti's wurde er, nachdem der anfangs bei ihm in Gunst gestanden hatte, ins Gefängnis geworfen und zum Tode durch Zersägt-Werden verurteilt.

Das *Yin Fu Ging* (Buch der geheimen Ergänzungen), eine kurze Schrift mit taoistischen Gedanken, die den Anspruch erhebt, von dem Gelben Kaiser (Huang-Ti), also aus dem 3. Jahrhundert v. Chr. zu stammen, gehört in Wirklichkeit dem 8. Jahrhundert n. Chr. an.[67]

Wie[68] geht es nun zu, daß in China in einer Zeit, in der die Völker Indiens und Europas sich noch in den ersten Anfängen ihrer geistigen Entwicklung befinden, schon eine so hochstehende, auf ethischer Lebens- und Weltbejahung beruhende Kultur besteht?[69]

Das alt-chinesische Denken nimmt seinen Ausgang von religiösen Vorstellungen und Gedanken. Im Vordergrunde steht der Ahnenkult. Es ist heiligste Pflicht für die Nachkommen, den Geistern der Vorfahren Verehrung zu erweisen und ihnen Opfer darzubringen.

Wie in allem primitiven Denken ist in dem chinesischen neben dem Glauben an Ahnengeister (kuei) auch der an Naturgeister (shen) vorhanden.[70] Die ganze Natur wird als von solchen körperlichen Wesen bevölkert vorgestellt. Ihrer Betätigung wird eine große Bedeutung für das, was sich ereignet, beigelegt.

Während die Ahnengeister als Schützer der Familie gelten, werden den Naturgeistern im allgemeinen keine guten Absichten zugetraut, wenn auch angenommen wird, daß es unter ihnen solche gibt, die den Menschen nicht schlecht gesinnt sind. Durch Opfer und Zeremonien, denen magische Wirkung beigelegt wird, sucht man sie zu beschwichtigen und das von ihnen drohende Unheil abzuwehren. Inhaber des überlieferten Wissens um die Mittel, sie in Schranken zu halten und sie sich dienstbar zu machen, sind die Tao-Priester, die auch die Wahrsagekunst betreiben.

Die Tao-Priester tragen ihre Herkunft vom Schamanentum noch deutlich an sich. Sie üben vornehmlich Funktionen aus, die mit ganz primitiver Religion in Zusammenhang stehen. In der Ekstase, in die sie sich versetzen, fühlen sie sich als Organe einer überirdischen Macht, mit der sie Verbindung eingegangen sind.

Neben dem Glauben an Dämonen und Naturgeister kommt dann noch der an Gottheiten auf, die in dem Naturgeschehen wirksam sind

67 [Dieser Abschnitt über das *Yin Fu Ging* ist mit Bleistift gestrichen. Vgl. Anm. 65.]

68 [R] Lambarene. Montag 13.11.39. Das Wasser steigt noch immer.

69 [R] Es wandelt sich nicht, es entwickelt sich nur.

70 [Kommentar Kramers': «Ich weiß nicht, wo Schweitzer dies her hat. Ich habe nie von einer dermaßen rigorosen Trennung von Ahnen- und Naturgeistern erfahren. Kuei wird immer von maliziösen Geistern gesagt, vor allem Ahnengeistern, die herumirren ohne Nahrung. Es gibt auch oft das Binom shen-kuei oder kuei-shen als Sammelbegriff für alle Geister, oder in gewissen Kontexten nur für Ahnengeister.»]

und Gestirnen und Elementen entsprechen. Aber dieser Polytheismus ist in seiner Entwicklung gehemmt. Dies geht auf zwei Gründe zurück. Der erste ist, daß es der sachlichen Art des chinesischen Denkens schwer fällt, sich wirklich personenhafte göttliche Wesen vorzustellen.[71] Es hat ein Empfinden für das Unzulässige und Undurchführbare der Annahme, daß das Naturgeschehen von gewaltigen Wesen, die wie Menschen geartet sind und sich wie Menschen betätigen, gewirkt sein soll. Darum kommt es eigentlich davon los, die Gottheiten als Kräfte aufzufassen.

Zum Wesen des Polytheismus gehört, daß die besondere Persönlichkeit der einzelnen Gottheiten sich immer stärker ausprägt. Zu einem solchen Gestalten bringt der chinesische Geist weder die Willkür noch die Phantasie auf.[72]

Der andere Grund dafür, daß der chinesische Polytheismus in seiner Entwicklung gehemmt bleibt, liegt darin, daß zwei Gottheiten – der Himmel und die Erde – eine so überragende Bedeutung haben, daß sie alle andern in sich begreifen. Weil Himmel und Erde als die beiden Urkräfte aufgefaßt werden, aus denen das gesamte Geschehen kommt, führt der Polytheismus in China ein Schattendasein.[73] Er kann nicht zu einer wirklichen Religion werden. Die Götter der Gestirne, der Berge, der Ströme, des Erdbodens und der Feldfrüchte und die Schutzgottheiten der Länder existieren insoweit, als ihnen vom Kaiser, den Fürsten und den höchsten Würdenträgern bei bestimmten Gelegenheiten die durch die Tradition festgelegten Gebete und Opfer dargebracht werden. Aber es sind keine Götter, zu denen der Mann aus dem Volke betet oder denen er Opfer bringt. Es gibt in China keine polytheistische Religion, sondern nur einen polytheistischen, vom Staate betriebenen Kult.[74]

Von den beiden höchsten Gottheiten hat die als weiblich vorgestellte Erde ursprünglich den ersten Rang inne.[75] Darin kommt zum Ausdruck, daß bei den Chinesen der ältesten Zeit die Frau, nicht der Mann, als die Hauptperson in der Familie angesehen war (Matriarchat), wie dies bei manchen primitiven Völkern noch heute der Fall ist. Später tritt, in der religiösen Denkweise, die Erde an Bedeutung hinter dem Himmel zurück. Im Kultus wird dies nicht offenbar. Weiterhin wird der

---

71 [R] Dekorative Größen. Beschäftigten die Frömmigkeit nicht.

72 [R] Das chinesische Denken ist religiös, ohne eine wirkliche Religion zu haben.

73 [R] Scheindasein.

74 [Bleistiftnotiz:] Der Polytheismus lebt sich nicht aus. Darum kann auch der Monotheismus nicht aufkommen.

75 [Kommentar Kramers': «Wir müssen die zweifelsohne alte Gegenüberstellung von Himmel und Erde als männlich-weiblich nicht verwechseln mit dem alten Kult – nicht der Erde, sondern des Territoriums – der keinerlei Geschlechtsandeutung gibt. Übrigens ist die Vorstellung, die Chinesen seien nie zu einem Polytheismus durchgedrungen, fraglich.»]

Erde in gleicher Weise geopfert wie dem Himmel. Aber von dem göttlichen Himmel ist nun viel mehr die Rede.

Auf Grund einer Verschiebung wird der Himmel eine gewissermaßen universelle Gottheit, die die andern [Gottheiten] in sich begreift. So ist für das chinesische Denken die Möglichkeit gegeben, daß es, ohne wirklich durch den Polytheismus hindurchgegangen zu sein, zum Monotheismus gelangt. Auch der Monotheismus Zarathustras, des Judentums und des Christentums ist ja nicht vollständig, insofern als er neben dem einen Gott noch überirdische Wesen annimmt, die seinen Willen vollführen, ihm sogar zuwiderhandeln können.

Tatsächlich sind im chinesischen Denken die Anfänge eines Monotheismus vorhanden. Im *Schu-king* (*Buch der Urkunden*) und im *Schi-king* (*Buch der Lieder*) finden sich Stellen, in denen der Himmel nicht mehr nur als das sich über der Erde ausspannende und auf das Geschehen einwirkende Gebilde, sondern auch nach Art einer geistigen Persönlichkeit vorgestellt wird. So heißt es von ihm, daß er sich an dem Opfer freut, ihren Duft riecht,[76] den Bitten der Menschen sein Ohr leiht, seinen Blick auf sie richtet.[77] Diese Himmelsgottheit hat, dem ethischen Geiste entsprechend, der dem chinesischen Denken von Alters her innewohnt, ethischen Charakter. Sie tut den Menschen ihren Willen kund, sie belohnt ihr gutes Handeln und gerät über ihr Abweichen von der Tugend in Zorn.[78] Wenn das chinesische Denken seine Bedenken gegen jegliche Vermenschlichung überirdischer Wesen zu unterdrücken sucht, so läßt es sich dazu durch ethische Erwägungen bewegen. In allem Denken ist das Ethische ja die treibende Kraft in dem Entstehen des Monotheismus.[79] Der Glaube, daß eine einzige, universelle Gottheit in der Welt waltet, wird vor allem deswegen gefordert, damit die Annahme eines ethischen Weltregimentes möglich wird.

Aber dieser im 2. und 3. Jahrtausend v. Chr. durch die alten Texte bezeugte ethische Monotheismus bleibt etwas Unfertiges. Wenn das chinesische Denken aus ethischen Gründen zum Monotheismus neigt, so wird es doch mit den so tief wurzelnden Bedenken gegen jegliche theistische Vorstellungsweise nicht fertig. Das Bestreben, diese zu vermeiden, tut sich im *Schu-king* (*Buch der Urkunden*) kund. In der ältesten Zeit wird für Himmel (T'ien) ohne Bedenken auch der für den Kaiser ge-

---

76 [*Shih King, The Sacred Books of the East*, Bd. III, 1879), S. 399: «As soon as the fragrance ascends, God, well pleased, smells the sweet savour.» S. 317: «I have brought my offerings, a ram and a bull. May Heaven accept him!»]

77 [An welche Einzelstelle A. S. hier denkt, ist nicht auszumachen, doch gibt es viele sehr ähnlich lautende Stellen, z. B. *Shû King* a.a.O.: 52, 56, 87, 96, 115, 114, 127, 185, 187, 197, 208. *Shih king* a.a.O.: 311, 318, 341, 347 ff, 354, 360, 361, 364, 410.]

78 [R] den Schuldige und Unschuldige zu spüren bekommen.
[*Shû King* a.a.O.: 90, 95, 212.]

79 [R] Das ethische Denken postuliert einen ethischen Weltregierer.

brauchte Ausdruck Schang-ti (oberster Herrscher) gebraucht.[80] In den jüngeren Teilen des *Schu-king* wird in dieser Hinsicht aber eine merkliche Zurückhaltung beobachtet. Überhaupt wird in diesem Buche, von einzelnen Stellen abgesehen, vom Himmel durchweg in einer vorsichtigen Weise geredet, die das Personenhafte desselben im Dunkel läßt.

Im Sinne des ethischen Monotheismus kann der Himmel schon deswegen nicht wirklich Gott sein, weil er nicht Weltschöpfer, sondern nur Weltregierer ist.

Das chinesische Denken bleibt also bei einer widerspruchsvollen Vorstellung des Himmels stehen. Es faßt ihn als ein über der Erde thronendes Gebilde auf, von dem Kräfte ausgehen, die das Weltgeschehen beeinflussen.[81] Gleichzeitig versucht es aber auch, aus der Überzeugung heraus, daß sich in dem Weltgeschehen das Sinnvolle und Gute verwirklicht, sich den Himmel als eine aus Überlegung handelnde Persönlichkeit vorzustellen.[82]

Mit demselben Rechte kann man also die Existenz eines chinesischen Monotheismus verneinen und behaupten. Er kommt nicht aus dem Zustand des Werdens heraus.

Sicher ist aber das Eine: eine monotheistische chinesische Religion gibt es ebensowenig als eine polytheistische. Die Menschen, von denen uns jene alten Texte berichten, daß sie den Himmel anrufen und ihn fürchten, haben noch kein wirkliches Verhältnis zu ihm. Wohl besitzen sie Frömmigkeit. Aber sie ist bei ihnen nicht, wie die christliche und hinduistische, aus einem lebendigen Glauben an Gott geboren und besteht nicht in Hingabe an ihn.

Weil in China weder eine polytheistische noch eine monotheistische Religion zur vollen Ausbildung kommt, fehlt auch das entsprechende Priestertum. Die sich auf den Himmel und die Erde beziehenden kultischen Handlungen werden vom Kaiser vollzogen; die Gebete und

---

80 [Dazu siehe J. Legge, *Shû King, The Sacred Books of the East*, Bd. III, 1879, S. 476: «T'ien (*Heaven*) and Shang Tî (the *Supreme Ruler*) seem to be perfectly synonymous»; Forke, *Philosophie*, S. 29: «Nur selten wird der Himmel als Schang-ti, höchster Herr oder Gott bezeichnet»; Zenker II, S. 251: «Gewöhnlich wird Gott schang-ti, der höchste Herr, tien-ti, der Himmelsherr oder auch thien = Himmel genannt»; Wilhelm, *Chinesische Philosophie*, Breslau 1929, S. 15: «Schon das alte Schriftzeichen Tiän (Himmel) zeigt das Bild eines Menschen mit Krone auf dem Kopf.»]
[Kommentar Kramers' zu der Behauptung Schweitzers: «Es ist gerade umgekehrt: der Kaisertitel Huang-ti wurde bewußt vom ersten Kaiser 221 v. Chr. (Ts'in shih huang ti) gewählt, nach der Titulatur in den Legenden über die mythischen ersten *Herren* (oder genauer: über die san-huang, die *drei Erhabenen* und wu-ti, die *fünf Herren*). Diese stellen wieder eine spätere Historisierung dar mit Gebrauch der ursprünglich religiösen Terminologie. Der Terminus Schang-ti ist älter als der Terminus t'ien.»]

81 [R] Er wird nicht als eine Persönlichkeit, sondern als eine Wirksamkeit entfaltendes Naturgebilde aufgefaßt.

82 [R] Zugleich aber wird das Weltgeschehen auf ihn als eine aus sinnvollen ethischen Erwägungen handelnde Persönlichkeit zurückgeführt.

Opfer an die andern Götter sind Sache der Fürsten und hohen Würdenträger; im Ahnenkult waltet das Familienoberhaupt als Priester. Ein Priestertum gibt es nur für die primitive Religion des Glaubens an niedere Götter, Geister und Dämonen, soweit sie sich im Volke erhält. Ein geistiges Ansehen genießt es nicht.

Daß das indische Denken in Priesterkreisen seinen Anfang nimmt, während das chinesische unter Nicht-Priestern aufkommt, ist der Hauptgrund dafür, daß sich beide in so verschiedener Weise entwickeln, obwohl sie, den Voraussetzungen und Vorstellungen nach, von denen sie ausgehen, miteinander verwandt sind.

Das chinesische [Denken] hat als Anführer die im Laufe der Zeiten auftretenden großen geistigen Persönlichkeiten und als Hüter die mit dem überkommenen Gedankengut beschäftigten Schriftkundigen. Dies ist von fundamentaler Bedeutung für seine Art und seine Entwicklung.

Weil Priester keinen Einfluß auf es haben, kann es sich seine volle Natürlichkeit bewahren, sich selbst die Treue halten, durchaus wahrhaftig bleiben und in ruhiger Weise geradeaus gehen.

Wie ganz anders das indische Denken! Dieses wurde durch die brahmanischen Priester in das Abenteuer der Lebens- und Weltverneinung gestürzt. In der Folge wird es dann, durch die Rücksicht, die es auf die priesterliche Überlieferung zu nehmen hat, in schwerster Weise behindert, wieder natürlich zu werden. Es muß sich auf unklare Kompromisse, auf bedenkliche, das Empfinden für Wahrhaftigkeit gefährdende Auslegungskünste einlassen, um sich mit der ihm im Weg stehenden Vergangenheit auseinanderzusetzen und vorwärts ...[83]

Im welchem Verhältnis stehen der Himmel und die Erde zum Tao?

Für die Taoisten – Lao-tse, seine Vorgänger und Nachfolger – entstehen der Himmel und die Erde aus dem Tao. Dieses wird als das Ur-Sein, aus dem alles hervorgeht und das in Allem wirksam ist, aufgefaßt. Für das von natürlichem[84] Beobachten ausgehende alt-chinesische Denken, wie es sich im *I king* (*Buch der Wandlungen*) findet, sind Himmel und Erde etwas an sich Gegebenes. Sie werden nicht auf ein Ur-Sein zurückgeführt, in dem sie beide miteinander noch unentfaltet vorhanden waren. Dieses nicht-taoistische Denken geht einfach von den in der Natur zu machenden Feststellungen aus und sucht sie zu deuten. Es gibt sich nicht mit kosmologischen Spekulationen ab. Das große Geheimnis ist für es nicht, wie Himmel und Erde entstanden sind, sondern wie sie aufeinander wirken und miteinander das Weltgeschehen hervorbringen.

83 [Fortsetzung fehlt.]
[R]? [(Original?) Bleistift, durch Randstrich auf den ganzen Abschnitt bezogen.]

84 [Oder (nicht ganz deutlich):] Vom natürlichen.

In dem *I king* wird auch nicht angenommen, daß es das Tao ist, das das Aufeinanderwirken des Himmels und der Erde regelt und es in harmonischer Weise verlaufen läßt. Himmel und Erde befinden sich diesem dann von Kung-tse übernommenen alt-chinesischen Denken zufolge von sich aus in Harmonie miteinander. Wenn vom Tao die Rede ist, wird darunter nicht, wie bei Lao-tse, das sich in allem Sein kundgebende Ur-Sein, sondern die aus dem Aufeinanderwirken von Himmel und Erde zustande kommende Weltordnung verstanden.[85] Das Tao des Menschen besteht in seiner Bestimmung, sein Leben der Weltordnung gemäß, das heißt in tugendhaftem Wandel, zu verbringen. Die Vorstellung des Tao, wie sie bei Lao-tse vorhanden ist, wird also im *I king* nicht vorausgesetzt.

Mit der Zeit kommt dann auch im nicht taoistischen Denken die Lehre auf, daß Himmel und Erde aus einem Ur-Sein hervorgegangen sind. Schon in alten Kommentaren zum *I king* ist gelegentlich von dem *Allerersten* (Tai Tchi), das Himmel und Erde erzeugt hat, die Rede. Dieses *Allererste* wird aber nicht Tao benannt, obwohl es ihm eigentlich entspricht. Darin tut sich kund, daß das *I king* kein den Namen Tao führendes Ur-Sein annahm.

Voll ausgebildet findet sich die Theorie vom *Allerersten* dann bei den großen Vertretern der Lehre Kung-tse's zur Zeit der Sung-Dynastie (922–1276 n. Chr.).

Etwa vom 12. Jahrhundert v. Chr. ab beginnen zwei Ursubstanzen, das Yin und das Yang, an die Stelle von Erde und Himmel zu treten. Das Yin ist, wie die Erde, das Dunkle, das Kalte, das Tiefe, das Welkende, das Nasse, das Weiche,[86] das Yang ist das Lichte, das Warme, das Hohe, das Wachsende, das Trockene, das Harte. Dem Yin gehört der Mond, dem Yang die Sonne zu.

Der Überlieferung gemäß wird immer vom Yin und vom Yang, nicht vom Yang und vom Yin geredet. Darin tritt noch zutage, daß die Erde, der das Yin entspricht, ursprünglich den Vorrang vor dem Himmel hatte.

Im *I king* (*Buch der Wandlungen*) und in den älteren Kommentaren desselben ist immer nur von Himmel und Erde [Erde und Himmel?] die Rede. Erst die späteren Kommentare nehmen auf das Yin und Yang Bezug.[87]

Indem das alt-chinesische Denken sich statt mit der Erde und dem Himmel, als den gegebenen Größen, mit den ihnen entsprechenden Be-

---

85 [R] Die Welt entsteht aus dem Zusammenwirken von Himmel und Erde, nicht aus dem Tao.

86 [Bleistiftnotiz:] Orakelbilder (*I king* [*I Ging*] I 217). Drei Ur-Mächte (*I king* I 218). Unternimmt nichts, was nicht heilbringend ist. [*I Ging, Das Buch der Wandlungen,* aus dem Chinesischen übersetzt von R. Wilhelm, Jena 1924, Düsseldorf/Köln 1972, Buch II, 1. Abt. S. 217 und 218,] (bzw. 245, 246).]

87 [Vgl. *I king* (*I Ging*) (1972), S. 268.]

griffen Yin und Yang beschäftigt, verliert es an Ursprünglichkeit. Durch die Lehre vom Yin und Yang wird es, unter dem Einfluß des Taoismus und des Buddhismus, dazu geführt, ein Ur-Sein, in dem diese noch ungeschieden vorhanden sind, anzunehmen.

Die Erde und der Himmel (wie auch das Yin und das Yang) stehen nicht im Gegensatz zueinander. Das Lichte und das Dunkle liegen nicht, wie bei Zarathustra als das Gute und das Böse, im Kampfe miteinander. Sie ergänzen sich und machen miteinander die Wirklichkeit aus. Das chinesische Denken nimmt wohl eine Zweiheit von Ur-Mächten an, aber es kennt keinen Dualismus.

Weil sie ihrem Wesen nach zusammengehören und sich ergänzen, wirken der Himmel und die Erde in harmonischer Weise aufeinander ein.

Alles Sein, weil in ihm ein Aufeinanderwirken der beiden Ur-Mächte stattfindet, ist in steter Wandlung begriffen. Die Kontinuität des Geschehens beruht darauf, daß es durch nichts anderes als durch die beiden Ur-Mächte bestimmt ist. Der in ihm sich vollziehende Wechsel rührt daher, daß die beiden Ur-Mächte nicht immer in derselben Stärke und auf dieselbe Weise aufeinander wirken. Es findet eine stetige Verschiebung statt, derzufolge jede der andern gegenüber bald im Zunehmen, bald im Abnehmen ist und bei jeder bald diese, bald jene Besonderheit ihres Wesens vorherrscht.

Daß in dem Wechsel des Geschehens Ordnung waltet, ist darin begründet, daß jene Verschiebung auf Grund einer geheimnisvollen immanenten Gesetzmäßigkeit stattfindet.

Seine Anschauung von dem Wesen des Seins und Geschehens erwächst dem chinesischen Denken aus Betrachtungen und Überlegungen über das Geheimnis der Aufeinanderfolge der Jahreszeiten. Weil sie ihm aus einem harmonischen Aufeinanderwirken zweier Grundkräfte begreiflich wird, nimmt es dies auch für alles, was in dem Sein vorgeht, an.

Die[88] chinesische Anschauung vom Sein und Geschehen ist tief, weil sie sachliche Beobachtung voraussetzt, in einer wirklichen Versenkung in die Natur entsteht und der Natur ihr geheimnisvolles Wesen beläßt. Unvergängliche Wahrheit ist in ihr enthalten.

Als erstes bringen die beiden Ur-Mächte die fünf Elemente Wasser, Feuer, Holz, Metall und Erde hervor. In diesen entfalten sie nun ihre schöpferische Tätigkeit.

Die Fünfzahl der Elemente steht schon für das *Hung-fan* (große Regel), jenes alte, vielleicht aus der ersten Hälfte des zweiten Jahrtausends stammende Stück aus dem *Schu-king* (*Buch der Urkunden*) fest.[89]

---

88 [R] Lambarene, 17.11.39.

89 [Mit Bleistift gestrichener Satz (mit der Notiz: nicht):] wie auch für das *Yin Fu Ging* (*Buch der geheimen Ergänzungen*.)

Das chinesische Wort für Element hat die Bedeutung *sich bewegen, tätig sein.*

Für die alt-chinesische Vorstellung sind die Elemente nicht einfach Stoffe, sondern Mächte, die sich in jenen Stoffen äußern. Sie werden als göttliche Wesen angesehen.

Die verschiedenen Himmelsrichtungen und die verschiedenen Jahreszeiten gehören, nach alt-chinesischem Denken, verschiedenen Elementen zu. Dem Wasser entsprechen der Norden und der Winter, dem Feuer der Süden und der Sommer, dem Holz der Osten und der Frühling, dem Metall der Westen und der Herbst, der Erde die Mitte, die als besondere Himmelsrichtung gezählt wird. Mit den fünf Elementen stehen auch die fünf Sinne (Gehör, Gesicht, Geruch, Geschmack, Gefühl) und die fünf Eingeweide (Herz, Leber, Magen, Lungen, Nieren) in Beziehung.

Jedes Element übt, der Jahreszeit entsprechend, der es zugehört, eine Art Vorherrschaft aus, um dann nach und nach an Kraft zu verlieren und hinter den andern zurückzutreten, bis es wieder an der Reihe ist.

Das alt-chinesische Denken nimmt aber nicht nur Zusammenhänge zwischen den Elementen, den Jahreszeiten und den Himmelsrichtungen an, sondern es geht ganz allgemein darauf aus, sich von allen inneren Beziehungen, die zwischen dem Verschiedenartigen in der Natur bestehen,[90] Rechenschaft zu geben. Es ist von der fundamentalen Überzeugung beherrscht, daß alles Sein und alles Geschehen in sich einheitlich ist, weil sich in allem Sein und in allem Geschehen die beiden Ur-Mächte, nur in verschiedenartiger Weise, auswirken.

Im *I king* (*Buch der Wandlungen*) werden die mannigfachen Arten des Aufeinanderwirkens der Ur-Mächte, aus denen sich das in Wandlungen verlaufende Geschehen ergibt, in Zeichen dargestellt, die aus ganzen und gebrochenen Linien bestehen. Die ganze Linie ist das Zeichen für den Himmel, das Schöpferische und das Lichtvolle, die gebrochene — — für die Erde, das Empfangende und das Dunkle. Die Kombination[91] dieser beiden Linien zu zweien ⚌ ⚍ ⚏ ⚎ ergeben die vier den Jahreszeiten entsprechenden Zeichen.[92] Aus diesen entstehen, durch Hinzufügung einer dritten Linie, die 8 Trigramme (Ba Gua),[93] mit denen sich Fu Hi, ein Herrscher aus grauer Vorzeit, abgegeben haben soll. Diese 8 Zeichen sind:[94]

---

90 [R] [Auf vorangehender Ms.-S.:] Die innerliche Zusammengehörigkeit des Verschiedenartigen.

91 [Fassung 1937, 2. Teil, unten, S. 295 :] die 4 *Siang.*

92 [Fassung 1937, a.a.O., in umgestellter Reihenfolge:] Sommer (Hitze, Sonne), Frühling (Sterne), Winter (Mond [gestrichen:] Kälte), Herbst (Planeten).

93 [Fassung 1937, a.a.O.:] [Ba Gua nach] Wilhelm, [*Chinesische Philosophie*, Breslau, 1929, S. 13], Pa-Kua [nach Alfred] Forke, [*Philosophie*, S. 20].

94 [Fassung 1937, a.a.O.:] Wilhelm S. 13.

1. ☰ Kiän: das Schöpferische, das Starke, der Himmel.
2. ☷ Kun: das Empfangende, das Fügsame, die Erde.
3. ☳ Dschen: das Erregende, das Erschütternde, der Donner.
4. ☵ Kan: das Abgründige, das Gefährliche, das Wasser.
5. ☶ Gen: das Stillhaltende, das Hemmende, der Berg.
6. ☴ Sun: das Sanfte, das Eindringende, der Wind.[95]
7. ☲ Li: das Haftende, das Leuchtende, die Flamme.[96]
8. ☱ Dui: das Heitere, das sich Öffnende, der See.

Aus der paarweisen Verbindung dieser 8 Zeichen von drei Linien entstehen die 64 Zeichen von sechs Linien, von denen das *I king* handelt.

Das dritte dieser Zeichen, zum Beispiel, hat folgende Gestalt: ䷂

Die Deutung dieser aus sechs Linien bestehenden Zeichen wird König Wen Wang, dem um 1550 v. Chr. lebenden Vater des die Tschou-Dynastie (1122–1249 v. Chr.) begründenden Kaisers Wu Wang zugeschrieben. Er soll sich damit beschäftigt haben, als er von dem Tyrannen Dschou-Sin, dem letzten Herrscher der Schang-Dynastie (1766–1122 v. Chr.), gefangen gehalten wurde.

Die Bedeutung dieser Zeichen von sechs Linien ergibt sich aus der Kombination der Bedeutungen der beiden Zeichen von je drei Linien, aus denen sie besteht. Für diese Kombinationen ist von Wichtigkeit, welches der beiden Zeichen oben und welches unten steht.

Zugleich hat noch jede einzelne Linie, je nach der Stellung, die sie einnimmt, ihre Bedeutung. Diese soll durch Fürst Tschou, den Bruder des Kaisers Wu Wang, der den Staat Lu zum Lehen hatte, festgelegt worden sein.[97]

Wie in China die Kaiser und Fürsten, und nicht die Priester, die großen Opfer darbringen, so sind sie es auch, die sich um das Wissen bemühen.

Wenn die erhabenen Weisen der Vorzeit sich im *I king* mit der Ergründung des Aufeinanderwirkens der beiden Ur-Mächte abgeben, so tun sie dies nicht nur, um ein Wissen von dem Geheimnis des Geschehens zu erlangen, sondern auch, um auf Grund desselben in der Lage zu sein, sich in der besten Weise mit dem Erforschen der Zukunft abzugeben.

Dieses Wahrsagen besteht darin, daß man in einem dem Zufall unterworfenen Verfahren ein aus sechs Linien bestehendes Zeichen entstehen

---

95 [Fassung 1937, a.a.O.:] (auch das Holz.)
96 [Fassung 1937, a.a.O.:] (auch der Blitz.)
97 [Notiz zw. den Zeilen des vorletzten Abschnitts:] Über Wen Wang, Wu Wang [und] Fürst Tschou siehe [Rich.] Wilhelm, [*Kungfutse. Gespräche*] (*Lun Yü*), [Jena 1910, 1921,] S. 63 [Anm. 5] und S. [215-]216 [Anm. 1].

läßt und die feststehende Bedeutung des betreffenden Zeichens des *I king* dann auf die Angelegenheit, in der das Orakel befragt wird, anwendet.

Die Gewinnung des Zeichens erfolgt in einem sechsmal wiederholten, umständlichen, von alters her überlieferten Hantieren mit 50 Schafgarbenstengeln. Aus diesen werden mehrmals, und jedesmal auf andere Weise, Bündel von je vieren herausgenommen. Aus diesen und den jedesmal übrigbleibenden Stengeln wird dann errechnet, wie vielmal [die] den ganzen und die den gebrochenen Linien entsprechenden Zahlen herauskommen. Der ganzen Linie, dem Himmel, gehören die ungeraden Zahlen zu, die als die starken vorgestellt werden, der gebrochenen Linie, der Erde, die geraden, die als die schwachen gelten. Die sich aus der ersten Operation ergebende Linie ist untere, die aus der sechsten die obere.

Das so gewonnene Zeichen gibt Auskunft über die Kräftekonstellation, die für den betreffenden Fall in Betracht kommt.

Es sei angenommen, daß sich aus dem Hantieren mit den 50 Schafgarbenstengeln das Zeichen ䷨ ergibt. Dieses steht im *I king* an 41. Stelle.[98] Seine obere Hälfte ☶ entspricht dem Zeichen Gen (das Stillehaltende, der Berg), die untere ☱ dem Zeichen Dui (Das Heitere, der See). Es versinnbildlicht die *Minderung* und wird auf folgende Weise erläutert:

«Unten am Berg ist der See: Das Bild der Minderung.
So bändigt der Edle seinen Zorn und hemmt seine Triebe.»

Das *Urteil* in betreff dieser Konstellation lautet:

«Minderung verbunden mit Wahrhaftigkeit
wirkt erhabenes Heil ohne Makel.
Man kann darin beharrlich sein.
Fördernd ist es, etwas darin zu unternehmen.
Wie übt man das aus?
Zwei Schälchen mag man benützen zum Opfer.»[99]

Aus den Deutungen der einzelnen Linien dieses Zeichens:

Man muß überlegen, wie weit man andere mindern darf. – Ohne sich selbst zu mindern, vermag man die anderen zu mehren. – Wenn ein Mensch wandert (das heißt einsam ist), findet er einen Gefährten. – Wenn man seine Mängel mindert, macht man, daß der andere eilig kommt und Freude hat. – Wenn man ohne Minderung der andern gemehrt wird, so ist das kein Makel. Beharrlichkeit bringt Heil.[100]

---

98 Wilhelm, *I Ging* I, S. 118 ff. [Ausgabe 1972: S. 156 ff.] Sun ist die 41. Figur.

99 [A. a. O.] Damit ist gemeint, daß auch das mit geringen Mitteln dargebrachte Opfer Wert haben kann.

100 [A. a. O.].
[R] Schematische Darstellung.

Das Zeichen gibt also den Bescheid, daß in dem betreffenden Falle ein zuversichtliches Handeln in Lauterkeit und Bescheidenheit und Rücksichtnahme auf den Nebenmenschen angezeigt ist. Nicht immer ist die Auskunft so klar.

Es handelt sich im *I king* also um eine höhere Wahrsagekunst. Nicht die Zukunft wird kundgetan, sondern der zu gutem Gelingen führende Weg.

Das Ergründen des Wesens des Geschehens und die Wahrsagekunst gehören im *I king* in der Weise zusammen, daß sich nicht entscheiden läßt, ob es ursprünglich ein Orakelbuch oder ein Buch über das Wirken der beiden Ur-Mächte war.[101] Das erstere hat die größere Wahrscheinlichkeit für sich.

Kung-tse (Konfuzius) schätzte das *I king* sehr hoch. Nach einem von ihm überlieferten Worte wünschte er möglichst lange zu leben, um sich die in ihm enthaltene Weisheit völlig aneignen zu können.[102] Es ist möglich, daß einer der ältesten und wertvollsten Kommentare zum *I king*, der den Titel Tuan Dschuan führt, von ihm herrührt.[103]

Vor allem aber bemüht sich das chinesische Denken um die Ergründung des Geheimnisses des Weltgeschehens, um zu erfassen, in welcher Art der Mensch mit der Welt zusammengehört und wie er sich zu verhalten hat, um sich mit den Kräften, wie sie sich in der Welt auswirken, in Übereinstimmung zu befinden.

In alten Kommentaren zum *I king* und auch im *Yin Fu Ging* (*Buch der geheimen Ergänzungen*) ist der Mensch die zu Himmel und Erde hinzukommende Ur-Macht. Sein Weg (Tao) muß dem des Himmels und der Erde entsprechen.[104]

Die alt-chinesische Naturphilosophie ist tiefer als die alt-griechische. Die alt-griechische will vornehmlich aus Wissensdrang Einblick in die Natur gewinnen; die alt-chinesische läßt den Menschen sich in die Natur versenken, um seine geheimnisvolle Verbundheit mit ihr zu erleben.

Zu dem rechten Verhalten gehört einmal, daß der Mensch das, was nach dem jeweiligen Naturgeschehen geboten ist, beobachtet, und sodann, daß er sich der ethischen Gesinnung und des ethischen Tuns befleißigt, die das Naturgemäße seines Menschentums ausmachen.

In dem *Li-ki* (*Buch der Bräuche*) und den berühmten *Frühlings- und Herbstannalen* (*Lü Schi Tschun Tsiu*) des Lü Bu We (3. Jahrhundert v. Chr.)

---

101 [R.] Das *I king* ist also ein Buch über die Geheimnisse der Natur und ein Orakel ...

102 [Vgl. R. Wilhelm, *Lun Yü*, Jena 1921, Einleitung, S. XII.]

103 Wilhelm, *I Ging* I [II,] S. 193 und 194. [Ausgabe 1972: II S. 240 f.]

104 Wilhelm, *I Ging* I [II,] S. 198 und 219 [Ausgabe 1972: S. 245 f., 260 ff., 268 f.]. (Kommentare Schuo Gua und Da Dschuan.) Siehe auch *Geheime Ergänzungen*, Lieh-tse [*Liä Dsi*] S. XX [Anm. 1].

finden sich auf sehr alte Quellen zurückgehende Regeln über das für die einzelnen Monate gebotene Tun und Lassen. Es wird angegeben, wie nach dem Monate die höchsten Opfer vom Kaiser und [von] den Fürsten darzubringen sind, welche Zeremonien zu erfüllen sind, welche Farbe für die Kleidung zu wählen ist, aus was die Mahlzeiten zu bestehen haben, welche Arbeiten und Unternehmungen erlaubt oder zu meiden sind.

Aus den Verordnungen für den ersten Frühlingsmonat nach den Monatsregeln der *Frühlings- und Herbstannalen* des Lü Bu We:[105]

«Unter den Opfergaben steht die Milz voran ... [S. 1].

Der Himmelssohn weilt in der Tsing Yang Halle (Osthalle), im linken Raum ... Es werden grüne Flaggen aufgestellt. Man kleidet sich in grüne Kleider ... Man ißt Weizen und Schaffleisch ... [S. 1].

Der Himmelssohn befiehlt den Ministern, gütige Gebote zu erlassen ... [S. 2].

Der Himmelssohn begibt sich zum Pflügen auf den Acker des Herrn. Er zieht drei Furchen, die drei höchsten Würdenträger ziehen fünf Furchen, die hohen Räte, Fürsten und Räte neun Furchen. [S. 2].

In diesem Monat hat sich die Kraft des Himmels nach unten gesenkt, und die Kraft der Erde ist nach oben gestiegen.[106] Himmel und Erde sind im Einklang und vereinigen ihre Wirkung ... Der König macht die Ackerbaugeschäfte bekannt ... Die Opferlisten werden in Ordnung gebracht ... [S. 2,3].

Es ist verboten, Bäume zu fällen. Man darf keine Nester ausnehmen und keine unausgebildeten, ungeborenen Tiere und halbflügge Vögel töten.[107] [S. 3].

Es sollen keine großen Menschenansammlungen stattfinden, keine Stadtmauern und Türme gebaut werden ... [S. 3].

In diesem Monat darf man nicht zu den Waffen greifen ... [S. 3].

Wenn im ersten Frühlingsmonat die für den Sommer geltenden Ordnungen befolgt würden, so würden Wind und Regen nicht zur rechten Zeit kommen, Kräuter und Bäume vorzeitig dürr werden und die Staaten in Aufregung geraten.» [S. 3].

Erst durch das ethische Verhalten aber befindet sich der Mensch in völliger Übereinstimmung mit der Welt.

Nach alt-chinesischer Anschauung besteht zwischen dem Verhalten des Menschen und dem Naturgeschehen ein so enger Zusammenhang, daß verkehrtes Verhalten des Menschen eine Störung des Naturgeschehens zur Folge haben kann. Ob es Regen, Sonnenschein, Wärme, Kälte und Wind in der der Jahreszeit gemäßen Weise gibt, hängt, wie schon

105 *Lü Schi Tschun Tsiu,* I. Buch, Kap. I. [Vgl. die Zitatenauswahl in der Fassung 1937, 2. Teil, unten, S. 298 ff.]

106 Dieser Satz bezieht sich darauf, daß im *Buche der Wandlungen* das Zeichen Tai (der Friede) ䷊, das dem Monat des Frühlingseintritts zugehört, aus den drei gebrochenen Linien, die die Erde bedeuten, und den drei ungebrochenen, die den Himmel bedeuten, in der Art zusammengesetzt ist, daß die gebrochenen Linien über den ungebrochenen stehen.

107 [R] Montag. 20.11.39. Lambarene.

das *Hung-fan* (*große Regel*) ausführt, davon ab, daß die fünf Eigenschaften Würde, Gesittung, Einsicht, Besonnenheit und Weisheit bei den Menschen vorhanden sind.[108]

Insbesondere kommt es auf das Verhalten des Kaisers als des höchststehenden und mit dem Himmel verkehrenden Menschen an. Durch seine Tugend und durch die rechte Art, das Volk zu leiten, hält er die Elemente in Ordnung. Naturkatastrophen, Witterung, die Mißwuchs mit sich bringt, und unheilvolle Geschehnisse müssen ihm Anlaß sein, eine Prüfung anzustellen, ob er und das Volk auf dem rechten Wege sind.

Auf die Anschauung, daß das Weltgeschehen und das Tun des Menschen in Wechselwirkung stehen, geht die in der chinesischen Ethik vorhandene Überzeugung zurück, daß tugendhaftes Verhalten Glück und nicht-tugendhaftes Unglück im Gefolge hat. Es handelt sich hier um mehr als um die einfache Idee von Lohn und Strafe. Glück und Unglück werden dem Menschen nicht als Lohn und Strafe zuteil, sondern er zieht sie sich als etwas der Weltordnung Gemäßes zu.[109]

In charakteristischer Weise unterscheidet sich die ethische Weltanschauung des alt-chinesischen Denkens von der Zarathustras, der jüdischen Propheten und Jesu. In den ethisch-monotheistischen Weltreligionen lehnt sich die Ethik gegen das Weltgeschehen auf. Sie nimmt Anstoß an dem Übel und dem Bösen, das sie in ihm findet, und sieht sich daher zur Annahme genötigt, daß es sich in Entwicklung von dem Unvollkommenen zum Vollkommenen hin befinde. Die Ethik wird also von dem Glauben an das Kommen einer ihrem Wesen nach ethischen Weltordnung getragen.[110]

Das chinesische Denken hingegen nimmt das Weltgeschehen als etwas Gegebenes hin. Es bleibt sich des tiefgehenden Unterschiedes zwischen Geschehen und Tun bewußt und wendet darum die für die

---

108 [Hackmann, *Chinesische Philosophie,* S. 39. Das *Hung-fan* ist ein Abschnitt des *Schu-king.*]

109 [R] *Große Regel.* – Donnerstag 23.11.39. Lambarene.

110 [R] Die Welt entwickelt sich nicht. Von Anfang an befindet sie sich in Harmonie ... [...] Keine Verständnislosigkeit der Kreatur gegenüber. Diese Kultur [hat] etwas erschütternd Großes. Ehrfurchtsgebietendes. Nicht die Idee des sich Durchsetzenwollens. Die Kultur ist nicht in den mißlichen Verhältnissen der Tschou-Zeit untergegangen, weil [sie] tief in dem Denken über die Welt wurzelt.
Das Wesen der chinesischen Ethik versteht [man], wenn man sie mit der des ... Ur-Christentums vergleicht. Die Ethik [findet] sich nicht in der Welt zurecht, stellt Anforderungen an die Welt. Verlangt eine Welt, in der das Böse und das Übel nicht mehr vorhanden sind. Fällt ein Urteil über die Welt. – In der Naturphilosophie [aber ist das Denken?] geborgen.
Läßt [das Schicksalhafte?] dahingestellt sein. Geht nicht an die letzten Probleme. Wurzelt in der Wirklichkeit und ist dadurch stark. *Kultur die höchste Instanz. Abgewandt von der Gewalt.* Verherrlicht nie das Ideal der Gewalt ...

Beurteilung des Tuns geltenden ethischen Normen nicht auf das Weltgeschehen an.[111] Es legt diesem keinen ethischen Charakter bei, sondern sieht in ihm das Geheimnisvolle und Schicksalhafte, das für den Menschen immer etwas Unbegreifliches behält.

Ist das Weltgeschehen an sich nicht ethisch, so besteht doch, dem alt-chinesischen Denken zufolge, eine natürliche Beziehung zwischen ihm und dem Ethischen insofern, als die beiden Ur-Mächte als höchstes in der Reihe der Geschöpfe ein Wesen hervorbringen, das zwischen Gut und Böse unterscheidet und die Verpflichtung in sich erlebt, im Sinne des Guten zu wirken. Das Ethische ist das Naturhafte, wie es in dem Menschen zur Entfaltung kommt. Dadurch, daß die beiden Ur-Mächte in dem Menschen in tiefster und vollendetster Weise aufeinander einwirken, ist er ein ethisches Wesen.

Während in den ethischen Weltreligionen die absolute Herrschaft des Guten in der Welt ersehnt und gefordert wird, ist das chinesische Denken bescheidener. Es bejaht die Welt als sinnvoll und gut auf Grund dessen, daß sie die Voraussetzung für das Auftreten des ethischen Menschen ist.

Die ethischen Weltreligionen sind dualistisch. Sie nehmen an, daß eine Kraft des Sinnvollen und des Guten und eine Kraft des Nicht-Sinnvollen und des Bösen sich in der Welt miteinander im Kampf befinden, und wollen dem Menschen den Glauben und die Hoffnung eingeben, daß die letztere unterliegen wird. Das chinesische Denken ist monis-

---

111 [Hier schließen Ms.-S. 99 und 100 beide genau an Ms.-S. 98 an. Wahrscheinlich soll Ms.-S. 100 Ms.-S. 99 ersetzen. Der (nicht gestrichene) Text der letzteren lautet:] ... auf das Weltgeschehen an. Es legt diesem keinen ethischen Charakter bei, sondern sieht in [ihm] das Geheimnisvolle und Schicksalhafte. Für das alt-chinesische Denken ist das Weltgeschehen in einer alles menschliche Begreifen übersteigenden Weise sinnvoll und gut.
So heißt es im *Yin Fu Ging* (Wilhelm, *Lieh-tse* [*Liä Dsi*], Vorrede S. XXI):
«Das Leben ist die Wurzel des Todes, der Tod ist die Wurzel des Lebens; Segen entsteht im Unheil, Unheil entsteht im Segen.» [Zitat gestrichen.]
[S. XX :] «Der Himmel hat keine Gnade. Eben darin zeigt er die größte Gnade.» [Zitat gestrichen.]
Das Große an der primitiven Denkweise ist das schlichte Hinnehmen der Wirklichkeit. In dem alt-chinesischen Denken hat sich dieses Hinnehmen der Wirklichkeit vertieft. Es erfolgt nicht mehr in naiver Weise, sondern in Ehrfurcht vor dem Geheimnis des Geschehens.
Damit begeht das alt-chinesische Denken als erstes einen Weg, auf den alles Denken, wenn es [einen] anderen versucht hat, sich zurückfinden muß.
In ergreifender Weise gibt sich die Haltung des alt-chinesischen Denkens darin kund, daß in dem *Hung-fan* (*Große Regel*) die Ergebung in das Schicksal unter den *fünf Segnungen* und die Schwachheit im Ertragen des Schicksals unter dem *sechsfachen Unglück* angeführt wird. [Hackmann, *Chines. Philosophie*, S. 40] [Über dem Wort *Hung-fan* die Notiz:] falsch.
[Notiz:] Siehe *Buch der [geheimen] Ergänzungen.* [Am Rand:] *Geheime Ergänzungen* S. XIX, [Wilhelm, *Liä Dsi*].

tisch. Es setzt in der Welt nur in [ein und] demselben Sinne wirkende Kräfte voraus und faßt das Ethische als die Vollendung des Naturhaften auf.

Daß das alt-chinesische Denken sich so ohne weiteres damit abfinden kann, daß das Weltgeschehen keinen ethischen Charakter besitzt, hat seinen Grund darin, daß seiner Ethik die zur Auseinandersetzung mit dem Weltgeschehen nötigen Energien fehlen. Es empfindet die Schwierigkeiten noch nicht, die die Tatsachen des Weltgeschehens ihm bereiten sollten.

Wie weit aber ist diese noch unbefangene Ethik in ihrem ruhigen Vorwärtsgehen schon gelangt! Welche natürliche Tiefe besitzt sie durch den ihr zugrunde liegenden Gedanken, daß der Mensch durch sein ethisches Verhalten sich in Übereinstimmung mit dem Weltgeschehen befindet!

Nach[112] alt-chinesischer Auffassung ist die Ethik also das Prinzip der Gesinnung und des Tuns, durch das in der Menschheit eine Ordnung entsteht, die der in der Welt waltenden entspricht.

Dies ist gemeint, wenn die Rede davon ist, daß das Tao des Menschen sich in Übereinstimmung mit dem Tao des Himmels befinden soll.

In der ältesten Form, in der wir sie kennen, hat die chinesische Ethik bereits eine hohe Entwicklung erreicht. Wohl hat sie nicht den Anspruch, mehr zu sein als eine Festlegung der in der Vergangenheit zur Ausbildung gekommenen und in der Überlieferung enthaltenen ethischen Sitte. Aber diese ethische Sitte steht bereits seit Jahrtausenden unter dem Einfluß eines mit der Welt und der Menschheit beschäftigten Denkens und hat sich in ihm veredelt und vertieft.

Dem hohen Entwicklungsstande dieser sich als die vollendete Sitte gebenden Ethik entspricht, daß sie die Verwirklichung der wahren Ordnung der Gesellschaft nicht mehr davon erwartet, daß der Einzelne sich den von ihr aufgestellten Gesetzen unterwirft, sondern davon, *daß er ihr in der besten Gesinnung angehört.* Die Ethik ist bereits so weit vergeistigt, daß sie sich der Unzulänglichkeit des durch das Gesetz und die Tradition Gebietbaren bewußt ist.

Ein fundamentaler Unterschied besteht hinsichtlich der Frage Gesetz und Ethik zwischen der alt-chinesischen und der arisch-indischen Anschauungsweise. Das von brahmanischem Geiste erfüllte Gesetzbuch Manus erwartet das Aufkommen und die Erhaltung geordneter Zustände davon, daß der Herrscher mit aller Strenge den Gesetzen Ansehen verschafft. Es stellt den Satz auf: «Die ganze Welt wird durch Strafe in Ordnung gehalten.»[113]

In der alt-chinesischen Literatur hingegen finden sich bezeichnender-

---

112 [R] Samstag 25.11.39. Lambarene.

113 [Siehe *The Sacred Books of the East,* Bd. XXV, Oxford 1886, VII 22 (S. 219).]

weise überhaupt *keine Bücher mit Gesetzen, sondern nur solche, die den Menschen zum Nachdenken über das Gute anhalten.*[114]

Daß die alt-chinesische Ethik, trotz der hohen Entwicklung, die sie erreicht hat, ihrem Wesen nach noch Ethik der überlieferten Sitte ist, zeigt sich darin, daß sie wie diese vornehmlich mit den durch die natürlichen Verhältnisse gegebenen Pflichten beschäftigt ist.

Dem *Schu-king* (*Buch der Urkunden*) zufolge hat es die Ethik mit den fünf Beziehungen Fürst und Untertan, Vater und Sohn, älterer und jüngerer Bruder, Mann und Frau, Freund und Freund zu tun.[115] Unter den Freunden werden Nachbarn und Landsleute, aber zugleich auch aus Unbekannten zu Vertrauten gewordene Menschen verstanden.

Indem die alt-chinesische Ethik Beziehungen, die Menschen in spontaner Weise miteinander eingehen, den natürlich gegebenen gleichstellt und aus ihnen Pflichten herleitet, ist sie auf dem Wege, eine zwischen den Menschen als solchen bestehende Verbundenheit anzuerkennen. Geht sie diesen Weg zu Ende, so gelangt sie dazu, die Forderung allgemeiner Menschenliebe aufzustellen.

Im *Hung-fan* (*Große Regel*) werden fünf *Eigenschaften* aufgezählt: Würde, Gesittung, Einsicht, Besonnenheit, Weisheit.[116]

Anfang und Fundament aller Tugend ist die ehrerbietige Liebe der Kinder zu den Eltern.

Die alt-chinesische Ethik steht durchaus im Dienste der Lebens- und Weltbejahung. Sie will in der Welt dies ausrichten, daß die Menschen die ihnen bestimmte Vollendung erreichen und daß Zustände geschaffen werden, die das materielle und geistige Gedeihen der Menschheit ermöglichen.[117]

Kuan-tse (gest. 643 [645?][118] v. Chr.), der Kanzler des Herzogs Huan von Tsi, urteilt in seinen uns überlieferten Gesprächen mit seinem Herrn, daß geordnete Zustände im Lande und Wohlhabenheit die Voraussetzung des Aufkommens von Tugend sind.

«Sind Scheunen und Speicher gefüllt, dann kennen die Leute die Vorschriften der Sitte; ist für ihre Kleidung und Nahrung genügend gesorgt, dann wissen sie, was Ehre und Schande macht.» [I, 1r][119]

Es wurde aber in jener älteren Zeit, wohl in einem kleineren Kreise, im Rahmen der Lebens- und Weltbejahung auch das Ideal der Bedürfnis-

---

114 [R] Nur solche mit Ermahnungen zum Guten . . .

115 [Siehe A. Forke, *Gedankenwelt . . .*, 1927, S. 155. *The Sacred Books of the East,* Bd. III, Oxford 1879, S. 43, 55]

116 Hackmann, [*Chinesische Philosophie,*] S. 39. [Diese Zeilen sind im Ms. mit Bleistift (undeutlich) gestrichen].

117 [Bleistiftnotiz:] Die Idee des Vollkommener-Werdens.

118 [Vgl. S. 57 f.]

119 [Zit. bei A.] Forke, [*Gedankenwelt . . .*,] S. 156. [Über] Kuan-tse [vgl. auch:] [Ernst Viktor] Zenker, I, S.] 82 ff.

losigkeit vertreten. In diesem Sinne spricht sich Yen-tse aus, der etwa 30 Jahre vor Kung-tse geboren wurde und wie Kuan-tse, anderthalb Jahrhunderte vor ihm, das Kanzleramt im Fürstentum Tsi bekleidete.[120] Beide Strömungen lassen sich auch in der späteren Zeit nebeneinander verfolgen.

Durch ihre Lebens- und Weltbejahung und durch ihre Betonung des Vernunftgemäßen und Zweckmäßigen gehört die alt-chinesische Ethik mit der europäischen Ethik des 18. Jahrhunderts zusammen. Aber niemals ist sie wie diese in Gefahr, zu einer banalen Lehre von der Ermöglichung des besten Wohlergehens der Einzelnen und der Gesellschaft zu werden. Sie ist nicht wie diese nur mit den Einzelnen und der Gesellschaft, sondern immer zugleich auch mit der Natur beschäftigt. Die Nötigung zu ethischem Verhalten ergibt sich bei ihr nicht nur aus Erwägungen über die Zugehörigkeit des Menschen zur Gesellschaft, sondern vor allem, und in einer höheren Art, daraus, daß er dadurch in Harmonie mit der Welt ist. Dieses Mystische der chinesischen Ethik geht der europäischen ab.

Die alt-chinesische Ethik (und die chinesische Ethik überhaupt) ist, soweit sie sich zurückverfolgen läßt, nicht so sehr durch die Idee des Zweckmäßigen und Nützlichen als durch die des Vollkommener-Werdens beherrscht. Sie verlangt von dem Menschen, daß er sich für das Gute entscheide, in erster Linie, um so zu sein, wie er seiner Bestimmung nach sein soll, und erst in zweiter Linie um dessentwillen, was er durch sein sittliches Verhalten ausrichtet.

Daß der Mensch von Natur aus die Fähigkeit habe, gut zu sein, setzt die alt-chinesische Ethik als selbstverständlich voraus.

Charakteristisch für die alt-chinesische Ethik ist ihre Ablehnung der Anwendung von Gewalt.

Der Gedanke, daß der Fürst sich dafür entscheiden solle, sein Volk nicht durch Strenge, sondern durch geistige Autorität zu leiten, findet sich nicht nur im *Schu-king* (*Buch der Urkunden*), sondern auch bei Kuan-tse.[121]

In ihrem gesunden Sinne für das Wirkliche gesteht die alt-chinesische Ethik einem Volke das Recht zu, gegen einen Angreifer gerüstet zu sein und sich seiner zu erwehren; aber sie erlaubt ihm nicht, sich der Macht, die es besitzt, zu bedienen, um sich gegen andere durchzusetzen. Friedfertigkeit ist eine von den Völkern wie von den Einzelnen verlangte Tugend.

Im *I king* wird in immer neuen Bildern der Gedanke, daß das Nicht-Starke eine größere Kraft als das Starke besitzt, wiederholt.

---

120 [Siehe A. Forke, *Philosophie,* S. 85, 112.]

121 [Siehe oben S. 73. Die dortige Zeitangabe wird hier im Ms. als Satzschluß wiederholt:] dem im 7. Jahrhundert v. Chr., also vor Kung-tse lebenden Minister des Herzogs von Tsi.

Nicht mit den ihm zur Verfügung stehenden äußeren Mitteln, sondern[122] durch die in seinem geistigen und ethischen Wesen gegebene Energie soll der Mensch, wo er dazu genötigt wird, sich gegen andere zu behaupten suchen.

Sanftmut, Demut und Selbstlosigkeit bringen die andern guten Eigenschaften erst zur rechten Geltung.

Keine andere Ethik läßt sich die Erziehung des Menschen zur innerlichen Vornehmheit so angelegen sein wie die chinesische.

Wenn die Idee der Liebe in der alt-chinesischen Ethik sonst noch nicht erreicht ist, findet sie sich doch bereits bei Yen-tse, einem älteren Zeitgenossen Kung-tse's. Er spricht es, soviel wir wissen, auf chinesischem Boden erstmalig klar aus, daß zum wahren Menschentum mitleidiges Verhalten gegen Notleidende, Frierende, Hungernde, Arme und Schwache gehöre.[123]

Daß die alt-chinesische Ethik den Weg zum Gebote der Liebe, auf dem sie sich befindet, nicht zu Ende gehen will, hat seine Gründe. Die Aufstellung des Gebotes der Liebe bedeutet nicht nur eine Vollendung der Ethik, sondern hat auch eine Veränderung ihres Charakters zur Folge.

Die zwischen dem Herrscher und den Untertanen, zwischen den Einzelnen und der Gesellschaft und zwischen den Angehörigen einer Familie bestehenden Pflichten lassen sich in natürlicher Weise begründen und bilden ein übersichtliches und einheitliches Ganzes. Das Gebot der Liebe aber enthält eine unabsehbare Menge freiwillig zu übernehmender Pflichten. Auch ist die Liebe weder als ein die Gesellschaft in Ordnung haltendes noch als ein in der Naturordnung sich offenbarendes Prinzip begreiflich zu machen. Mit dem Gebote der Liebe tut die Ethik den Schritt ins Willkürliche, Unberechenbare und Grenzenlose.

Die alt-chinesische Ethik wird also von einem dunklen Bestreben der Selbsterhaltung geleitet,[124] wenn sie bei den natürlich gegebenen Pflichten verbleiben will. Ihrem Wesen nach kann sie nur gebieten, was für das beste Bestehen der naturgemäßen Gesellschaftsordnung in Betracht kommt.[125] Sobald sie Liebe fordert, gibt sie den Grundsatz der Vernunftgemäßheit preis und wird sich selber untreu. Sie läßt sich auf etwas ein, das für sie ein Abenteuer bedeutet.

Vergebens aber wehrt sich das alt-chinesische Denken gegen das Gebot der Liebe. Im Verlaufe ihrer Höherentwicklung kommt die Ethik mit Notwendigkeit dazu, es aufzustellen.[126]

---

122 [R] sondern durch die aus dem Geistigen und Ethischen kommende Kraft . . .

123 [Siehe Hackmann, *Chinesische Philosophie,* S. 108.]

124 [R] von einem richtigen Empfinden geleitet, . . .

125 [R] Sonntag 26.11.39.

126 [R] Schon in der älteren Zeit kommt es vor, daß neben den natürlichen Pflichten auch Pflichten der Liebe aufgestellt werden. Dem Gebot der Liebe [kann das chinesi-

Wäre sie nicht durch ihre Grundsätze gehemmt, so würde die chinesische Ethik sich ohne weiteres zur Idee der Liebe bekennen. Zur tiefen Natürlichkeit, die der chinesische Mensch besitzt, gehört auch die Fähigkeit des Mitempfindens. Wie stark dieses ist, zeigt sich darin, daß es sich nicht nur auf den Mitmenschen, sondern auch auf die Kreaturen erstreckt. In den alten Verordnungen für den ersten Frühlingsmonat wird geboten, daß man keine weiblichen Tiere zum Opfer nehmen solle (weil sie trächtig sein könnten), daß man keine Nester ausnehme und keine neugeborenen Tiere töte. An sich könnte dies so erklärt werden, daß es zu dem der Jahreszeit entsprechenden Verhalten gehört, das vom Frühling gewollte Aufkommen der Brut und der Würfe nicht zu gefährden. Da aber im weiteren Verlaufe des chinesischen Denkens Mitleid mit der Kreatur immer mehr zur Ausbildung kommt, ist anzunehmen, daß jene alten Verordnungen durch das Mitempfinden mit den jungen hilflosen Tieren eingegeben sind.

Überdies wird Mitleid mit den Tieren in klarer Weise durch Yen-tse,[127] der auch das Gebot der Liebe aufstellt, vertreten. Interessant ist, daß er als Empfehlung seines Grundsatzes einer möglichst einfachen Lebensweise anführt, daß die Menschen auf diese Weise davor bewahrt bleiben, einer gut besetzten Tafel zuliebe über das verantwortbare Notwendigste hinaus Fische und Tiere des Waldes zu töten.[128]

Ein tiefer Unterschied besteht zwischen der Schonung der Kreatur, wie sie in der alt-chinesischen Ethik und wie sie in dem alt-indischen Ahiṃsā-Gebot befohlen wird. Die Forderung des Mitleids mit der Kreatur in der alt-chinesischen Ethik nimmt sich neben dem Ahiṃsā-Gebot sehr bescheiden aus.[129] Dieses verlangt in absoluter Weise, daß sich der Mensch jeglichen Tötens und Schädigens von Lebewesen enthalte.[130] Aber es ist nicht aus dem Mitgefühl mit den Tieren entstanden, sondern ergibt sich aus der Anwendung des von der Lebens- und Weltverneinung eingegebenen Grundsatzes der Nicht-Tätigkeit auf das Verhalten zu den Lebewesen. Um seiner selbst willen, damit er völlig rein bleibe von der Welt, nicht aus Mitleid, enthält sich der indische Fromme jeglichen Schädigens und Tötens von lebendigen Wesen. In keiner Weise macht ihm das Ahiṃsā-Gebot zur Pflicht, daß er der in Not befindlichen Kreatur zu Hilfe komme. Daß Gandhi, durch Mitleid getrieben, es wagt, dem Leiden eines armen Kalbes dadurch ein Ende zu machen,

---

sche Denken] ebensowenig entgehen als der Auseinandersetzung mit dem Weltgeschehen.

127 [Ms. (irrtümlich):] Teng-tse. [Darüber:] siehe Hackmann S. 108.

128 Hackmann [a.a.O.] S. 109.

129 [R] Das Ahimsā-Gebot nimmt sich großartiger aus als das alt-chinesische Gebot der Schonung der Kreatur.

130 [R] Das ist aber undurchführbar.

daß er es durch Einspritzung eines rasch wirkenden Giftes tötet, ruft einen Sturm der Entrüstung unter den frommen Hindus hervor.

In der Erziehung der indischen Menschheit zum Mitleid hat das Ahiṃsā-Gebot nicht viel geleistet.[131] Kaum irgendwo ist, wie es moderne Inder selber feststellen, das Los der Tiere so beklagenswert wie in Indien. In der alt-chinesischen Ethik hingegen handelt es sich um ein aus dem natürlichen Empfinden kommendes Mitleid mit der Kreatur, das sich im Laufe der Jahrhunderte immer mehr ausbildet und in der Denkweise des Volkes zur Geltung kommt.

Das Gebot des Mitleids gegen die Kreatur bedeutet eine Erweiterung der Ethik, das Gebot der Liebe[132] eine Vertiefung derselben. Beides ist in dem ursprünglichen Plan der alt-chinesischen Ethik nicht vorgesehen.

Die Frage ist nun, inwieweit die chinesische Ethik in ihrem Bestreben, in ihrer ursprünglichen Art zu verharren, die Idee der Liebe abzulehnen vermag, und inwieweit sie sich genötigt sieht, ihr Zugeständnisse zu machen.

Die großen chinesischen Denker der klassischen Zeit – Lao-tse (etwa 570–490 v. Chr. oder früher), Kung-tse (Konfuzius, etwa 552–479 v. Chr.), Mi-tse (Micius, etwa 470–380 v. Chr.), Yang Tschu (etwa 450–380 v. Chr.), Meng-tse (Mencius, 372–289 v. Chr.), Tschuang-tse (etwa 335–275 v. Chr.) – leben in einer Zeit des Verfalls des Reiches.[133] Von Beginn des 8. Jahrhunderts v. Chr. ab vermögen die Kaiser der etwa seit 1150 v. Chr. bestehenden Tschou-Dynastie die Oberherrschaft über die Fürsten nicht mehr aufrecht zu erhalten. Die Feudalstaaten machen sich selbständig und bekriegen sich untereinander. In den Staaten selber trotzen die mächtigen Familien den Fürsten immer mehr Rechte und Macht ab, die sie zur Unterdrückung der Bevölkerung benutzen. Diese Verhältnisse bringen es mit sich, daß das Volk verarmt und Not leidet und daß Sittenlosigkeit einreißt. Die so gediegene und so weit in die Zeiten zurückreichende Kultur ist in Gefahr, zugrunde zu gehen.

An den Höfen treten Philosophen auf, die in Disputierkünsten zu glänzen suchen[134] und es unternehmen, das Treiben der Fürsten, die ihre Völker ins Elend bringen und auf kriegerische Abenteuer aus sind, als opportun gutzuheißen.

---

131 [R] Weil das Ahimsā-Gebot seiner Entstehung nach nichts mit natürlichem Mitleid zu tun hat, hat es [...] in der Erziehung der indischen Menschheit zum Mitleid auch nicht sehr viel geleistet.
Es ist die chinesische, nicht die indische Ethik, die den Anfang mit dem Mitleid zur Kreatur macht.

132 [R] der Menschenliebe.

133 [Kommentar Kramers': «Wieder dieselbe Frage der relativen Chronologie – Schweitzer folgt den traditionellen Daten.»]

134 [R] An den Höfen traten Persönlichkeiten auf, denen die Überlieferung nicht mehr heilig war...

Über das Unheil, das dem Reiche und der Kultur droht, kann man sich zur Zeit Lao-tse's und Kung-tse's, obwohl es noch in den Anfängen ist, keiner Täuschung hingeben. Beide suchen ihm Einhalt zu gebieten, aber jeder auf andere Weise.[135] Kung-tse predigt Festhalten an den Grundsätzen der überlieferten Kultur. Lao-tse hält diese gepriesene überlieferte Kultur selber bereits für eine Verirrung und sieht das Heil darin, daß das Volk wieder in den einfachsten Verhältnissen und in völliger Anspruchslosigkeit lebe.

Gerettet wird das Reich durch Kaiser Shi-huang-ti,[136] der 221 v. Chr. wieder alle Gebiete desselben unter seiner Herrschaft eint. Gerettet wird die Kultur durch den Geist, der in ihr lebt, und durch Kung-tse, in welchem sie durch klare Besinnung auf sich selbst neue Kraft erlangt.

[2. Kung-tse]

Kung-tse (etwa 552–479 v. Chr.) entstammt einer Ehe, die sein Vater, ein wegen seiner Tapferkeit bekannter Kriegsmann, über 70 Jahre alt mit einer Fünfzehnjährigen eingeht, weil er aus einer früheren Ehe nur Töchter und von einer Nebenfrau nur einen verkrüppelten Sohn besitzt. Er gehört einer vornehmen Familie an, die zu Beginn der Tschou-Dynastie mit der Herrschaft des Herzogtums Sun belehnt war und im 8. Jahrhundert v. Chr. in den Staat Lu auswanderte.

In ziemlich ärmlichen Verhältnissen aufwachsend, beschäftigt sich Kung-tse von frühem an mit dem Studium der mündlichen und schriftlichen Überlieferung. Als Neunzehnjähriger verheiratet er sich. Kaum 22 Jahre alt, versammelt er schon Schüler um sich. Mit 30 Jahren erreicht er, nach einem von ihm überlieferten Ausspruch, einen *festen Standpunkt.*[137] Mit 34 Jahren unternimmt er mit zwei Schülern eine Reise nach Lo Yang (Provinz Honan), der damaligen Residenz der Schattenkaiser der Tschou-Dynastie, um dort aus den Quellen der mündlichen und schriftlichen Überlieferung zu schöpfen, vielleicht auch in der Hoffnung, mit dem Kaiser in Beziehung zu treten und sein Berater zu werden, was sich nicht erfüllt. In Lo Yang soll er, nach dem Berichte des berühmten Geschichtsschreibers Sse-ma Ts'ien [Sse-ma] (145–80 v. Chr.) mit Lao-tse, der am dortigen Hofe das Amt eines Bewahrers der Dokumente bekleidete, zusammengetroffen sein.

Erst[138] im Jahre 500 v. Chr., da er schon über 50 Jahre alt ist, geht der Wunsch seines Lebens, ein vorbildliches Wirken im Staatsdienst entfalten zu dürfen, in Erfüllung. Der Herzog von Lu vertraut ihm ein hohes Amt an, in dem er sich in hervorragender Weise bewährt. Aber bereits 497 v. Chr. verliert er den Einfluß auf den Fürsten und sieht sich genötigt, seine Stellung aufzugeben und außer Landes zu gehen. Mancherlei Not und Verfolgung erduldend, zieht er nun 13 Jahre lang mit den Schülern in der Fremde umher. In seinem 69. Lebensjahre wird er auf Betreiben

---

135 [R] Beide wollen das Volk und die Kultur retten. Aber ihre Botschaft lautet verschieden.

136 [Siehe oben S. 55 f.]

137 *Lun Yü* II 4 [mit dreißig stand ich fest (Wilhelm)].

138 [R] Dienstag 28.11.39.

der Ratgeber des neuen Herzogs nach Lu zurückgerufen und dort mit Ehre empfangen, ohne jedoch ein Amt zu erhalten. Die letzten Jahre seines Lebens bringt er damit zu, die große Arbeit der Sammlung und Sichtung der alten Schriften zu Ende zu bringen. Das Ergebnis derselben sind die fünf kanonischen Bücher in der Gestalt, die sie in der Zeit vor der Bücherverbrennung besaßen.

Die wichtigste Quelle für unsere Kenntnis der Gedanken Kung-tse's ist das *Lun Yü*, das von ihm überlieferte Gespräche enthält. Zu berücksichtigen sind auch das *Ta-hio* (*die große Lehre*) und das *Tschung-yung* (*die Lehre von der Mitte*), in denen seine Ethik von Angehörigen seiner Schule dargestellt wird.[139]

Die im Folgenden angeführten Zitate sind, wenn nicht anders angegeben wird, dem *Lun Yü* entnommen.

Kung-tse will nichts Neues bringen, sondern nur in der rechten Weise das Altertum zu Worte kommen lassen. Daß er nicht eigene Gedanken, sondern diejenigen ausspricht, zu denen er durch das Studium der Alten gekommen ist, betont er für unser Empfinden allzu stark.

So hoch er aber die Überlieferung einschätzt, so übernimmt er sie doch nicht einfach. Er geht die in ihr enthaltenen Anschauungen daraufhin durch, ob sie vor dem rechten Prüfen bestehen können und ob sie dem Geiste der wahren Kultur entsprechen. Trifft dies nicht zu, so tilgt er sie aus den Urkunden, die das geistige Gut der Vergangenheit den kommenden Geschlechtern übermitteln sollen. Er findet den Mut, in der dem Volke vertrauten Ideenwelt der Vorväter zwischen dem, was zu behalten und dem, was aufzugeben ist, zu unterscheiden. Daß in der chinesischen Kultur zur rechten Zeit eine große ethische Persönlichkeit auftritt, die sie, mit Ehrfurcht vor allem Wertvollen, soweit als möglich von dem Überlebten und Behindernden befreit, das sie von ihrer Vergangenheit her mit sich führt, ist eine Wohltat, die anderen Kulturen nicht oder nicht in dieser Weise zuteil geworden ist.

Ein Scholastiker ist Kung-tse insofern, als er die Arbeit des chinesischen Denkens in der Hauptsache für abgeschlossen ansieht und ihm keine schöpferischen Leistungen mehr zumutet. Zugleich aber ist er noch so selbständig und selbstbewußt, daß er sich nicht damit begnügt, Ordnung in das überlieferte Denken zu bringen, sondern Urteile über es abgibt. Er macht es sich zu eigen, indem er es neu erlebt. Ohne sich genügend davon Rechenschaft zu geben, bildet er es weiter, soweit es weiterbildbar ist.

Das aus der Naturbetrachtung entstandene und ethische Überzeugungen in ihr begründende chinesische Denken ist, wie Kung-tse richtig sieht, etwas bereits Fertiges und in sich Abgeschlossenes. Aber dieses Fertige und in sich Abgeschlossene ist nicht etwas Erstarrtes, sondern etwas noch durchaus Lebendiges. Einer Wandlung ist dieses organische Gedankengebilde nicht fähig. Neue Ideen können in ihm nicht aufkommen. Aber von denen, die in seinen Grundanschauungen wurzeln,

---

139 Über das *Ta-hio* und das *Tschung-yung* siehe auch S. [55].

können sich diese und jene, soweit es der Plan des Ganzen zuläßt, weiter entfalten und vertiefen. Dies findet bei Kung-tse und dem großen Fortsetzer seiner Lehre, Meng-tse, statt.

Überhaupt besitzen die chinesischen Denker der klassischen Zeit, ja alle chinesischen Denker überhaupt, keine Originalität, sondern sind nur Fortbildner. Dies nimmt ihnen nichts von ihrer Größe und ihrer Bedeutung. Das, was ihre namenlosen Vorgänger im Altertum geschaffen haben, ist in seiner Art so tief und großartig und endgültig, daß sie sich nichts anderes vornehmen können, als es in der lebendigsten und tiefsten Weise im eigenen Denken lebendig werden zu lassen und dabei in dieser oder jener Richtung weiter vorzustoßen. Dies gilt für Lao-tse und seine Nachfolger in derselben Weise wie für Kung-tse und die Seinen.

In der Überlieferung beanstandet Kung-tse alles, was offensichtlich Aberglaube ist. Er tilgt es in den alten Schriften. In seinen Reden vermeidet er es nach Möglichkeit, davon zu sprechen, wie im *Lun Yü* ausdrücklich bemerkt wird (VII 20).

Ob man an Dämonen, Naturgeister und Götter zu glauben habe, läßt er dahingestellt. Die Opfer an sie billigt er nicht, wenn sie ihnen in der Absicht, ihre Gunst zu erwerben, dargebracht werden. Dies verurteilt er als Kriecherei (II 24). Opfer, als religiöse und überlieferte Pflicht, läßt er gelten.[140] Wie er es hält, spricht er in dem Worte aus: «Dämonen und Götter ehren und ihnen fern bleiben (das heißt, sich nicht weiter mit ihnen abgeben), das mag man Weisheit nennen» (VI 20).[141]

Die Verehrung der Geister der Ahnen stellt er höher als die der Dämonen, Naturgeister und Götter. Für wichtiger aber hält er, daß man den

---

140 [R] Sollen sie ihnen aber nur die Ehrfurcht bezeigen, so läßt er sie als der Überlieferung gemäß gelten.

141 [R] Er opfert also nur, weil er mit dem überlieferten Brauch nicht aufräumen will. Aber den Glauben an Dämonen, Geister und Götter will er ins Wanken bringen und ihm keine Bedeutung beigelegt haben. Den Ahnendienst stellt er höher, weil es etwas Natürliches ist, daß der Mensch den Geistern seiner Vorfahren in Ehrerbietung diene. Die Hauptsache aber ist, daß der Mensch seinen Eltern, den Vorfahren, die er kennt, in Demut diene. Tut er dies nicht, so hat es keinen Sinn, daß er den Vorfahren, die er nicht kennt, Ehrerbietung zu erweisen suche. Der wahre Ahnendienst ist, die Eltern lieben (XII [XI] 11). Das Opfer an den Ahn der Dynastie faßt er als Geheimnis auf: Wer davon die Bedeutung wüßte ... (III, 11). [Vgl. S. 82.]

[R] Jetzt 1) Aberglaube, 2) Trifft damit auch die Religion. Gottesglaube für Kung-tse nicht berechtigt – Beschäftigt sich mit den Fürsten [...] Heilige Schriften, Belehrung der Fürsten. Das Mystische. – Die Ethik. Das Ordnungsgemäße – treue Kinder, treue Fürsten, treue Untertanen [...] Der Edle – Die Sitte – Das Mystische. Dies gehört zur Natur. – Was er der Überlieferung zugestehen kann, gesteht er ihr zu, weil er ihr so viel abschlagen muß. – Das Gebot der Liebe. Menschenliebe = freundliches Verhalten zu den Menschen. Nicht in das Dasein des andern eingreifen, sondern nur es nicht stören. Das Verhalten des Edlen leistet in vielem das, was sonst der Liebe zufällt. Vertieft die alte Ethik ganz.

Eltern, den Vorfahren, die man kennt, in wirklicher Ehrerbietung diene (XI 11).

Auch den Glauben an den Himmel als den göttlichen Weltregierer erkennt Kung-tse nicht wirklich an.[142] Er hat keine Beziehung zu der volkstümlichen ethisch-monotheistischen Religion, die von alters her neben der durch die Gedanken des *I king* beherrschten mehr philosophischen Weltanschauung zur Geltung zu kommen sucht. Kung-tse lebt in dieser Weltanschauung. Er ist mit dem Geheimnis des Aufeinanderwirkens der Erde und des Himmels als den beiden Urkräften beschäftigt. Er kann sich also nicht gleichzeitig zu dem Glauben bekennen, daß der Himmel die Welt nach Art einer ethischen Persönlichkeit regiert und sich um das Wohl und Wehe der Einzelnen kümmert. Sein Glaube an eine ethische Weltordnung besteht darin, daß er den ethischen Menschen als das Ergebnis des vollendetsten Aufeinanderwirkens von Himmel und Erde ansieht, eine geheimnisvolle Beziehung zwischen dem Verhalten der Menschheit und dem Weltgeschehen annimmt und daraufhin erwartet, daß das Vollkommener-Werden der Menschen sich in einer vollkommeneren Weltordnung auswirken wird.[143]

Ganz kommt Kung-tse aber nicht von dem der Ethik so natürlichen und so teuren Glauben an einen ethischen Weltregierer los. Zuweilen redet er als ein Gläubiger. Beim Tode eines Lieblingsschülers bricht er in die Worte aus: «Wehe, der Himmel verläßt mich!» (XI 8).[144] Ein andermal verwahrt er sich dagegen, gegen den Himmel zu murren, und spricht die Gewißheit aus, daß der Himmel ihn kenne (XIV 37).[145] Einigen Worten zufolge ist er überzeugt, unter dem Schutze des Himmels[146] zu stehen und von diesem berufen zu sein, die Wahreit zu verkünden (VII 22; XIV 38).

Dennoch aber ist er kein Gläubiger. Einem seiner Schüler bekennt er, daß er das Beten schon lange aufgegeben habe (VII 34). Auch findet sich kein Wort von ihm, in dem er für den Glauben an einen himmlischen Regierer der Welt eintritt.

Überhaupt geht Kung-tse nicht auf die letzten Fragen ein.[147] «Des Meisters Reden über Kultur und Kunst kann man zu hören bekommen, aber die Worte des Meisters über Natur und Weltordnung kann man

---

142 [R] Kung-tse ist fromm. Aber seine Frömmigkeit hat sich von jedem Glauben an das Wirken einer ethischen Gottespersönlichkeit in der Welt losgelöst.

143 [R] Die dritte Urkraft. An ihr [oder: ihnen] liegt es, ob es eine sittliche Weltordnung gibt oder nicht.

144 [Wilhelm: ... «Gott verläßt mich!»]

145 [Wilhelm: «Wer mich kennt, das ist Gott.» (*Himmel* in einem Vorwortszitat S. XXIII. Neuauflage S. 26).]
[R] «Wer gegen den Himmel sündigt, hat niemand, zu dem er beten kann.» (III 13)

146 [Wilhelm: Gottes.]

147 [R] Samstag 3.12.39.

nicht zu hören bekommen», heißt es im *Lun Yü* (V 12).[148] Er fühlt sich zu dem ethischen Erziehungswerk berufen. Darum behandelt er fast ausschließlich die Fragen des rechten Verhaltens.[149] Auf die Gedankenwelt des *I king*, in der er lebt und die er und seine Schüler in Kommentaren behandelt haben, kommt er nicht zu sprechen.[150] Es ist, als ob er durch eine Scheu davon abgehalten würde, sich über das, was Geheimnis bleibt, öffentlich zu äußern.[151]

Religion besteht für Kung-tse darin, daß man die überlieferten frommen Bräuche gewissenhaft übt. Weil es sich also ziemt, bringt er den Ahnen und Göttern Opfer dar. (III 12).[152] Einer seiner Schüler, der das Opfer zu Beginn des Neumondes abgeschafft wissen möchte, wird von ihm zurechtgewiesen (III 17). Wenn er Fleisch, das von einem Opfer herrührt, zum Geschenk erhält, verbeugt er sich davor (X 15). Bei der Darbringung des Opfers muß man, verlangt er, die Gedanken ganz auf die bedeutungsvolle Handlung gerichtet halten.

Das große Opfer für den Ahn der Dynastie betrachtet er als ein Mysterium. «Wer davon die Bedeutung wüßte», sagt er, «wäre imstande, die Welt zu regieren, als läge sie auf seiner Hand» (III 11). Der Grund für diese hohe Einschätzung liegt wohl darin, daß in diesem und in den andern vom Kaiser dargebrachten höchsten Opfern die Erde und der Himmel in geheimnisvoller Weise als miteinander in Beziehung tretend vorgestellt werden.

Ein Fortleben nach dem Tode nimmt Kung-tse nicht an. Auf die Frage eines Schülers, was es mit dem Tode für eine Bewandtnis habe, gibt er die ausweichende Antwort: «Wenn man das Leben nicht kennt, wie sollte man da den Tod kennen?» (XI 11)

Dem Ahnendienst liegt die Annahme eines geisterhaften Fortlebens nach dem Tode zugrunde. In dem *I king* wird sie aber preisgegeben. Ihm zufolge sind Leben und Tod nur Wandlungen, die in dem Aufeinanderwirken der beiden Urkräfte ihren Ursprung haben. Ständig entsteht in der Aufeinanderfolge des Geschehens neues Leben, um ständig im Tode zu enden. Kung-tse teilt die Anschauung des *I king*. Aber er will

148 [Wilhelm: ... «nicht (leicht) zu hören bekommen.»]

149 [R] Nur... praktische Fragen.

150 [Kommentar Kramers': «Hier wird jetzt gewöhnlich angenommen, daß die *I king*-Kommentare spätere Formulierungen der Spekulation über die Weltordnung sind und daß Konfuzius selber noch nicht darauf eingegangen ist.»]

151 [Siehe Wilhelm zu V 12: «Die letzten Weltanschauungprobleme waren Kung-tse zu heilig, um viel darüber zu reden.»]

152 [«Die Stelle besagt, daß man den Ahnen und Geistern *andächtig als in ihrer Gegenwart* opfern und hierbei auch selber anwesend sein (sich nicht stellvertreten lassen) soll.» (Kommentar in der Ausgabe 1921).]

[R] Religion besteht [für Kung-tse] nicht im Glauben an Gott und Unsterblichkeit, sondern im Vollzug [...]

sich nicht gegen den mit dem Ahnenkult übereinstimmenden, im Volke vorhandenen Glauben an ein Fortleben nach dem Tode aussprechen.

Kung-tse ist fromm. Aber seine kritische Denkweise macht es ihm unmöglich, einen Glauben zu haben, wie er anderen, die noch die erforderliche Unbefangenheit besitzen, möglich ist. Er sieht es aber nicht als erforderlich an, die religiösen Überzeugungen, soweit sie sich nicht mit dem Ethischen in Widerstreit befinden, ins Wanken zu bringen. Nur auf das eine kommt es ihm an: daß die Menschen sich miteinander um die zu ihrem Wesen gehörende Tugend bemühen und damit ihre Bestimmung in der Welt erfüllen.

In dem chinesischen Denken tritt zum ersten Male die sich dann in dem Denken der Menschheit immer wieder aufs neue einstellende Schicksalsfrage auf, ob die Ethik des Haltes, den sie in einem ihr entsprechenden Glauben findet, entbehren und aus eigener Kraft bestehen könne. Bereits in der alt-chinesischen Weltanschauung wird sie bejaht.[153] Kung-tse macht sich diese Bejahung zu eigen. Weil er in tieferem Überlegen die Notwendigkeit des Wagnisses[154] einsieht und seine Durchführung übernimmt, gehört er zu den ganz großen Denkern.

Die Religion des Glaubens an Dämonen, Geister und Naturgötter erhält sich, obgleich er ihr die Anerkennung versagt. Es kommen sogar Zeiten, in welchen sie beim Volke wieder in hoher Gunst steht. Auch behält sie ihre Geltung bis auf den heutigen Tag. Aber das eine hat Kung-tse doch erreicht: daß[155] sie in der von ihm vertretenen[156] Weltanschauung nicht mehr Eingang finden kann, sondern nur neben ihr besteht.

Dadurch, daß er den ethischen Monotheismus ablehnt, wird dessen Schicksal, in China unvollendete Religion zu bleiben, besiegelt.[157]

Mit seiner Botschaft wendet sich Kung-tse in erster Linie an die Fürsten. Von ihnen hängt ja ab, daß die unheilvollen Kriege aufhören und die Völker in der rechten Weise geleitet werden. Er hält ihnen das Beispiel der heiligen Herrscher des Altertums vor.

An der Spitze derselben stehen Yau, Schun und Yü. Yau (2353–2256 v. Chr.) gilt als der Begründer der Anschauungen von Weltgeschehen und Sittlichkeit, auf denen die

---

153 [R] Die Ethik hat sich von der Religion frei gemacht...

154 [Hier ein mit Bleistift eingefügtes, dem Schriftduktus nach originales ?. Der ganze Abschnitt ist jedoch durch Rotstiftstrich am Rand hervorgehoben.]

155 [R] Daß er sie unschädlich machte.

156 [R] und zu so großer Bedeutung gelangten.

157 [R] Daß der ethische Monotheismus in China eine unfertige Religion bleibt, rührt daher, daß Kung-tse sich für die Weltanschauung des *I king* entscheidet und durch es zu einer ethisch-mystischen Frömmigkeit gelangt, die keines Glaubens an eine göttliche Weltregierung mehr bedarf. Überhaupt machte ihm seine kritische Denkweise diesen von vornherein unmöglich. Schon in der Weltanschauung des *I king* steht die Ethik nicht mit der Religion [...] sondern mit der Naturphilosophie in Verbindung. Bei Kung-tse wird nur offenbar, was schon besteht.

chinesische Kultur beruht. Schun (2256–2205 v. Chr.) ist nicht sein Sohn, sondern ein Beamter, den er seiner Tüchtigkeit und Tugendhaftigkeit wegen als Nachfolger erwählt (VIII 18–21). In derselben Weise überträgt dieser die Herrschaft auf Yü (2205–2197 v. Chr.),[158] den Begründer der Hia-Dynastie (2205–1766 v. Chr.). Yü reguliert in neunjähriger harter Arbeit den Lauf des Hoang-ho (des gelben Flusses). Dadurch, daß er den furchtbaren Überschwemmungen ein Ende setzt, denen die nord-chinesische Ebene vordem ausgesetzt war, wird sie erst recht bewohnbar. Während der Dauer dieser Arbeiten soll er selbst den Spaten geführt und, ohne je sein Haus zu betreten, in einer elenden Hütte gehaust haben.[159]

Zu den heiligen Herrschern gehört auch Tang, der Begründer der Schang-Dynastie (1766–1122), die auch Yin-Dynastie genannt wird. Als die letzten werden genannt Wu Wang (der Sohn Wen Wang's), der Begründer der Tschou-Dynastie (1122–249 v. Chr.), und sein Bruder, der Fürst von Tschou (Tschou-Gung).[160] Für den letzteren hat Kung-tse eine besondere Verehrung.

Das erste, was vom Fürsten verlangt wird, ist, daß er die Eigenschaften besitze, einen geistigen und sittlichen Einfluß auf das Volk auszuüben. «Wünscht der Herrscher das Gute, so ist das Volk gut»,[161] heißt es im *Lun Yü* (XII 19).

«Das Wesen des Herrschers ist der Wind, das Wesen des Geringen ist das Gras. Das Gras, wenn der Wind darüber hinfährt, muß sich beugen» (XII 19).

Durch die Kraft seines Wesens soll er das Volk leiten. Dann wird das Volk gewissenhaft (II 1,3). Regiert er durch Erlasse und Strafen, so bekommt das Volk einen schlechten Geist (II 3). Er soll sein wie Kaiser Schun, der das Reich allein dadurch in Ordnung hielt, daß er über sich selbst wachte (XV 4).[162]

«Wer selbst recht ist, braucht nicht zu befehlen, und es geht. Wer selbst nicht recht ist, der mag befehlen, doch wird nicht gehorcht» (XIII 6).

Den Einfluß der Tugendhaftigkeit des Fürsten auf sein Volk stellt sich Kung-tse nicht nur so vor, daß sie ihm als Vorbild dient, sondern so, daß sie sich in ihm, auf Grund eines geheimnisvollen Gesetzes, auswirkt.[163]

Vom Herrscher wird verlangt, daß er gerecht und wahrhaftig ist, seine Würde ohne Hochmut wahrt, alles Gemeine und Unschickliche

---

158 VIII 21 [gemeint ist wohl auch Anm. 12 zu VIII 18].

159 [VIII 21, Anm. 14 (S. 85). Neuausgabe: S. 96.] (Kommentar Kramers'): «Alle diese Daten sind wieder die traditionellen.»

160 XX 1 [und Anm. 1, S. 215] ff. Über Wu Wang und den Fürsten Tschou siehe auch S. 66.

161 [Wilhelm: «Wenn Eure Hoheit das Gute wünscht, so wird das Volk gut.»]

162 [Das ganze Zitat II 3 (nach R. Wilhelm) hat A. S. im Notizbuch 1928 (S. 75) vorgemerkt *für Kulturphilosophie.*]

163 [Kommentar zu XII 19 (in der Ausgabe 1921): ... «Die Persönlichkeit des Herrschers übe (so sagt Kung-tse) einen so unbedingten Einfluß auf das Volk aus, daß sich sein Wille mit automatischer Sicherheit durchsetze, wie das Gras sich beugt, wenn der Wind darüber hinfährt.»]

meidet, nicht gewalttätig verfährt, in allem gelinde mit seinen Untertanen umgeht, keine zu großen Anforderungen an das Volk stellt und sittlich ist.[164]

Er hat darauf zu sehen, daß die natürliche Ordnung der Gesellschaft gewahrt bleibt, indem jeder sich in der Stellung betätigt, in die er hineingehört.

«Der Fürst sei Fürst, der Diener sei Diener; der Vater sei Vater, der Sohn sei Sohn» (XII 11).

Ernstlich sei der Fürst darum besorgt, daß das Volk in Frieden lebe, die überlieferten Bräuche beibehalte, genügend zu essen habe und zu Wohlstand gelange, da Wohlstand die Voraussetzung wahrer Kultur ist (XIII 9).

«Wenn in einem Lande Ordnung herrscht, ist Armut und Niedrigkeit eine Schande; wenn in einem Lande Unordnung herrscht, dann ist Reichtum und Ansehen eine Schande» (VIII 13).

Der Fürst muß sich die Schaffung einer tüchtigen Wehrmacht angelegen sein lassen, damit sich das Volk gegen Feinde behaupten könne.[165]

Befragt, wofür der Herrscher in erster Linie zu sorgen habe, ob dafür, daß das Volk genügende Nahrung habe, oder dafür, daß es über genügende Wehrmacht verfüge, oder dafür, daß er sein Vertrauen besitze, antwortet Kung-tse, daß das letztere das bei weitem Wichtigste sei (XII 7).

In der Wahl der Beamten soll sich der Fürst nur durch Rücksicht auf ihre Tüchtigkeit leiten lassen. Die Edlen haben es als ihre Pflicht anzusehen, ein Amt zu übernehmen, wenn sie sich die erforderlichen Eigenschaften zutrauen (XVIII 7).

Der Beamte nehme es mit seinen Befugnissen und Aufgaben sehr ernst. Er sei bestrebt, sich möglichst viele ihm dienliche Kenntnisse zu erwerben (XIX 13). Im Ausarbeiten von Schriftstücken verfahre er mit größter Sorgfalt (XIV 9). Dem Fürsten gegenüber benehme er sich immer aufrichtig. Die seinem Herren geschuldete Ehrfurcht darf ihn nicht davon abhalten, ihm zu widerstehen, wenn er etwas verlangt, das unehrenhaft ist oder dem Wohle des Volkes nicht dient (XIV 23). Hört der Fürst nicht auf ihn, so soll er seine Entlassung nehmen. Nur der charaktervolle Beamte ist wirklich treu.

Die Fürsten, auf die Kung-tse für die Leitung des Volkes und die Pflege der Kultur zählt, scheiden nach der Neuordnung des Reiches durch Kaiser Shi-huang-ti (221 v. Chr.) aus der chinesischen Geschichte aus. Daß das Reich, das nun einzig auf treue und tüchtige Beamte angewiesen ist, solche findet, die eine hohe Auffassung ihres Berufes haben, ist nicht zum wenigsten das Verdienst Kung-tse's und seiner Lehre.

---

164 [Vgl. XX 2.]
165 [Vgl. XII 7.]

Aussprüche Kung-tse's, die sich mit dem ehrerbietigen Verhalten der Kinder den Eltern gegenüber befassen, kehren im *Lun Yü* fort und fort wieder.[166]

«Sind die Eltern am Leben, soll man ihnen dienen, wie es sich ziemt, nach ihrem Tode sie beerdigen, wie es sich ziemt und ihnen opfern, wie es sich ziemt» (II 6).

«Man soll den Eltern außer durch Erkrankung keinen Kummer machen» (II 6).

«Solange die Eltern leben, soll man nicht in die Ferne ziehen. Und wenn man nach auswärts geht, soll man einen bestimmten Wohnort wählen» (IV 19. Die Eltern sollen den Aufenthaltsort der Kinder kennen, damit sie sie jederzeit erreichen und zurückrufen können.)

«Den Eltern dienend darf man ihnen in zarter Weise Vorstellungen machen. Wenn man aber sieht, daß sie nicht gewillt sind, darauf zu hören, so soll man fortfahren, ehrerbietig sich zu fügen ...» (IV 18).

Als einer in Anwesenheit Kung-tse's es einmal als rechte Ehrlichkeit pries, daß im Staate Tschou der Sohn gegen den Vater, der ein Schaf gestohlen hatte, Zeugnis ablegte, antwortete der Meister: «Bei uns zulande sind die Ehrlichen verschieden davon. Der Vater deckt den Sohn und der Sohn deckt den Vater. Darin liegt auch Ehrlichkeit» (XIII 18). Er urteilt also, daß die zwischen den Familienangehörigen geltenden Pflichten allen andern vorgehen.

Vertraulichkeit setzt Kung-tse zwischen Eltern und Kindern nicht voraus. Seinem Sohn Li legt er ehrerbietige Zurückhaltung ihm gegenüber auf (XVI 13).

Die Freundschaft faßt er als ein tiefes geistiges Verhältnis auf. Der Freund soll von dem Freunde Anregung und Förderung in dem Bemühen um das Gute empfangen. In dem gegenseitigen Vermahnen soll man aber Takt und Zurückhaltung walten lassen. Bemerkt man, daß der andere die Bemerkungen nicht willig annimmt, so fahre man damit nicht fort, um ihn nicht zu beschämen[167] und die Freundschaft nicht zu gefährden (XII 23).

Kung-tse bildet die alt-chinesische Ethik in einem Nachdenken über das Ethische weiter.[168] Er geht von der in ihr vorhandenen Überzeugung aus, daß das Gute in dem Menschen als naturhafte Anlage gegeben ist und daß es nur darauf ankomme, daß er sie in sich zur Ausbildung kommen lasse. Darum hält er den Menschen zu einem Nachdenken über sich selbst an, in der Gewißheit, daß er in diesem mit Notwendigkeit dazu gelangt, das Gute zu wollen. Erst durch den Willen zum Guten befindet der Mensch sich in Übereinstimmung mit sich selbst.

---

166 [R] [...] Rücksichtnahme auf andere. Edle Gesinnung haben. Vollkommen werden. Erwachen der innerlichen Vollkommenheit.

167 [Wilhelm: «Man muß sich nicht selbst der Beschämung aussetzen.»]

168 [R] Kung-tse begnügt sich nicht damit, sich über die geltenden Pflichten zu äußern. Er führt weiter. Es setzt bei ihm ein Nachdenken über das Ethische ein ...

«Sobald ich die Sittlichkeit wünsche, ist diese Sittlichkeit da» (VII 29).

«Die Sittlichkeit ist jedes Menschen Pflicht» (XV 35).[169]

«Ohne Sittlichkeit kann man nicht dauernde Bedrängnis ertragen, noch kann man langen Wohlstand ertragen. Der Sittliche findet in der Sittlichkeit Frieden ...» (IV 2).

Kung-tse's Ethik beruht auf zwei Gedanken: auf dem des Vollkommener-Werdens und dem der Rücksichtnahme auf den Nebenmenschen.

Der Gedanke, daß der Mensch um seiner selbst willen, um zum wahren Menschentum zu gelangen, ethisch sein müsse, verleiht der Ethik Kung-tse's ihre Tiefe. Das schon in der alt-chinesischen Ethik sich ankündigende Ideal des Edeln gewinnt bei ihm feste Gestalt.[170]

Daß er sich viel eingehender als die alt-chinesische Ethik mit dem Verhalten des Menschen zum Nebenmenschen beschäftigt, bedeutet einen Fortschritt über diese hinaus.

Der Mensch, Kung-tse zufolge, hat unablässig an sich selber zu arbeiten und unablässig sich selber zu überwinden. Streng für die eigenen Fehler, sei er nachsichtig für die der andern (XV 14).[171] Sieht er einen Würdigen, so sinne er darauf, wie er ihm gleich werde. Sieht er einen Unwürdigen, so sei ihm dies Anlaß, sich selber zu prüfen (IV 17).

Als die fünf großen Tugenden nennt Kung-tse: Würde, Weitherzigkeit, Wahrhaftigkeit, Eifer (das heißt Pflichttreue) und Gütigkeit (XVII 6).

Zur rechten Sittlichkeit rechnet er weiter, daß der Mensch nicht in allem auf seinen Vorteil bedacht sei (IV 12), daß er sich nicht über Verleumdungen aufrege (XII 6) und sich nicht von Mißtrauen leiten lasse (XIV 33), durchaus friedfertig [XIII 23; XV 21; XVI 7], durchaus bescheiden sei [V 3, 8, 14; VI 13; XI 22; XIV 28].

Um der Friedfertigkeit willen ist Kung-tse sogar einem Streiten für die Wahrheit abgeneigt. «Irrlehren anzugreifen, [das] schadet nur,» sagt er im *Lun Yü*. (II 16). Daß man, ohne sich weiter mit ihnen zu beschäftigen, zur Wahrheit steht, tut ihnen, seiner Meinung nach, mehr Abbruch als ihre Widerlegung. Er selber verfährt nach diesem Grundsatz. Daß er etwas ablehnt, gibt er, wie aus dem *Lun Yü* zu ersehen ist, dadurch kund, daß er sich darüber ausschweigt.

Als Beispiel feinster Bescheidenheit führt Kung-tse das Verhalten eines Offiziers an, der nach einer verlorenen Schlacht den Rückzug gedeckt hatte und darum als letzter zum Stadttor einritt. Um dem Lob, das man seiner Tapferkeit hätte spenden können, zu begegnen, gab er an, es läge nicht an seinem Mute, daß er zuhinterst sei, sondern daran, daß sein Pferd nicht liefe (VI 13).

Charakteristisch für die Ethik Kung-tse's ist die Bedeutung, die er der Beobachtung der überlieferten Bräuche und Formen beilegt. Dies soll

---

169 [Folgt ein gestrichenes Zitat:] «Wenn der Wille auf die Sittlichkeit gerichtet ist, gibt es kein Böses» (IV 4).

170 [R] In dem edlen Menschentum findet er die Grundsätze der rechten Rücksichtnahme auf den Nebenmenschen.

171 [XV 14 lautet: «Wenn man selbst (lieber) zu viel tut und wenig von andern erwartet, so bleibt man fern vom Groll.»

ihm, nach dem Berichte des Geschichtsschreibers Sse-ma Ts'ien (145–80 v. Chr.), Lao-tse zum Vorwurf gemacht haben, als er mit ihm zusammentraf.[172]

Für Kung-tse ist die Form nicht reine Äußerlichkeit, sondern Ausdruck eines vorauszusetzenden innerlichen Verhaltens.

Er will nichts davon hören, daß die Trauerzeit beim Tode der Eltern nicht drei Jahre, wie es überlieferte Sitte ist, sondern nur ein Jahr dauern solle, obwohl er sich Rechenschaft davon gibt, welche Nachteile die durch die Trauer verlangte Enthaltung von Arbeit für die Beteiligten mit sich bringt. Mit der Beschränkung des zu Ehren der Toten gemachten Aufwandes ist er einverstanden. Aber an der Länge der Trauerzeit hält er fest, weil darin die große Liebe der Kinder zu den Eltern zum Ausdruck kommen soll (XVII 21).

Kung-tse selber erfüllt die Forderungen der überlieferten Höflichkeit auf das gewissenhafteste. Er, der den Fürsten mit solchem Freimut gegenübertritt, unterläßt nichts von dem, was das alte Hofzeremoniell vorschreibt.

«Ehrerbietung ohne Form wird Kriecherei ..., Aufrichtigkeit ohne Form wird Grobheit,» heißt es im *Lun Yü* (VIII 2).

Um zu bekunden, daß es ihm um die Bezeugung der Teilnahme ernst ist, ißt Kung-tse sich nicht satt, wenn er einem Manne, der in Trauer ist, zur Seite sitzt, und unterläßt für einen Tag das Singen, wenn er einen Beileidsbesuch gemacht hat (VII 9). Sieht er jemanden, der Trauerkleider oder ein Hofgewand trägt, so erhebt er sich, auch wenn dieser jünger ist als er (IX 9). In derselben Weise ehrt er die Blinden, denen er auch alle Dienste erweist, deren sie bedürfen (IX 9; XV 41).

Die Sittlichkeit und die feine Form bringen sich, Kung-tse zufolge, gegenseitig erst zur rechten Geltung.

Einem, der behauptet, daß es nur auf das Wesen und nicht auf die Form ankomme, hält Dsi Gung, ein Schüler Kung-tse's, im *Lun Yü* entgegen, daß das von den Haaren entblößte Fell eines Tigers oder eines Leoparden nichts vor dem von Haaren entblößten Fell eines Hundes oder Schafes voraushabe (XII 8).

In dem Maße, als bei einem Menschen Vollendung des Wesens und Vollendung der Form miteinander vorhanden sind, verwirklicht er das Ideal des Edlen.

Das Bild des Edlen nach Sprüchen des *Lun Yü*:

«Bei wem Form und Gehalt im Gleichgewicht sind, der erst ist ein Edler (VI 16). – Der Edle ist ohne Trauer und ohne Furcht» (XII 4). – «Der Edle bleibt fest in der Not» (XV 1). – «Der Edle befördert das Schöne der Menschen und befördert nicht das Unschöne der Menschen» (XII 16). – «Der Edle geht dem Streit aus dem

172 [Diesen Bericht erwähnt Schweitzer in der Fassung 1937, 1. Teil, S. 206, als taoistische Legende.]

Wege...» (III 7).[173] – «Der Edle ist friedfertig, aber macht sich nicht gemein. Der Unedle macht sich gemein, aber ist nicht friedfertig» (XIII 23). – «Der Edle ist stolz, aber nicht hochmütig. Der Gemeine ist hochmütig, aber nicht stolz» (XIII 26). – «Der Edle ist beharrlich, aber nicht hartnäckig» (XV 36). – «Der Edle ist vollkommen, aber nicht engherzig. Der Gemeine ist engherzig, aber nicht vollkommen» (II 14). – «Der Edle trauert um der Wahrheit willen, er trauert nicht um der Armut willen» (XV 31). – «Der Edle geht in seinem Denken nicht über seine Stellung hinaus» (XIV 28). – «Der Edle schämt sich davor, daß seine Worte seine Taten übertreffen» (XIV 29).[174] – «Der Edle ist bewandert in der Pflicht, der Gemeine ist bewandert im Gewinn» (IV 16). – «Der Edle stellt Anforderungen an sich selbst, der Gemeine stellt Anforderungen an die andern» (XV 20). – «Die Pflicht als Grundlage, Anmut beim Handeln, Bescheidenheit in den Äußerungen, Treue in der Durchführung: wahrlich so ist ein Edler!» (XV 17).

Mit Ernst bemüht sich Kung-tse, dem Ideal des Edlen zu entsprechen. Von dem, was er in dieser Hinsicht mit sich selber erlebt, läßt er zuweilen ein Wort fallen. Demütig bekennt er einem seiner Schüler, daß er es in der Sittlichkeit, der Weisheit und der Entschlossenheit noch nicht so weit gebracht habe, wie es dem Edlen zieme (XIV 30).

Kung-tse ist nicht der Pedant, als den man ihn ausgegeben hat.[175] Eine gewisse Steifheit in seiner Art, sich zu geben, vermag seinem natürlichen und feinen Menschentum nicht wirklich Eintrag zu tun.

«Der Meister war in seinem Wesen mild und doch würdevoll. Er war Ehrfurcht gebietend und doch nicht heftig. Er war ehrerbietig und doch selbstbewußt» (VII 37).

«Der Meister war frei von vier Dingen: Er hatte keine Meinungen, keine Voreingenommenheit, keinen Starrsinn, keine Selbstsucht» (IX 4).

«Wenn der Meister unbeschäftigt war, so war er heiter und leutselig» (VII 4).

Von der feinen Lebensweisheit und dem feinen Humor Kung-tse's geben so manche seiner Aussprüche Zeugnis.

«Wo alle hassen, da muß man prüfen; wo alle lieben, da muß man prüfen» (XV 27).

«Nur die höchststehenden Weisen und die tiefststehenden Narren sind unveränderlich» (XVII 3).

Auch an Gemüt fehlt es Kung-tse nicht. Einstmals läßt er vier seiner Schüler – in einer Stunde, in der sie auf seine Bitten vergessen sollten, daß er älter ist als sie – der Reihe nach ihre Herzenswünsche aussprechen. Der eine möchte einen großen Staat aus Kriegsnot erretten, der zweite in einem unter Hungersnot leidenden Staate den Ackerbau in die Höhe bringen, der dritte eine Stelle am kaiserlichen Hofe bekleiden. Der vierte aber, Diän, möchte im Spätfrühling, wenn man leichte Kleider trägt, mit Freunden im Flusse baden, im heiligen Hain des Luft-

---

173 [Wilhelm: «Der Edle kennt keinen Streit.»]

174 [R] Sich beobachten. Spontaneität.

175 [R] Durch dieses starke Wertlegen auf die Beobachtung der überlieferten Formen der Höflichkeit bekommt die Ethik Kung-tse's eine gewisse Steifheit. Aber sie...

hauchs Kühlung genießen und singend mit ihnen heimwärts ziehen. Da seufzt der Meister und spricht: «Ich halte es mit Diän» (XI 25).

Die Geistesgröße Kung-tse's offenbart sich in der Art, in der er das tragische Schicksal hinnimmt, daß er in einer Zeit des Niedergangs lebt, in der keine Aufnahmefähigkeit für seine Botschaft von der wahren Kultur vorhanden ist, und daß ihm, von der kurzen Amtszeit in Lu abgesehen, die Gelegenheit des Wirkens, zu dem er sich berufen und befähigt weiß, versagt bleibt.

Die Überzeugung, daß die Wahrheit einmal durchdringen wird, hält ihn aufrecht. Sein Glaube an die Macht des Geistes bleibt unerschütterlich. In der düstersten Zeit seines Lebens, als ein Verfolgter in der Fremde umherirrend, gibt er der Zuversicht Ausdruck, daß es der Wille des Himmels nicht sein könne, die Kultur zugrunde gehen zu lassen. [Vgl. IX 5]

Unter den großen Persönlichkeiten, die in der Geschichte des Denkens der Menschheit aufgetreten sind, gibt es wenige, die in dem Maße Ehrfurcht gebietend sind wie Kung-tse.

Wie steht Kung-tse zum Gebot der Liebe?

Ganz allgemein ist das Verhältnis des Menschen zum Nebenmenschen bei ihm durch das, was er die *Gegenseitigkeit* nennt, bestimmt. Auf die mehrfach ihm gestellte Frage nach dem Wesen der Sittlichkeit hat er jedesmal die Antwort: «Was du selbst nicht wünschest, das tue nicht den Menschen an» (XII 2; XV 23). In negativer Weise formuliert er also, was Jesus in dem Worte der Bergpredigt: «Alles nun, was ihr wollt, daß euch die Leute tun sollen, das tut ihr ihnen auch» (Mt 7, 12) in positiver [Weise] fordert.

Bei dieser Rücksichtnahme auf andere handelt es sich für Kung-tse aber nicht nur um eine durch rein praktische Überlegungen bestimmte Haltung. Die rechte Rücksichtnahme auf andere gehört für ihn zum wahren Menschentum.

Interessant ist, daß das Zeichen für Sittlichkeit (Jên) seiner Art nach im Chinesischen zugleich Menschlichkeit bedeutet. Es besteht nämlich aus dem Zeichen für Mensch und aus dem für die Zahl zwei, womit ausgedrückt ist, daß der Mensch seine Zusammengehörigkeit mit dem andern Menschen zum Grundsatz seines Verhaltens zu machen hat.[176]

Die[177] Rücksichtnahme auf den Nebenmenschen, wie sie Kung-tse

---

176 Zenker, I, S. 151.

177 [R] Rücksichtnahme auf den Nebenmenschen ist also der Inbegriff der Sittlichkeit. Solche Rücksichtnahme ist ohne Gütigkeit nicht durchzuführen: Kung-tse setzt sie voraus [...] Diese Rücksichtnahme im einzelnen durchdacht zu haben und in der umfassendsten Weise zu fordern, ist die Eigentümlichkeit und die große Leistung der Ethik Kung-tse's.
Als etwas für die Art Kung-tse's Charakteristisches wird im *Lun Yü* berichtet, daß er, als er erfuhr, daß sein Stall abgebrannt war, sich nur danach erkundigte, ob etwa ein

versteht, begreift viel mehr in sich, als das unscheinbare Wort, daß man dem andern nicht antun soll, was man nicht selber wünscht, zu enthalten scheint. Er meint eine weitgehende, verfeinerte und vertiefte Rücksichtnahme, die den Menschen zwingt, ständig die Aufmerksamkeit auf den Nebenmenschen gerichtet zu halten[178] und ständig auf sich zu achten, daß er sich im Kleinen und im Großen, in Gedanken und im Tun so verhält, wie es die Sittlichkeit gebietet. Um solchen Forderungen gewachsen zu sein, muß der Mensch, in stetiger Selbsterziehung, zu wahrhafter Gütigkeit gelangen.

Weil Kung-tse gütige Rücksichtnahme auf den Nebenmenschen fordert, kann es den Anschein haben, als ob in seiner Ethik die Idee der Liebe vorhanden wäre. Dies ist aber nicht der Fall.[179] Es fehlt seiner Gütigkeit das, was die Liebe ausmacht: die Nötigung, dem Mitmenschen in helfender Hingabe beizustehen, und die Bereitschaft, ihm fort und fort zu verzeihen. Von den Pflichten und Verantwortungen, die lebendige Liebe dem Menschen den andern gegenüber auferlegt, ist bei Kung-tse nicht die Rede. Sie liegen noch außerhalb seines Gesichtskreises.

Seine Ethik will innerhalb der Grenzen des Vernünftigen bleiben: darum kann sie wohl gütige Rücksichtnahme auf den Nebenmenschen, aber nicht liebende Hingebung an ihn verlangen.[180] Dies ist schon deshalb nicht möglich, weil in dem Verkehr zwischen den Menschen dem alt-chinesischen Empfinden entsprechend eine Zurückhaltung gefordert wird, für die das Eindringen in die Angelegenheiten des Nebenmenschen, wie es die Spontaneität der Liebe erlaubt und verlangt, etwas Unvorstellbares ist.

Kung-tse's Ethik nimmt an, daß durch Gerechtigkeit dem Guten gedient wird: darum kann sie das grundsätzliche Vergeben, wie es die Liebe fordert, nicht gutheißen.

Gerechtigkeit ist für Kung-tse erfordert, damit der Unterschied zwischen Gut und Böse aufrecht erhalten bleibt. Auf die Frage, ob der Edle auch Haß kenne, antwortet er, daß er Haß hat gegen die Leute, die Übles verbreiten, ihre Vorgesetzten verleumden, eine Rolle spielen wollen, obwohl sie roh und beschränkt sind (XVII 24). Aufgefordert, sich dazu zu äußern, ob man Unrecht durch Güte vergelten solle, gibt er den Bescheid: «Durch Geradheit vergelte man Unrecht, durch Güte vergelte man Güte» (XIV 36).

Mensch dabei zu Schaden gekommen, und nicht, ob ein Verlust an Pferden zu beklagen sei [X 2].

178 [R] Samstag vor dem 2. Advent, 9. Dez. 39. Lambarene.

179 [R] So nahe diese höchste Rücksichtnahme auf den Nebenmenschen der Menschenliebe kommt, kann man bei Kung-tse dennoch kaum von Menschenliebe reden. Es fehlt...

180 [R] Lambarene. Sonntag 2. Advent. 10.12.39.

Daß die Gütigkeit, wie er sie fordert, unter Umständen die Gerechtigkeit außer Kraft zu setzen vermag, entgeht Kung-tse nicht. Einem im *Li-ki* überlieferten Ausspruch zufolge hält er es im Interesse der Sittlichkeit doch auch für zulässig, daß jemand Böses mit Gutem vergelte:

«Durch Güte Gutes vergelten, so haben die Untertanen ein Ziel gegenseitiger Anfeuerung... Durch Übles Übles vergelten, so haben die Untertanen eine Schranke, durch die sie in ihrer Pflicht gehalten werden... Durch Gutes Übles vergelten, so erweitert man die Sittlichkeit.»[181]

Aussprüche, die auf das Problem eingehen, wie sich die Gütigkeit und die Gerechtigkeit zueinander verhalten, sind uns von Kung-tse aber nicht überliefert.

Dem *Schuo Gua* (*Besprechung der Zeichen*), einem alten Kommentar des *I king* zufolge, machen Gütigkeit und Gerechtigkeit das Tao des Menschen aus. Die Gütigkeit gehört dem Himmel als dem lichten Prinzip, die Gerechtigkeit der Erde als dem dunkeln Prinzip an.[182]

Einen Blick in die Seele Kung-tse's erlaubt sein Wort: «Wenn du ein Verbrechen festgestellt hast, so sei traurig und mitleidsvoll und freue dich nicht darüber» (*Lun Yü* XIX 19).

Überaus treffend drückt einer seiner Schüler das Wesen der Ethik Kung-tse's in dem Worte aus: «Unseres Meisters Lehre ist Treue gegen sich selbst und Gütigkeit gegen andere» (IV 15).

Das, was wir unter Menschenliebe verstehen, findet sich also nicht bei Kung-tse. Immer handelt es sich bei ihm doch nur um gütige Rücksichtnahme auf den Nebenmenschen, die, so weit sie auch geht, keine Opfer verlangt.

Kung-tse's Rücksichtnahme erstreckt sich auch auf die Tiere. «Der Meister», heißt es von ihm, «fing Fische mit der Angel, aber nie mit dem Netz; er schoß Vögel, aber nie, wenn sie im Nest saßen» (VII 26). Er vermeidet den Fang mit Netzen, um nicht mehr Fische zu erbeuten, als er gerade braucht; er schießt nicht auf den brütenden Vogel, weil dieser durch das, was die Natur von ihm verlangt, ihm ausgeliefert ist.

Groß ist die Ethik Kung-tse's darin, daß sie es wagt, auf sich selbst gestellt zu sein und sich auf nichts anderes als darauf, daß sie notwendig und wahr ist, beruft.

Groß ist sie auch durch ihre Gediegenheit. Wohl geht sie nicht auf die letzten Probleme der Sittlichkeit ein und stellt nicht die höchsten

---

181 *Li-ki* XXIX 11 ff. [Diese Angabe stammt aus der Wilhelmschen *Lun Yü*-Ausgabe von 1910, Anm. 31 zu XIV 36, S. 164. Dort auch die oben zitierten Sätze Kung-tse's. In der Ausgabe des *Li-Gi, Das Buch der Sitte,* Jena 1930, Kap. 9,2, S. 152, gibt Wilhelm dieselben Sätze in folg. Fassung: «Der Meister sprach: Wenn man Liebe mit Liebe vergilt, so wirkt das anfeuernd auf die Menschen; wenn man Haß mit Haß vergilt, so lassen die Menschen sich das als Warnung dienen... Wer Haß mit Liebe vergilt, der schafft seiner eigenen Güte einen breiten Wirkungskreis.»]

182 *I Ging II*, S. 199. [II, Kap. I, § 2.]

Forderungen. Aber was sie fordert, ist viel, und sie fordert es in der rechten Weise. Sie leitet den Menschen an, sich in eigenem Nachdenken von dem Sittlichen Rechenschaft zu geben. Sie hält ihn an, sich mit größter Gewissenhaftigkeit an das, was er als sittlich erkennt, zu halten.[183]

Keine andere Ethik ist so natürlich und so tief und innerlich zugleich wie die Kung-tse's.[184] Keine andere ist wie sie dem Ideal edlen Menschentums und wahrer Kultur ergeben.[185]

Nicht ihr kleinster Vorzug ist, daß sie solchen Wert auf das Innehalten der guten Umgangsformen legt. Welche Bedeutung dem Halt, den die Sittlichkeit an den Formen hat, zukommt, sind wir in dem modernen Europa, wo sie ihn verloren hat, zu ermessen in der Lage.

Das *Lun Yü* gehört zu den unvergänglichen und ergreifendsten Urkunden der Ethik.

Weil sie den Menschen aber die letzten Verpflichtungen und Verantwortungen nicht auferlegt, bleibt die Ethik Kung-tse's, so vollkommen sie in ihrer Art ist, unzulänglich.[186] Sie ist fähig, eine einfache Verhältnisse voraussetzende Kultur in Blüte zu erhalten. Aber sich stellende soziale Probleme in Angriff zu nehmen, ist ihr nicht gegeben. Sie verfügt nicht über die hierzu erforderliche Energie.

So kommt es, daß in China nichts zur Lösung der sozialen Probleme unternommen worden ist. Das größte Versäumnis ist, daß man der Ausbeutung der das Land bearbeitenden Bevölkerung durch die Besitzer des Bodens, denen sie zinspflichtig ist, kein Ende zu machen suchte. Daß die in der ungelösten Agrarfrage begründete und durch die Zunahme der Bevölkerung immer größer werdende Verelendung der Massen einfach hingenommen wurde,[187] bedeutet das tragische Versagen der Ethik Kung-tse's, das in ihrem Wesen gegeben ist.[188]

---

183 [R] Sie hält ihn dazu an, alles, was an Gesinnung und Verhalten von ihm verlangt wird, anzuerkennen.

184 [R] Keine hat auf die Menschen so gewirkt wie sie.

185 [Siehe auch den Vergleich der Ethik Kung-tse's mit der Musik J. S. Bachs, Fassung 1937, 1. Teil, unten, S. 211.]

186 [Kommentar Kramers': «Das Urteil über die Unzulänglichkeit der Ethik Kung-tse's scheint mir etwas einseitig. Der große Schüler Meng-tse ist voll sozialer Kritik und bemüht sich um die Lösung wirtschaftlich-sozialer Fragen. Er wendet sich entschieden gegen selbstsüchtige Machthaber, die sich auf Kosten des Volkes bereichern. Der spätere orthodoxe Konfuzianismus hat immer eine antimerkantilistische Haltung eingenommen, die uns sicherlich alt-modisch anmutet. Aber m. E. liegt das *tragische Versagen der Ethik Kung-tse's.* [siehe unten, Abschnittsschluß] in der nie gelösten Frage von Macht und Autorität und letzten Endes in dem *wo* der Macht. Hier ist Schweitzer (vielleicht) in seinem Urteil zuviel von abendländischen Kritikern des 19. Jahrhunderts und nach ihnen chinesischen Kritikern des Meisters beeinflußt worden.»]

187 [Notiz:] Unzulänglichkeit.

188 [R] Dadurch, daß ... ist sie [die chinesische Kultur] bei all ihrer sonstigen Gediegenheit in ihrem Bestande gefährdet.

[3.] Tao-Mystik [Lao-tse, Tschuang-tse, Lieh-tse]

Lao-tse ist nicht der Schöpfer der Tao-Mystik, sondern der erste große Verkündiger derselben.

Die Grundgedanken einer bereits hoch entwickelten Tao-Mystik finden sich schon in alten Stücken der den Namen des Kuan-tse (etwa 715–645 v. Chr.)[189] tragenden Schrift. In diesen Texten wird vom Tao als dem unerkennbaren, in allem Sein vorhandenen Ur-Sein, von dem Geheimnis des Eins-Seins mit ihm und von der Nicht-Tätigkeit in derselben Weise geredet wie in Lao-tse's *Tao te king*. Ähnlichen Gedanken begegnet man in der Teng-tse (570–501 v. Chr.) zugeschriebenen Schrift.[190]

Lao-tse ist also der Vollender einer bereits hoch entwickelten Tao-Mystik.

Die beiden großen Vertreter der Tao-Mystik neben Lao-tse sind Lieh-tse und Tschuang-tse.

Lao-tse ist ein älterer [jüngerer] Zeitgenosse des Kung-tse. Der Tradition zufolge ist er 604 v. Chr. geboren. Wahrscheinlich fällt sein Leben aber in die Zeit von etwa 570–490 v. Chr.

Sein Familienname ist Li. Bei Lieh-tse und Tschuang-tse heißt er Lau Dan (Alter Lehrer, wörtlich altes Langohr). Den Namen Lao-tse (der Alte) führt er bei dem Geschichtsschreiber Sse-ma Ts'ien (163–85 v. Chr. [145–80?]), dem wir die wenigen Angaben, die wir über ihn besitzen, verdanken.[191]

Diesen Angaben zufolge hat er am Hofe der Schattenkaiser der Tschou-Dynastie in Lo Yang (Provinz Honan, in der Nähe des heutigen Ho Nan Fu) das Amt eines Bewahrers der Dokumente inne gehabt. Da er sich von dem unaufhaltbaren Verfall der Dynastie Rechenschaft gibt, verläßt er die Residenz und wendet sich nach Westen. Beim Überschreiten der Grenze des Staates Tschou wird er von Yin Hi, dem Wächter des Han-Gu Passes, bei dem er zur Herberge ist, gebeten, ihm etwas von seiner Lehre aufzuschreiben. Dieser Bitte entsprechend verfaßt er eine Schrift über Tao und Te in 5000 Wörtern. Sein Bestreben ist, unerkannt und verborgen zu bleiben. Wohin er auf seiner Wanderung nach Westen gegangen und wo er gestorben, weiß man nicht.

Yin Hi (Guan Yin) ist ein der Tao-Lehre ergebener Weiser, von dem sich bei Lieh-tse mehrere Aussprüche finden. Es wird ihm auch eine spätere taoistische Schrift zugeschrieben.

King ist die für die klassischen Bücher gebräuchliche Bezeichnung. Te bedeutet Wesen, Leben, Wirksamkeit. Das *Tao te king* ist also das Buch vom Tao und vom Leben (im Sinne des Tao).

Es ist nicht wahrscheinlich, daß Lao-tse das *Tao te king* selber niedergeschrieben hat. Eher trifft wohl zu, daß es sich um eine im Kreise seiner Jünger entstandene Aufzeichnung der von ihm überlieferten Sprüche handelt, wobei ihm auch Worte, die nicht von ihm stammen, in den Mund gelegt werden.

---

189 [Vgl. S. 57 und 73]

190 Über das Tao und das Hervorgehen der höheren Tao-Mystik aus der primitiven, siehe S. [35 ff.].

191 [R] Sonntag 7.1.40. Lambarene.

Lieh-tse lebt etwa von 440–370 v. Chr. Seine Heimat ist der kleine Staat Dscheng (Provinz Honan). In seiner Jugend soll er, wie in der ihm zugeschriebenen Schrift erzählt wird, bei taoistischen Zauberern in die Lehre gegangen sein (II, 13).[192] In seiner Mystik hat sich noch manches von der Anschauungsweise der primitiven Mystik erhalten, wie sie überhaupt weniger entwickelt ist und altertümlicher anmutet als die des Lao-tse, wo doch Lieh-tse um mehr denn ein Jahrhundert nach Lao-tse auftritt. In keiner Weise steht er unter dem Einfluß des Lao-tse.

Das seinen Namen tragende Werk enthält hauptsächlich Erzählungen, die von dem rechten Besitzen des Tao handeln. Nicht alle gehören ihm selber an.

Tschuang-tse, der viel bedeutender ist als Lieh-tse, lebt etwa von 370–310 v. Chr. oder etwas später, ist also ein jüngerer Zeitgenosse des Aristoteles.

Nachdem er in jüngeren Jahren einen kleinen Beamtenposten innegehabt, widmet er sich später in Zurückgezogenheit seinen Schülern. Längere Zeit hält er sich in Liang, der Hauptstadt des Fürstentums[193] We, auf.[194]

In der seinen Namen tragenden Schrift finden sich, wie bei Lieh-tse, eine Reihe von Abschnitten, die nicht von ihm, sondern von seinen Schülern stammen. Überdies bemerkt er, daß er sieben Zehntel seiner Worte von andern, die sie schon früher aussprachen, übernommen habe (XXVII 1).[195]

Wie Lieh-tse trägt auch Tschuang-tse seine Lehre hauptsächlich in Erzählungen vor. Darum wirkt sie bei ihnen beiden nicht so als Ganzes wie bei Lao-tse, bei dem sie sich in wunderbaren Sprüchen darstellt.

Tschuang-tse übernimmt die Tao-Mystik des Lao-tse. Er will sie konsequent ausdenken. Indem sie bei ihm zu einem logischen Gebilde wird, verliert sie aber die Wärme und die Innerlichkeit, die sie bei Lao-tse hat.[196]

Von den Tatsachen der durch die Sinne zu machenden Erfahrung will Lao-tse völlig absehen. Zur Kenntnis des inneren Wesens der Natur gelangen zu wollen, indem man von außen her in die Tiefe geht, sieht er als einen ungangbaren Weg an. Das geistige Wesen der Welt kann, ihm zufolge, der Mensch nur von innen her, durch das in ihm selber vorhandene Geistige erfassen. Erst wenn er die Sinnenwelt nicht mehr auf sich einwirken läßt, wird er ganz er selbst und damit fähig, mit dem inneren Auge zu sehen und mit dem inneren Ohre zu hören. Von dem Tao der Welt kann er nur durch das Tao, das in ihm ist, wissen. Es handelt sich nicht um ein Erkennen, sondern um ein Erleben desselben.

Daß Lao-tse, wie auch Lieh-tse und Tschuang-tse, nichts mit der Kenntnis der Welt, wie sie sich aus der Erfahrung ergibt, zu tun haben will, geht nicht darauf zurück, daß er den Weg von außen nach innen versuchte und einsah, daß er nicht zum Ziele führte, sondern darauf,

---

192 [*Liä Dsi,* 1921.]

193 [Darüber die Bleistiftnotiz:] Königreichs.

194 [R] Erste 7 Bücher Tschuang-tse's eigentliches Werk. (Meng-tse hält sich von 322–319 in Liang auf. Aber er ignoriert den Tschuang-tse und dieser ihn. Siehe Zenker I, [S.] 205.)

195 [*Dschuang Dsi,* 1920: *neun* Zehntel.]

196 [R]... verliert sie die Innerlichkeit [zuerst: *Lebendigkeit*] und die Wärme, die sie bei Lao-tse hat. Sie ist vollendeter, aber die Vollendung bedeutet zugleich eine Verarmung. – [Die] Ekstase steht im Hintergrund.

daß die taoistische Mystik wie die brahmanische in ihrer Anschauung von der wahren Erkenntnis durch das Erleben der Ekstase, das ein Entwerten alles auf natürlichem Wege zu erlangenden Wissens bedeutet, bestimmt ist. Eine wirkliche Auseinandersetzung mit der Welt und dem Weltgeschehen findet in der taoistischen Mystik ebensowenig statt wie in der brahmanischen. Wie der Mensch sich zu sich selber und zur Welt zu verhalten habe, wird nicht auf Grund von Überlegen, sondern auf Grund des Erlebnisses der Ekstase entschieden.

Spielt die Ekstase bei Lao-tse und seinen Nachfolgern auch nicht mehr die Rolle wie bei den Brahmanen, so ist die taoistische Mystik doch ursprünglich, wie die brahmanische, in einem von dem Erlebnis der Ekstase ausgehenden Denken entstanden.

Bei Lao-tse und seinen Nachfolgern ist die Versenkung etwas für sich. Sie wird nicht mehr wie bei den Brahmanen im Hinblick auf die durch sie zu erreichende Ekstase geübt. Aber daß sie auch bei ihnen ursprünglich mit der Ekstase in Zusammenhang stand, wird bei Lieh-tse und Tschuang-tse noch deutlich ersichtlich. Sie schildern gelegentlich die Versenkung als ein Weilen außerhalb des Leibes, das heißt als eine wirkliche Ekstase.[197]

Fort und fort verlangt Lao-tse, daß man sich loslöse von allem äußeren Wissen. In immer neuen Erzählungen handeln Lieh-tse und Tschuang-tse von der zur Erlangung des Tao erforderlichen Versenkung, Innerlichkeit, Abgeschlossenheit und Einfältigkeit. Um die völlige Unzulänglichkeit alles äußeren Erkennens darzutun, machen sie geltend, daß es dem Menschen ja nicht einmal möglich sei, Traum und Wirklichkeit völlig auseinanderzuhalten.[198]

Als Beispiel des ganz auf das Innerliche gerichteten Schauens führt Lieh-tse den Pferdekenner Gin Fang Gau an, der dem Herzog Mu von Tsin das beste Pferd des Reiches ausfindig machen sollte. Nach sechs Monaten kam er zurück und meldete, daß es eine gelbe Stute in dem und dem Orte sei. Als man das von ihm bezeichnete Pferd brachte, war es ein schwarzer Hengst. So sehr war dieser beste Pferdekenner ge-

---

197 Über die Rolle, die die Ekstase in dem Entstehen der taoistischen Mystik gespielt hat und die Gründe, die bei der Höherentwicklung dieser Mystik dazu führen, daß die Versenkung die Stelle der Ekstase einnimmt, siehe S. [31f.; 35 ff.].

198 [Vgl. *Liä Dsi* III 7. Als Beispiel für die Unzulänglichkeit und Subjektivität des äußeren Erkennens, vgl. auch VIII 32 (von Schweitzer zitiert im *Elsaß-Lothringischen Familienkalender* 1923, in einem *Chinesische Weisheit* betitelten Text, S. 13):] «Es war einmal ein Mann, der hatte seine Axt verloren. Er hatte seines Nachbarn Sohn im Verdacht und beobachtete ihn. Die Art, wie er ging, war ganz die eines Menschen, der eine Axt gestohlen hat. Der Ausdruck seines Gesichtes war ganz der eines Menschen, der eine Axt gestohlen hat. Die Art, wie er redete, war ganz die eines Menschen, der eine Axt gestohlen hat. Aus allen seinen Bewegungen und aus seinem ganzen Wesen sprach deutlich, daß er die Axt gestohlen hatte. Zufällig grub der Mann einen Graben um und fand seine Axt. Am andern Tag sah er den Sohn seines Nachbarn wieder. Seine Bewegungen und sein Wesen hatten nun nichts mehr von einem Axtdieb an sich.»

wohnt, seine Aufmerksamkeit auf das eigentliche Wesen der Pferde zu richten, daß er das Äußerliche nicht mehr wahrnahm (VIII 15).

Vom Tao und dem Eins-Sein mit dem Tao:

«Die von alters tüchtig waren als Meister, waren im Verborgenen eins mit den unsichtbaren Kräften» (Lao-tse, *Tao te king* 15).

«Das Ewige erkennen: das ist Weisheit. Wer das Ewige nicht erkennt, [der] handelt blindlings und unheilvoll» (*Tao te king* 16).

«Ohne aus der Tür zu gehen, kann man die Welt erkennen. Ohne aus dem Fenster zu blicken, kann man das himmlische Tao erkennen.[199] Je weiter einer hinaus geht, desto weniger wird sein Erkennen» (*Tao te king* 47).

«Wer das Tao begehrt und sucht es mit Auge und Ohr, mit der Leiblichkeit und der Erkenntnis, der ist auf falscher Fährte ... Nur schweigend erlangt man es. Und nur der erlangt es, der sein Wesen zur Vollendung gebracht hat» (*Liä Dsi* IV 15).

«Der Vollendete gebraucht sein inneres Auge, sein inneres Ohr, um die Dinge zu durchdringen und bedarf nicht verstandesmäßigen Erkennens» (*Dschuang Dsi* IV 1 [, S. 29, Neuausgabe S. 63]).[200]

«Das Tao, von dem man reden kann, ist nicht das Tao» (*Dschuang Dsi* XXII 6).

«Nichts sinnen, nichts denken: so erkennst du das Tao» (*Dschuang Dsi* XXII 1).

«Fern vom Leib und frei vom Wissen bin ich Eins geworden mit dem, das alles durchdringt» (*Dschuang Dsi* VI 7).

Während sich bei Lao-tse nur die einfache Feststellung findet, daß das Yin (das Dunkle) und das Yang (das Lichte) und mit ihnen alle Dinge des Seins aus dem Tao hervorgegangen sind, gibt sich Lieh-tse des näheren mit der Frage ab, wie das Sein aus dem Nicht-Sein entstanden ist (*Lií Dsi* I 2,3,11) und ob es wieder einmal in das Nicht-Sein zurückkehren wird (*Liä Dsi* I 4, 11).[201]

Bei Lieh-tse und Tschuang-tse finden sich auch Erörterungen über das Wesen von Raum und Zeit, über Wirklichkeit und Schein, über das Absolute und das Relative und über das Objektive und das Subjektive.

Die Überzeugung, daß das Weltgeschehen schicksalhaft verläuft und daß der Mensch das, was ihm im Guten und Bösen widerfährt, mit Gelassenheit hinnehmen müsse, haben die taoistischen Denker mit Kung-tse und seinen Vorgängern und Nachfolgern gemein. Das Weltgeschehen bleibt ja gleich unbegreiflich, ob man es nur aus dem Aufeinanderwirken von Himmel und Erde oder aus dem dieses Aufeinanderwirken hervorrufenden und regelnden Tao herleitet.

Während Kung-tse es dahingestellt sein läßt, ob es ein Fortleben nach dem Tode gibt (was er eigentlich nicht annimmt), äußern sich die tao-

---

199 In den Ausgaben des *Tao te king* 1921, *Liä Dsi* 1921 und *Dschuang Dsi* 1920 ist der Begriff Tao gegenüber den früheren Ausgaben mit SINN (Großbuchstaben) wiedergegeben, und in den beiden letztgenannten Ausgaben ist der Begriff LEBEN ebenso durch Großbuchstaben hervorgehoben. A. S. hat weder die neue Übersetzung noch die Hervorhebung übernommen, obwohl er beides kennen mußte (er besaß z. T. beide Ausgaben).

200 [Dieses Zitat ist mit Bleistift neben das vorangehende nachgetragen.]

201 [Im Ms. irrtümlich:] Lao-tse.

istichen Denker mit Offenheit darüber, daß der Tod ein Ende ist. Ausführliche Erörterungen über Leben und Tod finden sich bei Lieh-tse und Tschuang-tse. Leben und Tod sind für die Taoisten, wie für Kung-tse, Wandlungen, die sich aus dem Zusammenwirken der beiden Ur-Mächte Himmel und Erde (oder der beiden Ursubstanzen, dem Yin und dem Yang) in derselben Weise ergeben wie alles im Weltgeschehen stattfindende Entstehen und Vergehen. Nur die beiden Ur-Mächte oder Ursubstanzen, aus denen das Individuum und das Ding bestehen, sind unvergänglich, nicht die Individuen oder die Dinge selbst. Leben und Tod gehören zusammen. Eines ist die Voraussetzung des anderen.

«Alles Lebendige muß nach notwendigen Gesetzen endigen... Was geistig ist, ist Teil des Himmels, was leiblich ist, ist Teil der Erde... Wenn der Geist die Form verläßt, so kehrt beides zurück zu seinem wahren Wesen... Der Geist geht ein zu seinen Toren, der Leib kehrt heim zu seiner Wurzel. Wie soll das Ich da dauern können?» (*Liä Dsi* I 4).

«Wie schön dachten die Alten vom Tode! Die Guten bringt er zu Ruhe, die Schlechten bringt er zur Unterwerfung... Die Alten nannten die Toten Heimgegangene. Wenn man von den Verstorbenen als von Heimgegangenen redet, dann sind die Lebenden Wanderer» (*Liä Dsi* I 8).

«Was wir ein Ende nehmen sehen, ist nur das Brennholz. Das Feuer brennt weiter...» (*Dschuang Dsi* III 4).

«Himmel und Erde sind Vater und Mutter aller Geschöpfe. Vereinigen sie sich, so entsteht ein leibliches Gebilde. Trennen sie sich wieder, so entsteht der Anfang von etwas Neuem» (*Dschuang Dsi* XIX 1).

Auf dem Totenbett sagt Meister Lai zu Meister Li, der ihn besucht: «Die Natur ist der große Schmelzofen, der Schöpfer ist der große Gießer: wohin er mich schickt, soll es mir recht sein. Es ist vollbracht; ich schlafe ein, und ruhig werde ich wieder aufwachen». Meister Lai erwartet also, daß aus dem Material, aus dem seine Existenz bestand, eine neue entstehen wird. Er hat nicht die Anmaßung, zu verlangen, daß dieses Material wieder für eine Menschenexistenz dienen soll. «Wenn ich, nachdem ich einmal Menschengestalt erhalten habe, nun sprechen wollte: ‹Wieder ein Mensch, wieder ein Mensch will ich werden›, so würde mich der Schöpfer sicher als untauglichen Menschen betrachten». Er ist darauf gefaßt, daß aus dem Materiale seiner Existenz andere Geschöpfe oder gar nur Teil von Geschöpfen gegossen werden (*Dschuang Dsi* VI 3).

Mit der indischen Reinkarnationslehre hat diese Vorstellung von einer Neuexistenz nichts zu tun.

Die taoistische Mystik kann die Frage des Ich[s], die für Buddha das große Problem ist,[202] als ein Geheimnis, das sie nicht zu lösen braucht, dahingestellt sein lassen. Ihr kommt es nur darauf an, daß das in dem Aufeinanderwirken der beiden Ur-Mächte (oder Ursubstanzen) entstehende Ich das rechte Verhalten zum All findet. «Wer weiß denn, was das ist, das wir unser Ich benennen?», heißt es bei Tschuang-tse (VI 5).

202 [Vgl. Schweitzer, *Die Weltanschauung der indischen Denker,* Kap. VI (München/Bern 1935: S. 73 f.).]

Über die Zusammengehörigkeit des Menschen mit den Geschöpfen, die auch Kung-tse annimmt, äußern sich Lieh-tse und Tschuang-tse des öftern. Weil der Mensch und die Geschöpfe miteinander aus dem Aufeinanderwirken der beiden Ur-Mächte entstehen, können sie in ihrem Wesen nicht durchaus voneinander verschieden sein. Der Mensch darf sich für das edelste Geschöpf halten. Aber er muß der Verwandtschaft, die zwischen ihm und allen andern Wesen besteht, eingedenk bleiben.

Lieh-tse zufolge ist es möglich, daß ein Wesen mit Menschengestalt das Herz eines Tieres und ein Wesen mit Tiergestalt das Herz eines Menschen habe, wo doch das Herz mehr bedeutet als die Gestalt (*Liä Dsi* II 18).

«Die Denkart der Tiere ist von Natur gleichartig mit der des Menschen. Sie alle streben nach Erhaltung des Lebens ... Männchen und Weibchen paaren sich. Die Mütter und die Jungen lieben einander» (*Liä Dsi* II 18).

Lieh-tse nimmt an, daß in uralten Zeiten die Menschen und die Tiere in Frieden miteinander zusammenlebten und daß die Menschen die Laute und Gedanken der Tiere verstanden. Erst nach und nach sei es dazu gekommen, daß die Tiere sich von den Menschen zurückzogen, weil diese sich nicht mehr mit ihnen vertrugen und ihnen nachstellten (II 18).

Die gewöhnliche Meinung, die Tiere seien nicht um ihretwillen, sondern für den Menschen da,[203] verwirft Lieh-tse als einen aus Gedankenlosigkeit kommenden Irrtum. In einer Erzählung von einem Gastmahl, bei dem der Hausherr angesichts der aufgetragenen Fische und Vögel dem Himmel dankt, daß er solches Getier zum Nutzen des Menschen hervorgebracht hat, läßt er einen zwölfjährigen Knaben in seiner Unschuld die Wahrheit in diesen Worten aussprechen: «Es ist nicht so, wie der Herr sagt. Alle Wesen auf der Welt sind unsere Mitgeschöpfe. Unter diesen Geschöpfen gibt es nicht edlere und geringere. Sie überwältigen einander nur durch Größe, Klugheit und Kraft und essen dann der Reihe nach einander auf. Es ist aber nicht so, daß sie für einander erzeugt wären. Was der Mensch an eßbaren Dingen unter die Hand bekommt, das ißt er auf. Aber das ist nicht ursprünglich vom Himmel für die Menschen erzeugt» (*Liä Dsi* VIII 28).

Bei Tschuang-tse findet sich die ergreifende Erzählung von einem Manne, der mit seiner Armbrust einem Vogel nachstellt und dabei Zeuge wird, wie dieser, der selber getötet werden soll, eine Gottesanbeterin erhascht, die ihrerseits soeben eine Zikade verschlungen hat. Überwältigt von dem grausamen Schauspiel, in dem er selber mitzumachen im Begriffe war, zieht er sich für drei Monate von der Welt zurück, um sich zu besinnen, daß es mit seinem Wesen nicht vereinbar ist, gedankenlos Unglück über andere Geschöpfe zu bringen (*Dschuang Dsi* XX 8).

Die Anschauung von der Welt ist in den Grundzügen dieselbe bei Kung-tse und bei den taoistischen Denkern, wenn auch bei diesen Erde

---

203 [R] und er könne mit ihnen nach Belieben verfahren ...

und Himmel (das Yin und das Yang) nicht, wie bei Kung-tse, als einfach gegeben, sondern als aus dem Tao entstanden und von ihm regiert vorgestellt werden.

Auch den das Eigentümliche und das Tiefe des chinesischen Denkens ausmachenden Grundsatz, daß das menschliche Wirken sich mit dem Wirken der Natur in Übereinstimmung befinden muß, haben sie miteinander gemein. Wenn Tschuang-tse sagt, «das Wirken der Natur erkennen, und erkennen, in welcher Beziehung das menschliche Wirken dazu stehen muß: das ist das Ziel» (VI 1), so spricht er damit auch die Meinung Kung-tse's aus. Auch Kung-tse's Denken hat etwas Mystisches an sich.

Aber die Lebensanschauung der taoistischen Denker ist von der Kung-tse's, trotz des gemeinsamen Ausgangspunktes, völlig verschieden.

Für Kung-tse befindet sich der Mensch in Übereinstimmung mit der Natur dadurch, daß er in der besten Art tätig ist und durch sein tugendhaftes Verhalten und die Erfüllung der ihm zufallenden Pflichten in der besten Weise dazu beiträgt, daß die Menschheit in Ordnung ist und gedeiht.

Die taoistischen Denker hingegen verneinen, daß der Mensch sich in tätiger Weise in den Dienst des Weltgeschehens zu stellen habe. Dies hängt mit ihrer eigentümlichen Art, das menschliche Wirken zu beurteilen, zusammen. Für die Vollendetheit des menschlichen Wirkens kommt, ihnen zufolge, nicht in Betracht, welche Ziele es sich vornimmt, sondern in welcher Weise es stattfindet.

Das höchste Wirken ist für sie dasjenige, das dem der Natur am ähnlichsten ist.

In der Natur erfolgt alles durch Geschehen, nicht durch Tun. Sie nimmt sich nicht vor, etwas durch zweckmäßiges Handeln zu vollbringen, wie der Mensch es tut, sondern alles erfolgt von selbst. Die in ihr vorhandenen Kräfte betätigen sich in stiller und unscheinbarer Weise von innen her und bringen dennoch so Großes hervor.[204]

Um mit dem Tao in Übereinstimmung zu sein, muß der Mensch also alles aus Absichten entspringende Handeln aufgeben und sich bemühen, einfach Organ des in dem Weltgeschehen waltenden Tao zu sein. Sein Wirken soll den Charakter des Tuns verlieren und den des Geschehens annehmen.

Während Kung-tse verlangt, daß der Tüchtige, wenn er in die Lage kommt, ein Amt übernimmt, begeht er, den taoistischen Denkern zufolge, eine Torheit, wenn er es tut.

Der Gedanke des Wirkens in Nicht-Tätigkeit (Wu Wei) kehrt bei Lao-tse und seinen Nachfolgern in immer neuen Wendungen wieder.

---

204 [R] Lambarene, Mittwoch 10.1.40.

«Das Tao ist ewig ohne Handeln, und nichts bleibt ungewirkt» (*Tao te king* 37).

«Das hohe Leben ist ohne Handeln und ohne Absicht; das niedere Leben handelt und hat Absichten» (*Tao te king* 38).

«Das Nicht-Handeln üben: so kommt alles in Ordnung» (*Tao te king* 3).

«Herrscht ein ganz Großer, so weiß das Volk nur eben, daß er da ist» (*Tao te king* 17).

«Ein großes Reich muß man leiten sachte, wie man kleine Fischlein brät» (*Tao te king* 60).

«Auf der ganzen Erde gibt es nichts Weicheres als Wasser. Und doch in der Art, wie es dem Harten zusetzt, kommt ihm nichts gleich» (*Tao te king* 78).

«Übe dich in Demut, so wirst du fest; übe dich im Schwach-Sein, so wirst du stark» (*Liä Dsi* II 17).

«Das höchste Reden ist nicht reden, das höchste Handeln, nicht handeln»[205] (*Liä Dsi* VIII 11).

«Die großen Menschen des Altertums folgten ihrer göttlichen Natur und mischten nicht ihr irdisches Bemühen in's Göttliche hinein» (*Dschuang Dsi* XXIV 13).

«Nichts tun und nichts lassen: so ruhst du im Tao» (*Dschuang Dsi* XXII 1).

«Was du tun sollst und was du nicht tun sollst? Einfach der Wandlung ihren Lauf lassen» (*Dschuang Dsi* XVII 5).

«Alles Nachdenken führt nur zum Schaden; alles Handelnwollen führt nur zur Verkehrtheit. Der Vollendete läßt sich nur gezwungen auf äußere Handlungsweise ein; aber was er anfängt, das gelingt» (*Dschuang Dsi* XXVI 5).

Dem Prinzip der Nicht-Tätigkeit entsprechend sehen die taoistichen Denker das Ideal der Kultur in den Zuständen der Vorzeit, in der die Menschen in Einfalt bedürfnislos, ruhig und still für sich lebten. «Nachbarländer mögen in Sehweite liegen, daß man den Ruf der Hähne und Hunde gegenseitig hören kann: und doch sollten die Leute im höchsten Alter sterben, ohne hin und her gereist zu sein», heißt es bei Lao-tse (*Tao te king* 80). Für ihn und seine Nachfolger ist Kultur etwas rein Geistiges[206] und hat nichts von den Fortschritten des Wissens und Könnens zu erwarten.

In ergreifenden Worten läßt sich bei Tschuang-tse ein alter Gärtner über die Gefahr, die die Maschine für den Menschen bedeutet, vernehmen. Ein Schüler Kung-tse's sieht ihn beim Vorübergehen für jedes Gefäß, das er zum Begießen seines Gartens braucht, in den Brunnen hinabsteigen und fühlt sich bewogen, ihn zu belehren, welche Arbeitsersparnis die Anlage eines Ziehbrunnens [für ihn] bedeuten würde. Darauf antwortet ihm [der Gärtner]: «Wenn einer Maschinen benützt, so betreibt [er all] seine Geschäfte maschinenmäßig; wer [seine] Geschäfte maschinenmäßig betreibt, der be[kommt] ein Maschinenherz. Wenn aber einer ein [Maschine]nherz in der Brust hat, dem geht [die reine] Einfalt verloren»[207] (*Dschuang Dsi* XII 11).

---

205 [Ausgabe 1921: … «Darum ist das höchste des Redens: nicht zu reden, das höchste des Handelns: nicht zu handeln.»]

206 [Darüber die Bleistiftnotiz:] Innerliches.

207 [Am linken Rand der Ms.-Seite ist ein Stück weggerissen, deshalb die kleinen Textlücken. In der Antwort des Gärtners wurden sie nach Wilhelm ergänzt.]

Durch die in ihrem Denken gegebenen Tatsachen gelangen die Taoisten zu der paradoxen Vorstellung des Wirkens in Nicht-Tätigkeit.

Auf Grund der Lebens- und Weltbejahung, die sie mit dem gesamten chinesischen Denken gemein haben, steht ihnen die Idee des Wirkens, von der Ekstase her die Idee der Nicht-Tätigkeit fest. Es handelt sich für sie also um das Problem, wie beides miteinander zu vereinigen ist. Sie lösen es, indem sie das Naturgeschehen, wie es sich in dem Lauf der Gestirne, in der Aufeinanderfolge der Jahreszeiten und im Wachsen und Blühen und Reifen äußert, aus einer von innen her, in der Stille und ohne sichtbares Handeln erfolgenden Betätigung von Kräften erklären und von dem Menschen verlangen, daß er sich dieses höchste Wirken zum Vorbild nehme.

Dadurch, daß die taoistischen Denker durch die Vorstellung des Tao und durch die Notwendigkeit, die Idee der Nicht-Tätigkeit und die des Wirkens miteinander in Einklang zu bringen, dazu geführt werden, sich mit dem Geheimnis des Naturgeschehens zu beschäftigen, geht ihnen der tiefe Unterschied zwischen Geschehen und Tun auf.[208] Auf Grund dessen empfinden sie es als ein Problem, in welcher Weise das menschliche Tun dem Weltgeschehen zugehört, und [sie] stellen Überlegungen an, wie es beschaffen sein muß, um als ein mit der Art des Weltgeschehens in Übereinstimmung befindliches Wirken gelten zu können.

Was unter dem Wirken in Nicht-Tätigkeit zu verstehen und wie es durchzuführen ist, führen sie mehr nach der negativen als nach der positiven Seite aus. Begreiflich und durchführbar an diesem Ideal ist in erster Linie die Nicht-Tätigkeit, insoweit als sie dem Menschen überhaupt möglich ist.

In positiver Hinsicht verstehen die taoistichen Denker unter dem Wirken in Nicht-Tätigkeit das, was der Mensch in der geistigen Kraft vollbringt, die, wenn er sich nicht in einem auf die Welt gerichteten Tun verliert, sondern tiefste Gesammeltheit, Innerlichkeit und Lauterkeit erlangt, von ihm ausgeht und sich anderen mitteilt.

Schließlich und vornehmlich gehört zu dem Wirken in Nicht-Tätigkeit, daß der Mensch nicht mehr aus Initiativen, die seinem menschlichen Planen entspringen handelt, sondern nur noch ein Organ der in der Welt wirkenden Kraft sein will. Nicht so sehr auf die Tätigkeit als solche als auf die, die durch verstandesmäßiges Überlegen und durch diesem vorschwebende Ziele bestimmt wird, hat er zu verzichten. Einzig durch sein inneres Empfinden soll er sich leiten lassen. Der geheimen Eingebung der in ihm waltenden und sich in ihm kundgebenden Kräfte der Natur folgend, einer Glocke gleichend, die miterklingt,

---

208 [Vgl. S. 70 f.]

wenn die, auf die sie abgestimmt ist, ertönt, verhält er sich in der rechten Weise.[209]

Angaben über dieses Tun und Lassen aus Eingebung zu machen, geht nicht an. Es ist durchaus individuell. Darum können die taoistischen Denker nicht mehr als nur in Andeutungen davon reden.

Das Paradoxe des Wirkens in Nicht-Tätigkeit bringt es mit sich, daß es nicht völlig deutlich zu machen und nicht völlig durchzuführen ist.

Der Unterschied zwischen Geschehen und Tun besteht. Es gehört zur Natur des Menschen, daß er auf Grund von Vorstellungen und Überlegungen handelt. Es gibt nicht nur das Geheimnis des Naturgeschehens, sondern auch das des individuellen Seins. Nur von dem einen, nicht auch von dem andern geben sich die taoistischen Denker Rechenschaft. Weil der Mensch Individuum ist, kann er nicht einfach Organ der in dem All wirkenden Kräfte sein.

Daß die taoistischen Denker sich den verinnerlichten Menschen, der ihr Ideal ist, nicht als die in tiefster Weise natürliche Persönlichkeit vorstellen können, liegt daran, daß ihnen der Grundsatz der Nicht-Tätigkeit von vornherein und von sich aus feststeht. So kommen sie dazu, Nicht-Tätigkeit als das der Innerlichkeit zugehörige Verhalten anzusehen und diese hohe Bewertung der Nicht-Tätigkeit daraus zu erklären, daß der auf das Tun verzichtende Mensch dadurch die Fähigkeit erlangt, Organ der in der Natur wirkenden geheimnisvollen Kräfte zu sein.

Wie das gewöhnliche Tun verwerfen die taoistischen Denker auch die gewöhnliche Sittlichkeit. Aber an der Sittlichkeit als solcher halten sie fest.

Die Brahmanen fühlen sich in ihrer Lebens- und Weltverneinung und ihrer Nicht-Tätigkeit völlig über Gut und Böse erhaben. Den taoistischen Denkern ist dies nicht möglich, weil sie bei der Lebens- und Weltbejahung und damit auch bei der Idee des Wirkens verbleiben. Für alles Wirken aber kommt in Betracht, ob es gut oder nicht gut ist.

Für das Wirken in Nicht-Tätigkeit können sich die taoistischen Denker nicht an die Vorstellung von Gut und Nicht-Gut halten, wie sie für das gewöhnliche Tun gelten, sondern müssen nach einer Vorstellung suchen, die auf das dem Geschehen ähnliche Handeln anwendbar ist.

Für die gewöhnliche Betrachtungsweise hat das Naturgeschehen in keiner Weise ethischen Charakter. Dies anzunehmen macht den taoisti-

---

209 [Gleichnis Schweitzers oder Zitat? Vgl. ein zwar nicht dem Sinne, nur dem Bilde nach ähnliches Zitat bei Me-tse als ein Wort der Konfuzianer: «Der Edle ist wie eine Glocke; schlägt man sie, so tönt sie, schlägt man sie nicht, so tönt sie nicht.» (Forke, *Mê Ti*, Berlin 1922, Kap. 39, S. 403). Vgl. auch *Lun Yü* III 24: «der Himmel braucht den Meister als Glocke.»]

schen Denkern nichts aus. Ihnen steht fest, daß in dem Naturgeschehen das im höchsten Sinne Sinnvolle und Gute verwirklicht wird.[210]

Worin besteht dieses in höchstem Sinne Sinnvolle und Gute?

Der Mensch ist nur mit dem Ergehen des in seinem Bereich befindlichen Einzelwesens beschäftigt. Diesem Einzelnen zu helfen, sieht er als gut an, sich nicht um es zu kümmern, als nicht gut.

Die Natur hingegen ist nicht um die Erhaltung und das Wohlergehen der Einzelnen, sondern der Gesamtheit besorgt.[211] Sie ist nicht ungütig, sondern in einer anderen, umfassenderen und höheren Weise gütig als der Mensch. Diese höhere Gütigkeit hat sich der Mensch zu eigen zu machen. Er darf sich nicht vermessen, weiser und besser zu sein als die Natur.

In diesem Sinne heißt es bei Lao-tse:

»Nicht Wohlwollen nach Menschenart hat die Natur:
Ihr sind die Geschöpfe wie stroherne Hunde.[212]
Nicht Wohlwollen nach Menschenart hat der Vollendete:
Ihm sind die Leute wie stroherne Hunde.« (*Tao te king* 5)

Das Handeln des Menschen nach den von ihm erdachten Begriffen von Sinnvoll und Gut ist, den taoistischen Denkern zufolge, ein willkürlicher Eingriff in das Naturgeschehen und eine Störung seines Verlaufes, unter der die Verwirklichung des wahrhaft Sinnvollen und Guten leidet. Die Regeln über Gut und Böse sind eine menschliche Erfindung und weisen die Unvollkommenheit einer solchen auf. Was bei den einen Völkern für gut [gilt], kann bei den andern für nicht-gut angesehen werden. Es handelt sich um Bräuche in der Beurteilung, die sich ausgebildet haben. Was die Menschen für gewöhnlich Recht und Unrecht nennen, ist etwas ebenso Relatives wie das, was sie als Glück und Nicht-Glück auffassen. Was sich in dem einen Falle als gut erweist, hat in dem andern nicht-gute Folgen. Überhaupt ergibt sich aus dem nach menschlichen Begriffen guten Handeln, wenn man die Gesamtheit seiner Folgen in Betracht zieht, nicht nur das Gute, sondern auch das Nicht-Gute.

Als ein Beispiel hierfür führt Lieh-tse den Fall des Mannes an, der am Neujahrstage, um seine milde Gesinnung zu bezeigen, gefangenen wilden Tauben die Freiheit schenkte. Damit brachte er es dahin, daß die Leute auf den Fang wilder Tauben, die sie sonst in Ruhe gelassen hätten, ausgingen, wobei sie ihrer ebenso viele verwundeten und töteten als in

---

210 [R] Ist in der Natur nichts von dem zu entdecken, was nach menschlichen Begriffen sinnvoll und gut ist, so wird in ihr doch das in einem höheren Sinne Sinnvolle und Gute verwirklicht.

211 [Vgl. J.W. v. Goethe, *Die Natur. Fragment.* (Aus dem *Tiefurter Journal* 1783): »Sie scheint alles auf Individualität angelegt zu haben und macht sich nichts aus den Individuen.»]

212 Für gewisse Opferzeremonien wurden Hunde aus Stroh zurechtgemacht und schön geschmückt, die dann, nachdem sie den Dienst erfüllt, achtlos bei Seite geworfen wurden.

den Käfigen davontrugen.[213] Das Ergebnis der von jenem Manne erwiesenen Güte war also, daß den Tauben überhaupt Unheil wiederfuhr. (*Liä Dsi* VIII 27)

«Zwischen Ja und Jawohl: was ist da für ein Unterschied?

Zwischen Gut und Nicht-Gut: was ist da für ein Unterschied?» (*Tao te king* 20)

(Gut und Nicht-Gut sind für Lao-tse also so etwas Relatives, daß sie sich zueinander verhalten wie Ja und Jawohl.)

So bemühen sich die taoistischen Denker auf sachliche und auf sophistische Weise, die Relativität und die Unzulänglichkeit der gewöhnlichen Begriffe von Gut und Nicht-Gut darzutun.

Sie sind die ersten, die auf das Problematische derselben aufmerksam werden. Aber sie gehen der Frage, wie sich die Gütigkeit des Menschen und die der Natur zueinander verhalten, ebensowenig auf den Grund wie der der Zusammengehörigkeit des menschlichen Tuns mit dem Naturgeschehen. Es kommt ihnen nur darauf an, den Menschen an seinem Tun und an seiner Gütigkeit irre werden zu lassen und ihn zu bewegen, sie aufzugeben und sich das Handeln in Nicht-Tätigkeit und die höhere Gütigkeit der Natur zu eigen zu machen, was er doch beides, auf Grund seines Wesens, nicht wirklich vermag.

Im Tao wandeln heißt also eine Gütigkeit besitzen, die nicht das Bedürfnis hat, sich in gewöhnlichem Wohltun kundzugeben. So ist bei Tschuang-tse die Rede von der Frühlingsmilde, die der Vollendete an sich hat. (V 4). Bei den taoistischen Denkern handelt es sich also, wie bei Buddha, um eine Gedankengütigkeit, von der eine geistige Wirkung auf andere ausgeht.

Nach einer bei Tschuang-tse sich findenden Erzählung erlebt es ein Verbrecher, der sich nach Verbüßung seiner Strafe unter den Schülern eines im Tao wandelnden Meisters aufhält, daß dieser ihn allein durch seine Art, zu sein, rein wäscht durch seine Güte (V 2).

Das rechte Verhalten besteht also vornehmlich in gütigem Geschehenlassen.

«Dies ist das Tao: es ist gütig und treu, aber es äußert sich nicht in Handlungen» (*Dschuang Dsi* VI 1).

«O mein Meister, o mein Meister, der du alle Dinge richtest und bist doch nicht gerecht; der du alle Geschlechter segnest und bist doch nicht gütig; ... der du Himmel und Erde schirmst und trägst ... : du bist es, in dem wir wandeln» (*Dschuang Dsi* VI 6).

«Wenn die Menschen mich lieben, so habe ich sie sicher (zuerst) geliebt; wenn die Menschen mich hassen, so habe ich sie sicher (zuerst) gehaßt» (*Liä Dsi* VIII 1).

«Die Gedanken an Recht und Unrecht, Schön und Häßlich beschäftigen den Vollendeten[214] nicht. Wenn auf der ganzen Erde alle seiner Güter genießen, das ist seine Freude»[215] (*Dschuang Dsi* XII 12).

---

213 [R] Lambarene, 13.1.40.

214 [Ausgabe 1920: ihn, den Menschen des LEBENS.]

215 [Kommentar Kramers': «Der chinesische Text hat: ‹Wenn innerhalb der vier Meere

«Ohne starre Grundsätze erhaben sein, ohne die Betonung von Liebe und Pflicht Sittlichkeit haben ...» (*Dschuang Dsi* XV).

«Wenn das Tao auf Erden herrscht, ... sind die Leute aufrichtig und wissen nicht, [daß sie damit ihre Pflicht tun. Sie haben einander gern und wissen nicht,][216] daß sie damit Liebe üben. Sie sind wahrhaftig und wissen nicht, daß sie damit Treue üben. Sie sind zuverlässig und wissen nicht, daß sie damit Glauben üben. Bieder in ihrem Wesen sind sie einander zu Gefallen und wissen nicht, daß sie damit Gnade üben» (*Dschuang Dsi* XII 13).

In der göttlichen Einfalt besaßen die Menschen in der Urzeit, ohne es zu wissen, solche höchste, natürliche, alle Tugenden noch ungeschieden in sich befassende Sittlichkeit. Als die Menschen aber diese Einfalt verloren, mußten sie sich darum bemühen, auf andere Weise sittlich zu sein, und schufen sich Vorstellungen von Tugenden und Pflichten, in denen gut und nicht-gut festgelegt wurden:

«Das große Tao wurde verlassen: so gab es Sittlichkeit und Pflicht. Die Blutsverwandten wurden uneins: so gab es Kindespflicht und Liebe. Die Staaten kamen in Verwirrung und Unordnung: so gab es treue Diener» (*Tao te king* 18).

«Je mehr Gesetze und Befehle prangen, desto mehr gibt es Diebe und Räuber» (*Tao te king* 57).

«Was man so gewöhnlich unter kindlicher Ehrfurcht, Brüderlichkeit, Wohlwollen und Pflicht, Treue und Glauben, Reinheit und Uneigennützigkeit versteht, das sind alles Dinge, zu denen man sich gewaltsam aufschwingt, um der Tugend zu dienen. Aber sie sind nicht viel wert» (*Dschuang Dsi* XIV 2).

In der Polemik, die Tschuang-tse gegen die Moral der Tugenden und Pflichten führt, betont er das Frei-Sein von den gewöhnlichen Vorstellungen von Gut und Nicht-Gut zuweilen so stark, daß er nicht mehr die aus dem Tao kommende höher geartete Gütigkeit, sondern ein kaltes Übermenschentum, wie es sich bei den Brahmanen findet, als Ideal aufzustellen scheint:

«Der Berufene wandelt im Lande der Freiheit. Das Wissen betrachtet er als vom Übel; gegebenes Wort betrachtet er als Leim; Tugend betrachtet er als Mittel zum äußeren Gewinn, und gute Werke betrachtet er als Handelsware ... Er hat des Menschen Gestalt, aber nicht der Menschen Unruhe ... Da er der Menschen Unruhe nicht kennt, hat das, worauf sie Wert legen, keinen Einfluß auf sein Leben.[217] Verschwindend klein ist, was ihn mit dem Menschen verbindet» (*Dschuang Dsi* V 5).

«Der Übermensch steht über den Menschen, aber er steht im Einklang mit der Natur» (*Dschuang Dsi* VI 4).

Die höchste Gütigkeit hat nichts mit gefühlsmäßiger Zuneigung zu den Menschen zu tun. Der Vollendete soll nicht auf gewöhnliche Weise lie-

---

alle von ihm Gebrauch machen, das ist seine Freude.› So könnte es ebensogut ‹Güte› wie ‹Güter› heißen – es geht um das, was er den Mitmenschen mitteilt und zu ihnen austrägt.»]

216 [Ergänzung nach Wilhelm.]

217 [Ausgabe 1920: ... «Er hat der Menschen Gestalt, aber nicht der Menschen Leidenschaften ... Da er aber nicht menschliche Leidenschaften kennt, so haben ihre Wertungen keinen Einfluß auf sein Leben.»]

ben, sondern sich zu den Menschen zu verhalten suchen, wie die Natur zu den Geschöpfen.[218]

Das Kühle der höchsten Gütigkeit betont Tschuang-tse besonders stark. Er sieht es als eine Torheit an, daß ein Mensch sich für einen andern aufopfern will (*Dschuang Dsi* VI 1).[219] Ihm zufolge ist der Vollendete gütig ohne Lust und vermeidet es nach Möglichkeit, sich mit den Menschen abzugeben.[220]

Während Kung-tse der Freundschaft eine hohe ethische Bedeutung beilegt, kommt sie für die taoistischen Denker nicht in Betracht. «Höchste Liebe kennt keine Anhänglichkeit», heißt es bei Tschuang-tse (XIV 2, [S. 105, Neuausgabe S. 157]).

Weil Kung-tse eine aus Tugenden und Pflichten bestehende Sittlichkeit verkündet, bekämpfen ihn Lieh-tse und Tschuang-tse als den großen Verführer des Volkes auf mannigfache Weise, zuweilen nicht ohne Gehässigkeit. In einer Reihe von Geschichten, die sich bei ihnen finden, muß er sich gefallen lassen, von Lao-tse streng zurechtgewiesen zu werden.[221] In andern wird erzählt, wie er gegen Ende seines Lebens seinen Irrtum einsieht und sich bekehrt.[222] In einigen trägt er sogar die Lehre Lao-tse's vor.[223]

Lao-tse und Kung-tse scheinen nicht gegeneinander aufgetreten zu sein. Merkwürdig ist, daß keine Worte überliefert sind, in denen die Nachfolger Kung-tse's Lieh-tse und Tschuang-tse zurechtweisen. Sie befolgen das Wort des Meisters: «Irrtümer soll man nicht widerlegen»,[224] während Lieh-tse und Tschuang-tse sich darüber hinwegsetzen, daß die Tao-Lehre kein Streiten erlaubt.[225]

Weil der Vollendete die geltenden Begriffe von Gut und Nicht-Gut nicht anerkennt, hält er sich auch nicht an die gewöhnliche Unterscheidung zwischen guten und nicht-guten Menschen. Er ist nicht der Meinung, die Sache des Guten verfechten zu sollen, indem er sich auf seiten der Menschen, die als tugendhaft gelten, stellt und die andern verurteilt. Die Nicht-Guten für das Gute zu gewinnen, darauf kommt es ihm an. Darum verhält er sich zu allen Menschen in derselben Weise.

---

218 [R] Dies muß man gegenwärtig haben, um die taoistische Mystik nicht zu idealisieren. [Vgl. S. 110.]

219 [Die betr. Stelle (S. 47, Neuausgabe S. 85) lautet: «Und mag einer sein Leben opfern: wenn es nicht in der wahren Weise geschieht, so dient er damit den Menschen nicht.»]

220 [(Ebenda:) Die wahren Menschen des Altertums ... «gaben sich nur gezwungen mit den Menschen ab.»]

221 [z. B. *Dschuang Dsi* XIII 7; XIV 5, 6; XXVI 5.]

222 [z. B. *Dschuang Dsi* XXVII 2 (vgl. jedoch V 3).]

223 [z. B. *Dschuang Dsi* V I; XIV 8.]

224 [*Lun Yü* II, 16. Vgl. S. 87.]

225 [*Tao te king* 68: «Wer tüchtig ist, den Feind zu besiegen, der streitet nicht mit ihm». Auch *Tao te king* 81 (s. u.). Aber auch Tschuang-tse (II 10) u. Lieh-tse (V 8) lehren so.]

«Zu den Guten bin ich gut, und zu den Nicht-Guten bin ich auch gut» (*Tao te king* 49).

«Die Nicht-Guten unter den Menschen, warum sollte man die verwerfen?» (*Tao te king* 62).

«Der Vollendete ist allzeit ein guter Retter der Menschen, darum gibt es keine verworfenen Menschen ... Er macht die guten Menschen zu Lehrern der Nicht-Guten und macht die nicht-guten Menschen zum Stoff für die Guten» (*Tao te king* 27).

Die Friedfertigkeit preisen die Taoisten in derselben Weise wie Kung-tse.

«Das Tao des Himmels streitet nicht und versteht doch zu siegen» (*Tao te king* 73).

«Das Tao des Himmels segnet ohne zu schaden.
Das Tao des Vollendeten wirkt ohne zu streiten» (*Tao te king* 81).

Alle Gewalttätigkeit ist zu meiden. Das unheilvollste Tun ist das Töten. Nur die Natur darf, nach einem Worte Lao-tse's, töten (*Tao te king* 74).[226] Wer vollbringt, was ihr vorbehalten bleiben soll, ist wie der, der statt des Zimmermanns die Axt führt und sich dabei selber verletzt (*Tao te king* 74).

Ergreifende Worte gegen den Krieg finden sich bei Lao-tse:

«Die Waffen sind unheilbringende Geräte, nicht Geräte für den Edlen.
Nur wenn er nicht anders kann, gebraucht er sie.
Ruhe und Friede sind ihm das Höchste.
Er siegt, aber er freut sich nicht daran.
Wer sich daran freuen wollte, würde sich [ja] des Menschenmordes freuen» (*Tao te king* 31).

«Wo Kämpfer geweilt, wachsen Disteln und Dornen.
Hinter den großen Heeren her kommt sicher böse Zeit» (*Tao te king* 30).

«Wenn das Tao herrscht auf Erden, so tut man die Rennpferde ab zum Dungführen.
Wenn das Tao abhanden kommt auf Erden, so werden Kriegsrosse gezüchtet auf dem Anger» (*Tao te king* 46).

«Wo zwei Armeen kämpfend aufeinandertreffen,
da siegt der, der es schweren Herzens tut» (*Tao te king* 69).

Obwohl Lieh-tse und Tschuang-tse über den Krieg nicht anders denken als Lao-tse, fehlen bei ihnen Worte, die ihn verurteilen. Überhaupt hat ihre Mystik nicht denselben ethischen Gehalt wie die Lao-tse's.

Die taoistische Mystik besitzt, wie alle Mystik, Tiefe dadurch, daß sie den Menschen aus dem Beschäftigt-Sein mit dem Nächstliegenden – dem Beruf, der Familie, dem Volk und der Menschheit – herausnimmt und ihn anhält, sich vorerst auf sich selber und sein Verhalten zur Welt zu besinnen. Alle Mystik ist ein Hinausfahren auf die Höhe.[227]

Die Fragen, um die es sich in der Mystik handelt, werden von dem im Laufe der Zeiten stattfindenden Wandel nicht berührt. Nur das Neben-

226 [«Es gibt einen, der das Töten überwacht und tötet.» Neuausgabe: «Es gibt immer eine Todesmacht, die tötet.»]

227 [Vgl. Lk 5, 4.]

sächliche – die Verhältnisse, in denen der Mensch, die Völker und die Menschheit leben – ändert sich, nicht das Wesen des Menschen und der Welt. Weil die Mystik die letzten Fragen von dem einen, was nottut, aufwirft und zu beantworten sucht, hat sie, aus welcher Zeit sie auch ist, dem Menschen aller Zeiten etwas zu sagen.

In besonderem Maße gilt dies von der taoistischen [Mystik] des inneren Wertes wegen, den sie besitzt. Sie ist tiefer und lebendiger als die, welche, wie die brahmanische, nur in dem Gedanken der Identität der Einzelseele mit der Weltseele besteht, durchaus auf Lebens- und Weltverneinung eingestellt ist und das Ideal in der Nicht-Tätigkeit als solcher sieht.

In der taoistischen Mystik sind Lebens- und Weltbejahung und Lebens- und Weltverneinung, wie in der hinduistischen, miteinander vorhanden. Wird der Lebens- und Weltbejahung durch den Grundsatz der Nicht-Tätigkeit auch eine Schranke gesetzt, so ist sie doch vorhanden. Weil sie sich nicht frei entfalten kann, verinnerlicht sie sich. Die taoistische Mystik stellt als Ideal nicht die Nicht-Tätigkeit, sondern das Wirken in Nicht-Tätigkeit auf, und da dem Wirken durch den Grundsatz der Nicht-Tätigkeit Grenzen gesetzt sind, muß sich die Idee des Wirkens wie die der Lebens- und Weltbejahung verinnerlichen. So werden der taoistischen Mystik tiefste Lebens- und Weltbejahung und höchste Art des Wirkens zum Problem.

Sie sieht sich auch genötigt, auf die Frage des Unterschieds zwischen Geschehen und Tun und auf das sich aus ihr ergebende Problem, wie der Mensch mit seinem Wirken in den Dienst des Weltgeschehens treten könne, einzugehen.

Ferner hat sie es mit dem Problem zu tun, inwieweit die Ethik auf das Tun verzichten könne, um nur in einem geistigen Wirken aus ethischer Gesinnung zu bestehen. Unter Mißachtung des natürlichen Empfindens lassen die taoistischen Denker nur die Ethik des Vollkommener-Werdens und nicht auch die des Tuns gelten.

So treten in der taoistischen Mystik alle letzten Fragen, auf die der Mensch Antwort suchen muß, miteinander auf.[228] Dies hat seinen Grund nicht darin, daß das taoistische Denken eine besondere Tiefe besitzt, sondern darin, daß es durch die für sein Entstehen und seine Entwicklung maßgebenden Tatsachen[229] auf Wege geführt wird, auf denen ihm alle diese Fragen begegnen. Seine Tiefe besteht in den Paradoxien, in denen es Lebens- und Weltbejahung, Lebens- und Weltverneinung, Ethisches und Nicht-Ethisches miteinander zu vereinigen sucht. Die Lösungen, die es findet, bringen die Probleme nicht zum Aufhören, sondern lassen sie hervortreten.

---

228 [R] Lambarene. Am 14.1.40, meinem traurigen 65. Geburtstag.

229 [R] [daß es] den für sie in Betracht kommenden Voraussetzungen nach ...

Wer nur mit der Fragestellung des europäischen Denkens vertraut ist, für den bedeutet Lao-tse's *Tao te king* ein gewaltiges Erlebnis. Es läßt ihn an so Vielem, was ihm selbstverständlich war, irre werden. Mit Erstaunen bemerkt er, daß er bisher eine Unbefangenheit besaß, die ihm nun verloren geht, und daß er seinen Blick nun auf Fernes, das er noch nicht erschaute, richten muß.

Mag er sich bisher ablehnend zur Mystik verhalten haben: dieser gegenüber vermag er es nicht. Das Fremdartige und das Gewalttätige dieser Denkweise hat etwas an sich, gegen das er nicht aufkommt. Wenn auch mit Widerstreben gesteht er sich ein, daß die Paradoxien Wahrheiten, mit denen er sich beschäftigen muß, enthalten.

Verstanden hat die taoistische Mystik, wer von der Frage der höchsten Art des Wirkens nicht mehr loskommt und sich mit dem Gedanken beschäftigen muß, daß das, was wir im Tun ausrichten können, wenig ist im Vergleich zu dem Vielen, was auf geistige Weise vollbracht werden muß.

Indem wir uns mit der Mystik Lao-tse's beschäftigen, idealisieren wir sie. Wir übersehen, was an primitiver Denkweise in ihr vorhanden ist. Was in ihr nicht rein geistig gemeint ist, verstehen wir rein geistig, was in ihr nicht rein ethisch gedacht ist, deuten wir rein ethisch.[230]

Die taoistische Mystik ist dazu bestimmt, idealisiert zu werden. Sie ist die Vorläuferin der ethischen und lebens- und weltbejahenden Mystik, in der das Denken einst zur Ruhe kommen wird.

Während alle andere Mystik aus der Idee der Lebens- und Weltverneinung entsteht und keinen ethischen Charakter hat, gründet sich die taoistische auf Lebens- und Weltbejahung und will ethisch sein. Sie ist ein Praeludium, in dem die Motive einer kommenden Symphonie erklingen. Weil ihr der Geist ethischer Lebens- und Weltbejahung innewohnt, geht ein solcher Zauber von ihr aus.

Kant und Hegel sind Ereignisse in dem europäischen Denken. Lao-tse ist ein Ereignis in dem Denken der Menschheit. Er überfällt die Menschen mit der fundamentalen und elementaren Frage der tiefsten Lebens- und Weltbejahung und der höchsten Art des Wirkens. Verglichen mit Lao-tse geben Kant und Hegel, so groß sie sind, sich noch mit Vorfragen und Nebenfragen ab.

Das *Tao te king* ist ein gewaltiges Buch, das seine Bestimmung, dem Menschen die Unbefangenheit zu nehmen und ihn zu tiefstem Nachdenken über sich selbst und sein Verhalten zum unendlichen Sein zu zwingen, fort und fort erfüllen wird.

Volkstümlich konnte die taoistische Mystik ihrer ganzen Art nach nie werden. Sie gibt dem Menschen keine Anleitung, wie er sich im ge-

---

230 [Hier folgt ein gestrichener Satz:] Sie macht auf uns Eindruck nicht nur durch die Ideen, die sie enthält, sondern auch durch die, die sie in uns entstehen läßt.

wöhnlichen Leben und Wirken zu verhalten hat, sondern wendet sich an die Ausnahmemenschen, die gewillt und in der Lage sind, ihr Leben nach den Grundsätzen einzurichten, die sich ihnen aus dem Nachdenken über ihr Dasein in der Welt ergeben.

In den Augen des Volkes sind Lao-tse, Lieh-tse und Tschuang-tse vor allem die großen Schutzpatrone der Priester und Zauberer, die das Tao in magischen Zeremonien wirksam werden lassen. Diese Anschauung ist berechtigt. Lao-tse und seine Nachfolger haben sich nicht von dem primitiven, durch magische Vorstellungen beherrschten Tao-Glauben losgesagt.[231] In ihren Schriften finden sich so manche Worte, denen zufolge Menschen imstande sind, durch das Tao übernatürliche Fähigkeiten zu erlangen, also daß sie auf den Winden einherfahren, durchs Feuer gehen und Wunder aller Art vollbringen können.[232] Der esoterische und der exoterische Taoismus gehören zusammen und gehen ineinander über.

Lao-tse und seine Nachfolger stehen also in größerem oder geringerem Ansehen, je nachdem die taoistische Volksreligion sich gegen die Lehre Kung-tse's von der sie als Aberglaube bekämpft wird, durchsetzt oder ihr weichen muß.

Wenn berichtet wird, daß zu einer bestimmten Zeit, wie vornehmlich unter der Tang-Dynastie (618–907 n. Chr.), der Taoismus blühte, so will dies vor allem heißen, daß an dem Kaiserhofe damals nicht die Schriftgelehrten aus der Schule Kung-tse's, sondern die Priester und Zauberer der taoistischen Volksreligion in Gunst standen, was dann auch dem Ansehen der taoistischen Denker und ihrer Schriften zugute kam.

Eine Entwicklung findet im nachklassischen esoterischen Taoismus nicht statt. Die Mystik des Eins-Seins mit dem Tao bleibt, was sie bei Lao-tse war. Sie erlebt keine weitere Vergeistigung. In einer Hinsicht weicht dieser spätere Taoismus von dem klassischen ab: er zeigt die Tendenz, den Grundsatz der Nicht-Tätigkeit nicht mehr streng durchzuführen,[233] sondern dem ethischen Tun ein relatives Recht zuzuerkennen und so den Bedürfnissen des gewöhnlichen Lebens Rechnung zu tragen.[234]

Unter der Sung-Dynastie (960–1276) setzt sich die Lehre Kung-tse's endgültig durch.

---

231 [R] Lao-tse und seine Nachfolger sagen sich nicht von dem primitiven Taoismus [los], aus dem die von ihnen vertretene Mystik hervorgegangen ist, sondern erlauben ihm, in so manchen ihrer Worte über die übernatürlichen Kräfte, die der Mensch erlangen kann, sich auf sie zu berufen.

232 Über den primitiven Taoismus, der sich bei Lao-tse, Lieh-tse und Tschuang-tse erhalten hat, siehe S. [31.]

233 [R] Die Schroffheit der Lehre Lao-tse's zu mildern.

234 [R] Ein Prozeß, der schon lange im Gange war.

Im Jahre 1183 wird die taoistische Lehre verboten, was in der Hauptsache bedeutet, daß taoistische Zauberer und Denker nicht mehr am Hofe geduldet werden und nur die Anhänger der Lehre Kung-tse's Zutritt zu den Staatsämtern haben. Eine Verfolgung der Taoisten findet nicht statt.

Die Lehre Lao-tse's und seiner Nachfolger erhält sich, weil sie in ihren Werken weiterhin überliefert wird. Aber sie spielt keine Rolle mehr im öffentlichen Leben.

Obwohl[235] sie nunmehr mehr eine verborgene Existenz führt, bleibt sie nicht ohne Einfluß. Die großen Denker der Sung-Zeit, die die Lehre Kung-tse's erneuern und zu einem System ausbauen, sind mit dem Taoismus bekannt und entnehmen ihm Gedanken, mit denen sie die Lehre Kung-tse's bereichern.

In der Folgezeit kommt der Lehre Lao-tse's die Bedeutung eines Sauerteiges zu, der in dem chinesischen Denken im Sinne einer Verinnerlichung wirksam ist.

[4. Me-tse]

Wenige Jahrzehnte nach dem Tode Kung-tse's stellt Me-tse den Grundsatz allgemeiner Menschenliebe auf.

Me-tse[236] (Me ti, Mo Di, Mi-tse, latinisiert Micius) lebt etwa 480–400 v. Chr. Wie Kung-tse ist er im Staate Lu beheimatet, wo er von Schülern umgeben den größten Teil seines Lebens verbringt. Eine Zeitlang hat er eine Stelle als Beamter im Staate Sung inne.[237]

Einer alten, aber dennoch wohl unzutreffenden Überlieferung nach soll er sich mit Mechanik und mit Theorien über die Verteidigung befestigter Städte beschäftigt haben.

Die umfangreiche Schrift, die seinen Namen führt, enthält eine zum Teil auf ihn, zum Teil auf seine Schüler zurückgehende Darstellung seiner Lehre (Buch I–IX, XI–XIII), logische Untersuchungen (Buch X) und eine ziemlich unbedeutende Abhandlung über die für die Verteidigung von Festungen in Betracht kommenden Maßnahmen (Buch XIV und XV). Diese beiden letzten Stücke stammen nicht von Me-tse.

Die bekannteste der Stellen (Buch I, Kap. 4), in denen Me-tse die allgemeine Menschenliebe proklamiert, lautet:[238]

«Der Himmel ist das beste Vorbild. Bei seinem allumfassenden Schaffen ist er ganz unparteiisch; er spendet in Hülle und Fülle, aber er pocht nicht auf seine Tugend. Sein Licht leuchtet ewig und nimmt nie ab. Deshalb haben die heiligen Herrscher[239] sich am Himmel ein Beispiel genommen.

---

235 [R] Lambarene 16.1.40.

236 [R] Me-tse, 480–400, kennt die Schriften des Altertums. In der Han-Dynastie [(206 v. Chr. – 220 n. Chr.) wird] der Mehismus verkündet.

237 [R] Lambarene 17.1.40.

238 [Zitiert nach: A. Forke, *Mê Ti,* S. 172 f.]

239 [Forke: Könige.]

Wenn nun der Himmel als Vorbild dient, dann muß man all sein Tun und Handeln dem Himmel gemäß einrichten, das tun, was der Himmel wünscht, und unterlassen, was er nicht wünscht. Allein, was wünscht [denn] der Himmel und was mißfällt ihm? Der Himmel wünscht ohne Zweifel, daß die Menschen einander lieben und einander fördern, und er will nicht, daß sie sich hassen und gegenseitig schädigen. Aber woher wissen wir, daß der Himmel wünscht, daß die Menschen sich lieben und nützen und daß er nicht mag, daß sie sich hassen und schädigen? Daher, daß er selbst alle Menschen liebt und allen hilft. Und wie wissen wir, daß der Himmel alle liebt und allen hilft? Daher, daß er alle Menschen in seiner Macht hat und alle ernährt. Alle Staaten der Welt, große und kleine ohne Unterschied, sind Stätten des Himmels, und alle Menschen, jung und alt, vornehm und gering, sind seine Kinder. Deswegen züchtet man Rinder und Schafe, mästet Hunde und Schweine und füllt die reinen Opfergefäße mit Wein und Most und Hirse und Reis in reichlichen Mengen, um den Himmel zu ehren. [Beweist das nicht, daß der Himmel alle Menschen in seiner Gewalt hat und sie erhält?][240] Und wenn der Himmel alle besitzt und erhält, wie läßt sich da annehmen, daß er nicht wolle, daß die Menschen einander lieben und fördern?

Deshalb heißt es, daß der Himmel denjenigen Glück verleiht, welche ihre Mitmenschen lieben und unterstützen, und denen Unglück, welche sie hassen und schädigen.»

Me-tse ist ein Vertreter der alt-chinesischen ethisch-monotheistischen Religion. Der Himmel ist für ihn nicht, wie für Kung-tse, eine Ur-Macht, die in dem Zusammenwirken mit der Erde, der anderen Ur-Macht, alles Geschehen hervorbringt, sondern der personenhaft gedachte göttliche Herrscher, der die Menschen liebt[241] und einen ethischen Wandel von ihnen verlangt. Diese volkstümliche ethische Religion[242] lehnt Kung-tse als naiv ab. Ohne sie zu bekämpfen, sucht er sie durch seine sich auf Nachdenken über die Natur gründende Lehre zu verdrängen. Daß sie aber vorerst noch besteht und lebendig ist, wird in dem Auftreten und der Verkündigung Me-tse's offenbar. Aus dem Geiste dieser Religion heraus verkündet Me-tse, daß Gott die Liebe ist und daß die Menschen seinem Beispiel folgend untereinander Liebe üben sollen.[243]

Den Mangel an Liebe sieht Me-tse als das Grundübel an.

«Infolge des allgemeinen Mangels an Liebe bei allen Menschen überwältigen die Starken die Schwachen, verhöhnen die Reichen die Armen, lassen die Vornehmen die Geringen ihren Übermut fühlen und betrügen die Schlauen die Dummen. Führen wir alles Elend, alle Übergriffe, alle Unzufriedenheit und allen Haß in der Welt auf ihren Ursprung zurück, so entspringen sie alle aus dem Mangel an gegenseitiger Liebe» (IV 15).[244]

---

240 [Text ergänzt nach Forke.]

241 [R] Sich um das Wohl der Menschen sorgt und ...

242 [R] ... kann Kung-tse nicht anerkennen, weil sie auf naiven Vorstellungen gründet.

243 [R] Ihm wird offenbar, welches höchste Gebot in der ethischen Religion enthalten und wie es in ihr begründet ist. Als höchstes Gebot entdeckt er die Liebe. Daraus, daß Gott die Liebe ist und den Menschen Liebe erweist, ergibt sich, daß diese untereinander Liebe zu üben haben.

244 [Forke, *Mê Ti,* S. 244 f.]

Inwieweit geht Me-tse in seinem Liebesgebot über Kung-tse hinaus?[245]

Kung-tse's Menschenliebe ist mehr gütige Rücksichtnahme auf den Nebenmenschen als wirkliche Liebe zu ihm.[246] Me-tse hingegen verlangt, daß die Menschen dazu gelangen, alle egoistischen Regungen in sich zu unterdrücken und sich in gegenseitiger Liebe zu dienen. Er versteigt sich zu der Forderung, «daß man andere Staaten wie seinen eigenen ansieht, das Haus seines Nachbarn wie sein eigenes betrachtet, andere Persönlichkeiten seiner eigenen gleichsetzt» (IV 2).[247] Um das Lebhafte seiner Menschenliebe auszudrücken, gebraucht er nicht, wie Kung-tse, das Wort Jên, sondern das stärkere Ai.[248]

Aber nicht nur durch die Art seiner Menschenliebe, sondern auch dadurch, daß er die Sittlichkeit einzig in Liebe bestehen läßt, unterscheidet er sich von Kung-tse. Für Kung-tse gehört zur Sittlichkeit vor allem die Erfüllung der natürlichen Pflichten, wie sie durch die fünf Beziehungen Fürst und Untertanen, Vater und Sohn, Mann und Frau, älterer und jüngerer Bruder, Freund und Freund gegeben sind.

Dadurch, daß Me-tse die Menschheit allein durch Liebe in Ordnung halten will und von den natürlich gegebenen Pflichten zu wenig redet, ist er für die Anhänger der Lehre Kung-tse's ein Revolutionär.[249]

Auf den Einwand, daß die Menschen sich nicht an das Gebot der Liebe halten werden, weil es zu schwer ist, antwortet er, daß sie dies schon tun werden, wenn sie sich nur erst die Vorteile, die dieses Verhalten mit sich bringt, vergegenwärtigt haben werden. Weil Liebe mit Liebe vergolten wird, ist sie nützlich, weil Haß Haß erzeugt, ist er schädlich (IV 2).[250] Also muß man sich für die Liebe entscheiden. Nur das große Mittel kann helfen, nicht die kleinen. Nur durch die vollendete Gesinnung des Volkes, nicht durch Gesetze, kann der Staat bestehen.

Auch das Argument, daß auf Grund der göttlichen Weltordnung diejenigen, die Liebe üben, auf ein glückliches Leben rechnen können, während die, die es nicht tun, ein unglückliches zu erwarten haben, wird von Me-tse angeführt.[251]

---

245 [R] Über Kung-tse geht Me-tse also darin hinaus, daß er eine allen Menschen in gleicher Weise zu erweisende Liebe verlangt, während Kung-tse vor allem auf die Erfüllung die [d. h. der] natürlichen Pflichten Wert legt... Daß er darüber hinaus dem Nebenmenschen auch gütige Rücksichtnahme zuteil werden läßt, sieht er als vernunftmäßig an. Aber er gründet die menschliche Ordnung nicht auf die Menschenliebe.

246 Über Kung-tse's gütige Rücksichtnahme siehe S. [90f.]

247 [a.a.O.] S. 245.

248 [H.] Hackmann, [*Chinesische Philosophie,*] S. 116.
[R] [Neue Fassung von Anm. 245:] Auch Kung-tse verlangt gütige Rücksichtnahme auf den Nächsten. Sie gehört für ihn zum wahren Menschentum. Zur Sittlichkeit gehört für ihn ... [Vgl. den nächsten Abschnitt des Haupttextes.]

249 [R] die sie bekämpfen zu müssen glauben.

250 [Forke, a.a.O., S. 246.]

251 [a.a.O. S. 173 (siehe oben 113), S. 317]

Obwohl Me-tse in Worten, die an Jesus erinnern, die Liebe zu den Menschen in dem Liebeswillen des Himmels begründet sein läßt, ist es doch nicht so, daß er seinen Platz neben Jesus hat. Ihrer Art nach bleibt seine Ethik der Liebe weit hinter der Jesu zurück. Sie beruht in der Hauptsache auf Nützlichkeits- und Zweckmäßigkeitserwägungen.[252] Bei Jesus hingegen handelt es sich um eine aus der inneren Nötigung des Vollkommener-Werdens kommende Liebe. Die großen Forderungen, die Jesus in bezug auf das Verhalten des Menschen zu sich selbst und zum Nebenmenschen aufstellt, finden sich bei Me-tse nicht. Er beschäftigt sich nicht mit dem Ideal der ethischen Persönlichkeit, wie es Jesus tut. Von einigen wenigen Stellen über den Lohn, den die Reichen für ihre Güte den Armen gegenüber zu erwarten haben,[253] abgesehen, vermißt man bei ihm sogar Ausführungen über das brüderliche Verhalten zu denen, die arm, verlassen, verwaist und in Not sind.

Me-tse ist der enthusiastische Verkündiger einer Ethik der Liebe, der es an Tiefe und Innerlichkeit fehlt. Aber daß er der Idee der Liebe in dem chinesischen Monotheismus und in dem chinesischen Denken überhaupt zum Durchbruch verhilft, bedeutet eine Tat.

Daß Me-tse kein bedeutender Denker ist, zeigt sich auch darin, daß er den Volksglauben so, wie er ihn vorfindet, übernimmt und verteidigt. Mit Leidenschaft tritt er für die Existenz von Göttern, Dämonen und Geistern ein, die er als Diener der Himmelsgottheit betrachtet. In den Beweisen, mit denen er die Zweifler zu widerlegen unternimmt, ist er in der Wahl der Argumente nicht wählerisch. Jede irgendwo überlieferte Gespenstergeschichte führt er als zuverlässiges Zeugnis an.

Indem er den Glauben an Götter, Dämonen und Geister vertritt, befehdet Me-tse den Kung-tse, der ihn als nicht vernunftgemäß beanstandet. Überhaupt setzt er sich als Anwalt der monotheistischen Volksreligion mit ihm auseinander.

Er wirft ihm einen mit der ethischen Weltanschauung nicht vereinbaren Fatalismus vor, weil er in dem Geschehen das unergründliche Walten des Schicksals und nicht die Betätigung eines ethischen Weltenherrschers sieht.[254]

Ferner tadelt er, daß Kung-tse durch sein Wertlegen auf die Formen die Spontaneität der Menschen unterdrückt.

---

252 [R] Die Idee der Liebe kommt zum Durchbruch im chinesischen Denken. Ist Religion. – Aber Kung-tse [ist] doch tiefer [. . .]. [Von] gar keiner ethischen Persönlichkeit die Rede. Liebe nur das Mittel, die Menschheit in Ordnung zu halten. Etwas Naives. Unfertiges. Keine Innerlichkeit.

253 [Eine Andeutung in der erwähnten Stelle, Forke S. 173 (vgl. oben Anm. 251): Glück denen, welche die Menschen lieben und *unterstützen*. Die Stelle wird auch zitiert im 1. Teil der Fassung 1937, unten, S. 216, Anm. 158]

254 [Vgl. den entsprechenden Text der Fassung 1937, 1. Teil, S. 219.]
[R] Er wirft ihm vor, daß er in dem Geschehen das Walten des Schicksals statt Gottes annimmt.

Auch mit der dreijährigen Trauerzeit für die Eltern und den älteren Sohn ist er nicht einverstanden.[255] Für eine kürzere führt er vornehmlich den materiellen Grund an, daß infolge der zur Trauer gehörigen Enthaltung von der Arbeit die Bestellung der Felder leidet und die Leute verarmen.

Daß während der Trauerzeit jegliche Arbeit zu unterlassen ist, ist eine alte, auch noch bei den Primitiven der Jetztzeit Geltung habende Anschauung.

Die Musik, die bei Kung-tse als eines der edelsten Kulturgüter hoch in Ehren steht, verurteilt Me-tse, obwohl er selber Gefallen an ihr hat, ebenfalls aus der Erwägung heraus, daß sie, besonders an Fürstenhöfen, zu übermäßigem Aufwand Anlaß gibt. Er geht so weit, daß er sie im Interesse des öffentlichen Wohles durch Gesetz verboten haben möchte.

In der Verurteilung des Krieges stimmt Me-tse mit Lao-tse und Kung-tse überein. Charakteristisch für seine Art ist, daß er gegen ihn nicht, wie Lao-tse und Kung-tse, vornehmlich ethische, sondern materielle Gründe geltend macht. Zieht man alles in Rechnung, so ist, führt er des öfteren aus, der Krieg nicht nur für die Besiegten, sondern auch für den Sieger eine verlustreiche Sache.

Wie Kung-tse verlangt Me-tse jedoch, daß jedes Volk über eine Wehrmacht verfüge, die ihm erlaube, sich gegen den Angreifer zu behaupten und, wie er sagt, «die Ungerechtigkeit mit Gerechtigkeit zu bekämpfen.« (I 5).[256] Auch den Fall von Kriegen, in denen die Strafe des Himmel an bösen Machthabern vollstreckt wird, zieht er in Betracht. (IV 3)[257]

Mit den zwischen dem Menschen und den Geschöpfen bestehenden Beziehungen gibt sich Me-tse nicht ab. Er verbleibt bei der naiven Anschauung, daß diese zum Nutzen des Menschen da sind.

Interessant ist, daß sich die Anhänger des Me-tse als erste in China mit logischen und erkenntnis-theoretischen Untersuchungen abgeben. Nach dem, was wir darüber aus dem X. Buche der den Namen des Me-tse tragenden Schrift erfahren, befaßten sie sich mit den Kriterien von Wahrheit und Irrtum, den zwischen dem Ding und seinen Eigenschaften bestehenden Beziehungen, der Zusammengehörigkeit von Ursache und Wirkung und der Begründung von Gut und Böse.[258]

In späterer Zeit beschäftigen sich die Anhänger der Lehre des Me-tse auch mit der Frage, ob man die Bösen und die Feinde zu lieben habe. Sie

---

255 In Wirklichkeit betrug diese Trauerzeit nicht volle drei Jahre, sondern 27 Monate. Über Kung-tse's Stellung zur Frage der Trauergebräuche siehe S. [88].

256 Forke, *Mê-Ti,* S. 178.

257 [a.a.O.] S. 260.

258 [R] Zählung der Kapitel des Me-tse: Forke: die logischen Untersuchungen Kap. 40–45 [*Philosophie*, S. 372: Dialektik, ... über logische, naturwissenschaftliche und ethische Fragen], während gewöhnlich [hierfür die Kap.] 32–37 [genannt werden].

bejahen sie in Theorie, finden aber Gründe, die ihnen erlauben, in [der] Praxis von solcher Liebe abzusehen.

Auch darüber verhandeln sie, inwieweit der Grundsatz der allgemeinen Menschenliebe es dem Menschen dennoch erlaubt, auf die Wahrung seines Vorteils bedacht zu sein. In dieser Hinsicht werden ihm so weitgehende Zugeständnisse gemacht, daß er kaum noch verpflichtet ist, sich für andere Opfer zuzumuten. Im Laufe der Zeit verliert die Ethik Me-tse's ihren ursprünglichen enthusiastischen Charakter. Damit beginnt ihr Verfall.

Im XXXIII.[259] Buch der den Namen Tschuang-tse's tragenden Schrift, das einen äußerst interessanten Überblick über die Hauptrichtungen des chinesischen Denkens im 4. und 3. Jahrhundert v. Chr. bietet, erfahren wir von einer Sekte, die es mit Eifer betrieb, die Leute zum Gebote der Liebe zu bekehren.

Als ihre geistigen Väter werden Sung G[iän (oder Sung Yung] Dsi), ein Gegner Kung[-tse's, und] Yin Wen (etwa 330 [v. Chr.) genannt]. Die Mitglieder dieser Se[kte «zeichneten sich] durch eine besondere Kopfbedeckung aus. Diese Richtung hat merkwürdige Ähnlichkeit mit Tolstoï. Ihre Grundlehre war das *Nicht-Widerstreben.* Es heißt von ihnen, daß sie die Tätigkeit der Seele eben in der Fähigkeit zum Dulden gesehen haben. ‹Sie suchten] durch eine bren[nende Liebe die Menschen der Welt brüd]erlich [zu vereinen. Die Bekämpfung] der Lüste und Begierden war ihr Grundsatz. Wenn sie beschimpft wurden, hielten sie es nicht für Schande, nur darauf bedacht, die Menschen vom Streite zu erlösen. Sie verboten den Angriff und wollten Niederlegung der Waffen, um die Menschen vom Krieg zu erlösen. Mit diesen Lehren durchzogen sie die ganze Welt. Sie ermahnten die Fürsten und belehrten die Untertanen. Wenn auch die Welt ihre Lehren nicht annehmen wollte, so blieben sie doch[260] umso fester dabei und ließen sie nicht fahren. Es hieß von ihnen, daß Hoch und Niedrig es vermied, mit ihnen zusammenzukommen, daß sie aber mit Gewalt sich Zutritt verschafften.›»[261]

In China, zur Zeit der ständigen Kriege, die die Vasallenfürsten gegeneinander führten, sind die ersten Pazifisten aufgetreten.

Welcher Schule die Sekte angehörte, wird aus dem kurzen Berichte, den wir über sie besitzen, nicht ersichtlich. Da sie den Gedanken nach mit der [Schule] des Me-tse verwandt ist, gehört sie auch wohl irgendwie mit ihr zusammen.

---

259 [Die (als unecht geltenden) Bücher XXVIII-XXXIII sind bei Wilhelm nicht enthalten; die im folgenden zitierte Stelle erwähnt er jedoch in der] Einleitung S. XIX. [Neuausgabe S. 19 f. Die fehlenden Bücher bei J. Legge, in *The Sacred Books of the East*, Bd. XL, und bei Giles, siehe Literaturverzeichnis, S. 345.]

260 [*doch* ist von Schweitzer hinzugefügt.]

261 Einleitung zu Tschuang-tse (R. Wilhelm) S. XIX (19 f.). [Hiernach die Textlücken (abgerissenes Stück der Ms.-S.) ergänzt. Siehe Fassung 1937, 1. Teil, S. 197.]

[5. Kritische Denker der klassischen Zeit. Sophisten. Yang Tschu]

Eine Sophistik, die, wie die griechische, an der Geltung ethischer Anschauungen irre wird, hat es in China nicht gegeben. Wohl treten auch in China, schon seit alter Zeit her, kritische Geister auf, die sich die bezweifelnde Prüfung dessen, was für das gewöhnliche Denken feststeht, zur Aufgabe machen und darüber zu mehr oder weniger skeptischen Ansichten gelangen.

Aber die Berechtigung ethischer Überzeugungen stellen sie nicht mit dieser Entschiedenheit[262] in Frage, wenn sie sich auch mit der Frage, in welcher Weise sie begründet sind, abgeben.

Die bedeutendsten dieser kritisch verfahrenden Denker – in den chinesischen Darstellungen werden sie Debattierer (Pien Schï) genannt – sind, in der klassichen Zeit, Hui-tse (gestorben etwa 330 v. Chr.),[263] dessen Scharfsinn von seinem Zeitgenossen Tschuang-tse gerühmt wird, und Kung Sun Lung (etwa 320–250).[264] Beide setzen das Werk der in der Schule Me-tse's aufgetretenen Dialektiker fort. Von Hui-tse ist das Wort überliefert: «Wir müssen alle Wesen gleichermaßen lieben, weil Himmel und Erde eine Einheit bilden.»[265]

Ausgiebig wird unter den chinesischen Denkern der klassischen Zeit über die Frage verhandelt, ob das Ethische in einer natürlichen menschlichen Anlage zum Guten begründet sei oder nicht. Bejaht wird sie durch das alt-chinesische Denken, wie wir es aus dem *Schu-king* kennen, durch Kung-tse und durch seine Schule.

Daß die menschliche Natur von Haus aus nichts mit Gut und Böse zu tun habe, behauptet Kao-tse (4. Jahrhundert v. Chr.).

Hsün-tse (305–235 v. Chr.), einer der bedeutendsten Vertreter der Lehre Kung-tse's, befindet sich merkwürdigerweise in der Gesellschaft derer, die die ursprüngliche Natur der Menschen für böse ansehen.[266] Das Sittliche ist ihm zufolge nur ein Ergebnis der Belehrung, Erziehung und Gewöhnung. Die Begriffe von Gut und Böse, führt er aus, sind von den Heiligen des Altertums geschaffen und in Umlauf gebracht worden, weil sich dies für die Schaffung geordneter gesellschaftlicher Zustände als notwendig erwies und auch, weil der Einzelne nur dadurch, daß er seine natürlichen bösen Neigungen überwindet, glücklich werden kann.

Nur von der Einsicht aus, daß die Natur des Menschen böse ist, wird

262 [«Mit dieser Entschiedenheit» ist mit Bleistift beigefügt.]

263 [Hackmann, a.a.O., S. 154.]
[R] Hui-tse 380–300. [Diese Daten bei Forke, *Philosophie*, S. 427, Anm. 8]. Die Menschen mit Worten besiegen.

264 [Forke, *Philosophie*, S. 436, Anm. 6.]

265 Hackmann [*Chinesische Philosophie*,] S. 157.

266 Über Hsün-tse, siehe Hackmann [a.a.O.] S. 195 ff.

das Verdienst der Heiligen der Vorzeit um die Sittlichkeit voll begriffen und gewürdigt.

Die Anhänger der Schule Kung-tse's haben sich Hsün-tse's äußerliche Auffassung und Begründung der Ethik nicht zu eigen gemacht.

Für seine Ansicht, daß das Sittliche sich einzig auf eine von diesen Heiligen übernommene Lehre gründe, beruft sich Hsün-tse auf Kung-tse. Er ist darin insoweit im Recht, als sich bei diesem eine Reihe von Stellen finden, in denen er seine Ethik als etwas, das er aus dem Studium der Schriften der Alten gewonnen hat, hinstellt.

Auch die vermittelnde Ansicht, daß Gutes und Böses miteinander in der Natur des Menschen vorhanden seien und es nur darauf ankomme, welches von beiden er pflege, findet sich bei den chinesischen Denkern jener Zeit.

Andere wiederum lassen es durch das Schicksal bestimmt sein, ob der Mensch gut und[267] böse ist. Diesen Gedanken führt dann später Wang Tsch'ung (etwa 27–97 n. Chr.) durch.[268] Von dem *I king* ausgehend, behauptet er, daß alles in dem Sein eines Menschen durch das Zusammenwirken des Himmels und der Erde, wie es für ihn in Betracht kommt, schicksalhaft bestimmt ist, sein geistiges Wesen nicht minder als seine Gestalt. So nimmt er an, daß die Menschen, deren Schicksal es ist, gut zu sein, sich von sich aus, ohne daß es nötig ist, sie dazu zu erziehen, in sittlicher Weise verhalten, während die, deren Schicksal es ist, böse zu sein, nicht zum Guten bekehrt werden können. Der Durchschnitt der Menschen ist, ihm zufolge, in der Art schicksalhaft veranlagt, daß er durch Erziehung gut und durch das schlechte Beispiel nicht-gut werden kann.[269]

Weit mehr als durch die Sophisten und Skeptiker wird die Geltung des Ethischen durch Theorien, die gewisse Machthaber aus der Zeit der streitenden Reiche und ihre Berater über Gut und Böse, vom Staate aus gesehen, aufstellen[, in Frage gestellt.][270]

Wei Yang (Schang Yang, 400–338 v. Chr.)[271] und Kuei Ku-tse (4. Jahrhundert v. Chr.)[272] zufolge bestimmt der Staat, rein auf Grund von Erwägungen über das, was ihm dienlich und nicht-dienlich ist, was für die Untertanen als gut und nicht-gut zu gelten hat.[273]

Bemerkenswert ist, daß die Vertreter dieser Theorie durchweg Taoisten sind. Da sich aus der Lehre vom Verhalten im Sinne des Tao keine

267 [oder ?]

268 [Über Wang Tsch'ung siehe Hackmann a.a.O., S. 229 ff.]

269 [E. V.] Zenker, [II, S.] 123; [A.] Forke, [*Gedankenwelt,* 1927, S. 149,] 150. [*Philosophie,* S. 450]. [Zu Wang Tsch'ung, vgl. Fassung 1937, 1. Teil, S. 232.]

270 [Satzergänzung nach Fassung 1937, 1. Teil, S. 234.]

271 Siehe Hackmann [*Chinesische Philosophie,*] S. 158; Forke, [*Gedankenwelt,*] S. 178, 200.

272 Hackmann [*Chinesische Philosophie,*] S. 157 ff.; Forke, [*Gedankenwelt . . .* ,] S. 197[f.]; [Zenker II, S. 270].

273 [R] Opportunismus.

auf die gewöhnliche Lebensführung anwendbaren ethischen Grundsätze ergeben und man in der Praxis ohne solche doch nicht auskommt, bestimmen sie, daß als gut zu gelten hat, was ihrer Meinung nach für das beste Bestehen des Staatswesens opportun ist.[274] Eine exoterische Betrachtungsweise tritt in diesem verweltlichten Taoismus neben die esoterische. Das Ethische wird als etwas ganz Relatives angesehen.[275]

Individuelle ethische Überzeugungen, führt Wei Yang gegen Kungtse aus, sind etwas Unnötiges, ja, vom Standpunkt des Staates aus betrachtet sogar Schädliches. Die Menschen haben gar keine Überlegungen über Gut und Böse anzustellen, sondern sich die vom Staate in seinen Gesetzen proklamierten Ansichten, aus Furcht vor Strafe, zu eigen zu machen.

Tugend ist völlige Unterwerfung unter den Staatswillen. Für den Staat, dessen Streben nach Macht geht, sind die Bösen, die ihrer Natur nach zu den Starken gehören, wertvoller als die Guten, die zur Schwäche neigen.

Die ganze Erziehung des Volkes muß darauf gerichtet sein, daß es in bester Weise zum Kriege taugt. Was der Staat vor allem braucht, sind Bauern und Krieger.

Den Krieg verherrlicht Wei Yang als das Mittel, durch das der Staat zu Ansehen, Macht und Reichtum gelangt. Wenn es sich um den Vorteil des Staates handelt, braucht der Fürst nicht auf das, was gemeinhin als Recht und Unrecht gilt, Rücksicht zu nehmen, sondern darf alles, was ihm zweckdienlich erscheint, auch Lüge und Hinterlist, als erlaubt ansehen.

Auch für den Taoisten Han Fei-tse (290–233 v. Chr.)[276] stehen die Anschauungen von Gut und Böse nicht von sich aus fest, sondern wandeln sich den in Betracht kommenden Umständen entsprechend. Die Gesetze, führt er aus, müssen sich der Zeit anpassen. Allein das, was sich als nützlich erweist, kann als gut in Betracht kommen.

Über die Bildung äußert sich Han Fei-tse sehr geringschätzig. Sich mit Büchern zu beschäftigen, in denen die Ansichten einer vergangenen Zeit niedergelegt sind, sieht er als unnötig an. Insbesondere soll der Herrscher keine Bücher besitzen und nichts von ihnen halten.

Kaiser Shi-huang-ti, der 213 v. Chr. die große Bücherverbrennung befahl, war ein Bewunderer Han Fei-tse's, was ihn nicht hinderte, ihn, als man ihn bei ihm verleumdete, in den Kerker werfen zu lassen. Der Gefangene machte seinem Leben durch Gift ein Ende.

Wenn der Staat Tsin im Laufe der Zeiten die Oberherrschaft im Reiche errang, so trugen mit dazu bei die straffe Organisation, die Wei Yang

274 [R] [. . .] Erwägungen des Nützlichen – relativ.
275 [R] Kuang-tse.
276 Forke, [*Gedankenwelt*,] S. 201 und 171; Zenker [I], S. 329; Hackmann [a.a.O.,] S. 157.

in der Zeit, da er seine Geschicke als Minister lenkte, ihm gab, und der kriegerische Geist, den er in ihm großzog.

Auch Wei Yang starb im Gefängnis.

Die die Bildung und Sittlichkeit verneinenden Theorien von der All-Gewalt des Staates auch in geistigen Dingen müssen aus den Verhältnissen zur Zeit der sich bekämpfenden Vasallenstaaten verstanden werden. Sie herrschten an Höfen. Auf das Denken des Volkes hatten sie wohl keinen bedeutenden Einfluß.

Während[277] Wei Yang, Kuei Ku-tse und Han Fei-tse die Geltung des Ethischen vom Standpunkt der Kollektivität aus verneinen, lehnt sich Yang Tschu vom Standpunkte des Individuums aus gegen es auf.

Yang Tschu (Yang-tse, etwa 450–380 v. Chr.) ist ein Zeitgenosse des Lieh-tse (etwa 440–370 v. Chr.). Über sein Leben wissen wir fast nichts. Aussprüche und Erzählungen von ihm sind uns in der den Namen des Lieh-tse tragenden Schrift, insbesondere im VII. Buche derselben, erhalten.

Etwa gleichzeitig mit den griechischen Sophisten verficht Yang Tschu das Recht des Individuums, sein Leben in der ihm naturgemäß scheinenden Weise auszuleben.

Beim ersten Bekannt-Werden mit ihm ist man versucht, ihn als eine Art Vorläufer von Nietzsche aufzufassen. Aber er hat mit ihm nur den allgemeinen Grundsatz gemein, daß in der naturhaften Lebensbejahung der Mensch sich in Übereinstimmung mit dem Wesen des Seins befindet. Unter dem ungehemmten Sich-Ausleben versteht er aber etwas anderes als Nietzsche. Der Wille zur Macht, die Idee des Vornehm-Seins und das tragische Lebensgefühl, die für die Lebensanschauung Nietzsches so charakteristisch sind, fehlen bei Yang Tschu. Ihn beschäftigt einzig die Frage des besten Genusses des Lebens. In seiner Art der Lebensbejahung steht er den Epikuräern näher als ihm.

Yang Tschu's Lehre ist verweltlichter Taoismus. Während der Taoismus Lao-tse's das Wesen des Seins in dem unscheinbaren Wirken gegeben findet, erfaßt es Yang Tschu als Drang, sich auszuleben.

Er ist kein Skeptiker, sondern zieht auf seine Weise die Folgerungen aus dem Grundsatz des Eins-Seins mit dem Wesen der Natur.

Wie die Taoisten verlangt er, daß die Lebensführung von innen her bestimmt sei. Bei Kung-tse und seinen Anhängern ist sie von außen her bestimmt, insofern sie durch Überlegungen über Pflichten der Gesellschaft und dem Nebenmenschen gegenüber beherrscht ist.

«Sich ausleben ist das Ganze. Nichts verhindern, nichts unterdrücken! ... Laß deine Ohren hören, was sie begehren! Laß deine Augen sehen, was sie begehren! Laß deine Nase riechen, was sie begehrt! Laß deinen Mund reden, was er begehrt! Laß deinen Leib genießen, was er begehrt! Laß deinen Willen tun, was er begehrt!» (*Liä Dsi* VII 7)

---

277 [R] Lambarene. Samstag, den 20.1.40. Nachts in wunderbarem Mondenschein.

Diesem rechten Sich-Ausleben steht im Wege, daß die Menschen sich durch das Bestreben beherrschen lassen, auf Grund ihrer sittlichen Tüchtigkeit bei anderen Anerkennung zu finden (was Yang Tschu das Bedürfnis nach Ruhm nennt),[278] daß sie angesehene Stellung und Besitz erlangen wollen und daß sie ihr Dasein in Angst vor dem Tode verbringen. Damit begeben sie sich unter die Herrschaft selbsterwählter Tyrannen. Nur wenn sie sich von ihnen freimachen und damit von der falschen zur natürlichen Vorstellung von Glück zurückkehren, sind sie imstande, dem Leben das, was es ihnen an Freuden bieten kann, abzugewinnen.

Was dem Menschen an Glück beschieden sein kann, ist nach Yang Tschu nicht viel. Aber dieses Wenige soll er sich nicht auch noch nehmen lassen.

Schon bei Yang Tschu tritt die Schwierigkeit zutage, in eindeutiger Weise anzugeben, worin die naturhafte Lebensbejahung besteht. Bald scheint er das maßlose, bald ein klug berechnendes Genießen des Lebens als Ideal aufzustellen.

Das maßlose empfiehlt er in der Geschichte des Kanzlers Dsi Tschan, dem tüchtigen Verwalter des Staates Dscheng, der seine beiden Brüder, von denen der eine dem Wein, der andere den Frauen ergeben ist, zu einem vernünftigen und ehrbaren Wandel bekehren will. Im Laufe der Unterhaltung, die er zu diesem Zwecke mit ihnen führt, beweisen sie ihm aber, daß ihr Wandel, weil der Natur gemäß, der richtige ist, während sein der Erfüllung erfundener Pflichten gewidmetes Dasein, weil unnatürlich, verfehlt ist (*Liä Dsi* VII 8).

Wenn Yang Tschu in solchen aus der Freude am Paradoxen entstandenen Erzählungen den Gedanken des maßlosen Genusses des Lebens vertritt, so ist seine eigentliche Meinung doch eben die, daß das vernünftige Sich-Ausleben die Gewähr des größtmöglichen Glückes bietet. Jedenfalls hat er das Ideal des Übermenschentums, wenn er es besaß, ebensowenig gelebt wie Nietzsche das seine. Mit einer Frau und einer Nebenfrau führt er ein bescheidenes Dasein, das nur von Reisen an Fürstenhöfe, an denen er die Leute mit seinen paradoxen Sprüchen unterhält und verblüfft, unterbrochen wird.

Yang Tschu empfiehlt, keine zu hohen Ansprüche an das Leben zu stellen.

«Kummer und Bitternis widerstreben der Natur; Freude und Wonne entsprechen der Natur... Wahrlich, nicht untätig verharre man, unentschieden zwischen Freude und Wonne und Kummer und Bitternis» (*Liä Dsi* VII 19).

«Das Wünschenswerte besteht darin, daß man sich seiner Gesundheit erfreut, daß man seinem Leibe Bequemlichkeit schafft. So hält sich, wer es versteht, sich seiner

---

278 [z. B. VII 2: «So ließen sich die Menschen der grauen Vorzeit nicht um des Ruhmes willen überreden.» ...]

Gesundheit zu freuen, ferne von Armut, und wer es versteht, seinem Leibe Bequemlichkeit zu schaffen, ferne von Reichtum» (*Liä Dsi* VII 5).

Ein Nachdenken über das Problem der wahren Lust, auf Grund dessen Epikur dazu kommt, die dauernde, geistige Lust über die vorübergehende sinnliche zu stellen, findet sich bei Yang Tschu nicht. Er ist in dieser Hinsicht noch völlig naiv.

Von allem durch die Idee der Pflicht und der Aufopferung eingegebenen Tun – hierin geht Yang Tschu mit den Taoisten zusammen – soll der Mensch Abstand nehmen.

«Die Menschen des Altertums gaben kein Haar her, und wenn sie damit der ganzen Menschheit hätten nützen können ... Kein einziger nützte der Gesamtheit, und die Gesamtheit war in Ordnung» (*Liä Dsi* VII 11).

«Was man Pflichttreue nennt, ist keineswegs ausreichend, dem Herrn, dem man damit dient, Ruhe zu verschaffen; aber sie ist völlig[279] ausreichend, das eigene Ich in Gefahr zu bringen. Uneigennützigkeit ist keineswegs ausreichend, den Nebenmenschen zu nützen; aber sie ist vollständig ausreichend, das eigene Leben zu schädigen» (*Liä Dsi* VII 18).

Daß ein jeder für sich lebe, ist nach Yang Tschu das Rechte.

Trotz dieses Bekenntnisses zum Egoismus kennt Yang Tschu das Jenseits von Gut und Böse Nietzsches nicht. Sein Egoismus besteht nur darin, daß er nur für sich lebt, nicht auch darin, daß er das Glück des anderen, im Interesse seines eigenen, schädigt. Er unternimmt nichts gegen ihn.

Sogar eine gewisse Rücksicht auf den Nebenmenschen und ein sich in vernünftigen Grenzen haltendes Mitleid will Yang Tschu einem seiner Aussprüche zufolge gelten lassen.

«Die Alten hatten ein Wort: Im Leben soll man Mitleid miteinander haben, im Tode soll man voneinander lassen. Dieses Wort hat es getroffen. Der Grundsatz des Mitleids ist nicht eine Sache des bloßen Gefühls: in Zeiten der Überarbeitung verschafft er Erleichterung, dem Hunger verschafft er Sättigung, der Kälte verschafft er Erwärmung, dem Mißerfolg verschafft er Erfolg» (*Liä Dsi* VII 6).

Das Mitleid empfiehlt sich also nicht nur dadurch, daß es einem natürlichen Gefühl entspringt, sondern auch dadurch, daß es einen Vorteil für alle mit sich führt.

Wo die Grenze zwischen der Betätigung des natürlichen und gemeinnützigen Mitleids und der übertriebenen Hingabe liegt, wird aus den Worten Yang Tschu's nicht deutlich. Überhaupt ist Mitleid mit seinem Grundsatz des Für-Sich-Lebens nicht vereinbar. Aber auch die Taoisten versuchen Gütigkeit mit dem Grundsatz der Nicht-Tätigkeit zu vereinigen.

Wenn alle Menschen ihr Leben in der natürlichen Weise ausleben, entsteht, nach Yang Tschu, eine natürliche Ordnung der Gesellschaft, auf

279 [Wilhelm: vollständig.]

Grund deren zwischen den Fürsten und den Untertanen und zwischen den Untertanen unter sich das beste Einvernehmen besteht.

Die Lebensanschauung Yang Tschu's läßt sich aus dem chinesischen Grundsatz des In-Harmonie-Seins mit der Natur ableiten, wenn man das Wesen des Seins als ein Sich-Ausleben auffaßt. Aber daß er den möglichst völligen Genuß der wenigen Freuden, die das Leben bieten kann, als Ideal aufstellt, hat seinen Grund wohl auch darin, daß die trostlosen Verhältnisse, die damals im Reiche herrschen, es ihm geboten scheinen lassen, sich mit diesem zufrieden zu geben. Und wenn wirklich, wie die Nachrichten lauten, es Viele waren, die sich zu jener Zeit seine Lehre zu eigen machten, so taten diese es wohl auch aus der Überzeugung heraus, daß ihnen nichts anderes übrig blieb, als sich zu bescheiden.

Tschuang-tse faßt die Lehre des Yang Tschu als Pessimismus auf. (*Dschuang Dsi* XXIV 5)

Aber die egoistische Lebensanschauung, zu der Yang Tschu gelangt, ist dem chinesischen Geiste zuwider. Auf die Dauer kann er sie nicht ertragen. Wenn er sich auf sich selbst besinnt, muß er sie verwerfen.

Gegen die Denker mit höheren Idealen kann sich Yang Tschu also nur vorübergehend behaupten.

Weil er mit dem Taoismus in Beziehung steht und auch weil er ein feiner Erzähler ist und mit Geist paradoxe Reden zu führen weiß, sind Geschichten und Aussprüche von ihm in die den Namen Lieh-tse tragende Schrift aufgenommen worden. Vielleicht liegt es nur daran, daß seine Lehre nicht völlig in Vergessenheit geriet.[280]

Auch von den Werken der Sophisten und Dialektiker ist nur wenig erhalten, weil das chinesische Denken an denen, die nichts Positives boten, keinen Gefallen fand.

[6. Meng-tse]

Im 4. Jahrhundert v. Chr., zur Zeit da der Niedergang des Reiches und der Kultur immer mehr offenbar wird, sieht es so aus, als ob sich die an die Gebildeten wendende Lehre des Kung-tse gegen die des Me-tse, des Yang Tschu und anderer auf die Denkweise der Masse eingehender Geister nicht werde behaupten können. Da tritt in Meng-tse ein großer Denker auf, der die Weltanschauung Kung-tse's erneuert und vollendet.

Meng-tse (Mong Ko, Mencius, 372–289 v. Chr.) ist ein Zeitgenosse des taoistischen Schulhauptes Tschuang-tse (etwa 370–310 v. Chr.) und des Aristoteles (384–322 v. Chr.). Seine Familie gehört wie die des Kung-tse zu den Adelsgeschlechtern des Staates Lu.

---

280 [R] Sondern auf die Nachwelt gekommen ist.

Meng-tse führt das Leben eines wandernden Lehrers. Zeitweise hält er sich als Berater von Fürsten an Höfen auf, am längsten im Staate Tsi.

Wie Kung-tse hat Meng-tse eine hohe Meinung von dem Berufe, der ihm zugefallen ist. Kung-tse ist für ihn der große Heilige, in dem die Gedanken der heiligen Herrscher des Altertums ihren Ausdruck gefunden haben.

Er selbst fühlt sich als der Prophet, den der Himmel beauftragt hat, die Lehre Kung-tse's wieder zur Geltung zu bringen.

Dem volkstümlichen Glauben gegenüber nimmt er eine freiere Stellung ein als Kung-tse.

Wie Kung-tse verlangt er Beobachtung der Formen, nur ohne dessen Rigorismus. Auch für ihn besteht das Ideal des Edeln in der Vereinigung der wahren Tugendhaftigkeit mit der besten Beobachtung der Formen.

Beim Tode seiner Mutter hält er, unter Verzicht auf jegliche Beschäftigung, die dreijährige Trauerzeit inne.

Schließt schon bei Kung-tse die Ehrerbietung gegen Fürsten den Freimut ihnen gegenüber nicht aus, so verlangt Meng-tse, daß sie es ertragen, wenn Menschen von geistigem Wert ihnen von ihren Pflichten reden, und mutet ihnen sogar zu, ihnen die Ehre zu erweisen, sie selber aufzusuchen, um ihren Rat zu hören, statt sie zu sich zu befehlen. (*Mong Dsi* II B, 2)[281]

«Drei Dinge sind es, denen auf Erden Ehrfurcht gezollt wird: der Rang ist das eine, das Alter ist das andere, der geistige Wert ist das dritte. Bei Hofe geht der Rang vor; im täglichen Leben geht das Alter vor; gilt es, der Welt zu helfen und dem Volke vorzustehen, so geht der geistige Wert vor» (*Mong Dsi* II B, 2).

Meng-tse spricht sich dafür aus, daß die Absetzung eines untüchtigen Fürsten nicht nur durch seine Familie (der dies nach alt-chinesischem Recht zusteht), sondern im Notfalle auch durch die höchsten Beamten erfolgen könne. Er billigt sogar in der Geschichte überlieferte Fälle, in denen verbrecherische Fürsten durch ihre Diener umgebracht wurden, mit der Begründung, daß nicht der Fürst, sondern der Verbrecher getötet wurde. (*Mong Dsi* I B, 8)

Aber nicht demokratische Gesinnung, wie man meinen sollte, gibt ihm diese Haltung gegen die Fürsten ein, sondern die hohe Auffassung, die er vom Herrscheramt hat. Er redet freier als Kung-tse, weil er sich nicht wie dieser als Beamter, sondern als Berater der Fürsten fühlt.

Zur Zeit Kung-tse's besteht das Kaisertum der Tschou-Dynastie wenigstens noch dem Scheine nach. Zur Zeit Meng-tse's wird schon offenbar, daß die Einigung des Reiches nur von einem der unabhängig gewordenen Vasallenstaaten ausgehen könne. Zu der aktuell geworde-

281 [*Mong Dsi* (Mong Ko), übers. v. R. Wilhelm, Jena 1921.]

nen Frage, auf welche Weise ein Fürst das Reich einigen könne (Meng-tse gebraucht dafür den Ausdruck «die Weltherrschaft erringen», nimmt er Stellung. Er hält es nicht für recht, daß ein Staat, um im Reiche Ordnung zu schaffen, den Weg der Gewalt einschlage. In dem Geiste der Gewalttätigkeit sieht er die Ursache der furchtbaren Lage, in der sich das Reich befindet. Eine Besserung kann durch diesen[282] nicht herbeigeführt werden.

In der Verurteilung jeglichen Eroberungskrieges beruft sich Meng-tse auf Kung-tse.

«In alter Zeit befestigte man Pässe, um Gewalttat abzuhalten. Heutzutage befestigt man die Pässe, um selbst Gewalttat zu üben» (*Mong Dsi* VII B, 8).

«In einem Militärstaat sind die Bürger stolz und hochgemut, im Staat eines wahren Herrschers sind die Bürger ruhig und zufrieden» (*Mong Dsi* VII A, 13).

Die neue Einheit des Reiches erwartet Meng-tse davon, daß Herrscher aufkommen, die durch Gerechtigkeit und Gütigkeit ihr Volk so glücklich machen, daß die Nachbarvölker, um ebenfalls der Segnungen eines solchen Regiments teilhaftig zu werden, sich ihnen freiwillig unterwerfen.[283] In derselben Weise wie Me-tse und die Pazifisten, die in der den Namen des Tchuang-tse tragenden Schrift erwähnt werden,[284] sucht Meng-tse die Gesinnung zu schaffen, durch die die Sehnsucht nach dem Frieden auf Erden in Erfüllung gehen kann.

Traurig aber stellt er fest, daß es Gottes Wille noch nicht zu sein scheine, daß Frieden und Ordnung auf der Welt herrschen. (*Mong Dsi* II B, 13)

«Wenn die Lebenden ernährt werden, die Toten bestattet werden und keine Unzufriedenheit aufkommt: das ist der Anfang der[285] Weltherrschaft» (*Mong Dsi* I A 3). – «Wer kann die Welt einigen? Wer keine Lust zum Menschenmord hat, der kann sie einigen» (*Mong Dsi* I A, 6).

«Allein dem Gütigen gebührt eine hohe Stelle» (*Mong Dsi* IV A, 1).

«Einem milden Herrscher fallen die Leute zu... Wenn heute unter den Herren der Welt einer wäre, der Milde liebte, so würden die Landesfürsten alle ihm die Leute zutreiben. Selbst wenn er wünschte, nicht König zu sein, so könnte er dem König-Sein nicht entgehen» (*Mong Dsi* IV A, 9).[286]

---

282 [Ms.:] ihn.

283 [Vgl. unten *Mong Dsi* IV A, 9 und Anm. 286 (*Mong Dsi* II A, 5).]

284 [Siehe S. 116 f.]

285 [Wilhelm: zur.]

286 [Hierher gehört auch der Meng-tse-Text (*Mong Dsi*) II A, 5, den Schweitzer im *Elsaß-Lothringischen Familienkalender* 1923, S. 9, zitiert (nach der Wilhelmausgabe 1916):] «Die fünf Wege (zum Frieden und) zur Weltherrschaft. *Mong Dsi* sagte: ‹Wenn eine Regierung die Würdigen ehrt und die Fähigen anstellt, so daß die Besten und Weisesten im Amt sind, so sind alle Edeln auf Erden froh und wollen bei ihr Dienst tun.

Wenn eine Regierung die Märkte zwar beaufsichtigen läßt, aber keine Grundsteuer erhebt, so sind alle Kaufleute auf Erden froh und wünschen ihre Waren auf ihre Märkte zu bringen.

Wie Kung-tse sieht auch Meng-tse das Aufkommen von Wohlstand als eine Voraussetzung der höheren Kultur an, wie er überhaupt, im Geiste Kung-tse's, für den Fortschritt eintritt. Scharf spricht er sich gegen die im Taoismus, bei Me-tse und bei verschiedenen damals blühenden Sekten vorhandene Meinung aus, daß man zur größten Einfachheit und zur primitiven Gesellschaftsordnung zurückzukehren habe.

Von Sektierern wurde damals die Forderung aufgestellt, daß es keine Arbeitsteilung mehr geben dürfe, sondern daß alle, auch die Fürsten, den Pflug führen und von ihrer Hände Arbeit leben sollten. Meng-tse hält ihnen ihre Torheit vor.

«Es gibt Geistesarbeiter und Handarbeiter. Die Geistesarbeiter halten die andern in Ordnung, und die Handarbeiter werden von den andern in Ordnung gehalten. Die von den andern in Ordnung gehalten werden, nähren die andern... Das ist eine durchgehende Pflicht auf der ganzen Welt» (*Mong Dsi* III A, 4). – Die Behauptung, daß die Gebildeten, weil sie nicht den Pflug führen, eigentlich unverdientes Brot äßen, weist Meng-tse folgendermaßen zurück: «Wenn ein Gebildeter in einem Lande wohnt und der Fürst auf ihn hört, so kommt das Land zu Ruhe, Reichtum und Ruhm. Wenn die jungen Leute ihm nachfolgen, so werden sie ehrfürchtig, bescheiden, gewissenhaft und zuverlässig. Wer handelt mehr nach dem Grundsatz, kein unverdientes Brot zu essen, als er?» (*Mong Dsi* VII A, 32).

Daß Meng-tse, ohne sich davon Rechenschaft zu geben, in der Ethik über Kung-tse hinausgeht, bekundet sich nicht nur darin, daß er mehr und wärmer von der Menschheit redet als er, sondern auch darin, daß er sie tiefer begründet. Bei Kung-tse hat sie noch eine zwiefache Wurzel: sie wird aus dem utilitaristischen Prinzip der *Gegenseitigkeit* hergeleitet und zugleich auch als etwas in dem Wesen des Menschen unmittelbar Gegebenes angesehen.[287] Bei Meng-tse kommt die utilitaristische Begründung (die bei Me-tse im Vordergrund steht) in Wegfall. Die Menschenliebe entspringt bei ihm rein aus der in dem Mitempfinden gegebenen Nötigung. Sie gehört zum wahren Mensch-Sein.

Bezeichnend für die Entschiedenheit, mit der Meng-tse es sich versagt, Nützlichkeitserwägungen in ethischen Dingen in Betracht zu zie-

---

Wenn eine Regierung an den Pässen die Durchreisenden zwar aufschreiben läßt, aber keine Abgaben von ihnen erhebt, so sind alle Reisenden auf Erden froh und wünschen auf ihren Straßen zu wandern.

Wenn eine Regierung die Bauern zu gegenseitiger Hilfe anhält, aber keine Steuern von ihnen erhebt, so sind alle Bauern auf Erden froh und wünschen auf ihren Fluren zu pflügen.

Wenn eine Regierung von denen, die Gebäudesteuer zahlen, nicht auch noch Kopfsteuer und Fronleistungen verlangt, so sind alle Völker auf Erden froh und wünschen ihr untertan zu werden.

Darum, führt eine Regierung diese fünf Stücke durch, so blicken die Völker der Nachbarstaaten zu ihr empor, wie zu Vater und Mutter... Sie hat keinen Feind auf Erden. Wer keinen Feind auf Erden hat, ist Gottes Knecht. Daß ihm die Weltherrschaft nicht zuteil wurde, ist noch niemals vorgekommen.»

287 Über die Ethik Kung-tse's und das Prinzip der Gegenseitigkeit siehe S. [87; 90 f.].

hen, ist ein Gespräch, das er mit Meister Sung Kang führt. Sung Kang (der wohl mit Sung Giän, dem Haupte der im XXXIII. Buche des Tschuang-tse erwähnten Friedensfreunde identisch ist) bemüht sich, die Fürsten von Tsin und Tschu, die gegeneinander rüsten, von dem Plane, sich zu bekriegen, abzubringen.[288] Auf die Frage Meng-tse's, mit welchen Argumenten er sie überzeugen will, antwortet er: «Ich werde darüber sprechen, wie unvorteilhaft die Sache ist». Darauf erwidert ihm Meng-tse, daß zwar sein Ziel edel, aber seine Begründung nicht zu billigen sei. Die Leute sollen das Gute nicht um des Vorteils willen, der damit verbunden sein kann, tun, sondern darum, weil es das Gute ist. Gründet man die Sittlichkeit auf Zweckmäßigkeitsüberlegungen statt auf die Idee der Liebe und der Pflicht, so kommt sie, und mit ihr die Welt, in Unordnung. (*Mong Dsi* VI B, 4)

«Wollt ihr den Unterschied zwischen dem heiligen Schun und dem Räuber Dschi wissen? Er liegt nirgends sonst als in dem Abstand zwischen gut und nützlich» (*Mong Dsi* VII A, 25).

Dadurch, daß er in der Ethik der Lebens- und Weltbejahung die Nützlichkeitserwägungen ablehnt und nur das letzte und tiefste Motiv des Handelns aus innerer Notwendigkeit gelten läßt, ist Meng-tse ein Vorläufer Kants.

Wie Kung-tse ist Meng-tse überzeugt, daß das Gute als natürliche Anlage in dem Menschen vorhanden ist und daß es sich nur darum handelt, daß er es in sich zur Ausbildung kommen lasse.

«Die menschliche Natur neigt zum Guten, wie das Wasser nach unten fließt» (*Mong Dsi* VI A, 2).

«Menschliebe ist die natürliche Gesinnung des Menschen. Pflicht ist der natürliche Weg des Menschen ... Die Bildung dient uns zu nichts anderem als nur dazu, unser verloren gegangenes Herz zu suchen» (*Mong Dsi* VI A, 11).

«Der große Mann bewahrt sein kindliches Herz» (*Mong Dsi* IV B, 12).[289]

Es handelt sich für den Menschen also darum, daß er, wie Meng-tse sich ausdrückt, «seiner Seele auf den Grund kommt»[290] und sein eigentliches, dem Himmel zugehöriges Wesen erkennt. Von dem Verlieren des eigenen Herzens redet Meng-tse in Worten, die an den Spruch Jesu «Was hülfe es dem Menschen, wenn er die ganze Welt gewönne und nähme doch Schaden an seiner Seele» (Mt 16, 26) erinnern.[291]

Die Menschenliebe ist bei Meng-tse etwas, das sich in unmittelbarer Weise aus dem Mitempfinden und dem Mitleid ergibt und auf alle Menschen geht. An Yü, der unter dem Kaiser Schun gegen Ende des 3. Jahrtausends v. Chr. den Lauf des Hoang-ho regulierte, rühmt er, daß,

---

288 Über die Friedensfreunde im erwähnten Buche des Tschuang-tse siehe S. [117].

289 [Dieses Zitat ist mit Bleistift in ( ) gesetzt.]

290 [*Mong Dsi* VII A, 1.]

291 [Vgl. *Mong Dsi* VI A, 10 (Schluß), 11.]

wenn irgendwo auf Erden die Menschen sich in Wassernot befanden, es ihm war, als wäre er selber in Wassernot; desgleichen preist er Dsi, der unter demselben Kaiser mit der Sorge um den Ackerbau im ganzen Reiche betraut war, daß, wenn irgendwo auf Erden sich Menschen in Hungersnot befanden, es ihm war, als befände er sich selber in Hungersnot. (*Mong Dsi* IV B, 29)

Dadurch, daß er unmittelbares Mitempfinden mit dem Menschen als solchem verlangt, ist Meng-tse bei der allgemeinen Menschenliebe angelangt.

Aber die Liebe in ihre letzten Probleme zu verfolgen, unterläßt er. Mit dem Verzeihen beschäftigt er sich eigentlich nur insoweit, als es leibliche Brüder angeht.

«Ein gütiger Mensch steht so zu seinem Bruder, daß er ihm nichts nachträgt und keinen Groll gegen ihn hegt. Er liebt ihn einfach» ... (*Mong Dsi* V A, 3).

Die Idee der Feindesliebe liegt noch außerhalb seines Gesichtskreises. In dem Worte «Der gütige läßt die Art, wie er einen geliebten Menschen behandelt, auch den ungeliebten zuteil werden»,[292] sind nicht die Feinde, sondern die Menschen, soweit sie nicht Verwandte und Freunde sind, gemeint.

Aber so weit geht Meng-tse schon, daß er dem Menschen feindselige Gesinnung verbietet. Stößt man, führt er einmal aus, auf Feindseligkeit, so soll man in sich gehen und sich prüfen, ob der Grund nicht in dem Mangel an Gütigkeit und Rücksichtnahme jenem andern gegenüber liegt. Kann man sich das Zeugnis geben, daß man es an nichts habe fehlen lassen, und beharrt der andere in seinem unfreundlichen Verhalten, so suche man, nichts mehr mit ihnen zu tun zu haben. Niemals lasse man von dem Grundsatz ab, daß der Edle das, was nicht der Gütigkeit entspringt und nicht dem Anstand entspricht, nicht tut. (*Mong Dsi* IV B, 28)

Überhaupt legt Meng-tse Gewicht darauf, daß alles, was dem Menschen mit seinesgleichen widerfährt, ihm Anlaß zur Selbstprüfung werde.

«Wer andere liebt, und sie sind ihm nicht zugetan, der prüfe seine Gütigkeit. Wer andere regiert, und sie lassen sich nicht regieren, der prüfe seine Weisheit ... Wer etwas wirken will und keinen Erfolg hat, der suche den Grund bei sich selber» (*Mong Dsi* IV A, 4).

Von der Tiefe und Innerlichkeit der Ethik Meng-tse's geben herrliche Worte, die sich bei ihm finden, Zeugnis.

«Nur der Mensch, der zu manchen Taten nicht fähig ist, ist fähig, Taten zu vollbringen» (*Mong Dsi* IV B, 8).

«Güte siegt über Ungüte, wie Wasser über Feuer siegt. Aber heutzutage übt man die Güte so, als wollte man mit einem Becher Wasser einen brennenden Wagen voll Reisig löschen, und wenn die Flammen nicht erlöschen, dann sagen, daß Wasser Feuer nicht löschen könne» (*Mong Dsi* VI A, 18).

---

292 [*Mong Dsi* VII B, 1.]

«Die fünf Getreidearten sind am wertvollsten unter allen Samen.[293] Wenn sie aber nicht reif sind, so sind sie nicht einmal so viel wert wie Samen von Gras und Quekken. Auch bei der Güte kommt alles auf die Reife an» (*Mong Dsi* VI A, 19).

Meng-tse ringt mit dem Problem des Schicksalhaften. Fest steht ihm, «daß alles Wille des Himmels ist»[294] und dem Menschen aus Notwendigkeit widerfährt. Gehorsam soll man sich in die Schickung finden.

Aber der Mensch darf sich nicht als ein zu Passivität Verurteilter fühlen, sondern darf sich dessen getrösten, daß er ein Wesen ist, das seiner Natur nach die zum Wirken im Sinne des Himmels erforderliche Anlage und Freiheit besitzt. Sein hoher Beruf läßt es ihn ertragen, daß er dem Schicksal unterworfen ist. (*Mong Dsi* VII B, 24)

«Der Edle handelt nach dem Sittengesetz und nimmt sein Schicksal gelassen entgegen» (*Mong Dsi* VII B, 33).

«Im Altertum machten es die Männer so, daß, wenn sie ihr Ziel erreichten, sie dem ganzen Volke Segen spendeten; wenn sie ihr Ziel nicht erreichten, so veredelten sie ihr Leben, daß es auf Erden strahlte. Im Mißerfolg erhöhten sie nur ihr eigenes Leben; hatten sie Erfolg, so erhöhten sie gleichzeitig die ganze Welt» (*Mong Dsi* VII A, 9).

Meng-tse ringt sich zu einer Wertung des Leidens durch. Mehrmals spricht er es aus, daß es den Einzelnen und den Völkern bestimmt ist, durch die Schule der Trübsal hindurchzumüssen, um der Vollendung ihres Wesens fähig zu werden.

«Wem der Himmel ein großes Amt anvertrauen will, dem schafft er sicher erst Bitternis in Herz und Willen; er schafft Mühsal seinen Nerven und Knochen, er läßt Hunger seinen Leib leiden und bringt sein Leben in äußerste Not. Er verwirrt und verstört ihm seine Werke. So erregt er seinen Geist und macht duldsam sein Wesen und legt ihm zu, was ihm an Fähigkeit gebricht» (*Mong Dsi* VI B, 15).

Bei Meng-tse beginnt die ethische Lebens- und Weltbejahung in einer tiefen Weise sich mit der Wirklichkeit auseinanderzusetzen. Es erklingen Töne bei ihm, die so bei Kung-tse noch nicht vernehmbar sind.

Daß der Mensch, wenn es nicht anders sein kann, um der Pflicht willen das Leben läßt, ist für Meng-tse selbstverständlich.

«Ich liebe das Leben, und ich liebe auch die Pflicht. Wenn ich nicht beides vereinigen kann, so lasse ich das Leben und halte mich an die Pflicht. Ich liebe wohl auch das Leben, aber es gibt etwas, das ich mehr liebe als das Leben. Darum suche ich es nicht mit allen Mitteln zu erhalten» (*Mong Dsi* VI A, 10).

In der Frage des freiwilligen Scheidens aus dem Leben denkt Meng-tse anders als die Stoiker. Wo ein Verbleiben im Leben möglich ist, muß der Mensch sich dafür entscheiden. Er darf seinen Posten nicht verlassen.

«Wo man sterben mag oder auch nicht sterben mag, da ist es mutiger, nicht zu sterben» (*Mong Dsi* IV B, 23).

---

293 Die gemeinten Getreidearten sind: Reis, Hirse, eine besondere Art von Hirse, Weizen, Bohnen.

294 [*Mong Dsi* VII A, 2: «Alles ist Gottes Wille» ...]

Die Lebens- und Weltverneinung, mit der die Stoiker sich schon irgendwie vertraut machen, liegt für Meng-tse noch außerhalb des Kreises seiner Überlegungen.

Die schwerste Prüfung, die ihm selber auferlegt ist, sieht Meng-tse darin, daß er es als seinen Beruf erkennt, dafür zu wirken, daß Friede und Ordnung auf Erden herrschen, und sich doch darein ergeben muß, daß der Himmel noch nicht will, daß dem also sei. (*Mong Dsi* II B, 13)

Des Taoismus tut Meng-tse keine Erwähnung, wo er doch Lieh-tse und Tschuang-tse, die die Ethik Kung-tse's vor den Leuten lächerlich machen, widerlegen sollte. Sollte dieses Schweigen daraus zu erklären sein, daß der Taoismus Lao-tse's und seiner Nachfolger keinen Anhang im Volke besaß und als Gegner nicht in Betracht kam?

Überaus merkwürdig ist, daß in den Schriften des Meng-tse der Name des Tschuang-tse und in denen des Tschuang-tse der des Meng-tse niemals genannt wird,[295] obwohl sie Zeitgenossen und zeitweise miteinander in derselben Stadt – in Liang, der Hauptstadt des im Westen gelegenen Staates We – leben.

Als seine Hauptgegner sieht Meng-tse Yang Tschu und Me-tse an.

«Die Worte Yang Tschu's und Me-tse's erfüllen die Welt. Was heute in der Welt geredet wird, ist entweder von Yang Tschu oder von Me-tse beeinflußt. Der eine lehrt den Egoismus, darum führt er zur Auflösung des Staats. Der andere lehrt die unterschiedlose allgemeine Liebe, darum führt er zur Auflösung der Familie. Ohne Staat und Familie kehrt man in den Zustand der Tiere zurück» (*Mong Dsi* III B, 9).

Yang Tschu's Geringschätzung des Ethischen ist leichter zu widerlegen als Me-tse's ethische Verirrung.[296]

Meng-tse muß den Me-tse bekämpfen, weil dieser und seine Schule sich durch die Verherrlichung des Lebens in Bedürfnislosigkeit, durch Geringschätzung der Umgangsformen, durch die Kritik an den überlieferten Trauergebräuchen und anderes mehr gegen Kung-tse und seine Lehre auflehnen und die Gemüter verwirren.[297] Daß er, was diese Streitfragen angeht, den Standpunkt Kung-tse's vertritt, ist sein Recht. Wenn er aber als Streiter in dem Kampfe der Schule Kung-tse's gegen die Me-tse's diesen auch wegen seiner Auffassung der Menschenliebe angreift, so unternimmt er etwas, das er nicht gut durchführen kann.

Statt Me-tse's allgemeine Menschenliebe einer sachlichen Kritik zu

---

295 [Kommentar Kramers': «Daß bei Meng-tse weder Lao-tse noch Chuang-tse [= Tschuang-tse] genannt werden, kann auch daraus erklärt werden, daß die LT [Lao-tse-] und ChT [Chuang-tse-]Tradition später war. Daß umgekehrt bei ChT [Chuang-tse] Meng-tse nicht erwähnt wird, kann auch daran liegen, daß der vielleicht früher lebende Meng-tse gar nicht solche Bekanntheit und Nachfolge hatte. Er ist ja eigentlich in der Sung-Zeit [960–1279] richtig *entdeckt* worden.»]

296 Über Yang Tschu und seine Lehre, siehe S. [121 ff.]

297 Über Me-tse und seine Lehre, siehe S. [112ff.]

unterziehen, ergeht er sich, in den vier Stellen, in denen er auf sie zu sprechen kommt, in allgemeinen Behauptungen und unklaren Argumenten. Er befindet sich ihr gegenüber, ohne es sich einzugestehen, in einer eigentümlichen Lage. Die Menschenliebe, zu der er selber gelangt ist, ist im Grunde ebenso weitgehend wie die seines Gegners. Er fordert wie Me-tse Liebe zum Menschen als solchem. Daß neben dieser aus dem Mitempfinden kommende Liebe die in der Blutsverwandtschaft begründete Zuneigung ihre Bedeutung behält, gibt auch Me-tse zu. Überhaupt hat die Frage, inwieweit die Liebe zu den Angehörigen als etwas Besonderes neben der Liebe überhaupt in Geltung bleibt, mehr theoretisches als praktisches Interesse. Für wirkliche Liebe gibt es keine sich auswirkende Gradunterschiede. Es verhält sich mit ihr wie mit dem Lichte, dessen Eigengeschwindigkeit so groß ist, daß sie durch eine noch anderweitig hinzukommende Beschleunigung nicht mehr beeinflußt wird.

In Wirklichkeit verhält es sich aber so, daß Meng-tse und Me-tse, beide, die allgemeine Menschenliebe verkünden: Meng-tse die tiefe, Me-tse eine weniger tiefe. Meng-tse's Menschenliebe geht gerade so weit wie die Me-tse's. Der Unterschied ist nur der, daß Me-tse für die seine utilitaristische Erwägungen geltend macht, während bei Meng-tse das Ethische sich als solches, nicht als das Nützliche empfiehlt.

Aus[298] der gütigen Rücksichtnahme auf den Nebenmenschen, wie sie sich bei Kung-tse findet, wird bei Meng-tse wirkliche Liebe. Damit überschreitet er die Grenze, vor der die alt-chinesische Ethik und Kung-tse Halt zu machen entschlossen sind.[299] Er glaubt mit der Menschenliebe innerhalb des Gebietes des vernunftgemäß Ethischen verbleiben zu können. Tatsächlich aber ist sie nicht mehr [nur] als ein die Menschheit in Ordnung haltendes Prinzip zu begreifen. Sie hat ihren Grund in sich selbst und gebietet in absoluter Weise.[300]

Ohne daß Meng-tse es gewahr wird, schreitet seine Ethik aus dem Gebiete des Begrenzten und Berechenbaren in das des Unbegrenzten und Unberechenbaren.

Das Gebiet der Ethik erfährt bei Meng-tse die Erweiterung, daß er auch Mitleid mit den Tieren und Gütigkeit gegen sie verlangt. Dies geht über die Rücksichtnahme auf sie, wie sie in der alt-chinesischen Ethik und bei Kung-tse anzutreffen ist, hinaus.

Meng-tse lobt den König Süan von Tsi (320–302 v. Chr.), weil er mit einem Ochsen, der bei einer Glockenweihe geopfert werden sollte, Mitleid hatte und ihn laufen ließ. Durch solche Gesinnung, sagt er, erweise sich dieser König als würdig, Herrscher der ganzen Welt zu werden. Nur

---

298 [R] Es ist scheinbar nur wenig, worin Meng-tse in der Ethik über Kung-tse hinausgeht. Gütiges Rücksichtnehmen auf den Nebenmenschen wird bei ihm Liebe.

299 Über dieses Haltmachen, siehe S. [75 f.; 91f.]

300 [Vgl. Fassung 1937, 1. Teil, unten, S. 230 f.]

gibt er ihm zu bedenken, daß das Schaf, das er an Stelle des Ochsen opfern ließ, eigentlich gerade so viel Anrecht auf sein Mitleid besaß als das verschonte Tier. Er gesteht ihm aber zu, daß sein verschiedenes Verhalten insoweit verständlich sei, als er die Angst des Ochsen, als dieser im Zug einhergeführt wurde, sah, während er das an seiner Stelle dargebrachte Schaf nicht zu Gesicht bekam. «Es geht dem Gebildeten mit den Tieren nun einmal so: wenn er sie lebend gesehen hat, kann er nicht zusehen, wie sie getötet werden, und wenn er sie hat schreien hören, bringt er es nicht über sich, ihr Fleisch zu essen. Das ist ja auch ein Grund, warum der Gebildete sich von der Küche fernhält.» (*Mong Dsi* I A, 7)

In einem berühmten Ausspruch sucht Meng-tse Unterschiede in der Liebe festzulegen. «Der Edle», sagt er, «hat Freundlichkeit (Ai) zu den Tieren, aber er liebt sie nicht. Er hat Liebe (Jên) zu den Menschen, aber er ist nicht anhänglich an sie. Für seine Angehörigen hat er Anhänglichkeit (Tsin)» (*Mong Dsi* VII A, 45). Unter Anhänglichkeit versteht er affektvolle Liebe.

Diese Unterscheidung läßt sich nicht durchführen. Alle Arten von Liebe kommen aus derselben Quelle und fließen miteinander in demselben Strombett einher. Sie lassen sich nicht auseinanderhalten. Ihrem Wesen nach bleibt die Liebe dieselbe, auf wen sie auch gerichtet ist. Wirkliche Liebe zu den Angehörigen geht weit über die Anerkennung und Erfüllung der natürlichen Pflichten ihnen gegenüber hinaus. Sie ist nur dadurch möglich, daß man auch mit dem Menschen in ihnen mitempfindet und dadurch in tiefster und unmittelbarster Weise mit ihnen verbunden ist.

Das Ideal des Edeln, in dem Kung-tse's Ethik gipfelt, wandelt sich bei Meng-tse in das des Menschen, der zum vollendeten Menschentum gelangt ist. Zweihundert Jahre ehe der Gedanke der Humanität durch den Stoiker Panaitios (etwa 180–110 v. Chr.) in dem europäischen Denken erstmalig Gestalt gewinnt, findet er sich, lebendiger und tiefer als bei ihm, bei Meng-tse.

Zu gleicher Zeit wie Plato und Aristoteles beschäftigt sich Meng-tse mit dem Ideal des Kulturstaates. Das seine ist dem der griechischen Denker bei weitem und in jeder Weise überlegen.[301]

Der Horizont des Plato und des Aristoteles ist viel enger als der des Meng-tse. Sie wollen den Kulturstaat in der kleinen Stadtrepublik verwirklichen. Meng-tse hingegen geht von dem natürlichen, ein ganzes Volk in sich begreifenden Staatswesen aus, das für das Ideal allein in Betracht kommen kann.[302] Nur bei Meng-tse, nicht auch bei den beiden

---

301 [R]... Wie viel höher als das (Ideal) der griechischen Denker steht das seine [Meng-tse's]!

302 [R] Den natürlichen, ein Volk umfassenden Staat, von dem für das Ideal auszugehen ist, ziehen sie [Plato und Aristoteles] nicht in Betracht.

Griechen, ist die Idee der alle Staaten in sich vereinigenden Menschheit vorhanden,[303] die für die Aufstellung des Ideals des Kulturstaates von fundamentaler Bedeutung ist. Nur bei Meng-tse, nicht auch bei Plato und Aristoteles, ist die ethische Lebens- und Weltbejahung so lebendig und so tief, daß das Ideal des Kulturstaates ethischen Charakter annimmt.

Der Kulturstaat des Plato und des Aristoteles hat eigentlich keinen anderen Zweck, als es einer Anzahl Bürgern, den Freien, auf Grund der von den Unfreien ausgeübten Tätigkeit zu ermöglichen, ohne materielle Sorgen ganz der Pflege ihrer körperlichen und geistigen Fähigkeiten zu leben und die öffentlichen Angelegenheiten zu leiten. Der Kulturstaat Meng-tse's [aber] will eine Aufgabe in der Welt erfüllen und allen, die in ihm leben, in gleicher Weise etwas bieten.

Während Plato und Aristoteles einen Kulturstaat beschreiben, der den an ihn zu stellenden Forderungen in keiner Weise genügt, findet sich bei Meng-tse ein für alle Zeiten gültiges Ideal. Er versteht unter dem Kulturstaat ein in jeder Hinsicht wohlgeordnetes, nach ethischen Grundsätzen regiertes Gemeinwesen, das den Menschen die günstigsten materiellen und geistigen Voraussetzungen für ihre Existenz und ihr Wirken bietet und es ihnen in bester Weise ermöglicht, sich in geistiger und ethischer Hinsicht zu entwickeln und wahres Menschentum zu erlangen. Das Ziel des Kulturstaates Meng-tse's ist eine ethische Menschheit.

Dieses Ideal des Kulturstaates ist nicht die Schöpfung Meng-tse's. Schon lange vor ihm ist es in dem durch ethische Lebens- und Weltbejahung bestimmten chinesischen Denken in Entwicklung begriffen. Meng-tse aber vollendet den Bau.[304]

Die Ereignisse geben Meng-tse's Idealismus [zunächst] nicht recht. Das neue Reich ist nicht das Werk eines von Menschenliebe und Friedensliebe beseelten Herrschers. Schi-huang-ti, der die Kaiserwürde erringt, ist ein kriegerischer Fürst. Das ethische Kulturideal der Schule Kung-tse's ist ihm verhaßt.

Aber die Kaiser der Han-Dynastie (202 v. Chr. – 220 n. Chr.) geben sich Rechenschaft davon, daß das neue Reich eines geistigen und ethischen Fundaments bedürfe, und halten dafür, daß die Lehre Kung-tse's und Meng-tse's hierzu tauge.

So[305] gelangen im neuen Reiche die ethische Lebens- und Weltbejahung dieser großen Lehrer und das in ihr enthaltene Kulturideal zu Ansehen. Es dauert aber noch lange, bis sich ihre Lehre wirklich im Volke durchsetzt.

---

303 [R] ... Ist für sie nicht vorhanden, während sie für Meng-tse etwas Selbstverständliches ist.

304 [R] Lambarene. Sonntag 21.1.40.

305 [R] Montag 22.1.40. Lambarene. Zahnweh.

Mit Meng-tse geht die Zeit der großen chinesischen Denker zu Ende.[306] In den folgenden Jahrhunderten treten nur mehr oder weniger bedeutende Epigonen auf. Auch der Lehre Kung-tse's und Meng-tse's fehlt es an hervorragenden Vertretern. Es gibt Perioden, in denen ihr Einfluß im Schwinden zu sein scheint.

Erst in den Zeiten der Sung-Dynastie (960–1276) gibt es wieder große Denker. Durch diese kommt dann die Lehre Kung-tse's und Meng-tse's zu neuem Ansehen.

[7.] Skizze: [Der] Buddhismus in China[307] *[und Tibet]*

In der Epigonenzeit findet fremdes Denken in China Eingang.[308]

Einer am Ende des 2. Jahrhunderts n. Chr. aufkommenden Überlieferung zufolge soll Kaiser Ming Ti, der späteren Han-Dynastie angehörend, auf Grund eines Traumes im Jahre 61 n. Chr. eine Gesandtschaft nach Indien geschickt haben, um buddhistische Lehrer und Schriften nach seiner Hauptstadt Lo-Yang zu bringen. In Wirklichkeit ist Kenntnis vom Buddhismus schon vor der Wende der Zeitrechnung, von Nordchina aus über Ost-Turkestan, nach China gelangt. Jene Überlieferung besagt wohl, daß unter Kaiser Ming Ti der Buddhismus am Kaiserhofe Aufnahme fand.

Um die Mitte des 3. Jahrhunderts n. Chr. zählt der Buddhismus schon in ganz China Anhänger. Am Ende des 4. Jahrhunderts n. Chr. ist er auch in Korea verbreitet.[309]

Vom 6. Jahrhundert n. Chr. an ist der Buddhismus die Lehre, die in China weitaus die größte Verbreitung hat.

Von Nordchina aus kommt der Buddhismus schon zur Zeit der Tang-Dynastie (618–907) zu den Mongolen.

Die Türken, die seit dem 5. Jahrhundert n. Chr. vom Altai-Gebiete aus die Herrschaft über Ost-Turkestan erwerben, unterwerfen sich dem dort verbreiteten Buddhismus.

Wie[310] ist zu erklären, daß der lebens- und weltverneinende Buddhis-

---

306 [Kommentar Kramers': «Hier wird der ungeheure Einfluß Hsüntses und seiner Schule übergangen, wahrscheinlich unter Einfluß des späteren Neo-Konfuzianismus der Sung-Zeit. Auch die Konfuzianer der Han-Zeit [206 v. Chr. – 220 n. Chr.] werden gänzlich übergangen, obwohl sie doch für lange Zeit Entscheidendes zu der Gestaltung des Konfuzianismus beigetragen haben.»]

307 [Diese Überschrift ist im Ms. gestrichen. Darunter mit Bleistift:] definitiv. [R] Lambarene 24.1.40.

308 [R] . . . Findet der Buddhismus in China Verbreitung.

309 Grousset, [*Histoire de l'Asie*, II, S.] 196, [Anm. 1].

310 [Dieser Abschnitt beginnt mit folg. fragmentarischen Satz:] Der Buddhismus, der nach China und ihm benachbarten Ländern gelangt, ist nicht der, den Buddha verkündet hat, sondern der nordindische Spät-Buddhismus, aus dem dann [. . .] hervorgeht. [Lücke: teilweise abgerissene unterste Zeile.]

mus solche Anziehungskraft auf die Chinesen, für die die Lebens- und Weltbejahung etwas Selbstverständliches ist, auszuüben vermag?[311]

Es ist der Taoismus Lao-tse's und seiner Nachfolger, der dem Buddhismus in China den Weg bereitet.

Obgleich er an der Lebens- und Weltbejahung festhält, vertritt der Taoismus doch den Grundsatz der Nicht-Tätigkeit, der eigentlich der Lebens- und Weltverneinung zugehört und sich auch im Buddhismus findet. Dadurch wird der tiefe Unterschied, der zwischen der chinesischen Lebens- und Weltbejahung und der buddhistischen Lebens- und Weltverneinung besteht, verdeckt.

Gemeinsam haben der Taoismus und der Buddhismus weiter, daß das Erreichen des Zustandes der Versenkung in ihnen eine solche Rolle spielt.[312] Durch diese Ähnlichkeit erklärt sich, daß das chinesische Denken den Buddhismus nicht als etwas durchaus Fremdes empfindet, sondern durch ihn angezogen wird.[313]

Die Chinesen fassen den Buddhismus also als eine Art indischen Taoismus auf. Die Ausdrücke für seine Begriffe und Vorstellungen werden dem Sprachschatz des Taoismus entnommen.

Für die chinesischen Buddhisten sind Lao-tse und Buddha ein und dieselbe Persönlichkeit. Sie nehmen an, daß Lao-tse, als er sich auf die Wanderung begab, nach Indien gegangen und dort als Buddha aufgetreten sei. Tatsächlich sind ja Lao-tse und Buddha wie auch Kung-tse Zeitgenossen. Alle drei sind sie um 480 v. Chr. gestorben.[314]

Auch die von ihm vertretene Idee des Mitleids trägt zum Erfolg des Buddhismus in China bei. Während die Taoisten dem Menschen kein ethisches Tun zumuten[315] und Kung-tse und Meng-tse in schlichter Weise von Pflicht und Tugend reden, ist die buddhistische Ethik enthusiastisch.[316] Sie übt in China dieselbe Anziehungskraft aus wie seinerzeit die des Me-tse. Daß diese Mitleidsethik in einer so eigentümlichen Anschauung von dem Wesen des Seins[317] begründet wird, macht sie noch besonders anziehend.[318]

---

311 [R] Sonntag 28.1.40. Lambarene.

312 [R]... dass sie dem ... eine solche Bedeutung beilegen.

313 [R]... erklärt sich, daß das chinesische Denken das Empfinden für den fundamentalen Unterschied zwischen der Lebens- und Weltbejahung und der Welt- und Lebensverneinung verliert und sich mit der buddhistischen Lehre und auch mit dem ihm von Hause aus fremden Ideal des mönchischen Lebens befreunden kann.

314 [Kommentar Kramers': «Es sind keine Belege [vorhanden] für die Annahme, daß Lao-tse zur oder vor Kung-tse's Zeit gelebt haben soll. Man weiß überhaupt kaum etwas von ihm – einige vermuten sogar eine kollektive Autorschaft dieser «Losungen».]

315 [R] Während die Taoisten keine greifbaren ethischen Gedanken vertreten ...

316 [R]... und pathetisch.

317 [R] in einem tiefgründigen Denken über die Welt ...

318 [Notiz am unteren Seitenrand:] Das Großzügige und das Fremdartige.

Überdies ist der Mahāyāna-Buddhismus eine volkstümliche Religion, in der Gefühlswerte vorhanden sind, die sich in dem, was China an Religion besitzt, nicht finden. Die chinesische Religion besteht ja vornehmlich in dem Vollzug überlieferter Zeremonien. Im Mahāyāna-Buddhismus ist eine Religion vorhanden, in der der Mensch in einer lebendigen Frömmigkeit mit der Frage seines Daseins beschäftigt ist.

Durch sein Pathos, durch das, was er ihm Neues bietet, und auch das Fremdartige, das er an sich hat, ist der Buddhismus ein Erlebnis für den chinesischen Geist. Es ist, als wollte er einmal von der Schlichtheit, die doch sein eigentümliches Wesen und seine Tiefe ausmacht, loskommen.

Daß der chinesische Geist sich selber untreu werden kann, liegt aber vor allem an der mächtigen Stoßkraft und dem Ausbreitungsdrang des Buddhismus.

Wie stark muß der Zauber des fremden Gedankensystems auf die Chinesen wirken, daß sie dazu kommen, sich für das ihrem Empfinden und ihrer Überlieferung so fernliegende Ideal des mönchischen Lebens zu begeistern!

Die Gedankenwelt des Buddhismus sich wirklich zu eigen zu machen und schöpferisch mit ihr zu verfahren, vermag der chinesische Buddhismus nicht. Er lebt vornehmlich von den Anregungen, die er durch Jahrhunderte hindurch von Indien her empfängt. Es entstehen in ihm keine anderen Schulen als im indischen Spät-Buddhismus vorhanden sind.

Die älteste Schrift des chinesischen Buddhismus ist das berühmte *Sutra der 42 Abschnitte.*[319] Es soll von einem der buddhistischen Missionare, die unter Kaiser Ming Ti im 1. Jahrhundert n. Chr. an den Hof kamen, aus dem Indischen ins Chinesische übersetzt worden sein und besteht in einer kurzen Zusammenfassung der spätbuddhistischen Lehre, die Buddha in den Mund gelegt wird.

Eine große Anzahl buddhistischer Schriften werden im Laufe der Jahrhunderte aus dem Indischen ins Chinesische übersetzt.

Die weiteste Verbreitung findet in China der Glaube an Buddha Amitābha und die Seligkeit im *reinen Lande*, das heißt im Sukhāvatī-Paradies.[320]

In der Schule der Innerlichkeit (Hsin-Tsung; Tsung bedeutet Schule) wird mehr die echt buddhistische Meditation gepflegt. Sie ist von dem großen indischen Lehrer Bodhidharma gegründet, der etwa um 525 n. Chr., auf der Flucht vor den Hunnen, die in Indien eingefallen sind, nach China kommt und hier bis zu seinem Tode (535 n. Chr.) wirkt.[321] Bodhidharma weist seine Schüler an, das Sich-Versenken zu

---

319 [R]... das den beiden buddhistischen Missionaren ... die dem Rufe des Kaisers ... folgend an seinen Hof kamen, zugeschrieben wird.

320 Über den Glauben an Buddha Amitābha siehe [A. Schweitzer, *Indische Denker,* mehrere Stellen in Kap. VII–IX].

321 [Über Bodhidharma siehe ebenda, Kap. VIII, und] Grousset II [S.] 105.

üben. Durch dieses allein, nicht durch Schriftgelehrsamkeit und Diskussionen über das Wesen des Seins, sei die wahre Erkenntnis und die aus ihr kommende Erlösung zu erlangen.

Auch ein niederer Buddhismus, der wie der volkstümliche Taoismus dem Aberglauben und Zaubererglauben der Masse Genüge zu tun sucht, bildet sich, besonders vom 8. Jahrhundert n. Chr. an, in China aus. Er nennt sich Schule der Geheimnisse (Mi-Tsung) und entspricht dem indischen Mantra-Buddhismus.[322]

In den chinesischen wie in den indischen Schulen des Mahāyāna-Buddhismus wird eifrig über die Lehre von der *Leerheit*, der zufolge das Sein eine absolut unbegreifliche Illusion ist, verhandelt.

Der chinesische Buddhismus stellt die Theorie auf, daß Buddha, Lao-tse und Kung-tse ein und dieselbe Lehre verkündet hatten. In den buddhistischen Klöstern kommt der Brauch auf, die Statuen der drei Heroen nebeneinander aufzustellen, wobei Buddha den Ehrenplatz in der Mitte erhält.

Nachdem der Taoismus und der Buddhismus lange Zeit miteinander verbündet waren, besinnen sie sich später, besonders vom 8. Jahrhundert n. Chr. ab, wieder auf ihre Eigenart und gehen nebeneinander einher. Als indische und chinesische Gelehrte im 7. Jahrhundert n. Chr. auf einen kaiserlichen Befehl hin sich miteinander mit einer Übersetzung des *Tao te king* ins Sanskrit beschäftigten, stellen sie fest, daß die buddhistische und taoistische Lehre nicht miteinander in Übereinstimmung zu bringen seien.[323]

Zeitweise tritt der wieder selbständig gewordene Taoismus als Gegner des Buddhismus auf.

Die Schule des Kung-tse verhält sich von Anfang an ablehnend gegen den Buddhismus, was aber nicht heißen will, daß sie ihn ständig bekämpft. Sie übernimmt auch manches von ihm, wie zum Beispiel die Verehrung von Bildern und Statuen.

Vom 7. Jahrhundert n. Chr. an, unter der Tang-Dynastie (618–907), beginnen die Anhänger der Lehre Kung-tse's, sich gegen den immer mächtiger werdenden Buddhismus zur Wehr zu setzen. Zuerst führen sie den Kampf in Worten. Hohe, der Schule Kung-tse's angehörige Würdenträger überreichen verschiedenen Kaisern Anklageschriften gegen den Buddhismus. Im Jahre 844 n. Chr. findet dann, unter Kaiser Wu Tsung, die erste schwere Verfolgung gegen ihn statt, die ihm schwere Wunden schlägt.

Daß der Kaiser sich zu einem solchen Auftreten entschließt, ist nicht nur das Werk der Anhänger der Lehre Kung-tse's, sondern auch der Taoisten.

---

322 [H.] Hackmann, [*Chinesische Philosophie*, S.] 276.
323 [E.V.] Zenker, II, [S.] 59 [ff.]

Zwar kommen noch Zeiten, in denen der Buddhismus bei einzelnen Kaisern wieder in Gunst steht. Aber die früher besessene Stellung nimmt er nicht mehr ein.

Kaiser Hui-Tsung (1101–1125), aus der Sung-Dynastie, verbietet, vorerst freilich ohne großen Erfolg, die Aufstellung von Statuen des Laotse und des Kung-tse neben denen Buddha's. Der Hauptvorwurf, den die Kaiser dem Buddhismus machen, ist, daß er so viele Untertanen das mönchische Leben erwählen läßt und so der Gesellschaft Kräfte und Werte entzieht, deren sie bedarf.

In der Art, wie sie sich auswirkt, wird die Lebens- und Weltverneinung des Buddhismus offenbar. Aber sie wird nur in ihren Folgen, das heißt in rein praktischer Weise festgestellt und bekämpft. Eine wirkliche Auseinandersetzung zwischen der ethischen Lebens- und Weltbejahung des chinesischen Geistes und der ethischen Lebens- und Weltverneinung des Buddhismus, wie sie zu erwarten gewesen wäre, findet im Schoße des chinesischen Buddhismus nicht statt.

Am meisten wird dem Buddhismus durch die von den großen Scholastikern der Sung-Zeit (960–1276) ausgehende Erneuerung der Lehre Kung-tse's Eintrag getan.

Nach Tibet gelangt der Buddhismus im 7. Jahrhundert n. Chr. unter König Srong-btsan-sgam-po, der eine chinesische und eine nepalesische Prinzessin, beide dem Buddhismus zugetan, zu Gemahlinnen hat. Auf deren Wunsch führt er ihn ein.

Den Priestern der neuen Religion gelingt es nach und nach, die Macht an sich zu reißen. Im 11. Jahrhundert n. Chr. machen sie dem Königtum ein Ende. Der Tibet-Buddhismus entwickelt sich zu einer stark organisierten, die weltliche Herrschaft ausübenden Kirche.

Um die Hebung des auf einer tiefen Stufe stehenden tibetischen Buddhismus macht sich der Mönch Tsung-kha-pa (der Mann aus dem Zwiebeltal) verdient, der zu Beginn des 15. Jahrhunderts n. Chr. als Reformator in ihm auftritt. Er führt durch, daß die Mönche ehelos leben, und bekämpft den Aberglauben und die Zauberei.

Der durch Tsung-kha-pa reformierten buddhistischen Kirche Tibets stehen zwei Großlamas (*Lama* bedeutet der Obere) vor, die als Buddha-Inkarnationen angesehen werden. Der eine – er führt von 1575 an den Titel Dalai-Lama (der ozeangleiche Lama) – residiert in Lhassa, der andere, der Pantschem Erdeni-Lama (der Lama, der das Juwel unter den Gelehrten ist), im Kloster Ta-schi-lhum-po. Der erstere gilt als Inkarnation des göttlichen Bodhisattva Avalokiteśvara, der andere als die des Buddha Amitābha.

Der Großlama von Lhassa führt das weltliche Regiment, der andere ist mehr mit den geistigen Dingen beschäftigt.

Die Nachfolger dieser Großlama's sucht man unter den in ihrer Todesstunde zur Welt gekommenen Knaben. Diesem Brauche liegt die

Annahme zu Grunde, daß der Buddha, der in dem verstorbenen Großlama wohnte, alsbald nach dessen Tode aufs neue in einem Menschen wiedergeboren werde.

Der lamaistische Buddhismus behält seine Selbständigkeit dem chinesischen gegenüber.

Von Tibet aus verbreitet sich der lamaistische Buddhismus im 12. Jahrhundert, in der Zeit, da die großen Mongolenherrscher sich Tibet unterwerfen, in der Mongolei.[324]

Mit dem Buddhismus tritt auf dem Boden Chinas das Christentum in Wettbewerb.

Es sind die Bekenner des sogenannten nestorianischen Christentums, die, aus Kleinasien und Syrien vertrieben, sich nach Osten wenden.

Dieses Christentum beruht auf der Lehre, wie sie die bedeutenden, philosophisch gebildeten Theologen Kleinasiens und Syriens vertreten. Gegen die unwissenden ägyptischen Bischöfe, die Jesus so sehr vergöttlichen, daß sie ihn nur zum Scheine Mensch sein ließen, behaupten die kleinasiatischen und syrischen in den dogmatischen Kämpfen, die im 5. Jahrhundert die orientalische Kirche erschüttern, daß Jesus zugleich mit der göttlichen auch eine wahrhaft menschliche Natur besessen habe. Der ihre Ansicht vertretende Patriarch von Byzanz, Nestorius, unterliegt aber auf der Synode zu Ephesus (431) dem alexandrinischen Patriarchen Cyrill, der den Kaiser von Byzanz für sich zu gewinnen weiß, und muß in die Verbannung nach Ägypten gehen.

Um ihren Glauben nicht durch Anerkennung von Kompromißformeln zu verleugnen, durch die der Kaiser das Problem aus der Welt zu schaffen sucht, wandern kleinasiatische und syrische Christen nach Persien aus. Hier hat das Christentum schon seit dem 3. Jahrhundert Verbreitung gefunden.[325] Es wird aber von den Sassanidischen Herrschern (226–640) zunächst verfolgt, weil diese der Religion Zarathustras ergeben sind[326] und die Christen des Einverständnisses mit dem Feinde, dem byzantinischen Reiche, beschuldigen. Die Einwanderung der nestorianischen Christen hat aber zur Folge, daß die persischen Herrscher dem Christentum besser gesinnt werden, da diese Flüchtlinge ja nicht Freunde, sondern Gegner von Byzanz sind.[327] Von nun an bleiben die Christen unbehelligt. Die Herrscher wenden ihnen sogar ihre Gunst zu, um bei ihnen einen Rückhalt gegen die Priester der Religion Zarathustras zu besitzen.[328]

324 [Die Abschnitte über Buddhismus in China und in Tibet sind z. T. Wiederholung aus den ausführlicheren Kapiteln VII und VIII in A. Schweitzer, *Indische Denker.*]

325 [R.] Grousset, [*Histoire de l'Asie*, I, S.] 91 (Christentum in Persien).

326 Persische Philosophie, [ebenda S.] 160.

327 Sassaniden und Nestorianer, [ebenda S.] 106.

328 [R.] Um sich auf sie zu stützen.

Das nestorianische Christentum in Asien und Indien wird auch Thomas-Christentum genannt, weil der Legende zufolge schon der Apostel Thomas den Völkern des Ostens das Evangelium verkündet haben soll.

Von Persien aus gelangt das nestorianische Christentum in die türkischen und mongolischen Reiche Asiens und nach China.

Der erste nestorianische Mönch, Olopen,[329] trifft in Sin gan fu,[330] der Residenz des der Tang-Dynastie (618–906) angehörenden Kaisers Tai Tsong im Jahre 635 ein. Obwohl die Dynastie dem Buddhismus zugetan ist, erläßt der Kaiser im Jahre 638 ein Edikt, das die christliche Lehre gutheißt. Im Jahre 781 wird in Sianfu[331] eine Stele errichtet, auf der die nestorianische Kirche in einem chinesischen und syrischen Texte den Tang-Kaisern für den ihr gewährten Schutz dankt, von ihrem Entstehen berichtet und Angaben über ihre höchsten Würdenträger macht.[332]

Durch die von Kaiser Wu Tsung im Jahre 844 befohlene Verfolgung des Buddhismus wird auch das nestorianische Christentum mitbetroffen. Die Verfolgung gilt allen fremden Lehren.[333]

Die Kaiser der Sung-Dynastie (960–1276) sind durchweg dem Christentum und den fremden Lehren nicht günstig gesinnt. Durch die wenig erfreuliche Lage der Kirche in China werden ihre Angehörigen bewogen, nach der Mongolei auszuwandern,[334] wo dann das Christentum Einfluß gewinnt und sich ausbreitet.

In den mongolischen und türkischen Reichen Zentralasiens stehen der Buddhismus und das nestorianische Christentum in der Zeit um 1000 in Wettstreit miteinander.

Als gemeinsamen Gegner haben sie den Islam. Seine ersten Anhänger unter den Türken findet dieser unter den türkischen Söldnern, die im 9. Jahrhundert in den Dienst der arabischen Kalifen von Bagdad treten.[335] Im 10. Jahrhundert wenden sich die türkischen Staaten östlich von Persien, die bisher zwischen dem Buddhismus und dem Christentum schwankten, dem Islam zu. Zur selben Zeit faßt der Islam im westlichen Tarimbecken Fuß. Auch die seldschukischen Türken, die im 11. Jahrhundert der arabischen Herrschaft im Kalifat Bagdad und in Persien ein Ende machen und Kleinasien erobern, geben das nestorianische Christentum preis und entscheiden sich für den Islam.

Der Manichäismus, eine auf den Perser Mani (Manes, 214–274) zurückgehende, aus dem christlichen Gnostizismus entstandene Religion, ge-

---

329 [Alopên (*Religion in Geschichte und Gegenwart,* I, Tübingen 1909, Art. «China», Sp. 1670).]

330 [Korrektur in d. Abschrift Woytt: Si-an-fu. Nach Grousset, *Histoire de l'Asie*, II, S. 275: Si-ngan-fou. (Diese letztere Schreibart von A. S. in Klammern zitiert.)]

331 [Siehe Anm. 330.]

332 Grousset [*Histoire de l'Asie*, II, S.] 275.

333 Über diese Verfolgung, siehe S. [138.]

334 [R] und dort, mit großem Erfolge, für das Christentum werben.

335 Grousset I [S.] 151, 175.

langt im Jahre 694 nach China[336] und hat hier einigen Erfolg. Nach der Verfolgung der fremden Lehren (844) spielt er keine Rolle mehr.

Der Parsismus – die Form, die die Religion Zarathustras unter den Sassaniden (226–640) annimmt – findet ebenfalls im 7. Jahrhundert Aufnahme in China. Nach der Eroberung Persiens durch die Araber[337] wandern zahlreiche Bekenner des Parsismus, um nicht von ihrem Glauben lassen zu müssen, nach China (wie auch nach Indien) aus. Diese Religion ist aber so durchaus persisch, daß sie nicht fähig ist, in den Ländern, in die sie als Flüchtling gelangt, nennenswerte Eroberungen zu machen.

[8. Erneuerer der Lehre Kung-tse's]

Die Erneuerer der Lehre Kung-tse's in der Zeit der Sung-Dynastie sind: Tschou-tse (1017–1073), Tschang Tsai, auch Heng Tschü genannt (1020–1076), Tscheng Hao, auch Ming Tao genannt (1032–1085), sein Bruder Tscheng I (1033–1107) und Tschu Hsi (1131–1200).

Die beiden Brüder Tscheng sind eigene Wege wandelnde Schüler des Tschou-tse. Tschang Tsai ist der mit ihnen fast gleichaltrige Oheim dieser Brüder.

Erneuerer der Lehre Kung-tse's (und Meng-tse's) sind diese fünf Denker dadurch, daß sie nicht einfach wieder für sie eintreten, sondern zugleich auf die Frage des Seins überhaupt und auf die der Entstehung der Welt und der Stellung des Menschen in ihr eingehen.

Gewiß, auch Kung-tse gründet seine Ethik auf eine Anschauung vom Wesen des Seins. Er erklärt die Entstehung der Dinge aus dem Aufeinanderwirken der beiden Ur-Mächte Himmel und Erde, auf welches alles Geschehen zurückgeht. Die Welt hat für ihn ein ethisches Ziel, insofern als sie den Menschen als das Wesen hervorbringt, das auf Grund des ihm verliehenen Urteilsvermögens zwischen Gut und Böse unterscheidet und sich dem Guten verpflichtet fühlt. Er ist überzeugt, daß das sittliche Verhalten des Menschen dem Prinzip des Naturgeschehens entspricht.

Aber diese Anschauung von der Welt tragen Kung-tse und Meng-tse nicht vor, sondern setzen sie als aus den Schriften des Altertums bekannt voraus. So kann es kommen, daß ihre Lehre nur von Gut und Böse zu handeln scheint. Dies schadet ihrem Ansehen, insbesondere weil unterdessen das chinesische Denken mit dem Buddhismus bekannt geworden ist, bei dem die Grundsätze des menschlichen Verhaltens aus einer Theorie über das Wesen des Seins abgeleitet werden.

Damit die Lehre Kung-tse's den durch den Buddhismus aufgekom-

---

336 [R]... gelangt unter der Tang-Dynastie im Jahre 694 nach China. [Grousset] II, 272. [Am unteren Seitenrand:] Manichäer [Grousset] I, 90.

337 [R] Nach dem Ende der Sassaniden-Herrschaft. [Grousset] II, [271,] 272.

menen höheren Ansprüchen genügen kann, dürfen die, die sich nunmehr zu ihr bekennen, nicht mehr einfach die alt-chinesische Anschauung vom[338] Sein und vom Geschehen voraussetzen, sondern müssen diese weiter ausdenken und die so gewonnene Anschauung von der Welt als der Ethik Kung-tse's zugehörig vertreten. Die fünf Denker sind selber durch den Buddhismus – und auch durch den Taoismus – hindurchgegangen. Sie entscheiden sich für die Lehre Kung-tse's weil diese in ethischer Hinsicht den anderen überlegen ist und der Überlieferung angehört. Bei ihnen besinnt sich der chinesische Geist wieder auf sich selber. Jedoch halten sie es für nötig, die Fundamente und die Fassade des überkommenen Baus zu erneuern. Sie bauen die Lehre des Kung-tse in derselben Weise zu einem System aus, wie die christlichen Scholastiker, mit denen sie ja ungefähr zu gleicher Zeit leben, die des Christentums. Beidemale wird die Anschauung von dem Sein und der Welt, die der Lehre ursprünglich zugehörte, durch eine weiter ausgebildete ersetzt.

Die fünf Denker gehen vom *I king* aus, dessen Gedankenwelt auch bei Kung-tse vorausgesetzt wird. Aber sie können das Yin und das Yang (die Erde und den Himmel) nicht mehr als primäre Gegebenheiten auffassen,[339] sondern müssen einen Urgrund des Seins, aus dem alles entsteht, annehmen.[340] Mit der Vorstellung des Urgrunds des Seins sind sie durch den Buddhismus[341] und den Taoismus so vertraut geworden, daß sie sie nicht mehr entbehren können.

Bei Tschou-tse führt der Urgrund des Seins den Namen Tai tchi (der Letzte). Vom Tai tchi ist in einer Stelle des *I king* die Rede, obwohl es in diesem Buche sonst nicht vorausgesetzt wird.[342]

Das Tai tchi als Urgrund des Seins entspricht irgendwie dem Tao der Taoisten.[343] Aber die fünf Denker, als Anhänger der Lehre Kung-tse's, können den Urgrund des Seins nicht Tao benennen, weil bei Kung-tse und im nicht-taoistischen Denken überhaupt unter Tao einfach das Prinzip des Weltgeschehens und das sich mit dem Weltgeschehen in Übereinstimmung befindliche rechte Verhalten des Menschen verstanden wird.[344]

---

338 [Oder (undeutlich):] von.

339 [R] ... nicht mehr als primär und an sich gegebene Ursubstanzen auffassen ...

340 [R] Dies verlangt die durch den Buddhismus aufgekommene Fragestellung über das Woher und Wie des Seins.

341 [R] Psychologie: Buddhismus.

342 [R] Er kann sich dafür auf die rätselhafte Stelle im *I king* berufen, in der das Tai tchi, das sonst in ihm nicht vorausgesetzt wird, erwähnt ist. [H. Hackmann, *Philosophie,* S. 315 f., 333 f.; *The Sacred Books of the East,* Bd. XVI, S. 373 (*the Grand Terminus*); Wilhelm, *I Ging,* München 1956, S. 295, § 5 (*der große Uranfang*).]

343 [Bleistiftnotiz über der Zeile:] Siehe hier zu vervollständigen ... [Möglicherweise sollten hier die in Anm 342 angeführten Stellen genannt werden.]

344 Über den Unterschied in der Vorstellung des Tao bei Lao-tse und Kung-tse siehe S. [99 f.]

Tschou-tse zufolge befindet sich der Urgrund des Seins (Tai tchi) abwechselnd in Bewegung und in Ruhe. In der Bewegung läßt er das Yang, in der Ruhe das Yin aus sich hervorgehen. Da dieser Wechsel ständig statt hat, erneuern sich die Ursubstanzen fort und fort. Aus dem Yin und dem Yang entstehen Erde und Himmel und die fünf Elemente, aus diesen dann alle Dinge. Im übrigen ist die Anschauung von der Welt bei Tschou-tse dieselbe wie im alt-chinesischen Denken und bei Kung-tse. Er nimmt an, daß die fünf Elemente, die Hauptrichtungen, die Jahreszeiten, die fünf Sinne, die Hauptorgane des Menschen und die fünf Haupttugenden (Gütigkeit, Schicklichkeit, Ehrerbietigkeit, Gerechtigkeit, Wahrhaftigkeit) miteinander in Beziehung stehen.[345] Der Weltverlauf hat für ihn ethischen Charakter insofern, als in der Welt der Mensch als höchstes, zwischen Gut und Böse unterscheidendes und dem Guten zugetanes Wesen auftritt.

Die fundamentale Tugend ist für Tschou-tse die Wahrhaftigkeit. Sie ist die Wurzel aller Sittlichkeit. «Losgelöst von Wahrhaftigkeit sind die Tugenden und alle Handlungen nichtig.»[346]

Der größte der fünf Denker ist Tschu Hsi, der ein Jahrhundert nach den andern auftritt. Er führt Gedanken zu Ende, die sich bei Tscheng I auszubilden beginnen.

Tschu Hsi bekleidet zeitweise hohe Ämter. Zwischendurch lebt er aber auch in Zurückgezogenheit, an seinem Werke arbeitend und sich seinen Schülern widmend. Über 60 Jahre alt wird er als Berater des Kaisers an den Hof berufen. Da er zu freimütig auf Fehler in der Verwaltung und die mangelnde Tüchtigkeit hoher Beamter aufmerksam macht, fällt er in Ungnade, worauf er sich endgültig zurückzieht, um die letzten Jahre im Kreise seiner Schüler zu verbringen.

Tschu Hsi, hierin Tscheng I folgend, nimmt einen doppelten Urgrund des Seins an: das Tchi und das Li. Das Tchi begreift die Kräfte, aus denen die sichtbaren Dinge entstehen, in sich. Es entspricht also etwa der Materie, wobei aber zu bemerken ist, daß die Materie bei diesen chinesischen Denkern auch nicht-sichtbare Kräfte in sich begreift.[347]

Das Li ist der Urgrund des Seins, insofern er das geistige Prinzip des Geschehens in sich enthält. Es entspricht etwa der Weltvernunft.

Miteinander sind das Tchi und das Li der Urgrund des Seins. Sie kommen nicht für sich vor. Es gibt kein Tchi ohne Li und kein Li ohne Tchi.

Das Li, als das formende, das Wesen der Dinge ausmachende geistige Prinzip, ist dem Tchi, aus dem die Körperlichkeit entsteht, überlegen.

[R] Tchi heißt *Hauch* [Hackmann a.a.O. S.] 334. [Dazu W. Glüer: Dies sei falsch. Richtig erst auf Tchi und Li angewandt.]

345 Über die in der Natur vorhandenen geheimnisvollen «Entsprechungen», siehe S. [68ff.]

346 [... wertlos und verkehrt. Zit. bei Zenker] II, [S.] 226.

347 Siehe Forke, [*Gedankenwelt*, S.] 64.

Tschu Hsi setzt das Li dem Tai tchi des Tschou-tse gleich. Aus dem Li läßt er das Yin und das Yang hervorgehen.[348]

In dem System des Tschu Hsi ist für das Tai tchi, dem Urgrund des Seins bei Tschou-tse, eigentlich kein Platz. Tscheng I, dessen Denken Tschu Hsi fortsetzt, gibt sich nicht mit dem Tai tchi ab. Beide haben sie eine neue Vorstellung von dem Urgrund des Seins, derzufolge sie ihn aus dem Tchi und dem Li bestehen lassen. Daß Tschu Hsi das Li mit dem Tai tchi identifiziert, bringt Unordnung in sein System.

Das Hervorgehen der Welt aus dem Yin und dem Yang findet bei Tschu Hsi in der gewöhnlichen Weise statt.[349]

In seiner Vorstellung von dem Wesen der Welt entfernt er sich aber von der überlieferten Denkweise. Das Wesen der Welt ist bei ihm nicht, wie im gewöhnlichen chinesischen Denken, durch das Aufeinanderwirken von Himmel und Erde (Yang und Yin), sondern durch die Art, in der das Tchi und das Li sich zueinander verhalten, bestimmt. Bei Tschu Hsi findet sich eine dualistische Erklärung der Welt. Das chinesische Denken vor ihm kennt keinen Dualismus. Wenn es auch zwei Urkräfte, Himmel und Erde (Yang und Yin) annimmt, so liegt ihm doch fern, die eine als gut, die andere als nicht-gut aufzufassen. Es läßt beide sich in Übereinstimmung miteinander befinden und miteinander das Naturgeschehen hervorbringen, in dem das Auftreten des ethischen Menschen stattfindet.

Tschu Hsi hingegen sieht das Li als ein ethisches Prinzip des Geschehens an. Die Kräfte, die sich in der Natur auswirken, sind ihm zufolge

---

348 [R, darunter, am unteren Seitenrand:] khi – hsin [...] Zenker II, S. 250: [Das individuelle Dasein, die Person, das Ich ist das Werk einer solchen Einheit von Geist und Stoff, ein einmaliger, ganz besonderer Lebensfall; alle Dinge sind solche Einzelfälle. Aber auch Himmel und Erde, das All, hat seinen Geist (hsin) und seinen Stoff (khi). Alles ist Leben, und das Bewußtsein, alles hat Gefühl und Liebe.] Der Geist von Himmel und Erde, [der allen Dingen das Leben gibt,] ist Liebe. [Der Mensch empfängt in seiner Anlage diesen Geist des Himmels und der Erde und dadurch das Leben.]

349 [R] [Vorfassung der Fortsetzung:] Das Eigentümliche in dem System Tschu Hsi's ist, daß er der Materie eine grundsätzliche Bedeutung beilegt, wie dies im bisherigen chinesischen Denken nicht der Fall war. Dies tut er, um das Ethische und Nicht-Ethische der Welt verständlich machen zu können. Das Li faßt er als eine durchaus ethische, geistige Macht auf. Auch hierin ist er ein Neuerer. Während in dem bisherigen chinesischen Denken das Naturhafte im Ethischen endet, hebt er den Unterschied zwischen beiden auf und behauptet, auf Grund seiner Auffassung des Li, daß in allem Naturhaften sich das Ethische verwirklichen will. Nun entsteht aber die Frage, warum das Ethische sich in der Welt nicht völlig durchgesetzt hat. Dies erklärt Tschu Hsi aus dem Wesen der Materie. Wie sie am Li, so haben alle Dinge und Wesen zugleich am Tchi teil. Das Tchi, der Inbegriff der Kräfte, aus denen die Materie entsteht, ist dem Ethischen nicht feindlich, aber sie [die Materie] verhält sich zu ihm gleichgültig. Die Materie ist also das Hemmende. Das Geistige und Ethische ist in allen Dingen in der gleichen Weise vorhanden, aber macht sich bei ihnen in verschiedener Stärke bemerkbar, je nach der Art, in der sie [es?] bei ihnen vorhanden ist. Der Geist, der in dem Menschen ist, ist als ethischer Geist in allen Dingen und Wesen vorhanden. [*Wesen* gestrichen und dann durch undeutliches Wort ersetzt.]

ethischer Art. Er läßt den Unterschied zwischen Naturgeschehen und ethischem Tun nicht gelten, sondern stellt die Behauptung auf, daß der ethische Geist, der sich in dem Menschen kundgibt, als solcher auch in der ganzen Natur am Werke ist. Aber in der Natur kann er sich des Tchi's (der Materie) wegen nicht durchsetzen.

Tschu Hsi geht nicht so weit, daß er die Materie im Widerstreit mit dem Guten sein läßt. Aber sie verhält sich ihm gegenüber gleichgültig und bedeutet insoweit ein Hemmnis für es.

Für Tschu Hsi handelt es sich darum, das Ethische aus dem Wesen des Seins zu begründen. Hierfür glaubt er annehmen zu müssen, daß alles Sein seinem Wesen nach ethisch sei.

Darum behauptet er, daß in den Tieren, in den Pflanzen, in den anscheinend leblosen Dingen geistige, ethische Kräfte in der gleichen Weise und in der gleichen Stärke wirksam sind wie in dem Menschen. Den Unterschied, der zwischen den Arten des Seins besteht, erklärt er, um den ethischen Charakter des Wesens des Seins nicht preiszugeben, daraus, daß das Hemmende der Materie sich in den verschiedenen Wesen und den Dingen in verschiedener Weise [und] verschiedener Stärke bemerkbar macht. Dies allein ist, Tschu Hsi zufolge, der Grund, warum Tiere, Pflanzen und Dinge weniger vollkommen sind als der Mensch. Sie besitzen dasselbe ethische Wesen wie er, nur daß sie es nicht zu verwirklichen vermögen. Ist auch das Licht dasselbe, so kann es doch durch trübes Glas nicht in derselben Weise hindurchdringen wie durch klares.[350]

Weil alle Wesen und die Dinge denselben ethischen Geist besitzen, sind sie miteinander verwandt. Es bestehen zwischen ihnen nur ganz relative Unterschiede.

Um die Ethik Kung-tse's als begründet ansehen zu können, versteigt sich Tschu Hsi also zur Annahme, daß das gesamte Sein seinem Wesen nach ethisch ist.

Wie in den monotheistisch-ethischen Weltreligionen wird auch bei ihm das Weltgeschehen aus dem Antagonismus zweier Mächte, einer höheren, ethischen, und einer niedereren, rein naturhaften, erklärt. Nur befinden sie sich bei ihm nicht in einem so tiefgehenden Gegensatz zueinander wie in den monotheistich-ethischen Religionen.

Von derselben Annahme aus beantwortet er die unter den Anhängern Kung-tse's so viel behandelte Frage, ob der Mensch seiner natürlichen Anlage nach gut oder nicht gut sei. Er bejaht, daß er gut sei. Um dieses

---

350 [Vgl. Zenker, II, S. 260 f.]
[R] Schon Tscheng Hao spekuliert über Tai Gi [Tai Tchi, den großen Pol] nicht [, sondern führt die Existenz der Welt auf die Eine Urkraft des Schöpferischen (Kiän Yüan Ki)] zurück]. Li [(Vernunft, (Weltvernunft, Geist)] und Ki [(Kraft, Materie, Stoff)]. (Wilhelm, [*Chinesische Philosophie,* S.] 101). *Idee der Liebe.* Ethik asketisch. [ebd, S.] 102). Tscheng I - Li-Ki. Die Materie auch schon bei Tschang Tsai, Wilhelm [a.a.O., S.] 100.

Gute zu verwirklichen, müsse er aber die aus der Materie (Tchi) kommenden natürlichen Begierden überwinden.

Weil er mit der buddhistischen Denkweise vertraut ist, bereitet es Tschu Hsi keine Schwierigkeiten, die Wesensgleichheit der Menschen, Tiere, Pflanzen und Dinge zu behaupten.

Auf den Buddhismus geht auch zurück, daß er eine Aufeinanderfolge von Weltperioden – im Buddhismus Kalpas genannt – annimmt. Ihre Dauer soll jedesmal 129600 Jahre betragen. In jeder Weltperiode findet nach dem Aufstieg ein zum Chaos führender Niedergang statt.

Dafür, daß auf Erden von Zeit zu Zeit wieder der Zustand des Chaos herrscht, führt er das Vorkommen von Schalen und Muscheln von Meertieren auf hohen Bergen an. Daß sie sich nicht mehr an ihrem ursprünglichen Platze befinden, erklärt er daraus, daß durch das Chaos das Unterste zu oberst kam.

In der Folgezeit tritt das System Tschu Hsi's für Jahrhunderte an die Stelle der ursprünglichen Lehre Kung-tse's. In den Prüfungen, denen sich die Anwärter auf die Beamtenlaufbahn zu unterziehen haben, wird von ihnen Kenntnis von Tschu Hsi's Kommentaren zu den klassischen Schriften gefordert.[351] Erst später, in der Zeit der Mandschu-Dynastie (1644–1911), vom 17. Jahrhundert ab, fangen die Gebildeten an, wieder auf die eigentliche Lehre Kung-tse's mit ihrer schlichten Begründung der Ethik zurückzugreifen, wie zu derselben Zeit das europäische Denken sich von den christlichen Dogmen wieder der in den Evangelien enthaltenen ursprünglichen Lehre Jesu zuwendet.

Tschu Hsi ist ein großer Scholastiker und zugleich – weil er durch seinen Dualismus dem chinesischen Denken untreu wird – ein großer Irrlehrer.

Im 11. Jahrhundert, zur Zeit, da die Lehre Kung-tse's wieder zu Ansehen kommt, versucht Wang An-schi[352] (1026–1086), der allmächtige Minister des Sung-Kaisers Schen Tsung,[353] der von 1068–1086 regiert, den chinesischen Staat und die wirtschaftlichen und sozialen Verhältnisse zu reformieren. Die Grundsätze, die er aufstellt, sind erstaunlich modern.

An Stelle der bestehenden Steuern soll eine auf Grund von Selbsteinschätzung festzusetzende Einkommenssteuer treten, die die Reichen stärker trifft als die, die gerade nur das zum Leben Notwendige verdienen. – Alle zu leistenden Fronden kommen in Wegfall. Was für das Gemeinwohl getan werden muß, läßt der Staat durch Arbeiter, die aus dem Ertrag der Steuern bezahlt werden, ausführen. – Das Söldnerheer wird

351 [R.] Mittwoch 31. Jan. 40. Lambarene.
352 [Nach einer Korr. in der Abschrift Woytt. Ms.:] Wang an schi.
353 [R.] Hackmann, [S.] 314. [Als Geburtsjahr des Wang An-schi nennt Hackmann 1021 (S. 313)].

abgeschafft. Alle waffenfähigen Männer haben Kriegsdienst zu leisten. – Der Staat liefert den Bauern das Saatgetreide. Dafür geben diese die Ernte zu einem festgesetzten Preis an ihn ab. – Überhaupt überwacht und regelt der Staat den ganzen Handel.

Die Theorie von der Allmacht des Staates wird in China schon viele Jahrhunderte vor Wang An-schi[354] durch Wei Yang (Schang Yang, 400–338 v. Chr.), Han Fei-se (290–233 v. Chr.) und andere vertreten. Indem diese sich das Recht nehmen, den Staat in der nach ihrer Auffassung zweckmäßigsten Weise zu organisieren, bringen sie den Einzelnen auch in geistige und moralische Abhängigkeit vom Staate. Dieser hat, ihnen zufolge, zu bestimmen, was als recht und unrecht, gut und böse zu gelten hat.[355] Indem sie so die Fundamente der Sittlichkeit ins Wanken bringen, wird das, was sie durch Reformen Gutes schaffen könnten, in Frage gestellt. Auch machen sie sich dadurch die Anhänger der Lehre Kung-tse's zu Gegnern.[356]

Für Wang An-schi ist das Ethische etwas an sich Gegebenes. Hierin bekennt er sich zur Lehre Kung-tse's.[357] Er will nichts anderes als den Staat in zweckmäßiger Weise organisieren.

Dennoch hat er die Erneuerer der Lehre Kung-tse's zu Gegnern. Obwohl Tschou-tse, die Brüder Tscheng und Tschang Tsai in freundschaftlicher Beziehung zu ihm stehen, bekämpfen sie seine Reformen. Sie verteidigen das Recht des Hergebrachten und die Selbständigkeit des Individuums. Ganz im Geiste Kung-tse's urteilen sie, daß eine wirkliche Bessergestaltung der Verhältnisse nur von der allgemeinen Besserung der Gesinnung der Menschen, nicht von Gesetzen und staatlichen Maßnahmen[358] zu erwarten sei.

Die Gegnerschaft der Anhänger Kung-tse's zieht sich Wang An-schi auch dadurch zu, daß er bei den Prüfungen nicht den Hauptwert darauf gelegt haben will, daß die zukünftigen Beamten in den klassischen Schriften möglichst gut Bescheid wissen, sondern vor allem verlangt, daß sie gediegene Kenntnisse in den Dingen der Rechtsprechung und der Verwaltung besitzen.

In jener Zeit entscheidet sich das Schicksal des chinesischen Reiches. Sicherlich gehen die Pläne Wang An-schi's über das Erforderte und Durchführbare hinaus. Aber er erkennt die Notwendigkeit zweckmäßiger Reformen und will einen Anfang damit machen. Die Erneuerer der

---

354 [Siehe Anm. 352.]

355 [R] Zugleich aber stellen sie den Grundsatz auf, daß der Staat allein über das, was als Gut und Böse anzusehen sei, zu entscheiden habe.

356 Über Wei Yang, Kuei Ku-tse und Han Fei-tse, siehe S. [119 ff.]

357 [R] Wang An-schi erkennt die überlieferten Anschauungen von Gut und Böse, Recht und Unrecht an. Sie sind für ihn nicht etwas Relatives, das vom Staate in Umlauf gebracht wird. Er will ...

358 [Zuerst, teilweise korr.:] nur durch die allgemeine ..., nicht durch Gesetze und ...

Lehre Kung-tse's hingegen vertreten einen Idealismus, der sich nicht mit der Wirklichkeit auseinandersetzen will. Sie erklären sich grundsätzlich gegen alle Neuerungen auf staatlichem, sozialem und wirtschaftlichem Gebiete, weil sie meinen, das ethische Kulturideal Kung-tse's nur verwirklichen zu können, wenn sie den Staat und die Zustände, wie sie in der Vergangenheit bestanden, unverändert in die Zukunft übernehmen.

Im Laufe der Jahrhunderte erfüllt sich dann das tragische Schicksal Chinas, daß der nicht auf die Gegenwart eingestellte und durch ideal gesinnte, aber in praktischer Hinsicht nicht genügend tüchtige Beamte geleitete Staat den Forderungen, die die Zeit an ihn stellt, nicht genügen kann. Mag er zu Zeiten nach außen hin auch noch mächtig sein, so besitzt er doch nur ein erstaunliches Beharrungsvermögen, nicht auch die zum rechten Bestehen erforderlichen Lebens- und Entwicklungsenergien. Weil er sich in den Verhältnissen einer neuen Zeit nicht mehr zurechtfindet, wird dann zuletzt[359] seine Existenz selber in Frage gestellt.

Daß die Reformen Wang An-schi's sich nicht verwirklichen lassen, liegt auch daran, daß das Reich in der Sung-Zeit durch schwere Kämpfe gegen von Norden her eindringende Völker in Anspruch genommen ist. Von 1127 an beherrschen diese das ganze Gebiet nördlich des Yang-tse.

Der letzte große Denker Chinas ist Wang Yang-ming[360] (1472–1528). Er unternimmt es, fundamentale Gedanken des Taoismus mit der ethischen Lebensanschauung Kung-tse's in Verbindung zu bringen und schafft damit ein Gegenstück zur Weltanschauung Tschu Hsi's.

Wie Tschu Hsi steht Wang Yang-ming in seiner Jugend unter dem Einfluß des Taoismus und des Buddhismus, wie er entscheidet er sich für Kung-tse, um seiner Ethik willen.

Nachdem Wang Yang-ming hohe Ämter bekleidet hat, wird er mit 35 Jahren auf Grund von Verleumdungen mit 50 Bambushieben bestraft und in die Südwestecke des Reiches verbannt, wo er Stallknechtsdienste tun muß. In der Verbannung geht ihm, wie durch eine Erleuchtung, die Grunderkenntnis auf, von der sein Denken seinen Ausgang nimmt. Nach drei Jahren wird er rehabilitiert. Seiner Tüchtigkeit wegen wird er vom Kaiser zuletzt zum Vizekönig ernannt und mit der Verwaltung von vier Provinzen betraut. In seinen Mußestunden zeichnet er seine Lehre auf und widmet sich seinen Schülern.

In der Erleuchtung, die ihm in der Verbannung zuteil wird, gelangt Wang Yang-ming zur Gewißheit, daß es keine Erkenntnis des Wesens der Welt von außen her, sondern nur von innen her gibt. Im Grunde tut er nichts anderes als sich in dieser Hinsicht die Meinung Lao-tse's und seiner Nachfolger zu eigen zu machen.[361]

---

359 [R] In der neuesten Zeit.

360 [Nach Bleistiftkorr. in d. Abschrift Woytt. Ms.:] Wang Yang Ming [nach Zenker II, S. 283].

361 Über Lao-tse's Mißachtung der aus der Erfahrung kommenden Erkenntnis, siehe S. [97.]

Es besteht aber dennoch ein tiefer Unterschied zwischen ihm und den Taoisten der klassischen Zeit. Diese machen gar keinen Versuch, die Welt durch die Beschäftigung mit den gegebenen Tatsachen zu erkennen. Wang Yang-ming hat sich aber im Geiste Kung-tse's darum bemüht, die Dinge zu erforschen. Dabei machte er aber die Erfahrung, daß er und sein Freund sich vergeblich bemühten, den Vorgang des Wachstums eines Bambus zu verstehen. Darum empfindet er die Welt als etwas durchaus Geheimnisvolles, in das Einblick zu nehmen nur auf Grund der zwischen dem Wesen der Welt und dem des Menschen bestehenden Identität möglich ist. Alle wahrhafte Erkenntnis ist intuitiver Art.

Den Gedanken, daß die Sinnenwelt nur in der Vorstellung des Menschengeistes existiere, zieht Wang Yang-ming nicht ernstlich in Betracht. Das Geistige und das Körperliche sind für ihn zwei miteinander zusammenhängende Wirklichkeiten.

Während die Taoisten aber die Nicht-Tätigkeit als das sich aus der Erkenntnis des Wesens der Welt ergebende Verhalten ansehen, entscheidet sich Wang Yang-ming für das Ideal des ethischen Wirkens, wie es sich bei Kung-tse findet. Er sagt sich von den Taoisten und den Buddhisten los, weil diese nur mit sich selber und nicht auch mit den Dingen, von denen das Gedeihen des Volkes und der Kultur abhängt, beschäftigt sind.

Aber nur, wer sein eigenes geistiges Wesen erfaßt und ausgebildet hat und mit den Leidenschaften fertig geworden ist, ist nach Wang Yangming des rechten Wirkens fähig.

Die höchste Leistung des Erkenntnisvermögens sieht er in der Unterscheidung zwischen Gut und Nicht-Gut. Hierin stimmt er mit Kungtse überein.

Ein Taoist bleibt er aber darin, daß er dem Ethischen, trotz der fundamentalen Bedeutung, die er ihm zuerkennt, keine absolute Geltung zugesteht. Es gibt, führt er aus, nichts, das an sich gut, und nichts das an sich nicht-gut ist. Die Unterscheidung zwischen Nicht-Gut und Gut ist etwas Relatives wie die zwischen Unkraut und Nicht-Unkraut. Wie eine Pflanze nicht an sich Unkraut ist, sondern es nur dadurch wird, daß sie da steht, wo sie als nicht hingehörig die Absichten des Gärtners stört, also gibt es Gut und Nicht-Gut nur im Hinblick auf die verfolgten Zwecke und auf die im Menschen sich regenden Leidenschaften.

Wang Yang-ming's Behauptung von der Relativität des Guten und Nicht-Guten ist mit vielen Unklarheiten behaftet. Sie tut auch der Autorität des Ethischen Eintrag.[362]

[R] LAMBARENE 6.2.40.

362 [R] Er will das Wesen des Ethischen sachlich bestimmen. Zugleich aber, ohne es zu wollen, tut er, . . .

Tief sind seine Ausführungen über die innere Zusammengehörigkeit von Erkennen – womit er die Einsicht in das Wesen der Welt und des Menschen meint – und Handeln. Beide, führt er aus, sind immer miteinander und ineinander vorhanden. Unser Wesen ist von sich aus immer zugleich erkennend und handelnd. «Erkennen ist der Anfang des Handelns, Handeln ist der Abschluß des Erkennens. Gelöst vom Erkennen gibt es kein Handeln, gelöst vom Handeln gibt es kein Erkennen.»[363] Nur dadurch, daß der Mensch nicht nur als ein erkennendes, sondern auch als ein tätiges Ich mit sich selber und der Welt beschäftigt ist, ergründet er sein eigenes Wesen und das der Welt. Nur dadurch, daß er sein eigentliches Wesen erkennt und sich diesem entsprechend verhält, ohne sich in seiner Haltung durch andere Überlegungen beeinflussen zu lassen, erfüllt er seine Bestimmung in der Welt.

Die Idee, daß die Wahrheit nicht nur erkannt, sondern erlebt werden muß, steht im Mittelpunkte des Denkens Wang Yang-ming's und macht seine Größe und Tiefe aus.

Obwohl er sich für die ethische Lehre Kung-tse's entschieden hat, tritt Wang Yang-ming nicht als Gegner des Buddhismus und des Taoismus auf. Auch gegen die Lehre Tschu Hsi's, die zu seiner Zeit schon großes Ansehen genießt, spricht er sich nicht aus, obwohl er überzeugt ist, daß dieser die Gedanken Kung-tse's nicht in der rechten Weise vertritt.[364] Er besitzt noch die echte chinesische Weitherzigkeit.

Den Fortschritt erwartet er nicht davon, daß die verschiedenen Lehren sich miteinander auseinandersetzen, sondern allein davon, daß jede in stetiger Selbstprüfung und Verinnerlichung begriffen ist. Als die Hauptsache sieht er an, daß ein wirkliches Suchen nach Wahrheit vorhanden ist.

Wang Yang-ming's Lehre findet nach seinem Tode durch mehrere Generationen hindurch zahlreichen Anhang. Aber sie übt keinen guten Einfluß aus. Weil sie die Idee der Relativität von Gut und Nicht-Gut enthält, wird sie, ihrem wahren Geiste zuwider, so aufgefaßt, als ließe sie Kompromisse zwischen Gut und Nicht-Gut gelten. Sie ist nicht imstande, in derselben Weise erzieherisch zu wirken wie die des Tschu Hsi.

Weil Wang Yang-ming tief ist, gerät er nicht in Vergessenheit, sondern wirkt fort und fort anregend auf das chinesische Denken ein.

Die mystische Betrachtungsweise des Taoismus und die ethische Kung-tse's miteinander zu vereinigen, ist ihm nicht gelungen, so großartig der von ihm unternommene Versuch auch ist.

---

363 [Hackmann, *Chinesische Philosophie*, S. 369. Der Abschnitt über Wang Yang-ming fußt auf diesem Werk.]

364 [R] ... nicht in der rechten Weise verstanden habe.

[9. Buddhismus, Christentum, Islam]

Obwohl in der Sung-Dynastie (960–1276) die Lehre Kung-tse's zu neuem Ansehen gelangt ist, behaupten sich der Buddhismus und das Christentum in China und gewinnen zeitweise noch großen Einfluß.

Die alt-mongolischen Stämme, die unter Dschingis Khan (1155–1227) Asien erobern und die Herrschaft über Nordchina (das seit dem Beginn des 11. Jahrhunderts den sogenannten khitaistischen Mongolen unterworfen war) antreten, hangen, so weit sie nicht mehr Heiden sind, zum Teil dem buddhistischen, zum Teil dem christlichen Glauben an. Mehr als zum Buddhismus fühlen sie sich zum Christentum hingezogen, weil dieses eine Religion ist, die keinem asiatischen Volke in besonderer Weise zugehört. Der Buddhismus ist für sie etwas Chinesisches.

Mit dem Christentum sind die Mongolen des Nordens durch die nestorianischen Christen, die infolge der 844 stattfindenden großen Verfolgung der fremden Lehren aus China in die Mongolei auswandern, bekannt geworden. Mit den Mongolen kehren sie nach Nordchina zurück.[365] Mit ihnen kommen sie nach Südchina, wo bisher das Christentum keine Verbreitung gefunden hatte.

Die Eroberung Südchinas beginnt 1235 und wird 1276 unter Kublai Khan (1257–1294), dem Enkel Dschingis Khan's, beendet. Im Jahre 1279 stürzt sich der letzte Minister der Sung-Dynastie, den letzten Sung-Kaiser, ein Kind, im Arme haltend, in der Bai von Kanton ins Meer.[366]

Als den Feind, den das mongolische Heidentum, der Buddhismus und das Christentum gemeinsam haben, betrachtet Dschingis Khan den sich unter den türkischen und mongolischen Reichen Zentralasiens und Vorderasiens ausbreitenden Islam.[367]

Den Einfluß der chinesischen Kultur erfährt Dschingis Khan durch Yelu Tschu-tsai, einem hochgebildeten, der Lehre Kung-tse's ergebenen Chinesen tartarischer Abkunft, den er bei der Eroberung Pekings gefangen nimmt und nachher zu seinem Ratgeber erhebt. Ihm vertraut er die Erziehung seines hochbegabten Enkels, des späteren Kublai Khan, an.

Unter dem Groß-Khan Ogodai (1229–1241), dem Sohne Dschingis Khan's, führt Yelu Tschu-tsai das Regiment. Der ihm vorschwebende Plan, die mongolischen Herrscher und das mongolische Reich unter den Einfluß der chinesischen Kultur zu bringen, verwirklicht sich dann unter Kublai Khan.

Die Nachkommen Dschingis Khans wenden sich vornehmlich dem Christentum zu. Guyuk, der Sohn Ogodais, der von 1246–1248 als Groß-

---

365 Siehe S. [141.]

366 Grousset, III, [S. 66].

367 Über die Ausbreitung des Buddhismus, des Christentums und des Islams in Asien in der Zeit von Dschingis Khan, siehe [S. 135–142.]

Khan regiert, hat eine christliche Mutter, ist von einem Christen erzogen und ernennt zwei Christen zu den höchsten Beamten des Reichs.

Da das nestorianische Christentum der Türken, Mongolen und Chinesen sich in der fundamentalen Lehre von der Person Jesu im Gegensatz zur griechisch-byzantinischen und in Übereinstimmung mit der römisch-katholischen Kirche befindet, bilden sich Beziehungen zwischen den asiatischen Kirchen und Rom aus.[368] Im Jahre 1245 sendet Papst Innozenz [IV.] dominikanische und franziskanische Väter in die türkischen und mongolischen Reiche. Einer derselben, der Franziskaner Plan Carpin, ist in Karakorum[369] bei der Ausrufung Guyuks zum Herrscher des großen Reiches zugegen.

Um die Geschichte der Kreuzzüge im 13. Jahrhundert zu verstehen, muß man sich vergegenwärtigen, daß die islamitischen Reiche Vorderasiens und Syriens sich damals im Westen gegen die Heere der Kreuzfahrer und im Osten gegen die der christlichen Mongolen zu verteidigen haben.

Wäre Guyuk eine längere Herrschaft beschieden gewesen, so wäre das große mongolische Reich wohl christlich geworden und hätte Asien die europäisch-christliche Kultur übernommen.[370]

Guyuks Vetter Meungke, der die Herrschaft von 1251–1257 innehat, und sein Bruder Kublai Khan, der von 1257–1294 regiert, neigen, obwohl beide von einer christlichen Mutter stammen, mehr dem Buddhismus zu. Auf einem buddhistischen Konzil, das 1256 an seinem Hofe stattfindet, tut Meungke den Ausspruch, daß die buddhistische Lehre die Handfläche ist, während die übrigen Religionen die Finger sind. Unter Kublai Khan, der zugleich Herrscher des Mongolenreiches und Kaiser von China ist, hat der Buddhismus in China wieder die Vorherrschaft, wie zur Zeit der Tang-Dynastie (618–907). Aber auch die Lehre Kung-tse's erfreut sich, wie das Christentum, der Gunst des weitherzigen Kaisers. Yelu Tschu-tsai, als er unter Ogodai Nordchina verwaltete, hatte Schulen gegründet, in denen die mongolische adelige Jugend mit der Lehre Kung-tse's bekannt wurde.

Unter den Nachfolgern Kublai Khan's bleiben dann aber die höchsten Ämter mehr den Buddhisten vorbehalten, was Unzufriedenheit im Volke hervorruft[371] und zum frühen Sturze der Dynastie beiträgt.

---

368 Über das nestorianische Christentum siehe S. [139 f.]. Das nestorianische und das römisch-katholische Christentum vertreten die Lehre, daß Jesus sowohl eine göttliche als auch eine menschliche Natur gehabt habe. Der griechisch-byzantinischen Anschauung zufolge besitzt er keine wirkliche menschliche Natur.

369 [Im Ms. ist hier mit Rotstift beigefügt:] (?) [, mit der Bleistiftnotiz:] ist die [frühere Haupt-]Stadt [der Uiguren und Residenz der Mongolen-Khane.]

370 Siehe Grousset III, S. 55 [53].

371 [R] [Durch] diese Bevorzugung des Buddhismus verlieren die Mongolenkaiser die Sympathie des Volkes.

Für den Taoismus scheint Kublai Khan keine Sympathie gehabt zu haben. Dem Islam gegenüber verhält er sich zurückhaltend. Er ahnt die Gefahr, die dieser für das Mongolenreich bedeutet.

Kublai Khan ist ein hervorragender und gütiger Herrscher. Unter ihm kennt China glückliche Zeiten. Was an den Reformideen Wang An-schi's durchführbar ist, sucht er zu verwirklichen. Allenthalben im Reiche legt er große Vorräte an Lebensmitteln an, um sie der Bevölkerung der Gebiete, in welchen Mißernte ist, zukommen zu lassen. Die Armen erhalten von ihm Saatgetreide.

Über die Art, wie er China regiert, wissen wir durch die Berichte des Venezianers Marco Polo (1254–1323), der von 1275–1292 an seinem Hofe weilt und das Land in seinem Auftrage bereist.

Durch das Interesse, das er dem Christentum entgegenbringt, wird Kublai Khan bewogen, mit dem Papst in Rom in Beziehung zu treten. Er gibt Maffio und Nicolo Polo, die 1266 nach einem längeren Aufenthalte China verlassen, den Auftrag, den Papst zu bitten, ihm 100 Christenhandwerker, Gelehrte und Priester zu schicken und ihm auszurichten, daß, wenn er durch diese das Christentum als die beste Religion schätzen lernen würde, er und seine Völker diesen Glauben annähmen.[372] Gregor X gibt ihnen bei der Rückreise (1271), auf der sie von Marco Polo, dem Neffen Nicolo Polos, begleitet sind, nur Briefe mit.

Erst Papst Nikolaus IV. (1288–1292) sendet dann Missionare nach China,[373] wie auch nach Persien und den anderen mongolischen Reichen. Unter den Nachfolgern Kublai Khan's entsteht in China eine römisch-katholische Kirche neben der nestorianischen, welch letztere von ihr mit der Zeit absorbiert wird.[374] Zahlreich sind die jungen Leute aus vornehmen chinesischen Kreisen, die die katholischen Schulen besuchen und sich nachher taufen lassen.[375] Im Jahre 1314 gibt es in China 50 franziskanische Klöster.

Weil es aber den Mongolen nicht gelungen ist, den Islam in Ägypten[376] zu besiegen, ist das Schicksal des asiatischen Christentums besiegelt.

Wie nahe ist der Islam daran, völlig zu unterliegen! Im Jahre 1256 gibt der Herrscher des Mongolenreiches Meungke seinem Bruder Hulagu,[377] der in Persien regiert, den Befehl, die noch existierenden islamitischen Reiche zu vernichten. Es handelt sich um einen mongolischen

---

372 Grousset III, [S.] 84.

373 [K.] Heussi, [*Kompendium der Kirchengeschichte*, S.] 273. [3. Aufl. Tübingen 1913: S. 257 i, § 88 v; 10. Aufl. 1949: § 64p]. Grousset III, [S.] 89.

374 [Siehe Anm. 373.]

375 Grousset III, [S.] 90.

376 [Gestrichen:] in Kleinasien und Syrien.

377 [Darüber:] (Houlou.)

Kreuzzug gegen den Halbmond. Hulagu besiegt die arabischen Kalifen von Bagdad und die Seldschuken in Mesopotamien und Kleinasien.[378] Nun sendet er ein hauptsächlich aus nestorianisch-christlichen Türken bestehendes und von dem christlichen Mongolen Kitboka angeführtes Heer nach Syrien. Dieses verjagt die Mameluken, besetzt Alep und Damaskus.[379] Vergebens aber sucht Kitboka nun die lateinischen Kreuzfahrer, die noch im Besitze von Sidon, Caesarea, Accon und Jaffa sind, zu bestimmen, mit ihm gemeinsame Sache gegen den gemeinsamen Feind zu machen. Sie vermögen das Mißtrauen gegen die durch ihre furchtbaren Gewalttaten berüchtigten Mongolen nicht zu überwinden, obwohl Kitboka nach der Eroberung von Damaskus die Moscheen den dortigen, durch ihn befreiten Christen als Kirchen überwiesen hat. Die Kreuzfahrer von Sidon schneiden den Mongolen sogar die Zufuhr ab, worauf diese Rache an ihnen nehmen.[380]

Der Unterstützung durch die Kreuzfahrer beraubt, werden die Mongolen, nachdem sie bis an die ägyptische Grenze vorgedrungen waren, im Jahre 1260 von den Mameluken geschlagen.

Die Folge dieser Niederlage ist, daß das Christentum in Asien ein Gebiet nach dem andern an den aufs neue vordringenden Islam verliert.

In den nächsten Jahren wird die Herrschaft des Islams in Syrien und Kleinasien wiederhergestellt. Unter Khan Borak (1266–1270) setzt er sich wieder im ganzen westlichen und östlichen Turkestan durch. Im Jahre 1295 besteigt ein islamitischer Khan den Thron Persiens.[381]

Im 14. Jahrhundert unternimmt es Timur Lenk (Tamerlan, 1336–1405), einem türkisch-islamitischen Fürstengeschlecht östlich des Oxus entstammend, als ein zweiter Dschingis Khan, das Reich der Mongolen neu zu gründen und dabei den Islam in seiner strengsten Form in Vorderasien und Zentralasien zum Siege zu führen. Sein Reich zerfällt bald. Aber der durch ihn zur Herrschaft gelangte Islam behauptet sich.

Im Jahre 1360 beginnen die osmanischen Türken, die in der ersten Hälfte des 14. Jahrhunderts an die Stelle der der Herrschaft verlustig gegangenen Seldschuken getreten sind, die Eroberung des Balkans. Im Jahre 1453 fällt Konstantinopel.

---

378 Die Seldschuken sind Türken, die zu Beginn des 11. Jahrhunderts von ihren ursprünglichen Wohnsitzen am Balkasch-See nach Westen wandern und sich zu jener Zeit vom nestorianischen Christentum, zu dem sie sich bisher bekannten, lossagen, um sich zum Islam zu bekehren. Im Laufe des 11. und 12. Jahrhunderts erobern sie einen großen Teil Persiens und fast ganz Kleinasien. Durch sie kommt der Islam in Kleinasien zur Herrschaft.

379 Die Mameluken sind aus dem südlichen Rußland stammende, sich zum Islam bekennende Reiter, die als Söldner im Dienste der Sultane Ägyptens stehen. Nach dem Tode des Sultans Es Saleh (1249), während Ludwig IX. von Frankreich auf Kairo marschiert, reißen die Mameluken die Herrschaft in Ägypten und Syrien an sich. (Grousset I, S. 253.)

380 [Der ganze letzte Abschnitt ist im Ms. imperfektisch abgefaßt. Aber ein Bleistiftvermerk verlangt:] Diesen Abschnitt in die Gegenwartserzählung transponieren!

381 [R] Dienstag 6.2.40. Lambarene.

Nur in Armenien und in kleinen Gebieten Innerasiens – hauptsächlich im Kurdistan und am Urmia-See – bleiben Reste des einst so blühenden asiatischen Christentums erhalten.

In China hört das katholische Christentum zu bestehen auf, als die Mongolen-Dynastie (1277–1368),[382] deren Gunst und Schutz es genießt, überraschend schnell ein Ende nimmt. Die letzten Nachfolger Kublai-Khan's können der in Südchina ausbrechenden Aufstände nicht Herr werden, weil sie zugleich gegen frische Mongolenvölker, die in Nordchina einfallen, zu kämpfen haben.

Hung Wu,[383] der siegreiche Führer der Aufständischen, der vordem in einem buddhistischen Kloster lebte, begründet die Ming-Dynastie (Dynastie des Lichts, 1368–1644). Unter ihm und seinen Nachfolgern kommt die Lehre Kung-tse's endgültig zur Herrschaft. Nur die, die sich zu ihr bekennen, können Ämter bekleiden. Für das ganze staatliche und öffentliche Leben werden Kung-tse's Grundsätze maßgebend. Um diese bekannt zu machen, gründet Hung Wu Schulen und Bibliotheken. Der Geist Kung-tse's und sein Ideal der Kultur beherrschen das Reich. Hung Wu selber sucht der Fürst[384] nach dem Herzen Kung-tse's zu sein und erreicht es durch seine Tüchtigkeit und Gütigkeit.

Den Einfluß des Buddhismus, der unter den Mongolen-Kaisern vorherrschte, und des Taoismus suchen die Ming-Kaiser auf jede Weise zu brechen, ohne jedoch die Anhänger dieser Lehren zu verfolgen. Schärfer scheint man gegen das katholische Christentum vorgegangen zu sein. Zwei Bischöfe erleiden den Märtyrertod, der eine 1362, also wohl während der Kämpfe, die der Thronbesteigung der Ming-Kaiser vorangehen, der andere 1372. Inwieweit sich nestorianisches Christentum behaupten konnte, ist nicht überliefert.

In der Mingzeit erleidet die chinesische Weitherzigkeit also Einbuße insofern, als nunmehr der Staat nur die Lehre des Kung-tse anerkennt und gegen die andern [Lehren] mißtrauisch ist. Mit der Zensur beauftragte Beamte sehen sogar die Lehre des Wang Yang-ming (1472–1528) als staatsgefährlich[385] an, obwohl er die Ethik Kung-tse's vertritt und im Staatsdienst steht.[386]

Im Volke selber kommt Intoleranz erst viel später, in der Mandschu-Zeit, auf.

---

382 [R] die die [...] Yüan-Dynastie genannt wird, ... [Wilhelm, *Chinesische Philosophie*, S. 124. Hackmann, *Chinesische Philosophie*, S. 356: Yüen-Dynastie.]

383 [Nach Korr. in der Abschrift Woytt. Ms.:] Hang We.
[Kommentar Kramers': «Der Name des Gründers der Ming-Dynastie ist Tschu Yüan-Tschang. Der Titel seiner Regierungsperiode, nach dem meistens die chinesischen Kaiser genannt werden, ist Hung-wu.»]

384 [Zuerst (gestrichen, dann aufs neue über die Korr. geschrieben):] Herrscher.

385 [R] als ketzerisch.

386 Siehe S. [149.]

Am Ende des 16. Jahrhunderts findet dann das katholische Christentum doch wieder Eingang in China. Mit den Portugiesen, die im Jahre 1557 das Recht der Niederlassung auf der Insel Makao in der Bucht von Kanton erhalten, treffen auch Jesuitenmissionare ein, denen die Ming-Kaiser dann erlauben, auf chinesischem Boden für ihren Glauben zu werben. Als erster kommt Pater Ricci, im Jahre 1600, nach Peking, wo er sich alsbald durch seine Kenntnisse in Astronomie und Mathematik der Hochschätzung des Kaisers Wan Li[387] erfreut.[388] Sein Nachfolger, Pater Adam Schall, leistet dem Kaiser Sse-tsung,[389] der sich gegen die Mandschus zu verteidigen hat, den großen Dienst, ihm im Jahre 1636[390] Kanonen zu gießen.

Wie aber ist erklärlich, daß die der Lehre Kung-tse's ergebenen Ming-Kaiser zulassen, daß das Christentum sich wieder in China verbreitet?

Daß sie in der ersten Zeit gegen es eingenommen waren, rührt daher, daß es mit dem Buddhismus zusammen bei den mongolischen Kaisern in Gunst stand. Im Grund aber befindet sich das Christentum nicht so im Gegensatz zur Lehre Kung-tse's wie der Buddhismus. Seine Ethik der Liebe ist mit der der Schule Kung-tse's verwandt; sein Glaube an den göttlichen Vater im Himmel kann dem chinesischen Glauben an den Himmel als an den höchsten Herrscher (Schang-ti) gleichgestellt werden. Das volkstümliche chinesische Denken findet in China die lebendige ethische Religion, nach der es verlangt, nicht vor. Um dieses Bedürfnis zu befriedigen, wandte es sich dem Buddhismus zu. Das Christentum aber entspricht ihm viel besser als der Buddhismus.

Die jesuitischen Missionare heben die zwischen dem Christentum und der Lehre Kung-tse's bestehende Übereinstimmung viel mehr hervor, als die Franziskaner und Dominikaner dies in der Zeit der Mongolen-Kaiser getan hatten. Soweit es nur geht, sehen sie von den Besonderheiten des christlichen Dogmas ab. Während die Franziskaner und Dominikaner die Tracht buddhistischer Bonzen trugen, kleiden sich die Jesuiten wie die Gelehrten der Schule Kung-tse's. Sie wollen deren Bundesgenossen im Kampfe gegen den Buddhismus gelten.

Daß sie so verfahren, entspricht nicht nur der berechnenden Absicht, den Chinesen das Christentum nahe zu bringen,[391] sondern hat seinen

---

387 [Nach Korr. in der Abschrift Woytt. Ms.:] Wang Li.

388 Pater Franz Xavier, der seit 1549 in Japan wirkt, stirbt 1552 auf der Reise nach China in der Nähe von Kanton. [K. Heussi, 4. Aufl. 1919, S.] 458. – Zenker II, [S.] 303.

389 [Nach der Abschrift Woytt. Ms.:] Hoai Tsung.
[Kommentar Kramers': «Der Kaiser, der wohl gemeint ist, hieß Sse-tsung (Tempelnahme) oder – nach seiner Regierungsperiode – Tschung-tschen.»]

390 [Bleistiftnotiz in der Abschrift Woytt: *Grousset: 1633.* Vgl. Grousset über Adam Schall: III, S. 305. (Die Jahrzahl ist dort jedoch nicht angegeben.)]

391 [R] ... annehmbar zu machen.

Grund auch in dem tiefen Eindruck, den das Bekannt-Werden mit einer völlig durch das Ethische und Vernunftgemäße beherrschten Lehre und mit einer so hochstehenden ethischen Kultur auf sie macht. Wie klein nehmen sich die christlichen Fürsten des damaligen Europas neben den erhabenen Gestalten der einem hohen ethischen Ideal ergebenen Ming-Kaiser aus!

Die Jesuiten wahren der Ming-Dynastie, die ihnen solches Entgegenkommen zeigt, die Treue. Pater Koffler harrt bei dem letzten Kaiser Yong Lie aus, als dieser, von 1646 ab, nur noch die Gegend von Kanton sein eigen nennt. Damals empfangen die Mutter des Kaisers, die Witwe des Kaisers Sse-tsung,[392] der Kronprinz mit Mitgliedern der Familie und des Hofes die Taufe. Im Jahre 1651 flieht Yong Lie nach Birma.

Unter den Herrschern der Mandschu-Dynastie (1644–1912) bleiben die Verhältnisse im Großen und Ganzen dieselben wie zur Zeit der Ming-Kaiser. Sie treten nicht als Barbaren auf, sondern sind bereits mit der chinesischen Kultur bekannt. Sie belassen die chinesischen Beamten in ihren Stellungen und regieren, indem sie die überkommenen Institutionen und Bräuche bestehen lassen. Die einzige Neuerung im Gefolge ihrer Machtergreifung ist die, daß nun der Tartarenzopf die bisherige chinesische Haartracht verdrängt.

Mit Rücksicht auf die vielen buddhistischen Untertanen, die das Reich in Tibet, in Zentralasien und in der Mongolei besitzt, unterhalten die Mandschu-Kaiser gute Beziehungen zu dem Tibet-Buddhismus und zu den Dalai-Lamas, die sie als die geistigen Oberherren der Buddhisten des chinesischen Außenreichs anerkennen.[393] Im eigentlichen China aber sind sie die Beschützer der Lehre Kung-tse's und des Christentums. Pater Adam Schall nimmt am Hofe des ersten Mandschu-Kaisers die Stellung ein, die er an dem des Ming-Kaisers Tschung-tschen[394] innehatte. Wie unter den Ming-Kaisern vollziehen die Jesuiten unter den Mandschus tausende von Taufen. Wie sie für jene Kanonen gossen, so tun sie es auch für diese.

In ihrer missionarischen Tätigkeit werden sie aber dadurch behindert, daß die Päpste auf Betreiben der Dominikaner und Franziskaner ihnen 1703 und dann nochmals 1715 untersagen, das Christentum der chinesischen Anschauungsweise so weitgehend anzupassen, wie sie es tun, insbesondere den als Gottheit vorgestellten Himmel (Schang-ti)

---

392 [Vgl. Anm. 389.]

393 [Zum Teil abgeschnittene Anmerkung (am unteren Seitenrand):] Zu Beginn der Mandschu-Zeit gehen die Dalai-Lamas mit den den Mandschu-Kaisern feindlichen eleuthischen Mongolen zusammen. Erst nachdem diese besiegt sind (1720), kommt Tibet unter chinesisch[e Herrschaft]. [R. Grousset, *Histoire de l'Asie*, III, S. 312.]

394 [Nach Korr. in der Abschrift Woytt. Ms.: Hoai Tsung. Siehe Anm. 389, Kommentar Kramers'.]

mit dem Gotte des Christentums zu identifizieren und den chinesischen Christen den Ahnendienst zu gestatten.[395] Im Interesse der Sache des Christentums in China handeln die Jesuiten längere Zeit hierin dem Willen der Päpste zuwider, bis sie sich, 1742, zuletzt unterwerfen müssen.

[10. Bekannt-Werden Europas mit dem chinesischen Denken]

Durch die Veröffentlichungen der jesuitischen Missionare wird Europa mit dem chinesischen Denken bekannt! Im Jahre 1687 läßt Pater Couplet zu Paris eine lateinische Übersetzung des *Lun Yü* (*Gespräche* des Kung-tse) erscheinen. Im Laufe der folgenden Jahrzehnte werden die wichtigsten Werke der Schule Kung-tse's auf lateinisch herausgegeben. Die jesuitischen Missionare sind die Begründer der sinologischen Wissenschaft, die damals vornehmlich an der Pariser Sorbonne gepflegt wird.

Unter den Veröffentlichungen, durch die die Gebildeten in Europa im 18. Jahrhundert mit dem chinesischen Denken bekannt werden, nehmen einen besonderen Platz ein die *Lettres édifiantes et curieuses par quelques missionnaires de la Compagnie de Jésus* (1717–1738) und die viele Bände zählenden *Mémoires concernant l'histoire, les sciences, les arts et les moeurs des Chinois* (1776–1791).[396]

Die Philosophen des Aufklärungszeitalters, die auf diese Weise in das ethische Denken Chinas Einblick gewinnen, stellen mit Erstaunen fest, wie nahe es dem ihrigen steht. Fast unfaßlich aber erscheint es ihnen, daß, während sie selbst sich erst von einem dogmatischen Glauben losreißen mußten, um zu dieser vernunftgemäßen und durchaus ethischen Weltanschauung zu gelangen, und Mühe haben, ihr in ihrer Zeit zum Siege zu verhelfen, diese durch Kung-tse und seine Nachfolger seit mehr denn zwei Jahrtausenden vertreten wird.

«Wer hätte ehedem geglaubt», schreibt Gottfried Wilhelm Leibniz (1646–1716), der sich viel mit dem chinesischen Denken beschäftigt, in seiner Schrift *Novissima Sinica* (1697), «daß es noch ein Volk auf Erden gäbe, das an Feinheit der Bildung und sittlicher Höhe uns beinahe überträfe?»[397]

In seiner berühmten, 1721 an der Universität Halle gehaltenen akademischen Rede über die Philosophie der Chinesen (*Oratio de Sinarum Philosophia practica*, 1721) erklärt Christian Wolff (1679–1754), das Haupt

---

395 Siehe [K.] Heussi, [4. Aufl. 1919, S.] 512, question des rites [10. Aufl. 1949: § 100e].

396 [R. F.] Merkel, *China und das Abendland [im 17. und 18. Jahrhundert*), S. [129,] 131, [133,] [Siehe Literaturverzeichnis.]

397 [Zit. bei] Merkel, [a.a.O., S.] 130.

der deutschen Aufklärungsphilosophie, daß er in der Ethik durchaus mit Kung-tse zusammengehe.[398]

Zu den größten Bewunderern Kung-tse's gehört Voltaire (1694–1778). Er verehrt in ihm den Heiligen, der es vermochte, ohne Zuhilfenahme einer mit Glauben an Wunder und Dogmen belasteten Religion, rein durch Berufung auf das vernunftgemäße Überlegen, sein Volk dazu zu bringen, die höchsten Gebote der Ethik anzuerkennen.[399]

Von Beginn des 19. Jahrhunderts an läßt dann das Interesse für das chinesische Denken in Europa nach. Die nachkantische Philosophie und die Romantik fühlen sich über den ethischen Rationalismus des 18. Jahrhunderts erhaben. Darum sind sie auch nicht geneigt, dem ihm entsprechenden chinesischen [Rationalismus] eine Bedeutung zuzuerkennen. Sie haben eine Abneigung gegen das Einfache. Darum wenden sie ihre Aufmerksamkeit dem vielgestaltigen und fremdartigen indischen Denken zu, das durch die englischen Indologen bekannt zu werden beginnt.[400]

Erst gegen Ende des 19. Jahrhunderts zu kommt dann bei den Gebildeten Europas neues Interesse für das chinesische Geistesleben auf.

Obwohl das katholische Christentum im 18. Jahrhundert in China ein gewisses Ansehen genießt, können ihm größere und dauernde Erfolge nicht beschieden sein. Bereits hat sich die Lehre Kung-tse's völlig durchgesetzt. Durch das von Kaiser Khang-hsi (1662–1723) im Jahre 1671 erlassene heilige Edikt (Sheng-yü) ist sie als die allein berechtigte [Lehre] anerkannt. Die andern Lehren (unter denen der Buddhismus und der Taoismus zu verstehen sind) werden in diesem Edikt, dessen öffentliche Verlesung fortan jeden 1. und 15. Tag des Monats stattfinden soll, als Irrlehren verworfen. Hingegen wird allen Untertanen die Befolgung der Grundgebote der Ethik Kung-tse's (Liebe zu den Eltern und Verwandten, Hochhaltung des Ackerbaus, Arbeitsamkeit, Gehorsam dem Staate gegenüber) und die Hochschätzung der Bildung zur Pflicht gemacht.[401]

Das Heilige Edikt ist ein Gegenstück zu den in Stein gemeißelten Inschriften, in denen der indische König Aśoka (3. Jahrhundert v. Chr.)

---

398 [Merkel, a.a.O., S. 131: daß die Moral des Konfuzius nicht sehr von seiner eigenen abweiche.]

399 [Merkel, a.a.O., S. 133: «... er glaubte hier im Geist seines Zeitalters eine rein rational begründete Sittenlehre gefunden zu haben, die ohne religiöse Ausdrucksformen im menschlichen Gemüt rein immanent verankert sei ... Er erhob Konfuzius zu einem wahren Heiligen, weil er ohne Wunder, Offenbarung und Priester eine seit vielen Jahrhunderten bestehende Staatsmoral ins Leben gerufen hatte.»]

400 [Merkel, a.a.O., S. 135.]

401 [Übersetzung des Edikt-Textes bei] Zenker II [, S. 305 f.]
[R] Liebe zu den Verwandten, Friedfertigkeit, feines Benehmen, Arbeitsamkeit, Treue im Berufe zu beobachten, die Bildung hochzuschätzen und dem Staate in der besten Weise zu dienen ...

seinen Untertanen die Befolgung der für die Laien geltenden Vorschriften der buddhistischen Ethik empfiehlt.[402]

In dem Erlaß, der das Heilige Edikt begleitet, führt der Kaiser, ganz im Sinne Kung-tse's, aus, daß der Staat nicht durch Gesetze, sondern allein durch die Sittlichkeit seiner Untertanen, wie sie sich aus der rechten Gesinnung ergibt, bestehen könne.[403]

In den *Ausführlichen Erläuterungen* zu dem Heiligen Edikt, die Kaiser Yung-tschen (1723–1736) im Jahre 1724 veröffentlicht, wird dieser Gedanke weiter ausgeführt. Es wird festgestellt, daß die Schulen nicht nur für die Ausbildung der Beamten, sondern auch dafür da sind, daß alle Leute, welches auch ihr Beruf sei, Gelegenheit hätten, sich die rechte Bildung anzueignen.

In diesen Erläuterungen kommt der dem chinesischen Wesen ursprünglich fremde Geist der Unduldsamkeit schon viel stärker zu Worte als in dem Heiligen Edikte selbst. Es wird nicht nur Ablehnung der Irrlehren, sondern eine Verfolgung der Irrlehren (der Buddhisten und Taoisten), die den Dieben und Räubern gleichgestellt werden, verlangt. Aber das Volk läßt sich nicht zu einem solchen Vorgehen bewegen.[404]

Das Christentum wird in diesen Erläuterungen nicht zu den Irrlehren gerechnet, wohl weil es seine Übereinstimmung mit der Lehre Kung-tse's betont und nicht genügend Einfluß besitzt, um mit dieser ernstlich in Wettbewerb zu treten. Für die Duldung dieses fremden Glaubens führt Kaiser Yung-tschen an, daß seine Vertreter des Kalenderwesens kundig seien.[405]

Die Monopolstellung, die die Lehre Kung-tse's erhalten hat, und die sich immer stärker ausbildende Abneigung gegen alles Fremde bringen es mit sich, daß das Christentum, was es an Bedeutung besaß, im Verlaufe des 18. Jahrhunderts nach und nach einbüßt.

Im Jahre 1823 verläßt der letzte der jesuitischen Pater Peking, was jedoch nicht heißen will, daß das Christentum in China zu bestehen aufgehört hat. In den Kreisen der Gebildeten hat es aber seine Rolle ausgespielt.

Mit den Verträgen von 1858 und 1868, in denen China, von den europäischen Mächten gezwungen, seine Grenzen wieder den Fremden öffnet, ist für das Christentum – und nunmehr auch für das protestantische, freisinnige – eine Möglichkeit gegeben, dort Fuß zu fassen. Aber es ist nicht zu erwarten, daß es im chinesichen Geistesleben je die Stel-

402 [Vgl. Schweitzer, *Indische Denker*, Kap. III (Beginn, über *das älteste Zeugnis indischer Schrift*) und Kap. VI (Zitate aus einer Rede über *Laienethik*).]
403 Zenker II, S. [306].
404 [Zenker II, S. 308 ff.]
405 Zenker II, [S.] 309.

lung einnehmen wird, die es einst durch Jahrhunderte hindurch besaß.[406]

*[11. Volkstümliche Ethik (*Kan Ying Pien*). Mönchsethik in der Neuzeit]*

In welchem Maße ethische Gedanken in China Volksgut geworden sind, tritt im *Kan Ying Pien* (*Buch von den Taten und der Vergeltung*) zutage.[407] Dieses meistgeschriebene und meistgelesene[408] Werk der chinesischen Literatur besteht aus 212 Sprüchen über Gut und Böse. Sie werden Lao-tse zugeschrieben, gehen aber nicht auf ihn zurück, sondern sind den klassischen Schriften und der alten Überlieferung entnommen. Diese Sammlung entstand wohl zu Beginn der Sung-Zeit (960–1276), wenn nicht früher, am Ende der Tang-Zeit (618–907).

Obwohl die Schrift den Namen Lao-tse's trägt, herrscht doch der Geist Kung-tse's in ihr vor. Zugleich aber machen sich taoistische und auch buddhistische Einflüsse bemerkbar. Daß in der Lehre Kung-tse's auch taoistische und buddhistische Gedanken Aufnahme finden, ist charakteristisch für die Tang-Zeit, in der die drei großen Lehren aufeinander einwirken.

Das Abschreiben des *Kan Ying Pien* galt als ein verdienstliches Werk.[409] Große Verbreitung fand eine spätere, erweiterte Ausgabe desselben, in der jeder Spruch von einer kurzen Erklärung begleitet ist und durch Erzählungen erläutert wird.[410]

Unter den Sprüchen finden sich solche, die mit dem alten Volksglauben zusammenhängen. Sie handeln von der Schuld, die der Mensch auf sich lädt, wenn er die Geister der Vorfahren mißachtet [465], Verwünschungen gegen den Wind und den Regen ausspricht [374], Flüche gegen den Norden tut [485/500], mit dem Finger auf den Regenbogen

---

406 [R] Lambarene 7.2.40. *Petite saison sêche.*

407 Der vollständige Titel lautet: *Thai shang Kan Ying Pien.* Thai shang (der Erhabene) ist der Ehrenname Lao-tse's. [Stanislas Julien, *‹Le livre des récompenses et des peines›, en chinois et en français, accompagné de quatre cents légendes, anecdotes et histoires...* Paris 1835, S. I, Anm. I. [Die im folg. angeführten Zitate (in der zweifellos von A. S. selbst stammenden deutschen Übersetzung) stimmen mit dieser Ausgabe überein. Zum Werk vgl.] Zenker II, S. 65 und 155 ff. [Dort auch weitere Ausgaben erwähnt.]
Aus derselben Zeit wie das *Kan Ying Pien* stammt die im Volke verbreitete Schrift *Yin Tschi Wen*, [*the tract of the quiet way, with extracts from the Chinese commentary,* translated... by T. Suzuki and P. Carus, Chicago 1906,] das Anweisungen zum rechten Wandel enthält. Auch in diesem Werkchen werden buddhistische und taoistische Gedanken [zusammen] mit den der Lehre [Kung-tse's] entnommenen vorgetragen. [Vgl.] Zenker II, S. 65.

408 [Ms.:] meist geschriebene [gemeint ist wohl: durch Abschriften meistverbreitete] und meist gelesene...

409 [Vgl. z. B. Julien, S. 5.]

410 [Die Ausgabe von Julien enthält sowohl die Erklärungen als auch die Erzählungen.]

zeigt [495], die Sonne oder den Mond anstarrt [Rémusat, 34; Schüler, 246], gegen die Sternschnuppen ausspuckt [494], am ersten Tage des Monats oder am letzten Tage des Jahres singt oder tanzt [481] und den Geistern Ärgernis gibt, indem er unbekleidet in der Dunkelheit herumläuft [489/490].

Aber diese schlichte, volkstümliche Ethik besitzt eine wunderbare Innerlichkeit. Was zum wahren reinen Menschentum gehört, kommt in ihr zur Sprache.

Als gut wird in den Sprüchen geboten: «Habt Mitleid mit den andern [74]. – Achtet auf euer eigen Herz, um den anderen das gute Beispiel zu geben [65]. – Erbarmt euch der Waisen und der Witwen [68]. – Habt Ehrfurcht vor den Alten und seid gut zu den Kindern [70]. – Nehmt an dem Unglück der anderen teil [74, (79)]. – Freut euch mit ihnen, wenn sie Erfolg haben [77]. – Steht ihnen bei, wenn sie sich in Gefahr befinden [83]. – Tut die Fehler der andern nicht kund [91]. – Rühmt euch nicht eurer Überlegenheit [93]. – Seid nachgiebig und seht nicht auf euren Vorteil [100]. – Erweist Wohltat, ohne Lohn zu erwarten [107]. – Laßt euch eure Freigebigkeit nicht gereuen» [111].

Als böse wird verurteilt: «Undankbarkeit zeigen, wo man Wohltat empfangen hat [175]. – Gedanken des Hasses im Herzen hegen [178]; – das Menschenleben gering achten [180]; – Unschuldige Strafe leiden lassen [184, 186]; – andere aus Stellen vertreiben, um sich selber an ihren Platz zu setzen [192]; – die Feinde, die sich ergeben wollen, töten [194]; – die Gesetze verletzen und der Bestechung zugänglich sein [202]; – die leichten Fehler der andern als schwer ausgeben [209]; – sich zornig über einen Menschen äußern, der zum Tode geführt wird [212]; – den andern Unglück wünschen [239]; – die Verdienste anderer nicht anerkennen [241]; – die guten Eigenschaften der andern in den Schatten stellen [254]; – auf die Fehler der anderen aufmerksam machen [257]; – unter Verwandte, die wie Fleisch und Knochen zusammengehören, Uneinigkeit tragen [264]; – Frucht, die in Halmen steht oder reif ist, vernichten [275] und überhaupt Korn und Lebensmittel vergeuden [308]; – falsches Lob erkaufen [289]; – grausam sein [298]; – seinen Gläubigern den Tod wünschen [333]; – sich über die körperlichen Fehler der andern lustig machen [341]; – böse Gedanken gegen seine Lehrer hegen [347]; – List und Trug anwenden [155, 280], um vorwärts zu kommen [280, 361, 390]; – auf die Entdeckung der Fehler seiner Untergebenen ausgehen [367]; – anders reden als man denkt [471]; – Güte auf dem Gesicht und Grausamkeit im Herzen tragen [418, 291]; – sich der Wollust ergeben [416]; – betrügerischen Gewinn machen [280]; – die Einfältigen überlisten [436]; – den Wein übermäßig lieben [441]; – mit seiner Frau in Unfrieden leben [450]; – sich bei jeder Gelegenheit rühmen [454]; – unnütze Dinge treiben [469]; – in Liebe und Haß ungerecht sein [474].»

Etwas Naives haftet dieser zu solcher Innerlichkeit und Tiefe gediehenen Ethik insofern an, als fort und fort auf die alt-chinesische Vorstellung, daß der gute Lebenswandel von Glück und der nicht-gute von Unglück begleitet ist, als auf etwas Selbstverständliches Bezug genommen wird.[411]

---

411 [Vgl. Julien, S. 6.]
[R] In den den Sprüchen beigefügten Erzählungen wird jedesmal berichtet, was den Betreffenden auf gutes oder schlechtes Verhalten hin als Lohn oder Strafe [...] [zu]fiel.

Auf taoistische Einflüsse geht zurück, daß die Idee des ewigen Lebens im *Kan Ying Pien* eine Rolle spielt. Diejenigen, die gute Taten vollbringen, sollen auf ein langes Leben auf Erden, diejenigen, die die Vollkommenheit erreichen, auf die Unsterblichkeit hoffen dürfen.[412] Bei Kung-tse und seinen Nachfolgern erwartet der Mensch kein Fortleben nach dem Tode.

Wenn im *Kan Ying Pien* immer wieder von dem Glück, das auf Grund des rechten Verhaltens, und vom Unglück, das auf Grund des unrechten erfolgt, die Rede ist, so erbaut sich diese Ethik dennoch nicht einfach auf der Idee von Lohn und Strafe. Sie ist wie die alt-chinesische und die Kung-tse's von dem Grundsatz beherrscht, daß der Mensch das Gute zu tun hat, weil es zu seinem Wesen gehört und der Weltordnung gemäßt ist. Weil der Mensch sich aber durch das rechte Verhalten in Übereinstimmung mit der Weltordnung befindet, ergibt sich für ihn aus dem Guten Glück und [aus] dem Bösen Unglück. Bei Kung-tse – und dann besonders bei Meng-tse – tritt dieses zweite Motiv für das tugendhafte Verhalten ganz in den Hintergrund. Im *Kan Ying Pien*, wo die volkstümliche Betrachtungsweise vorherrscht, wird es stark betont, ohne daß dadurch jedoch die ursprüngliche und eigentliche Vorstellung der chinesischen Ethik, daß das Gute um seiner selbst willen zu tun sei, verdrängt wird.[413]

Aus dem *Kan Ying Pien* ist zu ersehen, welche Bedeutung auch die volkstümliche chinesische Ethik dem gütigen Verhalten den Geschöpfen gegenüber beilegt.

Aus den Geboten und Verboten des *Kan Ying Pien*:

«Habt ein gutes Herz für die Geschöpfe (51). – Tut selbst den Insekten, den Pflanzen und den Bäumen kein Leid an (73). – Böse ist, Vögel und Tiere [Vierfüßler] mit Waffen zu jagen (230) und sie zu töten, die Löcher, in denen Insekten wohnen, zu verschließen und die Vogelnester zu zerstören (235), trächtige Tiere zu töten (237); – [Haus-]Tiere [zu] töten, nur um ihr Fleisch zu gewinnen, ohne durch die Pflicht, Opfer darzubringen oder Gäste zu ernähren, dazu genötigt zu sein (302 [mit Kommentar]); – [die Menschen und] die Tiere [zu] hetzen und [zu] plagen (312); – im Frühjahr (wo die Tiere Junge geworfen haben) den Wald an[zu]zünden, um zu jagen» (498).

Das *Kan Ying Pien* verurteilt die mit Lust am Verfolgen und Töten der Tiere betriebene Jagd. Es erkennt sie nur als eine Notwendigkeit an, wenn es im Sommer gilt, die Ernte gegen Vögel und Tiere [Vierfüßler] zu schützen, und im Herbst, die für die Opfer erforderten Tiere zu erlegen (498 [Kommentar]).

Aus den Erklärungen zu den Geboten von dem gütigen Verhalten gegen die Geschöpfe:

«Sieht man Tiere, die in Not sind, muß man darauf bedacht sein, ihnen beizustehen und ihnen das Leben zu erhalten [55]. – Haltet mit Ernst eure Kinder davon ab, sich mit Mücken oder Schmetterlingen oder kleinen Vögeln als Spielzeug zu belusti-

412 [Julien S. 31, 130, 133.]

413 Über die Idee von Lohn und Strafe in der chinesischen Ethik siehe auch S. [69 f.].

gen. Nicht nur, daß solches Tun Verletzung von lebenden Wesen zur Folge haben kann: es weckt auch in den jungen Herzen den Trieb zur Grausamkeit und zum Morden [55]. – Der Himmel und die Erde geben allen Geschöpfen Leben und Wachstum. Wenn ihr sie verletzt, so befolgt ihr nicht die Güte des Himmels und der Erde» [73].

Aus den den Geboten beigegebenen Erzählungen (gekürzt):

«Die Frau eines Soldaten namens Fan war schwindsüchtig und dem Tode nahe. Als Heilmittel wurde ihr verordnet, die Gehirne von hundert Sperlingen zu essen. Als sie die Tiere im Käfig sah, seufzte sie und sprach: Soll es denn sein, daß für meine Genesung hundert lebendige Wesen getötet werden? Lieber will ich sterben als zulassen, daß ihnen solches Leid widerfahre. Sie öffnete den Käfig und ließ sie fliegen. Einige Zeit nachher genas sie» [Julien, S. 53].

«Tsao-Pin bewohnte ein verfallenes Haus. Seine Kinder ersuchten ihn, es instand zu stellen. Er aber antwortete ihnen: In der Winterkälte bieten die Risse in der Mauer und die Zwischenräume zwischen den Ziegeln und den Steinen[414] allerlei Lebewesen Schutz und Zuflucht. Man soll sie nicht in Gefahr bringen, zugrunde zu gehen» [Julien, S. 233].[415]

«Wu-tang aus Liu-ling pflegte seinen Sohn mit auf die Jagd zu nehmen. Eines Tages trafen sie einen Hirsch, der mit seinem Jungen spielte. Als er Tang erblickte, ergriff er die Flucht. Tang aber nahm einen Pfeil und tötete das Junge. Als Tang sich in hohem Gras versteckt hatte, kehrte der Hirsch zurück und leckte die Wunde des Jungen. Wiederum spannte Tang seinen Bogen und tötete ihn. Nach einiger Zeit erblickte er einen andern Hirsch und sandte ihm seinen Pfeil nach. Aber der Pfeil kam aus seiner Bahn und durchbohrte seinen Sohn. Darauf warf Tang seinen Bogen fort und umarmte seinen Sohn unter Tränen. In diesem Augenblick hörte er eine Stimme aus den Lüften, die zu ihm sprach: Tang, der Hirsch liebte sein Junges ebenso sehr wie du deinen Sohn» [Julien, S. 232].

Auch von den 300 Geboten der in der Neuzeit entstandenen Ordensregel der taoistischen Mönche handeln eine ganze Reihe von dem mitleidsvollen Verhalten gegen die Kreatur:

1. Gebot: «Du sollst kein lebendes Wesen töten noch sein Leben schädigen.» – 2. Gebot: «Du sollst keines lebenden Wesens Fleisch und Blut als Speise verzehren.» – 34. Gebot: «Du sollst ... Haustiere nicht peitschen und schlagen.» – 35. Gebot: «Du sollst nicht mit Absicht Insekten und Ameisen zertreten.» – 36. Gebot: «Du sollst nicht mit Angelhaken und Pfeilen dich ergötzen.» – 37. Gebot: «Du sollst nicht auf Bäume klettern, um Nester auszunehmen und die Eier zu vernichten.» – 63. Gebot: «Du sollst nicht Vögel oder Vierfüßler in Schlingen und Netzen fangen.» – 64. Gebot: «Du sollst Vögel, die im Nest brüten, nicht erschrecken und aufscheuchen.» – 65. Gebot: «Du sollst nicht grundlos Blumen und Gras abpflücken und ausreißen.» – 67. Gebot: «Du sollst keine Triften und Bergwaldungen abbrennen.» – 68. Gebot: «Du sollst in den Wintermonaten keine in der Erde überwinternden Tiere ausgraben.» – 112. Gebot: «Du sollst den Erdboden nicht mit heißem Wasser übergießen, um dadurch Insekten und Ameisen zu vertilgen.»[416]

---

414 [Ms.:] Zwischen den Backsteinen und zwischen den Steinen. [Julien: *les interstices des tuiles et des pierres*.]

415 [R] Lambarene. Montag 12.2.40.

416 [Nach H. Hackmann, *Die dreihundert Mönchsgebote des chinesischen Taoismus*, Amsterdam 1931, S. 8 ff.]

Von sich aus, nicht wie zuweilen behauptet wird, unter dem Einfluß des Buddhismus, ist die chinesische Ethik dazu gekommen, gütiges Verhalten auch der Kreatur gegenüber zu fordern.

[12. Vergleich des chinesischen Denkens mit dem indischen und europäischen]

Die chinesische Idee des universellen Mitleids ist ganz anders geartet als die indische. Sie hängt nicht wie diese mit einer Theorie über das Wesen des Seins und nicht mit der Lebens- und Weltverneinung zusammen und ist auch nicht durch das Prinzip der Nicht-Tätigkeit beschränkt, sondern entsteht aus dem natürlichen, sich in Taten auswirkenden Mitempfinden. Einige Gebote gütigen Verhaltens gegen die Geschöpfe finden sich schon in der alt-chinesischen Ethik und bei Kung-tse. Als erster stellt Yen-tse (580–500 [v. Chr.]) ganz allgemein diese Forderung auf.[417] Bei dem Taoisten Lieh-tse (etwa 440–370 v. Chr.), bei dem Dialektiker Hui-tse (gestorben etwa 330 v. Chr.), bei Meng-tse (372–289 v. Chr.) und bei Tschu Hsi (1131–1200 [n. Chr.]) und anderen wird dann die Erkenntnis der zwischen dem Menschen und den Geschöpfen bestehenden Wesensverwandtschaft ausgesprochen.[418] Die Idee des Mitleids mit der Kreatur ist im chinesischen Denken also vorhanden, lange bevor es mit dem Buddhismus bekannt wird. Durch diesen wird es dann darin bestärkt und beeinflußt.

So trägt die chinesische Idee des Mitleids mit der Kreatur bei späteren Denkern wie bei Tschu Hsi, im *Kan Ying Pien* und in der neuzeitlichen Ordensregel der taoistischen Mönche Züge der indischen an sich, ohne daß aber ihr eigentliches Wesen dadurch berührt wird.

Auf buddhistischen Einfluß geht zurück, daß das *Kan Ying Pien* fast bei der Forderung des Verzichts auf fleischliche Nahrung anlangt und daß es verlangt, daß der Mensch sich auch des Schädigens der pflanzlichen Wesen enthalte. Auch Tschu Hsi, vom Buddhismus herkommend, nimmt eine nicht nur zwischen dem Menschen und den Tieren, sondern [auch] zwischen ihm und den Pflanzen bestehende Wesensverwandtschaft an. Wo die Idee des Mitleids mit den anderen Wesen bis in die

---

417 [Kommentar Kramers': «Wie früher schon gesagt: Datierungsschwierigkeiten. Schweitzer muß Forkes *Geschichte der chinesischen Philosophie* studiert haben. Forke zitiert die Meinung chinesischer Gelehrter, nach denen das ihm zugeschriebene Werk wohl von Nachfolgern zusammengesetzt [wurde], die Gedanken aber wohl von Yen-tse selber stammen können. Aber der Brauch, eigene Meinungen früheren Meistern in die Schuhe zu schieben, war schon früh weit verbreitet in China.»]

418 Über das Verhalten zur Kreatur in der alt-chinesischen Ethik siehe S. 69 f., 75 f., bei Kung-tse: S. 91 f., bei Yen-tse: S. 75, bei Lieh-tse: S. 98 f., 104 f., [bei Tschuang-tse: S. 98 f.,] bei Hui-tse: S. 118, bei Meng-tse: S. 132 f., bei Tschu Hsi: S. 146 f. [Siehe auch *Mensch und Kreatur in den Weltreligionen*, Kap. über China.]

letzten Konsequenzen verfolgt wird, liegt buddhistischer Einfluß vor. Sehr stark tut er sich in den neuzeitlichen Ordensregeln der taoistischen Mönche kund.

Durch sein Alter und durch seine Art ist das chinesische Denken ehrfurchtgebietend.

Als erster gelangt der chinesische Mensch zur Vorstellung der Totalität des Seins; als erster ist er in tieferer Weise mit der Frage seines Daseins in der Welt beschäftigt. In seinem sich so früh auf einer solchen Höhe bewegenden Denken entstehen dann Ideen, in denen der Einzelne wahres Menschentum und die Gesellschaft eine geistige Kultur besitzt.

Durch seine ethische Lebens- und Weltbejahung befindet sich das chinesische Denken von vornherein auf der rechten Bahn. Auch die chinesische Mystik läßt nicht von der ethischen Lebens- und Weltbejahung. Während die indische Mystik in Lebens- und Weltverneinung beginnt und erst im Laufe von Jahrhunderten sich der Lebens- und Weltbejahung zuwendet,[419] handelt es sich in der chinesischen[420] nicht um ein Eins-Werden mit dem unendlichen Sein, das in einem Aufgehen und Versinken in ihm besteht, sondern um ein Wirken im Sinne des Weltgeistes.

Ist in der chinesischen Mystik die ethische Lebens- und Weltbejahung in ihrer Auswirkung durch den aus der primitiven Mystik übernommenen Grundsatz der Nicht-Tätigkeit gehemmt, so kommt sie in dem sachlichen Denken der alt-chinesischen Weisen, Kung-tse's und seiner Nachfolger zur vollen Entfaltung.

Dieses chinesische Denken verkündet die ethische Lebens- und Weltbejahung als etwas, das in dem Wesen des Menschen gegeben ist und das jeder Einzelne, indem er sich selbst ergründet, als wahr zu erfahren bekommt.[421]

Dadurch, daß es von der Überzeugung beherrscht ist, daß der Mensch durch sein ethisches Verhalten sich in Harmonie mit dem Weltgeschehen befindet, hat auch das sachliche chinesische Denken etwas Mystisches an sich.

Groß ist es darin, daß es natürlich und elementar bleibt. Es begibt sich nicht auf Nebenwege, sondern hält die Richtung auf das eigentliche Ziel inne. In ihm kommt keine Vielheit von verschiedenen Denkmethoden und diesen entsprechenden Denksystemen, wie sie sich im europäischen Denken findet, zur Ausbildung. Besteht der Reichtum des europäischen Denkens darin, daß es die Probleme der Weltanschauung von

---

419 [R] zur Lebens- und Weltbejahung durchringt, ...

420 [R] handelt es sich für Lao-tse von Anfang an nicht um ...

421 [R] Das Große dieser chinesischen Denker ist, daß sie die ethische Lebens- und Weltbejahung nicht einfach proklamieren, sondern den Einzelnen dazu anhalten, sich ihrer im Nachdenken über sich selber und die Welt immer aufs neue gewiß zu werden.

einem immer neuen Standpunkt aus und unter immer neuen Voraussetzung betrachtet, so ergibt sich der des chinesischen daraus, daß es sich fort und fort in der Weise, in der es begonnen hat, um die Gedanken, deren der Mensch zum Leben bedarf, bemüht. Die Unstetigkeit und Zerrissenheit gehört zum Wesen des europäischen, die Stetigkeit und Einheitlichkeit zum Wesen des chinesischen Denkens.

Einen großen Vorzug bedeutet es, daß das chinesische Denken es nicht unternimmt, die Welt im Sinne der ethischen Lebens- und Weltbejahung zu erklären. Es setzt ganz allgemein voraus, daß der Mensch sich durch sein ethisches Verhalten in Übereinstimmung mit dem Weltgeschehen befindet.[422] Aber es vermißt sich nicht, das Geheimnis des Weltgeschehens begreifen zu wollen.

Weil es sich mit keiner Welterklärung belastet, hat das chinesische Denken keine Schwierigkeit, durchaus wahrhaftig zu bleiben. Es kommt nicht in die Lage, um Fortschritte in der sachlichen Erkenntnis der Welt gelten lassen zu können, Ansichten, die es bisher vertrat, offen oder heimlich preisgeben zu müssen.[423] Stetig kann es bei seiner ganz allgemein gehaltenen Theorie verbleiben, daß alles Geschehen sich aus dem Aufeinanderwirken schöpferischer Kräfte ergibt.

Weil es sich nicht auf eine ethische Deutung des Weltgeschehens einläßt, muß das chinesische Denken es dem Menschen auferlegen, daß er sich mit dem Schicksalhaften dessen, was ihm widerfährt, vertraut macht und auch die Frage, ob es ein Dasein nach dem Tode gibt, dahingestellt sein läßt. Wenn in dem ganz volkstümlichen Denken, wie es sich bei Me-tse und im *Kan Ying Pien* findet, der Mensch auf Grund seines sittlichen Verhaltens auf Glück und langes Leben, auch gar auf Unsterblichkeit hoffen zu dürfen glaubt, so wollen doch Kung-tse und seine Nachfolger, daß er zur Resignation gelange und sich mit dem Gedanken vertraut mache, das Gute rein um seiner selbst willen zu tun habe, ohne davon etwas anderes als das innerliche Beglückt-Sein zu erwarten. Das chinesische Denken ist soweit vorangekommen, daß es den Menschen keine von gefühlsmäßigen Bedürfnissen eingegebene Forderungen an das Dasein stellen läßt. In dieser mutigen Haltung ist es, wie auch in andern Dingen, mit dem Stoizismus verwandt.

Die Überzeugung, daß das Ethische in sich selbst begründet sei und von sich aus feststehe, zu der das europäische [Denken] erst auf Umwegen und mit Widerstreben gelangt, besitzt das chinesische Denken von vornherein.[424] Ihm zufolge hat sich der Mensch um seiner selbst

---

422 [R] Es nimmt ganz allgemein eine Weltordnung an, mit der der Mensch sich durch ethisches Verhalten in Übereinstimmung befindet.

423 [R] Seinen Grundideen nach veraltet es nicht. Das Aufkommen einer neuen Weltanschauung, welcher Art sie auch sei, kann ihm keine Schwierigkeiten bereiten.

424 [R] In dem Wesen des Menschen ist das Ethische gegeben. Er entdeckt es als etwas ihn absolut Verpflichtendes in dem Nachdenken über sich selbst. Das Ethische ist

willen, um das wahre Menschentum zu besitzen und zu bewähren und zugleich, um das Gute in der Welt zu verwirklichen, darum zu bemühen, ethisch zu sein. Beide Motive sind miteinander vorhanden, doch so, daß das erstere vorherrscht.

Als Ideal wird das des edeln, wahrhaftigen, gütigen, die guten Formen wahrenden Menschen aufgestellt.

Die chinesische Ethik bleibt nicht bei allgemeinen Angaben über Gut und Nicht-Gut stehen, sondern geht in lebendiger Weise auf das Einzelne ein. Alles, wozu sich der Mensch in seinem Streben nach dem Vollkommener-Werden und in seinem natürlichen und tiefen Empfinden und Mitempfinden verpflichtet fühlen kann, zieht sie in Betracht. An Gediegenheit kommt ihr hierin keine andere Ethik gleich.

Obgleich sie sehr weitgehende Forderungen aufstellt und bei Mengtse und anderen bereits die Idee der Liebe vertritt, meint die chinesische Ethik, es nur mit den sich aus dem vernünftigen Überlegen ergebenden und ohne weiteres durchführbaren Pflichten zu tun zu haben. In Wirklichkeit ist sie, ohne sich davon Rechenschaft zu geben, aus dem Kreis, in dem sie sich noch zu befinden glaubt, schon herausgetreten. Sie ist nicht darauf aufmerksam geworden, daß das Prinzip der Liebe, wenn der Mensch es wagt, wirklich Ernst damit zu machen, grenzenlose Forderungen an ihn stellt, sodaß es für ihn zum Problem wird, was er von seinem Dasein für sich behalten und was er davon an andere hingeben muß.

Groß ist die chinesische [Ethik] auch durch die Weite des Horizonts. Während die europäische Ethik Mühe hat und Zeit braucht, sich von der Idee des Volkes zu der [der][425] Menschheit zu erheben, ist diese für das chinesische Denken dadurch, daß auf dem großen Gebiet Chinas die Völker eine Einheit bilden, als Realität vorhanden.

Indem das chinesische Denken dann dem natürlichen Mitempfinden und Überlegen des Menschen freien Lauf läßt, gelangt es zur Erkenntnis, daß nicht nur alle Menschen, sondern überhaupt alle Wesen zusammengehören und daß der Mensch nicht nur gegen den Nebenmenschen, sondern auch gegen die Geschöpfe gütig sein müsse.[426]

Wie durch die Idee der Liebe hätte die chinesische Ethik [auch] durch die in ihr vorhandene Einsicht, daß der Mensch allen Wesen gegenüber Verpflichtungen hat, auf das Problem der Grenzenlosigkeit der Forderungen der Ethik geführt werden sollen. Aber sie erschaut es nicht,

---

[für] das chinesische Denken das natürliche Sein und Verhalten des Menschen. Die chinesische Ethik läßt den Menschen mit allen Fragen, die sein Verhalten zu sich und zu den andern ergeben [d. h.: betreffen], beschäftigt sein.

425 [R] zu der die Völker in sich begreifenden Menschheit.

426 [R] [Im Haupttext gestrichen:] Indem, daß das chinesische Denken sich über die Unendlichkeit des Gebietes der Ethik Rechenschaft gibt [(Haupttext:] das ganze Gebiet der Ethik entdeckt und erforscht), ist es von jeher und bis heute dem europäischen voraus.

obwohl sie bis dahin vorangekommen ist, wo diese Aussicht sich auftut.[427]

Was die chinesische Ethik durch die Jahrhunderte hindurch in der Erziehung der Einzelnen und der Völker geleistet hat, ist großartig. Nirgends auf der Welt hat es eine auf ethischen Ideen beruhende Kultur gegeben, die sich mit der auf dem Boden Chinas bestehenden messen kann.[428]

Wohl besitzt auch das europäische Denken – durch das Christentum – hohe Ideale. Aber es kam nicht dazu, sie, wie das chinesische, in einer stetigen, gediegenen und feinen Kultur zu verwirklichen.

[13. Krise von der Mitte des 19. Jahrhunderts an]

Von der Mitte des 19. Jahrhunderts an machen das chinesische Reich, die chinesische Kultur und das chinesische Denken eine schwere Krise durch.

Das chinesische Reich ist unter den Mandschu-Kaisern ein Friedensreich geworden und kommt in große Gefahr, als es sucht, sich als solches zu behaupten. Die Mandschu-Kaiser führen keine Eroberungskriege. Sie unterwerfen die an den Grenzen wohnenden Völker, wenn diese die Ruhe des Reiches bedrohen. Soweit es tunlich ist, lassen sie ihnen ihre Selbständigkeit, wie sie sie überhaupt mit Wohlwollen behandeln.

So besteht China vom 18. bis in die Mitte des 19. Jahrhunderts hinein als ein Kulturstaat, der niemanden bedroht und von niemandem bedroht wird und das im chinesischen Denken entstandene Ideal des Kulturstaates weitgehend verwirklicht.

Wo dann aber die über moderne Rüstungen verfügenden Reiche es von Westen und Osten her bedrohen, ist es ihnen gegenüber wehrlos, weil es sich nicht seinerseits moderne Waffen und Kriegsschiffe beschaffte.

So müssen von jener Zeit an die Herrscher Chinas eine Demütigung nach der andern und einen Verlust nach dem andern hinnehmen, weil sie in der Illusion verbleiben wollen, daß in der Welt das Zeitalter des Friedens und der Kultur angebrochen sei, wo in den andern Reichen offener denn zuvor das Recht der Macht geltend gemacht wird.

1840–42 führt England mit China Krieg, um es zu zwingen, die Einfuhr von Opium zu gestatten; 1882–85 entreißt Frankreich ihm Gebiete im Süden; 1894–95 von Japan besiegt, verliert es Formosa und Korea; 1897 muß es sich dazu verstehen, Kiautschou an Deutschland zu verpachten. Im Jahre 1900 findet in Nordchina eine

---

427 [R] Wie weit ist sie aber vorangekommen, indem sie bis dahin gelangte, wo die Aussicht auf die letzten Fragen sich auftut!

428 [R] Lambarene, Freitag 16.2.40.

durch die Forderungen der fremden Mächte verursachte erste nationale Erhebung – der sogenannte Boxeraufstand – statt, in der die Bauern mit der Mandschu-Aristokratie in dem Kampfe um die Unabhängigkeit Chinas zusammengehen. Mit Handelsverträgen, mit Konzessionen für Bahnbauten und Ausbeutung von Bodenschätzen und mit anderen Zugeständnissen wirtschaftlicher Art, die China zum Vasallen der fremden Mächte machen, muß dann der Friede erkauft werden.

Zuletzt – 1938 – bleibt dem wiederum angegriffenen Volke nichts anderes übrig, als den Kampf um seine Existenz zu führen und so gut es gehen will, die versäumten Rüstungen nachzuholen.

Ein Jahrhundert braucht das chinesische Volk, um die Folgerungen aus der Lage, in der es sich befindet, zu ziehen, weil es in dem Glauben verbleiben will, um den Preis erduldeter Demütigungen und gebrachter Opfer, der in seiner geistigen Kultur gegebenen Friedensliebe treu bleiben zu können.

Für die chinesische Kultur stellt sich in dieser Zeit die Frage, ob sie sich als solche behaupten oder sich dazu entschließen will, Ideen und Einrichtungen fremder Kulturen zu übernehmen und auf die vorhandenen Probleme in anderer Weise als bisher einzugehen.

Seinen Traditionen nach ist das vom Geiste Kung-tse's erfüllte Beamtentum, dem man Idealismus, Pflichttreue und Ehrlichkeit nicht absprechen kann, vor allem auf Erhaltung des Alten bedacht. In diesem Bestreben gehen die Schriftgelehrten der Provinz Hunan so weit, daß sie im Jahre 1891 das Volk aufwiegeln, weil in den staatlichen Prüfungen nun auch Kenntnis in der Mathematik verlangt werden soll.[429]

Im Vordergrunde der Probleme steht das der Verschuldung der Kleinbauern, die den in den Städten wohnenden Besitzern des von ihnen bebauten Bodens zinspflichtig sind.[430] Schon lange hätte man es in Angriff nehmen sollen. Man unterließ es aber, weil nach der überlieferten Anschauung der Staat nur für die Aufrechterhaltung der Ordnung und die Erziehung zur rechten Gesinnung zu sorgen hat, ohne verpflichtet oder berechtigt zu sein, in die Ordnung der Dinge, wie sie auf legalem Wege zur Ausbildung gekommen ist, einzugreifen.

In der neuen Zeit kommen, im Gefolge des Welthandels und der Industrie, zu den alten noch neue soziale Mißstände hinzu. Und die Masse nimmt die Not, in der sie sich befindet, nicht mehr mit der Ergebung hin wie vordem. Sie hat Kunde von den Kämpfen, die das Proletariat in den fremden Ländern für die Bessergestaltung seiner Daseinsbedingungen führt.

Auf kommunistische und mißverstandene christliche Ideen geht der furchtbare Taiping-Aufstand (1851–66) zurück, der so furchtbares Elend über Südchina und Mittelchina bringt. Die Rebellen wollen ein ewiges

---

429 Zenker II, S. 312. [Von den konservativen Ju von Hunan angestiftete Unruhen im Yang-tse-Tal.]

430 Siehe darüber auch S. [93 (Schlussabschnitt von Kap. 2)].

Friedensreich – Tai Ping heißt Großer Friede – gründen. Hung Siu-tsch'üan,[431] von dem die Bewegung ausgeht, gibt sich als ein jüngerer Bruder Christi aus.[432]

Nachdem der Aufstand niedergeschlagen ist, gelingt es den Beamten noch Jahrzehnte lang, Ruhe und Ordnung im Reiche aufrecht zu erhalten. An Reformen wagen sie sich aber nicht heran. Es läßt sich ja kein Plan der Vereinigung des Neuen mit dem Alten entwerfen. Beginnt man einmal mit Neuerungen, so ist nicht abzusehen, wo man Halt machen könne.

Was wäre damals aus China geworden, wenn der von Khang Yu-wei[433] beratene Kaiser Kuang Hsü (1898–1900), der dann von seiner Tante, der Kaiserin-Witwe Tze-Hsi,[434] gestürzt wurde, sein Vorhaben, China mit einem Schlage durch Edikte zu europäisieren,[435] hätte durchführen können!

Verhängnisvoll wirkt sich aus, daß die Regierenden den Forderungen der neuen Zeit nicht wenigstens darin zu entsprechen suchen, daß sie das Schulwesen verbessern. Sie hätten dafür sorgen sollen, daß in den Schulen nicht nur Kenntnis der klassischen Schriften und ihrer Kommentare, sondern auch das in der neuen Zeit so notwendige praktische Wissen erworben werden konnte. Weil sie diese Möglichkeit in der Heimat nicht finden, müssen sich die Angehörigen der jüngeren Generation dieses Wissen auf ausländischen Schulen holen und kehren als solche, die durch die draußen übernommenen Anschauungen und Gewohnheiten der Kultur ihres Volkes entfremdet sind, nach Hause zurück. Aus diesen Kreisen gehen dann Revolutionäre hervor, für die das Heil Chinas in raschester Europäisierung des Volkes und in kommunistischen Einrichtungen besteht.

Den Plan, in China selber eine moderne Hochschule zu gründen, faßte der hochgebildete Staatsmann Wen Chiang.[436] Aber sein Peking College (Tung-Wen-Kuan), von dem englischen Zollinspektor verständnislos geleitet, verkommt. Später entwickelt es sich zur Universität Peking.[437]

Vom Beginn des 20. Jahrhunderts an beginnt man dann mit der Reform des Unterrichtswesens, auf längere Zeit hin mit dem Ergebnis, daß die bestehenden Schulen zugrunde gerichtet werden, ohne durch brauchbare neue ersetzt zu sein.

---

431 [Nach Korr. in der Abschrift Woytt. Ms.:] Hung Siu Tsuen.

432 Ku Hung Ming [Ms.: *Ku Hung Min*] 40, 144. [*Chinas Verteidigung gegen europäische Ideen*, Jena 1911]

433 [Nach Korr. in der Abschrift Woytt. Ms.:] Khang-Yu-Wei [nach Zenker II, S. 317.]

434 [Nach Korr. in der Abschrift Woytt. Ms. (nach Zenker II, S. 317)] Tzu-Hsi.

435 Ku Hung Ming [Ms.: *Ku Hung Ming*] [a.a.O., S.] 67.

436 Zenker II, [S.] 313 [: Wen Tschian].

437 Zenker II, S. 313. Ku Hung Ming, [a.a.O., S.] 147; 46[ff.].

Im Jahre 1904 wird die seit Jahrhunderten bestehende Ordnung der von den Beamten verlangten Prüfungen abgeschafft. Dies ist ein Fortschritt in der Hinsicht, als sie nun nicht mehr so ausschließlich durch das Studium der Kommentare zu den klassischen Schriften in Anspruch genommen werden, sondern sich auch durch den Erwerb praktischer Kenntnisse auf ihr Amt vorzubereiten haben. Zugleich aber will es heißen, daß sie nun nicht mehr die bisherige geistige und ethische Bildung besitzen wie vordem.

Mit dem Kaisertum, das 1912 ein Ende nimmt, verliert China die Institution, die seinen Fortbestand durch die Jahrhunderte hindurch garantiert hat. In Zeiten der Not hat es immer wieder Kaiser besessen, die es nicht nur vor dem Untergang bewahrten, sondern auch seine Kultur zu neuem Leben erweckten. Nun aber, wo aufs neue sein Bestand und seine Kultur in Frage gestellt sind, kann es solche Hoffnung nicht mehr hegen, sondern muß warten, ob ihm aus dem Volke Männer erstehen, die über die Macht und die Autorität verfügen, um den mit der Republik einhergehenden Wirren ein Ende zu setzen und das Reich und die Kultur zu erretten.

Tragisch ist, daß in dem chinesischen Denken in dieser Zeit nicht eine wahrhaft große Persönlichkeit auftritt, in der es sich auf sich selbst besinnen und in dem vollen Bewußtsein seiner Art und seines Wertes sich mit den neuen Gedanken und dem neuen Wissen, mit denen es bekannt wird, auseinandersetzen kann.

Die Denker, die wie Ku Hung Ming [zu Beginn der zweiten Hälfte des 19. Jahrhunderts geboren], obwohl sie mit der europäischen und amerikanischen Philosophie bekannt sind, bei der Lehre Kung-tse's verbleiben, sind den ethischen Idealen derselben ergeben, ohne sich der überragenden Stellung, die sie im Denken der Menschheit einnimmt, klar zu sein.

Khang Yu-wei[438] (1860–1927), der mit Kaiser Kuang Hsü (1898–1900) China europäisieren wollte, legt Kung-tse moderne Gedanken und eine moderne Geschichtsphilosophie bei und will damit dessen Lehre in ihrer ursprünglichen Gestalt wiederhergestellt haben. Zuletzt versucht er, eine auf sozialistischen Idealen beruhende chinesische Staatsreligion aus ihr zu machen, was er aber infolge des inzwischen – 1912 – erfolgenden Sturzes des Kaisertums nicht durchführen kann. Er sieht in Kung-tse einen großen Revolutionär, der die klassischen Schriften selber verfaßt und die heiligen Herrscher des Altertums erfunden hat, um seinen Ideen durch eine künstlich geschaffene Überlieferung Ansehen zu verleihen.[439]

---

438 [Ms.:] Khang-Yu-Wei [siehe Anm. 433.]

439 Zenker II, [S.] 317 ff. Wilhelm, [*Chinesische Philosophie*, S.] 117.

Andere neuere chinesische Denker vertreten hingegen die Ansicht, daß der ethische Rationalismus der Lehre Kung-tse's nicht dem eigentlichen chinesischen Geiste entspreche. Daß sie so lange herrschend gewesen sei, sei mehr äußeren Umständen als ihrer Bedeutung zuzuschreiben. So glaubt Hu Schi[440] ([1891–1962]), der auf amerikanischen Universitäten studiert hat und dadurch, daß er an der Universität Peking lehrt, einen großen Einfluß ausübt, bei Me-tse (Mi-tse, Me Ti, etwa 480–400 v. Chr.) den rechten Ausgangspunkt für das vernünftige chinesische Denken gefunden zu haben. Er sieht in diesem sich neben Kung-tse klein ausnehmenden Denken den Vorläufer des modernen Sozialismus und will von ihm aus mit dem europäischen Denken in Beziehung treten.[441]

Andere wiederum halten Wang Yang-ming (1472–1528) für den Denker, dessen Weltanschauung mit modernem Wissen und modernen Ideen am besten vereinbar ist.[442]

Daß das chinesische Denken Führer sucht, die am besten zu Verhandlungen mit der europäischen und amerikanischen Philosophie und zum Eingehen von Kompromissen taugen, zeigt die Verwirrung, in der es sich befindet.

Kung-tse soll seine Rolle ausgespielt haben, weil er in seiner rationalistischen und ethischen Denkweise der fremden Philosophie nicht entgegenkommt und von ihm auch nicht zu erwarten ist, daß er Verhandlungen mit der modernen Erkenntnistheorie und Naturwissenschaft eingehen wird, um sich von ihnen die Zuverlässigkeit seiner Lehre bescheinigen zu lassen.

Wenn er auch die Mode gegen sich hat, so gehört ihm dennoch die Zukunft. In seiner Natürlichkeit, seiner Schlichtheit, seinem Idealismus und seiner Tiefe wird das von ihm ausgehende Denken sich, wie in der Vergangenheit, so auch in der Zukunft, behaupten. Durch die Festigkeit seines Standpunkts wird seine Entwicklungsfähigkeit nicht beeinträchtigt. Mit anderem Denken und mit fortgeschrittenem Wissen in Beziehung zu treten, bedeutet für es keine Gefährdung seines Bestehens, sondern kann ihm Klärung und Bereicherung bringen. Weil es natürlich ist und nicht die Einseitigkeit und Geschlossenheit eines Systems besitzt, kann es sich in jeder Richtung hin fortbilden.

Das von Kung-tse ausgebildete Denken ist noch nicht zu völliger Entfaltung gekommen, weil es sich mit den theoretischen und praktischen Problemen, wie sie sich ihm stellten, nicht eindringlich genug

---

440 [Nach Korr. in der Abschrift Woytt. Ms. (nach Zenker II, S. 323): Hu-shi. Dazu W. Glüer: Hu-shi mit Bindestrich sei falsch, weil Hu = Eigenname, Shi der persönliche Name.]

441 Über Me-tse siehe S. [112 ff.]. [Über Hu Schi (Hu-shi): Zenker II, S. 322–327.]

442 Über Wang Yang-ming siehe S. [149 ff.]. [Siehe auch H. Hackmann, *Chinesische Philosophie*, S. 373.]

beschäftigte, sondern die mehr zu seiner Tradition als zu seinem Wesen gehörende Tendenz zeigte, in der einmal angenommenen Haltung zu verharren. Statt auf dem Wege, auf dem es sich befindet, vorwärts zu gehen, ist es auf ihm stehen geblieben.

Wenn dem chinesischen Denken eine Zukunft beschieden ist, so besteht diese darin, daß eine Erneuerung des von Kung-tse ausgehenden Denkens stattfindet, indem die in ihm gegebenen Möglichkeiten sich verwirklichen[443] und das in ihm vorhandene Leben zu völliger Entfaltung kommt. Es besitzt die Fähigkeit, aus eigener Kraft in einer seinem Wesen entsprechenden Weise modern zu werden, ohne darum seine Tiefe zu verlieren. Vor allem muß sich in ihm ein starker Trieb, die Wirklichkeit nach den Idealen umzugestalten, ausbilden. Statt nur den Einzelnen als solchen zu gebieten, muß es auch von der Gesellschaft ein die Bessergestaltung der Verhältnisse zum Ziele habendes Tun verlangen.[444]

Die zeitgemäße Erneuerung des von Kung-tse ausgehenden Denkens wird einen Sieg der geistigen, ethischen Kultur über die materialistische bedeuten, der sich nicht nur in China, sondern in der ganzen Welt auswirken wird.

Daß so manche der neuzeitlichen chinesischen Denker an Kung-tse irre geworden sind, will nicht heißen, daß er in dem heutigen China nichts mehr gilt. Seine Denkweise hat so tiefe Wurzeln in dem chinesischen Geiste, daß sie weiter besteht, auch wenn die Zeit ihr nicht günstig ist. Kung-tse hat in China das Große geleistet, daß er einen weiten Kreis mit dem Ideal einer ethischen Bildung vertraut machte. Diese Gebildeten halten dem Denken, in dem sie, wie ihre Vorgänger in vergangenen Jahrhunderten, aufgewachsen sind, die Treue. Bei ihnen ist es geborgen, bis es wieder erstarkt und die Rolle, die ihm zufällt, durchführen kann.

[14. Neues europäisches Interesse für das alt-chinesische Denken]

In derselben Zeit, in der das chinesische Denken unter dem Eindruck, den die fremde Philosophie und die moderne Wissenschaft auf es machen, in Gefahr ist, an sich selber irre zu werden, fängt Europa an, nachdem es seit Ende des 18. Jahrhunderts sich kaum mit dem Geistesleben Chinas abgegeben hatte, sich wieder mit ihm zu beschäftigen.

Dieses neue Interesse ist anderer Art als das, das es ihm im 17. und 18. Jahrhundert entgegenbrachte. Zunächst einmal gilt es nicht mehr, wie damals, nur der Lehre Kung-tse's, sondern dem ganzen chinesischen

443 [R] Nicht nur die Gesinnung zur Tätigkeit [, sondern daß das Denken] tätig wird [, sich] aufrafft.

444 [R] Einseitigkeit ablegen.

Denken. Lao-tse und die anderen Mystiker fingen im 18. Jahrhundert in China selber erst an, wieder bekannt zu werden. In der neuesten Zeit wird aber auch Europa auf die chinesische Mystik und durch sie auf die ihm so fremde Denkweise der Mystik als solcher aufmerksam. Durch Lao-tse sind wir mehr mit ihr vertraut worden als durch die europäischen Mystiker.

Verschieden ist unser neues Interesse von dem früheren auch dadurch, daß unterdessen eine folgenschwere Wandlung in unserem Denken vor sich gegangen ist. Leibniz, Christian Wolff, Voltaire und ihre Zeitgenossen haben ein Verhältnis zur Lehre Kung-tse's, weil sie dieselben ethischen Überzeugungen enthält wie die, zu denen das Aufklärungszeitalter, in dem sie leben, gelangt ist. Uns ist diese ethische Weltanschauung verloren gegangen. In dem komplizierten und so unbefriedigenden Denken unserer Zeit befangen, lernen wir durch das chinesische [Denken] das, was wir einst mit ihm gemeinsam hatten, wieder kennen. Wir stehen unter dem Eindruck, den dieses Einfache und Elementare auf uns macht. Gewohnt, unsere Lebensanschauung aus der Erkenntnis der Welt ableiten zu wollen, finden wir bei den chinesischen Denkern den Menschen mit sich selber beschäftigt und die Überzeugungen[, deren er zum] Leben bedarf, in sich selber suchend. Nicht nur ihre ethische Lebens- und Weltanschauung als solche, sondern auch die Art, in der sie zu ihr gelangen und ihrer gewiß sind, macht das Anziehende, das sie für uns haben, aus.

Anders als im 18. Jahrhundert ist unsere Beziehung zum chinesischen Denken zuletzt auch darin, daß damals hervorragende Vertreter der Philosophie aussprachen, was ihnen das chinesische Denken bedeutete, während ihm heute keine derartige öffentliche Anerkennung zuteil wird.[445] Dennoch aber üben Kung-tse und Lao-tse im Stillen und Verborgenen einen bedeutenden Einfluß dadurch aus, daß so viele Gebildete durch die von ihren Werken erschienenen Übersetzungen mit ihnen bekannt werden und durch sie Anregung empfangen, sich in elementarer Weise [mit den let]zten Fragen ihres Daseins in der Welt abzugeben und sich um wahres Menschentum zu bemühen.

Die Bedeutung, die das chinesische Denken [für die] Welt hat, fängt in unserer Zeit an, sich [bemerkbar zu] machen.[446]

---

445 [R] Lambarene 21.2.40. Der erste bedeutende Regen nach der kleinen Trockenzeit.

446 [Die letzte Ms.-S. ist teilweise beschädigt, zwei Ecken sind abgerissen, daher die mehreren kleinen Textlücken. Die Ergänzungen konnten den gleichzeitigen Skizzen zu diesem Schlußabschnitt entnommen werden.
[R] Hier gebe ich nun vorerst die Arbeit an der Geschichte des Denkens der Menschheit auf, um eine Skizze der Philosophie der Ehrfurcht vor dem Leben zu entwerfen. A. Schweitzer.

Das chinesische Denken[1]

(Chinesisches Denken, Erste Fassung 37. Erster Teil)

[Vorbemerkung über die chinesische Sprache][2]

In eigentümlicher Weise ist das chinesische Denken durch die Starrheit und Unbeholfenheit[3] der chinesischen Sprache behindert.

Im Chinesischen sind die Wörter fast alle einsilbig. Da die Zahl der einsilbigen Wörter eine begrenzte ist, hat jedes mehrere Bedeutungen, die so gut es geht, durch Schattierungen in der Betonung auseinander gehalten werden.

Wortkomposita und neue Wörter zu bilden ist im Chinesischen nicht möglich.

Die chinesische Sprache kennt auch keine eigentliche Grammatik. Es gibt in ihr keine Deklination und keine Konjugation, keine Unterscheidung von Substantiv, Adjektiv und Verbum, wie auch keine In-Beziehung-Setzung von Subjekt und Prädikat. Sie stellt die Wörter einfach nebeneinander. Der Zusammenhang, in dem sie miteinander den gemeinten Sinn ergeben, kommt nur ganz unvollkommen zum Ausdruck.

Der Unbeholfenheit der Sprache entspricht die der Schrift. Die chinesische Schrift besteht nicht aus Buchstaben, die zusammen die Laute der Wörter ausmachen, sondern aus Zeichen, von denen jedes ein Wort[4] bedeutet.

In der chinesischen Sprache ist es also nicht nur unmöglich, Wortkomposita und neue Wörter zu bilden, mit denen einem sich entwikkelnden Denken gedient ist, sondern auch die Bedeutung eines Wortes und eines Satzes in der für es erforderlichen Weise zu präzisieren. Welche Behinderung dies bedeutet, ermißt man, wenn man sich vergegenwärtigt, welche Klarheit der Ausdrucksweise in der griechischen Sprache erreichbar ist und welch' ausgiebigen Gebrauch Plato und Aristoteles

---

1 [Doss. 24 Nr. 1] Lambarene. März – April [Ende Mai] 1937.

2 [Im 2. Teil dieser 1. Fassung, Ms.-S. 71, lautet die Überschrift zu neuen Entwürfen zum selben Text:] Einleitung in das chinesische Kapitel. [Zum Text vgl. Heinrich Hackmann, *Chinesische Philosophie*, S. 13 ff., und Alfred Forke, *Gedankenwelt*, S. 9 ff.]

3 [Zuerst, dann gestrichen:] durch die Unzulänglichkeit. [Aber auch die neue Fassung wurde dann gestrichen, jedoch ohne Wiedergültigmachung der ersten.]

4 [Beigefügt:] Begriff.

von der in ihr vorhandenen Möglichkeit der Prägung von Wörtern gemacht haben.

Auch die deutsche Sprache kommt dadurch, daß man schöpferisch mit ihr verfahren kann, der Philosophie ungleich besser entgegen als die französische und englische.

Daß es dem chinesischen Denken durch die Sprache schwer gemacht ist, mit Begriffen zu operieren, bedeutet aber nicht einzig einen Nachteil, sondern, in mancher Hinsicht, auch einen Vorteil. Es wird dadurch davor bewahrt, die Begriffe an die Stelle der Wirklichkeit treten zu lassen und sich im Abstrakten zu verlieren.[5]

Daß es immer mit den eigentlichen Problemen der Weltanschauung und nicht mit künstlich geschaffenen beschäftigt ist, macht das Charakteristische des chinesischen Denkens und das Wohltuende an ihm aus.

* * *

[Alte schriftliche Überlieferungen]

Miteinander fußen die grossen chinesischen Denker auf einer bereits ausgebildeten Anschauung vom Sein, die sie in der Überlieferung und in den alten Schriften vorfinden.

Die wichtigsten dieser Schriften sind das *I king* (*Buch der Wandlungen*), das *Schi-king* (*Buch der Lieder*) und das *Schu-king* (*Buch der Urkunden*), die in ihren älteren Partien wohl bis etwa 1200 v. Chr. zurückreichen.[6]

Der[7] alt-chinesischen Anschauung vom Sein zufolge ist alles, was ist, aus dem Ur-Prinzip des Seins, dem Tao entstanden. Das Tao wirkt sich in den beiden Grundkräften, dem Yang und dem Yin, aus. Dem Yang gehören zu: der Himmel, die Wärme, das Licht, das Geistige, das Männliche (Schöpferische); dem Yin: die Erde, das Kalte, das Dunkle, das Materielle, das Weibliche (Empfangende).

Alles Sein verläuft in *Wandlungen*, die sich in dem Zusammenwirken der beiden Grundkräfte ereignen. Da die beiden Gründkräfte im Tao eine Einheit bilden,[8] waltet in ihrem Zusammenwirken Harmonie.[9]

In dem *I king*, dem *Buche der Wandlungen*, wird das Yang durch eine ungebrochene Linie ——, das Yin durch eine gebrochene — — bezeichnet. Diese beiden Linien ge-

---

5 [Beigefügte Notiz:] absolut sachlich.

6 [Notiz:] Hier in Kleindruck über die kanonischen Schriften und daß wir sie nur in der Form, die ihnen Kung-tse gab, besitzen.

7 [R] Jetzt: die alten Religionen. Himmel – Erde. Das Denken gestaltet die Religion nicht um, sondern es macht sich selbständig.

8 [R]?

9 [Notiz:] Tao = Ur-Kraft, Weltvernunft.

hen auf ungebrochene und gebrochene Stücke von Schafgarbenstengeln zurück, wie sie als Lose bei den Orakelzeremonien[10] gezogen wurden und die zu deutenden Kombinationen ergaben. In dem *I king*, das ein Orakelbuch ist, versinnbildlichen die vier Kombinationen der zwei Linien, die acht von je drei Linien und die vierundzwanzig von je sechs Linien alle[11] in dem Weltgeschehen und dem Menschenleben vorkommenden Arten des Zusammenwirkens der beiden Grundkräfte und der sich daraus ergebenden Geschehnisse und Zustände.

Die vier Kombinationen ⚌ ⚏ ⚎ ⚍ stellen die Sonne und den Sommer, den Mond und den Winter, die Sterne und den Frühling und die Planeten und den Herbst dar. Von den acht Trigrammen bedeuten die vier ersten ☰ ☷ ☳ ☵ das Schöpferische und den Himmel, das Empfangende und die Erde, das Erregende und den Donner, das Abgründige und das Wasser.

Die nach alten Traditionen der Orakelkunst gegebenen Erklärungen der Kombinationen zu je sechs Linien sind für unsere Begriffe natürlich reichlich kompliziert und abstrus.

Das Lichte und das Dunkle stehen im chinesischen Denken nicht als das Gute und das Böse in Gegensatz zueinander[12] wie bei Zarathustra, im Judentum und im Christentum. Sie gehören zusammen. In allem, was ist, sind die beiden Grundkräfte vereinigt. In vollendeter Weise verbinden sie sich miteinander in dem lebendigen Sein, in vollendetster im Menschen.

In dem Menschen als dem höchsten Wesen tut sich das Tao in höchster Weise kund. Durch das in ihm seiende Tao ist er befähigt, das in der Welt wirkende zu erfassen. Indem er sich dem Tao entsprechend verhält, erfüllt er den Sinn seines Daseins.[13]

Auf Grund der Annahme, daß die beiden Grundkräfte auf Grund der Harmonie, in der sie sich miteinander befinden, sich in sinnvoller Weise in der Welt auswirken, hat die alt-chinesische Weltanschauung durchaus lebens- und weltbejahenden Charakter. Darum mutet sie dem Menschen ein Wirken im Sinne des Tao zu.[14]

Da in dem Weltgeschehen und in dem menschlichen Tun dasselbe Tao waltet, stehen beide nach alt-chinesischer Anschauung in einem solchen inneren Zusammenhang miteinander, daß Verfehlungen in dem Verhalten der Menschen auf die Naturordnung zurückwirken und Störungen in dem Naturgeschehen zur Folge haben.[15]

---

10 [R] kürzer.

11 [«alle» gestrichen.]

12 [Darüber:] Weil das Yin und das Yang auf Himmel und Erde zurückgehen, [sind sie?] nicht das Lichte und das Dunkle. [d. h. wohl: beide gehören ihnen nur an.] Beide gehören zu dem Wesen der Welt.

13 [Darunter, am unteren Seitenrand:] Kung-tse: die taoistische Metaphysik. Das, was man die auf die Taovorstellung gegründete Metaphysik [nennt].

14 [Dazu bemerkt:] Sinnvoll.

15 [Notiz:] Fehler der Fürsten.

In dem *Frühling und Herbst* betitelten berühmten Buche des Lü Bu We, das aus dem 3. Jahrhundert stammt und vielfach aus alten,[16] verlorengegangenen Quellen schöpft, werden die *Ordnungen* angegeben, die hinsichtlich der Opfer, der Kleidung, der Nahrung und der Beschäftigung in den einzelnen Monaten zu beobachten sind.[17] Dabei wird jedesmal angeführt,[18] welche Arten von Unordnung sich in der Natur ergäben, wenn in dem betreffenden Monat die für einen andern geltenden *Ordnungen* befolgt würden.

Auf der Voraussetzung, daß das menschliche Tun und das Weltgeschehen miteinander in innerem Zusammenhang stehen, beruht auch die in der alt-chinesischen Ethik vorhandene Anschauung, daß das ethische Verhalten des Menschen glückliche Lebensumstände für ihn zur Folge haben müsse. Es liegt hier etwas Tieferes als die einfache Lohnidee vor.[19]

Die alt-chinesische Religion[20] besteht in der Verehrung, die den Ahnen,[21] den in den Bergen, Flüssen, Wolken und Winden vorhandenen Naturgewalten, den Gestirnen, der Erde und dem Himmel erwiesen wird. Die Naturgewalten, die Gestirne, die Erde und der Himmel werden aber nicht als wirkliche göttliche Persönlichkeiten, sondern mehr als unpersönliche Mächte vorgestellt. Nur von Himmel ist zuweilen – so besonders beim Philosophen Me-tse (etwa 470–380 v. Chr.) – als von einem gütigen All-Gott die Rede. Daß sich der ethische Monotheismus in der chinesischen Religion nicht durchsetzen kann, liegt daran, daß ihm die Lehre vom Tao im Wege steht.

[Ahnenkult]

In dem Ahnenkult kommt zum Ausdruck, daß die alt-chinesische Religion eine Weiterexistenz der Seelen der Verstorbenen annimmt. Die Seele wird als dem Yang-Prinzip zugehörig vorgestellt. Eine ausgebildete Unsterblichkeitslehre ist aber nicht vorhanden.

---

16 [Darüber:] Dies besser und kürzer. Siehe Forke [*Geschichte,* S. 538].

17 [R] Der Taoismus eine Störung [?] des alt-chinesischen Denkens. Zwei Wurzeln. Das natürliche - das unnatürliche Denken.

18 [Darunter, am unteren Seitenrand:] Keine Religion. [Das?] Selbstverständliche: [...] ewiges Leben wird angenommen. Taoistische Religion. Alte taoistische Mystik. Laotse fußt auf ihr, geht von ihr aus. Kung-tse.

19 [Darunter:] Unglück in dem Weltgeschehen, Naturereignisse auf die Verfehlungen der Fürsten [zurückgeführt].

20 [R] Opfer: magische Handlung, durch die das Weltgeschehen beeinflußt ist.

21 [Darüber:] Religion [spielt?] keine Rolle.

Im Wesentlichen besteht die alt-chinesische Volksreligion in dem Vollzug von Riten, die mehr dem Staate, der Ortsgemeinde und der Familie als dem Einzelnen obliegen.[22] Sie hat es nicht mit der Pflege und Befriedigung der individuellen Frömmigkeit zu tun.[23]

Die Bedeutung einer persönlichen Religion hat die Mystik des Eins-Seins mit dem Tao, in der älteren Zeit die auf magischen Vorstellungen beruhende primitive, in der späteren die vergeistigte Lao-tse's[24] und seiner Nachfolger. Die primitive mit ihren Zauberpraktiken erhält sich als taoistische Volksreligion neben der vergeistigten.

Kung-tse und seine Nachfolger sind der taoistischen Mystik entfremdet, obwohl sie die taoistische Lehre vom Sein anerkennen.[25] Bei ihnen ist es die Ethik, die die Bedeutung einer individuellen Frömmigkeit annimmt.[26]

* * *

Die großen chinesischen Denker leben in einer Zeit des Niedergangs des Reiches. Die seit etwa 1150 v. Chr. den Kaiserthron innehabende Tschou-Dynastie ist vom 8. Jahrhundert v. Chr. ab nicht mehr imstande, die Ordnung im Reiche aufrecht zu erhalten. Sie kann es nicht verhindern, daß die Feudalstaaten sich unabhängig machen und sich gegenseitig bekriegen.

Im Jahre 221 v. Chr., nach einer Anarchie, die Jahrhunderte hindurch angedauert hatte, einigt der Fürst des Staates Tsin, nachdem er seine Rivalen besiegt hat, wiederum das ganze Reich unter seiner Herrschaft[27] und nimmt, unter dem Namen Schi-Huan-Tsi, den Kaisertitel an. Er vertreibt die Vasallenfürsten und teilt das Reich in 36 Provinzen ein, die er durch Beamte verwalten läßt. Aus einem Feudalstaat wird China damals für immer ein Beamtenstaat.

Um das Reich gegen die Einfälle der Hunnen zu schützen, erbaut Schi-Huang-Tsi die Große Mauer.

---

22 [R]... Dem Opfer wird, wie bei den Brahmanen, magische Wirkung zugeschrieben...

23 [Dazu notiert:] Keine persönliche Religion.

24 [Darunter, am unteren Seitenrand:] Kung-tse hat kein innerliches Verhältnis zur Religion.

25 [R] Kung-tse und seine Nachfolger nehmen nicht Bezug auf die taoistische Mystik, obwohl sie doch die taoistische Lehre vom Sein voraussetzen.

26 [Dazu notiert:] Die zwei Bewegungen nebeneinander. [Das] natürliche – [das] unnatürliche Denken. Dieselbe Weltanschauung gemeinsam.

27 [Über der Zeile:] Über diese geschichtlichen Ereignisse, siehe Hackmann, S. 164 ff.

[Bücherverbrennung]

Da gegen die von ihm eingeführten Neuerungen die in den heiligen Schriften enthaltene Tradition geltend gemacht wird, ordnet er 213 v. Chr. die Verbrennung aller in Staats- und Privatbesitz befindlichen Bücher an. Ausgenommen werden nur diejenigen, die von Medizin und Weissagung handeln sowie die im Staatsarchiv von Tsin befindlichen Dokumente.[28] Von dieser Bücherverbrennung wissen wir durch den ein Menschenalter später geborenen Geschichtsschreiber Sse-ma Ts'ien (163–85 v. Chr.).

Nach dem Tode Schi-Huang-tse's (210 v. Chr.) tritt, da seine Nachfolger untüchtig sind, der wieder zur Macht gelangte Fürst des Han-Staates sein Erbe an. Unter der Han-Dynastie (202 v. Chr. – 220 n. Chr.) erlebt China dann eine neue Blüte.[29]

[Neue Blüte bei Lao-tse, Lieh-tse, Tschuang-tse]

Lao-tse ist ein älterer Zeitgenosse des Kung-tse. Der Tradition zufolge ist er 604 v. Chr. geboren. Wahrscheinlich fällt sein Leben aber in die Zeit von etwa 570–490 v. Chr.

Sein Familienname ist Li. Bei Lieh-tse und Tschuang-tse heißt er Lau Dan (Alter Lehrer; wörtlich: Altes Langohr). Den Namen Lao-tse (Der Alte) führt er bei dem Geschichtsschreiber Sse-ma Ts'ien, dem wir die wenigen Angaben, die wir über sein Leben besitzen, verdanken.

Diesen Angaben zufolge hat er am Hofe der Tschou-Dynastie, in Lo Yang (nahe bei dem heutigen Ho Nan Fu), das Amt eines Bewahrers der Dokumente innegehabt. Da er sich von dem unaufhaltbaren Verfall der Dynastie Rechenschaft gibt, verläßt er dann die Residenz und wandert nach Westen. Beim Überschreiten der Grenze des Staates Tschou wird er von Yin Hi, dem Wächter des Han-Gu-Passes, gebeten, ihm etwas über seine Lehre aufzuzeichnen. Dieser Bitte entsprechend verfaßt er eine Schrift über Tao und Te in 5000 Wörtern. Sein Bestreben ist, unerkannt und verborgen zu bleiben. Wo er auf seiner Wanderung nach Westen hingegangen und wo er gestorben, weiß man nicht.

King[30] ist die für die klassischen Bücher gebrauchte Bezeichnung. Te bedeutet Wesen, Leben, Wirksamkeit. Der *Tao te king* ist also das Buch vom Tao und vom Leben im Sinne des Tao.

Es ist nicht wahrscheinlich, daß Lao-tse den *Tao te king* selber verfaßt hat. Eher trifft zu, daß es sich um eine im Kreise seiner Jünger entstandene Aufzeichnung der von ihm überlieferten Aphorismen[31] handelt.[32]

---

28 [Eingefügt:] und Meng-tse.

29 [Zwischen beiden Abschnitten die Notiz:] Hier die beiden Richtungen.

30 [R] Im *I king* noch viel Taoistisches (Wilhelm, S. X der Einleitung in den *Tao te king*). [Siehe Anm. 34.]

31 [Darüber:] Sprüche.

32 [Notiz:] und viel älteres Gut, von ihm übernommen.

Lieh-tse (*Liä Dsi*) lebt etwa von 440–370 v. Chr. Das seinen Namen tragende Werk enthält hauptsächlich kurze Erzählungen, in denen die Lehre vom Eins-Sein mit dem Tao illustriert wird.

Tschuang-tse (*Dschuang Dsi*), der bedeutender als Lieh-tse ist, lebt etwa von 370–310 v. Chr. oder etwas später und ist also ein jüngerer Zeitgenosse des Aristoteles. Nachdem er in jüngeren Jahren einen kleinen Beamtenposten innegehabt, widmet er sich später in Zurückgezogenheit seinen Schülern. Längere Zeit hält er sich in Da Lian, der Hauptstadt des Fürstentums We, auf.[33]

Eine Reihe von Abschnitten des seinen Namen tragenden umfangreichen Buches sind wohl von ihm verfaßt; andere, minder bedeutende, gehen auf seine Schüler zurück.

Wie Lieh-tse trägt auch Tschuang-tse seine Lehre hauptsächlich in Erzählungen vor.

* * *

Deutlich tritt bei Lao-tse, bei Lieh-tse und bei Tschuang-tse noch zu Tage, daß ihre Mystik des Eins-Seins mit dem Tao auf eine primitive, magische Mystik zurückgeht. Es finden sich bei ihnen nämlich merkwürdige Stellen, denen zufolge durch das vollendete Eins-Werden mit dem Tao übernatürliche Fähigkeiten erlangt werden.

Lao-tse, *Tao te king*:

«Ich habe wohl gehört:
Wer gut das Leben zu führen weiß,
der wandelt durch's Land
und braucht nicht zu vermeiden Tiger und Nashorn.
Er schreitet durch ein Heer
und braucht nicht zu tragen Panzer und Waffen.
Das Nashorn hat nichts an ihm, da es sein Horn einbohre.
Der Tiger hat nichts, da er seine Krallen einschlage.
Die Waffe hat nichts, das ihre Schneide aufnehme.
Warum das?
Weil er keine sterbliche Stelle hat.» (Kap. 50)[34]

Lieh-tse spricht es mehrmals aus, daß die, die zur wahren Vollendung gelangt sind oder sie, wie ein einfältiger Bauer, von dem er erzählt, ohne es zu wissen von Natur besitzen, sich ins Wasser werfen können, ohne zu ertrinken, durch's Feuer gehen können, ohne zu verbrennen, sich von hohen Felsen herabstürzen können, ohne Schaden zu nehmen und auf dem Winde einherzufahren vermögen. Er berichtet von Menschen, die durch das Tao die Macht besaßen, durch ihre als Zauber wirkende Musik die Vögel aus der Luft herunterzuholen, die Fische aus dem Wasser springen zu lassen, den Frühling in den Herbst und den Sommer in den Winter zu verwandeln und einherziehende Wolken aufzuhalten.[35]

Aus dem Buch des Tschuang-tse:

«Wer es versteht, das innerste Wesen der Natur sich zu eigen zu machen und sich

33 [R] Ekstase bei *Dschuang Dsi* (Einleitung XIII). [Siehe Anm. 36.]

34 [Zit. nach Laotse, *Tao te king*, aus dem Chinesischen übersetzt von Rich. Wilhelm, Iena 1921.]

35 [*Liä Dsi*, V 11.12. (Siehe Anm. 37.)]

treiben zu lassen von dem Wandel der Urkräfte, um dort zu wandern, wo es keine Grenzen gibt, der ist von keinem Außending mehr abhängig.» (I 1)[36]

«Die wahren Menschen des Altertums ... konnten die höchsten Höhen ersteigen, ohne zu schwindeln; sie konnten ins Wasser gehen, ohne benetzt zu werden; sie konnten durch's Feuer schreiten, ohne verbrannt zu werden. Auf diese Weise vermochte sich ihre Erkenntnis zu erheben zur Übereinstimmung mit dem Tao.» (VI 1)

Von Lieh-tse berichtet Tschuang-tse, daß er auf dem Winde einherfahren konnte, wie dies auch im Buche des Lieh-tse in einem Gespräche, das Lieh-tse mit einem seiner Schüler hat, vorausgesetzt wird. (*Liä Dsi* II 3, S. 12 [Ausgabe 1981: S. 49 ff]).

Der Vergeistigung entsprechend, die die ursprünglich magische Mystik bei ihnen erfahren hat, legen Lao-tse, Lieh-tse und Tschuang-tse dieser physischen Auswirkung des Eins-Seins mit dem Tao nur eine nebensächliche Bedeutung bei.

Bei Lieh-tse kommt dies in der Art zum Ausdruck, daß er den, der die Vollendung erreicht hat, keinen Gebrauch von dem dadurch erlangten übernatürlichen Vermögen machen läßt.

Dem Fürsten Wen von We erzählt Dsi Hia, daß, nach dem, was er seinen Meister sagen hörte, denen, die das Tao besitzen, die Dinge nichts anhaben können, also daß sie durch Metall und Stein zu dringen und in Wasser und Feuer zu wandeln vermögen. «Und warum hat es der Meister nicht getan?», fragt der Fürst. «Der Meister hätte es vermocht, aber er vermochte es, darauf zu verzichten», antwortet ihm Dsi Hia. (*Liä Dsi* II 12, S. 21 [61])[37]

«Lau Tscheng Dsi ... konnte die vier Jahreszeiten vertauschen, im Winter Donner und im Sommer Eis machen, die Vögel zu Lauftieren und die Lauftiere zu Vögeln machen. Aber sein Leben lang offenbarte er nicht sein Geheimnis, darum ward es in der Welt nicht überliefert.» (*Liä Dsi* III 2, S. 32 [76])[38]

«Der gute Magier gebraucht seine geheimen Kräfte im Verborgenen, und seine Werke gleichen (nach außen hin) denen der anderen Menschen.» (*Liä Dsi* III 3, S. 32 [76])

Nicht erst bei Lao-tse findet die Vergeistigung der primitiven Mystik des Eins-Seins mit dem Tao statt. Er hat Vorläufer. Bei Teng-tse, der sein älterer Zeitgenosse ist, wird das Eins-Sein mit dem Tao und die Nicht-Geschäftigkeit in ähnlicher Weise gepriesen wie im *Tao te king.*[39]

Bei Lao-tse kommt also ein Prozeß, der im Gange ist, zum Abschluß. Als Denker und als Dichter führt er die Idee, daß der Einzelne sein Dasein in Harmonie mit dem Ur-Prinzip zu verbringen habe, in großartiger Weise durch.

---

36 [Dieses und das folg. Zitat nach *Dschuang Dsi*, aus dem Chinesischen übersetzt v. Rich. Wilhelm.]

37 [Lieh-tse wird hier zit. nach *Liä Dsi*, aus dem Chinesischen übersetzt v. Rich. Wilhelm.]

38 [Das hier folgende Zitat ist gestrichen:] «Kung-tse besaß so große Kraft, daß er die Falltür des Tors einer Hauptstadt aufhalten konnte, und doch verschmähte er es, durch seine Kraft berühmt zu werden.» (*Liä Dsi* VIII 12, S. 99 [166].)

39 [Über diesen Abschnitt ist ein? gesetzt. Notiz:] Taoismus wo die Versenkung und Ekstase weltabgewandt.

Lieh-tse's Tao-Mystik ist eigentlich altertümlicher und weniger entwickelt als die des Lao-tse, der doch über ein Jahrhundert vor ihm gelebt hat.

Tschuang-tse's Werk nimmt sich wie eine von einem selbständigen Denker[40] herrührende Erklärung und Ergänzung des *Tao te king* aus. Eine eingehende Behandlung finden in ihm das Problem des Schicksals, das des Lebens und Sterbens und das des Ich(s). In einer Art von Nachwort charakterisiert Tschuang-tse sein Werk. «Unter meinen Worten, schreibt er, sind neun Zehntel Gleichnisreden… und sieben Zehntel Wiedergabe von Worten, die von anderen schon früher ausgesprochen sind.» (XXVII 1, S. 207)[41]

* * *

[Mystik des Taoismus]

Wie alle Mystik ist die des Taoismus ihrem Wesen nach Naturphilosophie. In ihr sucht der Einzelne sein Dasein in dem unendlichen Sein der Welt, wie es ihm in der Natur entgegentritt,[42] zu begreifen, um sein Dasein in geistigem Eins-Sein mit ihm zu erleben.

Der Versuch, von den Tatsachen der Erfahrung aus das innere Wesen der Natur zu ergründen, wie ihn die stoische und die neuzeitliche Philosophie unternehmen, kommt für den Taoismus aber nicht in Betracht.[43] Von außen her in die Tiefe gehen zu wollen, sieht er als von vornherein aussichtslos an. Das geistige Wesen der Welt kann, ihm zufolge, der Mensch nur erfassen, wenn er es intuitiv in seinem eigenen, innersten Wesen erlebt.

Was[44] das Tao ist, läßt sich nach Lao-tse, Lieh-tse und Tschuang-tse

40 [Notiz:] Lao-tse und Tschuang-tse wie Fichte und Hegel: das Ethische, das Geistige.

41 [R] Das Starre und Unlebendige der Mystik des Brahmanismus. Sich immer wieder faszinieren lassen durch Gedanken der Identität. Ablehnung der Welt.

42 [Notiz:] Durch die Erregung (Nachwirkung) des Erlebnisses der Ekstase beherrschte (bedingte) Naturphilosophie.

43 [Notiz:] Weil durch Erlebnis der Ekstase bestimmt. Ergründung des Wesens der Natur. Dies Naturphilosophie.

44 [R] Dieses Innerlichste in sich und in der Welt kann er nur erfassen, wenn er vom Äußerlichen im Erkennen absieht. Geheimnis. Verglichen mit dem sichtbaren Sein ist es das Nicht-Sein. Es läßt sich nicht beschreiben. Das gewöhnliche Verhalten zur Außenwelt aufgeben. Den Sinn auf die Innenwelt gerichtet halten. Dazu gehört nicht nur, daß er von dem natürlichen Erkennenwollen absieht, sondern auch, daß er nicht in dem ihm natürlich scheinenden Tun auf sie einwirken will. Erst dann für das Innere empfänglich werden. Besitzt das Organ, das Ur-Prinzip des Geschehens, in dem die beiden Weltkräfte miteinander in Harmonie sind, in sich selber und in der Welt zu erfassen. Eingestimmt sein. Das unüberlegte Tun – nicht mehr in der gewöhnlichen Weise mit der Sinnenwelt beschäftigt sein. Den Blick von außen abgewendet. Geschichte des Pferdes. Einfältig werden. Erfaßt werden. Empfänglich werden.

nicht in Worte fassen. Man kann von ihm nur aussagen, daß keine der Sinnenwelt und dem menschlichen Sein entnommene Vorstellung auf es anwendbar ist. Es handelt sich um ein Geheimnis,[45] das der Einzelne wohl erleben, aber nur andeutungsweise mitteilen kann.[46]

Um für das Innerlichste des Seins empfänglich zu werden, darf der Mensch nicht mehr in der gewöhnlichen Weise mit der Sinnenwelt beschäftigt sein. Er muß von dem natürlichen Erkennenwollen absehen. Erst wenn er die Sinnenwelt nicht mehr auf sich einwirken läßt, wird er ganz er selbst und damit fähig,[47] das Innerlichste seines Wesens zu erfassen. Aus dem Innerlichsten seines eigenen Seins erlebt er dann das innerlichste Wesen des Seins der Welt. Von dem Tao-Zustand, den er selber erreicht, erfaßt er den Tao-Zustand der Welt.

In immer neuen Erzählungen handeln Lieh-tse und Tschuang-tse von der zur Erkenntnis des Tao erforderlichen Innerlichkeit, Versenkung, Abgeschlossenheit, Gesammeltheit und Einfältigkeit.

Als ein Beispiel des ganz auf das Innerliche gerichteten Schauens führt Lieh-tse den Pferdekenner Gi Fang Gau an, der dem Herzog Mu von Tsing das beste Pferd des Reiches ausfindig machen sollte. Nach sechs Monaten kam er zurück und meldete, daß es eine gelbe Stute sei. Als man das von ihm bezeichnete Pferd brachte, war es ein schwarzer Hengst. So sehr war dieser beste Pferdekenner gewohnt, seine Aufmerksamkeit auf das innerliche Wesen zu richten, daß er das Äusserliche nicht mehr wahrnahm.[48] (*Liä Dsi* VIII 15, S. 100 f.)

Das Eins-Sein mit dem Tao:

«Wahre Worte sind wie umgekehrt.» (*Laotse* 78)

«Die von Alters tüchtig waren als Meister,
waren im Verborgenen eins mit den unsichtbaren Kräften.» (*Laotse* 15)

«Das Ewige [die Ewigkeit] erkennen: das ist Weisheit.
Wer das Ewige [die Ewigkeit] nicht erkennt, der handelt blindlings und unheilvoll.» (*Laotse* 16)

«Ohne aus der Tür zu gehen, kann man die Welt erkennen.
Ohne aus dem Fenster zu blicken, kann man das himmlische Tao erschauen.
Je weiter einer hinausgeht, desto weniger wird sein Erkennen.» (*Laotse* 47)

«Wer das Tao begehrt und sucht es mit Auge und Ohr, mit der Leiblichkeit und der Erkenntnis, der ist auf falscher Fährte...

Nur schweigend erlangt man es. Und nur der erlangt es, der sein Wesen zur Vollendung gebracht hat.» (*Liä Dsi* IV 15)

«Das Tao, von dem man reden kann, ist nicht das Tao.»[49] (*Dschuang Dsi* XXII 6)[50]

---

45 [Darüber:] Wie das Brahman.
46 [Notiz:] Die Einfalt (Tschuang-tse). Die Gesammeltheit (Lao-tse). Unbrauchbar.
47 [R] Lambarene. Donnerstag, 18. März 1937.
48 [R] In der Versenkung die Ekstase nacherleben, das Wesentliche des Selbst...
49 [R] Tiefsinniges aussprechen und andeuten. Tao durchdringt alles.
50 [Das folgende Zitat ist gestrichen: «Nichts sinnen, nichts denken: so erkennst du das Tao. Nichts tun und nichts lassen: so ruhst du im Tao.» (*Dschuang Dsi* XXII 1)

«Man kann das Tao erlangen, aber man kann es nicht sehen; es ist unerzeugt, sich selber Wurzel.[51] Ehe Himmel und Erde waren, bestand es von Ewigkeit; Geistern und Göttern verleiht es den Geist; Himmel und Erde hat es erzeugt.» (*Dschuang Dsi* VI 1)[52]

[Ekstase]

Eine wirkliche Auseinandersetzung mit der Welt und dem Weltgeschehen findet in der taoistischen Mystik nicht statt. Das Problem des Verhaltens des Menschen zu sich selbst und zum unendlichen Sein[53] wird in ihr auf Grund des Erlebnisses der Ekstase entschieden.[54]

Beim brahmanischen Denken ist es offenbar, daß es durch das Erlebnis der Ekstase bestimmt ist. Fort und fort preisen die Brahmanen der alten Zeit den Zustand der Weltentrücktheit und geben Anleitung, wie sich in ihn versetzen.[55]

Bei den taoistischen Denkern hingegen spielt das physische Erleben der Weltentrücktheit kaum eine Rolle. Wohl berichtet Tschuang-tse, daß Kung-tse, als er den Lao-tse besuchte, diesen im Zustande der Verzückung fand, als hätte er die Welt verlassen (*Dschuang Dsi* XXI 4); wohl beschreibt er gelegentlich die Versenkung,[56] die zum Erleben des Eins-Werdens mit dem Tao erforderlich ist, als ein Sein außerhalb des Leibes und ein Weilen im Unbewußten (VI 7; XI 4).[57] Dennoch aber hat die Ekstase in der Mystik des Lao-tse und seiner Nachfolger, wie das magische Vermögen, mehr die Bedeutung einer Reminiszenz als einer Wirklichkeit.[58] Aber in der Entstehung dieser Mystik spielt sie eine bedeutsame Rolle.

[R zu diesem Zitat:] Nur wo es wie bei Lao-tse den ganzen Reiz des in naiver Art Tiefen hat, entfaltet es eine volle Wirkung. Bei Tschuang-tse schon zu viel Reflexion. Ausführungen zum *Tao te king*.

51 [R] Spielen mit dem Geheimnis; tiefsinnige Sprüche.

52 [Darunter notiert:] Die Erklärung der Rätselhaftigkeit Lao-tse's! [Das obige Zitat hat folgenden gestrichenen Vorsatz:] «Das ist das Tao: es ist gütig und treu, aber es äußert sich nicht in Handlungen und hat keine äußere Gestalt; man kann es mitteilen, aber man kann es ... [nicht fassen.» (*Dschuang Dsi* VI 1)]

53 [R] Lambarene. Palmsonntag, 21.3.37.

54 [Notiz:] (Dies die Schwäche. Das Denken folgt der Bahn, in die es durch das Erlebnis der Ekstase [...])

55 [Dazu notiert:] Also ein geistiges Erlebnis, etwas, das im Denken vor sich geht. [Über der Zeile:] Kosmologie [...]

56 [Am unteren Seitenrand:] Abgeschlossenheit im Geiste *Liä Dsi* II 4. Atemübungen *Dschuang Dsi* XV; VI 1. Als Gast in seinem eigenen Leibe [...] V 1.

57 [Notiz:] Auch die Ekstase vergeistigt. Weiter fortgeschritten im Vergeistigen als die indischen.

58 [R, Fortsetzung:] Die vergeistigte taoistische Mystik nimmt ihren Ausgang von der Ekstase, die sie in der primitiven taoistischen Mystik vorfindet...

Wie[59] alle primitive Mystik hat die taoistische Mystik ihren Ursprung in dem geheimnisvollen Geschehnis, daß Menschen vorübergehend aus dem natürlichen Daseinszustand heraustreten und ein Enthobensein aus der irdischen Welt erleben können.[60] Diesem Geschehnis entnimmt sie eine Weltanschauung, derzufolge es ein übernatürliches Sein gibt, mit dem der Mensch, zur Erlangung[61] übernatürlicher Fähigkeiten, in Beziehung treten kann.[62]

In dem späteren Taoismus entwickelt sich dann aus dieser primitiven Deutung des Erlebnisses der Ekstase die höhere, daß der Mensch in stetiger Weise sein Dasein nicht in der natürlichen Verbundenheit mit der Sinnenwelt, sondern als ein sich im Geiste in die Daseinsweise des Übersinnlichen versetzendes Wesen zu verbringen habe.[63] Unter dem Eindruck des Erlebnisses der Ekstase schafft das vertiefende taoistische Denken die Vorstellung des wahren höheren Lebens. Es findet eine Vergeistigung der Ekstase statt. Neben dieser geistigen, einen dauernden Zustand ausmachenden Ekstase verliert das plötzliche Erleben der Weltentrücktheit seine Bedeutung. So kommt es, daß die Ekstase in der Mystik Lao-tse's und seiner Nachfolger keine Rolle mehr spielt, obwohl diese in einem durch das Erlebnis der Ekstase bestimmten Denken entstanden ist.

Die Idee der Nicht-Tätigkeit, die für die vergeistigte taoistische Mystik charakteristisch ist, ergibt sich also aus der Wertung der Ekstase. Da in der Weltentrücktheit der Mensch sich im Zustand der Nicht-Tätigkeit befindet, wird die Nicht-Tätigkeit also als zur höheren Art der Lebensführung gehörend angesehen.[64]

Eigentlich gehört die Idee der Nicht-Tätigkeit der Lebens- und Weltverneinung zu, wie überhaupt ein unter dem Einfluß des Erlebnisses der Ekstase stehendes Denken naturgemäß bei dieser Weltanschauung anlangt. Das Wesentliche der Ekstase besteht ja darin, daß in ihr das Dasein in der Sinnenwelt und diese selber zu etwas Nichtigem werden.

---

59 [Über und unter der Zeile neuer Satzanfang:] Für die taoistische Mystik, wie für die Mystik überhaupt, hat das geheimnisvolle ...

60 [Dazu notiert:] die Bedeutung eines Einblicknehmens in das Geheimnis des Seins. Einblick in das Wesen des Seins.

61 [Am unteren Seitenrand:] Setzt an die Stelle der Ekstase ein geistiges Erlebnis, aber bleibt noch sichtbar in jeder Hinsicht, daß es auf die Ekstase zurückgeht.

62 [Notiz:] Der ursprüngliche Taoismus ist verlorengegangen. Können nur rekonstruieren.

63 [R] Das untere Stück des Blattes hat die Antilope gefressen. [Die folgenden drei Sätze und der Anfang des vierten werden wiedergegeben nach der Fassung des vorangehenden Randentwurfs.]

64 [Notiz:] Das Tao entstand aus einer geheimnisvollen Größe.

[Ekstase bei den Brahmanen. Nicht-Tätigkeit im Taoismus]

Auf Grund des Nachdenkens über die Ekstase gelangen die Brahmanen folgerichtig zur Lebens- und Weltverneinung. Sie sehen das nicht-sinnliche Sein, von dem man durch die Ekstase Kenntnis erhält, für das allein wirkliche an. Die Sinnenwelt gilt ihnen nur als eine an sich bedeutungslose Erscheinungsweise des reinen Seins. Also hat sich der Mensch in ihr als ein Fremdling zu fühlen. Auf jede Weise, nicht nur durch Nicht-Tätigkeit, sondern auch durch Askese und fortgesetzte Übung des Verfallens in Ekstase muß der Mensch bestrebt sein, sich von der Sinnenwelt loszulösen, um noch im Erden-Dasein in den Zustand des reinen Seins – in dem er sich vor dem Geborenwerden befand und in den er durch das Sterben zurückkehrt – einzugehen.

Für die taoistischen Denker ergibt sich aus der Ausdeutung der Ekstase nur die Nicht-Tätigkeit, nicht aber auch die Lebens- und Weltverneinung. Sie verfolgen den vor ihnen liegenden Weg nicht bis zu Ende, sondern gehen ihn nur so weit, als er noch auf dem Gebiete der Lebens- und Weltbejahung verläuft. Verglichen mit den Brahmanen sind Lao-tse und die Seinen inkonsequent. Daß sie die eigentlich der Lebens- und Weltverneinung zugehörige Idee der Nicht-Tätigkeit und die Lebens- und Weltbejahung miteinander zu vereinigen unternehmen, ist die große Paradoxie, die ihrer Weltanschauung zu Grunde liegt.

Was verhindert Lao-tse und die Seinen, in ihrem unter dem Eindruck der Ekstase stehenden Denken in derselben Logik wie die Brahmanen sich für die Lebens- und Weltverneinung zu entscheiden?

Die Brahmanen finden in der indischen Anschauungsweise keine irgendwie ausgebildete Vorstellung vom Sein vor, mit der sie als mit etwas Gegebenem zu rechnen haben. Auf die in dem Volke geltende naive Lebens- und Weltbejahung brauchen sie keine Rücksicht zu nehmen. In dem Selbstbewußtsein, das sie als Priester und Elitemenschen besitzen, und in ihrem stolzen Suchen nach völliger Wahrheit fühlen sie sich von vornherein über alle Ansichten der Masse erhaben.

Für die Taoisten hingegen ist die auf der Idee des Tao und auf der Vorstellung des Wirkens der Grundkräfte des Yang und des Yin beruhende Lebens- und Weltbejahung eine Gegebenheit, die sie anzuerkennen haben. Sie läßt nicht zu, daß sie, wie die Brahmanen, die Lebens- und Weltanschauung einzig dem Ekstase-Erlebnis entnehmen und dadurch in Lebens- und Weltverneinung verfallen.

Das brahmanische Denken ist durch die Lebens- und Weltverneinung völlig unnatürlich; das taoistiche ist es insoweit, als es die Idee der Nicht-Tätigkeit vertritt und sie mit der Lebens- und Weltbejahung zu vereinigen sucht.

Bei Lieh-tse und Tschuang-tse wird die Idee der Nicht-Tätigkeit zuweilen in einer solchen Schärfe ausgesprochen, daß sie die Lebens- und Weltverneinung vorauszusetzen scheint.

«Der höchste Mensch weilt wie ein Leichnam.» (*Liä Dsi* VI 9)

«Der Vollkommene weilt als Gast in seinem Leibe, und was Augen und Ohren ihm bieten, ist ihm ein Gleichnis.» (*Dschuang Dsi* V 10)

Eine wirkliche Lebens- und Weltverneinung findet sich bei Lieh-tse und Tschuang-tse[65] aber ebensowenig als bei Lao-tse. Für die taoistischen Denker ist die Sinnenwelt nie, wie für die Brahmanen, eine unwirkliche und sinnlose Erscheinung des reinen Seins. Immer stellen sie sich das Übersinnliche und die Sinnenwelt als etwas organisch Zusammengehöriges vor. Das Übersinnliche ist für sie nicht etwas, das in der Sinnenwelt in Erscheinung tritt, sondern etwas, das sich in ihr in sinnvoller Weise auswirkt.[66]

Die Realität der Sinnenwelt ziehen die taoistischen Denker nicht in Zweifel.[67] Auch Lieh-tse und Tschuang-tse gehen nicht darauf aus, wenn sie die Frage, ob es eine sichere Unterscheidung zwischen dem Traumerlebnis und der Wirklichkeitserfahrung gebe, offen lassen. Sie wollen damit nur die Unzulänglichkeit des menschlichen Erkenntnisvermögens dartun.[68]

Auch der Vorstellung von Leben und Tod, wie sie sich bei den taoistischen Denkern findet, liegt Lebens- und Weltbejahung zu Grunde. Leben und Tod sind für sie, der taoistischen Grundanschauung zufolge, Wandlungen, die in dem Zusammenwirken der beiden Grundkräfte – des Yang und des Yin – stattfinden. Der Tod ist weder etwas zu Ersehnendes noch etwas zu Fürchtendes.[69]

«Leben und Tod sind zusammengehörende Zustände.» (*Dschuang Dsi* XII 4)

«Was wir ein Ende nehmen sehn, ist nur das Brennholz. Das Feuer brennt weiter. Wir erkennen nicht, daß es aufhört.» (*Dschuang Dsi* III 4)[70]

«Alles Lebendige muß nach notwendigen Gesetzen endigen …
Was geistig ist, ist Teil des Himmels, was leiblich ist, ist Teil der Erde … Der Geist geht ein zu seinen Toren, der Leib kehrt heim zu seiner Wurzel: Wie soll das Ich da dauern können.»[71] (*Liä Dsi* I 4)

---

65 [Darüber:] Weil [sie] nichts von Askese [wissen]. [Sie sind] verheiratet und lassen dem Leben sein Recht werden.

66 [Dazu ergänzend notiert:] Und [die] Sinnenwelt [ist] die natürliche Auswirkung des Tao.
[Der Satz lautet in erster, gestrichener Fassung:] Das Übersinnliche ist für sie etwas, das die Sinnenwelt durchdringt, sie erhält und sich in ihr in sinnvoller Weise auswirkt.

67 [Darüber:] Hier: nicht Erkenntnistheorie. Alles Abstrakte vermeiden.

68 [Notiz:] Keine erkenntnis-theoretischen Überlegungen anstellen.

69 [R] «Ausgehen ist Leben, eingehen ist Tod.» (*Laotse* 50)

70 [R] «Sterben und Leben ist Gehen und Zurückkehren. – Wer hier stirbt, wer weiß, ob er nicht dort geboren wird … Was kann ich wissen, ob heute mein Tod nicht etwas Besseres ist als früher mein Leben» (*Liä Dsi* I 6).
Das Geschehen verläuft im Entstehen und Vergehen.

71 [R] Die Entstehung des Ich[s] durch Yang und Yin.

«Wahrlich, groß ist der Tod! Die Edlen bringt er zur Ruhe, die Gemeinen zur Unterwerfung.» (*Liä Dsi* I 7)

Der eigentlichen Logik der taoistischen Anschauung zufolge sind nur das Yang und das Yin, die miteinander das Ich konstituieren, unvergänglich, nicht das Ich als solches. Es wird aber auch eine Art Fortexistenz des Ich(s) in einer neuen Vereinigung der beiden Grundkräfte angenommen.

Auf dem Totenbette sagt Meister Lai zu Meister Li, der ihn besucht: «Die Natur ist der große Schmelzofen, der Schöpfer ist der große Gießer: wohin er mich schickt, soll es mir recht sein. Es ist vollbracht; ich schlafe ein, und ruhig werde ich wieder aufwachen.» Er hat nicht die Anmaßung, in der neuen Existenz wieder ein Mensch sein zu wollen, sondern überläßt es dem großen Gießer, was für ein Wesen er aus ihm machen will. (*Dschuang Dsi* VI 3)

Mit der indischen Reinkarnationslehre hat diese Vorstellung von der Neuexistenz nichts gemein.[72]

Die taoistische Mystik kann die Frage des Ich(s) als ein Geheimnis, das sie nicht zu lösen braucht, dahingestellt sein lassen.[73] Ihr kommt es nur darauf an, daß das aus den beiden Grundkräften gebildete Ich das rechte Verhalten zum All findet. «Wer weiß denn, was das ist, das wir unser Ich nennen?», heißt es bei Tschuang-tse (VI 5). Für das Denken der Brahmanen und Buddha's hingegen besteht die Notwendigkeit, über das Wesen des Ich(s) ins Klare zu kommen.[74]

Daß die taoistischen Denker in Allem zu der in der chinesischen Anschauung vom Sein enthaltenen Lebens- und Weltbejahung stehen, erhellt auch daraus, daß bei ihnen keinerlei Tendenz zur Askese vorhanden ist.

Letzten Endes ist es die in der Tao-Vorstellung enthaltene Idee des Wirkens, die ihnen jegliches Eingehen auf die Lebens- und Weltverneinung unmöglich macht.

Weil ihnen von der Tao-Lehre her die Lebens- und Weltbejahung – und mit ihr die Idee des Wirkens – in derselben Weise feststeht wie von der Ekstase her die der Nicht-Tätigkeit, kommen die taoistischen Denker zu der paradoxen Vorstellung des Wirkens in Nicht-Tätigkeit.[75]

Durch die Voraussetzungen, von denen ihr Denken ausgeht, werden sie genötigt, sich mit dem fundamentalen Unterschied zwischen Geschehen und Tun zu beschäftigen.

---

72 [Notiz:] In allem mit Kung-tse überein [. . .]

73 [R] Buddha: die Frage des Ich(s).

74 Notiz:] Die Frage des Ich[s]. Nicht in das Weltgeschehen eingreifen.

75 [Notiz:] (Zwiespältige Weltanschauung.) Aber [sie] ergründen diese in Versenkung in das Wirken der Natur. Das von Selbst. [Das] Vielgestaltige[. Das] Denken der Ekstase findet ein Sinnen über die Natur vor, das in Indien nicht gegeben ist. Der Nicht-Tätigkeit [wird] erlaubt, sich als das wahrhaft Natürliche zu begreifen in Betrachtung der Natur.

Die Lebens- und Weltverneinung und die ethische Lebens- und Weltbejahung bekommen das Problem, wie das menschliche Tun mit dem Weltgeschehen in Beziehung zu bringen sei, nicht in seiner ganzen Schwere zu erfahren. Für die Lebens- und Weltverneinung ist das Weltgeschehen und das Tun beide in gleicher Weise sinnlos und bedeutungslos. Die ethische Lebens- und Weltbejahung statuiert ein höchstes, auf die ethische Vollendung des Einzelnen und der Gesellschaft gerichtetes Tun und nimmt von diesem an, daß es dem im Weltgeschehen waltenden schöpferischen Willen entspreche.

Aber das Prinzip der Nicht-Tätigkeit erlaubt den taoistischen Denkern nicht, das ethische Tun als die höhere Art der Lebens- und Weltbejahung anzusehen.[76] Überhaupt ist ihnen der Weg zu Ethik versperrt. In der primitiven Mystik, von der sie ausgehen, spielt das Ethische keine Rolle. Daß in dem Weltgeschehen nichts zu entdecken ist, das dem entspricht, was nach menschlicher Auffassung als ethisch gilt, wagen sie sich einzugestehen. «Nicht Liebe nach Menschenart hat die Natur: ihr sind die Geschöpfe wie stroherne Hunde», heißt es bei Lao-tse (Kap. 5).

Für Opferzeremonien wurden Hunde aus Stroh gemacht, die dann, nachdem sie ihren Dienst erfüllt, achtlos bei Seiten geworfen wurden.

Weil die taoistichen Denker das der ethischen Lebens- und Weltbejahung entspringende Tun nicht als ein Tun höherer Art ansehen können, dem eine Bedeutung im Weltgeschehen zukommt, wird ihnen die rechte Art der Lebens- und Weltbejahung zum Problem. Da sie die Vollendetheit des menschlichen Wirkens nicht in einem Ziele, das er sich setzt, bestehen lassen können, müssen sie sie darin begründet sehen, daß es in seiner Art dem in der Welt stattfindenden Geschehen möglichst ähnlich ist [und] entspricht.[77]

Das Wesentliche des in der Welt stattfindenden Geschehens sehen sie darin, daß es nicht durch Ziele bestimmt ist, sondern sich einfach als Auswirkung der beiden durch das Tao in Harmonie miteinander befindlichen Grundkräfte ereignet,[78] und darin, daß diese Kräfte sich in so stiller und so unscheinbarer Weise äußern und doch so Großartiges wirken.[79]

Um mit dem Tao in Harmonie zu sein, muß der Mensch also alles aus Absichten entspringende Handeln aufgeben und sich bemühen, einfach Organ des im Weltgeschehen in Stille und Unscheinbarkeit waltenden Tao zu sein. Diesen Gedanken führen Lao-tse und seine Nachfolger in immer neuen Variationen aus.

Wie viel in dieser Auffassung von dem Wirken im Sinne des Tao auf die eigentliche Lehre vom Tao zurückgeht und wie viel in ihr aus der

---

76 [Darunter, am unteren Seitenrand:] das merkwürdige Zwischending.
77 [*entspricht* nachträglich beigeführt.]
78 [Notiz:] Das Wachsen. Was in den Jahreszeiten vor sich geht.
79 [Notiz:] Gegen Vermenschlichung des Weltgeistes.

Einwirkung des Prinzips der Nicht-Tätigkeit auf die Lehre vom Tao zu erklären ist, läßt sich nicht entscheiden.

Irgendwie ist das tatenlose Wirken so zu verstehen, daß von der Geistigkeit, die der Mensch erlangt, wenn er mit seinem innerlichen Vollkommener-Werden beschäftigt ist, statt sich in einem auf die Welt gerichteten Tun zu verlieren, ein Einfluß auf andere ausgeht, kraft dessen das Rechte nicht durch äußere Mittel, sondern durch die sich allgemein verbreitende Gesinnung zustande kommt.

Worin die aus der Nicht-Tätigkeit kommende Geistigkeit eigentlich besteht und wie das Verhalten im Sinne des Tao im täglichen Leben durchzuführen ist, vermögen die taoistischen Denker freilich mehr nur in negativer als in positiver Weise darzutun.

Aber das Ideal einer verinnerlichten Lebens- und Weltbejahung, das ihnen vorschwebt, gibt ihnen, so problematisch es an sich ist, tiefsinnige und feinsinnige Bemerkungen über das Verhalten des Menschen zu sich selbst und zur Welt ein. Das Große am Taoismus Lao-tse's und seiner Nachfolger ist, daß er dem Menschen seine Unbefangenheit nimmt und ihn dazu anhält, über das Geheimnis seines Seins in der Welt und seines Wirkenwollens in der Welt nachdenklich zu werden.

Das Wirken in Nicht-Tätigkeit:

«Das Tao ist ewig ohne Handeln,
und nichts bleibt ungewirkt.» (*Laotse* 37)

«Das hohe Leben ist ohne Handeln und ohne Absicht;
das niedere Leben handelt und hat Absichten.» (*Laotse* 38)

«Das Nicht-Handeln üben: so kommt alles in Ordnung.» (*Laotse* 3)[80]

«Der Mensch hat die Erde zum Vorbild; die Erde hat den Himmel zum Vorbild; der Himmel hat das Tao zum Vorbild; das Tao hat sich selber zum Vorbild.» (*Laotse* 25)[81]

«Herrscht ein ganz Großer, so weiß das Volk nur eben, daß er da ist.» (*Laotse* 17)

«Ein großes Reich muß man leiten sachte,
wie man kleine Fischlein brät.» (*Laotse* 60)

«Auf der ganzen Welt gibt es nichts Weicheres als das Wasser.
Und doch, in der Art, wie es dem Harten zusetzt,
kommt ihm nichts gleich.» (*Laotse* 78)

«Um die Welt zu gewinnen, muss man frei sein von Geschäftigkeit.» (*Laotse* 57)

«Übe dich in Demut, so wirst du fest; übe dich in Schwachheit, so wirst du stark.» (*Liä Dsi* II 7)

«Das höchste Reden ist nicht zu reden; das höchste Handeln ist nicht handeln.» (*Liä Dsi* II 11)

«Das Wirken der Natur erkennen, ist zu erkennen, in welcher Beziehung das menschliche Wirken dazu stehen muß: das ist das Ziel.» (*Dschuang Dsi* VI 1)

«Die großen Menschen des Altertums folgten ihrer göttlichen Natur und mischten nicht ihr irdisches Bemühen ins Göttliche hinein.» (*Dschuang Dsi* XXIV 13)

---

80 [Notiz:] Gegen die Geschäftigkeit des Wirkenwollens nach menschlicher Vorstellung.

81 [Notiz:] Die vier Mächte.

«Nichts sinnen, nichts denken: so erkennst du das Tao.
Nichts tun und nichts lassen, so ruhst du im Tao.» (*Dschuang Dsi* XXII 1)

«Was du tun sollst, was du nicht tun sollst? Einfach der Wandlung ihren Lauf lassen.» (*Dschuang Dsi* XVII 5)

«Alles Nachdenken führt nur zum Schaden; alles Handelnwollen führt zu Verkehrtheit. Der Vollendete läßt sich nur gezwungen auf äußere Handlungen ein. Aber was er anfängt, das gelingt.» (*Dschuang Dsi* XXVI 5)

* * *

Für die taoistischen Denker handelt es sich also, wie für die Brahmanen, um eine sich über das Ethische erhebende Geistigkeit. Nur vermögen sie nicht mit derselben Entschiedenheit wie diese, bei diesem Ideal zu verbleiben. Die Lebens- und Weltbejahung und die damit gegebene Annahme eines sinnvoll wirkenden schöpferischen Weltprinzips[82] lassen es nicht zu. Irgendwie muß dieses Sinnvolle als gut – wenn auch in einem weit über dem menschlichen Begreifen und Urteilen liegenden Sinne – aufgefaßt werden. Im Tao wandeln heißt also, eine höhere Art von Gütigkeit besitzen, die nicht das Bedürfnis hat, sich in gewöhnlichem Wohltun kund zu tun, sondern sich mehr in dem geistigen Sein äußert.

So ist bei Tschuang-tse die Rede von der «Frühlingsmilde, die der Vollendete fort und fort der Welt zeigt» (V 4). Nach einer bei ihm sich findenden Erzählung erlebt es ein Verbrecher, der sich nach erlittener Strafe unter den Schülern eines im Tao wandelnden Meisters aufhält, daß dieser ihn, rein durch seine Art zu sein, rein wäscht durch seine Güte. (V 2)

Das rechte Verhalten ist, dem taoistischen Denken zufolge, das eines gütigen Geschehenlassens.[83]

«Ich habe drei Schätze, die ich schätze und hüte.
Der eine ist die Gütigkeit,
der zweite ist die Genügsamkeit,
der dritte ist die Demut.» (*Laotse* 67)

«Zu den Guten bin ich gut,
und zu den Nicht-Guten bin ich auch gut.» (*Laotse* 49)

«Dies ist das Tao: es ist gütig und treu, aber es äußert sich nicht in Handlungen.» (*Dschuang Dsi* VI 1)

«O mein Meister, o mein Meister, der du alle Dinge richtest, und bist doch nicht gerecht, der du alle Geschlechter segnest, und bist doch nicht gütig ... : Du bist's, in dem wir wandeln.» (*Dschuang Dsi* VI 6)

---

82 [Darüber:] Die Geistigkeit höherer Art.

83 [Notiz:] Mystik, die ethisch werden will.
Das Problem Weltgeschehen und menschliches Tun aufgeworfen, aber nicht gelöst.

Den taoistichen Denkern zufolge kam die Unterscheidung von Gut und Böse und damit die Hochschätzung des Tuns des Guten erst auf, als die Menschen die Einfalt verloren, in der sie das unbefangene und höhere Gütig-Sein besaßen. Immer wieder führt Tschuang-tse aus, daß die Tugendbeflissenen und die Räuber gleichzeitig miteinander aufgetreten seien. In der Moral seien sie zwar verschieden. Aber darin, daß sie ihre ursprüngliche Art verloren und sich ins Tun verirrt, seien sie einander gleich.

Als etwas Selbstverständliches vertreten die taoistischen Denker die alt-chinesische Anschauung, daß ein Zusammenhang zwischen allem Geschehen besteht und daß sich also Verfehlungen in dem Verhalten der Menschen auf die Naturordnung zurückwirken und Störungen in dem Naturgeschehen zur Folge haben.

«Das große Tao ward verlassen: / so gab es Sittlichkeit und Pflicht.
Klugheit und Erkenntnis kamen auf: / so gab es die großen Lügen.
Die Blutsverwandten wurden uneins: / so gab es Kindespflicht und Liebe.
Die Staaten kamen in Verwirrung und Unordnung: / so gab es treue Diener.» (*Laotse* 18)

«Zwischen Ja und Jawohl: was ist das für ein Unterschied?[84]
Zwischen Gut und Bös: was ist da für ein Unterschied?» (*Laotse* 20)[85]

«Je mehr die Gesetze und Befehle prangen,
desto mehr gibt es Diebe und Räuber.» (*Laotse* 57)

«Warum braucht die Moral sich einzudrängen in das Gebiet ewiger Naturordnungen? ... Darum halte ich mich auf der einen Seite zurück von allem Moralbetrieb und auf der andern von allem zügellosen und unwahren Wandel.» (*Dschuang Dsi* VIII)

Dadurch, daß die Menschen ihre Einfalt verloren haben und sich von ihrem Wissen und ihren Moralbegriffen leiten lassen, «verfinstert sich der Schein der Sonne und des Mondes, versiegt die Lebenskraft von Berg und Fluß, verwirrt sich der Gang der Jahreszeiten. Bis hinunter zum kleinsten Würmchen und zur kleinsten Fliege verliert alles seine wahre Natur.» (*Dschuang Dsi* X 3)

In der Polemik, die Tschuang-tse gegen die Moral der Pflichten und der Liebe führt, betont er das Erhabensein über die gewöhnlichen Vorstellungen von Gut und Böse zuweilen so stark, daß er nicht mehr die aus dem Tao kommende höher geartete Gütigkeit, sondern ein kaltes Übermenschentum, wie es sich bei den Brahmanen findet, als Ideal aufzustellen scheint.

«Der Berufene wandelt im Lande der Freiheit. Das Wissen betrachtet er als vom Übel; gegebenes Wort betrachtet er als Leim; Tugend betrachtet er als äußeren Gewinn,[86] und gute Werke als Handelsware ... Weil er menschliche Gestalt hat, darum gesellt er sich zu den Menschen ... Verschwindend klein ist, was ihn mit den Menschen verbindet. In stolzer Größe schafft er sich einsam seinen Himmel.» (*Dschuang Dsi* V 5)

---

84 [R] Lebensanschauung zweiter Ordnung.
85 [Notiz:] Gut und Böse etwas Relatives.
86 [Darunter, am unteren Seitenrand:] Die Ungehemmtheit – die Askese.

«Der Übermensch steht über den Menschen, aber er steht in Einklang mit der Natur.» (*Dschuang Dsi* VI 4)

Gewalttat und Krieg verurteilen die taoistischen Denker insgesamt als das unheilvollste Tun.

«Wenn das Tao herrscht auf Erden,
so tut man die Rennpferde ab zum Dungführen.
Wenn das Tao abhanden gekommen ist auf Erden,
so werden Kriegsrosse gezüchtet auf dem Anger.» (*Laotse* 46)
«Wo zwei Armeen kämpfend aufeinandertreffen,
da siegt der, der es schweren Herzens tut.» (*Laotse* 69)
«Wo Kämpfer geweilt, wachsen Disteln und Dornen.
Hinter den großen Heeren kommt sicher böse Zeit.» (*Laotse* 30)

* * *

[Grundsatz der Nicht-Anwendung von Gewalt]

Taoistischen Kreisen gehören wohl die Vertreter[87] des Grundsatzes der Nicht-Anwendung von Gewalt,[88] von denen in der Übersicht über die verschiedenen philosophischen Schulen, die dem Buche des Tschuang-tse als 33. Teil angehängt ist, berichtet wird.[89] Dieser 33. Teil stammt nicht von Tschuang-tse, sondern von einem Angehörigen seiner Schule.

«Sie suchten»,[90] heißt es in dieser Schrift von jenen Vertretern des Grundsatzes der Nicht-Anwendung von Gewalt, «durch eine brennende Liebe die Menschen der Welt[91] brüderlich zu vereinen. Die Bekämpfung der Lüste und Begierden war ihr Grundsatz. Wenn sie beschimpft wurden, hielten sie es nicht für Schande, nur darauf bedacht, die Menschen vom Streit zu erlösen. Sie verboten den Angriff und wollten Niederlegung der Waffen, um die Menschen vom Krieg zu erlösen. Mit diesen Lehren durchzogen sie die ganze Welt. Sie ermahnten die Fürsten und belehrten die Untertanen. Wenn auch die Welt ihre Lehren nicht annehmen wollte, so blieben sie umso fester dabei und ließen sie nicht fahren. Es hieß von ihnen, daß Hoch und Niedrig es vermied mit ihnen zusammenzukommen, daß sie aber mit Gewalt sich Zutritt verschafften.»[92]

---

87 [Darunter, am unteren Seitenrand:] Keine Beobachtung der Wirklichkeit. Setzt sich über sie hinaus.
88 [Nachträglich ? hinzugesetzt.]
89 [Notiz:] Die Sekte [nahm] ihren Ausgang von Sung Giän (4. Jhdt. v. Chr.) und Yin Wen (4. Jhdt. v. Chr.).
90 [Über der Zeile:] Wo diese unterzubringen sind? Diese in besondere Absicht [?].
91 [Über der Zeile:] Tao-Lehre – Tao-Mystik.
92 Einleitung von Rich. Wilhelm zu *Dschuang Dsi*, S. XVIII-XIX. [Vgl. H. A. Giles, *Chuang Tzû*, S. 443 f.]

Taoistisch ist an dieser Lehre die Verurteilung jeglicher Gewalttat. Von dem Taoismus weichen ihre Vertreter aber dadurch ab, daß sie eine Tätigkeit – und dazu noch eine leidenschaftliche – entfalten, um ihr Anerkennung zu verschaffen.

In dem Maße, als der Taoismus das Prinzip der Nicht-Anwendung von Gewalt betont, kommt er dazu, die Zurückhaltung, die er der Ethik gegenüber beobachten möchte, aufzugeben. Das Prinzip der Nicht-Anwendung von Gewalt nimmt für ihn dann die Bedeutung einer Ethik an. Neben das Vollkommenheitsideal der Erlangung der höchsten Einfalt tritt das des höchsten Nicht-Gewalttätig-Seins und überschattet es.

Nimmt das Prinzip der Nicht-Anwendung von Gewalt die Bedeutung einer Ethik an, so genügt es ihm nicht mehr, daß ihm Anerkennung, wie sie ihm Lao-tse, Lieh-tse und Tschuang-tse zollen, zuteil werde. Es verlangt, daß man mit Eifer für es eintrete. Überdies ist das Elend, in dem sich China in jenen Jahrhunderten der Kriege zwischen den Feudalstaaten befindet, dazu angetan, die Menschen für das Prinzip der Nicht-Anwendung von Gewalt empfänglich zu machen. So geschieht es, daß neben dem quietistischen Taoismus, Lao-tse's, Lieh-tse's und Tschuang-tse's einer aufkommt, der sich für das ethische Prinzip der Nicht-Anwendung von Gewalt einsetzt.

Überhaupt geht der Taoismus von dem 4. Jahrhundert v. Chr. an viel mehr auf die Fragen der praktischen Ethik ein als der frühere und viel mehr, als es sich mit der Theorie des Wandels im Tao verträgt.[93] In dieser späteren Zeit gibt es Taoisten, die eine Staatslehre vertreten, derzufolge das Volk durch strenge Gesetze und Strafen in Ordnung gehalten werden soll.[94]

Aber nicht nur in seinem praktischen Verhalten weicht der spätere Taoismus von dem der großen taoistischen Denker ab, sondern auch darin, daß ihm die Geistigkeit, zu der dieser sich erhoben hat, verloren geht. Immer mehr kommt in ihm die primitive, magische Mystik, von der er ausging, wieder als solche zur Geltung. Immer mehr geht er Verbindung mit der durch Zauberriten beherrschten, mystisch gearteten taoistischen Volksreligion ein. Dieser Taoismus, nicht so sehr der des Lao-tse, sympathisiert dann in den ersten Jahrhunderten n. Chr. mit dem ebenfalls zu einer volkstümlichen Religion gewordenen Spät-Buddhismus und bereitet ihm den Weg in China.

Wenn in späteren Jahrhunderten, wie unter der Tang-Dynastie (618–907), der Taoismus blüht, so ist es nicht nur[95] der der großen taoistischen Denker, sondern auch der des *Buches der Wandlungen* (*I king*) und

---

93 [R] Lambarene Mittwoch 31.3.37.

94 [Notiz:] Schwer zu entscheiden, was taoistisch ist und [was] nicht-taoistisch (d. h. taoistische Vorstellung vom Sein). Doppelte Wahrheit.

95 [Zuerst statt «nicht nur»:] weniger ... als der.

der der volkstümlichen taoistischen Religion. Wohl werden in solchen Zeiten Lao-tse, Lieh-tse und Tschuang-tse als Schutzheilige des Taoismus gepriesen. Aber es geht kaum eine Wirkung von ihrer eigentlichen Lehre aus, wenn auch ihre Werke abgeschrieben und kommentiert werden.[96]

Erst in der Mandschu-(Tsing-)Dynastie (1644-1911), vom 18. Jahrhundert an, setzt eine sachliche Erforschung der Schriften der alten Denker ein, durch die dann die Ideen Lao-tse's und seiner Nachfolger, wie auch die des Kung-tse und seiner Schüler, wieder in ihrer eigentlichen Art bekannt werden.

* * *

[Bedeutung des Taoismus]

Ein sich in sachlicher Weise mit dem Sein auseinandersetzendes Denken liegt in dem Taoismus des Lao-tse und seiner Nachfolger nicht vor. Er verfolgt das Problem der Lebens- und Weltanschauung nicht in alle und nicht in seine letzten Fragen. Mit Absicht verbleibt er in dem Naiven.

Geschichtlich ist er als eine geistige Deutung einer primitiven Mystik zu verstehen, die durch ein Denken vorgenommen wird, das durch die alt-chinesische Lehre von dem in der Welt waltenden schöpferischen Tao und durch das Erlebnis der Ekstase bestimmt ist. Weil er Widersprechendes – die Lebens- und Weltbejahung und das Prinzip der Nicht-Tätigkeit – miteinander zu vereinigen sucht, hat er etwas Kompliziertes an sich.

Aber dieses Naive und Komplizierte besitzt Tiefe, Größe und Leben. Ein Dreifaches macht das Eigenartige und Bedeutsame dieses Taoismus aus: Er ist Mystik; er bekennt sich zur Lebens- und Weltbejahung; in seiner Lebens- und Weltbejahung fühlt er sich über das Ethische erhaben.

Als Mystik ist er Weltanschauung höchster Art und besitzt deren Innerlichkeit. Indem er sich, obwohl die Mystik Neigung zu Lebens- und Weltverneinung hat, für die Lebens- und Weltbejahung entscheidet, und indem er, ohne Rücksicht auf die zwischen Lebens- und Weltbejahung und dem Ethischen bestehende natürliche Verbundenheit, eine überethische Lebens- und Weltbejahung vertritt, nimmt er zu zwei Problemen, die im Denken der Menschheit ständig wiederkehren, Stellung.

---

96 [Notiz:] Taoismus auch Anti-Kung-tse : die ethische Lehre, die sich mit dem Menschen und der Gesellschaft beschäftigt, stets mit Mensch und Welt ... [?]

Als ein Versuch einer lebens- und weltbejahenden Mystik und einer von dem Ethischen losgelösten Lebens- und Weltbejahung besitzt er etwas in seinem Wesen, das nicht veraltet, sondern seine Anziehungskraft und seine Bedeutung für alle Zeiten behält.[97]

Durch das Ideal der verinnerlichten Lebens- und Weltbejahung und durch die Probleme, die Spannungen und die Widersprüche, die er in sich trägt, ist der *Tao te king* ein ewiges Buch, das seine Bestimmung, die Menschen über sich selbst und ihr Verhältnis zum unendlichen Sein nachdenklich zu machen, fort und fort erfüllen wird.[98]

* * *

[Kung-tse]

Wie bei Lao-tse ein schon vor ihm vorhandenes mystisches Denken zur vollen Ausbildung kommt, so ist auch Kung-tse nicht der Schöpfer der chinesischen Ethik, sondern der erste große Gestalter derselben. Seine Bedeutung besteht darin,[99] daß bei ihm die Ethik, als etwas für sich Bestehendes, über sich selbst ins Klare zu kommen sucht.[100]

Wohl setzt auch Kung-tse die alte taoistische Lehre vom Sein voraus. Aber als das Verhalten im Sinne des Tao sieht er das ethische an.[101] Sein

---

97 [R] Lambarene. Donnerstag 1. April 37.

98 [Notizen:] Aber [die] Mystik. [Sie] führt auf die letzten Fragen. Nimmt das Beschäftigt-Sein mit dem Nächstliegenden heraus. Läßt [den Menschen] nicht mit dem Volke, nicht mit der Menschheit beschäftigt sein, in diesem stehen bleiben, sondern mit sich und der Welt. Bei Seite lassen. Zwingt den Blick gerichtet zu halten. Das Große der Mystik – Und Beschäftigt-Sein mit dem Sein Tiefe Einfalt. Fahre hinaus auf die Höhe [Lk 5, 4]. Die Fragen, die, was sich auch wandelt in den Verhältnissen, in denen die Menschen leben, im Grunde immer dieselben bleiben. Eben Mystik, die in positiver Weise mit sich beschäftigt ist. Mystik ist positives Gedenken. Nicht einfach Lebens- und Weltverneinung – Sondern das Problem, wie ein Wirkender sich verhalten [soll.] Die Frage nach der wahren und tiefen Lebens- und Weltanschauung und der wahren Lebensführung.

99 [Darunter:] Kung-tse [beeinflußt?] das volkstümliche Denken.

100 [R] Hier einschieben: Im *Schu-king* schon die Lehre von den natürlichen Pflichten, die zwischen Fürst und Adel, Vater und Sohn, älterem und jüngerem Bruder, Mann und Frau, Freund und Freund [bestehen.] Ethik der 5 Pflichtenkreise. 9 Doppeltugenden: friedlich, milde, etc. Siehe Forke, *Gedankenwelt*, S. 155.
Vorläufer Kung-tse's: Kuan-tse (etwa 715–645, Minister des Herzogs Hun von Tschi). Er: Sittlichkeit kann sich erst entwickeln, wenn [der] Lebensunterhalt gesichert ist, Forke 156! Yen-tse (580–501, Minister in Tschi). Einfache Ethik. Schon er [ist] mehr für sittliche Lebens- als für Kulthandlungen (Forke 156). Teng-tse (etwa 570–501). Sophist. Hackmann, *Chinesische Philosophie*, S. 46 ff. Taoist, gibt aber Anleitung zur strammen Staatsführung.

101 [Darüber:] Erfahrung des Ethischen im Menschen. Faßt den Weltgrund ethisch auf.

Denken ist durch das natürliche Empfinden, nicht durch die Erinnerung an das Erlebnis der Ekstase bestimmt.[102]

Konfuzius ist die bei den jesuitischen Missionaren Chinas aufgekommene Latinisierung von Kung Fu Tse (Meister Kung).

Kung-tse (etwa 552–479) entstammt einer Ehe, die sein Vater, ein wegen seiner Tapferkeit bekannter Kriegsmann, mit über 70 Jahren mit einer Fünfzehnjährigen eingeht, weil er aus früheren Verbindungen nur Töchter und einen verkrüppelten Sohn besitzt. Er gehört einer vornehmen Familie an, die ihren Ursprung von dem Königsgeschlecht der Yin (Schang)-Dynastie (1766–1150 v. Chr.) herleitet und in den ersten Zeiten der Tschou-Dynastie (1150–249 v. Chr.) durch fünf Generationen hindurch mit der Herrschaft Sung belehnt ist. Im 8. Jahrhundert v. Chr. wandern seine Ahnen[103] auf Grund von Fehden, die zwischen ihnen und einem vornehmen Geschlecht in Sung entstehen, nach dem Staate Lu aus, in dem der Urgroßvater Kung-tse's die Stellung eines Oberbefehlshabers einer Stadt bekleidet.

In ziemlich ärmlichen Verhältnissen aufwachsend, beschäftigt sich Kung-tse von früh an[104] mit dem Studium der mündlichen und schriftlichen Überlieferung. Mit 19 Jahren verheiratet er sich. Kaum 22 Jahre alt versammelt er schon Schüler um sich. Mit 30 Jahren erreicht er, nach einem von ihm berichteten Ausspruch, einen festen Standpunkt (*Lun Yü* II 4). Mit 34 Jahren unternimmt er, mit zwei Schülern, eine Reise nach Lo Yang (Provinz Honan), der damaligen Residenz der Kaiser der Tschou-Dynastie, um dort aus den besten Quellen der mündlichen und schriftlichen Überlieferung zu schöpfen. In jener Zeit hält sich auch Lao-tse in dieser Stadt auf. Ist, was wohl kaum zutrifft, etwas Wahres an dem Berichte einer Zusammenkunft der beiden großen Zeitgenossen, der sich beim Geschichtsschreiber Sse-ma Ts'ien (145–80 v. Chr.) findet, so hat diese wohl damals in Lo Yang stattgefunden.

Erst im Jahre 500 v. Chr., da Kung-tse bereits über 50 Jahre alt ist, geht sein Wunsch, ein vorbildliches Wirken im Staatsdienst entfalten zu können, in Erfüllung. Herzog Ting, der Regent des Staates Lu, beruft ihn in seinen Dienst, zuerst als Vorsteher einer Stadt, nachher als Justizminister. Aber schon im Jahre 497 v. Chr. verliert er den Einfluß auf den Fürsten, der aufhört, die Staatsgeschäfte ernst zu nehmen, und sieht sich genötigt, seine Stellung aufzugeben und außer Landes zu gehen. In der kurzen Zeit seiner Amtsführung soll er, der Überlieferung zufolge, wichtige Reformen im Staate Lu durchgeführt haben. Nun zieht er, mancherlei Verfolgungen erduldend, 13 Jahre mit seinen Schülern in der Fremde umher. Im Jahre 483 v. Chr. wird er auf Betreiben der Ratgeber des neuen Regenten von Lu, unter denen sich sein Schüler Yen Yu befindet, in die Heimat zurückberufen. Die letzten Jahre seines Lebens verbringt er damit, den Text der alten Schriften zu bearbeiten. Das *I king* (*Buch der Wandlungen*), das *Schi-king* (*Buch der Lieder*) und das *Schu-king* (*Buch der Geschehnisse*)[105] kennen wir also nur in der Fassung, die sie durch Kung-tse erhalten haben.

Das *I king – das Orakelbuch* – hat er wohl in der Hauptsache so übernommen, wie er es vorfand. Aber die Sammlung und Sichtung – und teilweise wohl auch die erste schriftliche Fixierung – des Materials des *Schi-king* und des *Schu-king* scheint

---

102 [Notiz:] Ekstase trennt sie [Lao-tse und Kung-tse] von einander.

103 [Notiz am unteren Seitenrand:] Läßt die Religion dahingestellt sein, bezeugt ihr aber als etwas Überliefertem Ehrerbietung. [Hat sie] gereinigt von dem, was ihm als Aberglauben vorkommt.

104 [Ms.:] von frühem an.

105 [S. 178:] *Buch der Urkunden.*

sein Werk zu sein. In den alten Schriften läßt er wohl nur stehen, was zu seiner Ansicht vom vorbildlichen Altertum paßt.

Die von Kung-tse unter dem Titel *Frühlings- und Herbstbuch* (*Tschun Tschin*) verfaßten Annalen des Staates Lu und die *Lun Yü* (*Gespräche*), die Sammlung der von den Schülern überlieferten Erzählungen und Worte des Meisters, werden ebenfalls zu den kanonischen Büchern gerechnet. Die *Lun Yü* bilden die Hauptquelle für unsere Kenntnis der Lehre Kung-tse's.

Wann die mündliche Überlieferung über Kung-tse erstmalig aufgezeichnet wurde, wissen wir nicht. Eine alte Fassung der *Lun Yü* existiert schon im 1. Jahrhundert v. Chr. Ihre definitive Gestalt erhalten sie im 2. Jahrhundert n. Chr.

Auf Grund einiger mißverstandener Aussprüche Kung-tse's hat man in ihm einen Freigeist sehen wollen, der zur überlieferten Religion nur ein ganz äußerliches Verhältnis hat. In Wirklichkeit ist er ein Frommer, für den alle wirklich religiösen Überzeugungen und Gebräuche der Überlieferung[106] eine Bedeutung haben. Die gebotenen Opfer, selbst das Speiseopfer beim königlichen Mahle, vollzieht er in der gewissenhaftesten Weise. Einem Schüler, der das Neumondsopfer abgeschafft sehen möchte, erteilt er einen strengen Verweis. (*Lun Yü* III 17)

Aber er spricht sich über das Religiöse nicht aus, sondern sieht es als ein von dem Altertum übernommenes Geheimnis an, das man nicht zu ergründen habe. «Des Meisters Reden über Kultur und Kunst kann man zu hören bekommen; aber die Worte des Meisters über Natur und Weltordnung kann man nicht zu hören bekommen», heißt es in den *Lun Yü*. (V 12)[107]

In den *Lun Yü* wird ebenfalls berichtet, daß er Fragen über den Dienst der Geister ([II,24,] XI,14 [11]), über die Bedeutung des großen Opfers für den Ahn der Dynastie (III 11), über Zauberkräfte (VII 20), ja sogar über den Tod (XI 11) unbeantwortet ließ oder sich ausweichend zu ihnen äußerte.

Bei der Bearbeitung der alten heiligen Bücher hat er wohl manches, das er als Aberglauben beurteilte, von ihnen ferngehalten, aus ihnen entfernt.

Die bei den taoistichen Denkern vertraute Idee des Erlangens übernatürlicher Fähigkeiten findet sich bei ihm nicht.

Die Frage des Unvollkommenen und Nicht-Sinnvollen des Weltgeschehens stellt sich für Kung-tse – wie auch für Lao-tse – nicht in derselben Weise[108] wie für Zarathustra, für die jüdischen Propheten, für Jesus und das europäische Denken. Er braucht nicht eine von der Nicht-Vollendung zur Vollendung führende Entwicklung der Welt anzunehmen. Alles Unbefriedigende im Naturgeschehen erklärt er sich auf Grund der Tao-Lehre aus einer Störung, die von dem nicht dem Tao

106 [Darüber:] Fromm ohne Religion.
107 [Zit. nach *Lun Yü*, übersetzt von R. Wilhelm.]
108 [Über der Zeile:] Majestätische Ruhe des Denkens.

entsprechenden Zustande der Menschheit herrührt und aufhören wird,[109] sobald diese in der richtigen Verfassung ist. Ein Theodizee-Problem, wie es für das christliche und das abendländische Denken besteht, gibt es für Kung-tse trotz des Ethischen seiner Weltanschauung ebensowenig als für Lao-tse. Die Tao-Lehre ermöglicht es ihm, in der ethischen Weltanschauung den Dualismus zu vermeiden und beim Monismus zu bleiben.

Die Religiosität Kung-tse's tut sich auch darin kund, daß er, wie aus mehreren Aussprüchen der *Lun Yü* feststeht, die Gewißheit hat, vom Himmel die Mission empfangen zu haben, die von den heiligen Menschen der Vorzeit vertretene Wahrheit aufs neue wirksam werden zu lassen. Er fühlt sich als Prophet: «Der Himmel gebraucht euren Meister als Glocke», sagt er zu seinen Schülern. (*Lun Yü* III 24)

* * *

[110]Gegenstand des ergründenden Denkens ist für Kung-tse allein das Problem des Ethischen.

Das Ethische leitet er in einfacher und tiefer Weise aus der Sympathie mit den anderen Menschen her, wie sie sich aus der zwischen den Menschen bestehenden Wesensgleichheit ergibt.

Auf Grund seiner Erfahrung von Glück und Leid hat der Mensch – dies Kung-tse's Gedankengang – Verstehen und Teilnahme für das gleichartige Erleben des Nebenmenschen. Durch das natürliche Empfinden soll er sich veranlaßt fühlen, sich ihm gegenüber[111] nach dem Grundsatz der *Gegenseitigkeit* (Schu), wie Kung-tse sich ausdrückt, zu verhalten und ihm in Gedanken und in Handlungen so zu begegnen, wie er es sich von dem andern sich selber gegenüber wünschen würde. Neben der *Gegenseitigkeit*, in der ein mehr durch Vernunfterwägungen bestimmtes und der eigentlichen Wärme ermangelndes Verhältnis zum Nebenmenschen ausgedrückt ist, ist bei Kung-tse aber auch von wirklicher Menschenliebe (Jên) die Rede. Über das Verhältnis, in dem beide zueinander stehen, äußert er sich nicht.[112] Die natürliche Annahme ist,

---

109 [R] Prästabilierte Harmonie zwischen den ...

110 [R] Jetzt: Das ethische Grundprinzip. Das Ethische ein Ordnungsprinzip, konstituierendes Prinzip der menschlichen Gesellschaft. Es hat sich in den natürlichen Verhältnissen, die zwischen den Menschen bestehen, [herausgebildet]. Der Nächste ist der, der es der Gesellschaftsordnung nach ist. Rationale Ethik. Vernunftgemäß. Ideale Gesellschaftsordnung schaffen. Keine [...] Irrational. Utilitaristisch: Im Dienste eines beabsichtigten Erfolgs stehend. Die Religion und die Anschauung über die Welt übernimmt Kung-tse also so, wie er sie in der Überlieferung vorfindet. Gegenstand ... s. o.]

111 [Darüber:] Rücksichtnahme. [Darunter] Altruistische Gesinnung.

112 [Darüber:] bleibt im Unklaren.

daß er einen eigentlichen Unterschied zwischen beiden nicht macht, sondern daß es sich bei ihm um eine auf der Vorstellung der Gegenseitigkeit sich gründende Menschenliebe handelt. Kung-tse's Menschensliebe verleugnet ihren Ursprung nicht. Sie hält sich in den Grenzen der Vernünftigkeit. Das Enthusiastische geht ihr ab.

Jedenfalls aber trägt der Mensch, nach Kung-tse, eine Erkenntnis und ein Vermögen des Guten in sich. Indem er seinen Willen auf das Gute richtet und es in sich zur Ausbildung kommen läßt, erlangt er das wahre Menschentum. Daß das Gute eine Sache der rechten Ausbildung des Wollens ist, betont Kung-tse in mehreren Aussprüchen.

Worte Kung-tse's über die Ethik aus den *Lun Yü*:

«Dsi Gun fragte und sprach: Gibt es ein Wort, nach dem man das ganze Leben hindurch handeln kann? Der Meister sprach: Die Gegenseitigkeit.[113] Was du selbst nicht wünschest, tue es nicht andern an.» (XV 23)

«Fan Tschi fragte, was Menschlichkeit sei.[114] Der Meister sprach: Menschenliebe.» (XII 22)

«Wenn der Wille auf die Sittlichkeit gerichtet ist, so gibt es kein Böses.» (IV 4)[115]

Die Vorstellung des Guten ist bei Kung-tse mitbestimmt durch das Ideal der Gesellschaft, das es zu verwirklichen gilt. Darum hält er sich in seiner Ethik an die in der Gesellschaft gegebenen natürlichen Ordnungen[116] und legt diesen entsprechend die Pflichten im einzelnen fest. Besondere Pflichten sind, ihm zufolge, durch die Beziehungen zwischen dem Fürsten und dem Beamten, zwischen Vater und Sohn, Mann und Frau, älterem und jüngerem Bruder und Freund und Freund gegeben. Diese fünf Pflichtenkreise übernimmt er aus der alt-chinesischen Ethik.[117]

---

113 [Zuerst (gestrichen):] Die Nächstenliebe.

114 [R] Realist.

115 [Gestrichener weiterer Text:] «Fünf Dinge – Würde, Weitherzigkeit, Wahrhaftigkeit, Eifer und Gütigkeit – durchzuführen: Das ist Sittlichkeit.» (*Lun Yü* [XVII 6]) Menschenliebe, die dem Bösen in gleicher Weise wie dem Guten sich erzeigt, kennt Kung-tse nicht. Um in der Welt etwas auszurichten, muß die Sittlichkeit, ihm zufolge, der Wirklichkeit Rechnung tragen und in sachgemäßer Weise dem Bösen entgegentreten. [Fortsetzung [R]:] Zur Ethik gehört Entrüstung über das Böse. Der Böse aber [wird] behandelt als (wie?] der Gute. «Dsi Gung sprach: Hat der Edle auch Haß?» . . . (XVII 24)
[Fortsetzung Haupttext:] «Es sprach jemand: Durch Güte Unrecht vergelten, wie ist das? Der Meister sprach: Womit soll man dann Güte vergelten? Durch Gerechtigkeit vergelte man Unrecht, durch Güte vergelte man Güte» (XIV 36). Es ist möglich, daß Kung-tse in diesem Entscheide sich mit dem Wort Lao-tse's «Zu den Guten bin ich gut, zu den Nicht-Guten bin ich auch gut», auseinandersetzt.

116 [R] Die auf der Vorstellung der Gegenseitigkeit sich gründende Individualethik findet sich bei Kung-tse in eine Sozialethik hineingestellt.

117 [Dieser Satz nebst einem weiteren Abschnitt (über die Pflichten der Kinder gegen die Eltern) gestrichen.]
[Am unteren Seitenrand:] reguliert. Das Vernunftgemäße. Das Antike der Ethik kommt darin zum Ausdruck.

Die Kinder sollen den Eltern Ehrerbietung entgegenbringen und ihnen dienen. Kung-tse selber läßt zwischen seinem Sohne und sich keine Vertraulichkeiten aufkommen, sondern hält ihn in ehrerbietiger Entfernung. (*Lun Yü* XVI 13)[118]

»Sind die Eltern am Leben, soll man ihnen dienen, wie es sich ziemt, nach ihrem Tode sie beerdigen, wie es sich ziemt, und ihnen opfern, wie es sich ziemt.« (*Lun Yü* II 5)

«Man soll den Eltern außer durch Erkrankung keinen Kummer machen.» (II 6)

«Solange die Eltern leben, soll man nicht in die Ferne ziehen. Und wenn man nach auswärts geht, so soll man einen bestimmten Wohnort wählen (damit man auf einen ergehenden Ruf jederzeit zu ihnen zurückkehren kann).» (IV 19)

«Den Eltern dienend darf man ihnen in zarter Weise Vorstellungen machen. Wenn man aber sieht, daß sie nicht gewillt sind, darauf zu hören, so soll man fortfahren, ehrerbietig sich zu fügen und auch die schwersten Anstrengungen ohne Murren tragen.» (IV 18)

So sehr gehen die zwischen Vater und Sohn geltenden Pflichten allen anderen vor, daß, wenn der eine ein Schaf gestohlen hat, die Ehrlichkeit des anderen darin besteht, als Zeuge verhört, dieses Vergehen nicht zuzugeben, sondern zuzudecken. (*Lun Yü* XIII 18)

Der Fürst hat seinen Beruf darin zu sehen, wie die heiligen Könige der alten Zeit in jeder Weise für das Wohl seines Volkes zu sorgen.

Zur rechten Art der Regierung gehört, daß er in Gewissenhaftigkeit dem Volke ein Beispiel ist, daß er kleine Fehler milde verzeiht, daß er nicht auf rasche Erfolge und kleine Vorteile aus ist.[119]

Der Staat beruht darauf, daß zwischen dem Herrscher und dem Volke das rechte geistige Verhältnis besteht.

Die Treue des Beamten dem Fürsten gegenüber begreift in sich, daß er ihm in mutiger Wahrhaftigkeit alle Bemerkungen macht, die er für erforderlich hält, und ihm widerstrebt, wenn er einen falschen Weg einschlägt. Wird ihm vom Fürsten etwas zugemutet, das er nicht billigen kann, so soll er seinen Abschied nehmen.

Die Freundschaft faßt Kung-tse als ein tiefes geistiges Verhältnis zwischen Menschen auf. Sie verlangt, daß der Freund von dem Freunde Anregung und Förderung in dem Bemühen um das Gute empfange.

Für das Gedeihen der Sittlichkeit ist nach Kung-tse erforderlich, daß geordnete Verhältnisse bestehen und daß die Menschen nicht mehr völlig durch den Kampf ums Dasein in Anspruch genommen sind,[120] sondern auch auf Erwerb von Bildung bedacht sein können. Zu machen,

118 [Notiz:] (Konservativ in den Bräuchen, soweit sie dem Vernunftgemäßen nicht widersprechen.)

119 [R] Verzeihen kleiner Fehler XIII 2; Herrscher sein schwer XIII 15; nicht rasche Erfolge XIII 17.

120 [Darüber:] So schon Kuan-tse.

daß das Volk wohlhabend und gebildet ist, ist die Aufgabe des Herrschers.

Kung-tse's Kulturideal ist also ethisch und fortschrittlich orientiert. Dadurch steht es in Gegensatz zu dem Lao-tse's und seiner Nachfolger.

Obwohl Kung-tse den Frieden als das Höchste schätzt, urteilt er in Anbetracht der unsicheren Zeiten, die damals herrschen, – während seines Wirkens in Lu ist dieser Staat durch die kriegerische Politik der Fürsten von Li bedroht – daß jedes Volk im Stande sein müsse, sich zu verteidigen. Pflicht des Fürsten ist es also, für eine gute Wehrmacht zu sorgen.[121]

«Dsi Gung fragte nach (der rechten Art) der Regierung. Der Meister sprach: Für genügend Nahrung, für genügende Wehrmacht und für das Vertrauen des Volkes (zu seinem Herrscher) zu sorgen.» (XII 7)

Aber nur, wenn ein Volk in der rechten geistigen Verfassung ist, ist es den Anforderungen, die der Krieg an es stellt, gewachsen.

«Der Meister sprach: Wenn ein tüchtiger Mann ein Volk sieben Jahre lang erzieht, so mag er es auch benutzen, um die Waffen zu führen.» [XIII 29]

Weil[122] Kung-tse's Ethik so lebhaft für die Bessergestaltung der menschlichen Gesellschaft interessiert ist,[123] hat man sie als Utilitarismus ansehen wollen. Mit Unrecht. Mag sie auch noch so sehr mit dem, was sie in der Welt ausrichten will,[124] beschäftigt sein, so ist sie ihrem eigentlichen Wesen nach durch die Idee des Gut-Seins aus innerer Notwendigkeit bestimmt.[125] Darum besitzt sie, bei allem Wirkungsdrang, eine tiefe Geistigkeit.

Für die Verwirklichung des Guten in der Welt tut, nach Kung-tse, die geheimnisvolle Kraft, die von der ethischen Persönlichkeit als solcher ausgeht, mehr als die darauf gerichtete Tätigkeit.

Daß der Zustand des Staates von der Vollendung des innerlichen Wesens des Herrschers abhängt und daß überhaupt alles Geistige an sich wirksam ist, spricht Kung-tse in Worten aus, die an Lao-tse erinnern.

«Wer kraft seines Wesens herrscht, gleicht dem Nordstern. Der verweilt an seinem Ort und alle Sterne umkreisen ihn.» (*Lun Yü* II 1)

---

121 [R] Wehrmacht XII 7; Krieg XIII 29, 30.

122 [R] Edle und Form (XII 8).

123 [Darüber:] Zweckmäßiges Wirken.

124 [R] Auf den Erfolg, Schaffung besserer Verhältnisse, Kulturverhältnisse [gerichtet]. Hat Tätigkeitstrieb und [ist] so stark ... Zeigt sich an der Bessergestaltung der Verhältnisse interessiert, was sie in der Welt ausrichten will. Vom Erfolg, den sie sich vornimmt, ist die Rede. Utilitaristisch dem Ziele nach, nicht dem Wesen nach ...

125 [R] Aus naturhaftem Bedürfnis des Vollkommener-Werdens, nicht im Hinblick auf das, was der Gesellschaft nottut, ist der Mensch, nach Kung-tse, ethisch. Darum besitzt Kung-tse's Ethik eine tiefe Geistigkeit. Das tätige Ein [...] im Sinne des Guten kommt für ihn erst in zweiter Linie. Die Hauptsache ist für ihn die geistige Wirkung, die von der vorhandenen Gesinnung als solcher ausgeht. Von dieser redet er.

«Wenn man durch Erlasse leitet und durch Strafen ordnet, so weicht das Volk aus und hat kein Gewissen. Wenn man durch Kraft des Wesens leitet und durch Sitte ordnet, hat das Volk Gewissen und erreicht (das Gute).» (II 3)

«Erhaben war die Art, wie Schun und Yü den Erdkreis beherrschten, ohne daß sie etwas taten» (VIII 18). (Yan, Schun und Yü sind die Herrscher aus dem 3. Jahrhundert v. Chr., die Kung-tse zufolge, als die Begründer der chinesischen Kultur anzusehen sind.)

«Wer selbst recht ist, braucht nicht zu befehlen: und es geht.» (XIII 6)

«Innerer Wert bleibt nicht verlassen: er findet sicher Nachbarschaft.» (IV 25)

Unablässig an sich selber zu arbeiten, macht Kung-tse dem Menschen zur Pflicht.

«Wer seine eigenen Fehler streng tadelt und die der andern milde, der bleibt frei von Groll.» (XV 14)[126]

«Seine eigenen Sünden bekämpfen und nicht die Sünden der andern: werden nicht dadurch die geheimen Fehler gebessert?» (XII 21)

«Wenn du einen Würdigen siehst, so denke darauf, ihm gleich zu werden. Wenn du einen Unwürdigen siehst, so prüfe dich selbst in deinem Innern.» (IV 17)

In gleicher Weise wie auf das Geistige legt die Ethik Kung-tse's Wert auf die Beobachtung der äußeren Formen (Li). Dies macht ihre Eigentümlichkeit aus.

Kung-tse selber kommt den Forderungen der überlieferten Höflichkeit auf das gewissenhafteste nach. Er, der den Fürsten mit solchem Freimut gegenübertritt, unterläßt nichts von dem, was das alte Hofzeremoniell als Ehrfurchtsbezeugungen vorschreibt.[127]

Die Trauerzeremonien beobachtet er bis ins Kleinste und will nicht, daß sie vereinfacht werden.[128]

In der von dem Geschichtsschreiber Sse-ma Ts'ien (145–80 v. Chr.) berichteten Begegnung Kung-tse's mit Lao-tse soll Kung-tse dem großen Zeitgenossen Fragen über die Riten und Umgangsformen vorgelegt und von ihm eine derbe Zurechtweisung erfahren haben, daß er sich mit dem *auswendigen Schein* abgebe. Diese Geschichte gehört wohl der taoistischen Legende an.

Für Kung-tse ist die Form nicht reine Äußerlichkeit, sondern Ausdruck eines innerlichen Verhaltens. Um zu bekunden, daß es ihm um die Bezeugung der Teilnahme ernst ist, ißt er sich nicht satt, wenn er an der Seite eines Mannes sitzt, der in Trauer ist, und unterläßt das

---

126 [Am unteren Seitenrand:] Ergebnis einer tiefen Kultur, nicht eines Einzelnen. [R]... Eigentümlich ist das Wertlegen auf die Form. Daß in ihr die Eigenschaften einer ethischen Kultur niedergelegt sind.

127 [Der folgende Text ist gestrichen:] In der Audienzhalle hält er «den Atem an, als wagte er nicht, Luft zu schöpfen» (X 4). Bekommt er das Szepter zu tragen, so beugt er sich, als reichten seine Kräfte für solch' kostbare Last kaum hin (X 5). Wenn der Fürst nach ihm schickt, wartet er nicht, bis angespannt ist, sondern macht sich alsbald zu Fuß auf den Weg (X 13).

128 (Am unteren Seitenrand:] Feinste Rücksichtnahme.

Singen an einem Tage, an dem er einen Beileidsbesuch gemacht hat. (VII 9)[129]

«Wenn der Meister jemand in Trauer sah, jemand im Hofgewand oder einen Blinden, so stand er bei ihrem Anblick auf, auch wenn sie jünger waren als er.» (IX 9) – «Der (blinde) Musikmeister Miän machte einen Besuch. Als er vor die Stufen kam, sprach der Meister: Hier sind die Stufen. Bei der Matte angelangt, sprach der Meister: Hier ist die Matte. Als alle saßen, teilte es ihm der Meister mit und sprach: Der und der ist hier, der und der ist da.» (XV 41)

Zur wahren Höflichkeit gehört für Kung-tse die Bescheidenheit. Hält er sich in seinem Heimatorte auf, so treibt er die anspruchslose Einfachheit so weit, daß er, der Meister der Kunst des Vortrags, sich stellt, «als könnte er nicht reden». Seine Hausgenossen sollen durch ihn in nichts daran erinnert werden, daß er eine Persönlichkeit von Bedeutung geworden ist. (X 1)

Weil die vollendete Höflichkeit Bescheidenheit in allen Lagen verlangt, vermeidet es – in einer Erzählung Kung-tse's – Mong Dsi Fan, der nach einer verlorenen Schlacht den Rückzug gedeckt hat und als letzter in das Stadttor einreitet, wegen seiner Tapferkeit bejubelt zu werden und als mehr zu gelten als die anderen Flüchtlinge. Er tut, als müßte er sein Pferd antreiben und spricht:[130] «Es ist nicht mein Mut, daß ich zuhinterst bin: mein Pferd läuft nicht.» (VI 13)

Ethische Geistigkeit[131] und feine Form gehören für Kung-tse zusammen. Das eine gewinnt seine volle Bedeutung erst durch das andere. Das Wesen muß sich in der Form gestalten; die Form erhält durch das Wesen ihren Inhalt.

Einem, der behauptet, daß es nur auf das Wesen und nicht auch auf die Form ankomme, hält Dsi Gung, der Schüler Kung-tse's, in den *Lun Yü* entgegen, daß das von Haaren entblößte Fell eines Tigers oder eines Leoparden wie das von Haaren entblößte Fell eines Hundes oder Schafes sei. (XII 8)

«Der Meister sprach: Ein Mensch ohne Menschenliebe, was hilft dem die Form?» (III 3)

«Ehrerbietung ohne Form wird Kriecherei... Aufrichtigkeit ohne Form wird Grobheit.» (VIII 2)

---

129 [R] Ethisches Wesen und Form müssen einander entsprechen. Das ethische Wesen, das auf die Form Verzicht leisten zu können glaubt, verliert an Wert...
Das Ethische vollendet sich nach Kung-tse in zwiefacher Weise: durch Vertiefung und durch die feine Form, die es annimmt.

130 [Am unteren Seitenrand:] Fortsetzung. Kung-tse verwirklicht das Ideal des Edeln. Setzt sich mit der Wirklichkeit auseinander. Die Ethik Kung-tse's [ist] nicht Schöpfung eines Einzelnen, sondern [einer ganzen Kultur], Glaube an die Stärke [und] Gewalt des Geistes. – Kung-tse [steht] im Lichte der Berichte der Taoisten, die etwas Großes lächerlich machen. Mystik führt den Kampf gegen Ethik. Hat [die] höchste Wirklichkeit nicht erreicht.

131 [Darüber:] Bildung.

Die Wirkung der vollendeten ethischen Kultur schätzt Kung-tse so hoch ein, daß er das Wort wagt: «Wo ein Gebildeter weilt kann keine Roheit aufkommen.» (IX 13)

In dem Maße als bei einem Menschen Vollendung des Wesens[132] und Vollendung der Form miteinander vorhanden sind, verwirklicht er das Ideal des Edlen. In dem Ideal des Edeln, der als eine ethische Persönlichkeit mit gediegenster Kultur im Wirken drinsteht, kulminiert die lebens- und weltbejahende Ethik Kung-tse's.

«Bei wem Form und Gehalt im Gleichgewicht sind: der erst ist ein Edler.» (VI 16) – «Der Edle bildet sich selbst, aus Ernst.» (XIV 45) – «Der Edle ist ohne Trauer und ohne Furcht.» (XII 4) – «Der Edle bleibt fest in der Not.» (XV 1) – «Der Edle befördert das Schöne der Menschen.» (XII 16) – «Der Edle liebt den inneren Wert.» (IV 11)

«Der Edle ist friedfertig, aber macht sich nicht gemein. Der Unedle macht sich gemein, aber ist nicht friedfertig.» (XIII 23) – «Der Edle ist stolz, aber nicht hochmütig. Der Gemeine ist hochmütig, aber nicht stolz.» (XIII 26) – «Der Edle ist beharrlich, aber nicht hartnäckig.» (XV 36) – «Der Edle ist vollkommen und nicht engherzig. Der Gemeine ist engherzig, aber nicht vollkommen.» (II 14) – «Der Edle trauert um der Wahrheit willen, er trauert nicht um der Armut willen.» (XV 31) – «Der Edle schämt sich davor, daß seine Worte seine Taten übertreffen.» (XIV 29) – «Der Edle ist bewandert in der Pflicht, der Gemeine ist bewandert im Gewinn.» (IV 16) – «Der Edle stellt Anforderungen an sich selbst; der Gemeine stellt Anforderungen an die (andern) Menschen.» (XV 20) – «Die Pflicht als Grundlage, Anmut beim Handeln, Bescheidenheit in den Äußerungen, Treue in der Durchführung: wahrlich, so ist ein Edler.» (XV 17)

Mit Ernst bemüht sich Kung-tse, selber dem Ideal des Edlen zu entsprechen. Von dem, was er in dieser Hinsicht mit sich erlebt, läßt er hie und da ein Wort fallen. Demütig bekennt er in einem Wort an seinen Schüler Dsi Gung, daß er die drei Stücke, die zum Pfad des Edlen gehören – Sittlichkeit, Weisheit, Entschlossenheit – (noch) nicht (völlig) erreicht habe. (XIV 30)[133]

Kung-tse ist nicht der Pedant, als den man ihn ausgegeben hat. Eine gewisse Steifheit in seiner Art zu sein, vermag seinem natürlichen und edlen Menschentum nicht wirklich Eintrag zu tun.

«Der Meister war in seinem Wesen mild und doch würdevoll. Er war ehrfurchtgebietend und doch nicht heftig. Er war ehrerbietig und doch selbstbewußt.» (VII 37) – «Der Meister war frei von vier Dingen: Er hatte keine Meinungen, keine Voreingenommenheit, keinen Starrsinn,[134] keine Selbstsucht.» (IX 4) – «Wenn der Meister unbeschäftigt war, so war er heiter und leutselig.» (VII 4)

---

132 [Am unteren Seitenrand:] Heilige Schriften und Kung-tse's Arbeit: wie viel [er] in der Tradition vorfand und gesammelt und fixiert. Die heiligen Schriften [hat er] aus dem Material erst gesammelt und geschaffen …

133 [R] Der Meister ist milde, einfach (I 10). Heiterkeit (XIV 14). Erträgt, daß man ihn nicht verwendet (XIII 10). In einer Zeit, wo er weiß, daß die Wahrheit nicht durchdringt, Mut behalten.

134 [Am unteren Seitenrand:] Tiefe, Lebensweisheit, «Auf dem ganzen Erdkreis 5 Din-

Von der feinen Lebensweisheit und auch dem feinen Humor Kung-tse's geben so manche seiner Aussprüche Zeugnis.

«Wo alle hassen, da muß man prüfen; wo alle lieben, da muß man prüfen.» (XV 27)

«Nur die höchststehenden Weisen und die tiefststehenden Narren sind unveränderlich.» (XVII 3)[135]

Auch an Gemüt fehlt es Kung-tse nicht. Einstmals läßt er vier seiner Schüler – in einer Stunde, in der sie auf seine Bitten vergessen sollten, daß er älter ist als sie – der Reihe nach ihren Herzenswunsch aussprechen. Der erste möchte einen Staat aus Kriegsnot erretten, der zweite in einem unter Hungersnot leidenden Staate den Ackerbau in die Höhe bringen, der dritte eine Stelle im kaiserlichen Ahnentempel versehen, der vierte, Diän, im Spätfrühling mit Freunden im Flusse baden, im heiligen Hain mit ihnen des Lufthauches Kühlung genießen und singend mit ihnen heimwärts ziehen. «Da seufzte der Meister und sprach: Ich halte es mit Diän.» (XI 25) – Bei einer anderen Gelegenheit äußert er als seinen Herzenswunsch: «Den Alten möchte ich Frieden geben, mit Freunden möchte ich in Treue verkehren, die Kleinen möchte ich herzen.» (V 25)

Die Geistesgröße Kung-tse's offenbart sich in der Art, wie er das tragische Schicksal hinnimmt, daß er in einer Zeit des Niedergangs lebt, in der keine Aufnahmefähigkeit für seine Botschaft von der wahren Kultur vorhanden ist, und daß ihm, von den wenigen Jahren der Amtstätigkeit in Lu abgesehen, die Gelegenheit des Wirkens, zu dem er sich berufen und befähigt weiß, versagt bleibt.

Die Überzeugung, daß die Wahrheit einmal durchdringen werde, hält er fest.[136] Sein Glaube an die Macht der Idee bleibt unerschüttert. In den düstersten Zeiten seines Lebens, als ein Verfolgter in der Fremde umherirrend, gibt er der Zuversicht Ausdruck, daß es der Wille des Himmels nicht sein könne, die Kultur zugrunde gehen zu lassen.[137]

* * *

---

ge...» (XVII 6) Zopfig: Ebensowenig als Bachs Musik. Vornehme Denkweise... Abgeklärtheit. Idealismus. Der Meister lebt durch Geradheit. (VI 17) Die Kultur [ist] ihm anvertraut. (IX 5) Retter der Kultur.

135 [Notiz:] Hier noch andere Sprüche und auch den, daß man das Volk zum Guten anhalten kann, aber nicht daß es das Gute versteht [VIII 9].

136 [Darüber:] [hält] ihn aufrecht.

137 [Notiz:] Hier [das] Prinzip der Liebe.

[Zusammenkunft Lao-tse's und Kung-tse's vermutlich nur «legendarische Überlieferung»]

Worte, in denen Lao-tse und Kung-tse sich befehden, sind uns nicht überliefert. Es scheint nicht, daß die beiden Zeitgenossen sich miteinander abgegeben haben. Wahrscheinlich sind sie nur in der legendarischen Überlieferung, nicht in Wirklichkeit miteinander zusammengekommen. Beide waren überdies durchaus unpolemisch und stimmten miteinander in dem Grundsatz überein, daß man Irrtümer nicht widerlegen solle. Die Nachfolger Lao-tse's aber bekämpfen Kung-tse als den Urheber «des Geredes von Liebe und Pflicht», als den Mann der Buchgelehrsamkeit und den törichten Eiferer für rechte Umgangsformen, wie sich aus zahlreichen Erzählungen über ihn – es sind ihrer an die vierzig – bei Lieh-tse und Tschuang-tse ergibt. Um ihn um Ansehn und Einfluß zu bringen, wenden sie zwei Verfahren an. In einer Reihe von Erzählungen wird einfach die Tatsache aus der Welt geschafft, daß er anders lehrt als Lao-tse. Er tritt in ihnen als Verkündiger der taoistischen Einfalt und des Verhaltens der Nicht-Tätigkeit auf.

Andere Erzählungen – sie finden sich vornehmlich bei Tschuang-tse – lassen Kung-tse mit Lao-tse zusammenkommen und von ihm demütig Zurechtweisung und Belehrung empfangen.[138] Eine derselben weiß sogar zu berichten, daß er mit sechzig Jahren seine Irrtümer eingesehen und sich zum Taoismus bekehrt habe [*Dschuang Dsi* XXVII 2]. Es fehlt auch nicht an Erzählungen, in denen er zur lächerlichen Figur geworden ist.[139]

In Kung-tse den Gegner zu sehen, der ihnen im Wege steht, sind die Nachfolger Lao-tse's berechtigt. Daß sie sich aber nicht sachlich mit ihm auseinandersetzen, sondern so perfid und unfein gegen ihn vorgehen und so gar kein Empfinden für die Größe seiner Persönlichkeit und die Bedeutung seines Denkens haben,[140] gereicht ihnen nicht zur Ehre und erweckt keine gute Meinung von ihrem Wandel in der heiligen Einfalt.

Unter den großen Persönlichkeiten, die in der Geschichte des Denkens der Menschheit aufgetreten sind, gibt es wenige, die in dem Maße ehrfurchtgebietend sind wie Kung-tse.

Das Große[141] an seiner Ethik ist, daß sie nicht in dem Denken eines Einzelnen entstanden ist, sondern die Schöpfung[142] einer Jahrhunderte

138 [Darüber:] entgegennehmen.
139 [Notiz:] die nicht zu der höheren Einfalt, die sie predigen, passen will.
140 [R]?
141 [Darüber:] Bedeutsame.
142 [Darüber:] Formulierung.

alten chinesischen Kultur ist, die in diesem Einzelnen ihre Vollendung erreicht.

Plato und Aristoteles finden keine ethische Kultur vor, die in ihrem Denken zum Ausdruck gelangen will. Ihre Ethik ist ein von ihnen geplantes und von ihnen geschaffenes Neues, dem, so bedeutend es an sich ist, doch der Charakter des ohne vorhandene Vorarbeiten unternommenen Versuchs anhaftet.

Kung-tse's Ethik ist mit Bachs Musik vergleichbar. Wie in dieser findet in ihr das Schöpferische einer ganzen Epoche seinen Abschluß. Wie diese hat sie als etwas in ihrer Art einzigartig Reiches und Tiefes eine unvergängliche Bedeutung. Trotz ihrer dem 17. und 18. Jahrhundert angehörigen Formen und Formeln ist Bachs Musik stets modern. Trotz ihrer in der alt-chinesischen Kultur wurzelnden Art trägt die Ethik Kung-tse's für die Menschen aller Zeiten geltende Wahrheit in sich.

Wie der *Tao te king* Lao-tse's sind Kung-tse's Gespräche (*Lun Yü*) ein ewiges Buch. Lao-tse ist tief in einer paradoxen Denkweise; Kung-tse ist es durch seine tiefe Natürlichkeit[143] und durch die Art, wie er auf das, was der Alltag verlangt, eingeht. Zuletzt ist die Tiefe in dem Eingehen auf das Alltägliche tiefer als die des Vorübergehens an ihm.

* * *

Die Grenzen der Ethik Kung-tse's sind darin gegeben, daß er das Prinzip der Menschenliebe aufstellt, ohne sich von dem Problem, das sie in sich enthält, Rechenschaft zu geben.[144]

Obwohl er die Menschenliebe nicht utilitaristisch begründet,[145] sondern sie als etwas ansieht, das in dem Wesen des Menschen gegeben ist und zu seinem Vollkommener-Werden gehört, will er sie doch nur in rein zweckmäßiger Weise angewandt wissen. Sie ist für ihn etwas, das

---

143 [R] Die natürliche Tiefe – Bedarf kein Paradox, um tief zu sein.

144 [R] [Fortsetzung eines ersten Randentwurfs:]
Er sieht Menschenliebe als etwas an, das sich in ganz vernunftgemäßer Weise zum Wohle des Einzelnen und der Gesellschaft betätigt, das immer der Überlegung sich unterordnet, wie im Konflikt mit der Gerechtigkeit und den Erwägungen des Erfolges, den die Ethik erreichen will [, es anzuwenden sei.] Läßt [sich] von praktischen Überlegungen leiten. Daß die Menschenliebe dazu kommen kann, sich nicht mehr durch Überlegungen über die beste Gesellschaft leiten zu lassen, sondern autonom wird, zu einem absoluten Prinzip wird, dies bleibt ihm verborgen. Menschenliebe kann zum Abenteuer werden.
Nicht aus Überlegungen des Nutzens, den die Ethik für die Einzelnen und die Gesellschaft [bringt], sondern aus innerlicher Nötigung wird der Mensch bei Kung-tse ethisch. Aber dieses Ethisch-Sein aus innerer Nötigung stellt sich bei ihm ganz in den Dienst des Zwecks, der Aufgaben, die sich die Ethik in der Welt vornimmt.

145 [Notiz:] kommt nicht aus Unklarheit heraus.

sich in den Dienst des Wohlergehens des Einzelnen und der Gesellschaft stellt. Daß sie in gleicher Weise den Guten und den Bösen zu erweisen sei, nimmt er nicht an. Er kennt nur die Verwirklichung des Guten, bei dem man dem Bösen in sachgemässer Weise entgegentritt.

«Es sprach jemand: Durch Güte Unrecht vergelten, wie ist das? Der Meister sprach: Womit soll man dann Güte vergelten? Durch Gerechtigkeit vergelte man Unrecht, durch Güte vergelte man Güte.» (*Lun Yü* XIV 36)

Daß die Menschenliebe den Trieb in sich trägt, sich zu etwas zu entwickeln, das in absoluter Weise gilt, bleibt ihm verborgen.[146] Darum liegt die grenzenlose Ethik, in der der Mensch erst die wahre Vollendung erlangt und in der erst das höchste Gute in der Welt verwirklicht werden kann, noch ganz außerhalb seines Horizontes.

* * *

[Me-tse]

Wenige Jahrzehnte nach dem Tode Kung-tse's verkündet Me-tse eine Menschenliebe, die – in Theorie – über die von ihm geforderte hinausgeht.[147]

Me-tse (Me Ti, Mo Di, Mi-tse, latinisiert Micius) lebt etwa 480–400 v. Chr. oder etwas später. Wie Kung-tse ist er in Lu beheimatet, wo er, von Schülern umgeben, den größten Teil seines Lebens verbringt. Eine Zeitlang lebt er als Beamter in Sung. Dauernd in einem Staate mit einer Wirksamkeit beauftragt zu werden, gelingt ihm ebensowenig als Kung-tse.

Einer sehr alten, aber doch unzutreffenden Überlieferung zufolge soll er in mechanischen Arbeiten und in der Verteidigung belagerter Städte Großartiges geleistet haben. Als Verfertiger einer fliegenden Weihe aus Holz wird er schon in den Werken des Lieh-tse angeführt.

Die umfangreiche aus 15 Büchern bestehende Schrift, die Me-tse's Namen führt, enthält in den Büchern I–IX eine wohl eher auf seine Schüler als auf ihn zurückgehende Darstellung seiner Lehre, in den Büchern XI–XIII Gespräche, die von ihm überliefert sind, in Buch X eine wohl im späteren Schülerkreis entstandene Dialektik, in Buch XIV–XV eine alte, dem Me-tse fälschlich zugeschriebene Abhandlung über die beste Abwehr einer Belagerung.

---

146 [R] Lambarene. Dienstag 20. April 37. Grausig heiß und schwül.
... [die] Liebe, wenn sie zu Ende gedacht wird, führt [dazu], daß sie sich nicht mehr reglementieren läßt, sondern zum Fluß wird, der über seine Ufer tritt. Das Enthusiastische ... Wohin die Idee der Liebe führt. [Den] Fluß regulieren. Zieht nicht in Betracht, daß er überschwemmen kann.
Kanalisierte Liebe – Das Grundübel.

147 [Darunter notiert:] Hier nach Me-tse dann auch die andern Ethiker der nicht-konfuzianischen Ethik. Liebe. Stehen Lao-tse nahe durch Kulturverneinung.
[R] Das Gebot der schrankenlosen Menschenliebe gehöre zur wahren Ethik, habe keine Schranken anzunehmen, sondern gelte absolut.

Die berühmteste der Stellen,[148] in denen Me-tse die allgemeine Menschenliebe proklamiert – sie findet sich in einem der ersten Abschnitte des Werkes, das seinen Namen trägt – lautet:

«Der Meister Me-tse sagte: Jeder, der in der Welt irgend etwas ausführt, kann der Vorbilder nicht entbehren... Der Himmel ist das beste Vorbild. Bei seinem allumfassenden Schaffen ist er ganz unparteiisch; er spendet in Hülle und Fülle, aber pocht nicht auf seine Tugend. Sein Licht leuchtet ewig und nimmt nie ab. Deshalb haben die heiligen Könige sich am Himmel ein Beispiel genommen.

Wenn nun der Himmel als Vorbild dient, muß man all sein Tun und Handeln dem Himmel gemäß einrichten, das tun, was der Himmel wünscht, und unterlassen, was er nicht wünscht. Allein was wünscht denn der Himmel und was mißfällt ihm? Der Himmel wünscht ohne Zweifel, daß die Menschen einander lieben und einander fördern, und er will nicht, daß sie sich hassen und gegenseitig schädigen. Aber woher wissen wir, daß der Himmel wünscht, daß die Menschen sich lieben und nützen und daß er nicht mag, daß sie sich hassen und schädigen? Daher, daß er selbst alle Menschen liebt und allen hilft. Und wie wissen wir, daß der Himmel alle liebt und allen hilft? Daher, daß er alle Menschen in seiner Macht hat und sie alle ernährt. Alle Staaten der Welt, große und kleine ohne Unterschied, sind Stätten des Himmels, und alle Menschen, jung und alt, vornehm und gering, sind seine Kinder. – Deswegen züchtet man Rinder und Schafe, mästet Hunde und Schweine und füllt die reinen Opfergefäße mit Wein und Most und Hirse und Reis in reichlichen Mengen, um den Himmel zu ehren. Beweist das nicht, daß der Himmel alle Menschen in seiner Gewalt hat und sie erhält? – Und wenn der Himmel alle besitzt und alle erhält, wie läßt sich da annehmen, daß er nicht wolle, daß die Menschen einander lieben und fördern?

Deshalb heißt es, daß der Himmel denjenigen Glück verleiht, welche ihre Mitmenschen lieben und unterstützen, und denen Unglück, welche sie hassen und schädigen.» (*Mê Ti,* Buch I, Kap. 4)[149]

Wie weit ist Me-tse in der Erkenntnis und Begründung des Wesens der Liebe über Kung-tse hinausgekommen?[150]

---

148 [R] Liebesgebot, S. 73, S. 318.

149 [Zit. nach Forke, *Mê Ti*, S. 171, 172 f.]

150 [Weggelassene Fortsetzung des Randentwurfs:]
Wie kommt er dazu, die Menschenliebe aus der Güte des Himmels zu begründen? Dem ersten Eindruck des Textes nach möchte es scheinen, als wäre er bereits näher bei Jesus als bei Kung-tse. [Vgl. S. 216.] Er begründet die Liebe, die der Mensch üben soll, aus der Liebe, mit der der Himmel (der irgendwie als höchstes göttliches Wesen gedacht ist) alle Menschen als seine Kinder liebt, verlangt daraufhin, daß die Menschen sich gegenseitig lieben.
Aber der Geist der Ethik Me-tse's bleibt um ein Bedeutendes hinter der Sprache, die sie an dieser und einigen ähnlichen Stellen führt, zurück. Die letzten Forderungen des durch das absolute Gebot der Liebe bestimmten höchsten Verhaltens von Mensch zu Mensch, die in der Ethik Jesu zur Verhandlung stehen – die Feindesliebe, das uneingeschränkte Verzeihen, die Nicht-Anwendung von Gewalt – kommen in ihr noch nicht zur Sprache. Bei Jesus übt der Mensch Liebe rein aus innerlicher Nötigung des Vollkommener-Werdens, wie es zum Erweis der Gotteskindschaft und zum Eingehen in das Reich Gottes gefordert ist. Für Me-tse kommt die Liebe eigentlich nur insoweit in Betracht, als sie für das beste Gedeihen der Gesellschaft unerläßlich ist.

Das Eigentümliche und Neue an Me-tse ist, daß er in logischer Weise ergründen und begründen will. Er trägt seine Lehre nicht, wie es die taoistischen Denker und Kung-tse tun, in Sentenzen und Erzählungen vor, sondern legt sie in Abhandlungen über die einzelnen Fragen dar.

Den trostlosen Zustand des Reiches führt er, wie Kung-tse, darauf zurück, daß die Beamten nicht tüchtig sind und daß die Fürsten[151] ihre Völker mit zu großen Steuern bedrücken und sich gegenseitig bekriegen. Zugleich aber – und dies ist das Neue[152] – sucht er nach dem allgemeinsten und letzten Grunde der Gesinnung, die an all diesen Übeln schuld ist, und findet ihn in dem Fehlen von gegenseitiger Liebe. Weil sie nur an sich denken und sich nicht in die Lage der anderen versetzen, finden die Fürsten nicht das rechte Verhalten zu ihren Völkern, sind die Völker den Fürsten nicht in der rechten Weise ergeben, lassen es die Beamten an der rechten Pflichterfüllung fehlen, stehen die Väter und die Söhne, die jüngeren und die älteren Brüder und die Freunde zu den Freunden nicht so zueinander, wie sie es sollten.

Alles Böse ist seinem eigentlichen Wesen nach Mangel an Menschenliebe.[153]

«Infolge des allgemeinen Mangels an gegenseitiger Liebe bei allen Menschen[154] überwältigen die Starken die Schwachen, verhöhnen die Reichen die Armen, lassen die Vornehmen die Geringen ihren Übermut fühlen und betrügen die Schlauen die Dummen. Führen wir alles Elend, alle Übergriffe, alle Unzufriedenheit und allen Haß in der Welt auf ihren Ursprung zurück, so entspringen sie alle aus dem Mangel an gegenseitiger Liebe.» (Buch IV, S. 244 f.)

«Die Räuber lieben nur ihre eigene Person und nicht ihre Mitmenschen, darum vergewaltigen sie diese, um sich selbst Vorteil zu verschaffen. Woher kommt das? Alles vom Fehlen der gegenseitigen Liebe.» [IV 14, S. 242]

---

151 [Darunter, am unteren Seitenrand:] Die Idee der Liebe entwickelt sich stärker – bleibt aber in Utilitarismus und Zweckmäßigkeitserwägungen stecken.

152 [R]... Auf Grund der Tatsache, daß der Himmel alle Menschen erhält, legt er [...] ihm Liebe zu allen Menschen als zu seinen Kindern bei. Damit will er nicht eine neue Erkenntnis verteidigen. Als Beweis, daß die Menschen von jeher diese Meinung von dem Himmel hatten, führt er alsbald an, daß sie ihm durch ihre Opfer ihre Verehrung bezeugen. In der Art, wie Me-tse... [s. unten, S. 215.]
Von den Schwierigkeiten, das Ur-Prinzip des Weltgeschehens als in ethischem Sinne gut begreifen zu können und so das Ethische in dem Wesen des unendlichen Seins begründet zu finden, gibt sich Me-tse keine Rechenschaft. Das Theodizee-Problem existiert noch nicht für ihn. Er ist wie Kung-tse in seinen Weltbetrachtungen noch durchaus naiv. Durchaus naiv ist er auch in dem, was er über den Antrieb zur Menschenliebe sagt. [Folgt das oben an den Abschnitt anschließende Zitat aus] Buch IV, S. 244.

153 [R] Nur die Liebe gibt die Kraft zur rechten Erfüllung der Pflicht...

154 [Darunter, am unteren Seitenrand:] [...] Der eigentliche Unterschied: Bei Kung-tse ist die Pflicht eine Verpflichtung an sich. Bei Me-tse: die Liebe gibt die Kraft zur Erfüllung der Pflicht erst ein. – Rechtfertigt die Liebe rein durch Zweckmäßigkeitsüberlegungen, nie als reine Gehorsamstat. Vorstoß in das Gebiet der höheren Ethik, aber nicht weit vorgestoßen.

Diese fundamentale und allgemeine *Entartung* kann nur dadurch behoben werden, daß die Menschen sich dazu anhalten, nicht nach dem Grundsatz der Eigenliebe, sondern nach dem der Nächstenliebe zu verfahren.

Daß Me-tse die Liebe nicht nur aus dem Prinzip der *Gegenseitigkeit*,[155] sondern auch aus dem Willen des Himmels begründet, geht darauf zurück, daß er die Frage des Vorbildes, dem man zu folgen habe, grundsätzlich aufwirft und dadurch zur Behauptung geführt wird, daß es ein höchstes, alle anderen in sich begreifendes und für alle Menschen in gleicher Weise geltendes Vorbild geben müsse. Dieses höchste Vorbild, durch das auch die Heiligen der Vorzeit bestimmt wurden, kann nur der Himmel sein. Daß die Menschenliebe ihren Ursprung in dem Willen des Himmels hat, verkündet Me-tse aber nicht als eine neue, erst ihm zuteil gewordene, sondern als eine von jeher feststehende und schon im *Schi-king* ausgesprochene Erkenntnis. (Buch VII, Schluß, S. 341 f.)

Die Schwierigkeiten, das ethische Prinzip der Liebe aus dem Wesen des unendlichen Seins zu begründen, empfindet er nicht. In unbefangener Weise legt er dem Himmel Liebe zu den Menschen bei, weil er ihnen das Dasein gibt und sie, als seine Kinder, im Dasein erhält. Als Beweis dafür, daß die Menschen von jeher diese Meinung von dem Himmel haben, führt er an, daß sie ihm durch Opfer ihre Verehrung erweisen.

In der Art, wie Me-tse von dem Himmel als von einem höchsten geistigen Wesen redet, nähert er sich von allen chinesischen Denkern am meisten dem Theismus. Aber eine wirkliche Gottespersönlichkeit ist der Himmel auch für ihn nicht.

Das Theodizee-Problem existiert für ihn noch nicht. In seiner Weltbetrachtung ist er, wie Kung-tse, noch durchaus naiv.

Durchaus naiv zeigt er sich auch in dem, was er auf den Einwand erwidert, daß das Prinzip der Menschenliebe zwar etwas sehr Schönes, aber außerordentlich schwer zu Betätigendes sei. Stetiger und durchaus ausreichender Antrieb zur Menschenliebe, führt er aus, ist in der einfachen Überlegung gegeben, daß es sich um einen «Austausch wechselseitiger Vorteile» handelt. «Wer andere liebt, dem vergilt man mit Liebe, wer ihnen Vorteil bringt, mit Vorteil; wer andere haßt, dem vergilt man mit Haß, und wer ihnen schadet, mit Schaden.» (IV, S. 248) Eine Schwierigkeit, sich im Sinne dieser einfachen Überlegung zu verhalten, könne nicht ernstlich in Betracht kommen.

Auch das Argument der alt-chinesischen Ethik, daß es auf Grund der Weltordnung denen, die Gutes tun, gut, und denen, die Schlechtes tun, schlecht ergeht, wird bei Me-tse des öfteren angeführt.

---

155 [Darunter, am unteren Seitenrand:] Das Beispielnehmen am Himmel ist taoistisch. Von den Taoisten adoptiert.

Obwohl Me-tse in Worten, die an Aussprüche Jesu erinnern, die Menschenliebe in dem Liebeswillen des Himmels begründet sein läßt, ist es doch nicht so, daß er, wie schon behauptet wurde, näher bei Jesus als bei Kung-tse steht. Ihrer Art nach bleibt seine Ethik der Liebe weit hinter Jesus zurück. Sie beruht noch durchaus auf Nützlichkeits- und Zweckmäßigkeitserwägungen. Bei Jesus hingegen[156] übt der Mensch Liebe rein aus der innerlichen Nötigung des Vollkommener-Werdens, wie es zum Erweis der Gotteskindschaft und zum Eingehen in das Reich Gottes gefordert ist. Die großen Forderungen des Verhaltens von Mensch zu Mensch nach dem Liebesgebote Jesu – die Feindesliebe, das stetige Verzeihen, die Nicht-Anwendung von Gewalt – sind der Ethik des Me-tse noch etwas Unbekanntes. Auch den Konflikt zwischen Liebe und Gerechtigkeit zieht er noch nicht in Erwägung.[157]

[Vergleich mit Kung-tse]

Me-tse verbleibt also in der Bahn Kung-tse's, nur daß er sie ein Stück weiter begeht als dieser.[158]

Der Fortschritt besteht darin, daß Me-tse eine tiefere Einsicht in die fundamentale Bedeutung, die der Menschenliebe in der Ethik zu-

---

156 [Notiz:] nur aus Gott begründet.

157 [Notiz:] Hier [ist] ihm Kung-tse voraus.

158 [Darüber:] Nein: nicht in der Bahn Kung-tse's.
[R] [Aus der vorangehenden 1. Fassung:] Die Bedeutung der Liebe zu den Menschen erschöpft sich für Me-tse darin, daß durch sie das höchstmögliche Wohlergehen des Einzelnen und der Gesellschaft verwirklicht wird. – In der Ethik verbleibt Me-tse also in der Bahn Kung-tse's, nur daß er auf dem von diesem betretenen Weg etwas weiter vordringt als dieser. In keiner Weise erhebt er den Anspruch, eine Menschenliebe, die grundsätzlich anders geartet ist als die Kung-tse's, zu verkünden...
[2. Fassung:] Me-tse verbleibt also in der Bahn Kung-tse's, nur daß er sie ein Stück weiter begeht als Kung-tse. Der Fortschritt über Kung-tse hinaus besteht darin, daß Me-tse eine tiefere Einsicht in die fundamentale Bedeutung des Prinzips der Liebe nimmt als dieser und daß seine verbindende Menschenliebe, obwohl sie von derselben Art ist wie die Kung-tse's, doch eine größere Wärme und Lebendigkeit besitzt als diese. Als Auswirkung der Liebe, die im Altertum unter der Herrschaft des Königs Wen vorhanden war, führt er an, daß alte Leute ohne Kinder einen Platz fanden, wo sie ihr Leben beschließen konnten (IV, S. 250), Einsame und Bruderlose freundliche Behandlung erfuhren und Waisen Beistand fanden. Er redet freilich nur an einigen wenigen Stellen (*Gespräche* XIII Kap. 15) davon, daß man sich der Armen annehmen solle. Im großen und ganzen aber stellt seine Menschenliebe, obwohl ihr größere Bedeutung beigelegt [wird] als bei Kung-tse, kaum größere Anforderungen an die Einzelnen als die Kung-tse's... [Neben der erwähnten Stelle IV S. 250 (Kap. 15) auch S. 251: «unter König Wen *fanden Kinder, die Vater und Mutter verloren hatten, Beistand*», und S. 173 (Kap. 4): «Deshalb heißt es, daß der Himmel denjenigen Glück verleiht, welche die Menschen lieben und *unterstützen.*» Vgl. auch S. 115 (IX 389).]
[Folgt noch eine 3. Randentwurffassung (def. Text). Ihr ist der Satz angefügt:] Me-tse ist wie ein Entdecker, der sich der Tragweite seiner Entdeckung nicht bewußt wird.

kommt, besitzt als Kung-tse, daß er es grundsätzlich betont, daß die Menschenliebe auf alle Menschen gerichtet sein müsse und daß seine Menschenliebe dadurch etwas Wärmeres und Lebendigeres[159] an sich hat als die Kung-tse's.

In den Forderungen aber, die sie stellt, geht die Menschenliebe Me-tse's merkwürdigerweise[160] kaum über die Kung-tse's hinaus. Wohl führt er bei der Schilderung der idealen Zustände, die in der Vorzeit unter König Wen geherrscht haben sollen, an, daß damals kinderlose alte Leute einen Platz fanden, wo sie ihr Leben beschließen konnten, daß Einsame und Bruderlose freundliche Behandlung und Waisen Beistand fanden. Aber in seinen Abhandlungen und Gesprächen finden sich, von einigen wenigen Stellen über den Lohn, den die Reichen für ihre Güte den Armen gegenüber zu erwarten haben, [abgesehen,] keine Ausführungen über das brüderliche Verhalten gegen die, die arm, verlassen und verwaist sind oder sich in irgend einer Not befinden.

Me-tse erforscht und besetzt nur ein kleines Stück des Gebietes der allgemeinen Menschenliebe.

Ein Wort, in dem er die Pflichten gegen die Fernerstehenden denen gegen die Näherstehenden gleichstellt, ist von ihm nicht erhalten. Niemals behauptet er, daß die Liebe zu den Fremden dieselbe sein müsse wie die gegen die Anverwandten. Die fünf natürlichen Pflichtenkreise behalten auch bei ihm ihre Bedeutung. Seine Ansicht ist die, daß nur die rechte Menschenliebe den Menschen befähigt, die Pflichten, wie sie sich für ihn stellen, zu erfüllen.

Me-tse, wie es schon versucht wurde, als ersten Sozialisten auszugeben, ist ein törichtes Spiel mit Schlagworten. Jegliche Absicht der Gleichmacherei und der Umgestaltung der gesellschaftlichen Ordnung liegt ihm fern. Der Feudalstaat ist für ihn in derselben Weise eine als selbstverständlich hingenommene Gegebenheit wie für Kung-tse.[161]

Wie Kung-tse verurteilt Me-tse den Angriffskrieg. Zieht man alles in Rechnung, so ist, führt er des öfteren aus, der Krieg nicht nur für die Besiegten, sondern auch für den Sieger eine verlustreiche Sache. Wie Kung-tse verlangt er, daß jedes Volk über eine Wehrmacht verfüge, die ihm erlaubt, sich gegen den Angreifer zu behaupten und, wie er sagt,[162] «die Ungerechtigkeit mit Gerechtigkeit zu bekämpfen» (I, S. 178). Auch die Möglichheit von Kriegen, in denen die Strafe des Himmels an bösen Machthabern vollstreckt wird, zieht er in Betracht (IV, S. 260).

159 [Darüber:] Aber nicht Liebe zum Tier.
160 [Über der Zeile:] Liebesstellen [sind nur] Fassade, hinter der ein dürftiger Bau.
161 [Notiz:] Hier das Verhalten zu Kung-tse: was er gegen ihn hat.
162 [Darunter, am unteren Seitenrand:] Der Edle und der Mann mit dem Sack Reis, [S.] 559. [Siehe Anhang, S. 320.]

Während Me-tse in der Ethik und in der Staatslehre sich mit Kung-tse in grundsätzlicher Übereinstimmung befindet, weicht er – wie er dies nach Bemerkungen, die ihm in Gesprächen mit Schülern von Kung-tse zugeschrieben werden, selber feststellt – darin von ihm ab, daß er den Formen, den Trauergebräuchen und der Musik nicht dieselbe Bedeutung beilegt wie er, und daß er mit Eifer für den Glauben an die Geister und die Dämonen eintritt.[163]

Die von Kung-tse verlangte Beobachtung der Formen legt dem Menschen eine so weitgehende Zurückhaltung auf, daß er, nach einem Worte, das ein Schüler Kung-tse's von Me-tse äußert, «sich wie eine Glocke verhält, die nur tönt, wenn sie angeschlagen wird.»[164] Me-tse aber vertritt den Standpunkt, daß der Edle mannigfach in die Lage kommen kann, eine von selber tönende Glocke sein zu müssen.[165] [IX 39, S. 403 f., dem Sinne nach.]

Die Beschränkung der für das Ableben der Eltern und des ältesten Sohnes drei Jahre und für das der Geschwister ein Jahr dauernden Trauerzeit verlangt Me-tse aus wirtschaftlichen Gründen.[166] Die zur Trauer gehörige Enthaltung von Arbeit hat zur Folge, daß die Felder nicht richtig bestellt werden und die Familie Einbuße an dem erforderlichen Einkommen erleidet. Kung-tse hielt an den drei Trauerjahren für die Eltern mit der Begründung fest, daß das Kind von Vater und Mutter drei Jahre auf den Armen herumtragen wird und daß dies auf dem ganzen Erdkreis die durchgehende Trauerzeit ist.

Auch gegen die großen durch das Herkommen geforderten Aufwendungen für kostbare Särge, tiefe Gräber und hohe Grabhügel spricht sich Me-tse aus, weil dadurch der Wohlstand der in Trauer versetzten Familie gefährdet wird.

Für die von ihm verlangte kurze und vereinfachte Trauer glaubt sich Me-tse – wohl mit Unrecht – auf die älteste Tradition gegen die spätere berufen zu können.

Die Musik, die bei Kung-tse als eines der edelsten Kulturgüter hoch in Ehren steht, verurteilt er, obwohl er selber Gefallen an ihr hat, ebenfalls aus den Erwägungen heraus, daß sie, besonders an Fürstenhöfen, zu übermäßigen Ausgaben Anlaß gibt und daß sie dem Nichtstun Vorschub leistet. Er geht so weit, daß er sie im Interesse des öffentlichen Wohles durch Gesetze verboten haben möchte.

---

163 [Notiz:] Also mehr Taoist.

164 [IX 39, S. 403.]

165 [Am unteren Seitenrand:] Allgemeine Menschenliebe schon bei Kung-tse, nur nicht prinzipiell.

166 In Wirklichkeit handelt es sich bei der Trauer um die Eltern und den ältesten Sohn nicht um drei volle Jahre, sondern um 27 Monate. [*Mong Dsi,*] S. 170 [1980: S. 236, Anm. zu VII A, 46].

Daß der Glaube an Geister und Dämonen – über den Kung-tse sich sehr zurückhaltend äußerte – unter den Menschen wieder aufkomme, hält er deswegen für notwendig, weil er die Abkehr von der alten Frömmigkeit als einen der Hauptgründe für die aufgekommene Sittenlosigkeit ansieht. Geister und Dämonen sind ihm zufolge an der Aufrechterhaltung der sittlichen Weltordnung beteiligt.

Bei dem ausführlichen Beweise für die Existenz der Geister und Dämonen, den er unternimmt, ist er in der Wahl der Argumente nicht wählerisch. Jede irgendwo überlieferte Gespenstergeschichte führt er als zuverlässiges Zeugnis an.

Merkwürdig mutet an, daß er die Opfer an Wein, Most, Reis und Hirse für die Geister und Dämonen auch für den Fall, daß ihre Existenz fraglich bleiben sollte, empfiehlt, damit die Familienmitglieder und die Gemeindegenossen nicht um den gewohnten Opferschmaus kommen und der Unglaube nicht auf Rechnung des Geizes gesetzt werde.

In den Ausführungen über den Glauben an Geister und Dämonen steht Me-tse in einem unvorteilhaften Lichte neben Kung-tse. Seine Religiosität ist primitiver und auch weniger rein als die Kung-tse's. Sie wird durch die Rolle, die platte Nützlichkeitserwägungen in ihr wie auch in der Ethik spielen, getrübt. Großes und Kleines sind bei Me-tse in merkwürdiger Weise miteinander vereint.

Als ein Denker, der Empfinden für die Probleme hat, zeigt sich Me-tse in seinen Ausführungen über den Gegensatz, in dem das ethische Wollen und die Annahme eines schicksalhaft bestimmten Geschehens zu einander stehen.[167] Den Fatalisten, die sich darauf berufen, daß sich im Dasein des Volkes und der Einzelnen alles so ereignet, wie es zum voraus in dem Willen des Himmels bestimmt ist, hält er das Beispiel der heiligen Könige des Altertums entgegen, für die der Wille des Himmels bedeutete, daß sie wirkten,[168] «damit die Hungrigen zu essen und die Frierenden Kleidung hätten, damit die Erschöpften Ruhe fänden und damit Ordnung an die Stelle der Verwirrung träte». (IX, S. 389)

---

167 [R] Lähmt die Tatkraft des Menschen. [Der] erste, der dem Konflikt Ausdruck gibt [...] Wie wenig [die] Schicksalsidee mit [dem] alt-chinesischen Glauben an Weltordnung in Einklang steht. Warum Me-tse in einem der Gespräche den Glauben an das Schicksal als eine Eigentümlichkeit der Lehre Kung-tse's ansieht, ist nicht ersichtlich...

[R] Die Ethik hat es schwer, sich mit [dem] Gedanken des schicksalhaften Geschehens abzufinden. Ethische Deutung des Weltgeschehens.

168 [Darunter, am unteren Seitenrand:] Wen, Begründer der Tschou-Dynastie. *Lun Yü*: Sittlichkeit [ist] Kraft, Bedrängnis zu ertragen (IV 2). Auch Kung(-tse] gegen Beerdigungsluxus (IX 11; XI 7,[10]). Hält an der dreijährigen Trauerzeit fest (XVII 21). Kung-tse: nicht murren gegen Gott (XIV 37). Drei Jahre Trauer beim Herrscher (XIV 43). Aufopferung: Kung-tse (XV 8). Die alten Bücher durch Kung-tse in Ordnung gebracht. (*Dschuang Dsi* XIV 8)

Den von ihm überlieferten Ausführungen über den Fatalismus nach setzt er voraus, daß diese Denkweise im Begriffe ist, im Volke starke Verbreitung zu finden. Daß er aber in den Gesprächen, die von ihm berichtet werden, den Glauben an das Schicksal als eine Eigentümlichkeit der Lehre der Schüler Kung-tse's ansieht, ist schwer erklärbar. In den *Lun Yü* redet Kung-tse nur davon, daß der Edle durch die Sittlichkeit die Kraft besitzt, alles ihm begegnende Unglück zu ertragen. Der Gedanke der schicksalhaften Bestimmtheit alles Geschehens findet sich bei ihm nicht. Er ist mit seiner durchaus ethischen Denkweise unvereinbar und kann auch von seinen Schülern nicht in seine Lehre eingeführt worden sein.

Im Taoismus hingegen kann der Glaube an das Schicksal zur Ausbildung kommen, da ihm hier die Idee des ethischen Wirkens nicht entgegensteht. Spuren einer fatalistischen Stimmung finden sich bei Tschuang-tse.[169] In dem Buche, das seinen Namen trägt, wird von Meister Sang erzählt, daß er die Not, in der er sich befand, weder dem Himmel noch der Erde, da beide als gütig vorgestellt werden müssen, zuschreiben will, sondern sie auf das rätselhafte Schicksal zurückführt. (*Dschuang Dsi* VI 8)

Sicherlich gehen die meisten Stellen in dem Buche des Me-tse, in denen er den Kung-tse bekämpft, nicht auf ihn zurück, sondern sind ein Niederschlag der Polemik, die seine Schule in späterer Zeit gegen diejenige Kung-tse's führt. In dieser späteren Polemik wird Kung-tse als der Urheber aller fehlerhaften Ansichten angesehen.[170]

* * *

[Meng-tse]

Ist Me-tse ein Sondertrieb aus der Wurzel der alt-chinesischen Ethik, so setzt Meng-tse das Werk Kung-tse's fort und vollendet es.

Meng-tse's Leben fällt in die Zeit von 372–289 v. Chr. Er ist also ein Zeitgenosse des taoistischen Schulhauptes Tschuang-tse (etwa 370–310 v. Chr.) und des Aristoteles (384–322 v. Chr.). Seine Familie gehört wie die des Kung-tse zu den Adelsgeschlechtern des Staates Lu.[171]

---

169 [Notiz:] Tschuang-tse: Schicksal als vom Himmel kommend annehmen. Schicksal als Rätsel (VI 8).

170 [Notiz:] Hier dann die anderen zwischen Kung-tse und Lao-tse stehenden Ethiker anführen.

[Am unteren Seitenrand, zum nächsten Abschnitt gehörend:] Wo Menschenliebe, ist allgemeine [Liebe] an sich, nur emanzipiert [sie] sich noch nicht von der durch die Sitte bestimmten Ethik. Meng-tse ist idealistisch wie die israelitischen Propheten. Glaube an die Macht des Guten.

171 [R] Lambarene. Sonntag 2. Mai 37. Tornados, die nur aus Blitz und Donner bestehen.

Meng-tse führt das Leben eines wandernden Lehrers. Zeitweise hält er sich als Berater von Fürsten an Höfen auf, am längsten im Staate Tsi.

Wie Kung-tse hat Meng-tse eine hohe Meinung von dem Berufe, der ihm zugefallen ist. Kung-tse ist für ihn der große Heilige, in dem die Gedanken der heiligen Herrscher des Altertums ihren Ausdruck finden.

«Seit Menschen auf Erden leben, hat es noch nie einen Menschen gegeben wie Meister Kung.» (*Mong Dsi* II A, 2, [S.] 31)

Er selbst fühlt sich als der Prophet, den der Himmel beauftragt hat, die Lehre Kung-tse's weiter zur Geltung zu bringen. Da er ein wirklicher Denker ist, vollendet er sie, indem er sie erneuert.

Dem volkstümlichen Glauben gegenüber nimmt Meng-tse eine noch freiere Stellung ein als Kung-tse. Er wagt sogar die Behauptung, daß man die «Götter des Landes und des Kornes», wenn trotz der ihnen dargebrachten Opfer anhaltende Dürre und Hungersnot auftreten, verabschieden und neue an ihre Stelle setzen könne. Die wahre Religion ist für ihn die Erfüllung des Willens des Himmels. Mit dieser verglichen ist aller andere Glaube und alle andere Frömmigkeit nebensächlicher Art.

Die Beobachtung der Formen verlangt Meng-tse in derselben Weise wie Kung-tse, nur ohne dessen Rigorismus. Auch für ihn besteht das Ideal des Edeln in der Vereinigung der wahren Tugendhaftigkeit mit der besten Beobachtung der Formen. Nur liegt bei ihm der Nachdruck auf dem Geistigen.[172]

Beim Tode seiner Mutter hält er, unter Verzicht auf jegliche Beschäftigung, die dreijährige Trauerzeit inne.

Schließt schon bei Kung-tse die Ehrerbietung gegen den Fürsten den Freimut ihm gegenüber nicht aus, so geht Meng-tse so weit, daß er den Herrschern in Gegenwart der Höflinge Vorwürfe macht. Er verlangt von ihnen, daß sie es ertragen, wenn Menschen von geistigem Wert ihnen von ihren Pflichten reden und mutet ihnen zu, solchen die Ehre zu erweisen, sie selber aufzusuchen, um ihren Rat zu hören, statt sie zu sich zu befehlen. (*Mong Dsi* II B, 2)

[173]«Drei Dinge sind es, denen auf Erden Ehrfurcht gezollt wird: der Rang ist das eine, das Alter ist das andere, der geistige Wert ist das dritte. Bei Hofe geht der Rang vor; im täglichen Leben geht das Alter vor; gilt es, der Welt zu helfen und dem Volke

---

172 [R]... Meng-tse antwortet einem Prinzen, der sich unter seinen Schülern befindet, nicht auf Fragen, weil er sich zu eingebildet aufführt ([VII A, 43,] S. 169)...

173 [R]... Meng-tse ist sich klar darüber, daß eines dieser Reiche einmal wieder die Herrschaft über die andern unter ihnen erlangen muß, damit das alte geeinte Reich wieder auflebt...
Die Wiederherstellung des Reiches stellt [er] sich so vor, daß ein Staat, in dem Gerechtigkeit und Liebe [. . .] aufkommt... und daß die andern Länder sich diesem unterwerfen [...] Wirken des Friedens auf Erden [...] In Wirklichkeit kommt es anders. Aber in dem neuen Weltreich [soll] die Organisierung nach der Lehre Kung-tse's und Lieh-tse's [stattfinden].

vorzustehen, so geht der geistige Wert vor. Wie sollte, wer eins von diesen dreien besitzt, die beiden andern mißachten dürfen? Darum wird ein Fürst, dem Großes zu vollbringen bestimmt ist, sicher auch Diener haben, die er nicht zu Hofe befehlen kann, sondern die er selber aufsucht, wenn er mit ihnen zu beraten wünscht.» (*Mong Dsi* II B, 2)[174]

Meng-tse spricht sich dafür aus, daß die Absetzung eines untüchtigen Fürsten nicht nur durch seine Familie (der dies nach alt-chinesischem Recht zusteht), sondern im Notfalle auch durch die höchsten Beamten zu betreiben sei. Er billigt sogar in der Geschichte überlieferte Fälle, in denen verbrecherische Fürsten durch ihre Diener umgebracht wurden, mit der Begründung, daß nicht der Fürst, sondern der Verbrecher getötet wurde.

Aber nicht demokratische Gesinnung, wie man meinen wollte, gibt ihm diese Haltung gegen die Fürsten ein, sondern allein die hohe Auffassung, die er vom Herrscheramt hat. Er redet freier als Kung-tse, weil er sich nicht wie dieser als Beamter, sondern als Berater der Fürsten fühlt.

Zur Zeit Kung-tse's besteht das Kaisertum der Tschou-Dynastie wenigstens noch dem Scheine nach. Zur Zeit Meng-tse's wird schon offenbar, daß die Einigung des Reiches nur von einem der unabhängig gewordenen Vasallenstaaten[175] aus möglich ist. Zu der aktuell gewordenen Frage, auf welche Weise ein Fürst die *Weltherrschaft* erlangen könne, nimmt Meng-tse Stellung. Er hält es nicht für recht, daß ein Staat, um sich die andern untertänig zu machen und im Reiche Ordnung zu schaffen, den Weg der Gewalt einschlage. In dem Geiste der Gewalttätigkeit sieht er die Ursache der furchtbaren Lage, in der sich das Reich befindet.[176] Eine Besserung kann durch ihn nicht herbeigeführt werden. In der Verurteilung des Eroberungskrieges beruft sich Meng-tse auf Kung-tse.

«Wenn man ganz ohne Widerstand dem einen ein Stück Land nehmen könnte, um es dem andern zu geben, so ließe ein gütiger Mann sich dennoch nicht dazu herbei; wie viel weniger, wenn man Menschen morden muß, um es zu erreichen!» (*Mong Dsi* VI B, 8, S. 151)

«Die Erlangung der Weltherrschaft durch eine einzige ungerechte Tat, durch Tötung eines einzigen Unschuldigen zu erkaufen, das würden (Be I und I Yin) verschmäht haben.» (II A, 2, S. 31)[177]

---

174 [Am unteren Seitenrand:]... gegen Kriege gleichgeordneter Staaten [VII B, 2, S.] 171. Schule der Trübsal auch für [das] Volk [VI B, 15, S.] 159. Liebe zum Guten die Hauptbefähigung zum Regieren [VI B, 13, S.] 153. Gegen Krieg zur Landvergrößerung und Unrecht tun [VI B, 8, S.] 151. (Der Edle dient seinem Fürsten etc.) Abrüstung aus Nützlichkeitsprinzip [VI B, 4, S.] 145. [...] Weltherrschaft durch Gütigkeit [IV A, 3, S.] 75 (wie [die] alten Könige), [II A, 6, S.] 34.

175 [Am unteren Seitenrand:]... Ein Großstaat [durch] mildes Regiment 87 [? Vgl. I A, 6; IV A, 3 und 7]

176 [R] Aus der Gewalt kann nichts wirklich Gutes kommen.

177 Be I, ein Fürst aus dem 12. Jahrhundert, und I Yin, ein Minister aus dem 18. Jahrhundert v. Chr. gehören zu den Heiligen der alten Zeit. (*Mong Dsi* [II A, 2] S. 31)

«In alter Zeit befestigte man Pässe, um Gewalttat abzuhalten. Heutzutage befestigt man die Pässe, um selbst Gewalttat zu üben.» (VII B, 8, S. 173)

«In einem Militärstaat sind die Bürger stolz und hochgemut, im Staat eines wahren Herrschers sind die Bürger ruhig und zufrieden.» (VII A, 13, S. 159)

Die neue Einigung des Reiches erwartet Meng-tse davon, daß Herrscher aufkommen, die durch Gerechtigkeit und Gütigkeit ihr Volk so glücklich machen, daß die Nachbarvölker, um ebenfalls der Segnungen ihres Regiments teilhaftig zu werden, sich ihnen freiwillig unterwerfen. Er urteilt, daß durch das Elend, in dem die Völker leben, die Erkenntnis bei ihnen reifen muß, daß eine Besserung der Verhältnisse nur durch das Aufkommen des Geistes der Nicht-Gewalttätigkeit herbeigeführt werden kann. In derselben Weise wie die taoistischen Pazifisten[178] und wie Me-tse sucht Meng-tse also die Gesinnung zu schaffen, durch die die Sehnsucht nach dem Frieden auf Erden in Erfüllung gehen kann.[179]

[180]«Wenn die Lebenden ernährt werden, die Toten bestattet werden und keine Unzufriedenheit aufkommt: das ist der Anfang der Weltherrschaft.» (I A, 3, S. 3) – «Wer kann die Welt einigen? Wer keine Lust am Menschenmord hat, der kann sie einigen.» (I A, 6, S. 6) – «Die Wurzeln des Weltreichs sind im Einzelstaat; die Wurzeln des Staates sind in der Familie; die Wurzeln der Familie sind in der einzelnen Person.» (IV A, 5, S. 76) – «Allein dem Gütigen gebührt eine hohe Stelle.» (IV A, 1, S. 74) – «Einem milden Herren fallen die Leute zu, wie das Wasser nach unten fließt... Wenn heute unter den Herren der Welt einer wäre, der Milde liebte, so würden die Landesfürsten alle ihm die Leute zutreiben. Selbst wenn er wünschte, nicht König zu sein, er könnte dem König-Sein nicht entgehen.» (IV A, 9, S. 78)

Wie Kung-tse sieht auch Meng-tse das Aufkommen von Wohlstand als eine Voraussetzung der Kultur an, wie er überhaupt, im Geiste Kung-tse's, für den Fortschritt eintritt. Scharf spricht er sich gegen Sekten aus, die – wohl unter dem Einfluß des Taoismus und des Me-tse – das Ideal in der allgemeinen Rückkehr zur größten Einfachheit und zur primitiven Gesellschaftordnung sehen und die Forderung aufstellen, daß die Fürsten und die Gebildeten wieder den Pflug führen und wieder von ihrer Hände Arbeit leben sollen.[181]

«Es gibt Geistesarbeiter und Handarbeiter. Die Geistesarbeiter halten die andern in Ordnung, und die Handarbeiter werden von den andern in Ordnung gehalten. Die von den andern in Ordnung gehalten werden, nähren die andern... Das ist eine durchgehende Pflicht auf der ganzen Welt.» (III A, 4, S. 56)

»Wenn ein Gebildeter in einem Lande wohnt und der Fürst auf ihn hört, so kommt das Land zu Ruhe, Reichtum, Ehre, Ruhm. Wenn die jungen Leute ihm nachfolgen, so werden sie ehrfürchtig, bescheiden, gewissenhaft und zuverlässig.

---

178 [Darüber:] Friedensfreunde.

179 [Darunter:] Daß der Himmel noch nicht will, daß Friede auf Erden kommt, [II B, 13,] S. 48. [Vgl. S. 196 f.]

180 [R] Sonntag 9. Mai 37. Erster *saison sèche* Sonntag. Aber noch sehr heiß.

181 [Am unteren Seitenrand:] Bedeutung des Dienstes an den Eltern, S. 92 [? 95, IV B, 30 ?] [...] Die Nächsten lieben und die Eltern ehren [IV A, S.] 79.

Wer handelt mehr nach dem Grundsatz, daß man kein unverdientes Brot essen soll, als er?» (VII A, 32, S. 165)[182]

Daß Meng-tse, ohne sich davon Rechenschaft zu geben, in der Ethik über Kung-tse hinausgeht, bekundet sich nicht nur darin, daß er mehr und wärmer von der Menschenliebe redet als er, sondern auch darin, daß er sie tiefer begründet. Bei Kung-tse hat sie noch eine doppelte Wurzel: sie wird aus dem utilitaristischen Prinzip der *Gegenseitigkeit* hergeleitet und zugleich auch als etwas in dem Wesen des Menschen unmittelbar Gegebenes angesehen. Bei Meng-tse kommt die utilitaristische Begründung (die bei Me-tse so im Vordergrund steht) in Wegfall. Die Menschenliebe entspringt bei ihm der rein innerlichen Nötigung der Sympathie. Sie gehört zum wahren Mensch-Sein.

Charakteristisch für die Entschiedenheit, mit der Meng-tse es sich versagt, Nützlichkeitserwägungen auf dem Gebiete des Ethischen eine Bedeutung beizulegen, ergibt sich aus einem Gespräch, das er mit Meister Sung Kang führt.[183] Sung Kang bemüht sich, die Fürsten von Tsin und Tschu, die gegeneinander rüsten, von dem Plane, sich zu bekriegen, abzubringen. Auf Meng-tse's Frage, mit welchen Argumenten er sie überzeugen will, antwortet er: «Ich werde darüber sprechen, wie unvorteilhaft die Sache ist.» Darauf erwidert ihm Meng-tse: «Euer Ziel, Meister, ist gewiß edel. Eure Begründung aber ist nicht zu billigen. Wenn Ihr vom Standpunkt des Vorteils aus den Königen von Tsin und Tschu zuredet und die Könige von Tsin und Tschu lassen sich aus Lust am Vorteil bestimmen, ihre Heere abzurüsten, so werden alle Soldaten dieser Heere die Abrüstung gerne sehen aus Lust am Vorteil. Die Beamten werden den Vorteil im Sinne haben beim Dienst des Fürsten. Die Söhne werden den Vorteil im Sinne haben beim Dienst der Eltern. Die Jugend wird den Vorteil im Sinne haben beim Dienst des Alters. So werden alle Verhältnisse zwischen Fürst und Untertan, Vater und Sohn, Alter und Jugend des sittlichen Haltes beraubt, und die Rücksicht auf Vorteil beherrscht die gegenseitigen Beziehungen. Daß diese Zustände aber nicht den Zusammenbruch nach sich ziehen sollten, ist ganz undenkbar. Wenn ihr aber vom Standpunkt der Liebe und Pflicht aus den Königen

182 [Gestrichenes Zitat:] «Pong Gong sprach: Ein Gelehrter, der nichts leistet, soll auch nicht essen. Meng-tse antwortete: Wenn nun ein Mann da wäre, ehrfürchtig und bescheiden, der die Lehre der alten Könige bewahrt und auf die Nachwelt überliefert, und Ihr wolltet nicht für seinen Unterhalt sorgen: weshalb wollt Ihr die Handwerker wichtiger nehmen als einen, der Liebe und Pflicht verbreitet?» [III B, 4, 5, 64, 65]

183 Sung Kang ist wahrscheinlich identisch mit Sung Giän, dem Haupte der Pazifisten, von denen im 33. Buche des Tschuang-tse die Rede ist. Siehe S. [196, Anm. 89.]
[R] [Andere Fassung dieses einleitenden Satzes im vorangehenden Randentwurf:] In der Ablehnung der Nützlichkeitserwägungen in Sachen des Guten geht Meng-tse so weit, daß er es sogar in dem Kampfe für den Frieden nicht angewendet wissen will.

von Tsin und Tschu zuredet, und die Könige von Tsin und Tschu werden aus Freude an der Pflicht ihre Heere abrüsten, so werden alle Soldaten dieser Heere die Abrüstung gerne sehen aus Freude an der Pflicht. Die Beamten werden die Pflicht im Sinne haben beim Dienst der Fürsten, die Söhne werden die Pflicht im Sinne haben beim Dienst der Eltern. Die Jugend wird die Pflicht im Sinne haben beim Dienst des Alters. So wird aus allen Verhältnissen zwischen Fürst und Untertan, Vater und Sohn, Alter und Jugend die Rücksicht auf Vorteil entfernt, und die Pflicht beherrscht die gegenseitigen Beziehungen. Daß solche Zustände nicht die Weltherrschaft nach sich ziehen sollten, ist ganz undenkbar. Warum nur durchaus vom Vorteil reden?» (VI B, 4, S. 144/145)

«Wollt ihr den Unterschied zwischen dem heiligen Schun und dem Räuber Dschi wissen? Er liegt nirgends sonst als in dem Abstand zwischen gut und nützlich.» (VII A, 25, S. 163)

Dadurch, daß er in der Ethik der Lebens- und Weltbejahung die Nützlichkeitserwägungen ablehnt und nur das letzte und tiefste Motiv des Handelns aus innerer Notwendigkeit gelten läßt, ist Meng-tse ein Vorläufer Kants.

Meng-tse ist überzeugt, daß das Gute als natürliche Anlage in dem Menschen vorhanden ist und daß es sich nur darum handle, daß er es in sich zur Ausbildung kommen lasse.

«Die menschliche Natur neigt zum Guten, wie das Wasser nach unten fließt. Unter den Menschen gibt es keinen, der nicht gut wäre, ebenso wie es kein Wasser gibt, das nicht abwärts fließt. Man kann das Wasser, wenn man hineinschlägt, aufspritzen machen, daß es einem über die Stirn geht; man kann es durch eine Wasserleitung treiben, daß es einen Berg hinaufsteigt. Aber ist das etwa die Natur des Wassers? Es ist nur die Folge äußerer Bedingungen. Ebenso ist die menschliche Natur so beschaffen, daß man sie dazu bringen kann, nicht gut zu sein.» (VI A, 2, S. 127)

»Menschenliebe ist die natürliche Gesinnung des Menschen. Pflicht ist der natürliche Weg des Menschen ... Die Bildung dient zu nichts anderem als nur dazu, unser verlorengegangenes Herz zu suchen.» (VI A, 11, S. 136/137)

«Der große Mann bewahrt sein kindlich Herz.» (IV B, 12, S. 88)

Es handelt sich für den Menschen also darum, daß er, wie Meng-tse sich ausdrückt, «seiner Seele auf den Grund kommt» und sein eigentliches dem Himmel zugehöriges Wesen erkennt [VII A 1]. Indem er diesem seinem wahren Wesen treu bleibt, dient er dem Himmel. Von dem Verlieren des «eigenen Herzens» redet Meng-tse in Worten, in denen der Spruch Jesu «Was hülfe es dem Menschen, so er die ganze Welt gewönne und nähme doch Schaden an seiner Seele» [Mt 16, 26] anklingt. (*Mong Dsi* VI A, 10, S. 135/136; VII [A, 3], S. 156)

«Ich liebe das Leben, und ich liebe auch die Pflicht. Wenn ich nicht beides vereinigen kann, so lasse ich das Leben und halte mich an die Pflicht.» (VI A, 10, S. 135)

Das Ideal des Edeln, in dem Kung-tse's Ethik gipfelt, wandelt sich bei Meng-tse in das des Menschen, der zum vollendeten Menschentum gelangt ist.[184] Zweihundert Jahre bevor der Gedanke der Humanität durch den Stoiker Panaitios (etwa 180–110 v. Chr.) in dem europäischen Denken erstmalig erscheint, findet er sich, lebendiger und tiefer als bei ihm, bei Meng-tse. Die Menschenliebe ist bei Meng-tse etwas, das sich in unmittelbarer Weise aus dem Mitempfinden und dem Mitleid ergibt und auf alle Menschen geht. An Yü, der unter dem Kaiser Schun (dessen Nachfolger er wurde) gegen Ende des 3. Jahrhunderts v. Chr. den Lauf des Hoang-ho regulierte und dadurch die nordchinesische Ebene erst bewohnbar machte, rühmt er, daß, wenn irgendwo auf Erden Menschen sich in Wassernot befanden, es ihm war, als wäre er selber in Wassernot; desgleichen preist er Dsi, der unter demselben Kaiser mit der Sorge um den Ackerbau im ganzen Reich betraut wurde, daß, wenn irgendwo auf Erden Menschen sich in Hungersnot befanden, es ihm war, als wäre er selber in Hungersnot (*Mong Dsi* IV B, 29, S. 94). Dadurch, daß er unmittelbares Mitempfinden mit dem Nebenmenschen und Aufopferung für ihn verlangt, ist Meng-tse bei einer Menschenliebe angelangt, die ebenso allgemein und dazu noch tiefer ist wie die Me-tse's. Aber die Idee der Liebe in ihre letzten Probleme zu verfolgen, unterläßt er wie Me-tse. Mit dem Problem des Verzeihens beschäftigt er sich eigentlich nur insoweit als es leibliche Brüder angeht.

«Ein gütiger Mann steht so zu seinem Bruder, daß er ihm nichts nachträgt und keinen Groll gegen ihn hegt. Er liebt ihn einfach.» (V A, 3, S. 101)

Obgleich die Menschenliebe, die Meng-tse lehrt, in derselben Weise auf den anderen Menschen als solchen geht wie die Me-tse's, greift er ihn in mehreren Stellen an, als sei die von ihm[185] verkündete Menschenliebe etwas Übertriebenes und führte durch Gleichstellung fernerliegender Pflichten mit näherliegenden zur Auflösung der Familie und des Staates. Dieser Vorwurf kann spätere Schüler Meng-tse's treffen, aber nicht diesen selber. Schüler Meng-tse's, wenn wir recht berichtet sind, stellen die theoretische Forderung auf, daß der Mensch sich dazu anhalten müsse, die Fremden in derselben Weise zu lieben wie die Anverwandten. Me-tse selber denkt nicht daran, auf Grund des Prinzips der allgemeinen Menschenliebe die Bande der Blutsverwandtschaft für bedeutungslos zu erklären.[186]

---

184 [Notiz zu diesem Satz auf einer früheren Seite (Ms.-S. 102, am unteren Seitenrand):] Das steife Ideal des Edeln, das des wahren Menschentums tritt bei Meng-tse [an seine Stelle]. Kung-tse [ist] ein Baum, der in Knospen [steht], Meng-tse [ein Baum] in Laub und Blüten.

185 [Bis hier ist der Satz gestrichen, nicht aber die Fortsetzung auf der neuen Ms.-Seite 109. Der ganze Abschnitt wird indessen später (Ms.-S. 118 ff.) mit wenigen Abweichungen wiederholt. Wir geben ihn nach dieser 2. Fassung wieder.]

186 [Über Me-tse's Lehre von der allgem. Menschenliebe siehe oben, S. 212 f.]
[R] (Klein zu schreiben) [Die] Frage der Feindesliebe taucht bei [den] späteren Mehisten auf, und auch [die] Räuber- und Verbrecherliebe verneinen sie. Also [die] Bösen nicht lieben. (Hackmann, *Chinesische Philosophie*, S. 16.)

Meng-tse muß den Me-tse bekämpfen, weil dieser und seine Schule – durch die Verherrlichung der primitiven Verhältnisse,[187] durch die Geringschätzung der Formen, durch die Nicht-Beachtung der überlieferten Trauergebräuche(, durch die Verdammung der Musik und durch das Eintreten für den volkstümlichen Glauben an Geister und Dämonen)[188] – sich gegen Kung-tse und seine Lehre auflehnen und die Gemüter verwirren.[189] Im Recht ist er, wenn er ihn – wie er es tut – von dem Standpunkt der Lehre Kung-tse's aus tadelt, daß er sich nicht an die überlieferten Trauergebräuche halte. Wenn er aber als Streiter in dem Kampfe der Schule Kung-tse's gegen die Me-tse's diesen auch wegen seiner Menschenliebe angreift, so unternimmt er etwas, das er nicht durchführen kann. Er wirft Me-tse Einseitigkeit in der Betonung des Liebesgebotes vor und glaubt selber den vernünftigen Mittelweg innezuhalten. Aber darzutun, inwiefern seine eigene Menschenliebe weniger einseitig ist als die Me-tse's, würde ihm schwer fallen. Er versucht es auch nicht einmal. In den vier Stellen, in denen er sich mit Me-tse's Prinzip der allgemeinen Menschenliebe auseinandersetzt, ergeht er sich in allgemeinen Behauptungen und bedient sich einer merkwürdig verfahrenen Art des Argumentierens.[190]

Den eigentlichen Unterschied zwischen seiner und Me-tse's Menschenliebe – daß die Me-tse's noch auf utilitaristischen Erwägungen beruht, während die seine sie nicht mehr anerkennt – bringt er nicht zur Sprache.

Im Allgemeinen zeigt sich Me-tse als ein hervorragender Dialektiker. Aber nur widerstrebenden Herzens, weil er – wie er einmal ausführt – um der Aufrechterhaltung der von den Heiligen der Vorzeit und Kung-tse verkündigten Lehre willen nicht anders kann, läßt er sich auf Wortgefechte mit anderen ein. (*Mong Dsi* III B, 9)

Des Taoismus tut er keine Erwähnung, obwohl die taoistischen Denker Lieh-tse und Tschuang-tse das Wesentliche der Lehre Kung-tse's, seine Forderung der Pflichterfüllung und der Menschenliebe unter Lächerlichmachung des Meisters aufs heftigste

---

187 [1. Fassung:] durch Verherrlichung der Bedürfnislosigkeit.

188 [Text in ( ) nach der 1. Fassung.]

189 Über die Punkte, in denen Me-tse von Kung-tse abweicht, siehe oben, S. [216 ff.]. [Die folgenden 4 Sätze lauten in der 1. Fassung:]
Wenn er aber überdies noch seine Lehre von der allgemeinen Menschenliebe beanstanden will, kommt er in Widerspruch mit sich selbst. Er tadelt Me-tse's Menschenliebe als eine Einseitigkeit und bekennt sich als Gegner jeglicher Einseitigkeit, weil sie der Wahrheit Eintrag tut, indem sie «einen einzelnen Punkt betont auf Kosten von hundert anderen» (*Mong Dsi* VII A, 26, S. 164). Aber wirklich darzutun, inwiefern Me-tse's Menschenliebe einseitiger ist als die seine und der Geltung der durch die Verbundenheit mit den Eltern und Anverwandten natürlich gegebenen Pflichten mehr Eintrag tut als sie, sollte ihm, der sich einmal zu dem Worte «Der Gütige läßt die Art, wie er einen geliebten Menschen behandelt, auch dem ungeliebten zuteil werden» [VII B, 1] versteigt, nicht ganz leicht fallen.

190 Die wichtigste dieser Stellen (Buch III A, Abschnitt 5) weist überdies einen verderbten Text auf.

bekämpfen, während Me-tse in diesem Hauptstück mit Kung-tse geht. Sollte dieses Schweigen daraus zu erklären sein, daß der Taoismus Lao-tse's und seiner Nachfolger damals keinen Anhang im Volke besaß und als Gegner nicht in Betracht kam?

Überaus merkwürdig bleibt, daß in den Schriften Meng-tse's der Name des Tschuang-tse und in denen des Tschuang-tse der des Meng-tse niemals genannt wird, obwohl sie Zeitgenossen sind und zeitweise sogar in derselben Stadt – in Liang, der Hauptstadt des im Westen gelegenen Staates We – leben.

In einer auf Me-tse zielenden Stelle unterscheidet Meng-tse drei Arten von Liebe: die Freundlichkeit (Ai) zu den Tieren, die noch nicht wirklich Liebe ist, die dem Mitempfinden und dem Mitleid entspringende Liebe (Jên) zum Nebenmenschen und die naturhaft begründete affektvolle Anhänglichkeit (Tsin) an die Eltern und Anverwandten.

«Der Edle ist freundlich zu den Tieren, aber er liebt sie nicht. Er liebt die Menschen, aber es ist nicht anhänglich an sie. An die Nächsten ist er anhänglich»... (*Mong Dsi* VII A, 45, S. 170)

In seiner Ethik führt er aber diese Unterscheidung nicht wirklich durch. Und wenn er es unternehmen wollte, vermöchte er es nicht. Die Liebe aus innerster, im Wesen des Menschen gegebenen Nötigung heraus, wie er sie voraussetzt, ist an sich so lebhaft und so zwingend, daß in ihrer Äußerung alle theoretisch vorhandenen Unterschiede ebensowenig zur Geltung kommen wie Unebenheiten in dem Bett eines Flusses, der Hochwasser führt. In der Liebe gibt es keine sich praktisch auswirkenden Gradunterschiede.[191] Es verhält sich mit ihr wie mit der Schnelligkeit des Lichtes, in der alle anderen Schnelligkeiten bedeutungslos werden.[192] Immer hat der Mensch sich nur um das eine zu bemühen, daß er genug Liebe habe.

Den[193] Gegnern gegenüber verlangt Meng-tse als das edle Verhalten, daß der Mensch zuerst in sich gehe und den Grund der Gegnerschaft bei sich, in dem Mangel an Gütigkeit und Rücksicht jenem anderen gegenüber suche. Kann er sich das Zeugnis geben, daß er es an nichts habe fehlen lassen und daß die Schuld einzig in der Unvernünftigkeit des andern liegt, so suche er, nichts mehr mit ihm zu tun zu haben. Niemals lasse er von dem Grundsatz ab, daß der Edle das, was nicht der Gütigkeit entspringt und nicht dem Anstand entspricht, nicht tut. (IV B 28, S. 93/94)

Von der Lebendigkeit und der Tiefe der Ethik Meng-tse's zeugen wunderbare Worte, die sich bei ihm finden.

«Nur der Mensch, der zu manchen Taten nicht fähig ist, ist fähig, Taten zu vollbringen.» (IV B, 8, S. 87)

«Wer andere liebt, und sie sind ihm nicht zugetan, der prüfe seine Gütigkeit. Wer andere regiert, und sie lassen sich nicht regieren, der prüfe seine Weisheit... Wer

191 [1. Fassung:] keine Abschwächung und keine Steigerung.
192 [Darüber (in der 1. Fassung):] Grenzenlosigkeit der Ethik.
193 [Von hier an Fortsetzung der 1. Fassung.]

etwas wirken will und keinen Erfolg hat, der suche den Grund bei sich selber.» (IV A, 4)[194]

«Güte siegt über Ungüte, wie Wasser über Feuer siegt. Aber heutzutage übt man die Güte so, als wollte man mit einem Becher Wasser einen brennenden Wagen voll Reisig löschen, und wenn die Flammen nicht erlöschen, dann sagen, daß Wasser Feuer nicht löschen könne.» (VI A, 18, S. 139)

«Die fünf Getreidearten sind am wertvollsten unter allen Samen. Wenn sie aber nicht reif sind, so sind sie nicht einmal so viel wert wie Samen von Gras und Quekken. Auch bei der Güte kommt alles auf die Reife an.» (VI A, 19, S. 140)[195]

Überhaupt legt Meng-tse großes Gewicht darauf, daß alles, was dem Menschen mit seinesgleichen widerfährt, ihm zum Anlaß der Selbstprüfung werde.[196]

Während Me-tse die Idee des schicksalhaften Geschehens in naiver Weise als nicht der von der Ethik geforderten Weltordnung entsprechend ablehnt, ringt Meng-tse mit ihr. Hierin - wie im Prinzip des Vernunftgemäßen und in dem Humanitätsideal - erweist er sich als ein Geistesverwandter der Stoiker. Fest steht ihm, «daß Alles Wille des Himmels ist» (VII A, 1 u. 2, S. 156). Gehorsam soll man entgegennehmen, was dieser einem als Schickung bestimmt.

In allem aber darf sich der Mensch getrösten, daß er den Willen des Himmels nicht nur als ein sich an ihm erfüllendes Schicksal, sondern auch als eine ihm verliehene Freiheit, den Willen des Himmels zu erfüllen, erlebt. Ob ihm der Himmel frühen Tod oder langes Leben bestimmt hat, macht für ihn keinen Unterschied. «Er veredelt sein Leben und erwartet, was kommt. Dadurch verwirklicht er das ihm bestimmte Geschick.» (VII A, 1, S. 156)

Nicht als ein zu Passivität Verurteilter redet der Edle von der Notwendigkeit, die in dem göttlichen Willen beschlossen ist, sondern als ein Wesen, das in seiner Natur die Freiheit der Erfüllung der Gebote des Himmels besitzt. (VII B 24)[,S. 178]

«Der Edle handelt nach dem Sittengesetz und nimmt sein Schicksal gelassen entgegen.» (VII B, 33, S. 181)

«Im Altertum machten es die Männer so, daß, wenn sie ihr Ziel erreichten, sie dem ganzen Volke Segen spendeten; wenn sie ihr Ziel nicht erreichten, so veredelten

---

194 [Folgt das auf S. 226 bereits gegebene Zitat V A, 3.]

195 [Folgt ein oben bereits wiedergegebener Abschnitt mit folgendem Beginn:] Die Idee der Feindesliebe liegt noch außerhalb seines Gesichtskreises. Das Wort «Der Gütige läßt die Art, wie er einen geliebten Menschen behandelt, auch dem ungeliebten zuteil werden» [siehe Anm. 189] enthält, so schön es ist, keine Anweisung zur Feindesliebe. Aber so weit geht Meng-tse doch schon, daß er dem Menschen feindselige Gesinnung verbietet und von ihm ein von Gütigkeit und Anstand eingegebenes Verhalten den Gegnern gegenüber verlangt. Stößt man, führt er einmal aus, auf Feindseligkeit, so soll man in sich gehen und sich prüfen, ob der Grund nicht in Mangel an Gütigkeit und Rücksicht jenem andern gegenüber liege. Kann man (er) sich das Zeugnis geben ... [s. o., S. 228, *Mong Dsi* IV B, 28]]

196 [Folgen die letzten 4 Zitate.]

sie ihr Leben, daß es auf Erden strahlte. Im Mißerfolg erhöhten sie nur ihr eigenes Leben; hatten sie Erfolg, so erhöhten sie gleichzeitig die ganze Welt.» (VII A, 9, S. 158)

Meng-tse ringt sich zu einer Wertung des Leidens durch. Mehrmals spricht er es aus, daß den Einzelnen wie den Völkern bestimmt ist, daß sie durch die Schule der Trübsal hindurchmüssen, um der Vollendung ihres Wesens fähig zu werden.

«Wem der Himmel ein großes Amt anvertrauen will, dem schafft er sicher erst Bitternis in Herz und Willen, er schafft Mühsal seinen Nerven und Knochen, er läßt durch Hunger seinen Leib leiden und bringt sein Leben in äußerste Not. Er verwirrt und stört ihm seine Werke. So erregt er seinen Geist und macht duldsam sein Wesen und legt ihm zu, was ihm an Fähigkeiten gebricht.» (VI, B 15, S. 155)

«Ein Volk, das im Innern keine mächtigen Geschlechter und aufrechten Männer hat und draußen keine feindlichen Nachbarn und äußeren Kämpfe, das wird stets zugrunde gehen. Daran erkennt man, daß das Leben geboren wird in Trauer und Schmerzen und der Tod geboren wird in Wohlsein und Lust.» (VI B, 15, S. 155)

Die Töne, die hier bei Meng-tse erklingen, sind so bei Kung-tse und Me-tse noch nicht vernehmlich. Bei ihm beginnt die ethische Lebens- und Weltbejahung sich in einer verinnerlichten Weise mit der Wirklichkeit auseinanderzusetzen.

In der Frage der Preisgabe des Lebens denkt Meng-tse anders als die Stoiker. Preisgabe des Lebens kommt für ihn nur für den Fall in Betracht, daß zwischen ihr und der Preisgabe der Pflicht zu wählen ist.[197] In jedem anderen Falle entscheidet er sich für das Verbleiben im Leben.

«Wo man sterben mag oder auch nicht sterben mag, da ist es mutiger, nicht zu sterben.» (IV B, 23, S. 91)[198]

Die Lebens- und Weltverneinung, mit der die Stoiker sich schon irgendwie vertraut gemacht haben, liegt ganz außerhalb seiner Überlegungen.

Die schwerste Prüfung, die ihm selber auferlegt ist, sieht Meng-tse darin, daß er als seinen Beruf erkennt, dafür zu wirken, daß Friede und Ordnung auf Erden herrschen, und sich doch darein ergeben muß, daß der Himmel noch nicht will, daß dem also sei. (II B, 13, S. 48)

* * *

Meng-tse[199] hat wie ein Ahnen von der Gefahr, die die Idee der Liebe für die Vernünftigkeit und Zweckmäßigkeit der Ethik bedeutet. Wenn er dem Me-tse den Vorwurf macht, daß die Idee der Liebe bei ihm die

197 [Siehe S. 295: VII A, 10.]
198 [Dazu notiert:] Einer der großartigsten Versuche einer Ethik.
199 [Fortsetzung zur 2. Fassung des doppelt vorhandenen Abschnitts.]

Rücksicht auf das Vernünftige und Zweckmäßige außer acht läßt, so tut er das nicht nur auf Grund der natürlichen Gegnerschaft gegen ihn, sondern auch, wenn auch nicht mit klarem Bewußtsein, aus dem Bedürfnis heraus, seine eigene Idee der Liebe in dieser Hinsicht zu rechtfertigen. Er ist sich nicht klar darüber, daß die ausgebildete Idee der Liebe nicht anders kann als den Anspruch auf absolute Geltung erheben und sich von der Vorstellung des Zweckmäßigen zu emanzipieren. Während er noch glaubt, mit seiner Ethik innerhalb der Grenzen des Vernünftigen und Zweckmäßigen zu verbleiben, ist er durch die Unmittelbarkeit und Tiefe seines Prinzips der Liebe schon in die Strömung der absoluten und grenzenlosen Ethik hineingetreten. Kolumbus entdeckt eine Insel, die er für einen Kontinent hält; Meng-tse, der in der Verfolgung des Kung-tse vorschwebenden Zieles einer der größten Entdecker auf dem Gebiete der Ethik ist, entdeckt einen Kontinent, den er für eine Insel hält. Von allen Denkern des Altertums ist er einer der modernsten.[200]

* * *

Die Ereignisse geben Meng-tse's Idealismus, daß das neue Kaiserreich das Werk eines von Menschenliebe und Friedensliebe beseelten Herrschers sein würde, nicht recht. Schi Huang Tsi, der Gründer des neuen Reiches – der Fürst des Staates Tsin, der sich 221 v. Chr. die Kaiserwürde erringt – ist ein Kriegsheld. Ihm ist das ethische Kulturideal der Schule Kung-tse's[201] verhaßt. Durch die 213 v. Chr. angeordnete Bücherverbrennung versucht er es, es aus der Welt zu schaffen. (Meng-tse's Bücher [bleiben] merkwürdigerweise verschont.)

Aber die Kaiser der Han-Dynastie (202 v. Chr.–220 n. Chr.) geben sich Rechenschaft davon, daß das neue Reich eines geistigen und ethischen Fundaments bedürfe und daß allein die Lehre des Kung-tse und des Meng-tse dazu tauge.

So kommen in dem neuen Reiche die ethische Lebens- und Weltbejahung Kung-tse's und Meng-tse's und das in ihr enthaltene Kulturideal zur Herrschaft und behaupten sich in den aufeinanderfolgenden Dynastien bis zu dem 1911 erfolgenden Ende des Kaistertums.[202]

* * *

---

200 [Dazu notiert:] der modernste. – Hier der Kulturstaat.
201 [Ausgeklammert:] und Meng-tse's.
202 [Am Rand neben diesem Satz steht ein (originales?) Fragezeichen.]

[Debattierer (kritische Denker), Sophisten]

Eine die Geltung ethischer Prinzipien verneinende Sophistik, wie sie im griechischen Denken auftritt, macht sich in China nicht bemerkbar. Wohl gibt es auch in China, schon seit alter Zeit, kritische Geister, die sich die bezweifelnde Prüfung dessen, was fest steht, zur Aufgabe machen und darüber zu mehr oder weniger skeptischen Ansichten gelangen. Aber die Berechtigung und Begründetheit ethischer Überzeugungen stellen sie in der Regel nicht in Frage, sondern sehen sie als etwas Selbstverständliches an.

Die bedeutendsten dieser das kritische Verfahren zum Prinzip erhebenden Denker – in den chinesischen Darstellungen werden sie Debattierer (Pien Schi) genannt[203] – sind, in der klassischen Zeit, Hui-tse (gest. etwa 330 v. Chr.), dessen Scharfsinn von seinem Zeitgenossen Tschuang-tse gerühmt wird, und Kung Sun Lung (etwa 320–250 v. Chr.).

Die chinesischen Sophisten beschäftigen sich, wie die griechischen, mit Untersuchungen über das Aufstellen von Definitionen, über die Beziehung zwischen Allgemeinbegriff und Einzelding, über die Art der Zusammengehörigkeit des Dings und seiner Eigenschaften, über logisches Urteilen, über das Problem von Raum und Zeit und über das eigentliche Wesen der Dinge. Wie die griechischen Sophisten legen sie es darauf an, durch paradoxe Aussprüche zu verblüffen.[204] Aber ihre Leistungen bleiben weit hinter den Griechen zurück. Der Schwierigkeiten Herr zu werden, die die unbeholfene und die logischen Zusammenhänge nicht zum Ausdruck bringende[205] chinesische Sprache für die Ausbildung der Logik und der Erkenntnistheorie bedeutet, will ihnen nicht gelingen. Einen interessanten Einblick in den Stand der in der Schule des Me-tse betriebenen logischen und erkenntnistheoretischen Untersuchungen[206] gewähren die als 10. Buch (Kapitel 40–45) in der den Namen des Me Tsi tragenden Schrift aufgenommenen dialektischen Abhandlungen. [S. 413–535]

[Wang Tsch'ung]

Der letzte kritische Denker der klassischen Epoche ist Wang Tsch'ung (etwa 27–97 n. Chr.). Sein Hauptbestreben gilt der Widerlegung jeglichen Glaubens an eine sittliche Weltordnung. Was sich ereignet, so führt er aus, ergibt sich mit Notwendigkeit aus dem Zusammenwirken der Grundkräfte[207] des Yang und Yin. In der Welt und in dem Leben des Menschen waltet einzig das Schicksal. Der Himmel sorgt sich nicht um

---

203 [Notiz:] Hackmann, *Chinesische Philosophie*, S. 152.

204 [Nachträglich mit? versehen.]

205 [Zuerst:] die nicht-logische.

206 [Darunter, am unteren Seitenrand:] Kung-tse und Meng-tse: haben das alles überwunden.

207 [Darüber:] Siehe [E.V] Zenker II, [S.] 123.

die Menschen, sondern er läßt es geschehen, daß seine Geschöpfe in Not sind und sich gegenseitig in Not bringen. Er gebietet ihnen nicht, sittlich zu handeln, und belohnt und bestraft sie nicht für gute oder böse Taten. Auch in das Schicksal des Sterbens muß sich der Mensch ergeben und alles Bemühen um die Erlangung von Unsterblickeit als aussichtslos aufgeben. Diese Ausführungen gegen den Unsterblichkeitsglauben sind gegen den späteren Taoismus gerichtet, in dem magische Zeremonien und Wundermedizinen, die ewiges Leben verleihen sollen, eine große Rolle spielen.

Interessant ist der Aberglaube, der bei Wang Tsch'ung mit dem kritischen Denken einhergeht.[208] Weil alles in dem Zusammenwirken des Yang und des Yin vorherbestimmt ist, nimmt er an, daß die rechte Astrologie und die rechte Wahrsagekunst in die Zukunft Einblick gewinnen können. Auch die Existenz von körperlosen Wesen, wie sie in den Erzählungen von Geistern und Gespenstern vorausgesetzt werden, steht ihm fest. Nur läßt er nicht gelten, daß sich unter diesen [Wesen Seelen von] Menschen befinden sollen. Ihm zufolge sind sie ...[209]

[Hui-tse, Kung Sun Lung, Hsün-tse]

Hui-tse und Kung Sun Lung bekennen sich zum Prinzip der allgemeinen Menschenliebe.[210] Wang Tsch'ung, obwohl er jegliche Annahme einer sittlichen Weltordnung verneint, tritt für die Ethik Kung-tse's ein.[211]

Ausgiebig wird unter den chinesischen Denkern der klassischen Zeit über die Frage verhandelt, ob das Ethische in einer natürlichen menschlichen Anlage zum Guten begründet sei oder nicht. Bejaht wird sie durch das *Schu-king* und durch Meng-tse. Kung-tse äußert sich nicht klar zu ihr, scheint aber doch die Ansicht des *Schu-king*, das für ihn Autorität ist, vorauszusetzen.

Daß der Mensch seiner natürlichen Anlage nach nicht gut sei, behaupten nicht nur Skeptiker. Auch Hsün-tse (305–235 v. Chr.), einer der bedeutendsten Vertreter der Lehre Kung-tse's, ist dieser Meinung. Das Sittliche ist ihm zufolge nur ein Ergebnis der Belehrung, Erziehung und Gewöhnung.[212] Die Grundsätze des Sittlichen, führt er aus, sind von den Heiligen des Altertums aufgestellt worden, weil anders geord-

---

208 [Angedeutete Korr.:] Mit dem kritischen Denken aber geht bei Wang Tsch'ung ein Aberglaube einher.

209 [Der Satz ist unvollständig, weil die Seite unten abgerissen ist; Randentwurf:] obwohl er ein nicht-körperliches Dasein der Menschen nach dem Tode leugnet, glaubt er doch an Geister und Gespenster. Er nimmt an, daß es neben den körperlichen unkörperliche Wesen gebe.

210 [Dazu notiert:] Hackmann, a.a.O. [S.] 157.

211 [Notiz:] Also Weltanschauung und Ethik unabhängig.

212 [Darunter, am unteren Seitenrand:] Daß in China das Denken unabhängig von ethischer Weltordnung.

nete gesellschaftliche Zustände nicht möglich sind und auch weil der Einzelne nur dadurch, daß er seine natürlichen, bösen Neigungen überwindet, glücklich werden kann.

Nur wenn zugegeben wird, daß die Natur des Menschen böse ist, wird das Verdienst der Heiligen der Vorzeit in seiner ganzen Größe gewürdigt.

Für seine Ansicht, daß das Sittliche sich einzig auf eine von den Heiligen der Vorzeit überkommene, segensvolle Lehre gründe, beruft sich Hsün-tse auf Kung-tse. Er ist darin insoweit im Recht, als sich bei Kung-tse eine Reihe von Stellen finden, in denen er seine Ethik als etwas, das er aus dem Studium der Schriften der Alten gewonnen hat, hinstellt.

Hsün-tse's äußerliche Auffassung und Begründung der Ethik[213] macht sich die Schule Kung-tse's nicht zu eigen.

Dem Skeptiker Gau Dsi (Kao-tse), der behauptet, daß die Natur den Unterschied zwischen Gut und Nicht-Gut ebensowenig kenne als das Wasser den zwischen Ost und West, antwortet Meng-tse:

«Sicherlich kennt das Wasser keinen Unterschied zwischen Ost und West. Ist aber auch kein Unterschied zwischen oben und unten. Die menschliche Natur neigt zum Guten» ...[214] (VI A 2, S. 127)

Auch die vermittelnde Ansicht, daß Gutes und Böses miteinander in der Natur des Menschen vorhanden seien und daß es nur darauf ankomme, welches von beiden er pflege, findet sich bei den chinesische Denkern jener Zeit.[215]

Weit mehr als durch die Sophisten und Skeptiker wird die Geltung des Ethischen damals durch Theorien über das Wesen des Staates in Frage gestellt.

[Wei Yang, Kuei Ku-tse, Han Fei-tse]

Wei Yang (etwa 400–338 v. Chr.),[216] Kuei Ku-tse [= Wang Hsü] (4. Jahrhundert v. Chr.)[217] und Han Fei-tse (etwa 290–233 v. Chr.)[218] zufolge bestimmt der Staat, rein auf Grund von Erwägungen über das, was ihm dienlich und nicht dienlich ist, was unter seinen Angehörigen als Gut und Böse zu gelten habe.

---

213 [Darunter, am unteren Seitenrand:] weiter ausgeführt. Kung-tse's Lehre in scholastischen Systemen dargestellt.

214 [Fortsetzung des Zitats s. oben, S. 225.]

215 [Darüber:] Keine großen Ereignisse in der chinesischen Ethik. Von vornherein festgelegt.

216 [Darüber:] Hackmann, a.a.O., S. 158; Forke, *Gedankenwelt,* S. 178.

217 [Darüber:] Zenker I, S. 324 [270], Hackmann [S.] 157, Forke [a.a.O.] S. 171. [Die obigen Seitenzahlen 178 und 171 treffen bei Forke, *Gedankenwelt*, nicht zu. Bei Forke, (*Geschichte*, Hamburg, ^{2}1964) sind es die Seiten 450, 483 und für Anm. 218: 461 ff.]

218 [Dieser letztere Name nachträglich eingeklammert.]

Interessant ist, daß die meisten Vertreter der Theorie, daß die Vorstellungen von Gut und Böse vom Staat geschaffen werden, Taoisten sind. Da sich aus der Lehre vom Verhalten im Sinne des Tao's kein Prinzip der Ethik ergibt und sie in der Praxis[219] doch nicht ohne Regeln des Handelns auskommen können, leiten sie sie aus dem Wollen des Staates her.

Individuelle ethische Überzeugungen, führt Wei Yang gegen Kung-tse aus, sind etwas Unnötiges, ja, vom Standpunkt des Staates aus betrachtet, sogar Schädliches. Die Menschen haben gar keine Überlegungen über Gut und Böse anzustellen, sondern sich die vom Staate proklamierten Ansichten darüber, aus Furcht vor Strafe, zu eigen zu machen.

Tugend ist völlige Hingabe an den Staat. Für den Staat, dessen Streben nach Macht geht, sind die Bösen, die ihrer Natur nach zu den Starken gehören, wertvoller als die Guten, die zur Schwäche neigen.

Die ganze Erziehung des Volkes muß darauf gerichtet sein, daß es in bester Weise zum Kriege taugt. Was der Staat vor allem braucht, sind Bauern und Krieger.

Den Krieg verherrlicht Wei Yang als das Mittel, durch das der Staat zu Ansehn, Macht und Reichtum gelangt. Natürlich braucht der Fürst, wenn es sich um Vorteil des Staates handelt, nicht auf das, was geheimhin als Recht und Unrecht, Gut und Böse gilt, Rücksicht zu nehmen, sondern darf alles, was ihm zweckdienlich erscheint, auch Lüge und Hinterlist, als erlaubt ansehen.[220]

Mit etwas mehr Mäßigung vertritt Han Fei-tse dieselben Grundsätze wie Wei Yang. Über die Bildung äußert er sich sehr geringschätzig. Der rechte Herrscher ist, ihm zufolge, der, der keine Bücher hat.

Die von dem auf den Kaiserthron gelangten Herrscher des Staates Tsin im Jahre 213 v. Chr. angeordnete Bücherverbrennung ergibt sich also aus einem in der Zeit vorhandenen Gedanken.

Wenn der Staat Tsin im Laufe der Zeiten die Oberherrschaft im Reiche erringt, so tragen mit dazu bei die straffe Organisation, die ihm Wei Yang in der Zeit, da er seine Geschicke als Minister leitet, schafft, und der Geist, den er in ihm großzieht.[221]

Erst wenn man die die Sittlichkeit und die Bildung verneinenden Staatstheorien der Jahrhunderte der sich bekriegenden Reiche in Betracht zieht, ermißt man die Größe Kung-tse's und die Leistung, die das von Meng-tse im Geiste Kung-tse's aufgestellte Ideal des ethischen Kulturstaats bedeutet.

* * *

---

219 [Darüber:] Inder: [nehmen] einen rein vorpraktischen Standpunkt [ein].
220 [Notiz:] die Verrohung, die die Kriege auf sich lud.
221 [Notiz:] Also in der Skizze dies alles bei Kung-tse.

[Yang Tschu]
Während die Staatstheoretiker Wei Yang, Kuei Ku-tse und Han Fei-tse die Geltung der Ethik vom Standpunkt der Kollektivität aus verneinen, lehnt sich Yang Tschu vom Standpunkt des Individuums aus gegen sie auf.

[222] Yang Tschu ist wohl ein Zeitgenosse des Me-tse (etwa 480–400 v. Chr.) und des Lieh-tse (etwa 440–370 v. Chr.). Über sein Leben wissen wir fast nichts. Aussprüche und Erzählungen von ihm sind uns in dem den Namen des Lieh-tse tragenden Werke, insbesondere im 7. Buche desselben, erhalten.[223] Erwähnt wird er auch bei Tschuang-tse. Meng-tse berichtet, daß zu seiner Zeit - also im 4. Jahrhundert v. Chr. - die Lehre des Yang Tschu ebenso verbreitet ist, wie die des Me-tse.

Etwa gleichzeitig mit den griechischen Sophisten verficht Yang Tschu das unbeschränkte Recht des Individuums, sein Leben in der ihm naturgemäß scheinenden Weise auszuleben.

Beim ersten Bekannt-Werden mit ihm ist man geneigt, ihn als eine Art Vorläufer von Nietzsche aufzufassen. Aber er hat mit ihm nur das allgemeine Prinzip gemein, daß in der naturhaften Lebensbejahung der Mensch sich in Übereinstimmung mit dem Wesen des Seins befindet. Unter dem ungehemmten Sich-Ausleben versteht er jedoch etwas anderes als Nietzsche. Der Wille zur Macht, die Idee des Vornehmseins und das tragische Lebensgefühl, die für die Lebensanschauung Nietzsches so charakteristisch sind, fehlen bei Yang Tschu. Ihn beschäftigt einzig die Frage des besten Genusses des Lebens. Ist sein Denken, was die grundsätzliche Begründung der naturhaften Lebensbejahung angeht, mit dem Nietzsches verwandt, so steht er in der Art seiner Lebensbejahung den Epikuräern näher als ihm.[224]

Yang Tschu wurzelt im Taoismus. Weil er mit dem Taoismus in Verbindung steht, ist seine Lehre in dem den Namen des Lieh-tse tragenden Werke überliefert.

Wie die Taoisten – und wie Nietzsche – sucht er das Verhalten des Menschen aus seinem Erleben des Wesens des Seins zu begründen. Während aber der Taoismus Lao-tse's und seiner Nachfolger das Wesen des Seins in dem unscheinbaren Wirken gegeben finden, erfaßt es Yang Tschu als Drang zum Sich-Ausleben. Mag er, auf Grund dieses Unterschiedes, in der Lebensführung noch so sehr von den sich der Nicht-Tätigkeit ergebenden Taoisten abweichen, so hat er doch mit ihnen das mystische Grundprinzip des geistigen Eins-Seins mit dem unendlichen Sein gemein. So viel Skeptizismus sich bei ihm auch findet, so ist er

222 [R] Lambarene 28.5.37. Ein dummer Tag. Nachmittags furchtbarer Tornado. Eingeklemmte Hernie zu operieren.

223 Über das den Namen des Lieh-tse [*Liä Dsi*] tragende Werk siehe die Notiz S. [182f.]

224 [Dazu notiert:] nur nicht das rein-individualistische.

doch kein Skeptiker. Er übt nicht Kritik in der Art sophistischer Skeptiker, sondern zieht Folgerungen aus etwas, das ihm feststeht.

Wie die Taoisten ist er durch das Mystische seiner Denkweise Individualist. *Er verlangt, daß die Lebensführung von innen her bestimmt sei.* Bei Kung-tse und seinen Schülern ist sie von außen her bestimmt, insofern als sie Überlegungen über die Zugehörigkeit des Menschen zur staatlichen Gesellschaft und über seine Pflichten ihr gegenüber entnommen wird.

Bei Yang Tschu handelt es sich also um einen sich in naturhafter Weise lebens- und weltbejahend verhaltenden Taoismus.

Über dic Art, in der sich die verschiedenartigen Ausprägungen des Taoismus zum ursprünglichen verhalten und sich mit ihm auseinandersetzen, besitzen wir keine Nachricht.

Einer bei Lieh-tse sich findenden Erzählung zufolge trifft Lao-tse (was chronologisch kaum möglich ist) mit Yang Tschu zusammen und wirft ihm vor, «daß er etwas Selbstzufriedenes im Blick habe», worauf dieser beschämt in sich geht. (*Liä Dsi* II 15)

Tschuang-tse faßt die Lehre des Yang Tschu als Pessimismus auf. (*Dschuang Dsi* XXIV 5)

Als Grundprinzip der Lebensanschauung stellt Yang Tschu auf, daß der Mensch sich nichts anderes vorzunehmen habe, als sein Leben in der völligsten Weise auszuleben.

«Sich ausleben ist das Ganze! Nichts verhindern, nichts unterdrücken! ... Laß deine Ohren hören, was sie begehren! Laß deine Augen sehen, was sie begehren! Laß deine Nase riechen, was sie begehrt! Laß deinen Mund reden, was er begehrt Laß deinen Leib genießen, was er begehrt![225] Laß deinen Willen tun, was er begehrt!» (*Liä Dsi* VII 7)[226]

Diesem rechten Sich-Ausleben steht im Wege, daß die Menschen sich durch das Bestreben beherrschen lassen, auf Grund ihrer sittlichen Tüchtigkeit bei anderen Anerkennung zu finden (was Yang Tschu das Bedürfnis nach Ruhm nennt), daß sie angesehene Stellung und Besitz erlangen wollen und daß sie ihr Dasein in Angst vor dem Tode verbringen. Damit begeben sie sich unter die Herrschaft selbsterwählter Tyrannen. Nur wenn sie sich von ihnen frei machen und damit von der falschen zur natürlichen[227] Vorstellung vom Glück zurückkehren, sind sie imstande, dem Leben das, was es ihnen an Freude bieten kann, abzugewinnen.

Pessimistisch ist die Lehre Yang Tschu's insoweit, als er das, was dem Menschen an Glück beschieden sein kann, gering einschätzt. Aber dieses Wenige soll er sich nicht auch noch nehmen lassen.

---

225 [Notiz:] Das *Genießen*, nicht das Mächtig-Sein.

226 [Dazu notiert:] Das Problem des Sich-Auslebens auf Kosten des anderen Menschen stellt sich für ihn gar nicht!

227 [Zuerst, dann gestrichen:] zur rechten.

«Die Menschen der grauen Vorzeit hatten erkannt, daß des Lebens Dauer flüchtig ist... Darum ließen sie in ihren Handlungen ihrem Herzen freien Lauf und widerstrebten nicht den natürlichen Neigungen, und was augenblicklich dem Leibe schmeichelte, das taten sie nicht ab.» (*Liä Dsi* VII 2, S. 77)

Schon bei Yang Tschu tritt die Schwierigkeit zu Tage, in eindeutiger Weise anzugeben, worin die naturhafte Lebensbejahung besteht. Bald scheint er den maßlosen, bald einen klug berechnenden Lebensgenuß als Ideal aufzustellen.

Den maßlosen empfiehlt er in der Geschichte vom Kanzler Dsi Tschan, dem tüchtigen Verwalter des Staates Dscheng, der seine beiden Brüder, von denen der eine dem Wein, der andere den Frauen ergeben ist, zu einem vernünftigen und ehrbaren Wandel bekehren will. Im Laufe der Unterhaltung, die er zu diesem Zwecke mit ihnen führt, beweisen sie ihm aber, daß ihr Wandel, weil der Natur gemäß, der richtige ist, während sein der Erfüllung erfundener Pflichten gewidmetes Dasein, weil unnatürlich, verfehlt ist. (*Liä Dsi* VII 8 S. 82[, 80 ff.])[228]

In einer anderen Geschichte stellt er einen Menschen, der seinen Besitz vergeudet und nicht einmal das zu seiner Beerdigung notwendige Geld hinterläßt, als den, der die wahre Vollkommenheit erlangt hat, hin. (*Liä Dsi* VII 9)

Wenn Yang Tschu in solchen paradoxen Erzählungen den Gedanken des sinnlosen und maßlosen Lebensgenusses vertritt, so ist seine eigentliche Meinung aber doch eher die, daß das vernünftige Sich-Ausleben die Gewähr des größtmöglichen Glückes bietet. Er empfiehlt, keine zu hohen Ansprüche an das Leben zu stellen.

«Kummer und Bitternis widerstreben der Natur; Freude und Wonne entsprechen der Natur... Wahrlich, nicht untätig verharre man, unentschieden zwischen Freude und Wonne und Kummer und Bitternis.» (*Liä Dsi* VII 19, S. 91)

«Das Wünschenswerte besteht darin, daß man sich seiner Gesundheit freut, daß man seinem Leibe Bequemlichkeit schafft. So hält sich, wer es versteht, sich seiner Gesundheit zu freuen, ferne von Armut,[229] und wer es versteht, seinem Leibe Bequemlichkeit zu schaffen, ferne von Reichtum.» (*Liä Dsi* VII 5, S. 79)

Ein Nachdenken über das Problem der wahren Lust, auf Grund dessen Epikur dazu kommt, die dauernde (geistige) Lust über die vorübergehende (sinnliche) zu stellen, findet sich bei Yang Tschu nicht. Er ist in dieser Hinsicht noch völlig naiv.

Während Nietzsche alle ethischen Erwägungen grundsätzlich als unnatürlich verurteilt, kennt Yang Tschu ein solches Jenseits von Gut und Böse nicht. Eine gewisse Rücksicht auf den Nebenmenschen und ein sich in vernünftigen Grenzen haltendes Mitleid gehört für ihn zum natürlichen Verhalten. Er verwirft nur, daß der Mensch sich zum Sklaven der von der Gesellschaft aufgestellten Pflichten macht und daß er meint,

228 [Notiz:] Geschichten, mit denen er in Erstaunen setzen will, wie [die] Taoisten.
229 [Darunter:] bewegt sich in Widersprüchen.

durch Aufopferung etwas in der Welt ausrichten zu können. Er vertritt also nicht einen absoluten Egoismus.

In der Ablehnung der durch die Ideen der Pflicht und der Aufopferung eingegebenen Bemühungen geht er mit den Taoisten zusammen.

«Die Menschen des Altertums gaben kein Haar her, und wenn sie damit der ganzen Welt hätten nützen können ... kein einziger gab ein Haar her, kein einziger nützte der Gesamtheit, und die Gesamtheit war in Ordnung.» (*Liä Dsi* VII 11)

«Was man Pflichttreue nennt, ist keineswegs ausreichend, dem Herrn, dem man dient, Ruhe zu verschaffen; aber sie ist völlig vollständig ausreichend, das eigene Ich in Gefahr zu bringen. Uneigennützigkeit ist keineswegs ausreichend, den Nebenmenschen zu nützen; aber sie ist vollständig ausreichend, das eigene Leben zu schädigen.» (*Liä Dsi* VII 18)

«Die Alten hatten ein Wort: Im Leben soll man Mitleid miteinander haben, im Tode soll man von einander lassen. Dieses Wort hat es getroffen. Der Grundsatz des gegenseitigen Mitleids ist nicht eine Sache des bloßen Gefühls: in Zeiten der Überarbeitung verschafft er Erleichterung, dem Hunger verschafft er Sättigung, der Kälte verschafft er Erwärmung, dem Mißerfolg verschafft er Erfolg.» (*Liä Dsi* VII 6)

Das Ethische, insoweit er es anerkennt, ist nach Yang Tschu also, wie bei Me-tse, im naturlichen Gefühl und zugleich in der Überlegung des Vorteils, den es für alle mit sich führt, begründet. Wie Me-tse tritt er auch für eine Vereinfachung der Trauergebräuche ein.

Über die Frage aber, wo die Grenze zwischen der Betätigung des naturgemäßen und gemeinnützigen Mitleids und der übertriebenen Hingabe an andere liegt, läßt er sich nicht aus.

Wenn alle Menschen ihr Leben in der natürlichen Weise ausleben, entsteht, nach Yang Tschu, eine natürliche Ordnung der Gesellschaft, auf Grund deren zwischen den Fürsten und den Untertanen und zwischen den Untertanen unter sich das beste Einvernehmen herrscht (*Liä Dsi* VII 18, S. 91). In derselben Weise erwarten die Taoisten, daß die die innerliche Vollendung erlangenden Individuen sich von selbst miteinander in Harmonie befinden und miteinander den wahren Idealstaat bilden.

Meng-tse bekämpft den Yang Tschu um seines Egoismus' willen in derselben Weise wie den Me-tse um seiner schrankenlosen allgemeinen Menschenliebe willen. Beide sind für ihn die Vertreter extremer Ansichten, die das Ansehen, das sie besitzen, verlieren müssen, damit Kung-tse's sich an die Überlieferung haltende vernunftgemäße Lehre von den Verpflichtungen, die der Einzelne gegen Nebenmenschen, die Familie und das Gemeinwesen zu erfüllen hat, allgemeine Anerkennung finden und das Reich vor dem Untergang bewahren könne.

«Was heute auf der Welt geredet wird», heißt es bei Meng-tse, «ist entweder von Yang (Tschu) oder Me-tse [Mo] beeinflußt. Yang (Tschu) lehrt den Egoismus, darum führt er zur Auflösung des Staates. Me-tse [Mo] lehrt die unterschiedslose allgemeine Liebe, darum führt er zur Auflösung der Familie. Ohne Staat und Familie kehrt man in den Zustand der Tiere zurück ... Wer mit seinen Worten Yang (Tschu) und Me-tse [Mo] bannen kann, der ist ein Genosse der Heiligen.» (*Mong Dsi* III B, 9, S. 70 f.)

Mag Yang Tschu[230] in jener Zeit politischer Wirren und der damit gegebenen geistigen Verwirrung auch zu Ansehn gelangt sein, so vermag er sich doch nicht gegen die ethische Lebens- und Weltbejahung Kungtse's durchzusetzen.[231] Wären Geschichten und Aussprüche von ihm nicht bei Lieh-tse erhalten, so wäre kaum etwas von seiner Seite auf die Nachwelt gekommen.

Daß die naturhafte Lebensbejahung etwas Unnatürliches und mit unauflöslichen Widersprüchen Behaftetes ist: gegen diese Tatsache vermag Yang Tschu ebensowenig etwas als diejenigen, die sich dann in dem europäischen Denken auf diese Position zurückziehen.

* * *

Yang Tschu wurzelt im Taoismus. Wie die Taoisten geht er darauf aus, aus dem Wesen des Seins das Verhalten des Menschen zu begründen. Während aber die Taoisten das Wesen des Seins in dem unscheinbaren Wirken gegeben finden, besteht es für Yang Tschu in dem Drange zum Sich-Ausleben.[232]

Taoistisch ist auch die Idee des schicksalhaften Geschehens, die die Lebensanschauung Yang Tschu's beherrscht, und die Verwerfung des von ethischen Idealen eingegebenen Wirkenwollens, wie es sich bei Kungtse findet. Als Grundprinzip der Lebensführung ergibt sich für Yang Tschu also, daß der Mensch sich nichts anderes vorzunehmen hat, als sein Leben in der völligsten Weise auszuleben...[233] So wird ihr[234] Schicksal von außen her bestimmt, und sie bringen sich um die wenigen Freuden, die sie vom Leben haben könnten. Wer sich von solchen nicht zu seinem eigentlichen Wesen[235] gehörenden Bestrebungen, Rücksichten und Befürchtungen frei hält, dessen Schicksal wird von innen be-

---

230 [Über und unter der Zeile:] Aber seine [Yang Tschu's?] Lebens- und Weltbejahung [ist] nicht ethisch bestimmt. Läßt der Ethik ein Plätzchen. Zieht sich auf die natürliche zurück [; das] hat seinen Grund darin, daß er für das Volk und die Einzelnen nichts mehr erhofft.

231 [Darunter:] naturhafte Lebens- und Weltbejahung.

232 [Notiz, darüber und am Rand:] Das Individualistische. Der Taoismus [ist] keine festgeschlossene Lehre, sondern ist [als] ein Denkprinzip in mannigfachen Ausprägungen vorhanden. Nicht mehr mit Lao-tse. Das Charakteristische: das Individuum gehört nicht der Gesellschaft, sondern sich selber an. Die Gesellschaft entsteht aus dem harmonischen Zusammen-Sein von harmonisch [...] Grundüberzeugungen, die ihrem wahren Wesen treu sind.
[2. Notiz:] Eine besondere Art von Taoismus, die volle individuelle Lebensbejahung an Stelle der Verwirklichung und der Nicht-Tätigkeit. Verwirklichung der Idee des Wirkens. Aus dem Verstehen des Wesens des Seins.

233 [Folgt das auf S. 237 bereits gegebene Zitat *Liä Dsi* VII 7, sowie eine Wiederholung des anschließenden Satzes über das, was dem rechten Sich-Ausleben im Wege steht.]

234 [der Menschen.]

235 [oder (undeutlich):] zu seinen eigentlichen Wegen.

stimmt. Er ist imstande, seinem Leben das abzugewinnen, was es ihm bieten kann. (Auch dies ist taoistisch.)

Pessimistisch[236] ist die Lehre Yang Tschu's insoweit, als er das, was dem Menschen als Glück beschieden sein kann, nicht hoch einschätzt. Der Augenblicke, in denen der Mensch, ungetrübt von jeglicher Spur sorgender Gedanken, «vollkommen frei ist, sich selbst zu genießen» (*Liä Dsi* VII 2, S. 77), sind wenige, auch wenn ihm ein langes Leben beschieden ist. Dieses Wenige soll er sich nicht auch noch nehmen lassen.[237]

Schon bei Yang Tschu, der als erster in der Geschichte des Denkens der Menschheit die naturhafte Lebensbejahung vertritt,[238] zeigt sich, wie schwierig es ist, in eindeutiger Weise anzugeben, worin sie besteht. Einigen der ihm zugeschriebenen Geschichten zufolge könnte man meinen, er redete hemmungslosem Genußleben das Wort.[239]

In Wirklichkeit aber gilt ihm der kluge Lebensgenuß als der beste.[240]

Das Ideal der größtmöglichen Bedürfnislosigkeit als der Voraussetzung größtmöglichen Glückes findet sich bei ihm nicht. Aber er empfiehlt, keine zu hohen Ansprüche an das Leben zu stellen.[241]

Während Nietzsche alles ethische Verhalten grundsätzlich als unnatürlich verurteilt, gehört für Yang Tschu die Rücksicht auf den Nebenmenschen und das Mitleid mit ihm zu dem naturgemäßen Sich-Ausleben. Was er verwirft, ist, daß der Mensch sich zum Sklaven der von der Gesellschaft aufgestellten Pflichten macht und meint, durch Aufopferung etwas in der Welt ausrichten [zu können].[242]

In dieser Abneigung der durch Pflicht und Aufopferung eingegebenen Geschäftigkeit stimmt [er] ganz mit den Taoisten Lao-tse, Lieh-tse und Tschuang-tse überein.[243]

Wenn er auch eine Lehre des Sich-Auslebens verkündet, ist Yang Tschu also nicht der Revolutionär des Egoismus, den er predigt.[244]

Sich gegen Kung-tse und Meng-tse durchzusetzen, vermag Yang

---

236 [Die letzten Ms.-Seiten (147–150) bringen nur noch die Wiederholung von Teilen des Textes von S. 238 ff. (Ms. S. 140 ff.) in etwas veränderter Fassung.]

237 [Folgt Zitat VII 2; siehe S. 238, oben.]
[Dazu notiert:] Der taoistische Unterton: kein reiner Epikuräer, kein Pessimist, kein Skeptizist. Das Leben wird geehrt.

238 [Korr.:] ... der auf Grund des Denkens zur naturhaften Lebenbejahung zurückkehrt.

239 [Folgen die Zitate VII 8 und VII 9, s. S. 238]

240 [Folgt Zitat VII 19, s. S. 238.]

241 [Folgt Zitat VII 5, s. S. 238.]

242 [Folgen die Zitate VII 11 und VII 18, s. S. 239.]

243 [Folgen Zitat VII 6 und der Abschnitt über die natürl. Ordnung der Gesellschaft nach VII 18, s. S. 239.]

244 [Folgt der Abschnitt *Meng-tse bekämpft den Yang Tschu* ..., mit dem anschließenden Zitat aus *Mong Dsi* III B, 9, s. S. 239.]

Tschu nicht. Nur dadurch, daß Geschichten und Aussprüche von ihm bei Lieh-tse erhalten sind, haben wir noch Kunde von diesem ersten Auftreten einer naturhaften Lebensbejahung.[245]

---

245 [Notiz in *Kulturphilosophie* III, 2, Doss. 8, Nr. 7, Februar 1937, *Die Weltanschauung der Ehrfurcht vor dem Leben*, 1. Halbband, München, 1999, S. 470: «Am Schlusse der chinesischen Studie sagen, welche Verirrung es für den chinesischen Geist bedeutet, sich nicht selber treu zu bleiben und kommunistische Ideen aufzunehmen.»]

Anhang

Skizzen 1937
Denken der Menschheit
Das chinesische Denken

Erste Fassung 1937. Zweiter Teil. [Auswahl][1]
[Ms.-S. 26–32, 36]

Plan:

1) Taoismus. Das Magische. Der lebendige Taoismus des Lao-tse. Vergeistigung. Das Höchste [ist] die Weltentrücktheit. Ekstase. Aber die Weltentrücktheit leben, [dies] ist die Vergeistigung. *Ihren Ursprung [hat sie] im ekstatischen Erlebnis der Weltentrücktheit.* Mit der Ur-Macht in Verbindung stehen. Das Verfügen über die übernatürlichen Fähigkeiten [ist] etwas Nebensächliches. Die Ideen vom Zauber in der Musik. Mit dem Worte aus dem vedischen Hymnus: «durch Melodie ließen sie die Sonne aufgehen.»[2] [Die] ursprüngliche Bedeutung wird also bedeutungslos. Bei Lieh-tse aber schimmert [sie] noch durch.[3]

Das Problem des Ethischen in dieser Mystik. Der Reiz der Naturphilosophie und der Mystik. Das Anerkennen des Geheimnisvollen. *Unser Verhalten zum Sein [ist] etwas Geheimnisvolles.* Dies [ist] die Größe und ewige Lebendigkeit des Taoismus. Wie unser Tun in das Weltgeschehen einordnen. Nur die Frage [wird] gestellt, dadurch schon ist der Taoismus lebendig, auch wenn [die] Antwort gar nicht befriedigt.

Das Problem *des Tuns und des Geschehens in ihrem Verhältnis* [zueinander]. Der fundamentale Unterschied. Als erster [hat der Taoismus] dieses Problem gesehen. Wie löst [er] es auf?

[Er] löst es auf, indem er das Tun verneint. [Der] Mensch muß dahin kommen, daß das Weltgeschehen sich in ihm auswirkt. Diese Entscheidung [stammt] aus dem Erlebnis der Ekstase, des Anders-Seins. *Von seinem [eigenen] Wollen und Tun loskommen.* Wo die gewöhnlichen Daseinsbedingungen und Daseinsbestrebungen für ihn nicht existieren.[4] Wo [er] das Bedürfnis nach Betätigung weit hinter sich gelassen

---

1 [Aus diesem 2. Teil (den Schweitzer als «Skizzen 1937» bezeichnet) werden hier mehr oder weniger ausgearbeitete Abschnitte, Definitionsvarianten, ergänzende Zitate und vereinzelt auch Exzerpt-Notizen präsentiert.]
[R.] Lambarene 3. März 1937. [Letztes Datum, Ms.-S. 276: 22. Dez. 1937.]

2 [Siehe S. 287, Anm. 170.]

3 [Notiz:] Die große Frage: Sein Sein im unendlichen Sein begreifen.

4 [Dazu notiert:] wirken.

hat. Willenloses Organ des in dem Naturgeschehen wirkenden höchsten[5] Geistes [soll er sein].[6]

[Der Taoismus] hat aus der Nicht-Tätigkeit [eine] Beziehung zur Weltverneinung. Aber [er vertritt] nicht Weltverneinung. [Er steht] auf der Höhe, von der die Wege der Welt- und Lebensverneinung abgehen, die das indische Denken begeht. In dem Ausgang von dem Erlebnis der Ekstase [ist] diese Möglichkeit gegeben. Aber das höhere Sein [ist] nicht losgelöst von dem Natürlichen. Die raum-zeitliche Welt[7] [gilt] nicht als eine inadäquate sinnlose Erscheinung des höchsten Seins. *Sondern das höchste Sein wirkt das Sinnvolle in der raum-zeitlichen Welt.* Sich nicht von Weltgeschehen als einem sinnlosen Spiel zurückziehen, sondern wirken im Sinne des Weltgeschehens. Bleibt also diesseits der Grenzen der Lebens- und Weltbejahung. Das Nicht-Tun ist das höchste Wirken. Durch die Auffassung von dem wahren Sein.[8]

Bei [den] Indern [geht es] nicht [um] die Frage, wie das menschliche Tun in dem Weltgeschehen unterzubringen ist, sondern [um] die Frage, ob das Geschehen zum Wesen des Seins gehört! Also radikaler. Und [das Denken geht] ebenfalls von dem Erlebnis der Ekstase aus: *[Der] Entscheid geht von der Ekstase aus.*

Die taoistische und die brahmanische Weltanschauung [gehen] als Weltanschauungen vom Erlebnis der Ekstase aus! Frei von Überlieferung, aber gebunden an dieses Erlebnis des Verhaltens zum Sein, von dem Erlebnis des Seins in dem höheren Sein[9] [beherrscht, berückt]. [Ein] Denken, das durch [das] Erlebnis der Ekstase beherrscht ist.[10]

Also der welt- und lebensbejahende Charakter [steht fest]. Das Wirken. Die Idee des höheren Wirkens.

Keine Ergründung des Problems Tun und Weltgeschehen. [Der Taoismus] erkennt es von der alten Mystik aus.[11] Er erkennt es nicht an sich und untersucht es nicht an

---

5 [«höchsten» (undeutlich) ist nachtraglich eingefügt.]

6 [Notiz:] Trägt die Vergangenheit der magischen Mystik noch an sich. Nicht in sie zurück [...]

7 [R] Sie redet in das Wichtige und Eigentliche herein. Festgelegt auf Lösung.

8 [R, neben Auszügen aus *Dchuang Dsi* IV 1 und 3 (als Haupttext, Ms.-S. 16), die A. S. auf vorangehender Ms.-Seite «Die wunderbaren Ausführungen über den wahren Menschen» nennt:]
Auf welchem Wege aber das bisher Unmögliche, Naturphilosophie und Ethik zusammenzudenken, möglich zu machen suchen?
Nicht aufeinander zurückführen! Aus Naturphilosophie Ethik ableiten oder Ethik in Naturphilosophie hineinreden lassen. Aus Notwendigkeit [wurde so] ethische Weltanschauung zusammengehalten.
Sich von [der] Verschiedenartigkeit von den zweien, was unsere Weltanschauung ausmacht, durchdringen.
[1)] Eine Weltanschauung. Erkenntnis aus der Welt. Passive Freiheit. Resignation. In Resignation natürliche Persönlichkeit werden. Nicht zu verstehen suchen, woher [die] Schicksale – Alle [Schicksale haben] einen Sinn nur, wenn ich mir in ihnen die Freiheit von der Welt erwerbe. Was [ich] aus [der] Welt über mein Leben erfahre.
2) Ethik Lebensanschauung. Was aus mir selbst. Spontan.
3) Falsch, durch das, was in mir ist, die Welt verstehen [zu wollen]! Taschenspielerstücke. Nur was in mir ist, [kann ich] verstehen. Worin besteht das Ander-Sein als die Welt? Erschreckend, wie wenig [das] Wesen der Ethik ergründet [ist, wird].

9 [Darüber:] das Erleben des höheren Seins.

10 [R] Im Taoismus dieselbe Losgelöstheit von der Welt wie im Brahmanismus. Oft dieselben Worte. Aber der Sinn [ist] ein anderer. Die Idee des Wirkens, des Sinnvollen! Auch das stolze Erhaben-Sein über die Welt.

11 [R] Keine Ergründung der Welt.

sich, sondern nur soweit es in der Mystik enthalten[12] ist. Das höhere, andere Verhalten. Nicht das der gewöhnlichen Lebensanschauung, der unbefangenen natürlichen.

[13] Auch an dem Problem des Ethischen und des Weltgeschehens ... Inwieweit Ethik das höhere Verhalten ist, von dem auszugehen ist. Empfindet das Geheimnis des Ethischen nicht. Weil [er, der Taoismus,] vom Erlebnis der Ekstase bestimmt wird. Das Eins-Werden mit dem Weltgeschehen im Ethischen als dem höheren Tun. Geht an dem Problem des Ethischen vorbei. Ergründet es nicht. So [geht er] am Problem: Tätigkeit – Nicht-Tätigkeit [vorbei]. Ethik [gehört] zur Tätigkeit.

Ebenso [geht er] am Problem des Sinnes des Weltgeschehens vorüber, geht nicht auf es ein. Sondern stellt die Behauptung auf ... Später analysiert Tschuang-tse das Weltgeschehen und kommt zur Schicksalsvorstellung wie die Stoa. Dies noch nicht bei Lao-tse, aber bei Tschuang-tse, wo Reflexion da ist. Schicksals-Idee.

[Lao-tse, Teng Hsi-tse]

Lao-tse [ist] nicht der erste, bei dem die magische Mystik des Eins-Werdens mit dem Tao sich vergeistigt und zu einer Mystik wird, in der der Einzelne sein Dasein in Harmonie mit dem Ur-Prinzip des Seins zu verbringen unternimmt.[14] Wir besitzen Fragmente, die der Zeit vor Lao-tse angehören und in denen die Grundideen des *Tao te king* schon ausgesprochen sind.[15] Teng Hsi-tse als Zeitgenosse des Lao-tse. Bei ihm schon Grundideen des *Tao te king*. Wohl älter. Das Eins-Sein mit dem Tao – Wirken in Nicht-Geschäftigkeit (Wu Wei) des Weisen.[16] Aber im *Tao te king* wird sie[17] zum ersten Male entwickelt, stellt sich dar und wird im Zusammenhang entwickelt.[18] Bei Lieh-tse [findet sich] eher eine primitivere Form (unausgebildetere Form) als bei Lao-tse. Bei Tschuang-tse [wird die Grundidee] nach verschiedenen Seiten von einem selbständigen Denker verarbeitet. Erscheint in dem Medium eines selbständigen Denkens. [Wird] in Einzelheiten verfolgt, ausgedacht. Lieh-tse, obwohl er Laotse kennt, mutet in manchem eher als Vorläufer desselben an.[19] Auch in der Sprache altertümlicher als Lao-tse.

Lao-tse ist nicht der Schöpfer der vergeistigten Mystik. Er hat Vorläufer. Aber bei Lao-tse ist [sie] zum ersten Male als ein Ganzes entwickelt, stellt sich [zum ersten Male als solches] dar.

---

12 [Darüber:] Deutung der Mystik.

13 [R] Sich dem Rätselhaften ergeben und hingeben. Das selbstverständliche Haltmachen vor dem Geheimnisvollen. Die Welt bei [den] Indern sinnlos, bei [den] Taoisten geheimnisvoll. Darin verschiedene geistige Deutung der Ekstase. Und die Ekstase spielt bei den Taoisten keine Rolle mehr. Nicht daß [sie die] Losgelöstheit von der Welt physisch erleben. – Aber das Denken [ist] durch eine Überlieferung, die auf Ekstase zurückgeht, bestimmt. Das Erlebnis der Gesammeltheit.

14 [R] Der] Mensch als solcher.

15 [R] Das Irdische entspricht dem Himmlischen.

16 [Darüber:] [Heinrich] Hackmann, [*Chinesische Philosophie*,] S. 45.

17 [Die Grundidee.]

18 [Ms. (undeutlich):] weniger entwickelt [was aber im Widerspruch zum Satzbeginn steht. Möglicherweise bezieht sich «weniger entwickelt» auf den folgenden Satz.]

19 [Vgl. R. P. Kramers' Bemerkungen zu Einzelstellen der Fassung 1939/40, zu Ms.-S. 19, S. 32, Anmerkung 21.)

Wie alle Mystik ist der Taoismus des Lao-tse, des Lieh-tse und des Tschuang-tse seinem Wesen nach Naturphilosophie. Der Einzelne setzt sich mit dem unendlichen Sein der Welt, wie es ihm in der Natur entgegentritt, auseinander und sucht sein Dasein in Harmonie mit ihm zu erleben.

Es findet aber kein von den Tatsachen der Erfahrung ausgehendes Erforschen und Ergründen der Natur statt. [Der Taoismus versucht nicht,] von außen her in die Tiefe zu dringen wie [die] Stoa und Goethe etwa. [Der] Taoismus [übt, kennt] ein intuitives Erfassen des Wesens der Natur, ein unmittelbares innerliches Erfassen derselben.

Das Tao [ist] mit dem natürlichen Erkennen nicht erlernbar. [Nach ihm muß man] das natürliche Erkennenwollen aufgeben. Das Geheimnis des Seins erleben in Losgelöstheit von der Welt. Nicht mitteilbar, sondern jeder muß es erleben in der Versenkung. Sein Inneres auf das Grundprinzip des Seins abstimmen: dann wird es vernehmbar.

Verändertes Verhältnis zur Außenwelt, [sie] wirkt nicht mehr auf ihn ein, und er will nicht mehr auf sie einwirken, sondern alles Äußerliche versinkt, und in innerlicher Weise [will er?] mit dem unendlichen Sein [...] verkehren.[20] Das Tao, das in ihm ist, begreift das Tao, das in der Welt ist, [in sich]. Gesamtheit. Innerlichkleit erlangen. Hier Sprüche.

Und am Schluß: [Die] Ekstase, liegt weit zurück. Aber der Taoismus ist nur aus der Ekstase verständlich. Losgelöstheit von der Sinnenwelt. Lao-tse [kennt?] noch [die] Ekstase. ([Die] Geschichte mit Kung-tse.)[21] Losgekommen sein von der Sinnenwelt, von dem natürlichen Sein.

Nicht mehr in der gewöhnlichen Weise mit der Sinnenwelt beschäftigt sein – und [nicht mehr] von ihr beeinflußt sein. Aber in der Sinnenwelt [ist] die geistige [Welt mitenthalten]. Keine Trennung. Das Geistige [kann man] nur erfassen, wenn man nicht mehr mit der Sinnenwelt beschäftigt [ist], den Blick von dem Äußerlichen abgewandt und auf das Innerliche gerichtet hat. Geschichte vom Pferdekenner.[22] Das geistige Wesen des Pferdes. Auf das Äußerliche gar nicht mehr aufmerksam. Gewöhnliche Maßstäbe weglegen, nicht anwenden.[23]

Nicht ein Sich-Auseinandersetzen mit dem Absoluten und Aufgehen in ihm, sondern Erfaßt-Werden vom Geist, der in dem All waltet. Organ des Geistes werden. Empfänglich werden für das eigentliche Wesen der Welt.

Das Einfältig-Werden. (*Laotse* 10, S. 12)[24]

Daß das Eins-Sein mit dem Tao etwas so große Anforderungen an das Verstehen des Menschen Stellendes ist, daß nur wenige es verwirklichen können, schon bei Lao-tse.

---

20 [R] Aktive Mystik.

21 [*Dschuang Dsi* XXI 4]

22 [*Liä Dsi* VIII 15, S. 100]

23 [R] Die übersinnliche Welt waltet in der sinnlichen. Die sinnliche [ist] eine Auswirkung der übersinnlichen. In der sinnlichen [Welt] wird sie [die übersinnliche] sichtbar, wie sie ist. Ist durch das Sinnliche hindurch erkennbar. Kein qualitätsloses Sein. Lebensbezogene Mystik.

24 [*Tao te king*.]

Taoistische Mystik und Ekstase

[Ms.-S. 37–53]

Die ganze Haltung der taoistischen Mystik ist nur von dem Erlebnis der Ekstase [her] zu erklären (verständlich). Die taoistische Mystik ergründet nichts. Kein suchendes Nachdenken über Mensch und Welt [ist] am Werk. [Das Denken] entscheidet die Frage Mensch und Welt vom Erlebnis der Ekstase aus. Übernimmt [die] geistige Deutung der Ekstase: auf dieser beruht die taoistische Mystik. [Das] Denken ist durch Überlieferung, die auf Ekstase zurückgeht, bestimmt. Welterkenntnis von diesem Erlebnis aus.

In der brahmanischen Mystik steht die Ekstase [als] Erlebnis im Mittelpunkt. Spielt eine große Rolle. Übungen, sich in den Zustand der Weltentrücktheit zu versetzen, [werden] gelehrt. [Das] reale physische Erlebnis der Losgelöstheit von der Welt. Auch in der taoistischen [Mystik] wird auf ekstatische Zustände Bezug genommen als auf etwas Vorhandenes. Lao-tse in Trance.[25] Bei Lieh-tse und Tschuang-tse [wird] die Abgeschiedenheit als eine Weltentrücktheit beschrieben: [Er] weilt in seinem Körper wie ein Leichnam.[26] – Aber [das] steht im Hintergrund. Vergeistigte Ekstase. Der Zustand des höheren Daseins. In einer bleibenden Ekstase. Das Leben verbringen im Zustande [einer besonderen] Geistesverfassung. Dauernde Ekstase. Haltung, die der geistigen Ekstase entspricht[, eine Geistes]verfassung. Kann aus dem Kreis nicht heraus. Das Ursprüngliche wird sichtbar. Ein geistiger Zustand.

Von hier aus [werden] tiefe Wahrheiten über das Leben [erkannt]. Der Mensch [ist] mit seinem Verhältnis zum Unendlichen beschäftigt. In einem der Ekstase entsprechenden Zustand. Von hier aus die [Haltung der] Nicht-Geschäftigkeit. Nicht die [Idee der] Nicht-Tätigkeit. Die Tätigkeit zur Erhaltung seines Lebens [gilt für den Menschen als] etwas Selbstverständliches. Keine asketischen Tendenzen. Der Ausdeutung und Anwendung der Ekstase [sind] Grenzen gesetzt durch die bestehende Weltanschauung, die durchaus lebensbejahend ist.

Entwickeltere Weltanschauung als in Indien. Ist nicht in die totale Unnatürlichkeit verfallen, [in] diese Losgelöstheit von der natürlichen Welt, [in das] Heraustreten aus dem natürlichen Daseinszustand; dadurch [durch das je entsprechende Verhalten wird] die Lebensanschauung im indischen wie im chinesischen Denken bestimmt. Die höhere Seins-Art. Von etwas Gegebenem ausgehen. Die natürliche Bewertung der Dinge und der natürliche unbefangene Lebenswille wird außer Kraft gesetzt. [Die] Mystik [ist hier] nicht das Ergebnis einer wirklichen Auseinandersetzung des Menschen mit der Welt, sondern sie ist bestimmt durch das Erlebnis der Ekstase.

Alle primitive Mystik hat ihren Ursprung in (geht aus von) dem geheimnisvollen Geschehnis, daß der Mensch vorübergehend aus dem natürlichen Daseinszustand heraustritt und in den der Losgelöstheit und des Enthoben-Seins aus dem Irdischen eingeht.[27]

Charakteristisch für die vergeistigte taoistische Mystik ist die Idee der Nicht-Geschäftigkeit.[28] Auf die Ekstase geht die Idee der Nicht-Tätigkeit zurück, die für

---

25 [*Dschuang Dsi* XXI 4.]
26 [*Dschuang Dsi* XXI 4; XXII 2; *Liä Dsi* VI 9.]
27 [Hier folgen im Ms. zwei kleine gestrichene Abschnitte.]
28 [R] Tatenlosigkeit.

die vergeistigte taoistische Mystik so charakteristisch ist.[29] Die Ekstase ist ein Zustand der Nicht-Tätigkeit. Der geistigen Deutung der Ekstase nach gehört die Nicht-Tätigkeit also zur höheren Seins-Art[30] der Lebensführung.

Mit der Idee der Nicht-Tätigkeit befindet sich die Mystik Lao-tse's und seiner Nachfolger auf dem Wege zur Lebens- und Weltverneinung, wie dies überhaupt bei einem unter dem Einfluß des Erlebnisses der Ekstase stehenden Denken der Fall ist. Das Wesen der Ekstase besteht darin, daß in ihr die Sinnenwelt und das Dasein in ihr für den Menschen zu etwas Nichtigem werden.

... Auf Grund des Reflektierens über die Ekstase gelangen die Brahmanen zur Lebens- und Weltverneinung. Sie sehen das reine Sein, von dem man durch die Ekstase Kenntnis erhält, als das allein wirkliche an. Die Sinnenwelt gilt ihnen nur als eine an sich bedeutungslose Erscheinungsweise des reinen Seins. Also hat sich der Mensch in ihr als ein Fremdling zu fühlen.[31] Auf jede Weise, nicht nur durch Nicht-Tätigkeit, sondern auch durch Askese und fortgesetzte Übung des Verfallens in Ekstase muß der Mensch also bestrebt sein, sich von der Sinnenwelt loszulösen, um noch im Erdendasein [in] den Zustand des reinen Seins, in dem er sich vor der Geburt befand und in den er durch den Tod zurückkehren wird, einzugehen.

Für die taoistischen Denker ergibt sich aus der Ausdeutung der Ekstase[32] nur die Nicht-Tätigkeit, nicht aber auch die Lebens- und Weltverneinung. Sie verfolgen den vor ihnen liegenden Weg nicht bis zu Ende, sondern gehen ihn nur so weit, als er noch auf dem Gebiete der Lebens- und Weltbejahung verläuft. Verglichen mit den Brahmanen sind Lao-tse und die Seinen inkonsequent. Daß sie die eigentlich der Welt- und Lebensverneinung zugehörige Idee der Nicht-Tätigkeit und die Lebens- und Weltbejahung miteinander zu vereinigen unternehmen, ist die große Paradoxie, die sich in ihrem Denken auswirkt (auf der sich ihre Weltanschauung erbaut).

Was verhindert Lao-tse und die anderen, in ihrem unter dem Eindruck der Ekstase stehenden Denken in derselben Logik wie die Brahmanen sich für die Lebens- und Weltverneinung zu entscheiden?

Die Brahmanen finden in dem indischen Denken keine irgendwie ausgebildete Vorstellung vom Sein vor, mit der sie als mit etwas Gegebenem rechnen müssen. Auf die in der volkstümlichen Weltanschauung vorhandene völlig naive Lebens- und Weltanschauung brauchen sie keine Rücksicht zu nehmen. In dem Selbstbewußtsein, das sie als Priester und Elitemenschen besitzen, und in ihrem stolzen Suchen nach höchster Wahrheit fühlen sie sich über alle für die Masse geltenden Überzeugungen erhaben.

Die Taoisten hingegen finden eine durchdachte, durch die Idee des Tao und die Vorstellung der Auswirkung der Grundkräfte des Lichten (Yang) und des Dunkeln (Yin) beherrschte Lebens- und Weltbejahung vor.[33] Sie steht für sie fest, ist für sie

---

29 [Gestrichene erste Fassung des Satzes:] Aus der Bestimmtheit des Denkens durch die Ekstase ist die Idee der Nicht-Geschäftigkeit zu erklären.

30 [Zuerst:] zur Vollendetheit der Lebensführung.

31 [R] die realistische Deutung der Ekstase.

32 [R] der Schlüssel der Welterkenntnis.

33 [R] Lambarene, Montag nach Palmsonntag. 22.3.37.
«Das dunkle Prinzip in seiner höchsten Wirkung ist ernst und still; das lichte Prinzip in seiner Vollendung ist mächtig und wirksam. Das Ernste und Stille geht aus dem Himmel hervor, das Mächtige und Wirksame entwickelt sich aus der Erde. Wenn die beiden sich vereinigen und Harmonie wirken, so entstehen die Dinge. Es ist noch eine

eine Gegebenheit, die sie anerkennen müssen. In ihrem Denken andere Wege gehen zu wollen als die Vielen aus dem Volke, liegt ihnen fern. Sie sind nicht Priester, die eine nur für eine Kaste von Elitemenschen bestimmte Wahrheit ergründen wollen, sondern sie suchen die für den Menschen als solchen geltende Lebens- und Weltanschauung zu ergründen.

Die mit der Tao-Vorstellung verbundene Lebens- und Weltbejahung ist also eine fundamentale Voraussetzung ihres Denkens. Sie läßt es nicht zu, daß sie, wie die Brahmanen, die Lebens- und Weltanschauung einzig dem Ekstase-Erlebnis entnehmen und dadurch in Lebens- und Weltverneinung verfallen.

Das brahmanische Denken ist durch die Lebens- und Weltverneinung völlig unnatürlich; das taoistische ist es insoweit, als es das sich nicht entsprechende – die Idee der Nicht-Tätigkeit und die Lebens- und Weltbejahung – miteinander zu vereinigen sucht. Bei Lieh-tse und Tschuang-tse wird die Idee der Nicht-Tätigkeit zuweilen in einer solchen Schärfe ausgesprochen, daß es kaum begreiflich erscheint, daß sie [bei ihnen] nicht der Lebens- und Weltverneinung zugehört.

Stellen über Nicht-Tätigkeit:

«Er verweilt im Wirken ohne Handeln.» (*Laotse* 2)

«Das Nicht-Handeln üben: so kommt alles in Ordnung.» (*Laotse* 3)

«Herrscht ein ganz Großer, so weiß das Volk nur eben, daß er da ist.» (*Laotse* 17)

«Die Menschen der Menge haben alle etwas zu tun:
Ich allein bin müßig wie ein Taugenichts!
Ich allein bin anders als die Menschen:
Denn ich halte wert die spendende Mutter.» (*Laotse* 20)

«Die Welt erobern wollen durch Handeln:
Ich habe erlebt, daß es [das] mißlingt.» (*Laotse* 29)

«Wer im Tao wandelt, nimmt täglich ab.
Er verringert sein Tun und verringert es immer mehr,[34]
bis er anlangt beim Nicht-Tun.
Beim Nicht-Tun bleibt nichts ungetan.» (*Laotse* 48)

«Ein großes Reich muß man leiten
sachte, wie man kleine Fischlein brät.» (*Laotse* 60)

«Die von alters her tüchtig waren in der Ausübung des Tao,
sahen nicht auf des Volkes Aufklärung,
sondern hielten es in der Einfalt.
Daß die Leute schwer zu leiten sind,
kommt von ihrem vielen Wissen.» (*Laotse* 65)

Kein Wissen für die Vielen:

«Daß ich von wenigen nur verstanden werde,
ist ein Zeichen meines Wertes.» (*Laotse* 70)

«Denn das Feste und Starke gehört dem Tode,
das Weiche und Schwache gehört dem Leben.» (*Laotse* 76)

«Auf der ganzen Welt gibt es nichts Weicheres als das Wasser.
Und doch in der Art, wie es dem Harten zusetzt, kommt ihm nichts gleich.» (*Laotse* 78)

---

geheime Kraft, die diese Tätigkeiten ordnet; aber man sieht nicht ihre Gestalt.» (*Dschuang Dsi* XXI 4)

34 [R] Ein großes Geheimnis steht dahinter.

«Wer seinen Willen gebraucht ohne Zerteilung, dem verdichtet er sich zu einer geistigen Macht.» (*Liä Dsi* II 10)

«Der sieghafte Sinn heißt Demut, der sieglose Sinn heißt Gewalt.[35] ... Übe dich in Demut, so wirst du fest; übe dich im Schwach-Sein, so wirst du stark.» (*Liä Dsi* II 17)

«Der höchste Mensch weilt wie ein Leichnam und bewegt sich wie in Fesseln. Er weiß weder, warum er verweilt, noch, warum er nicht verweilt.» (*Liä Dsi* VI 9)[36]

«Das höchste des Redens (ist) nicht zu reden, das höchste des Handelns (ist) nicht zu handeln.» (*Liä Dsi* VIII 11)

Der Preis der Einfältigen bei Lieh-tse:

«Das Land der Leute, die sich vor Gespenstern fürchten.» (*Liä Dsi* VIII 17)

Die Gleichgültigkeit gegen Außendinge: Tschuang-tse.

«Heute habe ich mein ich begraben.» (*Dschuang Dsi* II 1)

Aber das ich [hat er] nur abgetan, um Organ der treibenden geheimnisvollen Kraft zu sein.

«[Der Berufene] befriedigt die Menschen durch Ja und Nein[, während er innerlich ruht ...].» (*Dschuang Dsi* II 4). (Affengeschichte.)

«Er entfaltet keine Tätigkeit vom Standpunkt des Ich(s) aus.» (*Dschuang Dsi* II 5)

Das Leben ein Traumzustand (*Dschuang Dsi* II 9; II 12). «Wer weiß denn, was das ist, das wir unser Ich nennen?» (*Dschuang Dsi* VI 5)

Tod [...] (*Dschuang Dsi* III 4). Alles ist Wandlung: Leben und Sterben.

«Daß das Sichtbare aus dem Unsichtbaren kommt und wieder zurückkehrt zum Unsichtbaren, ist etwas, das alle Menschen wissen.» (*Dschuang Dsi* XXII 4)

Das Unnütz-Sein (*Dschuang Dsi* IV 4); geistige Menschen unbrauchbar für's Leben. (IV 5)

«Als Gast in seinem Leibe weilen.» (*Dschuang Dsi* V 1)

Leben und Tod (*Dschuang Dsi* V 3). «Obwohl das Sterbliche Ich der Vergessenheit anheimfällt, ist in meinem Ich doch etwas, das nicht der Vergessenheit anheimfällt, sondern dauert.» (XXI 3)

Der Vollendete: «Verschwindend klein ist, was ihn mit dem Menschen verbindet; in stolzer Größe schafft er sich einsam seinen Himmel.» (*Dschuang Dsi* V 5)

Das Sterben (Rattenleber). (*Dschuang Dsi* VI 3)

Die Vollendeten, die in der Urkraft der Natur wandeln: «Ihnen ist das Leben eine Geschwulst und Eiterbeule und der Tod die Befreiung von der Beule und Entleerung ihres Inhalts ... Aber alles Körperliche ist ihnen Nebensache» (*Dschuang Dsi* VI 4). Das leibliche Dasein haben [sie] schon jetzt im Leben abgelegt.[37]

«Der weisen Könige Wirken war so, daß ihre Werke die ganze Welt erfüllten und doch nicht den Anschein hatten, als gingen sie von ihnen aus.» (*Dschuang Dsi* VII 4)

«Der höchste Mensch weilt jenseits des Ich[s].» (*Dschuang Dsi* VII 6)

«Ich weiß davon, daß man die Welt leben und gewähren lassen soll. Ich weiß nichts davon, daß man die Welt ordnen soll. Sie leben lassen, das heißt, besorgt sein, daß die Welt nicht ihre Natur verdreht; sie gewähren lassen, das heißt, besorgt sein, daß

---

35 [R] Losgelöstheit von der Welt, Teilnahmslosigkeit.

36 [R] Das Ergründen des Geschehens: daß ohne äußere Mittel [eine] Wirkung [stattfindet]: das ist das Große an der Naturbetrachtung bei Lao-tse.

37 [R] Umwandlung bei Tschuang-tse: Die Nicht-Tätigkeit zieht ihre Konsequenzen. Bleibt empfänglich für die Idee der Lebens- u. Weltverneinung.

die Welt nicht von ihrem wahren Leben abweicht»... «Darum, wenn ein großer Mann gezwungen ist, sich mit der Regierung der Welt abzugeben, so ist am besten das Nicht-Handeln... Wenn der Herrscher es fertig bringt, sein Inneres nicht zu zerteilen, seinen Scharfsinn nicht zu gebrauchen, dann weilt er wie ein Leichnam, und ungeheure Wirkungen zeigen sich.» (*Dschuang Dsi* XI 1)[38]

«Laß fahren deinen Leib; spei' aus deine Sinneseindrücke; werde gleichgültig und vergiß die Außenwelt... kehre zurück ins Unbewußte (also nicht in das Nichts): dann kehren alle Wesen zurück zu ihrer Wurzel.» (*Dschuang Dsi* XI 4)

«Leben und Tod sind zusammengehörige [gemeinsame] Zustände.» (*Dschuang Dsi* XII 2)

«Das Leben des berufenen Heiligen ist Wirken des Himmels.» (*Dschuang Dsi* XV, S. 117 [Neuausgabe 1969 und 1984: S. 171].)

«Der große Mann hat kein Selbst.» (*Dschuang Dsi* XVII 3)

«Was du da tun sollst, was nicht tun? Einfach der Wandlung ihren Lauf lassen!» (*Dschuang Dsi* XVII 5) (Als ob das durchführbar wäre. Diese Frage aber wird nicht ergründet, sondern man begnügt sich, fein pointierte Geschichten zu erzählen. Ausweichen. Das Problem, das vorliegt, nehmen [die Nachfolger Lao-tse's] nicht in Griff. Lao-tse [hat] ein Programm. Aber dieses können sie nicht durchführen.)

Das Leidvolle der Existenz: «Höchstes Glück und Wahrung des Lebens ist nur durch Nicht-Handeln zu erhoffen... Unter den Menschen, wer vermag es, das Nicht-Tun zu erreichen?» (*Dschuang Dsi* XVIII 1)

«Versuche es, mit mir zu kommen zum Nicht[s]-Tun, zur Einfalt und Stille, zur Versunkenheit und Reinheit, zur Harmonie und Ruhe. Dort sind alle Unterschiede verschwunden. Mein Wille hat kein Ziel, und ich weiß nicht, wohin ich komme. Ich gehe und komme und weiß nicht, wo ich Halt mache.» (*Dschuang Dsi* XXII 5)[39]

«Höchste Rede enträt der Rede, höchstes Tun enträt des Tuns. Wenn man nur versteht, das vorhandene Wissen zu ordnen, so bleibt man im Seichten stecken.» (*Dschuang Dsi* XXII 10)

Das Zurückkehren zum wahren Wesen.

«Wenn man frei ist von Leid und Glück, dann ist man dem Menschenelend entnommen.» (*Dschuang Dsi* XXIII 1)

»Die wahren Menschen des Altertums folgten ihrer göttlichen Natur und mischten nicht ihr irdisches Bemühen ins Göttliche hinein.» (*Dschuang Dsi* XXIV 13)[40]

«Der Berufene läßt sich nur gezwungen auf äußere Handlungen ein; aber was er anfängt, das gelingt.» (*Dschuang Dsi* XXVI 5)

«Worte sind da um der Gedanken willen; hat man den Gedanken, so vergißt man die Worte. Wo finde ich einen Menschen, der die Worte vergißt, auf daß ich mit ihm reden kann?» (*Dschuang Dsi* XXVI 10)

«Der Vollkommene weilt als Gast in seinem Leibe, und was Augen und Ohren ihm bieten, ist ihm ein Gleichnis.» (*Dschuang Dsi* V 1)

---

38 [R] Nicht ergründen, sondern nur ausführen.
39 [R] Um das Geheimnis herumreden.
40 [R] Unterscheidung zwischen gut und böse: Zerteilung eines ursprünglich Einheitlichen.

[Über die taoistische Lehre]

Aber um eine wirkliche Lebens- und Weltverneinung handelt es sich bei Lieh-tse und Tschuang-tse ebensowenig als bei Lao-tse. Für die taoistischen Denker ist die Sinnenwelt nie, wie für die Brahmanen, eine unwirkliche und sinnlose Erscheinung des reinen Seins. Immer stellen sie sich das Übersinnliche und die Sinnenwelt als etwas naturgemäß (organisch) Zusammengehöriges vor. Das Übersinnliche ist für sie etwas, das die Sinnenwelt durchdringt, sie erhält und sich in ihr in sinnvoller Weise auswirkt.

Die Realität der Sinnenwelt ziehen die taoistischen Denker nicht in Zweifel.

Dies tun auch Lieh-tse und Tschuang-tse nicht, wenn sie die Frage, ob es eine sichere Unterscheidung zwischen dem Traumerlebnis und dem Wirklichkeitserlebnis gebe, verneinen. Sie wollen damit nur die Unzulänglichkeit des menschlichen Erkenntnisvermögens dartun.

Tod und Leben sind den taoistischen Denkern zufolge Wandlungen,[41] die in dem Zusammenwirken der beiden Grundkräfte der Natur erfolgen, wie alles Geschehen, überhaupt in Wandlung besteht. Darum heißt das heilige Orakelbuch, in dem 64 Kombinationen des ungeteilten Striches ——, der das Zeichen des Yang, und des geteilten — —, der das Zeichen des Yin ist, gedeutet werden, das *Buch der Wandlungen.*[42]

Der eigentlichen Logik der taoistischen Lehre entsprechend sind nur das Yang und das Yin, die miteinander das Ich konstituieren, unvergänglich, nicht das Ich als solches. Aber unter dem Einfluß des überlieferten Ahnenkultes wird in der Regel doch auch eine Art Fortexistenz des Ich(s) in einer neuen Vereinigung der beiden Grundkräfte angenommen.[43]

Mit der indischen Reinkarnationslehre hat diese Vorstellung von der Neuexistenz [durch Wandlungen hindurch] nichts gemein. – Es gibt auch Stellen bei Tschuang-tse, die eine solche Fortdauer des Ich(s) nicht anzunehmen scheinen.[44]

---

41 [R] «Was wir ein Ende nehmen sehen, ist nur das Brennholz. Das Feuer brennt weiter. Wir erkennen nicht, daß es aufhört» (*D. Dsi* III 4). «Die Gestorbenen sind heimgegangen, die Lebenden wandern. Der Tod ist die Rückkehr des Wesens.» (*Liä Dsi* I 8)
«Sterben und Leben ist ein Gehen und Zurückkehren. Darum, wer hier stirbt: wer weiß, ob er nicht dort geboren wird. Ich weiß nur, daß beides einander nicht gleich ist.» (*Liä Dsi* I 6)
«Wahrlich, groß ist der Tod. Die Edlen bringt er zu Ruh, die Gemeinen zur Unterwerfung.» (*Liä Dsi* I 7)

42 [Folgen die auf S. 250f. bereits mitgeteilten Zitate aus *Dschuang Dsi* XXII 4 und XII 2.]

43 [Folgt die Geschichte vom Meister Si, Yü, Li und Lai mit dem Gleichnis vom Schöpfer als dem großen Gießer, *Dschuang Dsi* VI 3. (Vgl. 1. Teil, oben, S. 191 und Fassung 1939/40, S. 98.)]
[R] «Alles Lebendige muß nach notwendigen Gesetzen endigen ... Was geistig ist, ist Teil des Himmels, was leiblich ist, ist Teil der Erde. Was dem Himmel angehört, ist rein und flüchtig; was der Erde angehört, ist trübe und haftend. Wenn der Geist die Form verläßt, so kehrt beides zurück zu seinem wahren Wesen» ... «Der Geist geht ein zu seinen Toren, Der Leib kehrt heim zu seiner Wurzel, Wie soll das Ich da dauern können?» (*Liä Dsi* I 4)

44 [R] Dienstag 23.3.37.

Für die taoistische Mystik bleibt die Frage des Ich(s) ein Geheimnis, das sie nicht zu lösen braucht. Ihr kommt es nur darauf an, daß das aus den beiden Grundkräften gebildete Ich das rechte Verhalten zum All findet. Alles andere kann sie dahingestellt sein lassen. «Wer weiß denn, was das ist, das wir unser Ich nennen», heißt es einmal bei *Dschuang Dsi* (VI 5).[45] Für das indische Denken ist es aber eine Notwendigkeit, [...] [über] die Präexistenz und Postexistenz des Ich(s) ins Klare zu kommen.

In ihrer Anschauung von der Welt und dem Weltgeschehen wie auch in der von Leben und Tod stehen die taoistischen Denker also ganz auf dem Boden der Lebens- und Weltbejahung. Dies findet auch darin seine Bestätigung, daß ihnen die Tötung des Willens zum Leben in der Askese etwas Unbekanntes ist.

Letzten Endes ist es die in der Tao-Vorstellung enthaltene Idee des Wirkens, die ihnen jegliches Eingehen auf die Lebens- und Weltverneinung, zu welcher sie [sich] durch die von ihnen vertretene Idee der Nicht-Tätigkeit[46] geneigt fühlen (hinneigen) könnten, unmöglich macht.

Die taoistischen Denker sind die ersten, die auf das große, in der Philosophie so oft übersehene oder kaum beachtete Problem, wie das menschliche Tun mit dem Weltgeschehen in Beziehung zu bringen ist, aufmerksam werden. Als erste geben sie sich von dem fundamentalen Unterschied zwischen Geschehen und Tun Rechenschaft[47] und gestehen sich ein, daß das Geschehen für uns ein unergründliches Geheimnis bleibt. Das Weltgeschehen begreift das Tun in sich.

Die natürliche Lösung[48] des Problems, wie das menschliche Tun mit dem Weltgeschehen in Beziehung gebracht werden könne, besteht darin, daß man ein höchstes, auf die Vollendung des Individuums und der Menschheit gerichtetes Tun feststellt und das Individuum durch dieses in dem Sinne des schöpferischen Willens, der in dem All waltet, wirken läßt. Das taoistische Denken schlägt einen ganz anderen Weg ein. Es läßt die Vollendetheit des menschlichen Tuns nicht in dem Ziele, das es sich setzt, sondern darin bestehen, daß sich das Tun in der Art seines Verlaufes dem Geschehen möglichst angleicht. Das Charakteristische des Weltgeschehens ist für die taoistischen Denker dies, daß es nicht durch Ziele bestimmt ist, sondern sich einfach als Auswirkung der beiden durch das Tao in Harmonie miteinander befindlichen Grundkräfte ereignet.[49]

Um mit dem Tao in Harmonie zu sein, muß der Mensch also alles mit Absichten verbundene Handeln aufgeben[50] und sich bemühen, einzig Organ des in dem

---

45 [Bereits auf S. 250 zitiert.]

46 [R] Die Idee der Nicht-Tätigkeit bringt es mit sich ...

47 [R] Idee der Unsterblichkeit: Der Mensch, der mit dem Tao einer [eins?] ist, ist dadurch unsterblich (*Dschuang Dsi* XI 3). Er ist allein wirklich da.
Das Große am Taoismus: [er] läßt das Geheimnis bestehen. Der letzte [...]: Lebens- und weltbejahende Mystik.
Ein höchstes ethisches Tun, das eine Bedeutung in dem Weltgeschehen hat, [ist?] ein auf die Vollendung des Seins gerichtetes.
Die Nicht-Tätigkeit ist ihm auferlegt durch die Art, wie es aus der Ekstase Erkenntnis des Seins und des Verhaltens zum Sein [schöpft] [...]
Nicht was das Tun ausrichten will, sondern wie es verfährt –

48 [Gestrichen und korr.:] Der natürliche (Gang des) Versuch[s] einer Lösung.

49 [Darunter:] Ein Versuch lebensbejahender Naturphilosophie und Mystik. Das [ist] das Große. Darum ewig neu. – Tschuang-tse zeigt, daß es eben nicht weiter ausführbar ist.

50 [R] [Sie] variieren das Thema, aber führen [es] nicht durch. Die Lösung kann die Lebens- u. Weltbejahung nicht befriedigen. Sie vegetiert, wirkt sich nicht aus.

Weltgeschehen still und unscheinbar[51] und doch so machtvoll wirkenden Taos zu sein.

Daß die Taoisten bald auf diese befremdliche In-Beziehung-Setzung des Weltgeschehens und des menschlichen Tuns verfallen,[52] liegt daran, daß ihnen von der Ekstase her die Idee der Nicht-Tätigkeit in derselben Weise feststeht wie von der Vorstellung des Tao her die der Lebens- und Weltbejahung und des stillen Wirkens. So sehen sie sich zur Paradoxie genötigt, das höchste Wirken des Menschen in Nicht-Tätigkeit bestehen zu lassen. Von dieser Paradoxie aus können sie tiefsinnige und feinsinnige Bemerkungen über das Verhalten des Menschen zu sich selbst und zur Welt machen. Aber im einzelnen wirklich darzulegen, worin das tatenlose Wirken besteht, vermögen sie nicht. Es hat seinen guten Grund, wenn Lieh-tse und Tschuang-tse, statt sich des Näheren über die Durchführung des Verhaltens im Sinne des Tao auszulassen,[53] immer wieder mit fein erzählten Geschichten aufwarten.

Unter Kultur verstehen die taoistischen Denker etwas rein Geistiges. Als Ideal gilt ihnen die Vorzeit, in der die Menschen bedürfnislos, ruhig, still für sich lebten, daß sie zeitlebens keine Lust verspürten, ihr Dorf zu verlassen und das Nachbardorf, dessen Hähne sie krähen hörten, kennen zu lernen [vgl. *Dchuang Dsi* X 1]. In ergreifenden Worten läßt sich bei Tschuang-tse ein alter Gärtner gegen die Gefahr, die die Maschine für den Menschen bedeutet, vernehmen. Ein Schüler des Kung-tse sieht ihn für jedes Gefäß Wassers, das er zum Begießen seines Gartens benutzt, in den Brunnen hinabsteigen und hält ihm vor, wie viel bequemer doch ein Ziehbrunnen wäre. Darauf antwortet ihm der Alte: «Wenn einer Maschinen benützt, [so betreibt er alle seine Geschäfte maschinenmäßig; wer seine Geschäfte maschinenmäßig betreibt, der bekommt ein Maschinenherz. Wenn einer aber ein Maschinenherz in der Brust hat, dem geht die reine Einfalt verloren. Bei wem die reine Einfalt hin ist, der wird ungewiß in den Regungen seines Geistes. Ungewißheit in den Regungen des Geistes ist etwas, das sich mit dem wahren SINNE [Tao] nicht verträgt. Nicht daß ich solche Dinge nicht kennte: ich schäme mich, sie anzuwenden. «] (*Dschuang Dsi* XII 11)[54]

Taoismus und Ethik[55]

[Ms.-S. 55, 60–64]

Etwas, das dem Ethischen, wie es die Menschen verstehen, entspricht, ist im Weltgeschehen nicht zu entdecken. Es kennt nicht Liebe nach Menschenart, stellt Lao-tse

---

51 [Darüber geschriebene Variante:] in aller Stille und Unscheinbarkeit.

52 [R] Außer-Kraft-Setzung der Individualität.

53 [R] Lösung diktiert.

54 [Hier folgt eine Wiederholung von auf S. 249 ff. bereits zitierten Stellen über Das Wirken im Nicht-Tun bei Lao-tse, Lieh-tse u. T.-tse.

55 [Hier folgen bereits früher zitierte Stellen aus Lao-tse, Tschuang-tse und Lieh-tse. Notiz Ms.-S. 56 am unteren Rand:] Bei Lao-tse [ist] das Ethische noch ohne Polemik. – Aber nur Gedankenethik. – Der Übermensch! Das Ideal: eine vollendete Geistigkeit, nicht ethische Vollendetheit ... Fortschritt: Rückkehr zur alten Einfachheit. Die Ziehbrunnengeschichte, *Dschuang Dsi* XII 11 [s. o.].
[Notiz Ms.-S. 57:] Nicht viel über Ethik bei Lieh-tse. [Am unteren Rand:] Ob etwas wie Gottesreich.

fest. Also darf auch der, der sich im Sinne des Tao verhalten will, sich nicht Übung der Liebe nach Menschenart vornehmen.

Überdies kann die gewöhnliche Übung der Liebe und der Pflicht für ihn auch darum nicht in Betracht kommen, weil er vom Tun abzusehen hat.

Bei den taoistischen Denkern handelt es sich, wie bei den Brahmanen, also um die Erlangung einer Geistigkeit,[56] in der die ethische Vollendung der Persönlichkeit keine Rolle spielt. Nur können sie dieses Erhaben-Sein über das Ethische nicht in derselben Weise durchführen wie die Brahmanen. Die Lebens- und Weltbejahung und die damit gegebene Annahme eines sinnvoll wirkenden schöpferischen Weltprinzipes lassen es nicht zu. Irgendwie ist dieses Sinnvolle das Gute, wenn auch in einem weit über dem menschlichen Begreifen und Urteilen [. . .] liegenden Sinne. Irgendwie besitzt das Tao also Gütigkeit.[57] Im Tao wandeln heißt also eine höhere Art von Gütigkeit besitzen, die nicht das Bedürfnis hat, sich in gewöhnlichem Wohltun auszuwirken, sondern sich mehr in dem geistigen Sein äußert und auswirkt. Bei Tschuang-tse ist die Rede von der «Frühlingsmilde», die der Vollendete ohne Unterbrechung der Welt zeigt (V 4). Ein Verbrecher, dem zur Strafe die Füße abgehackt wurden und der sich dann unter den Schülern eines im Tao wandelnden Meisters aufhält, erlebt es, daß dieser, rein durch seine Art, zu sein, ihn rein wäscht durch seine Güte (V 2).

«Ich habe drei Schätze, die ich schätze und hüte. Der eine ist Gütigkeit, der zweite ist die Genügsamkeit, der dritte ist die Demut.» (*Laotse* 67

«Das ist das Tao: es ist gütig und treu, aber es äußert sich nicht in Handlungen.» (*Dschuang Dsi* VI 1)

«O mein Meister, o mein Meister, der du alle Dinge richtest und bist doch nicht gerecht, der du alle Geschlechter segnest und bist doch nicht gütig . . . Du bist es, in dem wir wandeln.» (*Dschuang Dsi* VI 6)

Den taoistischen Denkern zufolge kam die Unterscheidung von Gut und Böse und damit die Hochschätzung des Tuns des Guten erst auf, als die Menschen die Einfalt verloren, in der sie das unbefangene Gut-Sein, das über dem Gut-Sein und Böse-Sein nach menschlicher Unterscheidung steht, besaßen. Immer wieder kommt Tschuang-tse darauf zurück, daß die Tugendbeflissenen und die Räuber gleichzeitig miteinander aufgekommen seien. In der Moral seien sie zwar verschieden. Aber darin, daß sie ihre ursprüngliche Art verloren und sich ins Tun verirrt [haben], seien sie einander gleich. Darum würden die Räuber erst verschwinden, wenn es einmal auch keine Tugendbeflissenen mehr gäbe.[58]

Das eine, was not tut, ist also nicht, die Leute zu lehren, das Gute zu tun und das Böse zu meiden, sondern sie zur Einfalt zurückzubringen, in der sie das im höchsten Sinne Rechte von selbst tun.

Auf Grund der alt-chinesischen Anschauung, daß ein Zusammenhang zwischen allem Geschehen besteht, erklären die taoistischen Denker die unheilvollen Natur-

56 [Am unteren Seitenrand:] Eine undurchführbare Ansicht (Auffassung). Die Spaltung ist entstanden, als sich schon das Gegensätzliche ausbildete.

57 [Unter d. Zeile:] Keine sachliche Beurteilung des Weltgeschehens. Kein Irre-Werden. Geheimnis.

58 [z. B. X 3.]

ereignisse aus der Rückwirkung der Verkehrtheit der Menschen auf die Naturordnung.[59]

In der Polemik, die Tschuang-tse gegen die Moral der Pflichten und der Liebe führt, betont er das Erhaben-Sein über die gewöhnlichen Vorstellungen von Gut und Böse so stark, daß es scheinen könnte, als stellte er nicht mehr die aus dem Eins-Sein mit dem Tao kommende höher geartete Gütigkeit, sondern ein kaltes Übermenschentum, wie es sich bei den brahmanischen Denkern findet, als Ideal auf.[60]

Den Krieg verurteilen die taoistischen Denker als das unheilvollste Tun.[61]

Aus taoistischen Kreisen stammen wohl die Vertreter des Grundsatzes der Nicht-Gewalttätigkeit ...[62]

Skizze des letzten Abschnittes über den Taoismus

[Hieraus einen im 1. Teil, (S. 198, Ms.-S. 48), weggefallenen Text, Ms.-S. 68–70:]

Aber dieses naive und komplizierte Denken hat Tiefe und Größe. Der Taoismus Lao-tse's und seiner Nachfolger ist Mystik und besitzt den dieser eigentümlichen Zauber der Innerlichkeit. Er hält den Menschen dazu an, sich auf sich selbst zu besinnen, nicht [nur] mit dem Nächstliegenden, sondern mit seinem Verhältnis zum Unendlichen und Ewigen beschäftigt zu sein.

Dadurch, daß diese Mystik nicht wie die Mystik gemeinhin das Leben und die Welt verneint, sondern bejaht, hat ihre Innerlichkeit etwas Lebendiges an sich, das ihr einen besonderen Reiz und einen besonderen Wert verleiht.

Sein eigentliches Ziel kann das Denken nur erreichen, wenn es zu lebens- und weltbejahender Mystik gelangt. Bei Lao-tse und seinen Nachfolgern findet sich ein erster Versuch solcher Mystik. Darin besitzt ihr Denken etwas, das seine Bedeutung für alle Zeiten behält.

Daß sie lebens- und weltbejahende Mystik ist, die sich über das Ethische zu erheben versucht: darin [liegt] der Reiz und die Bedeutung.[63] Nicht, wie sie es begründet[, ist die Hauptsache]. Immer wieder taucht im Denken der Menschheit der Versuch auf, die Lebens- und Weltbejahung von der Ethik loszulösen, sie gegen die Ethik selbständig zu machen. Zum ersten Male macht sich bei Lao-tse dieses Bestreben geltend.[64] In unmittelbarer Weise nimmt [er] auf das Leben Bezug. In diesem

---

59 [Folgen wieder bereits zitierte Stellen aus *Laotse* 18, 20, 57, und aus *Dschuang Dsi* VIII; XII 13; X 3.]

60 [Folgen bereits zitierte Stellen aus *Dschuang Dsi* V 5 und VI 4.]

61 [Folgen bereits zitierte Stellen aus *Laotse* 46, 69, 30.]

62 [Folgt die Angabe des 33. Buches bei *Dschuang Dsi* und eine Wiederholung des Zitats aus der Einleitung v. R. Wilhelm, S. XVIII-XIX. Daran schließen Abschnitte, die mit S. 197 f. des 1. Teils fast identisch sind, daher hier weggelassen.]
[R, am Ende jener Abschnitte]: Dienstag, 23.3.37.

63 [R] Wegen dieser Eigentümlichkeit der taoistischen Mystik gehört Lao-tse's *Tao te king* zu den ewigen Büchern ... sich an dem *Tao te king* erbauen werden.

64 [Am unteren Seitenrand:] Bewegt sich im Unklaren im Problem Lebens- und Welt [...] und Ethik. Gibt dem Menschen etwas. Innerlichkeit. Mischung (Vereinigung) von Naivität und Tiefsinn – der ewige Zauber – Ein Abend vor etwas Kommendem. Das Anziehende. Die Anwendung aufs Leben.

naiven Denken werden Fragen behandelt, die im Denken immer wieder auftreten, durch seine sich über das Ethische erhebende Lebens- und Weltbejahung. [Sie] emanzipiert sich. Zu Fragen, die das spätere Denken beschäftigen, nimmt [er] Stellung (nimmt [sie] vorweg).

Etwas Dunkles, das alle Deutungen erlaubt. Läßt das Geheimnis des Seins bestehen. Vergißt die Voraussetzungen, auf denen es [dieses Denken] beruht. Immer aktuell. Zeitgemäß. Besitzt etwas, das nicht veraltet, sondern immer zeitgemäß [bleibt].

...

Die Paradoxien. Dadurch seine Innerlichkeit. Die verinnerlichte Lebens- und Weltbejahung. Originell.

Intermezzo. *Die verinnerlichte Lebens- und Weltbejahung*

[Ms.-S. 75–76]

Die Welt- und Lebensbejahung, die sich veranlaßt sieht, auf ihre natürliche Kundgebung (Äußerung) im Tun zu verzichten, verliert an Unmittelbarkeit und Kraft, an Energie, an Natürlichkeit. Aber indem das Problem der wahren Art der Lebens- und Weltbejahung gestellt wird, setzt ein Nachdenken über Lebens- und Weltbejahung ein, eine Verinnerlichung. Die gewöhnliche Lebens- und Weltbejahung [wird] nicht mehr als etwas Selbstverständliches hingenommen. Dadurch wird nicht die Lebens- und Weltbejahung als solche, aber die wahre Art derselben zum Problem. Nachdenklich werden (Besinnung) über Lebens- und Weltbejahung. – Ein Nachdenken über die wahre Art von Lebens- und Weltbejahung [ist] vorhanden. Ganz abgesehen davon, ob die Lebens- und Weltbejahung ohne Tun durchführbar ist. Dies [geschieht] zum ersten Male in dem Denken der Menschheit: die wahre Lebens- und Weltbejahung [wird] als das große Problem erkannt. Dazu [wird das Denken] geführt durch das Zusammentreffen der Idee der Nicht-Tätigkeit und der Lebens- und Weltbejahung. [Ein] abseitiger Weg, der nicht zum Ziele führt. Vom Standpunkt der nichttätigen Lebens- und Weltbejahung machen [die taoistischen Denker] viele feinsinnige und tiefsinnige Bemerkungen. Das höhere Wirken! [Das] verinnerlichte Wirken. Durch die geistige Kraft. Erlangung der höheren Wesenheit.

Indem die Lebens- und Weltbejahung der taoistischen Denker auf ihre natürliche Kundgebung verzichtet, verliert sie an Unmittelbarkeit, an Natürlichkeit und an Energie.

Nicht die Lebens- und Weltbejahung als solche, sondern die wahre Art derselben wird den taoistischen Denkern zum Problem. Die Tatsache, daß sie über die Lebens- und Weltbejahung nachdenklich werden, behält ihre Bedeutung, auch wenn sie nicht auf Grund einer Beschäftigung mit dem Sinn des Seins, sondern durch die Wertung des Erlebnisses der Ekstase dazu geführt werden.

...

Kung-tse

[Ms.-S. 77–80]

Wie bei Lao-tse ein schon vor ihm vorhandenes mystische Denken zur vollen Ausbildung kommt, so ist auch Kung-tse nicht der Schöpfer des neben der Mystik einhergehenden ethische Denkens, sondern der erste große Gestalter desselben.

Skizze

[1.] Religion: Kühles Verhältnis [zu ihr]. (?) Nur die praktischen Fragen [werden behandelt]. Aber [er] bleibt optimistisch. Die Frage, wie sich das Wirken des Menschen[65] in dem Weltgeschehen ausnimmt, stellt [er] ja nicht. Ob [das] Weltgeschehen ethischen Charakter hat.[66] – Dsi Gung, sein Schüler: «Worte des Meisters über Natur und Weltordnung kann man nicht leicht zu hören bekommen.« (*Lun Yü* V 12)

Über Geister und Tod: XI 11. Zurückhaltung gegen Dämonen und Götter: VI 20. Doch innerliche Frömmigkeit. Den Willen des Himmels erfüllen. Eins-Sein mit [dem] Himmel. (XXIII [21, 26]). – Er ist kein Freigeist! Die Religion [ist ihm] das überlieferte Unerklärliche.

2. Nein, besser nach Religion mit Ethik beginnen. Das Grundprinzip der Ethik. Dies ausführen. Wilhelm [S.] XXIIff. Verwandtschaft mit Hume. Nicht Utilitarismus, sondern im Wesen des Menschen bedingte Notwendigkeit. Die Chinesen beschäftigen sich in viel tieferer Weise mit [dem] Problem der Ethik als dies in dem neuzeitlich-europäischen Denken der Fall ist.

3. Ethik äußert sich in natürlichen Verhältnissen. Etwas Kühles. Gemessenes. Die Ethik als guter Wille (Wilhelm [S.] 21 [XXII, «nichts ist gut, denn allein ein guter Wille»]. – Idee des Schicksals (Wilhelm [S.] XXI [vgl. *Lun Yü* IV 4]).

4. Staat. Kung-tse [ist] nicht modern, sondern [er] betont das Geistige. Jede entstehende Gesinnung stellt sich in den Dienst der Gesellschaft. Die Wirkung des Geistigen. Nicht nur Lobredner der alten Zeit. Fortschrittlich. – Stellung zum Krieg. [Der] Staat soll den Gesetzen der Weltordnung entsprechen (Wilhelm [S.] XX [?]).

5. Die Formen. Geschaffen durch Kaiser des Altertums.

Das Ideal: die ethische Individualität. Der Edle. Kung-tse [ist] Enthusiast. Setzt sich mit der Wirklichkeit auseinander.

6. Kung-tse im Urteil der Taoisten. [Wird] zurechtgewiesen, oft in unfeiner Weise. Oder [es werden] ihm taoistische Lehren in den Mund gelegt.[67] Oder Bekehrung. Aber noch keine Polemik, ebensowenig als [durch] Lao-tse, diese beginnt erst bei den Schülern.

Das innerliche Vollkommen-Werden bei Kung-tse. Die Menschlichkeit. Nicht allgemeine Menschenliebe. «Durch Geradheit vergelte man Unrecht, durch Güte vergelte man Güte», XIV 36. Berücksichtigung der Wirklichkeit.

Wagt, Kasuistik zu treiben ([Hackmann, *Chinesische Philosophie*,] S. 93) – Das Standesgemäße. Die fünf Beziehungen ([a.a.O. S.] 96). – Die Erfüllung der Kasten-

---

65 [R] Gehört zum Tao.

66 [R] Die Frage der Vernünftigkeit des Weltgeschehens.

67 [R] Die Anschuldigung des Herzogs von Tsi vereitelt... aber immer wahrt [er] die Höflichkeit.

pflicht. Hohe Auffassung der Freundschaft. Nicht nur Dienstleistung [a.a.O. S.] 98. Recht auf Haß ([a.a.O. S.] 102.

Glaube an Weltordnung, sittliche Weltordnung [a.a.O. S.] 103.

Kung-tse's Bescheidenheit. Hohe Menschenliebe noch nicht erreicht [a.a.O. S.] 103. Ideal des Edlen, nicht des Heiligen! [Die] Aussprüche des Kung-tse [sind ein] gewaltiges Dokument ethischer Lebens- und Weltbejahung. – [Die] Innerlichkeit Kung-tse's verträgt sich mit Wertlegen auf äußere Formen.

Die Idee, daß, wenn die Menschheit in Ordnung ist, auch die Natur in Ordnung kommt (Wilhelm [S.] XXIII [? XXV]). Also das Problem der Theodizee stellt sich nicht auf Grund der Tao-Lehre. Unvollkommenheit der Natur [wird] durch Störungen des Tao's durch Menschen erklärt. Der Mißerfolg im Leben. Aber seine Ideen [haben] gewirkt. Das Problem der Welterklärung und der Weltdeutung, das Problem des Übels in der Welt stellt sich nicht. Naive Betrachtungsweise. [Das] Übel [als] etwas Vorübergehendes. – Also nicht Entwicklungsgedanke. Beschäftigt sich nicht mit [dem] Theodizee-Problem.

Daß der Seherstand verschwunden ist – Beamtenstand (Wilhelm [S.] XXVI).

Das Große an Kung-tse: sein Glaube an die Macht der Idee. Das Müssen.

Gewirkt [hat] ein veräußerlichter Konfuzianismus. Später hat wieder der Aberglaube in seine Lehre Einzug gehalten (Wilhelm [S.] XXVI). Daß später in China kein solcher Zusammenbruch mehr [stattfand] wie in der Tschou-Zeit, [ist] das Verdienst des Kung-tse: [Er hat] eine Gesinnung geschaffen.

Die Haltung des Konfuzianismus in der Verfolgung zur Zeit der Bücherverbrennung (Wilhelm [S.] XXVII).

Verehrung Kung-tse's in der Mandschu-Dynastie (Wilhelm [S.] XXVIII[?]). [Wurde] beim großen Opfer als Genosse des höchsten Gottes verehrt. Aber doch Fall der Dynastie – Ob sein Ideal das ertragen kann? Ob [es] auf Republik anwendbar ist. Das Innerliche, das den Formen entspricht.

Mê Ti *[Me-tse]*

[Ms.-S. 90–94]

(Me-tse; Me Ti, Mo Ti, Mo Di) *Micius* (Faber [Elberfeld 1877]), *Mê-Ti* (Alfred Forke, Berlin 1922) [vgl. das Literaturverzeichnis.]

Aus [der] Vorrede [Forkes]:

Lehre

[Der] Himmel als Gott (Schang Ti) bei ihm. [Der] Himmel [das] höchste Wesen. Alle Menschen [werden] von ihm als seine Kinder erhalten ([...] I 65 [? Kap. IV, Buch I 173]). Vom Himmel stammt die moralische Weltordnung. – [Der] Himmel vergilt Gutes mit Gutem und Laster mit Unglück. Daß dies so kommt, wirkt der Himmel. [Der] Himmel als höchster Geist. Aber neben ihm haben noch Geister und Dämonen an [der] Weltregierung teil. Das Vorhandensein von Geistern beweist [Me-tse] aus alten Spukgeschichten. Auch Geister verleihen Lohn und Strafe.

Gegen die Idee des Schicksals. Unter den Schülern des Kung-tse scheint Fatalismus wie bei Tschuang-tse verbreitet gewesen zu sein. Aber bei Kung-tse ist er noch nicht [vorhanden]. Fatalismus widerspricht dem ethischen Glauben an die Gerechtigkeit und der Möglichkeit, das Gute zu wirken.

Staatslehre

Wie Kung-tse: Kultur durch weise Könige der Vorzeit. Feudalreich. Kein blinder Gehorsam. Geistiges Verhältnis zwischen Oberen und Unteren. Die Liebe [als] das Fundament des Staates. Sie ermöglicht alles. Also eine staatserhaltende Gesinnung vor allem (49). – Kung-tse bringt alles zusammengerechnet nur Schaden. Also allgemeine Menschenliebe. Mäßigkeit: befördert das Volkswohl. Alte Herrscher waren für Mäßigkeit. Gegen Musik, pompöse Begräbnisse, lange Trauer[zeiten]. Beruft sich in all dem auf alte Herrscher.

Individuelle Ethik

Ganz auf Zweckmäßigkeitserwägungen gerichtet. Kennt die Probleme der individuellen Ethik eigentlich nicht. Viel zu naiv (51).

Urteile über Me-tse

Bis in die Han-Zeit als dem Kung-tse ebenbürtig angesehen. In der Han-Dynastie (206 v. Chr. – 220 n. Chr.) vom Konfuzianismus erdrückt. Dadurch wird er zum Taoismus gedrängt.

Meng-tse gegen Yang Tschu und Me Ti (S. 54 ff.). Meng-tse gesteht Mitleid gegen Fremde zu, aber nicht Liebe (S. 56).

Aber auch bei Me-tse spielen die 5 natürlichen Beziehungen eine Rolle ([S.] 56).

Gegen Me-tse auch Hsün-tse ([S.] 57 ff.).

Im letzten Buch des Tschuang-tse: das Gute an Me-tse anerkannt ([S.] 59). Me-tse [ist] gar nicht Sozialist, sondern setzt den Feudalstaat voraus. Me-tse [ist] eigentlich ein Fortsetzer des Kung-tse! So [wurde er] in [der] älteren Zeit verstanden ([S.] 71).

Erst die späteren Mehisten ließen die fünf Beziehungen nicht mehr gelten.

Gegen Angriffskrieg. Gegen Wohlstand und Luxus ([S.] 74).

Die Mehisten

[Die] Lehre des Meisters weitergebildet. Ihre Werke [sind] verloren gegangen. Legen das Liebesgebot so aus, daß man Fremde wie Verwandte in gleicher Weise lieben müsse. Äußern sich nicht über das «Liebet eure Feinde», ebensowenig als Me-tse (S. 83). – Halten wie Me-tse die Tugend für erlernbar (S. 84). – Selbstaufopferung [wird] gepriesen (S. 83). [Die] Dialektik [wird] von ihnen ausgebildet (Definitio-n[en].) Kausalbegriffe (S. 92). – Ende der Einleitung Forkes zu Me-tse.

Plan des Abschnitts über Meng-tse

[Ms.-S. 95–96]

Ist Me-tse ein Sondertrieb aus der Wurzel der chinesischen Ethik, so setzt Meng-tse das Werk des Kung-tse fort und vollendet es.

Meng-tse. Lebensumstände.

In der Ansicht über die Kultur, Sitte (Formen) [wie Kung-tse], ohne jedoch so rigoros zu sein, so viel davon zu reden. Bestattungsgebräuche. Überlieferung. (Dies zuerst.) Kung-tse [ist für ihn] eine Erscheinung der alten Zeit. [Ein] Heiliger. Sich nicht emanzipieren [?]. Freiere Staatslehre. Herrscher kämpfen [?]. Freiere Stellung. Zuerst Volk. Dann Götter, dann Fürsten. Und doch Emanzipation. Steht der überlieferten Religion noch freier gegenüber. Religion [ist] für ihn, was ethische Bedeutung hat. Die Erfüllung des Willens des Himmels. – Die durch und durch ethische Betrachtungsweise. Das Weltreich, in dem das Gute herrscht. Dieser Staat wird zum Weltreich werden. Zitate.

Das Vornehme des Denkens. Vertiefung der Ethik. Das Utilitaristische aus innerer Notwendigkeit. Nicht Gegenseitigkeit. Das Gerüst der Ethik der Liebe [ist] nicht mehr zu sehen. Nur der Bau der Ethik der Liebe. Das Gerüst [war] bei Kung-tse und Me-tse noch zu sehen. Bei ihm nicht mehr, [ist] schon ganz abgetragen.

Liebe: aus innerer Notwendigkeit. Wille des Himmels. Allgemeine Menschenliebe, [eine] tiefere als bei Me-tse. Dieselbe Unmittelbarkeit. Natürliche Anlage zum Guten. Nur daß er das Recht der natürlichen Pflichten (Pflichten, die sich aus der besonderen Verbundenheit zwischen den Menschen ergeben) besonders betont. Die Liebe [hat] verschiedene Namen (zitieren). Aber dies mehr theoretisch. Die Menschenliebe [ist] bei ihm so stark, daß ihre Aussagen [Äußerungen?] allen zugute kommen. Befehdung des Me-tse. Schuldifferenzen. – Die Tiefe der Ethik. Seele behalten. Humanitätsideal wie Spät-Griechen [...?] (Stoizismus.) Ideal des Kulturstaates. Tiefe der Ethik: Die Lohnidee, die sich bei Kung-tse und Me-tse so störend bemerkbar macht, [wird] bei ihm nicht ausgesprochen. [Er] setzt [sie] voraus, insofern [er] sittliche Weltordnung annimmt. Aber [er] macht sie nicht besonders geltend. Er will nicht als Motiv der Ethik das Wohlergehen erlangen, sondern nur Wohlergehen schaffen.

Die Wertung des Leidens. Neu. Bei Kung-tse [nur ?] die Kraft, das Leiden zu ertragen.

Bei den Chinesen steht der Glaube an die sittliche *Weltordnung* im Hintergrund. Aber nicht so, daß [die] Ethik davon abhängig ist. Das Problem der sittlichen [Weltordnung] stellt sich nicht so. [Vielmehr:] Eine Grundharmonie, auf der die Motive der Ethik sich frei entfalten.[68]

Wie die Kunst Buxtehudes und der anderen Fugenmeister des XVII. Jahrhunderts ihre Vollendung in J. S. Bach findet, so die Ethik Kung-tse's die ihre in Meng-tse. Die letzte heilige Schrift. – [...] Me-tse verliert an Einfluß. Kein Verdammungurteil über ihn.[69] Sondern durch seine Vollendung und sein so tiefes und auf die Wirklichkeit berechnetes Kulturideal setzt [Meng-tse] sich [neben?] der Lehre Kung-tse's durch. Meng-tse [ist] unter allen Denkern des Altertums der neuzeitlichste. Er als erster [hat] dem ewig gültigen, auf eine tiefe, individuelle Ethik gegründeten Humanitäts- und Kulturideal der ethischen Lebens- und Weltbejahung Ausdruck verliehen.

Meng-tse [ist] kein Utopist, sondern ewige Utopien! Schreibt [die] Lehre selber nieder. Wundervolle Stück[e]. Liebt die Dialogform. Meng-tse's Schrift wie die *Lun Yü* in den Kanon der Heiligen Schriften aufgenommen, als neunte und letzte.

...

---

68 [R] Lambarene. Samstag 2. Mai. Furchtbar dumpf.

69 [Dazu notiert:] Doch, S. 71. Von Taoisten [wurde er] adoptiert. Ohne diese wären seine Schriften wohl nicht erhalten geblieben. Aber vielleicht hätte Meng-tse ohne Me-tse das Prinzip der Liebe nicht so entwickelt. Anregung der Ausbildung des Prinzips. [Die folgenden Bemerkungen undeutlich placiert:] ... aber ihm nicht das geworden, was es [oder: er] ist. Gut möglich.

Yang Tschu

[Ms.-S. 101]

Plan des Abschnitts

[Ms.-S. 106] [Vgl. 1. Teil, S. 240 ff = Ms.-S. 136 ff.]

[Am unteren Seitenrand (Vorentwurf?):]

Yang Tschu: Verkündet auch die Weisheit. Im Eins-Sein mit der Natur [nicht] nach [der] Anschauung, die man sich von der Welt bildet, sondern Eins-Sein mit ihr, wie sie in uns vorhanden ist. Einzig auf Lebensgenuß eingestellt: darin nicht Nietzsche, sondern Epikur. – [Als] Taoist gibt [er] den Lebensgenuß als die wahre Weisheit aus. Aber nie als das Sich-Durchsetzen-Wollen. – Das Stark-Sein! So etwas wie Wille zur Macht [ist] auch Torheit bei ihm. – Naturhafte Lebens- und Weltbejahung. Keine Vorbereitung [?] des Egoismus. Keine Vertiefung [?] der Liebe [?].

...

[Einschub (Sac 8 II Nr. 3:]

Der Buddhismus in China. Erneuerung der Lehre Kung-tse's[70]

[= 2. Fassung der Skizze über den Buddhismus, 16 Ms.-Seiten. (3. Fassung: im Haupttext 1939/40).]

[Ms.-S. 1–16]

Einer legendenhaften Überlieferung zufolge soll Kaiser Ming Ti, der späteren Han-Dynastie angehörend, auf Grund eines Traumes, in dem ihm Buddha erschien, im Jahre 61 n. Chr. eine Gesandtschaft nach Indien geschickt haben, um in den Besitz buddhistischer Schriften zu gelangen und buddhistische Lehrer an seinen Hof in Lo Yang zu berufen. In Wirklichkeit kommt China mit dem Buddhismus dadurch in Berührung, daß die Kaiser der Han-Dynastie sich im 1. Jahrhundert v. Chr. den östlichen Turkestan, der an das nordwestliche Indien grenzt, unterwerfen, wie sie vorher ihre Herrschaft über die südlich des Yang-tse gelegenen Gebiete ausgedehnt haben. Durch den vom Pendschab über das Tarimbecken gehenden Verkehr kommt der Buddhismus nach China.

Vom 2. Jahrhundert n. Chr. an betreiben buddhistische Mönche, besonders am Hofe von Lo Yang, eine eifrige Propaganda für die fremde Lehre. Am Ende des 4. Jahrhunderts gelangt sie bereits nach Korea. (Grousset II, [S.]196.)

---

70 [R] Lambarene 1937.

Der Buddhismus, der sich in China verbreitet, ist nicht die philosophische Lehre Buddha's, sondern der ganz anders geartete Spät-Buddhismus, der in den ersten Jahrhunderten unserer Zeitrechnung in Indien zur Ausbildung kommt. Während Buddha sich der volkstümlichen Religion gegenüber ablehnend verhält, gesteht der Spät-Buddhismus der Verehrung von Göttern wieder ihr Recht zu und faßt Buddha selber als ein göttliches Wesen auf. Er wird also selber zu einer Volksreligion. Diesem späteren Buddhismus zufolge gibt es nicht nur einen Buddha, sondern eine Vielheit von Buddhas, die in verschiedenen Weltperioden ihre himmlische Seinsweise aufgegeben haben, um sich in Menschengestalt um die Erlösung der Menschheit zu bemühen. Miteinander gehen diese himmlischen Buddha's auf einen Ur-Buddha zurück, der mit dem Urgrunde alles Seins gleichgesetzt wird.

Der Vorstellung der Erlösung als des durch vollendete Weltentsagung erlangten Eingehens in den Zustand des Nirvāṇa's (des Aufhörens der bewußten Existenz) tritt in dem Spät-Buddhismus die des Eingehens in die himmlische Seligkeit auf Grund der gläubigen Verehrung der himmlischen Buddha's zur Seite. Diese himmlische Seligkeit ist als eine, die der Erlangung des Nirvāṇa's vorangeht, gedacht. In Wirklichkeit aber spielt die Vorstellung [von] der himmlischen Seligkeit in dem Spät-Buddhismus eine viel größere Rolle als die des Nirvāṇa.

Die Verbindung mit der eigentlichen Lehre Buddha's wahrt der Spät-Buddhismus durch das Bekenntnis zur Lebens- und Weltverneinung und durch die Verherrlichung der Idee des Mitleids, die sich für Buddha aus der Erkenntnis, daß das Weltgeschehen sinnlos und alle Existenz leidvoll ist, ergeben hat. Wie bei Buddha steht auch im Spät-Buddhismus der wirklichen Übung des Mitleids das in der Lebens- und Weltverneinung begründete Prinzip der Nicht-Tätigkeit entgegen.

Seine endgültige Ausprägung erhält der Spät-Buddhismus in der sogenannten Mahāyāna-Lehre. Mahāyāna bedeutet *das große Fahrzeug*. Durch die[se] Bezeichnung soll ausgedrückt werden, daß diese spätere Lehre die Erlösung von dem Elend des stetigen Wiedergeboren-Werdens zum leidvollen Leben einer viel größeren Zahl von Menschen zugänglich macht als die von Buddha selbst verkündete, die nur die Mönche dieses Ziel erreichen läßt. Von den Vertretern der Mahāyāna-Lehre wird die von Buddha verkündete als die vom kleinen Fahrzeug (Hīnayāna) bezeichnet.

Das Charakteristische des Mahāyāna-Buddhismus ist die enthusiastische Verherrlichung des Mitleids.

Im Verlaufe des 6. Jahrhunderts n. Chr. setzt sich die Mahāyāna-Lehre in China gegen die früher dort vorhandenen Formen des Spät-Buddhismus durch. Mit einem verinnerlichten und großen Wert auf die Übung der Meditation legenden Mahāyāna-Buddhismus wird China durch den großen buddhistischen Lehrer Bodhidharma bekannt, der 526 n. Chr. vor den in Indien einfallenden Hunnen fliehen muß und sich über Kanton und Nankin nach Lo Yang begibt, wo er bis zu seinem Tode (535 n. Chr.) wirkt.

Wie aber kann es geschehen, daß der auf Lebens- und Weltverneinung beruhende Buddhismus von dem chinesischen Menschen, der in unbefangener Weise der Lebens- und Weltbejahung zugetan ist und das Ideal des mönchischen Lebens überhaupt nicht kennt, nicht als etwas ihm völlig Fremdes empfunden und abgelehnt wird, sondern eine Anziehungskraft auf ihn auszuüben fähig ist?

Die Voraussetzung dafür, daß der chinesische Geist mit dem Buddhismus in Beziehung treten kann, ist in dem Taoismus und seinem Prinzip der Nicht-Tätigkeit gegeben. Wohl geht die taoistische Nicht-Tätigkeit nicht auf Lebens- und Weltverneinung zurück, sondern setzt Lebens- und Weltbejahung voraus. Aber die im Taoismus unter dem Eindruck des Erlebnisses der Ekstase enstandene Verbindung zwischen Lebens- und Weltbejahung und dem Prinzip der Nicht-Tätigkeit ist etwas Künstliches. Naturgemäß gehört dieses Prinzip des Verhaltens der Lebens- und Weltverneinung zu. Insoweit als er durch den Taoismus mit dem Prinzip der Nicht-Tätigkeit vertraut ist, ist der chinesische Geist auf die Lebens- und Weltverneinung, mit der er durch den Buddhismus bekannt wird, vorbereitet. So erklärt sich, daß er das Empfinden für den fundamentalen Unterschied zwischen der ihm geläufigen Lebens- und Weltbejahung und der buddhistischen Lebens- und Weltverneinung verlieren und sich zuletzt sogar mit dem ihm so durchaus fremden Ideal des mönchischen Lebens befreunden kann.

Auch die vom Buddhismus vertretene Idee des Mitleids trägt zu seinem Erfolg in China bei. Durch Yen-tse, Kung-tse, Me-tse und Meng-tse ist der chinesische Mensch zum Mitempfinden erzogen worden. Darum kann er den Buddhismus, in dem das Mitleid eine so große Rolle spielt, als etwas ihm Sympathisches empfinden. Überdies besitzt die Idee des Mitleids im Buddhismus etwas Großartiges, das sie der chinesischen überlegen erscheinen läßt. Sie tritt in ihm als ein Ergebnis des Nachdenkens über das Wesen der Welt auf, während sie für die chinesischen Ethiker einfach etwas Gefühls- und Vernunftgemäßes ist.[71]

Zieht man noch das Enthusiastische und Pathetische der Idee des Mitleids im Maháyána-Buddhismus in Betracht, so wird die Anziehungskraft, die die fremde Ethik auf chinesische Gemüter ausüben konnte, begreiflich.

Einem wirklichen Bedürfnis kommt der Spät-Buddhismus in China als Religion entgegen. Religion, in der der Einzelne Antwort auf die Fragen seines Daseins sucht und findet, ist in China nicht zur Ausbildung gekommen. Was als Religion in China vorhanden ist, besteht in der rechten Erfüllung der überlieferten Zeremonien und – wie in der volkstümlichen taoistischen Religion – in dem Vollzug magisch wirksamer Riten. Erst durch den Buddhismus wird der chinesische Mensch mit Religion bekannt, die ein persönliches religiöses Fühlen und Sehnen wecken und befriedigen will.

So kommt es, daß der chinesische Geist für die ihm fremde Gedankenwelt aufnahmefähig ist. Sie sich aber wirklich zu eigen zu machen und in schöpferischer Weise mit ihr zu verfahren, vermag er nicht. Der chinesische Buddhismus lebt vornehmlich von den Anregungen, die er durch die Jahrhunderte hindurch von Indien her empfängt. Es entstehen in ihm keine anderen Ausprägungen der Lehre als die, die im indischen Spät-Buddhismus vorhanden sind.

Wie unselbständig der chinesische Buddhismus ist, tritt darin zutage, daß eine Auseinandersetzung zwischen der chinesischen Lebens- und Weltbejahung und der buddhistischen Lebens- und Weltverneinung in ihm nicht stattfindet.

Im Jahre 335 n. Chr. wird der Buddhismus in China durch ein kaiserliches Edikt anerkannt.[72] Seine höchste Blüte erlebt er in den beiden ersten Jahrhunderten der Tang-Dynastie (618–907), in der Zeit, in der das Reich durch die siegreiche Verteidigung Zentralasiens gegen die Türken und die Eroberung Tibets und Koreas wieder zu großer Macht gelangt.

Im Jahre 629 unternimmt der buddhistische Mönch Hsüan Tschuang eine bis 644 dauernde Reise nach Indien, von der er 657 heilige Schriften mit nach Hause

71 [R] Bei Kung-tse und den anderen einfach als etwas zum Wesen des Menschen Gehöriges [...]

72 [Darüber:] Grousset II [S.] 335 [206].

bringt und über die er einen auf Befehl des Kaisers Tai Tsung (627–649)[73] niedergeschriebenen Bericht hinterlassen hat. Vor ihm, unter der Tsin-Dynastie, hatte Fah-Hien, von 399 bis 414 n. Chr., eine solche Pilgerfahrt gemacht. In der 2. Hälfte des 7. und im 8. Jahrhundert begeben sich eine Reihe buddhistischer Mönche Chinas nach Indien.

Unter der Tang-Dynastie beginnt aber auch der Kampf der Anhänger der Lehre des Kung-tse gegen den Buddhismus. Im Jahre 624 überreicht der große Würdenträger Fu-Yi dem Begründer der Dynastie eine Anklageschrift gegen den Buddhismus, in dem er anführt, daß er Torheiten lehre, die Menschen zur Nicht-Achtung der Gesetze und zum Nicht[s]-Tun anleite und dadurch das Wohl des Staates gefährde. Die Zahl der Mönche und Nonnen gibt er mit je 100000 an.

Ähnliche Anklageschriften verfassen Yao-Tschung (714 n. Chr.) und Han-Yü (819 n. Chr.).

Unter dem Kaiser Wu-Tsung (841–846 n. Chr.) verbinden sich die Taoisten und die Anhänger der Lehre des Kung-tse miteinander gegen den Buddhismus und erreichen, daß ein strenges Edikt (845) gegen ihn und überhaupt gegen alle fremden Lehren erlassen wird. Auf Befehl des Kaisers werden 4600 Klöster geschlossen, 40000 Tempel zerstört und 260500 Mönche und Nonnen gezwungen,[74] in das Erwerbsleben zurückzukehren. Von dieser Verfolgung werden auch der Manichäismus, das nestorianische Christentum und die Religion Zarathustras, die bisher in China in Ansehn standen, schwer mitbetroffen. Zwar findet der Buddhismus in der Folgezeit wieder Gönner unter den Kaisern der Tang-Dynastie. Aber ganz vermag er sich von den Wunden, die ihm die große Verfolgung von 845 schlug, nicht mehr zu erholen. Das Ende der Tang-Dynastie bedeutet auch das der Glanzzeit des Buddhismus in China.

* * *

In der Sung-Dynastie (960–1276) gelangt die Lehre des Kung-tse zu neuem Ansehen und zu neuem Leben.

Um[75] zu verstehen, was mit ihr in der Sung-Zeit vorgeht, muß man sich die Lage, in der sie sich vorher befindet, vergegenwärtigen. Auch in der Zeit der größten Erfolge des Buddhismus wird ihr Ansehn durch ihn nicht wirklich erschüttert. Sie hat so feste Wurzeln in dem Empfinden des Volkes und gehört in einer solchen Weise mit den Anschauungen und Ordnungen, auf denen das öffentliche Leben beruht, zusammen, daß sie aus ihrer Stellung nicht verdrängt werden kann. Um den im Jahre 644 n. Chr. von seinem langen Aufenthalt in Indien heimkehrenden buddhistischen Mönch Hsüan Tschuang zu ehren und sich seine in der Fremde erworbenen Kennt-

---

73 [Darüber:] Grousset II [S.] 217.

74 [Darüber:] Grousset II [S.] 270.

75 [R] Daseinsberechtigung. Besitzt im Volke Geltung. Renaissance. Hat ihren Platz im Leben des Volkes behalten. Zählt Anhänger. Spielt auch in der Staatslehre eine Rolle. [Grousset,] *Geschichte* II [S.] 263. Aber doch in den Schatten gestellt. Der Buddhismus [wird] als etwas Tieferes angesehen. Die Gebildeten zeigen größeres Interesse [an ihm]. Am Hofe. Nicht um sein Ansehn [zu] bringen. Übt auf die Kreise der Gebildeten eine Anziehungskraft aus. Interessanter. Besitzt eine Geltung neben der Lehre des Konfuzius.

nisse zu Nutze zu machen, will ihn der Kaiser Tai Tsung, der Gründer der Tang-Dynastie, zum Minister ernennen. Der Mönch lehnt aber mit der Begründung ab, daß er die für die Bekleidung eines öffentlichen Amtes unerläßliche Kenntnis der Lehre Kung-tse's nicht besitze.

Wenn die Lehre Kung-tse's durch den Buddhismus also nicht verdrängt werden kann, so wird sie durch ihn doch in den Schatten gestellt. Sie hat Geltung als etwas Überliefertes und Vernunftgemäßes. Der Buddhismus aber übt eine Anziehungskraft aus durch das Leben, das ihn beseelt. Er ist eine Weltanschauung, die sich in unmittelbarer Weise an das Denken des Einzelnen wendet, während bei Kung-tse eine der Überlieferung angehörende Weltanschauung im Hintergrunde einer vernunftgemäßen Anschauung von den Pflichten steht.

Um in derselben Weise wie der Buddhismus den durch diesen geweckten höheren Ansprüchen genügen zu können, muß die Lehre Kung-tse's in einer sich an das Denken wendenden Weltanschauung verankert werden.

Die Denker, die sie in dieser Weise fortbilden, sind mit dem Buddhismus vertraut. Durch diesen haben sie kennen gelernt, was eine sich an das Denken wendende Weltanschauung ist, und [haben] dadurch ein Empfinden von dem, was der Lehre Kung-tse's fehlt, gewonnen.

Die Erneuerer der Lehre Kung-tse's in der Sung-Zeit sind: Tschou-tse (1017–1073), Tscheng Hao (auch Ming Tao genannt, 1032–1085), sein jüngerer Bruder Tscheng I (1033–1107), Tschang Tsai (auch Tschang Hengh Tschü genannt, 1020–1076), ein Oheim der Brüder Tscheng, der gleichen Alters mit ihnen ist, und – der größte unter ihnen - Tschu Hsi (auch Tschu Hui und Tschu Fu Tse genannt, 1131–1200). Derselben Richtung wie die *fünf Weisen* der Sung-Zeit gehört noch Schao Yung (auch Schao Kang Dsiä genannt, 1011–1077) an.

Diese Denker verhalten sich zu Kung-tse wie Plato und Aristoteles zu Sokrates, nur daß sie nicht in derselben Weise schöpferisch sind wie diese.

In derselben Zeit also, in der in Europa die Scholastik die ethische Lehre des Christentums und die Weltanschauung des Aristoteles miteinander zu vereinigen unternimmt, sind in China aufeinanderfolgende Generationen hervorragender Denker damit beschäftigt, die ethische Lehre Kung-tse's in Verbindung mit einer aus spekulativem Denken über das Sein entstandenen Weltanschauung zu bringen.

Tschu Hsi ist der Vollender des von den vier andern *Weisen* begonnenen Werkes. Unter diesen seinen Vorläufern ist Tschou-tse weitaus der bedeutendste. Er verhält sich zu Tschu Hsi etwa wie Haydn zu Beethoven. Von ihm stammt der Entwurf des Planes, den Tschu Hsi, der chinesische Thomas von Aquino, ausführt.

In seiner Jugend neigt Tschu Hsi zum Buddhismus und Taoismus. Er entscheidet sich aber für Kung-tse auf Grund des ethischen Gehaltes seiner Lehre.

Aus Pflicht übernimmt er zeitweise hohe Staatsämter. Im Alter, von 1195 bis 1197, ist er der Berater des Kaisers Ning Tsung. Auf Grund seiner Stellungnahme gegen unwürdige Angehörige der kaiserlichen Familie fällt er in Ungnade und verbringt die letzten Jahre seines Lebens in der Stille im Kreise seiner Schüler.

Das Material des Baues, den sie aufführen, entnehmen Tschu Hsi und seine Vorläufer der überlieferten Weltanschauung, die Kung-tse und der Taoismus gemeinsam haben. Sie gehen vom *I king*, dem *Buche der Wandlungen*, aus und suchen in einem spekulativen Denken über das Ur-Sein und die Grundkräfte des Yang und des Yin das Geheimnis des Hervorgehens der Welt des Geschehens aus dem in dem Zustand der Ruhe und der Unsichtbarkeit befindlichen Ur-Sein zu ergründen.

In[76] mancherlei Hinsicht ist das Denken der Meister der Sung-Zeit mit dem der Gnostiker und Hegels verwandt.

Für ihr Beginnen, die Lehre Kung-tse's mit einer Weltanschauung in Verbindung zu bringen, die sie aus dem Sinnen über die Geheimnisse des *Buches der Wandlungen* gewinnen, können sich die Denker der Sung-Zeit darauf berufen, daß Kung-tse selber in diesem Buche Belehrung über die letzten Fragen suchte. Nach einem in den *Lun Yü* von ihm überlieferten Wort wünschte er sich, lange genug zu leben, um mit dem Studium dieses Buches zu Ende zu kommen: «Der Meister sprach: Wenn mir noch einige Jahre vergönnt wären, daß ich das *Buch der Wandlungen* fertig studieren könnte, so möchte ich wohl wenigstens grobe Verfehlungen zu vermeiden imstande sein.» (*Lun Yü* VII 16)[77]

Den Ausgangspunkt des Denkens der Fortbildner der Lehre Kung-tse's in der Sung-Zeit bildet das Problem des Ur-Seins, auf das die beiden Grundkräfte des Yin und des Yang zurückgehen. Für Teng-tse (gest. 522) und Lao-tse und die Taoisten ist es gelöst. Sie sehen das Tao als dieses Ur-Sein an. Kung-tse aber bleibt dabei stehen, wie das *I king* [das] Yin und das Yang einfach als die Gegebenheiten, auf denen die Existenz und der Verlauf der Welt beruht, anzusehen. Er macht von der Tao-Lehre, obwohl er sie kennt, ebensowenig Gebrauch, als er auf die Anschauung des Himmels [von dem Himmel] als einer mit dem Wohl und Wehe der Menschen beschäftigten irgendwie personhaften Gottheit eingeht. Er will sich nur an das für die unmittelbare Beobachtung Feststellbare halten, daß in dem Geschehen in der Welt, wie es in der... [bricht ab, Ende des Einschubs.]

[*Aus dem Fortsetzenden Entwurfstext (Randentwurf Ms.-S. 133–140)* zur Erneuerung der Lehre Kung-tse's *und* über die Zeit der mongolischen Herrschaft*]*

...

Tschu Hsi ... nimmt zur Entstehung der Welt aus dem Ur-Sein zwei Ur-Prinzipien des Seins an: das Li und das Tchi.[78] Das Li ist das geistige, gestaltende Prinzip,[79] das Tchi ist der Ur-Stoff, die Materie. Inwiefern das Li mit dem Tao identifiziert wird, wird bei ihm nicht klar. Die [...] Materie begreift nicht nur das sinnlich Wahrnehmbare, sondern auch die unsichtbaren, in ihr wirkenden Kräfte in sich. Also eine Ideenlehre wie [bei] Aristoteles.

Diese beiden Ur-Prinzipien stehen in untrennlicher, unauflösbarer Verbindung miteinander. ... Dieses ruhende Ur-Sein entfaltet sich nun zur Welt, indem es in Bewegung gerät und wieder zur Ruhe kommt. Die letzte hervorbringende Ursache ist das Li. Von ihm geht die erste Bewegung aus. Aus dem Ur-Sein gehen das Yang, das Bewegende, und das Yin, das Ruhende hervor. Das Yang entspricht dem Geistigen, das Yin dem Materiellen. Dadurch, daß diese beiden Grundkräfte aufeinander ein-

---

76 [R] Ein Ausbauen einer schon vorhandenen Weltanschauung.

77 [Dieses Zitat ist über die vorangehenden Zeilen notiert. Anschließende Bemerkung:] Fortsetzung nur in Skizze. [Siehe den folgenden Text, Randentwurf der letzten Ms.-Seite.]

78 [Dazu notiert:] Erinnert in vielem an Aristoteles.

79 [Dazu notiert:] Das Li [ist] die Einheit aller Formen.

wirken, entstehen die fünf Elementarkräfte, die im Wasser, im Feuer, im Holz, im Metall [und] in der Erde in Erscheinung treten.[80] Aus dem Yang und dem Yin und den fünf Elementarkräften entstehen die [...] Kräfte, die in Himmel und Erde in Erscheinung treten.[81] Der Himmel entspricht dem Yang, die Erde dem Yin. Aus dem Zusammenwirken von Himmel und Erde entsteht das vielgestaltige Sein, das die reale Welt ausmacht. Diese Weltentstehung wiederholt sich in aufeinanderfolgenden Weltperioden, von denen eine jede 129000 Jahre dauert. Die Vorstellung aufeinanderfolgender Weltperioden entstammt dem Spät-Buddhismus. Diese ziemlich primitive Lehre von der Entfaltung des Ur-Seins zu der vielgestaltigen Wirklichkeitswelt steht mit der Ethik Kung-tse's dadurch in Beziehung, daß das Li seinem Wesen nach als ethisch gedacht wird. Es enthält in sich die vier ethischen Grundkräfte der Liebe, der Rechtlichkeit, der Ehrerbietung und der Einsicht.[82] In der Entfaltung des Ur-Seins zur Wirklichkeitswelt muß [sich] also sein ethisches Wesen äußern.[83] Dies findet in dem Himmel und in dem Menschen statt. In dem Himmel wirken sich die rein ethischen Grundkräfte als schöpferisches und sinnvolles Geschehen aus. In dem Menschen als dem Wesen, das wie der Himmel in höchster Weise die Yang-Geistigkeit besitzt, treten sie als die vier ethischen Grundeigenschaften in Erscheinung.

In seiner Ergründung [der] Entstehung der Welt aus dem Ur-Sein ist es Tschu Hsi also um die Durchführung des Gedankens zu tun, daß der Mensch auf Grund der sich in ihm auswirkenden Urkräfte seinem Wesen nach in naturhafter Weise ethisch ist. Daß er sich die ethische Vollkommenheit erst erringen muß, liegt daran, daß in ihm nicht nur die geistigen Kräfte des Li, sondern auch die ungeistigen, nicht unethischen, aber ethisch indifferenten der Materie (Tchi) wirksam sind. Das Denken verleiht dem Menschen die Fähigkeit des geistigen Strebens, um ihn über das Nicht-Geistige und Nicht-Ethische Herr werden zu lassen.

Für Tschu Hsi wie überhaupt für die chinesischen Ethiker ist die ethische Weltanschauung also etwas ganz anderes als für Zarathustra, die jüdischen Propheten, Jesus und die vom Christentum beeinflußte europäische Philosophie.

Tschu Hsi und die [anderen] Chinesen sehen den sittlichen Endzweck des Seins schon allein dadurch als verwirklicht an, daß die Entfaltung des Seins auf ein höchstes geistiges, seinem Wesen nach ethisches Geschöpf – den Menschen –,[84] hinzielt und in ihm ihren Abschluß findet.[85]

Zarathustra, die großen Propheten, Jesus, das Christentum und die vom Christentum beeinflußte europäische Philosophie verlangen auf Grund ihrer ethischen Weltanschauung noch überdies, daß das Weltgeschehen sich in Entwicklung auf einen

---

80 [Die drei letzten Wörter gestrichen. Eine neue Fassung ist eingefügt, aber unleserlich.]

81 [Dazu notiert:] Eine Ideenwelt, die sich durch Einwirkung auf [die] Materie in einer Erscheinungswelt offenbart.

82 [Dazu notiert:] Die Ethik [ist] die volle Entfaltung des Li.

83 [Zuerst, dann gestrichen:] ... in die Erscheinung treten.
[Dazu notiert:] Ethik [als die] höchste Offenbarung des Geschehens. (So schon bei Meng-tse.)

84 [Dazu notiert:] Keine ethische Umgestaltung der Welt.

85 [Eingeschobener, sehr undeutlicher Satz:] Die [Frage], welche Bedeutung und [welchen] Sinn [...] [die] ethische Wirkung des Menschen im Weltgeschehen habe, stellt sich für sie nicht.

Endzustand sinnvoller und ethischer Vollendetheit befindet.[86] Bei ihnen gibt sich die ethische Weltanschauung nicht damit zufrieden, das Auftreten des ethischen Menschen als das in dem Ur-Sein schon gegebene Endziel der Entfaltung der Wirklichkeitswelt aus dem Ur-Sein zu begreifen. Sie wollen darüber hinaus noch, daß das gesamte Weltgeschehen in dem Reiche Gottes sein Ende findet.

Daß Tschu Hsi und die chinesischen Ethiker sich mit einer Weltanschauung begnügen, die so bescheidene Anforderungen an das ethische Wesen des Weltgeschehens stellt, hat seinen Grund darin, daß die chinesische, durch die Vorstellungen des Yang und des Yin beherrschte Weltanschauung, die sie übernehmen und weiter ausbilden, der Ethik zwar die Möglichkeit gibt, sich zu entwickeln, sich aber nicht unter ihre Botmäßigkeit begibt, sondern sich ihr gegenüber die Unabhängigkeit wahrt. Diese Unabhängigkeit besitzt sie daher, daß sie in ihren Grundgedanken feststand, als die Ethik noch wenig ausgebildet[87] war.

So kommt es, daß der chinesische Geist nicht die Nötigung empfindet,[88] die Anschauung von der Welt in eine so tiefgehende Übereinstimmung mit der Ethik zu bringen, wie es die Weltanschauung[89] Zarathustras, der jüdischen Propheten, Jesu und des Christentums tun. Das chinesische Denken erlebt das Problem, die Ethik und die Welterkenntnis untereinander in Übereinstimmung zu bringen, noch nicht in seiner ganzen Schwere. Dadurch wird es davor bewahrt, die Erkenntnis der Welt im Sinne der Ethik zu deuten und zu vergewaltigen; zugleich aber kommt es aus diesem Grunde nicht dazu, so in das Problem der Ethik und in das des Weltgeschehens einzudringen, wie es die von dem Ideal der völlig ethischen Weltanschauung beherrschten Denker tun.[90]

Wohl begründen also die Denker der Sung-Zeit die Ethik Kung-tse's und Meng-tse's in einer Anschauung von der Welt. Aber sie bringen beide in keine engere Verbindung[91] miteinander, als Kung-tse selber es getan hat. Sie führen nur[92] das, was bei ihm skizzenhaft vorhanden ist, weiter aus. Das Große an ihnen, wie an Kung-tse und den chinesischen Ethikern, ist, daß sie sich um eine den Monismus nicht preisgebende Weltanschauung ethischer Lebens- und Weltbejahung bemühen.

Die Sung-Zeit ist für China etwa das, was das 18. Jahrhundert für Europa ist. Es bildet sich in ihr eine vom Humanitätsideal beherrschte geistige Kultur aus. Von dem Idealismus, von dem die Sung-Zeit erfüllt ist, zeugen die Versuche der Verwirklichung eines Idealstaates, die von Wang An-schi[93] (1021–1086) ausgehen. Das Ideal sieht Wang An-schi darin, daß der Staat sich für befugt hält,[94] alle Maßnahmen zu ergreifen, die er im Interesse des Wohlergehens der Gesamtheit und des Einzelnen für geboten hält. An die Stelle der Privatwirtschaft soll eine staatliche Leitung der

---

86 [Dazu notiert:] Ethisch bestimmtes Geschehen löst das natürliche ab. Die Ethik will [das] Prinzip des Geschehens sein.

87 [Zuerst:] unausgebildet.

88 [Zuerst, dann gestrichen:] nicht das Bedürfnis hat.

89 [Im Ms. undeutlich:] Weltgang [?]

90 [Zuerst:] tun müssen.
[Darunter die Notiz:] Die Ethik brandet nicht [?] gegen das Weltgeschehen. Sanfte Küste.

91 [Zuerst:] engeren Zusammenhang.

92 [Darüber:] in einem System.

93 [Ms.:] Wang an schi.

94 [Darüber eingeschoben:] ohne Rücksicht auf die [...]

Landwirtschaft und des Handels treten. Der Staat verteilt den Boden [...][95] in gerechter Weise, er gibt den Bauern das Saatgut und kauft ihnen die Ernte ab. Der Staat hat ein absolutes Handelsmonopol inne.[96] Er regelt den Güterumsatz im Inland und bestimmt darüber, was eingeführt und was ausgeführt wird und setzt die Preise, nach denen gekauft wird, fest. Alle bestehenden Steuern und Fronden werden abgeschafft. An ihre Stelle tritt eine Besteuerung aller Einkommen, durch [Steuer]sätze, die für die kleinen Einkommen geringer sind als für die großen. Es wird kein stehendes Heer unterhalten. Alle Bürger werden in die Handhabung der Waffen unterwiesen und haben Kriegsdienst zu leisten.

Diese Beschäftigung mit dem ethischen Ideal des Kulturstaates [ist] in dem Wesen des Denkens des Kung-tse begründet. Als erster unternimmt es Meng-tse, dieses Ideal zu entwerfen. In dem Nachdenken über das beste Staatswesen, das durch ihn aufgekommen ist, sind die Voraussetzungen für das Entstehen der[97] Staatstheorie W[ang An-schi's] gegeben. Zwischen dem Ideal des Kulturstaates Meng-tse's und dem W[ang An-schi's] besteht aber ein tiefgehender Unterschied. Bei Meng-tse ist es die Gesinnung der Regierenden und der Einzelnen, die den Staat instand setzt, seine höchsten sozialen und geistigen Aufgaben zu erfüllen. Eine Reform der[98] Institutionen ist nicht in Betracht gezogen.[99] Bei Wang An[-schi] hingegen entsteht der ideale Staat nicht auf Grund der Vollendung der Gesinnung seiner Mitglieder, sondern auf Grund der Vollendung seiner Organisation, die ihn zu den höchsten sozialen Leistungen befähigt.[100] So treten in dem chinesischen Denken erstmalig die beiden so verschiedenartigen Ideale des vollendeten Kulturstaates auf, deren Gegensatz in der gegenwärtigen Epoche der Geschichte der Menschheit zum Austrag kommt.

Als leitender Minister des Kaisers Schen Tsung unternimmt Wang An-schi die Durchführung seiner Reformpläne. Der Widerstand gegen ihn geht aber von dem Kreise der *fünf Weisen* [aus], die die Lehre des Kung-tse erneuern.[101] Sie vertreten das Ideal des sich auf die Gesinnung gründenden Kulturstaates und verlangen die Erhaltung der überlieferten natürlichen Gliederung des Staates. Der Kaiser läßt sich aber durch die fast allgemeine Opposition nicht irre machen und steht bis zu seinem Tode zu seinem Minister, [der] ihm wenige Monate später ins Grab folgt, während die Kaiserin Mutter, die für den minderjährigen Nachfolger, Kaiser Tschi Tsung, die Regent[schaft] führt, wieder, unter dem Jubel der Anhänger der Lehre Kung-tse's, die Reformen [aufgibt].[102] Selbständig geworden, setzt sich der neue Kaiser wieder für sie ein (1094). Auch sein Nachfolger bemüht sich um ihre Durchführung. Aber die 1126 beginnenden Kämpfe mit den von Norden eindringenden Mandschus, in denen die Sung-Kaiser zuerst Nordchina (1127) und zuletzt (1279) auch die Herrschaft über Südchina verlieren, bedeutet das Ende dieser Bestrebungen.

---

95 [nach [...] losen und [...] losen [?]]
96 [Am unteren Seitenrand:] Dem Wirken des Menschen keinen Sinn ([keine] Aufgaben) im Weltgeschehen zu geben suchen.
97 [Unleserliche Einschiebung:] harten [?]
98 [Unleserliche Einschiebung:] hergebrachten [?]
99 [Dazu notiert:] Die natürlichen Institutionen [be]lassen wie Kung-tse.
100 [Dazu notiert:] Verrat an Kung-tse, der immer die natürlichen Verhältnisse wollte: Der Vater Vater, der Fürst Fürst, jeder erfüllt seine Pflicht im höchsten Sinn.
101 [Hackmann, *Chinesische Philosophie*, S. 314.]
102 [Eine gestrichene Fassung:] Unter dem Nachfolger werden die Reformen aufgegeben und die früheren Zustände wieder hergestellt.

[Philosophen der Sung-Zeit]

In der Sung-Zeit treten Denker auf, die den Taoismus zu erneuern versuchen. Unter dem Einfluß des Buddhismus stehend, deuten sie die taoistische Lehre im Sinne der Verneinung der Wirklichkeit der in Raum und Zeit erscheinenden Welt. Schon Tschuang-tse [?] und Lieh-tse [haben] mit [dem] Gedanken der Nicht-Beweisbarkeit der Wirklichkeit der Welt gespielt. Die Behauptung, daß die Welt ein innerliches Erlebnis des Mensch[en] ist und daß es also kein Erkennen durch sachliche Feststellungen von außen her gebe, wird am eingehendsten von Lu Hsi aus Schou[?] (S. 354, 1140–1192[103]), dem bedeutendsten dieser Neu-Taoisten, [aufgestellt]. Weil er aber[104] eine wirkliche Ethik nicht zu vertreten vermag, kann der Neu-Taoismus neben der Lehre Kung-tse's nicht aufkommen.

In der Sung-Zeit fängt die Lehre Kung-tse's also an, [...] tiefere Wurzeln in dem Denken des Volkes zu schlagen. Aber die geschichtlichen Ereignisse bringen es mit sich, daß sie noch bis ins 14. Jahrhundert n. Chr. hinein durch den Buddhismus bedroht bleibt. Vom Ende der Sung-Zeit bis zum Aufkommen der Ming-Dynastie (1368–1644) gehört China dem großen, von Dschingis Khan gegründeten mongolischen Reiche an, dessen Herrscher sich zum Buddhismus bekennen und ihn fördern.

* * *

[Bemerkungen aus den Bücherexzerpten]

[Ms.-S. 133–135]

[Heinrich Hackmann, *Chinesische Philosophie*, München 1927, S.]37 f., 51:

... Die alles durchwaltende Ordnung. Wenn irgendwo gestört [wird], dann [ist] alles gestört. Unordnung wirkt sich auf anderen Gebieten aus. Die Entsprechungen. [Das] Ganze und [das] Einzelne.

Element = *hsing*, mit einem Wort ausgedrückt, das *Bewegung* heißt. Im *Schu-king* [Hackmann: Schu tching]: der Fürst leitet alles in Harmonie mit dem Himmel (Abschnitt des *Schu-king* [über] *Hung-fan* (*umfassende Regel*). Hackmann [S.] 37).

[Hat] sich aber über [die] Entstehung keine Gedanken gemacht. Einfach Feststellung.

A. S.: Ob das Tao zur ursprünglichen chinesischen Weltanschauung gehört hat? Oder ob es nicht mit dem Erlebnis der Ekstase zusammenhängt? Für letzteres [spricht], daß Teng-tse es als Leerheit auffaßt. (Hackmann [S.] 51.)

[Alfred] Forke, [*Gedankenwelt*,] München und Berlin 1927, S.] 51:

... Das große Weltprinzip [ist] bei ihm [Yang Hsiung] Tai-hsüan genannt (das Große Geheimnisvolle). Sein Hauptwerk [ist] das *Tai-hsüan-king*, *Das Buch von dem Großen Geheimnisvollen.* Also dasselbe wie Tao, [hat] aber bei [den] Schülern Kung-

103 [Lu Hsiang schan aus Fukien? (1140–1192, Hackmann, *Chinesische Philosophie*, S. 354).]
104 [Darüber die Notiz (Einfügung?):] ebenso wie der klassische Taoi[smus.]

tse's [einen] anderen Namen (A. S.: weil [sie] nicht dieselbe Bezeichnung gebrauchen wollen wie die Taoisten). Das Tao wird von den Taoisten für sich in Anspruch genommen.

[Daselbst, S. 64 f.:]

... Das Li [ist] also gleich dem Tao (also nur [ein] anderer Ausdruck dafür, Forke S. 64 u. 65). Li (die Vernunft) ist als Ur-Prinzip, Tai tchi[, bezeichnet]. – Li [ist] die Quelle alles Lebens, aller Empfindungen, aller Gefühle –.

Aber (A. S.!) der große Unterschied mit [zum] einfachen Taoismus [besteht darin], daß das Tao in Yin und Yang enthalten ist – während hier das Yin und [das] Yang nur aus dem Fluidum hervorgehen, aber stets mit dem Li zusammen sind; von ihm durchströmt werden. Also komplizierter –.

[Wang Yang-ming][105]

[Ms.-S. 169–182]

Unter den ersten Ming-Kaisern wird die Lehre Kung-tse's in der Ausbildung, die sie durch Tschu Hsi erhalten[106] hat, staatlich anerkannt. In den Prüfungen, die zur Bekleidung von Staatsämtern berechtigen, wird die Kenntnis von Tschu Hsi's Erklärungen der klassischen Schriften gefordert. Lehren, welche mit den seinen im Widerspruch stehen, werden gesetzlich verboten. Diese Parteinahme des Staates richtet sich vor allem gegen den Taoismus und den Buddhismus. Das Christentum, als die Religion der vernunftgemäßen Liebe aufgefaßt, wird mit der Lehre Kung-tse's und Tschu Hsi's in Übereinstimmung befunden.

Unter den Ming-Kaisern tritt dann aber auch Wang Yang-ming (1472–1528), der große Denker, auf,[107] der die taoistische Auffassung [von] der Welt und die ethische Lebensanschauung Kung-tse's miteinander zu vereinigen unternimmt und damit ein Gegenstück zur Weltanschauung Tschu Hsi's schafft.

Wie Tschu Hsi steht Wang Yang-ming in seiner Jugend unter dem Einfluß des Taoismus und des Buddhismus; wie er kommt er unter dem Eindruck der in natürlicher Weise auf die Wirklichkeit eingehenden Ethik Kung-tse's von ihnen los. Nachdem er hohe Ämter bekleidet hat, wird er mit 35 Jahren auf Grund von Verleumdungen mit 50[108] Bambushieben bestraft und in die ferne Südwestecke des Reiches verbannt. In der Verbannung geht ihm, wie durch eine Offenbarung, die Grunderkenntnis auf, die fortan sein Denken beherrschen wird. Nach drei Jahren wird er rehabilitiert. Er tritt wieder in den Dienst des Kaisers und wird von diesem, seiner Tüchtigkeit wegen, zuletzt zum Vizekönig ernannt und mit der Verwaltung von vier Provinzen betraut. In seinen Mußestunden legt er seine Lehre schriftlich nieder und widmet sich der Unterweisung der Schüler, die sich um ihn sammeln. Nicht nur durch seine Lehre, sondern auch durch seine großartige Persönlichkeit übt er Einfluß aus.

Daß er wegen seines Abweichens von der staatlich festgelegten Lehre nicht zur Rechenschaft gezogen wird, verdankt er dem Kaiser, der seine schützende Hand über dem treuen Diener hält.

---

105 [Schweitzer schreibt immer:] Wang Yang Ming [nach Zenker II, korr. nach A. Forke (und Kramers.)]

106 [Zuerst, nicht gestrichen:] erfahren.

107 [R] Lambarene 2. Juli 37.

108 [Hackmann, *Chinesische Philosophie*, S. 359: 40.]

In der Offenbarung, die ihm in der Verbannung zuteil wird, gelangt Wang Yangming zur Gewißheit, daß es keine Welterkenntnis von außen her, sondern nur eine von innen her gebe. Er spricht sie in dem Satze aus: «Meine eigene Natur ist hinreichend». Eigentlich[109] tut er auf Grund der ihm gewordenen Offenbarung nichts anderes als sich das von Lao-tse, Tschuang-tse und Lieh-tse aufgestellte und von Lu Hsiang schan (1140–1192) und den unter Einfluß des Buddhismus stehenden Neu-Taoisten der Sung-Zeit (960–1276) neu begründete Erkenntnisprinzip zu eigen zu machen. Wie diese seine Vorgänger verzichtet er auf ein sachliches Erforschen der Wirklichkeit und läßt das wahre Wissen darin bestehen, daß der Mensch von seinem Wesen aus das Wesen der Welt intuitiv erfaßt. Er verfährt also nach dem Worte Laotse's, daß man «ohne aus der Türe zu gehen, die Welt erkennen» könne.[110]

Es besteht aber dennoch ein tiefer Unterschied zwischen den alten Taoisten und Wang Yang-ming. Die alten Taoisten machen gar keinen Versuch, die Welt durch die sachliche Beschäftigung mit den Tatsachen der Wirklichkeit zu erkennen. Unter dem Eindruck des Erlebnisses der Ekstase lassen sie nur die in unmittelbarer Weise in dem Menschen zustande kommende Erkenntnis[111] gelten. Wang Yang-ming aber hat sich im Geiste Kung-tse's darum bemüht, das Wesen der Dinge durch ein auf sie gerichtetes sachliches Untersuchen zu begreifen. Es gelang ihm aber nicht einmal, auf Grund von angestellten Beobachtungen das Wachstum eines Bambus zu begreifen. Darum empfindet er die Welt als etwas durchaus Geheimnisvolles, das nur auf intuitive Weise, auf Grund der Tatsache, daß das Wesen der Welt in dem Wesen des Menschen vorhanden ist, begriffen werden kann. In allem Seienden,[112] führt er aus, wirkt sich ein und dieselbe geistige Kraft aus. Nur ihrer Form, nicht ihrem Wesen nach, sind die Dinge von einander unterschieden.

Den Gedanken, daß die Sinnenwelt nur in der Vorstellung des Menschengeistes existiert, zieht Wang Yang-ming nicht ernstlich in Erwägung. Das Geistige und das Körperliche sind für ihn zwei ursprünglich eine Einheit bildende und aufeinander angewiesene Wirklichkeiten.

Wenn Wang Yang-ming mit den Taoisten[113] auch das Prinzip der intuitiven Erkenntnis des Wesens der Welt gemeinsam hat, so ist er doch nicht in derselben Weise mit der Ergründung des Wesens der Welt beschäftigt wie sie. Bei den Taoisten sucht sich der Menschengeist in dem Weltgeiste zu begreifen und ihm wesensgleich zu werden. Durch sein Sich-Versenken in den Weltgeist erhebt er sich über die menschlichen Vorstellungen von Gut und Böse und legt den ihm innewohnenden Drang zum tätigen Wirken als eine Verirrung ab.

Bei Wang Yang-ming sucht der Menschengeist das Wesen des Weltgeistes nicht in der Absicht, sich ihm anzugleichen, zu erfassen. Er nimmt die Wesensgleichheit mit ihm als gegeben an und ist gewiß, das Wesen der Welt zu begreifen, indem er sich selber ergründet. In keiner Weise ist er geneigt, das Ethische und den Willen zum täti-

---

109 [Ms., statt *eigentlich*:] Im Grunde.

110 [*Tao te king*, 47.]

111 [Darüber:] [das]... Erkennen.
[Notiz (undeutlich, ob zu diesem oder zum folgenden Satz gehörend):] Also auf Grund einer gemachten Erfahrung.

112 [Darüber:] Sein Verzicht auf äußeres Erkennen [ist] viel tiefer: [Es beruht] auf der Erfahrung des absolut Geheimnisvollen der Welt.

113 [Zuerst, dann gestrichen:] alten Taoisten.

gen Wirken preiszugeben. Als das Höchste des Erkenntnisvermögens sieht Wang Yang-ming das Unterscheiden zwischen Gut und Böse an.

Wie Tschu Hsi geht auch Wang Yang[-ming] in seinem Denken auf das Ethische aus. Dem einen wie dem anderen kommt es vor allem darauf an, das Ethische als etwas Naturhaftes zu begreifen und darzutun.[114] Tschu Hsi beschäftigt sich mit der Entfaltung des Ur-Seins[115] zur Welt in Raum und Zeit und sucht das Ethische als bereits in dem Ur-Sein angelegt und dann in dem Menschengeiste in höchster Weise vorhanden zu erweisen. In konstruktivem Denken will er das Ethische aus Welterkenntnis begründen. Wang Yang-ming aber verfährt umgekehrt. Er stellt das Ethische in dem Wesen des Menschen fest und schließt daraus, daß es auch in dem Wesen der Welt, das uns ein Geheimnis bleibt, gegeben ist.[116] Nur auf diese Weise vermag er das taoistische Prinzip der Erkenntnis und die tätige Ethik Kung-tse's, die ihm beide in gleicher Weise feststehen, miteinander zusammenzubringen.

Tschu Hsi und Wang Yang-ming wollen beide die Lehre des Kung-tse vollenden: Tschu Hsi, indem er aus alt-chinesischen, von Kung-tse vorausgesetzten Vorstellungen eine der Ethik Kung-tse's als Fundament dienende Weltanschauung [aufbaut], die die Ethik Kung-tse's[117] in sich begreifen soll; Wang Yang-ming, indem er die Ethik Kung-tse's mit dem Prinzip der taoistischen, intuitiven Welterkenntnis in Verbindung bringt und *den Taoismus ethisch werden läßt.*

Im Verhältnis zu Kung-tse nimmt Tschu Hsi im chinesischen Denken die Stelle eines spät nach Sokrates gekommenen Aristoteles und Wang Yang-ming die eines erst auf Aristoteles folgenden Plato ein.

Dem Taoismus entrichtet Wang Yang-ming seinen Tribut dadurch, daß er das Ethische, trotz der fundamentalen Bedeutung, die er ihm zuerkennt, dennoch nicht als das Höchste ansieht[118] und ihm keine absolute Geltung zugesteht. Die Unterscheidung von Gut und Böse ist für ihn etwas Relatives wie die zwischen Unkraut und Nicht-Unkraut. Wie eine Pflanze nicht an sich Unkraut ist, sondern [es] nur dadurch wird, daß sie da steht, wo sie als nicht hingehörig stört und nachteilig ist, so gibt es auch Gutes und Böses nicht an sich, sondern nur im Hinblick auf vorliegende und zu gestaltende Verhältnisse. Befindet sich der Mensch in völliger innerer Ruhe, so kommen Gut und Böse im gewöhnlichen Sinne für ihn nicht in Betracht. Er ist dann, wie die Natur, in einer ursprünglichen, überethischen Weise gut. Erst in dem Zustand, in dem er Vorliebe und Abneigung empfindet und Entscheidungen zu treffen hat, stellt sich für ihn das Problem des rechten, zwischen Gut und Böse unterscheidenden Verhaltens, wo dann die Selbstlosigkeit das Gute und die Nicht-Selbstlosigkeit das Böse ist.

Daß Wang Yang-ming noch soweit im Banne des Taoismus steht, daß er in [der] Theorie an der Idee eines über Gut und Böse erhabenen naturhaften Guten festhält und darum das Wesen des Guten und des Bösen nicht in absoluter Weise zu bestim-

---

114 [Zuerst, dann gestrichen:] zu erweisen.

115 [Darüber:] Das Ergründen durch Erforschen. Das direkte Ergründen.

116 [R] Mit dem Material aus alt-chinesischen Vorstellungen baut er eine... Weltanschauung auf.

117 [ev. einfügen: zugleich (?) (Diese Weltanschauung soll Fundament der Ethik Kung-tse's sein und sie zugleich in sich enthalten.)]

118 [Darüber:] das höchste Gut, in dem keine Unterscheidung von Gut und Böse. Gut und Böse treten [darin] nicht auseinander.

men sucht, bedeutet eine Schwäche seiner Lehre und eine Verfehlung gegen den Geist Kung-tse's, in dessen Dienst er sich begeben hat.

Wunderbar tief sind seine Ausführungen über die innere Zusammengehörigkeit von Erkennen und Handeln, in denen sich die Eigenart und die Größe der Persönlichkeit dieses mitten im Wirken stehenden Denkers kundgibt. Nicht durch reines Erkennenwollen kommt der Mensch, ihm zufolge, in der Wahrheit voran, sondern nur durch Erkennen und Betätigung.[119] Nur der Geist, der sich erkennend und wirkend zugleich verhält, verbleibt in lebendiger Beziehung zu dem wissenden und geheimnisvoll schöpferischen Weltgeiste. «Erkennen», sagt Wang Yang-ming, «ist der Anfang des Handelns, Handeln ist der Abschluß des Erkennens. Gelöst vom Erkennen gibt es kein Handeln, gelöst vom Handeln gibt es kein Erkennen.» In der Durchführung des Gedankens, daß die Wahrheit ein Erlebnis ist, an dem Erkennen und Handeln in geheimnisvoller Verbundenheit miteinander beteiligt sind, ist Wang Yang-ming wirklich ein Vollender der Lehre Kung-tse's und Meng-tse's.

Wenn er sich für die ethische Lehre Kung-tse's entschieden hat, so tritt er doch nicht als Gegner des Buddhismus und des Taoismus auf, sondern läßt sie als Lehren, in denen die Wahrheit – wenn auch nicht so vollständig und so rein wie in der [Lehre] Kung-tse's – zum Ausdruck kommt, gelten.[120] Er hält nichts davon, daß sich die verschiedenen Lehren miteinander auseinandersetzen, sondern erwartet den Fortschritt nur davon, daß jede in steter Selbstprüfung verharrt[121] und sich vertieft. Wang Yang-ming besitzt noch die ursprüngliche Weitherzigkeit des chinesischen Geistes, die auch in der Ming-Zeit noch im Volke vorhanden ist, wenn auch der Staat die Lehre Kung-tse's als die allein berechtigte ausgibt. Erst unter der Mandschu-Dynastie[122] fängt China an, endgültig engherzig zu werden und sich gegen alles, was aus der Fremde kommt oder nicht der staatlich anerkannten Auffassung [von] der Lehre Kung-tse's entspricht, ablehnend zu verhalten. Unter den Ming-Kaisern gewinnt die Lehre Wang Yang-ming's viele Anhänger. Aber sie übt keinen guten Einfluß aus. Auf Grund der in ihr enthaltenen Idee der Relativität von Gut und Böse wird sie, ihrem wahren Geiste zuwider, so aufgefaßt, als ließe sie Kompromisse zwischen Gut und Böse zu. So ist sie nicht imstande, in derselben Weise erzieherisch zu wirken wie die von Tschu Hsi vertretene [Lehre] und kann sich gegen sie nicht wirklich durchsetzen. Die taoistischen Elemente, die sie in sich enthält, lassen nicht zu, daß sie volkstümlich wird. Weil sie aber in ihrer Art tief ist und es mit dem großen Problem der Vereinigung von Mystik und Ethik zu tun hat, bleibt sie bis in die neueste Zeit in Ansehen und wirkt sich vielfach anregend auf das chinesische Denken aus. Seit dem 17. Jahrhundert spielt sie in Japan eine nicht unbedeutende Rolle.

Die mystische Betrachtungsweise des Taoismus und die ethische Kung-tse's in überzeugender Weise miteinander zu vereinigen, ist Wang Yang-ming nicht gelungen, so großartig der von ihm unternommene Versuch auch ist.

* * *

---

119 [Darüber:] in Betätigung.

120 [Eingefügt:] Auch Tschu Hsi [...]
[Am unteren Seitenrand:] [Das] chinesische Denken [hat] eine gewaltige erzieherische Tat vollbracht.

121 [Darüber:] begriffen ist.

122 [Darüber:] [Erst in] der späteren Zeit.

Wenn die Lehre Kung-tse's in der Form, die sie bei Tschu Hsi erhalten hat, in endgültiger Weise die Herrschaft im chinesischen Geistesleben erringt, so ist dies darin begründet, daß sie eine tiefere und natürliche Ethik vertritt[123] und daß der Plan und das Material ihrer großartig einfachen Weltanschauung in alt-chinesischen Vorstellungen gegeben sind.

Daß diese Lehre vom Staate zum Dogma erhoben wird, hat zur Folge, daß ein in scholastischer Weise verfahrendes Denken aufkommt, das sich in zu äußerlicher Weise mit ihr beschäftigt und sie mehr als einen gedächtnismäßig zu bewältigenden Stoff als ein in seinem tiefsten Gehalt geistig anzueignendes Gedankengebilde auffaßt.

In und neben dieser unvermeidlichen Scholastik treten dann aber immer wieder wirkliche Denker auf, in denen sich der Geist Kung-tse's, Meng-tse's und Tschu Hsi's lebendig erweist. Zu den hervorragendsten neuzeitlichen Vertretern des ethischen Idealismus der großen Lehre gehört Lu Lung Tchi (1630–1693).

Gu Ting Lin[124] (Ku Yen Wu; 1612–1681), ein älterer Zeitgenosse Lu Lung Tchi's, erlangt eine große Bedeutung für das neuzeitliche chinesische Denken dadurch, daß von ihm die Anregung zu einer objektiv-wissenschaftlichen Beschäftigung mit den Dokumenten der Vergangenheit ausgeht. So kommt vom 17. Jahrhundert an im chinesischen Geistesleben eine Bewegung auf,[125] die dem abendländischen Humanismus in der Renaissance entspricht. Man sucht immer mehr auf die ursprüngliche Lehre Kung-tse's zurückzugehen. Die wissenschaftliche Beschäftigung mit den ältesten Quellen derselben bringt es mit sich, daß auch neues Interesse für die nicht unter die offiziellen Klassiker aufgenommenen und als nicht-orthodox mehr oder weniger der Vergessenheit anheim gefallenen Werke des Altertums erwacht. Große Verdienste um die Erforschung und Herausgabe der alten Texte[126] erwirbt sich Tai Tschen (1722–1777).

So ist das chinesische Denken in der Neuzeit in einer für es überaus förderlichen Besinnung auf sich selbst begriffen, bis es durch die Nötigung, sich mit abendländischen Ideen und moderner Naturwissenschaft auseinanderzusetzen, und durch die Veränderungen in der von ihm vorausgesetzten politischen, wirtschaftlichen und gesellschaftlichen Zuständen in eine Krise gerät, aus der es sich noch nicht herauszuarbeiten vermag.

Es ist aber nicht anzunehmen, daß der chinesische Geist jemals von der ethischen Lebens- und Weltbejahung lassen wird, die ihm auf Grund seines Wesens und durch die erzieherische Einwirkung der Lehre Kung-tse's als etwas Selbstverständliches feststeht.[127]

---

123 [Darüber:] enthält große ethische Ideale für die Einzelnen und die Gesellschaft.

124 [Darüber:] Wilhelm S. 113 [*Chinesische Philosophie*].

125 [Über u. unter d. Zeile:] Bei den Chinesen [kommt] eine sachliche Beschäftigung mit ihrer Literatur [auf]. In Indien erst in der Neuzeit, Anregung von Europa. Sanskrit-Texte.

126 [Darüber:] Wilhelm [*Chinesische Philosophie*,] S. 116.

127 [Hier folgt ein Abschnitt über das *Kan Ying Pien*, der jedoch identisch ist z. T. mit der Fassung 1920/21, z. T. mit derjenigen von 1939/40. Siehe S. 162 ff.]

Mensch und Kreatur im chinesischen Denken[128]

[Ms.-S. 185–198]

Das chinesische Denken erkennt das Bestehen einer weitgehenden Wesensverwandtschaft zwischen den Menschen und den Geschöpfen als etwas Selbstvertändliches an. Es nimmt ja an, daß in allen lebendigen Wesen die beiden Grundkräfte des Seins, das Yang und das Yin, in harmonischer Weise miteinander verbunden sind. Weil diese Verbundenheit in dem Menschen die höchste Vollendung erreicht, ist er das höchstentwickelte Geschöpf.

Einen fundamentalen Unterschied zwischen dem Menschen und den anderen Geschöpfen durch die Annahme zu statuieren, daß dem Menschen allein unvergängliches Wesen verliehen sei, liegt den chinesischen Denkern fern. Im Allgemeinen neigen sie zu der in der Lehre vom Yang und Yin begründeten Ansicht, daß alle Geschöpfe als einmalige, individuelle Erscheinung von Leben vergänglich sind, daß sie aber insoweit Unvergänglichkeit besitzen, als die beiden Grundkräfte, die ihr Leben konstituieren, nicht der Vernichtung anheimfallen, sondern sich irgendwie wieder zu neuem Leben vereinigen. «Was wir ein Ende nehmen sehen, ist nur das Brennholz: das Feuer brennt weiter», heißt es bei Tschuang-tse II, 4.[129]

Die chinesischen Denker, die jegliche Art von Unvergänglichkeit verneinen, sprechen sie auch dem Menschen ab; diejenigen, die in irgend einer Form eine individuelle Unvergänglichkeit annehmen, erkennen sie den Geschöpfen in derselben Weise wie den Menchen zu.

In der vorgeschichtlichen Zeit nehmen die Chinesen, wie sich aus dem Ahnendienst ergibt, ein individuelles Fortleben der Geister der Gestorbenen an, ohne noch mit der Frage der Vergänglichkeit oder Unvergänglichkeit des lebendigen Wesens als solches beschäftigt zu sein. Sobald sie aber das Leben als eine Vereinigung des Yang und des Yin zu erklären unternehmen, müssen sie auf sie eingehen.

Daß zwischen dem Menschen und der Kreatur Wesensverwandtschaft besteht, betonen die taoistischen Denker und die Vertreter der Lehre Kung-tse's in derselben Weise.

«Die Gestalt ist oft nicht gleich, wo die Denkart gleich ist. Die Denkart ist oft nicht gleich, wo die Gestalt gleich ist. Der Berufene fragt nach der Gleichheit der Denkart und läßt die Gleichheit der Gestalt beiseite. Die große Menge hält sich an die Gleichheit der Gestalt und vernachlässigt die Gleichheit der Denkart … Ein Wesen, das ein Knochengerüst von sieben Fuß, Hand und Fuß voneinander verschieden, Haare auf dem Kopf hat und fest gereihte Zähne im Mund, sich anlehnen und bücken kann, wird Mensch genannt. Aber es ist gar nicht ausgemacht, daß solch ein Mensch nicht das Herz eines Tieres hat. Aber ob er auch das Herz eines Tieres hat, so fühlt man sich seiner Gestalt wegen mit ihm verwandt. Ein Wesen, das Flügel anhat oder Hörner trägt, das geteilte Zähne hat oder gespreizte Klauen, das nach oben gerichtet ist und fliegen kann oder nach unten gerichtet ist und läuft, wird ein Tier genannt. Aber es

---

128 [Neue Fassung des betr. Kapitels von 1933.]
[R] Lambarene 9.7.37. Freitag Abend. Wieder einmal durch den *courrier* auf mehrere Tage aus der Arbeit gekommen.

129 Über die chinesischen Vorstellungen von Vergänglichkeit und Unvergänglichkeit, siehe z. B. S. 82, 97 f., 191 f., 252 f.

ist gar nicht ausgemacht, daß solch ein Tier nicht das Herz eines Menschen hat. Aber ob es auch das Herz eines Menschen hat, so fühlt man sich seiner Gestalt wegen ihm fremd... Wie kann das Herz der Tiere von dem der Menschen so gar verschieden sein? Ihre Gestalt und Sprache sind von denen der Menschen verschieden, und wir wissen nicht das Geheimnis, mit ihnen umzugehen... Alle Geschlechter von Fleisch und Blut sind in der Denkart des Herzens nicht gar weit verschieden.» (*Liä Dsi* II 18)

«Alle Wesen auf der Welt sind unsere Mitgeschöpfe. Unter diesen Geschöpfen gibt es nicht edlere und geringere. Sie überwältigen einander nur durch Größe, Klugheit und Kraft und essen dann der Reihe nach einander auf. Es ist aber nicht so, daß sie für einander erzeugt wären. Was der Mensch an eßbaren Dingen unter die Hand bekommt, das ißt er auf. Aber das ist nicht ursprünglich vom Himmel für den Menschen erzeugt.» (Yang Tschu bei *Liä Dsi* VIII 28)

«Wie wenig ist es doch, das den Menschen von den Tieren unterscheidet. Die Masse geht darüber hinweg; der Edle hält es fest.» (*Mong Dsi* IV B, 19)[130]

Tschu Hsi (1131–1200), der große Erneuerer der Lehre Kung-tse's, läßt es sich angelegen sein, die zwischen dem Menschen und den edleren Geschöpfen bestehende Wesensverwandtschaft aus den Vorstellungen des Yang und des Yin eingehend zu begründen. Die Tiere, ja auch die Pflanzen, sind, ihm zufolge, in derselben Weise geistige und ethische Wesen wie der Mensch, nur daß das Geistige und Ethische bei ihnen durch die Materie in der Entfaltung mehr gehemmt sind als bei ihm.

Auf Grund der Weltanschauung, die sie gemeinsam haben, erkennen die chinesischen Denker aller Schulen und aller Zeiten die zwischen dem Menschen und der Kreatur bestehende Verbundenheit an. In der Frage aber, inwieweit sie zu betätigen sei, urteilen sie verschieden, je nachdem sie eine Ethik der Tat vertreten oder ablehnen.

Da die Taoisten tätige Ethik überhaupt verneinen, kann die Gütigkeit des Menschen zu den Geschöpfen für sie nur dadurch zum Ausdruck kommen, daß er freundliche Gesinnung für sie hegt und es nach Möglichkeit vermeidet, sie zu schädigen. Ihnen ein anderes Schicksal bereiten zu wollen als das, das ihnen nach dem natürlichen Verlauf der Dinge bestimmt ist, müsse als ein willkürliches und in keiner Weise segensreich auswirkendes Eingreifen in das Naturgeschehen beurteilt werden.

Dies verdeutlicht Yang Tschu an dem Beispiel der Leute, die, um ihre barmherzige Gesinnung zu betätigen, am Neujahrstage gefangene Felsentauben kaufen und ihnen die Freiheit geben. Weil sie, führt er aus, aus diesem Grunde Abnehmer von solchen Tauben sind, wird diesen nachgestellt. Über dem Einfangen wird überdies eine große Anzahl von ihnen getötet. Es stünde also viel besser um diese Geschöpfe, wenn man sie einfach in Ruhe ließe. (Yang Tschu bei *Liä Dsi* VIII 27)

Von dem Taoisten Tschuang-tse (ca. 370–310 v. Chr.) ist eine Erzählung überliefert, die von dem tiefen Eindruck handelt, den der Kampf ums Dasein, den die Geschöpfe gegeneinander führen, auf ihn macht. Im Begriffe, auf einen Vogel anzulegen, ist er Zeuge, wie eine Zikade von einer Gottesanbeterin gepackt wird, die dann alsbald von dem Vogel, auf den sein Pfeil gerichtet ist, erhascht wird. Erschüttert

---

130 [Notiz:] Aber [macht] nicht Ernst mit [dem] Problem, ob die unbe [...] Tiere geopfert werden [dürfen] und ob [der] Mensch sich von getöteten Tieren ernähren darf. [Gilt] als etwas Selbstverständliches.

wirft er die Armbrust weg und verbringt drei Monate, ohne sich seinen Schülern zu zeigen. (*Dschuang Dsi* XX 8)

Bei Yen Ying (Yen-tse, 580–500), dem älteren Zeitgenossen Kung-tse's, der als erster in China das Gebot der tätigen Menschenliebe in den Mittelpunkt der Ethik stellt, findet sich bereits auch schon die Forderung des barmherzigen Verhaltens gegen die leidende Kreatur.

Von Kung-tse (etwa 552–479) sind keine dahingehende Aussprüche überliefert. Aber es finden sich bei ihm doch schon Anfänge einer Rücksichtnahme auf die Kreatur. In den *Lun Yü* wird berichtet, daß er Fische nie mit dem Netze, sondern nur mit der Angel fing (um ihrer nicht mehr zu töten, als er gerade brauchte), und daß er nur auf fliegende, aber nie auf dem Nest sitzende (d. h. brütende) Vögel schoß. (*Lun Yü* VII 26)

Bereits stark entwickelt ist das Mitempfinden mit den Geschöpfen bei Meng-tse (372–289). Er lobt seinen Zeitgenossen, den König Süan von Tsi (der von 320–302 v. Chr. regierte), weil er, von der Angst eines Ochsen, den man als Opfertier bei einer Glockenweihe vor seiner Tür vorbeitrieb, so bewegt wurde, daß er Befehl gab, ihn laufen zu lassen und ein Schaf an seiner Stelle zu nehmen. Obwohl er dieses andere Tier, weil das Opfer nicht unterbleiben durfte, dem Tod überantwortet habe, habe er doch darin Barmherzigkeit bekundet, daß er sich genötigt fühlte, das Tier, dessen Angst er mitangesehen, freizugeben. Wenn er sich von solch' gütigem Empfinden in allen seinen Handlungen leiten lasse, so sei er würdig, König der Welt zu werden.

Im Verlaufe dieses Gespräches mit dem König äußert Meng-tse: «Es geht dem Gebildeten mit den Tieren nun einmal so: wenn er sie lebend gesehen hat, kann er nicht zusehen, wie sie getötet werden, und wenn er sie hat schreien hören, bringt er es nicht über sich, ihr Fleisch zu essen. Das ist ja auch der Grund, warum der Gebildete sich von der Küche fernhält.» (*Mong Dsi* I A, 7)

Um nicht in den Verdacht zu kommen, eine die natürlich gegebenen Beziehungen nicht berücksichtigende Liebe zu verkündigen, bezeichnet Meng-tse das geistige Verhalten gegen die Geschöpfe nur als Freundlich-Sein (Ai) und will den Ausdruck Liebe (Yên) allein für die Zuneigung des Menschen zum Nebenmenschen gebraucht wissen. (*Mong Dsi* VII A, 45)[131]

Bei Me-tse (etwa 480–400), der die allgemeine Menschenliebe aus dem Beispiel der Gütigkeit des Himmels gegen alle Wesen begründet,[132] findet sich merkwürdigerweise kein Wort über die Pflicht der Gütigkeit gegen die Geschöpfe.

Hingegen wird von dem Dialektiker Hui-tse (gest. etwa 330 v. Chr.) überliefert, daß er Liebe zu allen Geschöpfen geboten habe, weil alle Wesen[133] durch das Teilhaben an demselben Sein eine Einheit bildeten.

Für die späteren Vertreter der Lehre Kung-tse's ist die Betätigung des Mitleids gegen die Geschöpfe etwas Selbstverständliches. Die Ethik Kaibara Ekken's (1630–1714), des großen neuzeitlichen Vertreters der Lehre Kung-tse's in Japan, ist völlig durch die Idee beherrscht, daß der Mensch nicht nur dem Nebenmenschen, sondern allen lebendigen Wesen,[134] auch den Pflanzen, Liebe entgegenzubringen habe.

---

131 Siehe Seite [288].

132 [Darüber:] Also Meng-tse in der Liebe weiter als Me-tse.

133 [Darüber:] Hackmann [*Chines. Philosophie*,] S. 137.
[R] . . . weil alle Wesen ein und demselben Sein angehören.

134 Forke, [*Gedankenwelt* ., S.] 214.

Welchen Platz die Liebe zu den Geschöpfen in der chinesischen Volksethik einnimmt, ist aus dem *Kan Ying Pien* zu ersehen.[135]

Aus den Geboten des Kan Ying Pien:

«Ein erbarmendes Herz haben gegen alle Geschöpfe.» – «Auch Gewürm und Insekten, Pflanzen und Bäumen soll man kein Leid zufügen.» – «Übel tut... wer Vögel schießt, Tiere jagt, die Larven der Insekten ausgräbt, die nistenden Vögel aufschreckt, Höhlen (in denen Tiere hausen) verstopft, Nester aushebt, trächtige Tiere verwundet.» ...[136]

Dadurch, daß die chinesische Ethik mit einer Weltanschauung in Verbindung steht, die in natürlicher Weise die zwischen dem Menschen und der Kreatur bestehende Wesensverwandtschaft anerkennt, ist für sie die Möglichkeit gegeben, universell zu werden. Diese Möglichkeit zu verwirklichen, besitzt sie die Fähigkeit und die Kraft durch die machtvolle Art, in der die Idee der Liebe zur Entfaltung und Geltung kommt.

Von sich aus also, nicht, wie auch schon behauptet wurde, unter dem Einfluß des Buddhismus, ist die chinesische Ethik dazu gekommen, dem Gebot der Liebe eine auf alle Wesen gehende Bedeutung[137] zu geben.

Die chinesiche Idee des universellen Mitleids ist ganz anders geartet als die indische. Sie hängt nicht wie diese mit Lebens- und Weltverneinung zusammen und ist nicht wie sie durch das Prinzip der Nicht-Tätigkeit beschränkt, sondern entsteht in der Vertiefung des natürlichen Mitempfindens in einer ethischen Lebens- und Weltbejahung, die sich des ganzen Gebietes ihrer Verantwortungen und Pflichten bewußt wird und dem Drang nach Betätigung ungehemmt Folge gibt.[138]

Wo das chinesische Denken dann aber mit dem indischen bekannt wird, wird es durch dieses in der Geltendmachung der Idee des universellen Mitleids bestärkt und beeinflußt.

So trägt die chinesische Idee des universellen Mitleids bei neuzeitlichen Denkern, im *Kan Ying Pien* und in der neuzeitlichen Ordensregel der taoistischen Mönche Züge der indischen an sich, ohne daß aber ihr eigentliches Wesen dadurch berührt wird.[139]

* * *

135 Über das *Kan Ying Pien* (*Buch von den Handlungen und der Vergeltung*) siehe [Fassung 1939/40] S. [162 ff.].

136 [Die weiteren Zitate (a. d. Erklärungen zu den Geboten, erläuternde Erzählungen u. Gebote d. heutigen Ordensregel d. neuzeitl. taoist. Mönche Chinas) hier weggelassen, weil wörtlich in die Fassung 1939/40 übernommen, s. S. 163 ff.]

137 [Am unteren Seitenrand:] chines. Ethik ist vollendete, vollständige Ethik.

138 [R] Am freien Nachmittag des 14. juillet (Mittwoch) 1937.

139 [Am unteren Seitenrand:] Die Mystik eignet sich Ethik an, sie bringt keine hervor.

Skizze des Rückblicks [I]

[Ms.-S. 199–202]

Zwei große Strömungen gehen im chinesischen Denken nebeneinander einher: eine mystische und eine ethische.[140] Die taoistische Mystik hat wie die brahmanische ihren Ursprung in der primitiven magischen Mystik des Mächtig-Werdens durch das Eins-Werden mit der Ur-Macht und gründet sich wie diese auf das Erlebnis der Ekstase. Charakteristisch für die chinesische Mystik ist, daß sie durch das Erlebnis der Ekstase nicht an der Lebens- und Weltbejahung irre wird, sondern in ihr verbleibt.[141] Die ursprüngliche Art dieser Mystik scheint noch am deutlichsten bei Lieh-tse durch. Bei Lao-tse und Tschuang-tse erlebt sie eine tiefe Vergeistigung und wird zur Mystik des[142] Eins-Seins mit dem geheimnisvollen Weltgeiste (Tao) und des unscheinbaren, ohne menschliche Geschäftigkeit vor sich gehenden Wirkens in seinem Sinne. Das große Problem für diese Mystik ist ihr Verhältnis zur Ethik. Obwohl sie [sich] über das, was gemeinlich als Pflicht gilt, erhaben fühlt, steht sie doch durch die Idee der Lebens- und Weltbejahung und die Idee des Wirkens irgendwie in Verbindung mit der Ethik.[143] Sie nimmt an, daß das Weltgeschehen, in dem der Weltgeist wirksam ist, sinnvoll ist und daß sich [in] ihm eine höchste, in menschlichen Vorstellungen nicht zu erfassende Gütigkeit kundgebe. Auf welche Weise der Mensch diese tatenlose, höchste Gütigkeit zu verwirklichen hat und zu verwirklichen vermag, bleibt bei Lao-tse, Lieh-tse und Tschuang-tse im Dunkel.[144] Das Ideal ist für sie die höchste Geistigkeit, nicht die höchste Sittlichkeit. Aber bei Lao-tse klingt dabei ein ethischer Ton sehr vermerklich mit, bei Lieh-tse und Tschuang-tse nur noch ganz schwach.

Innerhalb des Taoismus treten dann Denker auf, die an dem Grundsatz der Nicht-Tätigkeit nicht festhalten, sondern auf die Forderungen, wie sie das Leben innerhalb der menschlichen Gesellschaft stellt, einzugehen suchen. In oberflächlicher Weise stellt[145] Kuei Ku-tse (4. Jahrhundert v. Chr.) als Pflicht auf, das, was der Fürst in seiner Willkür als gut gebietet, zu tun, und das, was er als böse verbietet, zu meiden. Bei Me-tse (480–400 v. Chr.) bekennt sich der Taoismus zu einer auf der Idee der allgemeinen, schrankenlosen[146] Menschenliebe beruhenden Ethik. Bei Sung

---

140 [Darüber eingefügt:] Mit diesen verglichen, sind alle andern nur Nebenströmungen.

141 [Am Rand u. über d. Zeile wenig deutlich beigefügt:] Das Charakteristische [...] ist, daß sie sich zum Prinzip der Tatenlosigkeit und zur Welt- u. Lebensbejahung zugleich bekennt ([beides] miteinander [...] vereinigt); die Spannung, die sie durch die Vereinigung in sich trägt.

142 [Eingefügt:] geheimnisvollen, stillen Wirkens [, des ...]

143 [R] [Der] Taoismus kommt durch den Buddhismus zur Ruhe.

144 [R] Eine Ethik selber von sich aus hervorzubringen, vermag der Taoismus nicht. Aber die [der] Nötigung, in ein positives Verhältnis zur Ethik zu treten, kann er sich nicht entziehen. Die geschichtliche Entwicklung des Taoismus verläuft in fortgesetzten Versuchen.

145 [R] Die große Frage für den Taoismus ist, inwieweit er ethisch werden will und kann.

146 [Über das vorangehende Wort geschrieben.]

Giän (4. Jahrhundert v. Chr.) und Ying Wen (4. Jhdt. v. Chr.) vertritt er, was mehr in seinem Wesen liegt, die Idee[147] der Nicht-Gewalttätigkeit.[148]

Den bedeutendsten Versuch, Taoismus und Ethik miteinander zu vereinigen, unternimmt Wang Yang-ming (1472–1527). Aber er hält vom Taoismus nur die Idee fest, daß die Welt nicht von außen her, sondern nur von innen her, auf Grund der Identität des Menschengeistes mit dem Weltgeiste, zu erkennen sei. Die Mystik gibt er preis. Ebensowenig als Me-tse und die anderen unternimmt er den Versuch, die Ethik als die Verwirklichung des Eins-Seins mit dem Weltgeiste zu begreifen. Die Ethik ist für ihn etwas, das an sich feststeht und [an] sich sinnvoll ist und im Menschen zur Entfaltung kommt.

Mystik und Ethik wirklich miteinander zu vereinigen, gelingt dem chinesischen Denken nicht.

Unter dem Einfluß des Buddhismus bildet sich ein Kloster-Taoismus aus, der insoweit ethischen Charakter hat, als der Grundsatz der Nicht-Tätigkeit ethisch ist.[149] Die taoistischen Mönche streben wie die buddhistischen nach höchster Gedankengütigkeit und sind bemüht, jede Schädigung anderer Wesen zu vermeiden.

Einen tiefgehenden Einfluß auf das chinesische Geistesleben hat der Taoismus nicht ausgeübt. Wenn er auch zeitweise, so besonders in der Tang-Dynastie (618–907), in gewissen Kreisen sehr angesehen ist, so kann er doch, weil er auf die Tatsachen und Forderungen der Wirklichkeit nicht eingeht und das Ideal einer die Bedeutung der materiellen Probleme und Forschritte verneinenden rein geistigen Kultur vertritt, nicht volkstümlich werden.

Dennoch aber ist er als Mystik, die in der Lebens- und Weltbejahung verbleibt und das Daseinsrecht der Mystik in dem chinesischen[150] Denken durch die Jahrhunderte hindurch unentwegt geltend macht, eine große Erscheinung in dem Denken der Menschheit.[151]

* * *

[Skizze des Rückblicks] II

[Ms.-S. 202–207]

Das ethische Denken kann sich in China unter einzigartig günstigen Voraussetzungen entfalten. Es findet eine lebens- und weltbejahende Ansicht von der Welt vor, die ethische Elemente enthält. Auf Grund dieser Weltanschauung entsteht, von großen Persönlichkeiten der vorgeschichtlichen Zeit geschaffen, die älteste und am

---

147 [Zuerst:] den [Gedanken, das] Prinzip.

148 [Am unteren Seitenrand:] [Die] Rolle des Buddhismus. Praktische Lösung des Problems. Taoistisches Mönchstum entsteht, und dieses [lebt] in Weltzurückgezogenheit. Das Leben in der Weltabgeschiedenheit. Gütigkeit [bloß] der Gedanken. Die Anforderungen, die die Wirklichkeit stellt, ignorieren.

149 [R][Es] kommt [zur] Entwicklung, was bei Lao-tse angelegt. Rückkehr zu Lao-tse (bei dem das Ethische am stärksten unterliegt [= darunter liegt, vorhanden ist?]. Die Mystik [ist] ethisch wärmer. Nicht wie bei Tschuang-tse und Lieh-tse der Kult der reinen Geistigkeit, [der] nie volkstümlich [war].

150 [Ms.:] indischen.

151 [R] Sonntag 18. Juli 37. Sonnig, kühl und still.

weitesten gediehene Ethik, von der wir Kunde besitzen. Das Material und die Fundamente des Baus, den das ethische Denken aufzuführen hat, sind also vorhanden. Es bedarf nur der großen Baumeister, die das Begonnene fortführen und vollenden. Diese finden sich. Den Anfang macht, soweit unsere Kenntnis reicht, Yen Ying (Yen-tse, 580–500 v. Chr.), bei dem das Gebot der Liebe schon so stark ausgebildet ist, daß es auch auf die Kreatur bezogen wird. Ist Yen-tse unmittelbar schöpferisch, so sucht sein jüngerer Zeitgenosse Kung-tse (552–479) die Ethik der Liebe aus den Dokumenten der Tradition zu erweisen und darzutun, wie sie in den natürlichen Pflichten, auf denen die Ordnung der Gesellschaft beruht, enthalten ist.[152] Kung-tse ist der Schöpfer des ethischen Ideals des Edlen, der [sich] die überlieferten Verkehrsformen zu eigen macht und sie mit dem Geiste der wahren Menschenliebe erfüllt. Von großer Bedeutung ist, daß die Gespräche, in denen seine trotz aller Schriftgelehrsamkeit, mit der sie sich umgibt, so lebendige Ethik zur Darstellung kommt, schriftlich erhalten werden.

Der Vollender der Ethik Kung-tse's ist sein großer Nachfolger Meng-tse (372–289). Für die Begründung der Idee des Guten verzichtet er auf jegliche Nützlichkeitserwägungen und begreift sie als [etwas] in dem geistigen Wesen des Menschen absolut Gegebenes.[153] Das Ideal des Edeln, wie es Kung-tse mit etwas steifen Strichen gezeichnet hat, wandelt sich bei ihm in das des Menschen, der tiefstes ethisches Menschentum besitzt und betätigt. In herrlichen Aussprüchen tut sich der Reichtum, die Feinsinnigkeit und der Idealismus dieser Ethik kund.

[154]Bezeichnend für die chinesische Ethik ist, daß Yen-tse, Kung-tse und Meng-tse in öffentlichem Wirken stehen. Sie sind durch ein ethisches Staatsideal bestimmt. Meng-tse hat den enthusiastischen Glauben, daß das in selbständige Fürstentümer zerfallene Kaiserreich Chinas als durch ethische Grundsätze beherrschtes Reich neu erstehen wird.[155]

In dem chinesischen Denken finden sich also früher als in irgend einem anderen[156] die Idee der Liebe, das Humanitätsideal und das Ideal des ethischen Kulturstaates [vor].

---

152 [Satzschluß (Relikt aus gestrichenen Fassungen?): und sich in seine [gestrichen: ihre] geordnete Anwendung findet.

153 [Zuerst, aber dann teilweise gestrichen:] als eine ... absolut gegebene Notwendigkeit.

154 [R] 1) Männer der Tat, stehen im öffentlichen Tun [(?).] Staatsideal – ein ethisches Staatswesen.
2) Lange gedauert, bis im Volk festgesetzt. Durch die Wucht der Dokumente. Die [der] große Eindruck der Werke, die die Aussprüche Kung-tse's und Meng-tse's enthalten.
Wann [oder: warum?] durchgesetzt? Mit Weltanschauung verbunden. Das Eigentümliche des Verhältnisses zur Weltanschauung. Die ethische Idee, den Sieg muß ihr die Welt davontragen [?] Erlebt nicht den ganzen Konflikt.
Dies ist das für uns Abendländer, die wir unter dem Einfluß des Christentums stehen, Befremdliche.
3) Die Größe: Auseinandersetzung mit [der] Wirklichkeit. Vollständigkeit. Ihre Natürlichkeit.

155 [Zuerst:] daß [die] Fürstentümer Chinas sich in einem durchaus durch ethische Grundsätze beherrschten Reiche zusammenfinden werden.

156 [Verworfene Satzanfänge:]
1) Das chinesische Denken darf für sich in Anspruch nehmen ...
2) In dem chines. Denken treten also früher als in einem anderen ...

Erst unter der Sung-Dynastie (960–1276) beginnt die ethische Lehre Kung-tse's und Meng-tse's als von dem Volke anerkannt und im Wesen des Volkes wurzelnd sich im chinesischen Denken[157] gegen den Taoismus und den Buddhismus, der seit dem 1. Jahrhundert n. Chr. in China Verbreitung gefunden hat, aufzulehnen und durchzusetzen. Unter der Ming-Dynastie (1368–1644) erhält sie – in der Fassung, die sie durch Tschu Hsi (1131–1200) erhalten hat[158] – staatliche Geltung. Tschu Hsi baut die Lehre Kung-tse's im Einzelnen aus[159] und bringt sie mit einer von ihm aus alt-chinesischen Vorstellungen geschaffenen Weltanschauung in Verbindung.

Die chinesische Ethik bedeutet eine großartige Leistung im Denken der Menschheit. Allem andern Denken ist das chinesische darin voraus, daß es als erstes die Ethik als etwas in absoluter Weise in dem geistigen Wesen des Menschen Begründetes schaut, als erstes die Ethik aus ihrem Grundprinzip entwickelt und als erstes das Humanitätsideal und das Ideal des ethischen Kulturstaates – und dies in einer für alle Zeiten gültigen Weise – aufstellt. Als hochentwickelte Ethik zeigt sich die chinesische auch darin, daß sie hohe Forderungen hinsichtlich des Verhaltens von Mensch zu Mensch vertritt und dem Gebote der Liebe eine auf alle Wesen gehende Bedeutung gibt. Diese Vorzüge und Errungenschaften kommen noch dadurch zu bester Geltung, daß sie auf Grund ihrer Lebens- und Weltbejahung gesund ist und sich in natürlicher und eingehender Weise mit den Tatsachen der Wirklichkeit auseinandersetzt.

So außerordentlich weit sie auch vorangekommen ist: die chinesische Ethik [ist] doch nicht bis zu den letzten Forderungen vorgedrungen.

Auf die schwersten Fragen des Verhältnisses von Mensch zu Mensch – auf die des Erleidens von Unrecht, des ohne Einschränkung zu übenden Verzeihens, der auch dem Feinde zu erweisenden Liebe – geht sie nicht ein. Sie ist nur mit dem Verhalten, das sich vornehmen kann, etwas auszurichten, beschäftigt, nicht aber auch mit dem, das nur noch die Nötigung des innerlichen Vollkommen-Werdens zum Motiv haben kann. Wohl ist bei Meng-tse die Erkenntnis erreicht, daß die Forderungen der Ethik

---

157 [R] Skizze des Verlaufs des Denkens der Menschheit.

158 [R] Auch andere Lehren vorhanden.

159 [R] Erlebt das Problem der ethischen Weltanschauung nicht in seiner ganzen Schwere. Aber all dies Prinzipielle [...] Keine Religion steht ihr im Wege. Nicht die Ratlosigkeit. Die Leistung des ersten Denkens ist ausserordentlich, vollbringt [...]
Das Große der ethischen Welt- u. Lebensbejahung des Kung-tse und seiner Nachfolger[:]
1) Natürlichkeit ([...]).
2) Setzt sich mit der Wirklichkeit auseinander.
Tiefe Innerlichkeit und Vollständigkeit. Das Gebot der Liebe auch auf die Kreatur ausgedehnt.
Aber [sie dringt] doch noch nicht in die Hochregion der Probleme. Die letzten Forderungen und Probleme der Ethik des Verhaltens von Mensch zu Mensch (Verhalten des Vergebens) beschäftigen sie nicht. Empfindet die Schwierigkeiten der Durchführung des ethischen Verhaltens zur Kreatur nicht. Ignoriert [?] die Probleme, die sich der Ethik stellen. Letzte Forderungen stellen sich, und die letzten Probleme der Ethik tun sich auf.
Bei aller Tiefe und Größe wahrt (behält) sie sich die Unbefangenheit. Gelangt zu tiefen Erkenntnissen, aber nicht zu den letzten. Nur Ansätze eines Konflikts mit der Welterkenntnis. Befreit-Sein von Problemen. Das Unentwickelte. Aber gerade in ihrer unbefangenen ethischen Lebens- u. Weltbejahung beruht der große Einfluß.

absolut gelten. Aber daß damit die Grenzenlosigkeit der Forderung der Ethik anerkannt wird, wird weder ihm noch einem Spätern bewußt.

Ebensowenig empfindet das chinesische Denken die Grenzenlosigkeit der Ethik, die mit der Ausdehnung des Gebotes der Liebe auf alle Kreatur gegeben ist, als Problem. Das Problem der unerfüllbaren Forderungen der grenzenlosen Ethik schafft ihr noch keine Not.

Auch den zwischen der Ethik und der Welterkenntnis bestehenden Konflikt erlebt das chinesische Denken nicht in seiner ganzen Schwere. Es leidet nicht, wie das christliche, darunter, daß das Weltgeschehen nichts Ethisches an sich hat, und unternimmt auch keinen Versuch, es ethisch zu deuten. Wohl ist es mit dem Ideal des ethischen Kulturstaates beschäftigt, aber nicht mit dem des Reiches Gottes. Sich mit der Frage abquälen zu müssen, wie das ethische Verhalten des Menschen in dem Weltgeschehen als sinnvoll zu begreifen sei, bleibt ihm erspart.

Bei aller Tiefe behält die chinesische Ethik etwas Unbefangenes. Dies ist ihre Stärke und ihre Schwäche. Weil sie unbefangen ist, wirkt sie überzeugend. Nur weil sie in so völliger Sicherheit gebietet, ist sie fähig, durch Jahrhunderte hindurch aufeinanderfolgenden Generationen ethische Gesinnung einzugeben.[160]

Durch das ihm in solchem Maße eigene Vermögen, sich die Unbefangenheit zu bewahren, ist das chinesische Denken aber[161] nicht dazu gekommen, in die letzten Fragen und Probleme der Ethik Einblick zu nehmen und sich über die Schwierigkeiten,[162] mit denen es die ethische Lebens- und Weltbejahung zu tun hat, Rechenschaft zu geben. Den schweren Weg des kritisch gewordenen Denkens gehen zu müssen, kann ihm ebensowenig erspart bleiben als dem europäischen. Dadurch, daß es nicht von sich aus die Unbefangenheit aufgab, sondern durch das Bekannt-Werden mit dem europäischen Denken verlor, wird ihm das Vorwärtskommen auf dem Wege, den es nicht vermeiden kann, nicht leichter, sondern schwerer gemacht.

Aber darin, daß es in seiner Unbefangenheit die Ethik bereits als etwas begriffen hat, das auf sich selbst gestellt[163] ist und sich selbst genügt, besitzt es schon etwas von der Erkenntnis, zu der das kritische Denken sich hindurchringen[164] muß.

* * *

---

160 [Zuerst, teilweise gestrichen:] die aufeinanderfolgenden Generationen zu ethischer Gesinnung zu erziehen.

161 [*aber* gestrichen.]

162 [Darüber, aber zum vorangehenden Satz gehörig:] Das Erzieherische. [Die chinesische Ethik] zieht die Völker in ihren Bann.

163 [R] Die Unabhängigkeit der Ethik. Lambarene, Freitag 23. Juli 37. Viel mit Anlage von Treppen und mit Graben eines ständig Wasser gebenden Brunnens zu tun.

164 [Notiz:] Dies noch anführen: Wie sich damit abgefunden. Die Ethik die Bedeutung einer Weltanschauung. Das Ethische [...]
[R] Kein Ringen mit dem Problem des Weltgeschehens. Das Ringen um das Nicht-Irre-Werden an der ethischen Weltanschauung.
Im 18. Jahrhundert Beschäftigung mit [dem] chinesischen Denken. Am Ausgang verdrängt die Beschäftigung mit [dem] indischen Denken die andere. Weil Indien...

Skizze der Neubearbeitung des Abschnitts über die Anfänge des Denkens[165]

[Ms.-S. 208]

Das zu voller Entwicklung gelangende Denken findet zwei Arten des unentwickelten Denkens vor, die sich in ihm dann fortsetzen und fortbilden: eine mystische und eine nicht-mystische. Die mystische ist die älteste. Ihr Ausgangspunkt ist die Vorstellung, die auch heute noch das Denken der Primitiven beherrscht, daß der Mensch durch geheimnisvoll wirkende Riten das Eins-Werden mit der in den Dingen waltenden Ur-Macht und damit übernatürliche Fähigkeiten erlangen könne. Eine große Bedeutung hat in dieser magischen Mystik die Tatsache, daß der Mensch durch besondere Tränke oder durch Selbstsuggestion es erlebt, daß er aus dem natürlichen Daseinszustand in einen übernatürlichen versetzt wird. Nach den Beobachtungen, die bei den Primitiven zu machen sind, ist die Mystik des Erlangens übernatürlicher Fähigkeiten durch das Eins-Werden mit der Ur-Macht aus dem Erlebnis der Ekstase entstanden.[166] Die Tatsache, daß Menschen sich, wenn auch nur vorübergehend, in einem solchen höheren Dasein befinden können, macht...

* * *

Skizze des Abschnitts über die älteste Weltanschauung des chinesischen Denkens. Die volkstümliche Weltanschauung[167]

[Ms.-S. 216–228]

Die alt-chinesische Religion besteht in der Verehrung, die den Ahnen, den Geistern, den in den Bergen, Feldern, Flüssen, Wolken und Winden vorhandenen Naturgottheiten, den Gestirnen, der Erde und dem Himmel erwiesen wird. Die Naturgewalten und die Gestirne werden als personhafte Götter[168] vorgestellt.

Während Ahnendienst und Götterverehrung in der alt-indischen Religion nebeneinander einhergehen, finden sie sich in der alt-chinesischen ineinandergeschoben. Die Ahnen der Kaiser werden als Gottheiten angesehen. Es wird ihnen sogar höherer Rang als den Gottheiten der Naturgewalten und der Gestirne zugeschrieben. Auch kommt es vor, daß als Gottheiten verehrte Ahnen des Kaiserhauses den Platz von Naturgottheiten einnehmen.

---

165 [Darunter (als 2. Überschrift?) eingefügt:] Die Rolle, die die Ekstase im Denken der Menschheit gespielt hat. [Die Neubearbeitung betrifft möglicherweise den Abschnitt *Taoistische Mystik und Ekstase*, S. 247 ff.]

166 [R] überwältigend; gewöhnliches Beobachten, Erfahren und Überlegen wird daneben bedeutungslos.

167 [R][Am Schluß der vorangehenden Skizzen zu diesem Abschnitt:] Lambarene, Sonntag 3. Okt. 37.
Randnotiz am Anfang derselben Skizzen:] Ich entschließe mich, ein Kapitel über das älteste chinesische Denken vorauszuschicken, in dem die Probleme der klassischen Zeit schon aufgezeigt werden.

168 [Darüber:] Kräfte.

Als höchste Gottheiten gelten der Himmel und die Erde. Sie begreifen alle anderen in sich. Ursprünglich scheint die Erde als die höchste Gottheit angesehen worden zu sein. Später erhält dann der Himmel den ersten Platz.

Dem Range nach unter den Gottheiten stehen die Naturgeister und Dämonen (Kuei). In der ältesten Zeit werden sie als zugleich geistige und körperliche Wesen vorgestellt; in der späteren Zeit herrscht die Ansicht vor, daß sie, wie die Geister der Abgeschiedenen, körperlos sind. Ihrer Betätigung wird eine große Bedeutung für das, was sich auf Erden ereignet, beigelegt.

Im Allgemeinen werden den sich in der Natur betätigenden Geistern keine guten Absichten den Menschen gegenüber zugeschrieben, wenn auch angenommen wird, daß es solche gibt, die ihnen wohlgesinnt sind. Die Geister der Abgeschiedenen hingegen werden als Beschützer der Familie angesehen.

Die Opfer an die kaiserlichen Ahnen, an den Himmel und an die Erde und gewisse Hauptopfer an die Götter sind Staatssache und werden vom Kaiser vollzogen. Die gewöhnlichen Opfer an die Götter darzubringen, fällt den Lehensfürsten und den Beamten als den Beauftragten des Kaisers zu. Die Riten und Opfer des Ahnendienstes sind Sache des Familienhauptes.

Wie in der alt-indischen Religion finden sich auch in der alt-chinesischen zwei Arten von Opfern nebeneinander. Das eine ist als eine mit Bitten oder Danksagung einhergehende Darbringung von Gaben gedacht, das andere wird als eine mit magischer Gewalt auf die Götter und Mächte einwirkende Zeremonie verrichtet. Das Zustandekommen des Zaubers wird dem geheimnisvollen, in den Riten vor sich gehenden Handeln und der Kraft, die den in der Opferliturgie vorkommenden Melodien innewohnt, zugeschrieben. Diese uns so fremdartig anmutende Auffassung [von] der Musik als einem wirkenden Zauber[169] findet sich auch in der alt-indischen Religion. «Singend erdachten einige (Götter) die große Melodie, durch die sie die Sonne aufleuchten ließen», heißt es in einem Hymnus des Veda.[170] Daß die Musik ursprünglich der Magie zugehörte, ergibt sich aus den Stellen der alten chinesischen Schriften, in denen von ihr die Rede ist.

Die Auffassung von dem Opfer als einer magisch wirkenden Handlung spielt in der alt-indischen wie in der alt-chinesischen Religion eine bedeutendere Rolle als die Auffassung von ihm als Gabenopfer. Sie wurzelt in der Idee des geheimnisvollen Erlangens von überirdischer Macht, die die Gedankenwelt der primitiven Religion beherrscht, und ist in Geltung, insoweit als diese noch vorhanden ist.

Die Vorstellung des Opfers als einer Darbringung von Gaben gehört ursprünglich dem Ahnenkult zu. Die Opfer an die Götter werden zu Darbringungen in dem Maße, als der Polytheismus den Zusammenhang mit der primitiven Religion verliert. In der griechischen Religion der klassischen Zeit ist die Auffassung von dem Opfer als einer magisch wirkenden Zeremonie nicht mehr vorhanden.

Während in der alt-indischen Religion die Brahmanen die göttergleichen Wesen sind, die allein die zur Darbringung wirkungskräftiger Opfer erforderlichen Kenntnisse der Zeremonien und Beziehungen zu den überirdischen Mächten besitzen, nimmt in der alt-chinesischen der Kaiser diese Stelle ein. Als Sohn des Himmels steht er mit den höchsten Mächten in Verbindung und verkehrt mit den Göttern als

169 [Ms.:] Auffassung der Musik als eines wirkenden Zaubers.
170 [VIII 29, 10 (Alfred Hillebrandt, *Lieder des Rigveda*, Göttingen / Leipzig 1913, S. 99).]

mit seinesgleichen. Weil er, die Lehensfürsten und die ersten Beamten die höchsten priesterlichen Funktionen ausüben, kann in China ein Priesteradel wie der der Brahmanen nicht aufkommen. Die chinesischen Priester bilden keinen sich von dem Laientum absondernden Stand.

Während in Indien die Priester und die Krieger die beiden obersten Kasten bilden, gibt es in China auch keinen besonderen Kriegerstand.[171] Es werden vier Klassen unterschieden: Beamte, Bauern, Handwerker und Kaufleute. Die Krieger gehen aus diesen vier [Klassen] hervor. Als der höchste Stand nach dem der Beamten gilt der der Bauern. Diese als die Ernährer der Volkes genießen ein höheres Ansehen als die Handwerker und die Kaufleute.

Wie das indische so trägt auch das chinesische Priestertum noch die Herkunft aus dem Schamanentum an sich. Die chinesischen Priester üben vornehmlich Funktionen aus, die mit der primitiven Religion in Zusammenhang stehen. Sie befragen und deuten die Orakel; durch Riten und Opfer, die sie in Tempeln und Häusern vollziehen, suchen sie dem Einfluß der bösen Geister entgegezuwirken; in der Ekstase, in die sie sich versetzen, fühlen sie sich als Organe einer in sie übergegangenen überirdischen Macht. Am meisten werden die chinesischen Priester, auch noch in der heutigen Zeit, in Anspruch genommen, um bei Opferfesten über die beste Art, mit den Göttern und Geistern zu verkehren, Auskunft zu geben und auf Grund ihres Wissens um die Geheimnisse der in der Natur wirkenden Kräfte und Geister zu entscheiden, ob ein Gebäude günstige oder ungünstige Voraussetzungen als Wohnplatz bietet und ob die schicksalshaften Bedingungen für das Gelingen eines Unternehmens gegeben sind.

In alter wie in neuer Zeit können in China priesterliche Funktionen aber von jedem, der sich dazu berufen fühlt und sich die erforderlichen Kenntnisse zutraut, ausgeübt werden. Auch das Verfallen in Ekstase wird nicht nur von Priestern, sondern auch von Laien betrieben.

Trotz des Bestehens eines Berufspriestertums erhält sich in China also die Idee eines Laienpriestertums. Das Laienpriestertum hat seine Wurzeln in dem Ahnenkult. In der alt-indischen Religion ist es, trotz des Haltes, den es am Ahnenkult finden könnte, nicht mehr vorhanden, weil es sich gegen das stark organisierte brahmanische Priestertum nicht behaupten kann.

Daß das indische Denken in Priesterkreisen seinen Anfang nimmt, während das chinesische unter Nicht-Priestern aufkommt, ist der Hauptgrund dafür, daß beide, obwohl sie in ihren Voraussetzungen und den Vorstellungen nach, von denen sie ausgehen, so weitgehend miteinander verwandt sind, sich dennoch in so verschiedener Weise entwickeln.

* * *

Die alt-chinesischen Orakel beruhen auf Deutung von Linien. Als Linien, in denen sich Orakel kundtun, gelten die Sprünge, die bei Knochen und bei Schildkrötenschalen, die geritzt und dem Feuer ausgesetzt werden, auftreten, und Linienkombinationen, die sich daraus ergeben, daß nach einem bestimmten Verfahren gebrochene und ungebrochene Stengel der Schafgarbe – es handelt sich wahrschein-

171 [Darüber:] [A.] Forke, [*Gedankenwelt,*] S. 181.

lich um die mit dem europäischen Millefolium verwandte Achillea sibirica[172] – als Lose gezogen und miteinander so zusammengebracht werden, daß die jeweils später hinzukommenden unter die vorherigen zu liegen kommen. Der Sinn des Orakels ergibt sich aus der Deutung des jeweiligen Vorliegens der beiden Stengelarten und der Ordnung, in der sie sich zueinander befinden.

Tschu Hsi, dem berühmten Denker des 12. Jahrhunderts n. Chr. zufolge, gehörte die Schildkröte zu den langlebigsten Tieren und die Schafgarbe zu den am längsten neu ausschlagenden Pflanzen. Weil von beiden angenommen wird, daß sie in einzigartiger Weise Träger der geheimnisvollen Lebenskraft sind, soll in ihnen Offenbarung über das Geschehen zu finden sein.[173]

Das aus Linien auf Knochen und Schildkrötenschalen abzulesende Orakel muß naturgemäß ein Gegenstand irgend einer willkürlichen Wahrsagerei bleiben. Die Deutung der Kombinationen ganzer und gebrochener Linien beim Schafgarbenorakel hingegen läßt sich auf Regeln bringen und zu einem System ausbilden. Eine bis ins Einzelne durchgeführte Deutung von Kombinationen von ganzen und gebrochenen Stengeln, die als Symbole verschiedenartigen Geschehens aufgefaßt werden, liegt im *I king*, dem *Buche der Wandlungen*, vor. In der zeichnerischen Darstellung werden aus den ganzen und gebrochenen Stengeln ganze und unterbrochene Linien (—— und — —). Das *I king* handelt von den 8 Kombinationen zu je drei und den 64 zu je sechs Linien.[174]

Charakteristisch für die alt-chinesische Denkweise ist, daß das natürliche Überlegen neben dem Orakel seine Bedeutung behält.

In dem *Hung-fan*[175] (*Umfassende Regel*), einem Abschnitt des Buches der Urkunden (*Schu-king*), der vom rechten Regieren handelt und seinem Inhalte nach wohl auf die Zeit der Hsia-Dynastie (2205–1766) zurückgeht,[176] wird als Regel aufgestellt, daß der Herrscher «zur Aufhellung von Zweifelsfällen» neben dem Orakel auch sein Herz, die Edeln und Feldherren und die Stimme des Volkes zu befragen habe. Erst wenn sie alle übereinstimmen und so die «große Einmütigkeit» vorhanden ist, darf er die Zuversicht haben, im Besitze des rechten Entscheides zu sein.

* * *

172 [Darüber:] Siehe [H.] Hackmann, [*Chinesische Philosophie*, S.] 380, Anm. 11. Chantepie [de la Saussaye, *Lehrbuch der Religionsgeschichte* I, S.] 97 [^{3}1905; ^{4}1925: S. 205].

173 [Notiz:] Hackmann S. 28.
[R] Lambarene. Sonntag 10. Okt. 37. Die Regenzeit setzt langsam ein. Zum Glück ist der Brunnen fertig und [sind] die meisten Bauten unter Dach.

174 [Darunter, am unteren Seitenrand:] Urheber des *I king* sind nicht Priester, sondern König Wen Wang. [Vgl. E. V. Zenker, I, S. 25, 26: Wen Wang und sein Sohn Tan als Bearbeiter eines urprünglichen Textes und Verfasser von Zusätzen.]
[R] Interessant: Die Gleichordnung der Überlegung. Wilhelm, [*Chinesische Philosophie*, S.] 12 f.

175 [R] Im *Schu-king*: Himmel und Erde sind Vater und Mutter der 10000 Dinge. (Forke [*Gedankenwelt*,] S. 101). Zweiheit von Himmel und Erde. In eine größere, höhere Zweiheit eingegliedert! Eine vergeistigte Religion [?] mit monotheistischer Tendenz.
Hung-fan (Forke [S.] 87, Hackmann [S.] 37, Wilhelm [S.] 11 [*Chinesische Philosophie*]) . . . Über das Tao im *I king*: Chantepie, S. 711 [? Vgl. I. S. 205].

176 [Über den Text geschrieben:] Nein. Ist ein späteres Produkt.

In dem von der alt-chinesischen Religion seinen Ausgang nehmenden alt-chinesischen Denken - die Tao-Mystik ist etwas für sich - bilden sich zwei Richtungen aus.[177] Gemeinsam ist beiden, daß sie sich über den Polytheismus erheben. Dies tun sie aber nicht in der Art, daß sie sich mit ihm auseinandersetzen und sich von ihm lossagen. Sie lassen ihn beiseite. Allein die höchste Macht, die alle anderen Machterweisungen in sich begreift, kommt für sie in Betracht.

Das eine Denken[178] bewegt sich auf den ethischen Monotheismus zu. Es kommt in ihm die Vorstellung des Himmels als des höchsten Wesens, das sich in allem Sein auswirkt, zur Ausbildung. Dieses höchste Wesen wird als ethisch geartet gedacht.

Im Verlaufe der anderen Entwicklung kommt die Vorstellung zur Ausbildung, daß das Sein der Welt und das Weltgeschehen auf zwei Ur-Mächte, den Himmel und die Erde, zurückgehen.

Der Weg, auf dem die chinesische Frömmigkeit vom Polytheismus zum Monotheismus gelangt, ist ein anderer als der, den die indische begeht. Die indische muß sich zur Idee des Monotheismus hindurchringen, indem sie sich zur Vorstellung erhebt, daß die verschiedenen Gottheiten nur verschiedene Erscheinungsweisen einer All-Gottheit sind. Als diese All-Gottheit wird bald die eine, bald die andere der höchsten Gottheiten angesehen. Die höchsten Gottheiten werden nicht mehr auseinandergehalten, sondern bilden gewissermaßen eine Gesamtpersönlichkeit mit verschiedenen Namen. Ethischen Charakter besitzt diese All-Gottheit insoweit, als einige der höchsten Götter, vornehmlich Agni, Varuṇa und Mitra, ethische Züge an sich tragen. Monotheistische Tendenzen dieser Art finden sich bereits in vedischen Hymnen aus der Zeit um 1000 v. Chr.[179]

Die chinesische Frömmigkeit gelangt auf anderem Wege zum Monotheismus. Himmel und Erde sind für sie von vornherein göttliche Wesen, die über die anderen Gottheiten weit erhaben sind. Sie begreifen sie in sich. Damit der Monotheismus möglich wird, ist nur erforderlich, daß die Erde nicht mehr als eine dem Himmel gleichgeordnete, sondern als von ihm berherrschte Größe angesehen wird, so daß der Himmel zum Inbegriff aller Mächte wird.

Dieses Zurücktreten der Erde hinter dem Himmel geht in der auf den Monotheismus zustrebenden Volksreligion unmerklich vor sich. Im Kultus wirkt es sich nicht aus. Weiterhin wird in ihm der Erde als dem auf der gleichen Stufe mit dem Himmel stehenden göttlichen Wesen geopfert.

Sowohl die indische als auch die chinesische Frömmigkeit sind also in der Lage, sich für den Monotheismus zu entscheiden, ohne den Polytheismus verwerfen und aufgeben zu müssen. Sie verfügen über Vorstellungen, die ihnen erlauben, Monotheismus und Polytheismus miteinander zu vereinigen, statt sie als Gegensätze aufzufassen. Der Forschritt zum Monotheismus ist für sie möglich, ohne daß sie mit der polytheistischen Tradition in Konflikt kommen. In den Voraussetzungen der relativistischen Betrachtungsweise bestehen jedoch charakteristische Unterschiede. Die indische Frömmigkeit muß sich die Vorstellung schaffen, daß die Götter verschiedene Erscheinungsweisen einer All-Gottheit sind; die chinesische kann auf Grund der Eingenart des für sie in Betracht kommenden Polytheismus die Götter als

177 [R] [Notiz am unteren Seitenrand:] Das Nebeneinander und Ineinander dieser beiden Linien. Diese beiden Linien laufen nicht streng für sich nebeneinander her.

178 [Ms.:] Das in der einen der beiden Richtungen gehende Denken.

179 [Notiz:] Anschein, als ob ethischer Monotheismus...

Organe der All-Gottheit des Himmels auffassen. Dies macht einen wesentlichen Unterschied aus.

Weil die griechische Frömmigkeit nicht über Vorstellungen verfügt, die ihr eine zwischen Monotheismus und Polytheismus vermittelnde Betrachtungsweise erlauben, vermag die alt-griechische Religion sich nicht zum Monotheismus zu erheben. Dies wäre für sie nur in der Art möglich, daß sie sich mit der polytheistischen Überlieferung auseinandersetzte und sich von ihr lossagte. Dazu fehlt ihr aber die Kraft und Entschlossenheit, die die iranische und die israelitische Religion auf Grund des Auftretens großer prophetischer Persönlichkeiten, die sich für den Monotheismus einsetzen, dafür aufbringen. Darum kommt der Monotheismus nicht in der alt-griechischen Religion, sondern erst in der griechischen Philosophie auf.[180]

Daß im Polytheismus die Entwicklung zum Monotheismus einsetzt, geht auf zwei Gründe zurück: einen verstandesmäßigen und einen ethischen. Das fortgeschrittene Denken gibt sich Rechenschaft von dem Naiven und Unbefriedigenden der Ansicht, daß eine Vielheit von göttlichen Wesen, die als überirdische Menschen vorgestellt werden, miteinander die Weltherrschaft ausüben sollen, und sieht sich genötigt, ein höchstes Allwesen zur Erklärung des Ursprungs der Welt und des in ihr stattfindenden Geschehens anzunehmen.[181]

Zugleich wird aber der Monotheismus auch durch das vertiefte ethische Empfinden gefordert. Dieses nimmt Anstoß an den Unvollkommenheiten und den Fehlern der Götterpersönlichkeiten,[182] die in der Vorstellung einer noch in primitiver Ethik lebenden Menschheit entstanden sind. Darum fordert es den Glauben an ein auch ethische Vollkommenheit besitzendes höchstes Wesen, in dem die ethische Natur des Menschen begründet und die ethische Bestimmtheit des Weltgeschehens gewährleistet ist.

In der iranischen und israelitischen Religion ist das auf den Monotheismus hinarbeitende Denken vornehmlich durch das ethische, in der indischen durch das verstandesmäßige Motiv bestimmt.[183] In der alt-chinesischen sind beide in gleicher Weise vorhanden.

Wenn die alt-griechische Religion nicht zum Monotheismus gelangt, so liegt dies auch daran, daß das Griechentum der vorklassischen Zeit die Nötigung zum vernunftgemäßen Denken noch nicht stark empfindet und mit dem Ideal des Ethischen noch nicht tiefer beschäftigt ist. Erst in der griechischen Philosophie tritt ein solches Denken auf, das sich dann, soweit es mit der Religion in Beziehung bleibt, vom Polytheismus abwendet und zum Monotheismus bekennt.

Von dem unvollständigen Monotheismus, der den Polytheismus als eine volkstümliche Vorstellungsweise neben sich gelten läßt, kommt dann die chinesische – wie auch die indische – Religion nicht mehr los.[184]

---

180 [R] Lambarene. Samstag, 23. Okt. 37. Der Nachmittag wurde durch heftigen Regen, der zum Einstellen aller Arbeiten zwang, verdorben.

181 [Notiz] Das Denken, das sich seine Natürlichkeit wahrt, bei aller Tiefe ...

182 [Darüber:] göttlichen Persönlichkeiten.

183 [Darüber:] in Bewegung gesetzt.

184 [Notiz am unteren Seitenrand:] Die Abstufungen: Erde Gemahlin des Himmels ([Forke, *Gedankenwelt*, S.] 40), Erde als Fürstin ([S.] 41). Der Monotheismus hat seine eigene Prägung: Die Welt wurde nicht vom Himmel erschaffen ([S.] 42).

[*Neue Fassung der weggelassenen Fortsetzung* (= Ms.-S. 229–232)]

[Ms.-S. 233–236][185]

Daß der Monotheismus der alt-chinesischen Religion für das chinesische Denken nicht dieselbe Bedeutung erlangt wie der jüdische und der christliche für das europäische, hat verschiedene Gründe.

Zunächt einmal empfindet das fortgeschrittene chinesische Denken den Theismus als solchen als Problem. Es gibt sich von den Schwierigkeiten Rechenschaft, sich das Allwesen nach Art einer menschlichen Persönlichkeit vorzustellen. Wohl geht das alte Schriftzeichen für Himmel (T'ien)[186] auf die Darstellung eines Menschen, der eine Krone auf dem Haupte trägt, zurück und finden sich im *Buche der Urkunden* (*Schu-king*) und im *Buche der Lieder* (*Schi-king*) Stellen, denen zufolge der Himmel sich an den Opfern freut, ihren Duft riecht, den Bitten der Menschen sein Ohr leiht, seinen Blick auf sie richtet, ihnen seinen Willen kundtut, ihr gutes Handeln belohnt und über ihr Abweichen von der Tugend in einen Zorn gerät, den Schuldige und Unschuldige zu spüren bekommen. Zugleich aber wird in der Vorsicht, die durchweg in der Ausdrucksweise, teilweise schon in älteren Teilen des *Schu-king*, waltet, das Bestreben ersichtlich, die Vorstellung des Himmels als eines nach dem Bilde der menschlichen Persönlichkeit gedachten Wesens nach Möglichkeit zu vermeiden. Dieses Bestreben gibt sich im Laufe der Zeiten immer deutlicher kund. In der älteren Zeit wird für Himmel (T'ien) ohne Bedenken auch der für den Kaiser geltende Ausdruck *Oberster Herrscher* (Schang-ti) gebraucht. In den jüngeren Teilen des *Schu-king* kommt Schang-ti viel weniger häufig vor als T'ien.

Wo im *Schu-king* und im *Schi-king* der Himmel auch irgendwie als göttliches Wesen vorgestellt wird, ist er doch immer nur als Regierer, nicht auch als Erschaffer der Welt gedacht.

Während das europäische Denken im Allgemeinen, auch noch bei Kant und bei Philosophen der neuesten Zeit, das Anthropomorphistische, das dem ethischen Monotheismus immer irgendwie anhaftet, ohne Bedenken hinnimmt, ist dies beim chinesischen schon in alter Zeit nicht der Fall. Es will sich den Himmel als das Überirdische, wie es an sich ist, vorstellen. Dies vermag es aber nicht. Wollte es damit völlig Ernst machen, müßte es bis dahin gehen, sich die Unbegreifbarkeit des Wesens des Alls einzugestehen. Dieses religiös geartete Denken kann aber nicht davon lassen, das All-Wesen als eine Macht aufzufassen, deren Wirken auf das Sinnvolle und Ethische gerichtet ist und damit dem natürlichen Empfinden des Menschenwesens entspricht. Wohl hat es ein Bewußtsein von dem fundamentalen Unterschied zwischen Geschehen und Tun und möchte das Weltgeschehen nicht als ein von einer Persönlichkeit ausgehendes Tun auffassen. Durch die Überzeugung aber, daß sich in dem Weltgeschehen Sinnvolles und Ethisches verwirklicht, sieht es sich genötigt, dennoch einen Willen, der in ihm am Werke ist, anzunehmen. Diesen Willen sucht es sich als unpersönlich vorzustellen, wo doch Wille notwendigerweise eine Persönlichkeit, von der er ausgeht, voraussetzt. Daraus ergibt sich das in sich Widerspruchsvolle des alt-chinesischen Theismus. Der Himmel wird nicht als eine Persönlichkeit, sondern als ein Naturgebilde aufgefaßt. Zugleich aber wird das Welt-

185 [R, Datum auf vorangehender Ms.-S.:] Sonntag, 24. Okt. 37.

186 [Darüber:] Wilhelm S. 15 [*Chinesische Philosophie*].

geschehen auf ihn, als wäre er eine wollende und handelnde Persönlichkeit, zurückgeführt.[187]

Auch die Idee des Tao steht im alt-chinesischen Denken dem Theismus im Weg. Ursprünglich der primitiven Religion angehörend wird diese Idee einer allem menschlichen Vorstellen und Verstehen unfaßlich bleibenden unpersönlichen Ur-Macht in das chinesische Denken übernommen und in ihm ausgebildet. Weil es zum Wesen des Tao gehört, daß es durchaus geheimnisvoll ist und nichts Personhaftes an sich hat, kann es nicht als All-Gottheit aufgefaßt werden. Neben ihm ist für eine All-Gottheit aber auch kein Platz.[188]

[*Fortsetzung (des unterbrochenen Textes), Ms.-S.* 236–242]

Wenn das chinesische Denken schon anderthalb Jahrtausende v. Chr. ein solches Empfinden für die dem Theismus anhaftenden Schwierigkeiten hat, so liegt dies also nicht nur daran, daß es von Natur aus in besonderer Weise sachlich und kritisch ist, sondern auch daran, daß es von jeher mit der Idee einer nicht-personhaften Ur-Macht bekannt ist und durch diese die zur Vorstellung eines irgendwie personhaften All-Wesens erforderliche Unbefangenheit verloren hat.

Wie in dem chinesischen Denken die Idee des Tao, so bildet im indischen die des Brahman ein Hindernis für den Theismus. Beidemale wird die Entwicklung des Polytheismus zum Monotheismus dadurch gehemmt, daß die aus der primitiv-magischen Religion stammende Idee der nicht-personhaften Ur-Macht eine Rolle im Denken spielt. Und da beide, das Tao und das Brahman, nicht nur als nicht-personhafte, sondern auch als über das Ethische erhabene Ur-Mächte gedacht sind, wirken sie dem Theismus dadurch entgegen, daß sie das Aufkommen der Vorstellung einer ethische Vollkommenheit besitzenden All-Gottheit erschweren.[189]

Natürlich[190] erhält sich auch im alten China volkstümliches Denken, das den für den ethischen Monotheismus bestehenden Schwierigkeiten nicht Rechnung trägt und sich darum den Himmel als [ein] um den besten Verlauf des Weltgeschehens und das Wohl und Wehe der einzelnen Menschen besorgtes personhaftes Wesen vorstellen kann. Einen solchen ethischen Monotheismus findet Kung-tse vor, und [er] muß es sich aus Gründen der Wahrhaftigkeit versagen, sich zu ihm [zu] bekennen, obwohl er sich Rechenschaft davon gibt, welchen Halt die Ethik an solchem Glauben finden kann.[191]

Daß dem ethischen Monotheismus im alt-chinesischen Denken die Idee des Tao im Wege steht und daß er nicht in die Lehre Kung-tse's aufgenommen wird, bedeu-

---

187 [R] Und da beide, das Tao und das Brahman, nicht nur als nicht nicht personhafte, sondern auch als über das Ethische erhabene Ur-Mächte gedacht sind, wirken sie dem Theismus auch insoweit entgegen, als er ethische Elemente in sich enthält.

188 [Bis hier die neue Fassung.]

189 [Vgl. Anm. 187.]

190 [Die folgenden zwei Abschnitte sind Nachholung des in der Neufassung von Ms.-Seiten 229–232 weggelassenen entsprechenden Textes.]

191 [R aus der entsprechenden Stelle von Ms.-S. 231:] Überwindung des Polytheismus [...] Mit dem Polytheismus [ist] auch der Deismus in Frage gestellt. Die Annahme eines einzigen göttlichen Wesens [ist] noch keine eindeutige Lösung – die Vorstellung... Bedenken gelten.

tet, daß es ihm versagt bleibt, sich auf Grund seines Wertes, trotz der ihm anhaftenden Schwierigkeiten, in der chinesischen Weltanschauung durchzusetzen.

Weil in der chinesischen Religion der ethische Monotheismus nicht wirklich zur Herrschaft gelangen kann, bleibt sie etwas Unfertiges. Sie kommt nicht dazu, durchaus mit den letzten Fragen über die Welt und das Dasein, die der denkende Mensch in sich erlebt, beschäftigt zu sein, sondern ist auch noch auf eine Frömmigkeit eingestellt, für die vornehmlich Erfüllung der Riten und Vollzug magischer Handlungen zur Abwehr von schädigenden Mächten in Betracht kommen. Daß eine Religion, die einer bereits irgendwie vergeistigten und einer noch unvergeistigten Frömmigkeit nebeneinander Raum bietet, in Gefahr ist, statt sich höher zu entwickeln auf eine tiefere Stufe zurückzusinken, bewahrheitet sich an der chinesischen. Es gibt Perioden in der Geistesgeschichte Chinas, in denen Aberglaube und magische Vorstellungen in der Religion der Masse vorherrschen.[192]

* * *

Das alt-chinesische Denken, das sich über den Polytheismus erhebt, indem es nicht ein göttliches All-Wesen, sondern zwei aufeinander wirkende All-Mächte annimmt, hat tiefere Wurzeln in der alt-chinesischen Anschauungsweise als das monotheistisch gerichtete. Der ältesten Anschauungsweise zufolge sind ja der Himmel und die Erde miteinander die im All wirkenden höchsten Gottheiten. Daß die Bedeutung der Erde hinter der des Himmels in der Art zurücktritt, daß dieser als Weltregent gefaßt wird, ist eine Anschauung, die sich sekundär unter dem Einfluß der in der Volksreligion aufkommenden monotheistisch-ethischen Tendenzen ausbildet.

«Himmel und Erde sind Vater und Mutter der 10000 Dinge», heißt es im *Schu-king.*[193] Die alt-chinesische Weltanschauung gründet also [in] einer mythischen Vorstellung. Diese ist aber durch die sachliche Beobachtung bestimmt, daß alles Lebendige aus der Vereinigung des Männlichen und des Weiblichen entsteht. Dementsprechend wird die Welt und das Weltgeschehen als durch das Aufeinanderwirken des Himmels als der männlichen und der Erde als der weiblichen Macht hervorgebracht vorgestellt. Die ältesten Stellen, in denen diese Ansicht vorausgesetzt wird, gehören wohl der 2. Hälfte des 3. Jahrhunderts v. Chr. an.

Mit Mythen, in denen reine Phantasie waltet, ist das alt-chinesische Denken nicht beschäftigt. Ein primitiver Mythus von der Entstehung der Welt aus dem gigantischen Ur-Menschen, wie [er] in den vedischen Hymnen eine Rolle spielt, scheint es zwar auch in chinesischer Fassung gegeben zu haben, obwohl sich erst in jüngeren, dem 1. Jahrhundert n. Chr. angehörenden Schriften[194] Kunde von ihm findet. Aber das zur Ausbildung kommende Denken über die Welt nimmt nicht Bezug auf ihn.

---

192 [R] Lambarene, Mittwoch 3. November. Zum ersten Mal seit langen Wochen durfte ich auch unter Tags etwas mit dieser Arbeit beschäftigt sein.

193 [Darüber:] [...] Legge, *Schu-king*, S. 283. [*The Chinese Classics*, Bd. III, «The Shoo King», Teil 2, 1865: Heaven and Earth is the parent of all creatures.]

194 [Darüber:] [A.] Forke, [*Gedankenwelt*,] S. 90. [Die betr. Schriften werden dort nicht dem 1., sondern dem 3. Jhdt. n. Chr. zugewiesen.]

Das älteste chinesische Denken[195] über die Welt steht von jeher mit der Orakelkunst, die sich mit der Deutung der gebrochenen und ungebrochenen Linien abgibt, in Zusammenhang. Beide gehören in der Art zusammen, daß sich nicht entscheiden läßt, ob die Orakelkunst auf die Naturphilosophie oder die Naturphilosophie auf die Orakelkunst zurückgeht.

Die ungebrochene Linie entspricht dem Himmel als dem starken, zeugenden Prinzip, die gebrochene der Erde als dem schwachen, empfangenden. In den Kombinationen der ganzen und der gebrochenen Linien stellt sich dar, in welcher Art die Kräfte des Himmels und die der Erde an dem Geschehen beteiligt sind.

Alles Geschehen besteht nach alt-chinesischer Anschauung in *Wandlungen*, die sich aus dem verschiedenen Zusammenwirken von Himmel und Erde ergeben. Darum wird die Schrift, in der die Deutung der Kombinationen von gebrochenen und ungebrochenen Linien niedergelegt ist, das *Buch der Wandlungen* (*I king*) benannt. Den 4 *Siang*, das heißt den vier Kombinationen je einer gebrochenen und einer ungebrochenen Linie entsprechen die vier Jahreszeiten und die Gestirne:

⚌ bedeutet Sommer (Hitze, Sonne)
⚏ Winter (Mond)
⚎ Frühling (Sterne)
⚍ Herbst (Planeten)

Von den 8 Ba Gua (Wilhelm, Pa Kua bei Forke), das heißt von den Kombinationen von je 3 gebrochenen oder ungebrochenen Linien (Trigrammen) bezeichnet...[196]

Die zwei ersten Kombinationen bedeuten also Himmel und Erde, die 6 anderen die 6 vielgestaltigen Grundkräfte, in denen sie sich miteinander kundgeben.

Die Deutung der acht Trigramme geht zum mindesten in die Zeit von 2000 v. Chr., wahrscheinlich aber noch viel weiter zurück. Sie wird Fu Hsi, einem sagenhaften Herrscher der Vorzeit, der auch der Urheber der ältesten chinesischen Schrift sein soll, zugeschrieben.[197]

Die Deutung der 64 Kombinationen von je 6 Linien (die sich aus der paarweisen Verbindung der 8 Kombinationen zu je 3 Linien ergeben, wird auf König Wen Wang (gest. 1135 v. Chr.), den Vater des Begründers der Tschou-Dynastie, zurückgeführt. Er soll sie im Kerker aufgezeichnet haben.[198]

Daß nicht Priester, sondern heilige Fürsten der Vorzeit als Begründer der Orakelweisheit gelten, ist bezeichnend für die alt-chinesische Denkweise.[199]

---

195 [Vorangehende Fassung (gestrichen. dann wieder gültig gemacht):] Die ältere chinesische Naturphilosophie.

196 [Hier folgt die in die Fassung 1939/40, siehe S. 65 f., in gleicher Reihenfolge übernommene Aufstellung der acht Trigramme (Ba Gua) mit der Angabe:] Wilhelm S. 13 [*Chinesische Philosophie*].

197 [Darunter notiert:] Hier alte Schrift durch neue ersetzt.

198 [Darüber notiert] Chantepie [S.] 94 [? 205], Wilhelm [*Chinesische Philosophie*, S.] 121. [«Tschou» bei Chantepie: Tschen.]
[Darunter] Diese höhere Orakelkunst; Aus der Ergründung der Natur orakeln.

199 [Notiz:] Hier ein Exempel der Deutung der Hexagramme.
[Der hierauf folgende gestrichene Abschnitt («Skizze») schließt mit dem Satz:] Das Eigentümliche der alt-chinesischen Weltanschauung ist, daß sie von dem Gedanken einer durchgängigen inneren Zusammen[ge]hörigkeit alles Seins und Geschehens beherrscht ist.

Schon im *Schu-king* gibt sich die Überzeugung kund, daß sowohl zwischen dem Verschiedenartigen, was in der Natur vor sich geht, als auch zwischen dem Gebiete des Naturgeschehens und dem des menschlichen Verhaltens geheimnisvolle Beziehungen bestehen,[200] weil sich in Allem dieselben vom Himmel und von der Erde ausgehenden Kräfte, nur jedesmal auf andere Weise, auswirken. Aus dieser Überzeugung wird die Folgerung gezogen, daß der Mensch danach zu trachten habe, sein Verhalten mit den in der Natur waltenden Kräften in Einklang zu bringen. Als eine wichtige Forderung wird in dieser Hinsicht aufgestellt, daß er nichts unternimmt, was nicht der herrschenden Jahreszeit entspricht.[201] Angaben über das in jeder Hinsicht zeitgemäße Verhalten (*Li*) finden sich in den alt-chinesischen Schriften zerstreut. In dem *Li-ki* (*Aufzeichnungen über die Sitte*), das wohl aus dem Kreise der unmittelbaren Schüler des Kung-tse stammt, sind sie gesammelt. Dieses Buch enthält einen Abschnitt *Yüeh-Ling*[202] oder *Yuoh-Ling*, in dem angeführt wird, was in jedem Monat zu tun und zu unterlassen ist. Mit geringen Abweichungen finden sich schon Angaben auch in den berühmten *Frühlings- und Herbstannalen* des Lü Bu We (*Lü Schi Tschun Tsiu*), einem aus dem 3. Jahrhundert v. Chr. stammenden, aber aus alten, zum großen Teile nicht mehr erhaltenen Quellen schöpfenden Werke. Diese Monatsregeln gehen wohl auf Aufzeichnungen aus der Zeit der Tschou-Dynastie (1150–249 v. Chr.) zurück ...

* * *

Schlußwürdigung [des chinesischen Denkens]

[aus dem weggelassenen Text Ms.-S. 243–249, Randtext Ms.-S. 247–249:]

Wie kein anderes Denken ist das chinesische von dem Geheimnis des Seins erfüllt. Das indische [?] [...] hat kein Interesse für die Sinnenwelt, sondern hält das in ihr sich abspielende Geschehen für sinnlos. Die dualistisch-ethischen Religionen – die iranische, die jüdische und die christliche – unternehmen es, das Weltgeschehen als eine Entwicklung vom Nicht-Ethischen zum Ethischen zu begreifen. Die wissenschaftlich interessierte europäische Philosophie geht auf die Erkenntnis der Gesetze, die das Weltgeschehen regieren, aus. Miteinander haben die dualistisch-ethischen Religionen und die wissenschaftliche Welterklärung dies gemein, daß sie in dem Bestreben, das Weltgeschehen zu erklären, sich nicht mehr bewußt bleib[en], wie geheimnisvoll und unergründlich es ist. Das alt-chinesische Denken – und darin besteht seine Tiefe – hat dieses Geheimnisvolle immer gegenwärtig. Wohl führt es das Weltgeschehen auf das Zusammenwirken des Himmels und der Erde zurück [...] In dem alt-chinesischen Denken aber findet ein Sich-Versenken in die Natur statt – eine bei allem Naiven, das ihr aus der mythischen Denkweise noch anhaftet, doch tiefe Naturphilosophie. Ein tiefes Erleben des Geheimnisvollen der Natur. Wo das Denken eine Deutung der Welt und des Weltgeschehens versucht [?], [...] unternimmt es sie als die Deutung eines Geheimnisses, die Beschreibung [aber ist] nicht

200 [R] Sonntag, 7. Nov. 37. Es gehen schwere Regen nieder.

201 [Über mehrere Zeilen geschrieben] Skizze.

202 [Ms.] *Yüeh Ling*. [Angaben:] Forke, [*Gedankenwelt*, S.] 123: Chantepie, [S.] 58 [?]; Lü Bu We, S. VII. [*Frühling und Herbst,* übers. v. R. Wilhelm, Jena 1928.]

die Deutung des Geheimnisses. Die beiden Ur-Kräfte bleiben etwas nicht zu Enträtselndes. Nur so viel, als er [der chinesische Denker] zum Leben braucht, wagt er, verstehen zu wollen. Etwas Ehrerbietiges [ist] im chinesischen Denken.

Groß ist das chinesische Denken auch [darin], daß es den Menschen durchaus mit seinem geistigen Verhältnis zum unendlichen Sein beschäftigt sein läßt. Wohl ist es in starker Weise ethisch orientiert. Aber die Frage des Ethischen ist bei ihm nicht etwas für sich, sondern ist in die große Frage des In-Harmonie-Seins mit dem unendlichen Sein hineingestellt. Das rechte Verhalten des Menschen zur Gesellschaft wird als in dem geistigen Verhältnis zum unendlichen Sein wurzelnd aufgefaßt. Während es noch mythische Züge an sich trägt, ist das chinesische Denken in tiefer Weise ethisch und mystisch.

Daß in China [. . .] anderthalb Jahrtausende v. Chr., zu einer Zeit, wo sonst überall das Denken noch in den Anfängen liegt, eine einer so hoch entwickelten geistigen Kultur zugehörige Weltanschauung vorhanden ist, bedeutet ein geistesgeschichtliches Rätsel, das wohl nie gelöst werden wird.

* * *

[Neue Fassung des Abschnitts über den Zusammenhang zwischen dem Naturgeschehen und dem menschlichen Verhalten]

[Ms.-S. 250–262:]

[203] Wie nun hat sich der Mensch auf Grund seiner Zusammengehörigkeit mit einer Welt, in der geheimnisvolle Harmonie waltet, zu verhalten? Diese Frage findet sich schon in den ältesten Schriften beantwortet. Er muß sich bemühen, sich mit dem Naturgeschehen in jeder Weise in Einklang zu befinden. Dazu gehört ein Doppeltes: einmal, daß er in seinem Verhalten das, was nach dem jeweiligen Naturgeschehen geboten ist, beobachtet, und sodann, daß er sich der ethischen Gesinnung und des ethischen Tuns befleißigt.[204]

Auf Grund des durchgängigen Zusammenhangs, der in allem Sein und Geschehen waltet, wird der Mensch durch Störungen in dem Naturgeschehen in Mitleidenschaft gezogen; ebenfalls aber wird das Naturgeschehen durch verkehrtes Verhalten des Menschen in Unordnung gebracht. Daß die Menschheit die Kräfte des Himmels und der Erde in sich in der rechten Weise zur Auswirkung kommen läßt, ist die Voraussetzung dafür, daß sie sich auch in dem Naturgeschehen in der rechten Weise auswirken.

Der überragenden Stellung entsprechend, die der Kaiser und die Fürsten einnehmen, ist es von entscheidender Bedeutung, ob sie in ihrem Verhalten sich mit der Natur in Einklang befinden oder nicht.

Der Mensch hat also darauf zu achten, daß er sich in seinem Benehmen und Unternehmen mit der Jahreszeit in Einklang befindet. Angaben über das in jeder Hinsicht zeitgemäße Verhalten finden sich in den alten Schriften. In den berühmten *Frühlings- und Herbstannalen* des Lü Bu We (*Lü Schi Tschun Tsiu*), einem aus dem

---

203 [R] Im chinesischen Denken [ist] das Vermögen, das Wertvolle festzuhalten.

204 [Notiz:] Hier: daß das stoische *naturae convenienter vivere* seinen Inhalt bekommen hat.

3. Jahrhundert v. Chr. stammenden, aber auf alte, meistens verlorengegangene Quellen zurückgehenden Werke [sind solche Angaben] für jeden Monat zusammengestellt. Diese für die einzelnen Monate geltenden Anordnungen finden sich mit geringen Abweichungen auch in dem *Li-ki* (*Aufzeichnungen über die Sitte*), das seinen ältesten Teilen nach wohl aus dem Kreise der unmittelbaren Schüler des Kung-tse stammt. Der betreffende Abschnitt führt den Namen *Yüeh-Ling* oder *Yuoh-Ling* (*Monatsanordnungen*).[205]

Wahrscheinlich sind die Monatsanordnungen etwa im 2. Jahrhundert n. Chr. aus den *Frühlings- und Herbstannalen* des Lü Bu We in das *Li-ki* übernommen worden.

Die hauptsächlichsten dieser sich auf die einzelnen Monate beziehenden Regeln haben wohl schon in der H[s]ia-Dynastie (2200–1766) Geltung.[206]

Aus den Verordnungen für den 1. Frühlingsmonat nach den *Monatsregeln* der *Frühling- und Herbst[annalen]* des Lü Bu We (*Lü Schi Tschun Tsiu*):

«Im ersten Frühlingsmonat steht die Sonne im Zeichen Ying Schi ...[207] Sein göttlicher Herrscher ist Tai Hau (der große Leuchtende).[208] Sein Schutzgeist ist Gou Mang (der Säer).[209] Seine Tiere sind die Schuppentiere.[210] Sein Ton [seine Note] ist Güo (die Terz)[211] ... Seine Zahl ist die Acht.[212] Sein Geschmack ist sauer. Sein Geruch muffig. Man opfert den Türgeistern. Unter den Opfergaben steht die Milz voran.[213] [S. 1]

Der Ostwind löst das Eis. Die Tiere beginnen, aus ihrem Winterschlaf erweckt zu werden. Die Fische stoßen das Eis auf. Die Fischotter opfert Fische.[214] Die Zuggans zieht nach Norden. [S. 1]

Der Himmelssohn weilt in der Tsing Yang Halle (Osthalle) im linken Raum ... Es werden grüne Flaggen aufgesteckt.[215] Man kleidet sich in grüne Kleider und trägt grünen Nephrit. Man ißt Weizen und Schaffleisch[216] ... [S. 1]

In diesem Monat begeht man den Eintritt des Frühlings. Drei Tage vor dem Eintritt des Frühlings begibt sich der Großastrolog zu[m] Himmelssohn und spricht:

---

205 [Darunter] Forke [*Gedankenwelt*, S.] 123. Chantepie, ³1905 [S.] 58 [? Vgl. ⁴1925, S. 202]. Lü Bu We S. VIII [übers. v. R. Wilhelm, Jena 1928.]

206 [Notiz am unteren Seitenrand] Sich erkundigen, was der Satz in [den] *Frühlings- und Herbstannalen*, Einleitung S. VII, bedeutet: «In ausgeführter Form finden sich die entsprechenden Anordnungen in dem Kalender der H[s]ia-Dynastie (H[s]ia Sian Dschong) ... Dieses Büchlein ist unter anderem im Da Dai Li Gi enthalten.»

207 Ying Schi sind die Sterne α und β des Pegasus. [Die Erklärungen zu diesem Text stammen aus derselben Buchausgabe, S. 462 ff., *Frühling und Herbst* des Lü Bu We.]

208 Tai Hau [Hao?] ist der vergöttlichte Herrscher der Vorzeit Fu Hi [Hsi?], der durch die Kraft des Elementes Holz geherrscht haben soll und dem Opfer im Osten dargebracht werden. Holz ist das Element des Frühlings und Osten die dem Frühling zugehörige Himmelsgegend.

209 Gou Mang wird als Schutzgeist des Holzes angesehen.

210 Die Schuppentiere, deren Haupt der Drache ist, gehören dem Osten und dem Element Holz zu.

211 Die Terz gehört dem Osten und dem Element Holz zu.

212 Die Zahl 8 gehört dem Osten und dem Element Holz zu.

213 Die Milz gehört dem Osten und dem Element Holz zu.

214 Getötete Fische, die die Fischotter auf dem Eise liegen läßt, werden als von ihr dargebrachte Opfer angesehen.

215 Grün als die Farbe des Holzes ist die Frühlingsfarbe.

216 [Notiz:] Hier was man in andern Monaten ißt, in Anmerkung.

An dem und dem Tag ist Frühlingseintritt; die wirkende Kraft beruht auf dem Holz. Der Himmelssohn fastet dann. Am Tag des Frühlingseintritts begibt sich der Himmelssohn in eigener Person an der Spitze der drei Großwürdenträger, der neun hohen Räte, der Fürsten und Räte zur Einladung des Frühlings auf den östlichen Anger. Nach der Rückkehr verleiht er Auszeichnungen an die hohen Räte, die Fürsten und Räte im Schloßhof. [S. 1, 2]

Er befiehlt den Ministern, Milde zu verbreiten und gütige Gebote zu erlassen, Glück zu spenden und seine Gnade der Masse des Volkes Teil werden zu lassen. Belohnungen und Gaben werden ausgeteilt, jedem das Seine. [S. 2]

Er befiehlt dem Großastrologen, auf Wahrung der Gesetze zu achten und Verordnungen zu erlassen, den Lauf des Himmels, der Sonne, des Mondes, der Sterne und Sternzeichen zu beobachten, damit die Mondhäuser in ihrem Rückgang ohne Irrtümer festgestellt werden, damit die Bahnen nicht falsch berechnet werden und der Frühlingseintritt als fester Punkt bestimmt wird. [S. 2]

In diesem Monat bittet der Himmelssohn an einem guten Tage um Getreidesegen zum höchsten Herrn. Darauf wird eine glückliche Stunde gewählt. Dann legt der König selbst eine Pflugschar an den dritten Platz des Wagens zwischen einem gepanzerten Wächter und dem Wagenführer. Er begibt sich an der Spitze der drei höchsten Würdenträger, der neun Räte, der Fürsten und Räte persönlich zum Pflügen auf den Acker des Herrn. Der Himmelssohn zieht drei Furchen, die drei höchsten Würdenträger ziehen fünf Furchen, die hohen Räte, Fürsten und Räte neun Furchen ... [S. 2]

In diesem Monat hat sich die Kraft des Himmels nach unten gesenkt und die Kraft der Erde ist nach oben gestiegen.[217] Himmel und Erde sind im Einklang und vereinigen ihre Wirkung. Kräuter und Bäume regen sich üppig. [S. 2]

Der König macht die Ackerbaugeschäfte bekannt. Er befiehlt den Feldaufsehern, auf dem östlichen Anger ihre Warnungen aufzuschlagen, die Grenzen der Scheidewege in Ordnung zu bringen, die Pfade und Kanäle gerade zu ziehen, eine genaue Übersicht anzufertigen über die Berge und Hügel, die Täler und Schluchten, die Ebenen und Sümpfe, und entsprechend dem, was an den einzelnen Plätzen am besten fortkommt, die fünf Getreidearten einzupflanzen. Um das Volk darüber zu belehren, müssen sie bei allem selbst dabei sein. Wenn die Felder im voraus genau vermessen sind und nach der Linie begrenzt, so wissen die Bauern Bescheid. [S. 2, 3]

In diesem Monat erhält der Musikmeister den Befehl, die Schulen zu besuchen und die heiligen Tänze einzuüben. [S. 3]

Die Opferlisten werden in Ordnung gebracht, es ergeht Befehl, den Geistern der Berge, Wälder, Flüsse und Seen zu opfern. Als Opfer werden keine weiblichen Tiere verwendet. [S. 3]

Es ist verboten, Bäume zu fällen. [S. 3]

Man darf keine Nester ausnehmen und keine unausgebildeten, ungeborenen Tiere und halbflüggen Vögel töten, ebensowenig Hirschkälber und Eier. [S. 3]

Es sollen keine großen Menschenansammlungen stattfinden, keine Stadtmauern und Türme gebaut werden. [S. 3]

Gerippe und Totes werden verscharrt und eingegraben. [S. 3]

In diesem Monat darf man nicht zu den Waffen greifen. Wer zu den Waffen greift,

---

217 Das Zeichen des *Buches der Wandlungen* ䷊ (Tai), dem der Monat des Frühlingseintrittes zugehört, besteht aus den drei ungebrochenen Linien, die den Himmel bedeuten, und den drei gebrochenen, die der Erde entsprechen, wobei die ungebrochenen unter den gebrochenen liegen. (Aus *Frühling und Herbst*, S. 465)

wird sicher von des Himmels Strafe betroffen. Wenn niemand die Waffen gegen uns ergriffen hat, so dürfen wir nicht damit anfangen. Man darf den Lauf des Himmels nicht ändern. Man darf die natürlichen Linien der Erde nicht durchbrechen. Man darf die Ordnungen des Menschenlebens nicht stören. [S. 3]

Wenn im ersten Frühlingsmonat die für den Sommer gültigen Ordnungen befolgt würden, so würden Wind und Regen nicht zur rechten Zeit kommen, Kräuter und Bäume vorzeitig dürr werden und die Staaten in Aufregung geraten. Wenn die für den Herbst gültigen Ordnungen befolgt würden, so würden die Menschen von großen Seuchen betroffen werden, Stürme und Platzregen würden sich häufen, und allerlei Unkraut würde wuchern. Wenn die für den Winter gültigen Ordnungen befolgt würden, so würde Unheil durch Überschwemmungen angerichtet, Reif und Schnee würden großen Schaden tun. Die Wintersaat würde nicht heimgebracht werden können.» [S. 3]

* * *

Die Vorstellung, daß wirkungskräftige Beziehungen zwischen dem sittlichen Verhalten der Menschen und dem Naturgeschehen walten, beherrscht schon das *Hung-fan*. Ob Regen, Sonnenschein, Wärme, Kälte und Wind in der der Jahreszeit gemäßen Art auftreten, hängt diesem alten Abschnitt des *Schu-king* zufolge davon ab, ob in der Menschheit die fünf Eigenschaften Würde, Gesittung, Einsicht, Besonnenheit und Weisheit vorhanden sind.

Nach alt-chinesischer Anschauung hält der Herrscher die Elemente durch seine Tugend und die rechte Art, das Volk zu leiten, in Ordnung. Naturkatastrophen, Witterung, die Mißwachs mit sich bringt, und unheilsvolle Ereignisse müssen ihm Anlaß sein, eine Prüfung anzustellen,[218] ob er und das Volk auf dem rechten Wege sind.

Auch eine geheimnisvolle geistige Einwirkung des Herrschers auf das Volk wird in der alt-chinesischen Weltanschauung angenommen. Daß das Verhalten des Volkes dem des Herrschers entspricht, wird nicht so sehr auf die Einwirkung seines Beispiels, sondern darauf zurückgeführt, daß seine Gesinnung sich in unmittelbarer Weise in der des Volkes auswirkt.

Auf die Theorie der zwischen dem Verschiedenartigen bestehenden inneren Beziehungen geht auch die in der volkstümlichen chinesischen Ethik vorhandene Überzeugung zurück, daß tugendhaftes Verhalten Glück und nicht-tugendhaftes Unglück im Gefolge hat. Es handelt sich hier um mehr als um die einfache Idee von Lohn und Vergeltung. Die Erwartung, daß der gute Mensch Glück und der böse Unglück erfahren wird, gründet sich darauf, daß das gute Verhalten mit der natürlichen Weltordnung in Einklang ist und das böse eine Störung desselben bedeutet. Glück und Unglück werden dem Menschen nicht als Lohn oder Strafe zuteil, sondern er bewirkt sie sich als etwas der natürlichen Weltordnung Gemäßes.

* * *

218 [Darüber] Forke [*Gedankenwelt*, S.] 116, 122.

In eigentümlicher und tiefgehender Weise unterscheidet sich die ethische Weltanschauung des alt-chinesischen Denkens von der der Religion Zarathustras, der jüdischen Propheten und des Christentums. In diesen ethisch-dualistischen Weltreligionen enthält die ethische Weltanschauung den Gedanken, daß die Welt sich in der Entwicklung von dem Nicht-Vollkommenen und dem Nicht-Ethischen zum Vollkommenen und Ethischen befinde. Dem Weltverlauf eine solche Wandlung zuzumuten, liegt dem alt-chinesischen Denken fern. Es nimmt ihn als etwas Gegebenes hin. Daß er irgendwie ethisch ist, steht ihm aus der Tatsache fest, daß als höchstes in dem Reiche der lebendigen Wesen der eine zwischen Gut und Bös unterscheidende Urteilskraft besitzende Mensch auftritt und die Verpflichtung in sich erlebt, sich im Sinne des Guten zu verhalten.

Das alt-chinesische Denken ist monistische, durch ethische Überzeugung beherrschte Naturphilosophie. Für diese Naturphilosophie befinden sich das Naturgeschehen und das Ethische nicht in Gegensatz zueinander. Sie brauchen nicht wie in den dualistisch-ethischen Religionen[219] durch eine Weltevolution miteinander in Einklang gebracht zu werden. Von sich aus stehen [sie] in Zusammenhang miteinander. Das Ethische ist das Naturhafte, wie es sich im Menschen äußert. Dadurch, daß die Kräfte des Himmels und der Erde in dem Menschen ihrer tiefsten Art nach und in vollendetster Weise aufeinander einwirken, ist er ein ethisches Wesen.[220] In der Hervorbringung dieses ethischen Wesens offenbart sich der ethische Charakter der Welt. Das Ethische ist die höchste Äußerung des Naturhaften.

Alles Ergründen der Natur, mit dem das alt-chinesische Denken sich abgibt, verfolgt den einen Zweck, eine immer tiefere Gewißheit der Zusammengehörigkeit des Ethischen und des Naturhaften zu erlangen.

Während die ethische Weltanschauung der ethischen Weltreligionen ein überschwengliches Hoffen auf das Reich Gottes, das heißt die absolute Herrschaft des Guten in sich begreift, genügt es der alt-chinesischen, daß das Ethische als höchste Entfaltung des Naturhaften in der Welt vorhanden ist. Daraufhin bejaht sie die Welt als sinnvoll und gut.[221] Als Hoffnung trägt sie in sich, daß die Welt die Wohnstätte und das natürliche Wirkungsfeld einer ethisch vollendeten Menschheit werde.

Die alt-chinesische Weltanschauung gehört einem Denken an, das noch genügend Unbefangenheit besitzt, um sich nicht eingehend mit dem Problem des Übels in der Welt abgeben zu müssen. Das Problem des Übels in der Welt ist es, das Zarathustra, die jüdischen Propheten und das Christentum in die dualistische Betrachtungweise hineinzwingt. Auf die Dauer kann das chinesische Denken aber nicht in dieser Unbefangenheit verbleiben. Mit Notwendigkeit kommt auch es in die Lage, auf dieses Problem eingehen zu müssen.

Eine wertvolle Hilfe bedeutet für es dann die Idee des zwischen dem Naturgeschehen und dem sittlichen Zustande der Menschheit bestehenden inneren Zusammenhangs. Diese erlaubt ihm, sich in bezug auf das Übel in der Welt mit der Überlegung abzufinden,[222] daß es in irgend einem Maße mit einer Störung im Weltgeschehen zusammenhängt, die durch die in der Menschheit noch bestehende Ver-

---

219 [Darüber:] [in denen die] Ethik ein[en] besonderen Ort [einnimmt].

220 [Darunter Notizen:] Ergründung der Natur. Kein Problem übersehen, bleiben offen.

221 [Darüber:] Das chinesische Denken [ist] bescheiden.

222 [Eingeschoben:] zu suchen.

kehrtheit gewirkt ist. Weil ihm diese Überlegung zu Gebote steht, hat das chinesische Denken, von einzelnen in besonderer Weise kritisch verfahrenden Geistern abgesehen, das Problem des Übels in der Welt nie in seiner ganzen Schwere empfunden.

Daß es sich ausgiebig mit dem Problem des Schicksals befassen mußte, liegt in seiner Weltanschauung begründet.

Auf Grund der zwischen dem Naturgeschehen und dem sittlichen Zustande der Menschheit angenommenen inneren Beziehung ist das alt-chinesische Denken in der Lage, die Hoffnung zu hegen, daß die Welt eine noch nicht vorhandene Vollendung erreichen werde. Es darf annehmen, daß in dem Maße, als in der Menschheit das Gute zur Herrschaft kommt, auch das Naturgeschehen sich heilvoller gestalten wird als vordem. Aber niemals erhebt es sich wie die ethischen Weltreligionen zur Erwartung eines Reiches Gottes, in dem ein durchaus heilvolles Naturgeschehen an die Stelle des bisherigen treten wird. Immer handelt es sich für es nur um das völlige In-Erscheinung-Treten des ursprünglichen[223] naturhaften Wesens der Welt. Eine Erlösung von dem Schicksalhaften und dem Übel kommt für es nicht in Betracht. Eine Stimmung wie die, die in dem Worte der Offenbarung Johannis (Kap. 21, Vers 4) «Und Gott wird abwischen alle Tränen von ihren Augen, und der Tod wird nicht mehr sein, noch Leid noch Geschrei noch Schmerz wird mehr sein» zum Ausdruck kommt, kennt es nicht. In dem alt-chinesischen Denken findet sich noch das schlichte Hinnehmen der Wirklichkeit, das zur Sinnesart des primitiven Menschen gehört und zu dem das Denken, nachdem es alle anderen Wege versucht hat, sich wieder zurückfinden muß, um es in vertiefter Weise zu besitzen.[224] Bereits im alt-chinesischen Denken[225] hat sich dieses schlichte Hinnehmen der Wirklichkeit vertieft. Es ist nicht mehr rein naiv, sondern zu einem Hinnehmen in Ehrfurcht vor dem Geheimnis der Wirklichkeit geworden.

In ergreifender Weise gibt sich die Haltung des alt-chinesischen Denkens darin kund, daß in dem *Hung-fan* die Ergebung in das Schicksal unter den *fünf Segnungen* und die Schwachheit im Ertragen des Schicksals unter dem *sechsfachen Unglück* angeführt wird.[226]

* * *

[Text zur] Skizze des Abschnitts über die Ethik in der alten chinesischen Philosophie

[Ms.-S. 263, 265–292]

[227] Nach alt-chinesischer Auffassung ist die Ethik das Prinzip der Gesinnung und des Tuns, durch das in der Menschheit ein geordneter Zustand geschaffen wird, der

---

223 [Darüber:] Die ursprüngliche Vollendung offenbar –

224 [Am unteren Seitenrand] Vorstufe des Ethischen. Groß: Kein Kampf gegen die Wirklichkeit.

225 [R] Lambarene 1. Dezember 1937. Müde durch die viele materielle Arbeit, aber geistig frisch.

226 [Angabe] Hackmann, [*Chinesische Philosophie*, S.] 40.

227 [R] Sonntag 3. Advent, 12.12.37. Schon hat die *petite saison sèche* begonnen. Den ganzen Nachmittag werde ich gestört.

der in der Welt waltenden Ordnung entspricht. Die Ethik gehört in organischer Weise zur Weltanschauung.

In der ältesten Form, in der wir sie kennen, hat die chinesische Ethik also bereits eine hohe Entwicklung erreicht. Wohl kann sie noch nicht den Anspruch erheben, mehr zu sein als eine Festlegung der in der Vergangenheit zur Ausbildung gekommenen und in der Überlieferung gegebenen ethischen Sitte. Aber diese ethische Sitte steht bereits unter dem Einfluß eines mit der Idee der Menschheit und der Welt beschäftigten Denkens und hat sich in ihm geweitet, veredelt und vertieft. Dem hohen Entwicklungsstand dieser sich als die vollendete Sitte gebenden Ethik entspricht es, daß sie die Verwirklichung der wahren Ordnung der Gesellschaft nicht mehr davon erwartet, daß der Einzelne sich der Autorität, die diese über ihn besitzt, unterwirft, sondern davon, daß er ihr in der besten Gesinnung angehört. Die Ethik ist bereits so weit vergeistigt, daß sie von dem Bewußtsein der Unzulänglichkeit des durch das Gesetz und die Tradition Gebietbaren beherrscht ist.

Daß die alt-chinesische Ethik trotz der hohen Entwicklung, die sie bereits erreicht hat, ihrem Wesen nach aber noch Ethik der überlieferten Sitte ist, zeigt sich darin, daß sie wie diese nur mit den für den Menschen natürlich gegebenen Verbundenheiten und noch nicht mit seinem Verhältnis zum Nebenmenschen als solchem beschäftigt ist. Die Ethik des *Schu-king* hat es mit den fünf Beziehungen Fürst und Untertan, Vater und Sohn, älterer und jüngerer Bruder, Mann und Frau, Freund und Freund zu tun. Die Tugenden, die sie dem Menschen vorhält, sollen ihn befähigen, sich in diesen fünf Pflichtenkreisen zu bewähren.

Der ältere Bruder nimmt eine Autoritätsstellung ein, die die anderen [Brüder] anzuerkennen haben.

Indem sie die jeweils von den Menschen geschaffene Beziehung der Freundschaft in Betracht zieht, erweitert die alt-chinesische Ethik den natürlichen Kreis der Pflichten. Sie beginnt schon Pflichten des Menschen, die nicht in seiner naturhaften Verbundenheit mit den Angehörigen und der Gesellschaft begründet sind, anzunehmen. Aber sie gesteht sich nicht ein, daß dies etwas grundsätzlich Neues bedeutet und schon ein Schritt auf dem Wege zur Statuierung der Verbundenheit des Menschen mit dem Nebenmenschen als solchem ist. Sie faßt die Freundschaft als eine von dem Menschen geschaffene natürliche Verbundenheit auf, die der natürlich gegebenen gleichzusetzen ist.

Im *Hung-fan* (*Umfassende Regel*) werden fünf *Eigenschaften* aufgezählt: Würde, Gesittung, Einsicht, Besonnenheit, Weisheit. Diese fünf Eigenschaften werden in etwas gekünstelter Weise mit dem *fünffachen Verfahren*, dem Aussehen, dem Reden, dem Sehen, dem Hören und dem Denken in Zusammenhang gebracht. Würde ist die rechte Art im Aussehen, Gesittung die rechte Art im Reden, Einsicht die rechte Art im Sehen, Besonnenheit die rechte Art im Hören, Weisheit die rechte Art im Denken.[228]

In einer Stelle des *Schu-king* findet sich eine Zusammenstellung von neun Doppeltugenden[229]: Freundlichkeit und Würde, Milde und Festigkeit, Geradheit und Höflichkeit, Ordnungsliebe und Ehrerbietung, Gelehrigkeit und Mut,[230] Aufrichtigkeit und Sanftheit, Nachsicht und Maßhalten, Tatkraft und Zuverlässigkeit, Mut

---

228 [Angabe:] Hackmann [*Chines. Philosophie*,] S. 38 [f.]
229 [Angabe:] *Schu-king* [S.] 71, (Forke [S.] 155.
230 [Zuerst, dann gestrichen:] Kühnheit [so nach Forke, wo jedoch diese Tugenden in adjektivischer Form genannt sind].

und Gerechtigkeit. An einer anderen Stelle des *Schu-king* werden Ehrerbietung und Sparsamkeit, Treue und Schicklichkeit zusammen genannt.[231]

Eine den fünf Pflichtenkreisen entsprechende Fünfheit von Haupttugenden findet sich nirgends erwähnt.

Vom Kaiser wird erwartet, daß er alle Tugenden, von dem Fürsten, daß er die hauptsächlichsten besitzt.

Den Anfang der tugendhaften Gesinnung bildet die ehrerbietige Liebe der Kinder zu den Eltern.

In der alt-chinesischen Tugendlehre wird bereits das Ideal des Edlen, das dann Kung-tse in festen Strichen zeichnet, in Umrissen sichtbar.

Daß der Mensch die natürliche Anlage zum Guten in sich trägt, ist für das alt-chinesische Denken[232] etwas Selbstverständliches. Es nimmt ja an, daß die Kräfte des Himmels und der Erde, durch die die in der Welt waltende Ordnung gewirkt wird, sich in dem Menschen als Fähigkeit des Unterscheidens zwischen Gut und Böse und als Neigung zum Guten kundgeben. Das Ethische ist für es etwas Naturhaftes. Es kann sich also nur darum handeln, inwieweit der Mensch dieses in ihm von Natur aus vorhandene Ethische zur Entwicklung kommen läßt. Auf das Problem des Vorhandenseins von Energien, die der Ausbildung der natürlichen ethischen Anlage des Menschen entgegenwirken, geht das alt-chinesische Denken noch nicht ein.[233]

Der Weltanschauung entsprechend, der sie zugehört, ist die alt-chinesiche Ethik durchaus lebens- und weltbejahender Art. Sie will etwas in der Welt ausrichten, indem sie den Menschen und die Menschheit zur Vollendung führt.[234]

* * *

[Vergleich mit der alt-indischen Ethik]

In ihrer Lebens- und Weltbejahung befindet sich die alt-chinesische Ethik in Gegensatz zur alt-indischen und in Übereinstimmung mit der alt-griechischen und mit der Zarathustras.

Eine Ethik völliger Lebens- und Weltverneinung ist undurchführbar. Sie würde das Bestehen der Menschheit in Frage stellen. Darum sehen sich das Brahmanentum, der Jinismus und der Buddhismus genötigt, zuzugestehen, daß Menschen in irgend einer Weise und in irgend einem Maße im tätigen Leben verbleiben und stellen auf dieses sich beziehende Regeln auf.

Das Brahmanentum, der Jinismus und der Buddhismus haben die Welt- und Lebensverneinung gemeinsam. Sie ist bei ihnen aber in verschiedener Weise begründet. In der brahmanischen Lehre hängt sie mit der Mystik des Eins-Werdens mit dem Brahman, dem absoluten, reinen Sein, zusammen. Im Jinismus und im Buddhismus ist sie durch das Bemühen um Erlösung von dem Wiedergeboren-Werden in der Sinnenwelt gefordert.

Die Upanishad's, in denen sich die brahmanische Lehre von dem Eins-Werden mit dem absoluten Sein erstmalig findet, stammen aus der Zeit von etwa 1000 bis

231 [Angabe:] *Schu-king* S. 532, (Forke [S.] 155).
232 [Zuerst, dann gestrichen:] für die alt-chinesische Ethik.
233 [Darunter:] Störung – Unvollkommenheit.
234 [Zu den folgenden Sternchen ist in Klammern ein? gesetzt.]

800 v. Chr. Der Jinismus geht wohl bis ins 8. Jahrhundert v. Chr. zurück. Buddha lebt von 565 bis 485 v. Chr. Seine Lehre hat die des Jinismus zur Voraussetzung. Ihre Eigentümlichkeit besteht in der Ablehnung der im Brahmanismus und im Jinismus im Übermaß betriebenen Askese und Selbstpeinigung und in der Verinnerlichung und Vergeistigung der Lebens- und Weltverneinung.

Die Brahmanen sehen von der völligen Lebens- und Weltverneinung in der Hinsicht ab, daß sie die Erfüllung der mit der Zugehörigkeit zu einer Kaste gegebenen Pflichten als geboten anerkennen. Darum verlangen sie von den Angehörigen ihrer eigenen Kaste, daß sie in der ersten Hälfte ihres Lebens ihren priesterlichen Beruf ausüben und eine Familie gründen, durch die das Fortbestehen des Priestergeschlechts gesichert wird. Erst wenn ihre Söhne ihrerseits verheiratet sind und Nachkommen haben, sollen sie sich dann von der Welt zurückziehen und ein Leben der Weltentsagung zur Erlangung der wahren Vollkommenheit führen.

Der Jinismus und der Buddhismus machen der Lebens- und Weltbejahung in anderer Weise Zugeständnisse. Sie lassen nicht denselben Menschen einen Teil seines Lebens in Lebens- und Weltbejahung und den anderen in Lebens- und Weltverneinung verbringen, sondern sie nehmen zwei Arten von Menschen an, von denen die einen bereits über die Einsicht und die Kraft zu einem Dasein in völliger Weltentsagung verfügen, während die anderen sich noch nicht vom Leben und [von] der Welt loszuringen vermögen. In dem gewöhnlichen Dasein und der mit ihm gegebenen Tätigkeit verbleibend haben die letzteren sich eines ethischen Wandels zu befleißigen, um von Wiedergeburt zu Wiedergeburt fortschreitend zuletzt zu einem Dasein zu gelangen, in dem sie der völligen Lebens- und Weltverneinung fähig sind und damit der Erlösung von dem Sein in der Sinnenwelt teilhaftig werden.

Daß auch Brahmanen ihrer eigentlichen Lehre entgegen ihr ganzes Leben in Weltentsagung verbringen, kommt in der älteren Zeit ausnahmsweise, später, zur Zeit des Auftretens Buddha's, häufiger vor.

Wenn die alt-indische Lebens- und Weltverneinung Menschen auch noch in irgend einer Weise im tätigen Leben beläßt, so haben diese Tätigkeit und die für sie geltende Ethik doch nichts mehr mit wirklicher Lebens- und Weltbejahung zu tun. In seinem ethischen Verhalten ist der alt-indische Mensch durch den Geist der Lebens- und Weltverneinung bestimmt. Insoweit, als er sich tätig verhält, tut er dies, weil es zum Verbleiben im Leben gehört. Er besitzt kein Ideal einer Bessergestaltung des materiellen und geistigen Zustandes der Menschheit. Darin besteht der fundamentale Unterschied zwischen seiner ethischen Gesinnung und der des alt-chinesischen Menschen.

[Vergleich mit der alt-griechischen Ethik]

Mit der alt-griechischen (das heißt vor-sophistischen und vor-sokratischen) Ethik hat die alt-chinesische nicht nur die Lebens- und Weltbejahung, sondern auch die Bezugnahme auf die überlieferte ethische Sitte gemein. Sie ist aber bereits höher entwickelt als diese. Die ethische Sitte, die den Inhalt der alt-griechischen Ethik ausmacht, hat nicht, wie die alt-chinesische, den belebenden und veredelnden Einfluß eines mit der Welt und der Menschheit beschäftigten Denkens erfahren. Überhaupt ist die alt-griechische Ethik durch die Engigkeit des Horizontes beeinträchtigt. Diese ist dadurch gegeben, daß der Mensch, mit dem sie es zu tun hat, nur einem kleinen Stadt-Staatswesen,[235] nicht einem ein ganzes Volk in sich begreifenden

235 [Zuerst (gestrichen):] dem kleinen Staatswesen.

Staate angehört. Die Idee der Menschheit, auf die die alt-chinesische Ethik durch das eine Vielheit von Staaten in sich befassende große Reich geführt wird, tritt für sie noch nicht in Sicht. Noch bei Plato und Aristoteles macht sich die durch den kleinen Stadt-Staat bedingte Engigkeit des Horizontes geltend.

Während die alt-griechische Ethik suchen muß, sich, so gut es gehen will, mit einem Polytheismus, der ihr nichts bieten kann, abzufinden, kann die alt-chinesische mit einem in seiner Art tiefen Denken über die Welt in Verbindung treten und sich zur mystischen Vorstellung erheben, daß der Mensch durch ethisches Verhalten sich in Einklang mit den sich in der Natur in geheimnisvoller Ordnung auswirkenden Kräften befindet. Von großer Bedeutung für die Ethik ist es auch, daß die alt-chinesische Weltbejahung nicht nur großzügiger, sondern auch stärker und tiefer ist als die alt-griechische. Wo die alt-griechische Weltbejahung in die Lage kommt, sich mit dem sich ausbildenden Denken auseinandersetzen zu müssen, vermag sie sich in ihm nicht voll zu behaupten. Dies zeigt sich darin, daß in der auf dem Wege des Überlegens gewonnenen Idee des Guten, die die in der Überlieferung gegebene ablöst, die Weltbejahung nicht mehr in unmittelbarer, sondern nur in abgeleiteter Weise vorhanden ist.

Bei den Sophisten, bei Demokrit und bei Sokrates wird nämlich die Idee des Guten aus der des rechten Glücklich-Werdens abgeleitet. Mag diese Ethik, wie es bei Sokrates der Fall ist, auch Leben und Tiefe besitzen, so ist sie doch von vornherein dadurch gefährdet, daß sie grundsätzlich ihren Ausgangspunkt allein von dem Beschäftigt-Sein des Menschen mit sich selber nimmt. Sie legt ihm keine Pflichten auf. In dem Bemühen um das rechte Glücklich-Werden ist aber die Nötigung zum Wirken in der Welt nicht notwendig gegeben. In der Tat gibt das mit dem rechten Glücklich-Werden beschäftigte griechische Denken die Weltbejahung nach und nach preis. Dies hat nun aber zur Folge, daß es auch die Lebensbejahung nicht aufrecht erhalten kann. Lebensbejahung und Weltbejahung gehören in unmittelbarer Weise zusammen. Löst sich die Lebensbejahung von der Weltbejahung los, so wird sie kraftlos und verfällt dem Siechtum. Darum endet[236] das griechische Denken, das von der unbefangenen, natürlichen Lebens- und Weltbejahung ausging, in Lebens- und Weltverneinung. Von dieser Wandlung wird auch die Ethik betroffen. Sie wendet sich immer mehr von den Forderungen der Wirklichkeit ab. An [die] Stelle des Ideals des in der Welt wirkenden ethischen Menschen tritt das des sich von der Welt auf sich selbst zurückziehenden Weisen.[237]

Diese tragische Entwicklung, die Aristoteles und der Stoizismus vergeblich aufzuhalten versuchen, ist darin gegeben, daß die griechische Weltbejahung von Anfang an nicht stark und tief genug ist, um die Ethik zu nötigen, den Menschen mit einem Ideal des Wirkens in die Welt hineinzustellen. In dem chinesischen Denken hingegen finden eine lebendige Ethik und eine robuste Lebens- und Weltbejahung gegenseitig Halt aneinander und vertiefen und veredeln sich miteinander im Denken.

---

236 [Dieses Wort ist sehr undeutlich.]

237 [R] Mittwoch 22. Dez. 37. Lambarene. Die Holzpflöcke (105 Stück) unter dem Wohnhause sind in einer seit 3. Nov. gehenden Arbeit durch 2 m hohe Betonpflöcke ersetzt. Der Boden ist tiefer gelegt und zum Teil schon betoniert. Die Hauptarbeit machte Frl. Emma Hausknecht.

[Vergleich mit der Ethik Zarathustras]

Die Ethik Zarathustras[238] und die alt-chinesische haben neben der unbeirrbaren und kraftvollen Lebens- und Weltbejahung noch dies miteinander gemein, daß sie beide, was bei der alt-griechischen nicht der Fall ist, sich in den Dienst der Weltordnung stellen.

Ein tiefer Unterschied ist aber darin gegeben, daß es sich für die alt-chinesische [Ethik] um die Vollendung der natürlichen Weltordnung handelt, für Zarathustras [Ethik] aber um die Verwirklichung einer neuen [Weltordnung], in der sich die Kräfte des Guten gegen die des Nicht-Guten völlig durchsetzen.

Weil Zarathustra dualistisch denkt und das Weltgeschehen als einen Kampf des Lichtes und des Guten gegen die Finsternis und das Böse auffaßt, ist seine Ethik enthusiastisch. Sie verlangt von dem Menschen, daß er sein Leben dem Streiten wider die Finsternis und das Böse, die in ihm selber und in der Welt sind, weiht.

---

238 Skizze [zur Ethik Zarathustras und Chinas (Ms.-S. 279 f., unterbricht den Haupttext):]
Mit der Ethik Zarathustras hat die alt-chinesische die Lebens- und Weltbejahung gemein. Aber beide sind darin von einander unterschieden, daß die zoroastrische enthusiastisch ist, während der alt-chinesischen alles Leidenschaftliche fremd ist. Dies hängt damit zusammen, daß die zoroastrische Weltanschauung dualistisch und die chinesische monistisch ist. Die zoroastrische setzt die Überzeugung voraus, daß in der Welt eine Macht des Guten und Licht[en] und eine des Bösen und des Dunkels miteinander ringen, wobei der Sieg dem Guten und Lichten bestimmt ist. Der Mensch hat sich zu entscheiden, auf welcher Seite er kämpfen will. Erwählt er die Sache des Guten und Lichten, so ist er von der Zuversicht getragen, (so fühlt er sich) [als] ein Streiter in dem großen Kampfe und im Dienste des Weltgeschehens zu stehen. Von dem Kampfesgeiste, der die zoroastrische Ethik beherrscht, ist in der alt-chinesischen nichts zu finden. Die dualistische Weltan[schau]ung und die monistische. Das Gute ist das Prinzip der Ordnung. Es herrscht schon in der Welt. Nur [um die] Ordnung in der Menschheit [geht es noch]. Die Naturphilosophie. Ehrfurcht vor der Wirklichkeit. [Die Ethik will] nicht eine andere Wirklichkeit heraufführen. Aber Lebendigkeit und Innerlichkeit [ist in ihr]. Das, was sie in der Welt verwirklichen will[, ist] etwas Selbstverständliches. Im Sinne der wahren Natur [soll der Mensch] sich verhalten. Keine Übertreibungen. Die Natürlichkkeit. Schuld: sich vergehen gegen die wahre Natur. Diese Schuld kennt [die chines. Ethik]. Der Herrscher muß sie sühnen. Kein Schuldbewußtsein, keine Sündhaftigkeit. Ethik: das Erfüllbare. Nicht flach. [Es handelt sich] eben [um] das Mystische, die Erfüllung des in der Natür waltenden Willens. [Etwas] Ruhiges und Majestätisches. Ethik des Vernunftgemäßen. Ein großer Zug. [Diese Ethik] macht es dem Menschen nicht leicht. Aber [die Ethik will] nicht etwas Übernatürliches, etwas Nicht-Natürliches, sondern das wahrhaft im tiefsten und edelsten Sinne Natürliche. Das Gute [ist] das Natürliche, das Böse das Nicht-Natürliche. Keine unerfüllbare, aber höchste Ethik [. . .] [Das chines. Denken hält] fest an dem Gedanken: das Ethische ist in der Natur. Die Schwierigkeiten ahnt [es] noch nicht. Eine einfache Ethik. Auf einige Hauptforderungen beschränkt. Nicht reflektierend. Nicht grüblerisch. Bringt nicht in Konflikt mit dem Natürlichen. Harmonisch. Primitiv. Eben [eine] Ethik, die mit Naturphilosophie in Zusammenhang steht. Die Erfüllung der natürlich gegebenen Pflichten. Ob dieses Gebiet groß genug ist. Ob sich [die] Ethik darauf beschränken kann. Der Mensch stellt keine Ansprüche.
[Notiz zu einer wenige Seiten späteren Teilwiederholung dieser Skizze:] Der Inhalt des *naturae convenienter vivere*! Stoizismus gibt keinen Inhalt. [vgl. oben, S. 297, Anm. 204.]

[Vergleich mit der jüdischen und christlichen Ethik]

Auch die jüdische und die christliche Ethik sind enthusiastisch. Aber die dualistische Weltanschauung, der sie zugehören, beruht nicht auf Lebens- und Weltbejahung wie bei Zarathustra, sondern auf Lebens- und Weltverneinung.

Zwar ist die Weltanschauung des Amos, des Jesaja und der anderen israelitischen und jüdischen Propheten vor dem Exil (586 v. Chr.) noch durchaus lebens- und weltbejahend wie die des Zarathustra. Dies ist auch noch bei denen, die im Exil und bei der Rückkehr des Volkes nach Jerusalem (538 v. Chr.) auftreten, der Fall. Sie erwarten ein Reich Gottes, das auf Grund des ethischen Bemühens des auserwählten Volkes und des Wirkens eines mit dem Geiste Gottes ausgerüsteten Herrschers aus dem Hause Davids entsteht.[239]

Im Spät-Judentum aber (dessen Gedankenwelt sich in dem 164 v. Chr. unter dem Eindruck der Unterdrückung der jüdischen Religion durch den Seleuciden Antiochus IV. entstandenen Buch Daniel ankündigt) und in dem aus ihm hervorgegangenen Christentum wird die natürliche Welt als völlig dem Bösen verfallen preisgegeben. Das Reich Gottes wird als ein völlig überirdischer Zustand der Welt, der zu einer von Gott bestimmten Zeit den natürlichen ablöst, vorgestellt. An die Stelle des Bemühens um die Gründung des Reiches tritt das erwartende Hoffen auf es. Die Ethik ist durch den Gedanken der Erlangung der ethischen Vollkommenheit, die zur Teilnahme an dem Reiche erforderlich ist, beherrscht.

Das Eigentümliche der spätjüdischen und der christlichen Lebens- und Weltverneinung besteht darin, daß sie nicht wie die indische ein Rein-Bleiben von der Welt in Weltentsagung, sondern zugleich auch ein sich in vollendeter Übung der tätigen Liebe kundgebendes Anders-Sein als die Welt verlangt.

Durch die Lebens- und Weltverneinung wird das Enthusiastische der Ethik des Spät-Judentums und des Christentums auf das Höchste gesteigert. Sie vertreten eine Hingebung an das Gute, für die keine auf das Zweckmäßige gerichteten Überlegungen mehr gelten. Auch kommen sie dazu, extreme, dem natürlichen Empfinden nicht mehr Rechnung tragende Forderungen aufzustellen.

[Alt-chinesische Ethik]

Von dem Leidenschaftlichen[240] der zarathustrischen, der jüdischen und der christlichen Ethik ist die alt-chinesische völlig frei. Da ihr Ideal die Verwirklichung der vollkommenen natürlichen Ordnung ist, lädt sie dem Menschen keine Verpflichtungen und Verantwortungen auf, durch die er in Konflikt mit sich selber gebracht wird, sondern nur diejenigen, die sich aus seiner natürlichen Verbundenheit mit seinen Angehörigen und seinem Volke ergeben. Nur Selbstverständliches und Erfüllbares verlangt sie von ihm. Sie liefert ihn nicht einem mit der Idee des Ethischen notwendig gegebenen, grenzenlosen, unentrinnbaren Schuldbewußtsein aus. Alle Verfehlung ist für sie nur ein Abfall von dem Ideal der in den menschlichen Verhält-

---

239 [Am unteren Seitenrand:] Ethik: das Leben auf die richtige Weise.

240 [Über u. unter d. Zeile:] [Die] chinesische Ethik besitzt [k]eine Welterklärung. [Ist] ernst, nicht leidenschaftlich. [Satz aus den Skizzen, Ms.-S. 30:] Das chines. Denken [ist] mit keiner Welterklärung belastet.
[R] Von der Unruhe und dem Drängenden der Ethik Zarathustras und des Judentums und des Christentums hat die alt-chinesische Ethik nichts an sich. [...] Kein durch eine hochgespannte Ethik gespanntes Schuldgefühl...

nissen zu verwirklichenden Ordnung, der durch Rückkehr zu ihm wieder gutzumachen ist. Handelt es sich um Verfehlungen der Führenden und des Volkes, die in einer Störung der Naturordnung offenbar werden, so übernimmt es der Herrscher, sie durch von ihm geleistete Buße zu sühnen und ihnen durch die Belehrung, die er ergehen läßt, und [durch] das Beispiel des Recht-Tuns, das er gibt, ein Ende zu machen.

Obwohl die alt-chinesische Ethik sich noch auf den natürlichen Pflichtenkreis beschränkt, besitzt sie doch schon wirkliche Innerlichkeit. In ihrer Tugendlehre stellt sie ein bereits hochentwickeltes Ideal des ethischen Menschen auf. Die ethische Gesinnung, die sie für die rechte Erfüllung der natürlich gegebenen Pflichten für erforderlich hält, könnte bereits einer vom Humanitätsideal beherrschten Ethik zugehören. Die alt-chinesische Ethik ist ein keimender Kern, der seine Hülle zu sprengen beginnt.

Daß die alt-chinesische Ethik trotz der Höhe, die sie bereits erreicht hat, noch ganz innerhalb des Kreises der natürlich gegebenen Pflichten verbleibt, hat einen doppelten Grund: ihre Verbundenheit mit der Ethik der überlieferten Sitte und ihre Verwurzelheit in Naturphilosophie.[241] Die Ethik der überlieferten Sitte hat es naturgemäß nur mit dem Verhalten des Menschen zu seinen Angehörigen und zu dem Volke zu tun. Die Ethik, die als Grundsatz hat, daß der Mensch sich im Sinne der in der Natur waltenden Ordnung zu verhalten habe, kann nicht beliebig weit gehende Forderungen aufstellen, sondern nur diejenigen, die in der Idee der in der Menschheit zu verwirklichenden natürlichen Ordnung enthalten sind.

In dem alt-chinesischen Denken erlangt die noch auf die natürlich gegebenen Pflichten sich beschränkende Ethik ihre Vollendung. Diese Vollendung besteht nicht nur darin, daß sie in ihrer Tugendlehre die höchste Gediegenheit und Innerlichkeit, deren sie fähig ist, erreicht, sondern auch noch in der Tiefe, die sich aus ihrer Verwurzeltheit in Naturphilosophie ergibt.[242] In ihrer Betonung des Vernunftgemäßen und des Zweckmäßigen gehört die alt-chinesische Ethik mit der Ethik des 18. Jahrhunderts zusammen. Aber niemals ist sie in der Art wie diese in Gefahr, zu einer banalvernunftgemäßen Lehre von der Ermöglichung des besten Wohlergehens des Einzelnen und der Gesamtheit zu werden. Sie ist ja nicht wie diese nur mit dem Einzelnen und der Gesellschaft, sondern immer zugleich auch mit der Natur beschäftigt. Alle Zweckmäßigkeitsüberlegungen werden bei ihr von dem Gedanken getragen, daß der Mensch sich in seiner Gesinnung und seinem Verhalten die Schaffung der besten Ordnung und die beste Beförderung des Wohlergehens der Angehörigen und der menschlichen Gesellschaft vornehmen muß, um sich mit der Weltordnung in Einklang zu befinden. Dieses Mystische macht das Eigentümliche und das Tiefe der alt-chinesischen Ethik aus und verleiht ihrer Schlichtheit eine solche Größe.

[243]Auf die Dauer kann die chinesische Ethik aber nicht dabei verbleiben, nur die durch die natürliche Verbundenheit des Menschen mit seinen Angehörigen und seinem Volke gegebenen Pflichten und Verantwortungen in Betracht zu ziehen. Mit

241 [Darüber:] Kann die Welt dahingestellt sein lassen.

242 [R] Die Abwendung von der Gewalt. Die Rücksichtnahme auf die Kreatur. Regieren ohne Gewalt. In den Gesetzen des Maßes. Durch Strafen in Ordnung halten.

243 [R] Ihr äußeres Wesen muß sich im Verhältnis zu ihrem inneren entwickeln. Löst sich von der Naturphilosophie los. – Andere Weltbetrachtung. – Die Vollendung einer noch nicht voll entwickelten Ethik.

Notwendigkeit kommt sie in ihrer Entwicklung dahin, den Kreis weiter zu ziehen und das Gebot der Liebe zum Nebenmenschen als solchem zu vertreten. Diesen Schritt tut sie dann in der klassischen Zeit, bei Kung-tse (551–479), Me Ti (Mi Tse, 480–400?) und Meng-tse (372–289). Dann entsteht für sie aber die Frage, ob sie ihrem ursprünglichen, unenthusiastischen Wesen treu bleiben kann oder ob sie durch das Bekenntnis zur Idee der Liebe nicht genötigt wird, das Ideal nicht mehr in der vollendeten Verwirklichung der natürlichen Ordnung der menschlichen Gesellschaft, sondern in der höchsten Betätigung der Gesinnung der Liebe zu sehen.[244] Um dieses Problem handelt es sich in dem Kampfe, den Meng-tse im Geiste Kung-tse's und der alt-chinesischen Ethik gegen Me Ti, den Vertreter der Idee der allgemeinen Menschenliebe, führt.

In dem Maße, als die Idee der Liebe zu völliger Klarheit über sich selbst kommt,[245] hört sie auf, unter dem Einfluß der Überlegungen, die auf die Zweckmäßigkeit des Handelns gehen, zu stehen und sich die Verwirklichung der bestmöglichen Ordnung in der menschlichen Gesellschaft als Ziel zu setzen. Es liegt im Wesen der Idee der Liebe, daß sie in absoluter Weise gelten will.[246]

Das Aufkommen der Idee der Liebe bedeutet nicht nur die Vollendung der Ethik, sondern auch eine Störung derselben. Ihretwegen muß das Ideal der wohlgeordneten Ethik preisgegeben werden.

Mit dem Bekenntnis zur Idee der Liebe stellt sich für die chinesische Ethik aber nicht nur die Frage, ob sie weiterhin ihrem unenthusiastischen Wesen treu bleiben kann, sondern auch noch die andere, ob sie weiterhin ihre Verbundenheit mit Naturphilosophie aufrecht erhalten kann. Wenn Zarathustra, [die] jüdischen Propheten und das Christentum sich zum Gebot der Liebe bekennen, erwächst hieraus ihrer Ethik keine Schwierigkeit.[247] Der Dualismus hat keine Ehrfurcht vor der Natur und kennt keine Versenkung in sie. Er deutet die Natur auf Grund der ihm von vornherein von sich aus feststehenden ethischen Überzeugung. Das alt-chinesische Denken, wie der Monismus überhaupt, geht aber von der Naturbetrachtung aus und kann nur diejenigen ethischen Überzeugungen gelten lassen, die sich mit ihr in Übereinstimmung befinden. Das Prinzip der Liebe läßt sich in dem Naturgeschehen nicht entdecken. Der Naturphilosophie kann die Ethik nur das Grundprinzip der Ordnung, nicht das der Liebe entnehmen. Weil sie sich in Abhängigkeit von Naturphilosophie befindet, erhebt sich die alt-chinesische Ethik trotz der Tiefe und Innerlich-

---

244 [R] (Schrankenlosigkeit.)

245 [Darüber:] im Geiste Kung-tse's und der alt-chinesischen Ethik.

246 [R] Kann die Liebe in den Dienst der Ordnung gestellt werden, oder [ist sie] ein souveränes Prinzip [?].

247 [R] [Auf Ms.-S. 290 f. zwischen die untersten Zeilen bis zum Rand hinaus geschriebener Bleistiftentwurfstext (Schlußtext):] Untergrund der Ethik –.
Kann aber nicht im natürlichen Kreise verbleiben. Das Gebot der Liebe – hört auf, reines Ordnungsgebot zu sein – [Ist] etwas Mehr [mehr] als höchstes Prinzip der Ordnung der Menschheit, sondern das Rätselhafte – Liebe, die sich keinen Regeln unterwirft. Grenzenlosigkeit. Absolutheit. Etwas elementares Leben kommt zum Durchbruch. Dualistische Ethik [ist] weiter voran. Hat nicht die Abgeklärtheit, die Harmonie, als etwas, was zum Wesen der Ethik gehört. Die Strömung [ist] dieselbe, wenn [sie] auch noch so ruhig dahinfließt – nähert sich der Stromschnelle, in der die dualistische Ethik der Liebe, die sich von aller sachlichen Naturphilosophie ([darüber:] Naturbetrachtung und Naturversenkung) losgerissen hat, dahinrauscht.

keit, die sie bereits erreicht hat, nicht zur Idee der Liebe. Der Weg, auf den sich die dualistische Ethik ohne weiteres und wie von selbst begibt, ist für sie voller Schwierigkeiten. Aus demselben Grunde bleibt die Idee der Liebe den Stoikern, Spinoza und Goethe etwas Fremdes.

Von der Naturphilosophie kann sich die chinesische Ethik nicht loslösen, ohne ihr ureigenes Wesen zu verleugnen. Die Idee der Liebe abzulehnen, ist ihr [aber auch] unmöglich, weil sie durch die sich in ihr vollziehende Höherentwicklung notwendigerweise auf sie hingeführt wird. So befindet sie sich von der klassischen Zeit an in der Lage, das Unmögliche versuchen zu müssen, ihre Beziehung zur Naturphilosophie aufrecht zu erhalten und zugleich die der Naturphilosophie völlig fremde Idee der Liebe zu vertreten.

In ihren Bemühungen um einen Kompromiß ist sie in erster Linie darauf bedacht, die Beziehungen zur Naturphilosophie möglichst vollständig aufrecht zu erhalten.

* * *

[Skizzenblatt zu Mensch und Kreatur im chinesischen Denken *(1933), datiert 1937]*

Ethik. Mensch und Geschöpf. Meng-tse

Übersetzt von R[ichard] Wilhelm

«Wie wenig ist es doch, das den Menschen von dem Tiere unterscheidet», *Meng-tse* IV B, 19, S. 89.

König, Ochs, Glockenweihe, I A, 7 [...]

Nicht Liebe, sondern Freundlichkeit zu den Tieren, VII A, 45. (S. 170).

Setzt aber als selbstverständlich voraus, daß man sich ernährt vom Fleisch der Tiere und sie zum Opfer braucht.

Bei Lieh-tse:

Mensch und Tier, [*Liä Dsi*] II 18. Kein großer Unterschied [zwischen Mensch und Tier].

Tschuang-tse:

Über Tiere. Die Geschichte des Kampfes ums Dasein. [*Dschuang Dsi*] (XX 8)

Daß Mensch und Tier sich nicht sehr unterscheiden auch beim Philosophen und Skeptiker Wang Tsch'ung, 27–97 n. Chr. Argumentiert daraus gegen die Unsterblichkeit. [Alfred] Forke, [«Die Gedankenwelt des chinesischen Kulturkreises», *Handbuch der Philosophie*, München/Berlin 1927, Abt. V, Teil III, S.] 141 [und 7].

Mensch und Tier und Pflanzen [sind] auch der Wirkung [des] ethischen Li fähig (bei Tschu Hsi). ([Heinrich] Hackmann, [*Chinesische Philosophie,* München 1927,] S. 342 f., 347). Also auch Tiere und Pflanzen prinzipiell höherer geistiger Entwicklung fähig, wenn auch in beschränkterer Weise als der Mensch.[248]

* * *

248 [Dieser letzte Abschnitt ist gestrichen.]

[Weitere Notizen aus Doss. 8 Nr. 7 (1936 und 1937) – neben der im Vorwort zitierten Notiz zum chinesischen Denken]

Dok.-S. 423, 427–429:

[Das] chinesische Denken. Die Ethik versucht keine entwicklungsmäßige Deutung der Welt. Eine unlebendige Weltanschauung. Geschichtslose Weltanschauung. Ethik wird nicht zur Religion. Dies die Schwäche.

Lao-tse: Die bei aller Fremdartigkeit und aller Dunkelheit unmittelbar verständliche Sprache der Mystik. – Lao-tse der Erzieher der Menschheit zur Mystik – Das ungeheuer Elementare dieser Mystik – elementar bei aller Fremdartigkeit.

Nicht das chinesische Denken in allen Einzelheiten [...] darstellen, sondern es verständlich machen und vom philosophischen Standpunkt würdigen.

Das Denken [ist] in China nicht durch Priesterklasse beherrscht.

Für Meng-tse's freimütige Äußerungen über Fürsten siehe auch schon Teng-tse ([Heinrich] Hackmann, [*Chinesische Philosophie*, München 1927, S.] 48. Schicksalsidee schon im *Schu-king* (Hackmann [, a.a.O., S.] 40 und Teng[-tse] (Hackmann [, a.a.O., S.] 48.

Chinesische Religion, die nur im Kult bestand! [...] [Die] Frage des Daseins [hat] keine religiöse Bedeutung. Religion macht nicht das Erf[üllende] seines Daseins.

Daß die Laien die Kunst der Deutung der Orakel zur Ausl[egung] [...] [auf] das *I king* zurückgeführt [...]

Für Schluß: Gar nicht die Frage, ob [das] chinesische Denken sich erholt und die Weltanschauung ausbaut: sondern ob [das] Denken der Menschheit dies tut.

Nirgends ein Kampf der Ethiker gegen den Taoismus! Aber immer Kampf des Taoismus gegen Ethiker. Also [spielt der] Taoismus keine große Rolle im Volk. – [Das] Aufblühen des Taoismus ist Kampf gegen Kung-tse, und mit ihm erhebt zugleich die mystische Volksreligion das Haupt. Beide immer im Zusammenhang miteinander.[249] Kampf des Konfuzianismus gegen die mystische Volksreligion. Darum Kampf gegen die Priester der Sung-Dynastie.

«Womit der Himmel keine Gnade erweist und womit er doch große Gnade erweist, das ist das Leben.» (Aus der taoistischen Schrift *Yin Fu Tsching*, 8. Jahrhundert v. Chr. Das ist aber keine originale Schrift, sondern Mystifikation.)[250]

Hsin [Hsün-]tse VII 17: «Was ist es, das den Staat schädigt? Wenn Gemeine das Volk regieren und Macht besitzen.»[251]

---

249 [Oder (undeutlich):] untereinander.

250 [Über diese Schrift, vgl. A. Forke, *Geschichte* (s. Literaturverzeichnis), S. 244 ff. Das Zitat findet sich dort jedoch nicht, aber in anderer Fassung bietet es Wilhelm in der Einleitung zu *Liä Dsi* (s. Literaturverzeichnis), S. XXI [XX], Neuausgaben Düsseldorf-Köln, S. 18: «Der Himmel hat keine Gnade. Eben darin zeigt er die größte Gnade.... Das Leben ist die Wurzel des Todes, der Tod ist die Wurzel des Lebens.» A. S. zitiert diese Fassung 1939/40 auf Ms.-S. 99 (s. oben, S. 71, Anm. 111). Bei Wilhelm heißt die ganze Schrift *Yin Fu Ging, das Buch der geheimen Ergänzungen.* Zweifellos handelt es sich um dasselbe Werk, nur bleibt offen, woraus A. S. die Fassung in der obigen Notiz zitiert.]

251 [Vgl. A. Forke, a.a.O., S. 236.]

Kung-tse ebensowenig ein Religionsstifter als Buddha. [Ist] erst durch die spätere Zeit ein solcher geworden.

Daß ich taoistische Mystik und taoistische Volksreligion unterscheide, obwohl beide geschichtlich zusammengehören.

Kung-tse: [Bei ihm] löst sich das Denken von der Volksreligion, erhält sich aber, durch Ethik imponierend. Bleibt aber in Spannung mit der Volksreligion. Sichtung der Tradition.

Ein Sokrates braucht in China nicht aufzutreten, um die Ethik gegen die Sophistik zu retten. So gründliche Arbeit wie in Griechenland leistet die Besinnung auf die Vernunft als einzige Autorität in China nicht.

[Sac 8 II, Nr. 4]

Skizzen zum chinesischen Denken, 1939/1940 (Auswahl)

Zum Plan über das Tao-Mystik-Kapitel[1]

1) Zuerst Lao-tse allein. Dann die Persönlichkeit des Lieh-tse und Tschuang-tse.[2]

2) Kleine Biographie [Lao-tse's]. Lao-tse beginnen mit der Bemerkung: keine Erkenntnis von außen her.[3]

3) Vorläufer: Kuan-tse (Zenker I, S. 85) und Teng-tse. (Hackmann S. 50.)

Lao-tse ist nicht der Schöpfer der Tao-Mystik, sondern der erste große Vertreter derselben. Wie hoch sie bereits vor ihm schon entwickelt ist, ergibt sich aus den mystischen Ideen, die sich in alten Stücken, [in] den Namen des Kanzlers Kuan-tse (etwa 715–645 v. Chr.) führenden Schriften findet.[4] In diesen wird vom Tao als dem unerlernbaren, in allem Sein vorhandenen Ur-Sein und von dem Geheimnis des Eins-Seins mit ihm und der Nicht-Tätigkeit in derselben Weise geredet wie in Lao-tse's *Tao te king*. Dasselbe ist in den dem Teng-tse (570–501) zugeschriebenen Texten der Fall.

Lao-tse ist der Vollender der bereits hoch entwickelten Tao-Mystik. In den wunderbaren Sprüchen des *Tao te king* wird sie in ihrer ganzen Tiefe offenbar.

Plan: Nicht-Tätigkeit

[Die Taoisten unternehmen es,] die Nicht-Tätigkeit, die ihnen von der Ekstase her feststeht, als Prinzip des Verhaltens in der Natur zu begründen. Durchführen läßt

---

1 [R] Lambarene 4. 1. 40.

2 [R] Wu wei [das Nicht-Handeln, die Unbetriebsamkeit. (Hackmann, S. 64)]

3 [R] Lao-tse hat dem Taoismus den Stempel einer großen Persönlichkeit aufgedrückt.

4 Besonders im II. und V. Buch. (Zenker I, [S.] 85.) [Zum Text, vgl. Fassung 1939/40, S. 94.]

sich nur die Ergebung in das Schicksal. Die rechte Art der Lebensbejahung wird ihnen zum Problem.

[Text]

[Ms.-S. 14–24, hieraus Ms.-S. 14–18 und 21–24]

«Das Wirken der Natur erkennen, und zu erkennen, in welcher Beziehung das menschliche Wirken dazu stehen muß: das ist das Ziel», heißt es bei Tschuang-tse. (VI 1)[5]

In diesen Worten ist das, was das Eigentümliche und das Tiefe des chinesischen Denkens überhaupt ausmacht, ausgedrückt. Daß das menschliche Wirken sich mit dem Wirken der Natur in Übereinstimmung befinden muß, haben Kung-tse und die taoistischen Denker als Grundsatz gemeinsam. Von demselben Grundsatz ausgehend kommen sie aber zu ganz verschiedenartiger Ansicht über das dem Wirken der Natur entsprechende Wirken des Menschen.

Für Kung-tse befindet sich der Mensch in Übereinstimmung mit der Natur dadurch, daß er in der besten Art tätig ist und durch tugendhaftes Verhalten und Erfüllung der ihm zufallenden Pflichten in der besten Weise dazu beiträgt, daß die Menschheit in Ordnung ist und gedeiht.

Die taoistischen Denker hingegen verneinen, daß der Mensch sich mit seinem Tun in den Dienst des Weltgeschehens zu stellen habe. Sie stellen ein ganz eigentümliches Kriterium für die Beurteilung des menschlichen Wirkens auf. Ihnen zufolge besteht die Vollendetheit des menschlichen Wirkens nicht in dem Ziele, das es sich setzt, sondern in der Art, in der es stattfindet. Das höchste Wirken ist dasjenige, das dem in der Natur am ähnlichsten ist.

In welcher Weise aber wirkt die Natur?

In der Natur erfolgt alles durch Geschehen, nicht durch Handeln. Sie nimmt sich keine Ziele vor wie der Mensch, sondern es erfolgt alles von selbst. Die in ihr vorhandenen Kräfte betätigen sich in stiller und unscheinbarer Weise und bringen doch so Großes hervor.

Um mit dem Tao in Übereinstimmung zu sein, muß der Mensch also alles aus Absichten entspringende Tun aufgeben und sich bemühen, einfach Organ des im Weltgeschehen in Unscheinbarkeit waltenden Tao zu sein. Sein Wirken muß den Charakter des Tuns verlieren und den des Geschehens annehmen.

Dieser Gedanke der Nicht-Tätigkeit als des höchsten Verhaltens kehrt bei Lao-tse und seinen Nachfogern in immer neuen Wendungen wieder.

Wie aber kommen sie zu dieser merkwürdigen Anschauung, daß der Mensch [sich] durch die Nicht-Tätigkeit in Harmonie mit der Natur befindet und in der vollendetsten Weise seine Bestimmung in der Welt erfüllt?

Auf Grund der Lebens- [und] Weltbejahung, die sie mit dem gesamten chinesischen Denken gemein haben, steht ihnen die Idee des Wirkens fest. Im Banne der chinesischen Lebens- und Weltbejahung stehend fassen die taoistischen Denker das Ur-Sein nicht wie die Brahmanen als in ewiger Ruhe befindliches, sondern als schöpferisches und wirkendes Sein auf. Die Idee des Wirkens steht ihnen also fest.

---

5 [R] Anstrengungen auf das Ethische hin. Fragen, was er mit seiner Geschäftigkeit will. Besinnung auf sich selbst. Das Hinhorchen auf sein Wesen.

Von der Ekstase her steht ihnen aber auch die Idee der Nicht-Tätigkeit fest.[6] Es stellt sich für sie also das Problem, die der Lebens- und Weltbejahung zugehörige Idee des Wirkens und die der Lebens- und Weltverneinung zugehörige Idee der Nicht-Tätigkeit miteinander in Verbindung zu bringen. In der Versenkung in die Natur suchen und finden sie die Lösung. Sie halten sich, wie dies auch das *I king* tut, an das Naturgeschehen, wie es im Lauf der Gestirne und in der Aufeinanderfolge der Jahreszeiten und in dem Wachsen, Blühen und Reifen in Erscheinung tritt. Das Eigentümliche desselben finden sie darin, daß es still vor sich geht und das Ergebnis von Kräften ist, die von innen heraus und in unscheinbarer Weise [sich] betätigen. Es bildet sich in ihnen[, diesen Denkern,] die paradoxe Anschauung aus, daß höchstes Wirken ohne Tun ist.

Daß sie durch die Notwendigkeit, die Idee des Nicht-Tuns und die des Wirkens miteinander in Einklang zu bringen, bewogen werden, sich in so tiefer Weise mit dem Geheimnis des Naturgeschehens zu beschäftigen, ist das Große an Lao-tse und seinen Nachfolgern.

Eine große Leistung bedeutet es auch, daß sie als erste es als eine Schwierigkeit[, als ein] Problem empfinden, wie der Mensch sich mit seinem Tun in den Dienst des Weltgeschehens stellen könne, und daß sie sich überhaupt [mit] dem Problem des so bedeutungsvollen [und] fundamentalen Unterschiedes zwischen Geschehen und Tun beschäftigen.[7]

Wie das Wirken in Nicht-Tätigkeit durchzuführen ist, vermögen die taoistischen Denker freilich nicht anzugeben. Sie reden davon immer nur in ganz allgemeiner Weise. Fort und fort führen sie aus, wieso es nicht tätiges Wirken ist, niemals machen sie positive Angaben darüber. Auf die Frage, wie der Mensch in anderer Weise als durch Tun wirken könne, gehen sie nicht ein.

Durchführbar von ihrem Ideal ist das Negative, die Nicht-Tätigkeit, in dem Maße, als diese überhaupt möglich ist. In positiver Weise erfolgt ein Wirken ohne Tätigkeit durch den Einfluß, den der Mensch, der sich nicht in dem auf die Welt gerichteten Tun verliert, sondern tiefste Gesammeltheit und tiefste Innerlichkeit erlangt, kraft seines Wesens auf andere ausübt. Wie aber der Mensch zu einem Wirken fähig sein soll, das gleicher Art mit dem Walten der geheimnisvollen Kräfte der Natur ist, bleibt unbegreiflich. Es gehört zum Wesen des Ideals der taoistischen Denker, daß es in gewollter Weise paradox und gewollt ge[...] ist.[8]

Inwieweit ist das Lebensideal der taoistischen Denker ethisch?

Die Brahmanen fühlen sich in ihrer Nicht-Tätigkeit über Gut und Böse erhaben. Sie urteilen, daß der Mensch nur soweit, als [er] noch im tätigen Leben steht, sich an das Gute zu halten und das Böse zu meiden hat. Ergibt[9] er sich der Lebens- und Weltverneinung, so kommen die bei dem Handeln geltenden Unterschiede für ihn nicht mehr in Betracht. Ihr Sinn geht auf höchste Geistigkeit, nicht auf höchste Sittlichkeit.

---

6 [R] Das Leben in Nicht-Tun: «Was du tun sollst, was du nicht tun sollst? Einfach der Wandlung ihren Lauf lassen.» (*Dschuang Dsi* XVII 5)

7 [R] [daß sie es] entdecken.

8 [Auf der folg. Zeile steht die Notiz:] Hier S. 33 und der Brunnen.
[Damit ist wohl die Geschichte vom Gärtner, der auf die Anlage eines Ziehbrunnens verzichtet – *Dschuang Dsi* XII 11, (vgl. 39/40, S. 101) gemeint.]

9 [Darüber eine neue Fassung angedeutet:] Weil sie sich ... [ergeben, ...]

Die Taoisten erheben sich nicht in derselben Weise über das Ethische. Sie halten an der Welt- und Lebensbejahung und an der Idee des Wirkens fest und haben sich insofern für Gut oder Nicht-Gut zu [ent]scheiden.[10] Da sie aber in Nicht-Tätigkeit wirken wollen, können sie sich nicht an die Vorstellungen von Gut und Nicht-Gut halten, wie sie für das Tun gelten, sondern müssen sich eine Vorstellung des Ethischen schaffen, die auch auf das Geschehen anwendbar ist.

Nach menschlichen Begriffen hat das Weltgeschehen nichts an sich, das nach der für das menschliche Tun geltenden Beurteilung ethisch ist. Dies festzustellen und anzuerkennen macht den taoistischen Denkern nichts aus. Sie nehmen an, daß die Natur in einer anderen, höheren Weise dennoch das Sinnvolle und Gute[11] verwirklicht, nicht das Sinnvolle und Gute, wie es sich der Mensch vornimmt, sondern das im höchsten Sinne Sinnvolle und Gute. Darum gilt es, die gewöhnliche menschliche Betrachtungsweise aufzugeben und sich [zu] der für die Beurteilung des Weltgeschehens geltenden höheren zu erheben. Die Menschen erachten [?] das Besorgt-Sein um das Einzelindividuum als sinnvoll und gut; für die Natur [aber] handelt es sich um das Bestehen und das Wohl der Gesamtheit der Wesen.

«Der Himmel hat keine Gnade:
Eben darum zeigt er die höchste Gnade.»[12]
«Segen entsteht in Unheil; Unheil entsteht in Segen.» (Aus dem *Yin Fu Ging.*)[13]
«Nicht Gütigkeit nach Menschenart hat die Natur;
Ihr sind die Geschöpfe wie stroherne Hunde.
Nicht Liebe nach Menschenart hat der Vollendete;
Ihm sind seine Leute wie stroherne Hunde.» (*Tao te king* 5)

Was die Menschen gutes Handeln nennen, ist für die taoistischen Denker ein willkürlicher Eingriff in das Naturgeschehen und eine Störung des Verlaufes desselben, unter der die Verwirklichung des wahrhaft Guten leidet.

...

Skizze des Schlußwortes der Tao-Mystik

[Ms.-S. 21–24]

Ein in sachlicher Weise sich mit dem Sein auseinandersetzenden Denken liegt in der taoistischen Mystik des Lao-tse und seiner Nachfolger nicht vor. Es ist aus primitiver Mystik entstanden und trägt diese Herkunft noch an sich. Hinter der vergeistigten Vorstellung ist noch die ursprüngliche zu erkennen. Die vergeistigte Idee des

---

10 [Die erste Silbe des Wortes undeutlich (gestrichen, korrigiert).]

11 [Verschiedene frühere Fassungen:]
a) in einer das gewöhnliche menschliche Begreifen übersteigenden Weise sinnvoll und gut ist.
b) in einer anderen Weise als der Mensch sinnvoll und gut ist.
c) dennoch in sinnvoller und gütiger Weise verfährt.

12 [*Yin Fu Ging, Buch der geheimen Ergänzungen* (Wilhelm, Einleitung zu *Liä Dsi*, S. XX, Neuausgabe: S. 18).]

13 [Ebenda, S. XXI, bzw. S. 19.]

Eins-Seins hat sich noch nicht von der vorausgesetzten losgelöst.[14] So verbleibt die taoistische Mystik mit Absicht in dem gröblich Naiven.

Da sie aber Mystik ist,[15] besitzt sie die mit der Art dieses Denkens gegebene Tiefe. Alle Mystik, auch die unvollkommenste, nimmt den Menschen aus dem Beschäftigt-Sein mit dem Nächstliegenden – dem Beruf, der Familie, dem Volk, der Menschheit – heraus und hält ihn an, sich vorerst auf sich und sein Verhalten zu sich selbst und der Welt zu besinnen. Mystik ist ein Hinausfahren auf die Höhe.

Die Fragen, mit denen der Mensch sich in der Mystik abgibt, bleiben [stets] dieselben, welcher Wandel auch im Laufe der Zeit stattfindet. Denn nur das Nebensächliche, die Verhälnisse, in denen der Mensch, die Völker und die Menschheit leben, verändert sich, nicht das Wesen des Menschen und das der Welt. Darum bleiben die letzten Fragen, mit denen es der Mensch zu tun hat, immer dieselben. Weil alle Mystik diese letzten Fragen von dem einen, was nottut, stellt und zu beantworten sucht, hat sie, aus welcher Zeit sie auch ist,[16] dem Menschen aller Zeiten etwas zu sagen.

Die taoistische Mystik ist besonderer Art. Sie ist reicher an Fragen und Ideen[17] als die brahmanische. Die brahmanische [ist] einfach Identitätsmystik. Sie beruht auf dem Gedanken, daß das menschliche Ich gleicher Art ist wie das Welt-Ich. Die Menschenseele gehört der Weltseele zu. Sie ist aus ihr hervorgegangen und kehrt in sie zurück. Aus dieser mystischen Beziehung zum unendlichen Sein ergibt sich als Verhalten des Menschen nichts anderes als völlige Nicht-Tätigkeit in völliger Verneinung der natürlichen Welt und des natürlichen Lebens. Ihr Ideal ist die Nicht-Tätigkeit und Lebens- und Weltverneinung als solche.[18]

In der taoistischen Mystik sind Lebens- und Weltbejahung und Lebens- und Weltverneinung miteinander vorhanden und stehen in Spannung zueinander, wie in der hinduistischen. Sie hat wie diese als Ideal verinnerlichte Lebens- und Weltbejahung und höchste Art des Wirkens. Die beiden Ideale werden für den Menschen, wenn er sich in tieferer Weise auf sich und das, was er in der Welt will, besinnt, zu den großen Problemen.

Weiter taucht in der taoistischen Mystik die so tiefe Frage des Unterschieds zwischen Geschehen und Tun auf und das mit ihr zusammenhängende Problem, das eine so tiefgehende Bedeutung hat,[19] wie der Mensch sich mit seinem Wirken in den Dienst des Weltgeschehens stellen könne.

Da die taoistische Mystik ... sich für die Lebens- und Weltbejahung entscheidet, steht in ihr die fundamentale Frage zur Verhandlung, ob und inwieweit es eine lebens- und weltbejahende Mystik geben kann.

Wie Buddha und wie die hinduistische Mystik bemühen sich die taoistischen Denker, der Nicht-Tätigkeit einen ethischen Charakter beizulegen und gelangen so zu einer Ethik, für die das Wesentliche die sich in geistiger Weise auswirkende Gesinnung ist. Sie gehen also auf die Frage ein, in welchem Verhältnis die Ethik des Voll-

---

14 [Die voranstehenden Sätze sind zu einer neuen Fassung zusammengebaut, die aber nicht deutlich genug zu erkennen ist.]
[Zum Text, vgl. die Hauptfassung 1939/40, S. 108.]

15 [Eingefügt:] tief [. . .] in dem Sinne, in dem alle Mystik tief ist.

16 [Eingefügt:] auch die aus der früheren vergangenen [Zeit].

17 [*Fragen und Ideen* gestrichen.]

18 [Korr.:] Ihr Ideal ist einfach: Nicht-Tätigkeit und . . .

19 [Nebensatz gestrichen:] obwohl es gewöhnlich unbeachtet bleibt.

kommen-Werdens [...] und die des ethischen Tuns zueinander stehen, und wagen es, dem natürlichen Empfinden zuwider die letztere zu entwerten.

In der taoistischen Mystik treten also alle Fragen, mit denen es die Weltanschauung und die Lebensanschauung zu tun haben, auf. Dies kommt nicht davon, daß das taoistische Denken eine besondere Tiefe besitzt, sondern davon, daß es seinen Voraussetzungen nach Wege geht, auf denen es allen Fragen begegnet. Seine Tiefe besteht darin, daß es in sich widerspruchsvoll ist. Die Art, in der es entstanden ist, bringt es mit sich, daß in ihm Elemente[20] der Lebens- und Weltbejahung und der Lebens- und Weltverneinung, Ethisches und Nicht-Ethisches vorhanden sind und eine Synthese verlangen.

Mit der taoistischen Mystik Bekanntschaft machen will also heißen, von Problemen und Entscheidungen Kenntnis nehmen, die für das gewöhnliche Überlegen nicht in Betracht kommen.

Wer mit den Fragestellungen des europäischen Denkens vertraut ist, für den ist Lao-tse's *Tao te king* ein gewaltiges Erlebnis. Er wird durch es aus der Bahn geworfen. So vieles, was ihm selbstverständlich war, wird ihm nun zum Problem. Mit Erstaunen bemerkt er, daß er bisher eine Unbefangenheit besaß, die er verloren geben muß, und daß er seinen Blick in Höhen und Fernen richten, von denen er nichts wußte.

Mag er sich bisher ablehnend zur Mystik verhalten haben, dieser gegenüber vermag er es nicht. Wohl mag er sich gegen das Gewalttätige und Fremdartige und Paradoxe dieser Denkweise auflehnen, hat sie doch etwas an sich, gegen das er nicht aufkommt. In dem Fremdartigen und Gewalttätigen und Paradoxen tut sich ihm Wahrheit kund. Es geht ihm auf, daß auf die letzten Fragen, mit denen er es zu tun hat, nur die Denkweise der Mystik anwendbar ist, daß er sich in elementarer Weise mit den letzten Fragen beschäftigen muß. Die Lösungen der taoistischen Mystik können nicht befriedigen. Ihre Bedeutung liegt [indessen] nicht in den Antworten, die sie gibt, sondern in den Fragen, die sie stellt, in den Horizonten, die sich in ihr auftun und in dem Geist, der in ihr lebendig ist.

Verstanden hat die taoistische Mystik, wer von der Frage nach der Art des Wirkens[21] nicht mehr loskommt und sich genötigt sieht, mit Lao-tse das Paradoxe anzuerkennen, daß das vom Geiste gewirkte geistige Geschehen[22] der große Strom und das Wirken im Tun ein Nebenfluß ist.

Gewiß, wir können die taoistische Mystik nicht anders verstehen, als indem wir sie idealisieren. Von dem, was an primitiver Denkweise noch in ihr vorhanden ist, sehen wir ab.[23] Die in ihr entstandenen Ideen lösen sich für uns von ihr los. Was nicht geistig gemeint ist, verstehen wir geistig, was nicht rein ethisch gedacht ist, deuten wir rein ethisch. Sie macht auf uns Eindruck, nicht nur durch die Ideen, die sie in sich enthält, sondern auch durch die, die sie in uns entstehen läßt.[24]

Das große Problem des Denkens ist Mystik ethischer und lebens- und weltbejahender Art. Die [Mystik] Lao-tse's ist das älteste und großartigste Praeludium auf

---

20 [*Elemente* gestrichen.]
21 [Gestrichen:] nach der höchsten Art
22 [Zuerst] des vom Geiste ausgehenden Geschehens.
23 [Hineinkorr. Fassung:] [Das, was ...] übersehen wir.
24 [So nach vorangehender Fassung. Eine frühere:] die sie in uns weckt.
[Zuletzt:] die sie [ihre Ideen?] in uns entstehen lassen.

diese hin. Daß in dem *Tao te king* die Motive dieser höchsten Mystik vorliegen, macht, daß [ein] solcher Zauber von ihm ausgeht. Kant und Hegel sind Ereignisse in dem europäischen Denken, Lao-tse ist ein Ereignis in dem Denken der Menschheit. Er überfällt [den][25] Menschen mit der fundamentalen und elementaren Frage der höchsten Art des Wirkens. Die andern, so groß sie sind, geben sich mit Vorfragen und Nebenfragen ab.

Das *Tao te king* ist ein gewaltiges und ewiges Buch, das seine Bestimmung, den Menschen [die] Unbefangenheit zu nehmen und [sie] zu tiefstem Nachdenken über sich selbst und ihr Verhältnis zum unendlichen Sein zu zwingen, fort und fort erfüllen wird.

...

Der Verlauf des chinesischen Denkens[26]

[Ms.-S. 67–69 = erweiterte Fassung der einleitenden Abschnitte von Kap. III vom 6.11.39, S. 54 f., vgl. auch oben S. 281 f.]

Im chinesischen Denken sind dieselben beiden Strömungen vorhanden wie im indischen: ein Taoismus benanntes Denken, das, wie das brahmanische, vom Erlebnis der Ekstase ausgeht und seinem Wesen nach Mystik ist, wie es sich auch bei Lao-tse (geb. 604. v. Chr.?) findet, und eines, das sich der Welt gegenüber natürlich verhält und auf Welt- und Lebensbejahung eingestellt ist, wie es uns bei Kung-tse (Konfuzius, 551–479 v. Chr.) entgegentritt.

Aber der Verlauf des chinesischen Denkens ist ein anderer als der indische. Während in Indien die beiden Denkarten in geheimem Widerstreit miteinander liegen und die anfangs von der Lebens- und Weltverneinung zurückgedrängte Lebens- und Weltbejahung sich im Laufe einer langen Entwicklung als ethische Lebens- und Weltbejahung gegen sie durchsetzt,[27] gehen die beiden Strömungen in China einfach nebeneinander einher, wobei diejenige des natürlichen Denkens von Anfang an viel größere Wasser mit sich führt als diejenige, des aus dem Erlebnis der Ekstase entstandenen Denkens.[28]

Verschieden ist der Verlauf des chinesischen von dem indischen Denken auch insofern, als in dem chinesischen das aus dem Erlebnis der Ekstase entstehende Denken nicht wie das brahmanische zu einer völligen Lebens- und Weltverneinung, sondern nur zum Grundsatz der Nicht-Tätigkeit gelangt. Das chinesische Tao, unter dem wie unter dem indischen Brahman das eigentliche Wesen des Seins verstanden wird, wird nicht als das reine, unveränderliche Sein, sondern als geheimnisvolle, ohne Tätigkeit in der Welt waltende Kraft aufgefaßt. Während bei den Brahmanen die Sinnenwelt eine bedeutungslose Erscheinung des Brahman's ist, wird sie von Lao-tse als das natürliche Wirkungsfeld des Tao angesehen.

---

25 [Unleserliches Wort: den, die?]

26 [R] Lambarene. 12. 11. 39. Sonntag. Das Wasser steht sehr hoch. Ich habe mit Ergriffenheit Ku Hung Ming gelesen.
[Am oberen Seitenrand:] Definitiv. [Später beigefügt:] Ersetzt.

27 [Im neu-indischen Denken; vgl. A. Schweitzer, *Indische Denker*, Kap. XIV und XV.]

28 [R] [Die Lebensverneinung] muß [in China] sich Anerkennung [er]kämpfen. – Von Anfang an [war] die Position erschüttert. [Hatte] niemals die Herrschaft wie in Indien. Hat den Einfluß der Lebens- und Weltbejahung erfahren.

Die Verschiedenartigkeit des Verlaufs des chinesischen und des indischen Denkens geht darauf zurück, daß sich in China in einer Jahrtausende vor dem Auftreten des brahmanischen Denkens zurückliegenden Zeit bereits eine sich auf eingehendes Nachdenken über die Welt gründende ethische Lebens- und Weltbejahung gebildet hat. Unter dem Einfluß dieser ethischen Lebens- und Weltbejahung kann sich das von dem Erlebnis der Ekstase ausgehende Denken in China nicht in der Weise entwickeln wie in Indien, wo es nur eine ganz unausgebildete Lebens- und Weltbejahung vorfindet, die nicht imstande ist, es davon abzuhalten, in Lebens- und Weltverneinung zu verfallen. Dem Einfluß, der in dem Geistesleben Chinas von alters her vorhandenen vertieften Lebens- und Weltbejahung kann sich die chinesische Mystik nicht entziehen. Darum führt die in dem Erlebnis der Ekstase gegebene Idee des Erhaben-Seins über die Welt in China nicht zur Entwertung der Sinnenwelt und zu einer völlig negativen Einstellung zu ihr. Zwar wird der Grundsatz der Nicht-Tätigkeit, wie in dem brahmanischen Denken, proklamiert. Aber er wird nicht daraus, daß der Sinnenwelt keine Bedeutung zukomme, motiviert, sondern daraus, daß der Mensch, der das Eins-Sein mit dem Tao erlangt hat, einsieht, daß das tätige Verhalten der Welt gegenüber nicht sinnvoll ist. Darum erwählt er die Tatenlosigkeit, die sich mit dem geheimnisvollen Geschehenlassen, in dem das Tao sich wirksam erweist, in Übereinstimmung befindet.

Der chinesische Geist gibt also nicht zu, daß das aus dem Erlebnis der Ekstase entstandene Denken sich von der Welt abkehrt, sondern läßt sich zu einer verinnerlichten und vergeistigten Lebens- und Weltbejahung erheben, die keine Taten mehr fordert, sondern den sich aus der Ekstase ergebenden Grundsatz der Nicht-Tätigkeit anerkennt.

* * *

Zu S. 217, Anm. 162, aus A. Forke, *Mê-Ti*, S. 559 (Gespräche, Kap. 47: der Wert der Gerechtigkeit):

16. Der Meister Me-tse sprach: «Die Edlen im gewöhnlichen Leben haben vor einem gerechten Mann weniger Achtung als vor jemandem, der einen Sack Reis auf dem Rücken trägt. Wenn ein Mann mit einem Sack Reis auf dem Rücken sich am Rande des Weges ausruht und nicht aufstehen kann, so wird ein Edler, der es sieht, ohne Rücksicht auf sein Alter oder seinen Rang ihm aufhelfen, weshalb? Weil es recht ist. Nun hat ein gerechter Mann die Lehre der früheren Könige übernommen, um sie andern mitzuteilen, aber diese nehmen keine Notiz von ihm, oder sie machen sich an ihn heran, nur um ihn zu tadeln oder zu verurteilen. Demnach haben die Edlen im gewöhnlichen Leben vor einem gerechten Manne weniger Achtung als vor jemandem, der einen Sack Reis auf dem Rücken trägt.»

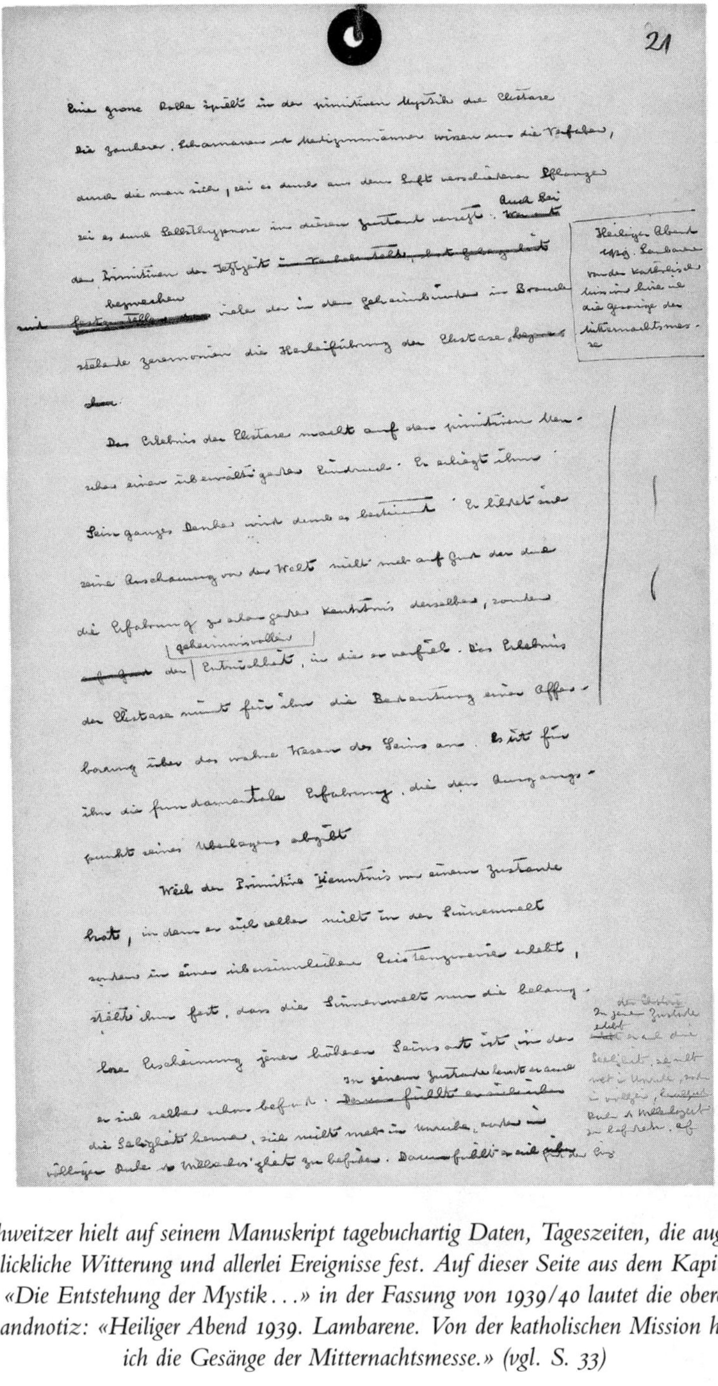

Schweitzer hielt auf seinem Manuskript tagebuchartig Daten, Tageszeiten, die augenblickliche Witterung und allerlei Ereignisse fest. Auf dieser Seite aus dem Kapitel «Die Entstehung der Mystik...» in der Fassung von 1939/40 lautet die obere Randnotiz: «Heiliger Abend 1939. Lambarene. Von der katholischen Mission höre ich die Gesänge der Mitternachtsmesse.» (vgl. S. 33)

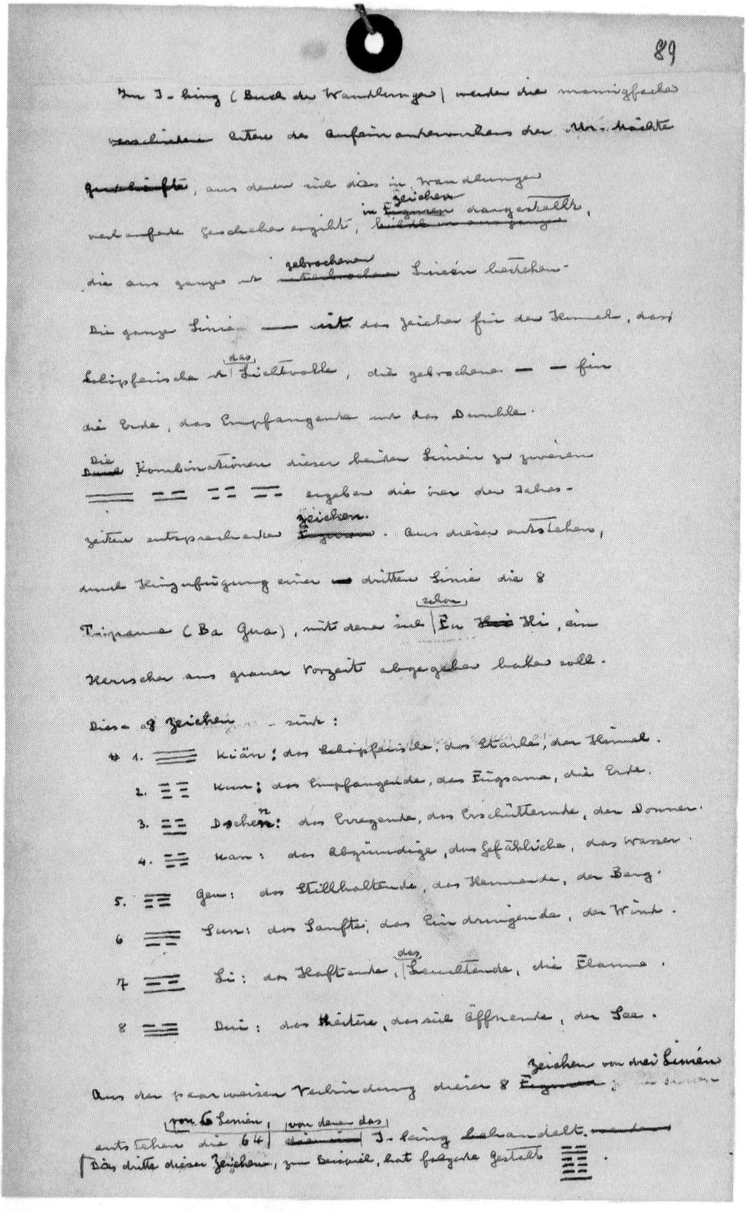
89

Im I-King (Buch der Wandlungen) werden die mannigfachen Arten des Aufeinanderwirkens der Urmächte, aus denen sich das in Wandlungen verlaufende Geschehen ergibt, in Zeichen dargestellt, die aus ganzen und gebrochenen Linien bestehen.

Die ganze Linie — das Zeichen für den Himmel, das Schöpferische und das Lichtvolle, die gebrochene – – für die Erde, das Empfangende und das Dunkle.

Die Kombinationen dieser beiden Linien zu zweien ⚌ ⚏ ⚎ ⚍ ergeben die vier den Jahreszeiten entsprechenden Zeichen. Aus diesen entstehen, durch Hinzufügung einer dritten Linie die 8 Trigramme (Ba Gua), mit denen sich schon Fu Hi, ein Herrscher aus grauer Vorzeit abgegeben haben soll.

Diese 8 Zeichen sind:

1. ☰ Kiän: das Schöpferische, das Starke, der Himmel.
2. ☷ Kun: das Empfangende, das Fügsame, die Erde.
3. ☳ Dschen: das Erregende, das Erschütternde, der Donner.
4. ☵ Kan: das Abgründige, das Gefährliche, das Wasser.
5. ☶ Gen: das Stillhaltende, das Hemmende, der Berg.
6. ☴ Sun: das Sanfte, das Eindringende, der Wind.
7. ☲ Li: das Haftende, das Leuchtende, die Flamme.
8. ☱ Dui: das Heitere, das sich Öffnende, der See.

Aus der paarweisen Verbindung dieser 8 Zeichen von drei Linien entstehen die 64 von 6 Linien, von denen das I-King handelt.

Das dritte dieser Zeichen, zum Beispiel, hat folgende Gestalt ䷂.

Seite aus dem Kapitel «Das chinesische Denken» in der Fassung von 1939/40 (vgl. S. 65f.) mit von Schweitzer gezeichneten Hexagrammen.

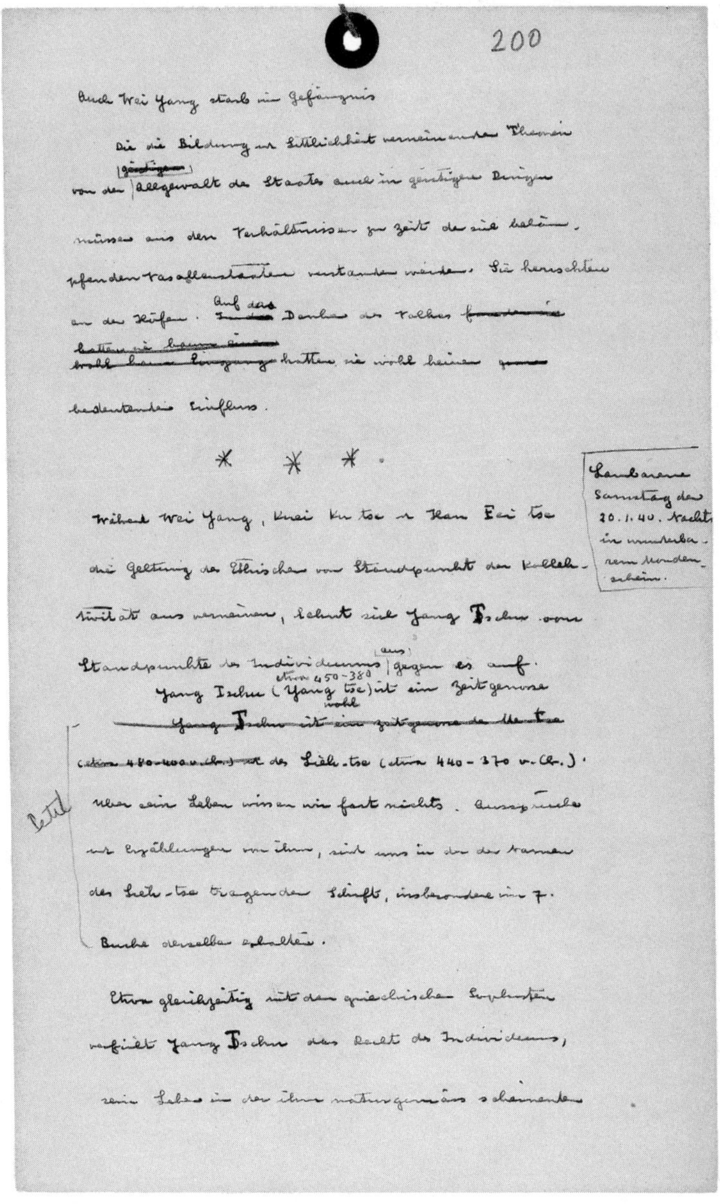

200

Auch Wei Yang starb im Gefängnis

Die die Bildung u. Sittlichkeit verneinenden Theorien von der Allgewalt des Staates auch in geistigen Dingen müssen aus den Verhältnissen zur Zeit da sie bestanden ... pfenden Vasallenstaaten verstanden werden. Sie herrschten an den Höfen. Auf das Denken des Volkes hatten sie wohl keinen ... bedeutenden Einfluss.

* * *

Während Wei Yang, Kuei Ku tse u. Han Fei tse die Geltung des Ethischen vom Standpunkte der Kollektivität aus verneinen, lehnt sich Yang Tschu vom Standpunkte des Individuums (aus) gegen es auf.

Yang Tschu (Yang tse) ist ein Zeitgenosse (etwa 450–380) wohl des Lieh-tse (etwa 440–370 v. Chr.). Über sein Leben wissen wir fast nichts. Aussprüche und Erzählungen von ihm, sind uns in der den Namen des Lieh-tse tragenden Schrift, insbesondere im 7. Buche derselben erhalten.

Etwa gleichzeitig mit den griechischen Sophisten verficht Yang Tschu das Recht des Individuums, sein Leben in der ihm naturgemäss scheinenden

Petit

Lambarene Samstag den 20. 1. 40. Nachts in wunderbarem Mondenschein.

Seite aus dem Kapitel «Das chinesische Denken» in der Fassung von 1939/40 (vgl. S. 121) mit einer typischen Randbemerkung: «Lambarene. Samstag, den 20. 1. 40. Nachts in wunderbarem Mondenschein.»

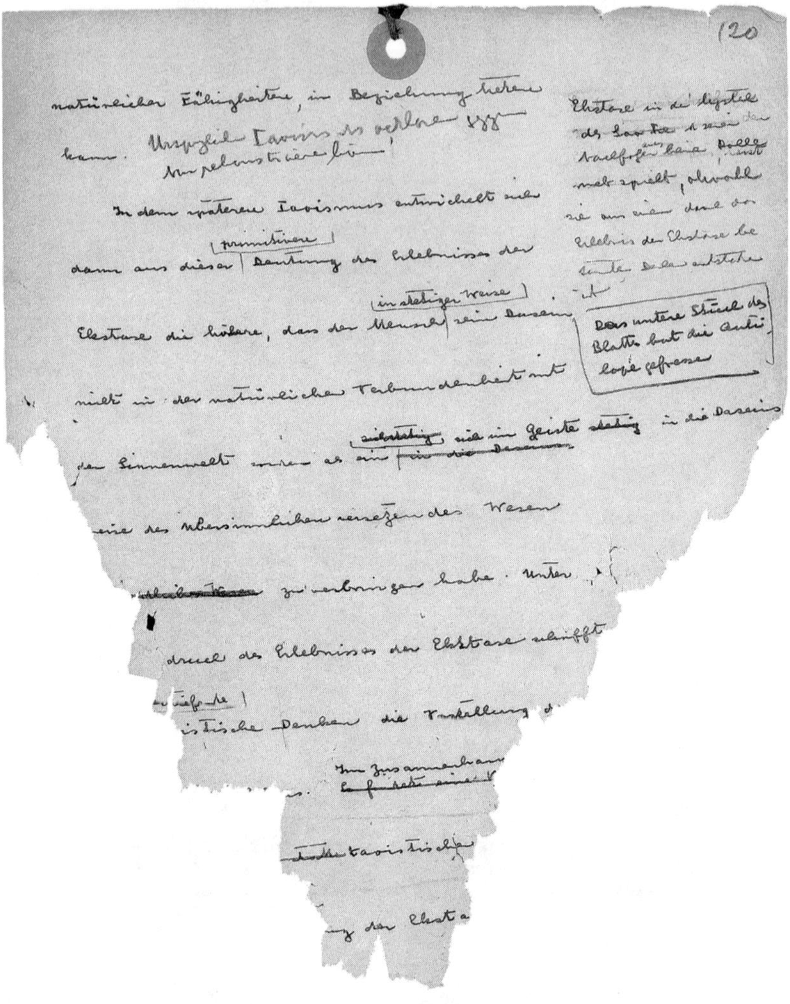
In dem späteren Taoismus entwickelt sich
dann aus dieser [primitiveren] Deutung des Erlebnisses der
Ekstase die höhere, dass der Mensch [in stetiger Weise] sein Dasein
nicht in der natürlichen Verbundenheit mit
der Sinnenwelt
zu verbringen habe. Unter

Das untere Stück des Blattes hat die Antilope gefressen

Das sogenannte «Antilopenblatt» aus dem Abschnitt «Ekstase» in der Fassung von 1937 (vgl. S. 188). Schweitzer hatte in Lambarene allerlei Getier um sich herum. Mehrmals kam es vor, daß eine kleine Antilope ein Blatt erwischte und anknabberte, was er jedesmal trocken-humorvoll in einer Randnotiz festhielt. Der fehlende, abgefressene Text konnte in diesem Fall aus dem vorangehenden Randentwurf ergänzt werden.

Quellenverzeichnis zu den Texten des Bandes

Sac/Dossier	Textbezeichnung	Ms.-S.	Datum	Bibl.	Dok.-S.	Druckseite
Doss. 24 Nr. 2	Geschichte des indischen und chinesischen Denkens,	1–318	19.10.39 – 21.2.1940	ZBZ	1–161	23–176
Doss. 24 Nr. 1	Das chinesische Denken, 1. Teil (Paginierung ab S. 50 v. Hrsg.)	1–150 Mai 1937	März–Ende	ZBZ	163–235	177–242
Aus Sac 8 III	Das chinesische Denken, 2. Teil (Auswahl) (Paginierung ab S. 70 v. Hrsg.)	26–280	3. März– 22. Dez. 1937	ZBZ	236–351/ 351b	243–311
Sac 8 II Nr. 3	Der Buddhismus in China. Erneuerung der Lehre Kung-tse's	1–16	1937	ZBZ	270–276	262–267
Aus Doss. 8 Nr. 7	Notizen zum chinesischen Denken	423, 427–429	1936/1937	ZBZ	351c/d	312–313
Aus Sac 8 II Nr. 4	Skizzen zum chinesischen Denken	13–64 [65,66]	4. Jan.– 17. Febr. 1940	ZBZ	352–379	313–319
Aus Sac 8 II Nr. 4	Der Verlauf des chinesischen Denkens	[67–69]	12.11.1939	ZBZ	380 f	319–320

In der Einleitung zitierte Briefe

Brief Schweitzers an Ch. Th. Campion	27.6.21	ZAG	
Brief Schweitzers an E. v. Tscharner	9.12.37	ZAG	
Schweitzers Fragen an E. v. Tscharner	9.12.37	ZAG	385
Aus v. Tscharners Antwort u. s. Literaturangaben	11.1.38	ZAG	385, 386 f.
Schweitzers Brief an G. Woytt u. R. Minder	22.4.62	ZAG	
Schweitzers Brief an M. Woytt-Secretan	April 37	ZAG	
Korrespondenz mit S. P. Englert	9.12.72 8.12.78	} Zur Zeit beim Hrsg. J. Z.	388–394
Bericht v. R. P. Kramers	11.8.69		
Zitaterlaubnis von Kramers	24.6.81		

[*Übersicht über den ganzen 2. Teil der Fassung von 1937*

(Sac 8 III, ZBZ) – Abgeschriebene Stücke sind an den Dok.-Seitenzahlen erkenntlich.]

	M.-S.	Dok.-S.	S.
[Notizen nach] Heinr. Hackmann, *Chinesische Philosophie*, München 1927, S. 18 ff., 42, 45, 53, 55, 62, 66, 102, 108, 187 ff.	1		
Lao-tse	3		
Magie	4 f.		
Liä Dsi. Aus der Einleitung S. XIII ff.	6		
Zitate (hauptsächl. betr. Magie)	7		
Dschuang Dsi. Aus der Einleitung	10		
Zitate:			
aus Buch I (Magie)	12		
» » II–XII	12–20		
» » XIII ([Abschnitte 1–6] wohl nicht von Tschuang-tse)	21		
» » XXIV, XXII	21–24		
» » XXIV, XXVI, XXVII	24, 25		
Plan	26–29	239–241	243–245
Lao-tse, Teng Hsi-tse (Zeitgenosse Lao-tse's)	30–32	241–242	245–246
Zitate aus dem *Tao te king* 10, 16, 26	32		
37, 38, 47, 71, 78	33		
Zitate aus *Liä Dsi* III 4, IV 15, VI 9	33, 34		
Zitate aus *Dschuang Dsi* II 7, V 1, 5, VI 1, 4	34		
VI 6, 7, XI 4, XXI 4, XXII 1, 6	35		
XXIV 5, XXVIII 1	36		
Taoistische Mystik und Ekstase	37–43	243–246	247–249
Stellen über Nicht-Tätigkeit	43–48	246–249	249–251
[Über die taoistische Lehre]	48–53	249–252	252–254
Taoismus und Ethik	55, 60–68	253–255	254–256
Skizze des letzten Abschnittes über den Taoismus:			
[Hieraus ein Abschnitt (im 1. Teil weggefallen)]	68, 70	256	256–257
Einleitung in das chinesische Kapitel	71–74		
[= Skizze z. Beginn des 1. Teils, über die chines. Sprache]			
Notizen über Kung-tse und Lao-tse	74		
Intermezzo. Die verinnerlichte Lebens- und Weltbejahung	75 f.	257	257
Die chines. Lehre von Sein [vgl. 1. Teil, S. II ff., Dok.-S. 165]	77		
Kung-tse	77	258	258
Skizze:			
Religion. Ethik. Staat. Formen. Ideal. Urteil der Taoisten (nach Rich. Wilhelm, Einleitung XX, XXIII, XXVI–XXVIII	78–80	258–259	258–259

	M.-S.	Dok.-S.	S.
Zitate [aus den *Lun Yü*], Buch I–XVIII	80–87		
Lieh-tse und Tschuang-tse über Kung-tse	88		
Zurechtweisung durch Lau Dan (Lao-tse)	88, 89		
[Kung-tse bei den Nachfolgern Lao-tse's]	89		
Skizzen [undeutlich, wie weit diese Textbezeichnung gilt; ev. bis Dok.-S. 263]:			
Mê Ti, nach Alfr. Forke, *Mê Ti, des Sozialethikers und seiner Schüler philosophische Werke*, Berlin 1922	90	260	259
Aus der Vorrede:			
Lehre	91	260	259–260
Staatslehre	92	260	260
Individuelle Ethik. Urteile über Me-tse	92	260	260
Die Mehisten	93	261	260
Ende [?] der Einleitung Forkes zu Me-tse			
Stellen über die Ethik des Me-tse, 25.4.1937.	94		
Lambarene			
[aus Buch IV, nach vorgenanntem Werk von A. Forke,] S. 250, 321, 341, 547 ff., 559, 260, 266 ff., 270, 558, 177, 161, 566, 569, 572, 590, 261, 263, 561, 295, 358, 567; Hackmann S. 116			
Mong Dsi, Stellen aus IV B21 [S. 90] – VII B 38 (S. 184) [nach Wilhelm]	94a		
Plan des Abschnitts über Meng-tse	95, 96	261, 262	260–261
Sophisten. Notizen aus Hackmann, S. 154–229 ff.	97		
Ergänzende Stellenangaben aus A. Forke, *Die Gedanken des chines. Kulturkreises*, München u. Berlin 1927, S. 158 ff., 178, 197, 200; Hackmann, S. 46 ff.	98		
Hsün-tse. Gegen Sophisten (Hackmann, S. 195 ff.)	99		
Tung Tschung Schu. Kung Sun Lung (Hackmann S. 206 ff., 211 ff.)			
Sophistik der Mehisten	99		
Wan[g] Tschung, Hackmann, S. 230 ff.	100, 107		
Yang Tschu, Stoffsammlung (Buch VII bei *Liä Dsi*)	101		
Vorwort R. Wilhelms	102		
Über Yang Tschu bei *Liä Dsi*			
" " " bei *Dschuang Dsi*			
" " " bei *Mong Dsi*	103		
Liä Dsi Buch VII	104		
Plan des Abschnitts	106	263	262
Skizze über den *Buddhismus*	(107) 108–115	264–269	
Der Buddhismus in China. Erneuerung der Lehre Kung-tse's [Sac II, Nr. 3 = 2. Fassung obiger Skizze über den Buddhismus]	1–16	270–276	262–267

	M.-S.	Dok.-S.	S.
[*Übersicht über den ganzen Skizzentext von 1939/40* (Sac II Nr. 4, ZBZ)]			
Skizze der Tao-Mystik			
Vorrede Wilhelms	1		
Stellen	1a		
Über *Liä Dsi*			
Einleitung Wilhelms	3		
Stellen	4		
Dschuang Dsi			
Einleitung Wilhelms	8		
Stellen	9		
Zum Plan über das Tao-Mystik-Kapitel	13	353	313
Plan: Nicht-Tätigkeit	14	353	313–314
[Text]	14–18	354–357	314–316
	18–20	357–359	
Skizze des Schlußwortes der Tao-Mystik	21–24	360–362	316–319
Skizze. Die Sung-Philosophen	25–27	363–365	
Das Christentum in China im 18. Jahrhundert			
[Anfangsabschnitt]	28, 29	366	
Skizze des Schlußkapitels über das chinesische Denken	30–43	367–375	
[Rückseitentext («Ersetzt»), durch Textlücken unterbrochen:]			
[Erstes zusammenhängendes Stück, Fragment] 13.12.39	60–64	376–378	
[Zweites zusammenhängendes Stück, Fragment]	[65, 66]	378, 379	
[Drittes zusammenhängendes Stück, vollständig]:			
Der Verlauf des chinesischen Denkens, 12.11.39	[67–69]	380–381	319–320
[Als Ersatztexte kommen in Frage: Doss. 23,3 (1941/42); Doss. 10,2, S. 101 ff. (1940)]			

Nachwort

Albert Schweitzer über das *chinesische Denken*. Eine sinologische Anmerkung

Von Heiner Roetz

Während die Rolle anderer Wissenschaften für die Sinologie als Lieferanten von Methoden und Fragestellungen gar nicht überschätzt werden kann, sind direkte fremdwissenschaftliche Beiträge zu China selbst dünn gesät. Immerhin gibt es aber einige Ausnahmen, die zeigen, daß es nicht von vornherein abwegig ist, sich auch ohne Kenntnis der chinesischen Sprache einen sinnvollen Beitrag zu von der Sinologie verwalteten Themen zuzutrauen – auch auf die Gefahr hin, ins Messer der ihr Territorium verteidigenden Philologen zu laufen. Zu diesen Ausnahmen, die den hohen Stellenwert durchdachter Interpretationsideen für die Forschung dokumentieren, zählen Max Webers *Konfuzianismus und Taoismus* (1920), ferner Karl Jaspers' Beiträge zu Konfuzius und Lao-tzu in *Die großen Philosophen* (1959), und, Jaspers mehr als ebenbürtig und in der Einschätzung der chinesischen Ethik differenzierter als Weber, Albert Schweitzers Arbeiten zum *chinesischen Denken*.

Schweitzer stand in seiner Ethik bekanntlich gegen den Zeitgeist, «consciously and deliberately ‹out of date'»,[1] in der Tradition der Aufklärung, mit einem entschiedenen Bekenntnis zum Rationalismus des 18. Jahrhunderts.[2] Dies mußte ihn mit China fast automatisch in Berührung bringen, hatten doch schon die europäischen Aufklärer den Konfuzianismus als Kronzeugen für die Möglichkeit einer «natürlichen Moral» aus Vernunft und ohne klerikale Bevormundung gefeiert. Und seit der Aufklärung hatte es in Europa ein solches Ernstnehmen Chinas in einem anspruchsvollen, der Rationalität statt dem Arationalen verpflichteten ethischen Entwurf, wie es bei Schweitzer vorliegt, nicht mehr gegeben.

Das Interesse an China wie auch Indien teilt Schweitzer mit vielen seiner Zeitgenossen. Allerdings hebt er sich vom «Asientaumel», den

---

1 Ernst Cassirer, «Albert Schweitzer as Critic of Nineteenth-Century Ethics», in: A. A. Roback, ed., *The Albert Schweitzer Jubilee Book,* Cambridge, Mass, 1946, S. 245.

2 Zu Schweitzers Ethik und ihren Problemen, vgl. allgemein Hans Lenk, *Tagebuch einer Rückreise*, Stuttgart, Radius, 1990 (Anhang); Claus Günzler u. a., Hg., *Albert Schweitzer heute. Brennpunkte seines Denkens,* Tübingen, Katzmann, 1990; und Claus Günzler, *Albert Schweitzer. Einführung in sein Denken,* München, Beck, 1996.

Adolf Reichwein zu Beginn der zwanziger Jahre konstatiert, in bemerkenswerter Weise ab. Wenn sich in der Krise Europas der Blick nach Osten richtete, dann üblicherweise in Abkehr von der auf Rationalität gegründeten «Zivilisation» der Moderne und auf der Suche nach einer neuen «Kultur der Seele» und der «Verinnerlichung des Lebens».[3] Der «Osten» selbst – man denke etwa an Chang Chün-mai (Carsun Chang, 1887–1969) in China und Rabindranath Tagore (1861–1941) in Indien – griff den aus der Romantik hervorgehenden, in den verschiedenen Spielarten der Lebensphilosophie gepflegten und bis heute lebendig geblieben Topos, in dem er sich wiederzuerkennen meinte, dankbar auf.[4] Schweitzer allerdings sah in der lebensphilosophischen Mode zumindest für den Westen die Abdankung des Denkens und eine fatalistische Kumpanei mit dem Lauf der Dinge. Über Oswald Spengler, einen der Popularisierer dieses Trends, dessen konfrontatives Kulturverständnis gerade an der Wende zum 21. Jahrhundert in der These vom «clash of civilizations» fröhliche Urständ feiert, sagt er: «Er schlägt den Takt zum Weltgeschehen wie ein Kind zur vorbeiziehenden Militärmusik.»[5]

Für Schweitzer ist die fatale Entwicklung der europäischen Kultur auf die Abkehr vom Vernunftideal der Aufklärung und nicht auf dieses selber zurückzuführen. Seine Beschäftigung mit Asien steht von vornherein auf dem Boden eines entschiedenen Bekenntnisses zur «westlichen» Rationalität. Dies feit ihn gegen die zeittypische (und mittlerweile wieder aktuelle[6]) Versuchung, die chinesische Ethik im Geist der Lebensphilosophie – mit der seine *Ehrfurcht vor dem Leben* zwar den Leitbegriff, aber nicht den zugrundeliegenden Irrationalismus teilt[7] –

3 Adolf Reichwein, *China und Europa im 18. Jahrhundert,* Berlin, Osterheld, 1923, S. 9. – Vgl. zu diesem Topos Herbert Schnädelbach, *Philosophie in Deutschland 1831–1933,* Frankfurt/M., Suhrkamp, 1983, S. 172 ff.; Helmuth Kiesel, «Aufklärung und neuer Irrationalismus in der Weimarer Republik», in: Jochen Schmidt, Hg., *Aufklärung und Gegenaufklärung in der europäischen Literatur, Philosophie und Politik von der Antike bis zur Gegenwart,* Darmstadt, Wissenschaftliche Buchgesellschaft, 1989, S. 497–521; und Carl-Friedrich Geyer, *Einführung in die Philosophie der Kultur,* Darmstadt, Wissenschaftliche Buchgesellschaft, 1994, S. 8 ff.

4 Vgl. Guy S. Alitto, *The Last Confucian. Liang Shu-ming and the Chinese Dilemma of Modernity,* Berkeley, Los Angeles, London, University of California Press, ²1986, S. 11 f.; und Werner Meißner, «Intellektuelle im Zwiespalt. Fallstudien über Chang Chün-mai, Hu Shih und Ch'en Tu-hsiu», in: Karl-Heinz Pohl, Gudrun Wacker und Liu Huiru, Hg., *Chinesische Intellektuelle im 20. Jahrhundert: Zwischen Tradition und Moderne,* Hamburg, Institut für Asienkunde, 1993, S. 126–132. Chang Chün-mai distanzierte sich allerdings später in einer Wende zu Kant vom Antiintellektualismus der Lebensphilosophie.

5 *Kulturphilosophie III,* zitiert nach Günzler, 1996, S. 28. [A. Schweitzer, *Die Weltanschauung der Ehrfurcht vor dem Leben,* 1. Halbband, München, 1999, S. 433.]

6 Vgl. hierzu Heiner Roetz, *Die chinesische Ethik der Achsenzeit,* Frankfurt/M., Suhrkamp, 1992, S. 301 f.

7 Günzler, 1996, S. 29.

und mit ihr im Zeichen des rein Konkreten, Situationsbezogenen, Partikularen und Anschaulichen zu interpretieren. Er hofft sogar, daß China Europa wieder zu dem zurückbringe, was es verloren hat: den ethischen Überzeugungen des Aufklärungszeitalters.[8] Mag gegenüber manchen anderen Kulturen, etwa jenen Afrikas, Schweitzers Bestehen auf den Maßstäben der Aufklärung auch in eurozentrische Vorurteile gemündet haben,[9] so führt es im Falle Chinas, das selbst eine antike Aukflärungsepoche durchlebt hat, zu einer in vielem kongenialen Interpretation.

Es ist kein Zufall, daß sich in Schweitzers gegen den Trend an den «ethischen Vernunftidealen»[10] der Aufklärung festhaltendem Werk auch zentrale Motive des China-Bildes der Aufklärung finden.[11] So schätzt er, wie das 18. Jahrhundert, an China das «Elementare» und «Natürliche», nicht durch Spekulation Verdorbene, das zugleich das «Vernünftige» ist. Wie die Aufklärer hält er es eher mit dem Konfuzianismus, der den Menschen im «Glauben an die Macht des Geistes» zum «Nachdenken über sich selbst» anhalte,[12] während sich die romantisierende Zivilisationsskepsis der 20er Jahre im Taoismus wiederfand. Und wie für die Aufklärer ist China für Schweitzer nicht primär Gegenstand eines rein wissenschaftlichen Interesses, sondern eines moralischen Anliegens – der Suche nach den Grundlagen für die Entwicklung einer «ethischen Kultur». Sie sollen zugleich dem Denken standhalten und dem praktischen Willen «Energien» verleihen, also in beider Hinsicht eine der Fortschrittsbewegung des 18. Jahrhunderts ähnliche Wirkmächtigkeit entfalten können.

Ein solches praktisches Interesse fordert Schweitzer allerdings von der philosophischen Ethik überhaupt, die als nur akademische Beschäftigung ihren «öffentlichen Beruf» verfehlte, wie er ihn wieder mit Blick auf die Aufklärung einfordert.[13] Von vornherein kommt es ihm deshalb nicht in den Sinn, Chinas Denkern wegen ihrer Suche nach Praxisrelevanz und Lebensnähe das Philosophische abzusprechen. Im Gegenteil entspricht das Urteil, das Ernst Cassirer über Schweitzers Ethik abgab, nämlich den akademisch vernachlässigten, auf öffentliche Wirkung zielenden «Weltbegriff» der Philosophie zu repäsentieren,[14] genau Schweit-

---

8 *Geschichte des indischen und chinesischen Denkens*, oben, S. 175 f.

9 Vgl. Günzler, 1996, S. 32 und 57.

10 Albert Schweitzer, *Kultur und Ethik* [1923], München, Beck, 1990, S. 16.

11 Zum China-Bild der Aufklärung vgl. Heiner Roetz, *Mensch und Natur im alten China,* Frankfurt/M., Bern, New York, P. Lang, 1984, S. 6 ff, und *Konfuzius,* München, Beck, [2]1998, S. 107 ff.

12 *Geschichte des indischen und chinesischen Denkens*, oben, S. 90 und 86.

13 *Kultur und Ethik*, S. 20.

14 Den Kant vom auf «Geschicklichkeit» zielenden «Schulbegriff» unterschied; s. Kant, *Logik*. Werke, Bd. V, hrsg. von W. Weischedel, Darmstadt, Wissenschaftliche Buchgesellschaft, 1983, S. 446. – Vgl. Ernst Cassirer, «Der Begriff der Philosophie als Problem der Philosophie» (1935), zit. nach Günzler 1996, S. 39.

zers eigener Sicht des chinesischen Denkens. Wenn er letzteres immer wieder «elementar» nennt, dann nicht im Sinne des Primitiven, sondern der vernunftgemäßen Orientierung auf die lebensbedeutsamen Fragen.

Ebensowenig wie Ethik isoliert akademisch zu betreiben ist, ist sie für Schweitzer in reiner Systematik entwickelbar. Damit sie, wie er fordert, richtungweisend auf die Fragen der Praxis antworten kann, hat sie sich über den Stand der Geschichte zu vergewissern. Zu diesem Zweck unternimmt Schweitzer eine umfassende Rekonstruktion der historischen Entwicklung ethischen Denkens. Will die Ethik «Energie zum wahren Fortschritt» gewinnen, muß sie zunächst «das Inventar unseres Geisteslebens»[15] aufnehmen. Zum «Inventar» der Ethik aber gehören für Schweitzer wie selbstverständlich auch die Ideen der außereuropäischen philosophischen Traditionen. Die von ihm früh erkannte Globalität der Probleme, denen er sich gerade als Praktiker gestellt hat, sprengt die Zuständigkeit einer einzigen Kulturtradition. Sie erfordert vielmehr eine «orientation dans la pensée mondiale»[16] und die Überwindung des europäischen Provinzialismus. Den Hauptströmungen der zeitgenössischen Philosophie wirft Schweitzer vor, gerade hier zu versagen. Sie bleiben in unangebrachtem Dünkel gegenüber der «Weltphilosophie» befangen und verkennen, daß «unsere abendländische Philosophie, wenn man sie auf ihre letzten und unmittelbaren Aussagen hin beurteilt, viel naiver ist, als wir uns eingestehen».[17]

Mit den außereuropäischen Traditionen, an erster Stelle China und Indien, beschäftigt sich Schweitzer schon vor 1920. China ist danach sporadisch Gegenstand verschiedener Schriften wie etwa *Kultur und Ethik* (1923), vor allem in vergleichenden Passagen. Ende der 30er Jahre verfaßt Schweitzer dann in Lambarene, versehen mit vielen Exzerpten, aber «fern von allen Bibliotheken»,[18] die hier erstmals publizierten umfangreichen Manuskripte, von denen auch das zweite, aus dem ersten hervorgegangene trotz des Titels *Geschichte des indischen und chinesischen Denkens* hauptsächlich China gewidmet ist.[19] Schweitzer liefert eine Darstellung der Grundlinien der chinesischen Philosophie bis hin zur Gegenwart, die das Vorangehende nicht nur quantitativ weit übertrifft, sondern auch in der begrifflichen Anstrengung und in der positiven Bewertung über es hinausgeht. Ihren Schwerpunkt bildet die Klassik des 6. bis 3. Jahrhunderts v. Chr. Schweitzers Sympathie gilt dabei in erster Linie der «ethischen Lebens- und Weltbejahung» des frühen Konfuzia-

15 *Kultur und Ethik*, S. 15.
16 *Kulturphilosophie III*, 4. Teil, Dok.-S. 574, zit. nach Günzler, 1996, S. 15.
17 *Kultur und Ethik*, S. 85.
18 Brief an Eduard von Tscharner vom 9.12.1937, zit. nach der Einleitung zu diesem Band, S. 14.
19 Indien war schon zuvor Gegenstand einer eigenen Monographie (*Die Weltanschauung der indischen Denker*, München, 1935).

nismus, die China in seinen Augen Indien und auch Griechenland überlegen machte und früher als alle anderen Kulturen auf den einzig richtigen Weg der Ethik brachte. «Was die chinesische Ethik durch die Jahrhunderte hindurch in der Erziehung der Einzelnen und der Völker geleistet hat», so Schweitzer, «ist großartig. Nirgends auf der Welt hat es eine auf ethischen Ideen beruhende Kultur gegeben, die sich mit der auf dem Boden Chinas bestehenden messen kann.»[20]

Schweitzers Manuskripte sind nicht endredigiert – weshalb dem Leser im übrigen zu empfehlen ist, den in den Anmerkungen dieser Edition dankenswerterweise festgehaltenen, oft sehr informativen Textvarianten und weiterführenden Randglossen besondere Aufmerksamkeit zu schenken. Daß zu Lebzeiten des Autors keine Publikation zustandekam,[21] läßt darauf schließen, daß er mit dem Text, der in der Tat noch Widersprüchliches und Unklares enthält, unzufrieden war.[22] Nicht eben publikationsfördernd war das Urteil seitens der Sinologie. Schweitzer selbst bemühte sich 1937, mit unklarem Ausgang, um eine Stellungnahme Eduard Horst v. Tscharners, damals Privatdozent und ab 1950 Ordinarius für Sinologie in Zürich. Von Tscharners späterer Amtsnachfolger Robert Kramers' urteilt 1969, vier Jahre nach Schweitzers Tod, in einem Gutachten abwägend. Er vermißt die Berücksichtigung der neueren historischen Kritik, wie sie seit den zwanziger Jahren in China und Europa in Gang gekommen sei, und legt eine Teilveröffentlichung nahe; manches sei «störend» und nicht «up to date», die Kapitel über Konfuzius und Lao-tzu aber lobt er als «überaus wertvoll» bzw. «sehr wichtig».[23] Der Sinologe Siegfried Englert schließlich lehnt die Arbeiten 1974 ohne nähere Begründung als völlig unzureichend ab. Eine «Sammlung von Richtigstellungen» der durch neuere Forschungen hinfällig gewordenen Einschätzungen Schweitzers, so Englert, «würde den Umfang von Schweitzers Text selbst bei weitem übertreffen».[24]

Englert urteilte vermutlich unter dem Eindruck der damals aktuellen chinesischen Anti-Konfuzius-Kampagne, die Konfuzius als den Ideologen der abgewirtschafteten Sklavenhalteraristokratie der frühen Chou-Zeit (11.–3. Jh. v. Chr.) hinstellte und seiner Ethik jede überzeitliche Relevanz absprach. Die sinologische Kritik hätte sich somit an Schweitzers zu wenig historisch-kritischem Zugang zum Thema entzündet. Es ist bezeichnend, daß Kramers mit Richard Wilhelm und Ku Hung-ming[25]

---

20 *Geschichte des indischen und chinesischen Denkens*, oben, S. 170.

21 Eine posthume norwegische Teilausgabe erschien 1972 in Oslo.

22 Vgl. Einleitung, oben, S. 15.

23 Robert Kramers, «Zum Manuskript Albert Schweitzers: *Geschichte des indischen und chinesischen Denkens*», Dok.-S. 389.

24 Vgl. Einleitung, oben, S. 20.

25 Ku Hung-ming (1857–1928), ein westlich gebildeter kulturkonservativer Anhänger der untergegangenen Mandschu-Dynastie, wurde aufgrund seiner englisch verfaßten

die gleichen Autoren für problematische idealisierende Tendenzen bei Schweitzer verantwortlich macht, die 1925 auch Otto Franke in seinem Beitrag *Der geschichtliche* (sic!) *Konfuzius* als Begründer eines aktuellen Konfuzius-Kultes nennt: «Wilhelm und der ihm verwandte, englisch schreibende und durch seine Zitatenfreudigkeit bekannte Chinese Ku Hung-ming haben denn auch in Deutschland eine neue Gemeinde von Konfuzius-Verehrern ins Leben gerufen, die den gelehrten Priestern der universalen Vernunftreligion im 17. und 18. Jahrhundert nichts nachgibt und durch die tiefgründigen Betrachtungen reisender Philosophen mit und ohne Tagebücher[26] eine wissenschaftliche Formung erhält.»[27]

Gehört auch Schweitzer zur «neuen Gemeinde von Konfuzius-Verehrern», die ihr Schwärmertum blind für die historische Wahrheit macht? In seinem Brief an v. Tscharner vom 9.12.37 schreibt er selbst: «Viel verdanke ich dem lieben Richard Wilhelm, den ich 1921 kennenlernte und für den ich eine große Bewunderung hatte.»[28] Schweitzer sah sich allerdings nicht als Nacherzähler der von ihm konsultierten Sinologen.[29] Wenngleich von der Sinologie und insbesondere ihren Übersetzungsleistungen[30] abhängig, ist er in der Interpretation und Wertung des Mate-

---

und auch ins Deutsche übersetzten Publikationen zu einem der meistgelesenen chinesischen Autoren in Europa. Gegen den «materialistischen» und «utilitaristischen» modernen Westen setzte er die «geistigen Werte» Chinas. Schweitzer vermerkt in einer Notiz vom 12.11.39 zu den Skizzen (oben, Seite 319, Anm. 26), er habe «mit Ergriffenheit Ku Hung Ming gelesen». Schweitzer hat allerdings die deutschtümelnde Entgegensetzung von «Kultur» und (angelsächsischer) «Zivilisation», in deren Namen Ku Hung-ming in Deutschland rezipiert wurde (s. die Einführung von Oscar A. H. Schmitz zu Kus *Der Geist des chinesischen Volkes und der Ausweg aus dem Krieg,* Jena, Diederichs, 1916, S. 4), ausdrücklich zurückgewiesen (*Kultur und Ethik,* S. 37).

26 Gemünzt auf Graf Hermann Keyserlings *Reisetagebuch eines Philosophen,* Darmstadt, Reichl, 1918.

27 *Zeitschrift der Deutschen Morgenländischen Gesellschaft,* Bd. 79, Neue Folge 4 (1925) 2, S. 169.

28 Zit. in Einleitung, oben, S. 13.

29 Neben Wilhelm vor allem Heinrich Hackmann (*Chinesische Philosophie,* München 1927) und Alfred Forke (*Die Gedankenwelt des chinesischen Kulturkreises,* München und Berlin, Oldenburg, 1927), ferner auch Ernst Viktor Zenker (*Geschichte der chinesischen Philosophie,* Reichenberg, Stiepel, 1926 und 1927).

30 Dies betrifft vor allem die Übersetzungen Richard Wilhelms. In einer für den normalen Leser, der nicht das Original zum Vergleich heranziehen kann, unerkennbaren Weise vermengt Wilhelm häufig Übersetzung mit Interpretation, insbesondere im Falle der daoistischen Texte. Dies muß allerdings nicht durchweg zu Mißverständnissen führen. So ist etwa der von Schweitzer an zentraler Stelle zitierte Satz «Das Wirken der Natur erkennen, und erkennen, in welcher Beziehung das menschliche Wirken dazu stehen muß: das ist das Ziel» (*Geschichte des indischen und chinesischen Denkens,* oben, S. 100 [und 193; 314]) genaugenommen keine Übersetzung, sondern Wilhelms (*Dschuang Dsi. Das wahre Buch vom südlichen Blütenland,* Düsseldorf, Köln, Diederichs, 1977, S. 83) interpretierende Wiedergabe des Eingangssatzes von *Chuang-tzu* 6, «Wissen, was der Himmel (die Natur) tut, und wissen, was der Mensch tut, das ist das Höchste», bzw. «Wer weiß, was die Natur tut und weiß, was der Mensch tut, der hat es

rials im wesentlichen durch sein eigenes philosophisches Programm inspiriert. Mit der Darstellung und Beurteilung der Philosophie des Ostens «von der Problemstellung der Philosophie aus» beansprucht er etwas zu liefern, was die vorliegende Fachliteratur in seinen Augen nicht leistet.[31] Er vermißt am sinologischen Umgang mit den chinesischen Denkern also die genuin philosophische Perspektive, und sie würde er auch gegenüber der historischen Kritik eingeklagt haben. Er nimmt die Texte, unbeschadet ihrer Zeitgebundenheit, die er durchaus in Rechnung stellt, in ihrem Anspruch auf Wahrheit und Richtigkeit ernst und will sie «in die Weltphilosophie einfügen und von ihr aus beurteilen».[32]

Dabei folgt er dem hermeneutischen Prinzip, die philosophischen Texte Chinas unter dem Gesichtspunkt der Hinführung auf ein normativ ausgezeichnetes Entwicklungsziel zu interpretieren und zu werten – der Hinführung auf das Ziel einer «ethischen Kultur».[33] Sie sind für ihn in der Tat kein bloßer Gegenstand einer historisierenden Bestandsaufnahme oder Doxographie, sondern der erwähnten «Inventur» zur Eruierung der Chancen dieses Ideals. Gerade von diesem Ausgangspunkt her gesehen hat Schweitzer aber auch ein genuines Gefühl für Geistes-

erreicht.» Wenngleich Wilhelm die Bedeutung des Satzes für sich genommen verfälscht, trifft seine Formulierung doch zweifellos die Gesamtintention des *Chuang-tzu*.

31 Schweitzer schreibt in seinem Brief an Eduard von Tscharner vom 9.12.37 (zit. in Einleitung, oben, S. 13): «Ich stelle die Philosophie des Ostens von der Problemstellung der Philosophie überhaupt [aus] dar und arbeite mich, seit zwei Jahrzehnten, in die Materie ein, so gut ich es kann. Aber es ist mir eine Beruhigung, wenn ein Fachmann den Text vor dem Druck gelesen hat. Daß Sie mir diesen Dienst erweisen, verpflichtet mich zu großer Dankbarkeit. Ich glaube, eine Darstellung der chinesischen Philosophie (die viel bedeutender als die indische ist) vom Standpunkt der Philosophie als solcher aus hat eine Berechtigung.»

32 Vorredenotizen zu *Kulturphilosophie III*. (Siehe A. Schweitzer, *Die Weltanschauung der Ehrfurcht vor dem Leben*, 1. Halbband, München, 1999, S. 32.)

33 Vgl. hierzu insbesondere die folgende, auf das *Lao-tzu* gemünzte Passage (Entsprechendes gilt von den konfuzianischen Texten): «Verstanden hat die taoistische Mystik, wer von der Frage der höchsten Art des Wirkens nicht mehr loskommt und sich mit dem Gedanken beschäftigen muß, daß das, was wir im Tun ausrichten können, wenig ist im Vergleich zu dem Vielen, was auf geistige Weise vollbracht werden muß. Indem wir uns mit der Mystik Lao-tse's beschäftigen, idealisieren wir sie. Wir übersehen, was an primitiver Denkweise in ihr vorhanden ist. Was in ihr nicht rein geistig gemeint ist, verstehen wir rein geistig, was in ihr nicht rein ethisch gedacht ist, deuten wir rein ethisch. [Es folgt ein gestrichener Satz: Sie macht auf uns Eindruck nicht nur durch die Ideen, die sie enthält, sondern auch durch die, die sie in uns entstehen läßt.] Die taoistische Mystik ist dazu bestimmt, idealisiert zu werden. Sie ist die Vorläuferin der ethischen und lebens- und weltbejahenden Mystik, in der das Denken einst zur Ruhe kommen wird. Während alle andere Mystik aus der Idee der Lebens- und Weltverneinung entsteht und keinen ethischen Charakter hat, gründet sich die taoistische auf Lebens- und Weltbejahung und will (sic!) ethisch sein. Sie ist ein Praeludium, in dem die Motive einer kommenden Symphonie erklingen.» (*Geschichte des indischen und chinesischen Denkens*, oben, S. 110.)

geschichte, für das China hoch angerechnete Ingangsetzen von Entwicklungen, die es noch nicht zu Ende brachte. Sein historischer Blick zeigt sich etwa in der fortwährenden Unterscheidung zwischen dem ersten, für sich genommen bereits bedeutsamen Aufwerfen von Problemen und deren noch ausbleibender konsequenter Entfaltung, zwischen einer bereits erreichten Erkenntnis und dem noch nicht sich einstellenden Bewußtsein dessen, was mit ihr eigentlich schon anerkannt ist.[34] So sieht er in einer auffallenden Parallele zu Positionen des modernen «Neu-Konfuzianismus» die Vollendung der chinesischen Ethik erst als ein Projekt der Zukunft, in der der Konfuzianismus sein historisches, selbstverursachtes «Verharren» überwindet, «aus eigener Kraft in einer seinem Wesen entsprechenden Weise modern wird» und «mit anderem Denken und mit fortgeschrittenem Wissen in Beziehung tritt», um endlich «die Wirklichkeit nach seinen Idealen umzugestalten»[35] – allen voran dem Ideal des nicht auf Macht, sondern auf individuelle Ethik gegründeten «Kulturstaates», dem namentlich Meng-tzu, «unter allen Denkern des Altertums der neuzeitlichste», Ausdruck verliehen hat.[36] Für Schweitzer erlebte das historische China also keine Verwirklichung dieser «Ideale». Er vermeidet den Fehler, die chinesische Geschichte mit der Wirkungsgeschichte des Konfuzianismus gleichzusetzen. Denn er erkennt, daß die konfuzianische Ethik in ihrer Anlage hinaus ist über das, was sie selbst auf konkreter Ebene konzipierte und umzusetzen bereit war. Ein solcherart differenzierter Ansatz dürfte in der Tat der einzige sein, von dem aus sich das Verhältnis von Tradition und Moderne in China in einer weder ikonoklastischen noch regressiven Weise bestimmen läßt, auch wenn Schweitzer die Einflußmöglichkeiten selbst eines modernisierten Konfuzianismus überschätzt.

Das Grundraster von Schweitzers philosophischer Heuristik liefert die Unterscheidung von Weltanschauungstypen. Prägend für Weltanschauungen sollen zunächst ihre «Stellung zur Lebens- und Weltbejahung oder zur Lebens- und Weltverneinung und zum Ethischen oder Nicht-Ethischen»[37] sein (an dieser Stelle wäre eine Auseinandersetzung mit der von Schweitzer m. W. auffälligerweise nie erwähnten Religionssoziologie Webers wünschenswert gewesen); hinzu kommt ihre dualistische oder monistische Ausrichtung. In der Kombination ergibt sich ein Interpretationsschema, das wie alle derartigen Schemata nicht jedem Detail des Stoffs gerecht werden kann und will, dafür aber große Strukturen in ein erhellendes Licht rückt. Schweitzer geht es dabei nicht um eine bloße Taxonomie von Weltbildern. Sein Begriff von Kultur ist

34 Vgl. *Das chinesische Denken,* 1937, II, oben, S. 285.
35 *Geschichte des indischen und chinesischen Denkens,* oben, S. 174 f.
36 *Das chinesische Denken,* 1937, II, S. 261.
37 *Kulturphilosophie III,* 4. Teil, S. 254.

nicht an partikularen Identitäten, sondern letztlich am gemeinsamen moralischen Fortschritt der Menschheit orientiert. Wenngleich er immer wieder in die Neigung verfällt, «den chinesischen Geist» in festen, unüberschreitbaren Grenzen zu fixieren und entsprechend der chinesischen Ethik eine Tendenz zuschreibt, «in ihrer ursprünglichen Art zu verharren»,[38] verfolgt er einen theologisch motivierten, aber nicht nur theologisch begründeten Entwicklungsgedanken. Hiernach sind Weltbejahung und Ethisierung ein für alle Einzelkulturen gültiges und sie vereinigendes, immer näher rückendes Ziel, da die Alternative der Verneinung praktisch scheitern muß.

Während aber etwa Indien dieses Ziel nur über den Umweg einer langwierigen Überwindung der Weltverneinung erreicht, sieht Schweitzer die chinesische Philosophie schon früh auf der Seite der «Lebens- und Weltbejahung». Sie entsprechen einem «natürlichen» – was nicht gleichbedeutend ist mit einem unreflektiert «naturhaften»[39] – Verhältnis zur Welt, das, so Schweitzer, in China schon vor dem Konfuzianismus, aber vor allem durch ihn «durchdacht» wird und einen «ausgesprochen ethischen Charakter» annimmt,[40] im Hedonismus Yang Chus (Yang Tschu) aber auch in einer nicht-ethischen Form präsent ist. Die Bejahung hält sich durch, trotz der im Ekstase-Erlebnis begründeten Idee des Erhaben-Seins über die Welt, die die chinesische Tao-Mystik mit dem indischen Brahmanismus verbindet. Zwischen der radikalen Weltabwendung des Brahmanismus und der «natürlichen» Weltzugewandtheit des Konfuzianismus findet der Taoismus einen Mittelweg: Das Tao ist kein «unschöpferisches und unlebendiges Sein» wie das Brahman, sondern wirkt schöpferisch *in* der Welt. Die Verneinung schlägt sich nur im Verhaltensgrundsatz der «Nicht-Tätigkeit» (*wu wei*) noch nieder.

Daß in China so früh eine «auf ethischer Lebens- und Weltbejahung beruhende Kultur» entstand, sieht Schweitzer in einer dem «chinesischen Denken» eigenen «sachlichen Art» begründet, die im Manuskript von 1937 wiederum auf die chinesische Sprache zurückgeführt wird. Letztere habe es schwer gemacht, mit Begriffen zu operieren, eben dadurch aber China auch davor bewahrt, «sich im Abstrakten zu verlieren».[41] Schweitzer tat gut daran, diese vermutlich an Hackmann und Forke orientierte[42] fragwürdige, bis heute aber keinesfalls verschwundene[43] These mitsamt den weiteren Behauptungen über die chinesische

38 *Geschichte des indischen und chinesischen Denkens*, oben, S. 175 und 77.

39 Vgl. ebd., S. 52. [Dort ist die Rede von der durchaus naturhaften Weltbejahung in den vedischen Schriften.]

40 Ebd., S. 26.

41 *Das chinesische Denken,* 1937, I, oben, S. 178.

42 Vgl. Hackmann 1927, S. 17 ff., und Forke 1927, S. 11.

43 Zu ihrer Aktualität vgl. Angus C. Graham, *Disputers of the Tao. Philosophical Argument in Ancient China,* La Salle, Open Court, 1989, S. 398 ff.

Sprache in der Fassung von 1939/40 zu streichen. So bleibt der mystifizierende Bezug auf den angeblich schon ethisch imprägnierten «chinesischen Geist», dem Schweitzer auch den ethischen Charakter der alt-chinesischen Himmelsreligion zuschreibt. Die Himmelsreligion soll Produkt der Ethik sein, nicht umgekehrt, denn die «Annahme eines ethischen Weltregimentes» fordert, daß «eine einzige universelle Gottheit in der Welt waltet».[44] In der Tat läßt sich der früh-chouzeitliche Himmelsglaube mit einem ethischen Universalisierungsschub im Zuge der Überwindung der Stammesreligion zusammenbringen – eine Entwicklung, die aber gerade ausschließt, China das Ethische schon qua «Geist» zuzuschreiben. Auch daß es nicht zu einem konsequenten Theismus wie in den vorderasiatischen Religionen kam,[45] liegt für Schweitzer im «chinesischen Geist» begründet, dem es aufgrund seiner Sachlichkeit letztlich doch abwegig erschienen sei, handelnden Personen statt Kräften das Weltgeschehen zuzuschreiben – mit einer entsprechenden Präferenz für die Kosmologie anstelle der Religion. Hier liegt ein für Schweitzers China-Interpretation typisches Sowohl-Als-auch vor: Die bewunderte «Natürlichkeit» des vom «Beobachten» ausgehenden und der leeren Spekulation abholden Denkens ist ihm zugleich Hemmnis der Phantasie und Schutz vor Phantasterei. Für die Ethik, namentlich die konfuzianische, bedeutet dies das Festhalten am «Grundsatz der Vernunftgemäßheit», den schon die Aufklärer mit «Natur» identifizierten, und die Meidung von Überschwenglichkeit, mit der Folge, daß sie vor dem letzten, dem Christentum vorbehaltenen Schritt ins «Grenzenlose» der universalen Liebe zurückschreckt.[46]

Das Verhältnis von Ethik und Natur steht im systematischen Kern von Schweitzers Überlegungen zu China wie auch seiner eigenen Philosophie.[47] Es ist deshalb sinnvoll, bei diesem zentralen Punkt zu verweilen, zumal sich um ihn die gesamte westliche Interpretation der chinesischen Ethik gedreht hat, und dies bis heute.

Ethik aus der Natur abzuleiten, dies ist Schweitzers durch Schopenhauer inspirierte und durch eigene Erfahrung genährte Überzeugung, hieße, deren sinnlose Destruktivität naiv optimistisch zu überspielen. «Mit dem Naturgeschehen in Einklang gebracht», hörte Ethik auf, «Ethik zu sein».[48] Ethische Normen können damit nur gegen die Natur definiert werden; sie deskriptiv zu begründen führte in den Biologismus. Sie hingen andererseits aber in der Luft, ließen sie die natürlichen

44 *Geschichte des indischen und chinesischen Denkens*, oben, S. 60.

45 Vgl. zu diesem Punkt und zu (von Schweitzer nicht thematisierten) theistischen Anklängen im *Chuang-tzu* Chang Tsung-tung, *Metaphysik, Erkenntnis und praktische Philosophie im Chuang-tzu*, Frankfurt/M., Klostermann, 1980, S. 12.

46 *Geschichte des indischen und chinesischen Denkens*, oben, S. 75.

47 Vgl. hierzu Günzler, 1996, S. 91 ff.

48 *Kultur und Ethik*, S. 242.

Gegebenheiten und Möglichkeiten außer acht. Überdies ist die Natur in Schweitzers Prinzip der «Ehrfurcht vor dem Leben» ein höchst bedeutsames Anliegen der Ethik, allerdings in «freier Überlegung», die sich «auf alles Lebendige überhaupt richtet». Damit tritt in der Ethik «das Naturgeschehen in dem Menschen ... mit sich selbst in Widerspruch».[49] Schweitzer kommt so zu einem eigentümlichen Ineinander von Dualismus und Monismus.[50] Vor diesem Hintergrund sind seine Ausführungen über das Naturverhältnis, das er der chinesischen Ethik zuschreibt, zu lesen. Die Interpretation Chinas ist zugleich Selbstverständigung seiner eigenen Moralphilosophie, deren (ungelöste) Schwierigkeiten sich mit denen der chinesischen Ethik nahezu decken. «Das eigene Denken», so Schweitzer, «sucht sich im Menschheitsdenken zu begreifen.»[51]

Schweitzer zufolge verfährt die chinesische Ethik, allgemein gesprochen, monistisch, insofern für sie das tugendhafte Verhalten den Einklang mit der natürlichen Weltordnung bedeute. Durch das ethische Verhalten «befindet sich der Mensch in völliger Übereinstimmung mit der Welt»,[52] im Unterschied zur Auflehnung gegen das Weltgeschehen in den dualistisch orientierten monotheistischen Weltreligionen. Eine ethische Ordnung soll also «nach alt-chinesischer Auffassung» «der in der Welt waltenden» entsprechen, und dies, so Schweitzer, «ist gemeint, wenn die Rede davon ist, daß das Tao des Menschen sich in Übereinstimmung mit dem Tao des Himmels befinden soll».[53]

Schweitzer übersieht hier eine auf den Konfuzianer Hsün-tzu (ca. 310–ca. 230) und seine Vorläufer zurückgehende Traditionslinie, die sich vom holistischen Weltbild abgrenzt und explizit das «Tao des Himmels» vom allein normativen «Tao des Menschen» trennt – ein Bruch, den der Taoismus als den Sündenfall der Zivilisation herausgearbeitet und angeprangert hatte.[54] Allerdings findet sich Schweitzer in der Ge-

---

49 Ebd., S. 243 und 242.

50 Vgl. Günzler, 1996, S. 171.

51 *Kulturphilosophie III*, Teil 2, Dok.-S. 336 [nicht abgedruckt], zit. nach Lenk 1990, S. 100; Günzler, 1996, S. 15. Vgl. auch *Kultur und Ethik,* S. 86. Zu den überraschenden Affinitäten zwischen Schweitzers Ethik und dem Konfuzianismus s. auch Claus Günzler, «Denkende Frömmigkeit und frommes Denken. Das ‹elementare Denken› als Schnittpunkt von Philosophie und Religion bei Albert Schweitzer», in: Martin Evang, Helmut Merklein und Michael Wolter, Hg., *Eschatologie und Schöpfung. Festschrift für Erich Gräßer zum siebzigsten Geburtstag,* Berlin und New York, de Gruyter, 1997, S. 83 f.

52 *Geschichte des indischen und chinesischen Denkens,* oben, S. 69.

53 Ebd., S. 72.

54 Vgl. hierzu Roetz 1984, insbesondere § 20 und § 21. Eine Teilübersetzung des *Hsün-tzu* durch Homer H. Dubs (*The Works of Hsuntze*) lag seit 1928 vor (London, Probsthain). Sie taucht in Schweitzers Literaturverzeichnis zur *Geschichte des indischen und chinesischen Denkens* nicht auf, enthält aber ohnehin Fehldeutungen der relevanten Stellen.

sellschaft der Sinologie seiner (und z. T. auch noch späterer) Zeit, die gleichfalls die Bedeutung der mikro-makrokosmischen Yinyang-Entsprechungslehre und der Theorie der «Fünf Wandlungsphasen» (Schweitzer spricht von den «Fünf Elementen») für die klassische Philosophie überbetont hat, obwohl beides in den Texten der drei großen Konfuzianer der Antike – Konfuzius, Meng-tzu und Hsün-tzu – kaum eine Rolle spielt oder sogar (bei Hsün-tzu) zur Kritik steht. Während aber in der sinologischen und philosophischen Literatur das «chinesische Denken» aufgrund seiner behaupteten kosmologischen Tendenz häufig unter den Begriff des «Mythischen» gebracht worden ist, findet sich bei Schweitzer, insbesondere im reifsten Text von 1939/40, eine differenzierte Einschätzung.[55] Er spürt nämlich den genannten Bruch sehr wohl, wenn er größten Wert darauf legt, daß im alten China nur das «Tun», nicht aber auch das «Geschehen», nämlich der Weltprozeß, als etwas Ethisches verstanden wurde – und zwar deshalb, weil man den Weltprozeß nicht dem bewußten Wirken einer Gottheit zuschrieb.[56] Hiermit erfährt die Monismus-These eine bedeutsame Spezifizierung. Und auch wenn Schweitzer dazu neigt, verallgemeinernd von «dem» chinesischen Denken zu sprechen, sieht er im Taoismus, im klassischen Konfuzianismus und im Neo-Konfuzianismus drei signifikant verschiedene Modelle der Konzipierung des Verhältnisses von Ethik und Welt.

Schweitzer schätzt am Taoismus, namentlich am *Lao-tzu*, die Erschütterung naiver Gewißheiten, etwa hinsichtlich der «gewöhnlichen Sittlichkeit» oder der «gewöhnlichen Begriffe von Gut und Nicht-Gut».[57] Der Taoismus nimmt dem Menschen die Unbefangenheit, führt ihn weg vom «Nächstliegenden» und hält ihn, wie der Konfuzianismus, zur Selbstbesinnung an.[58] Hierin partizipiert auch er am Rationalismus der chinesischen Philosophie, denn die Selbstbesinnung ist das Rationale

55 In der «Schlußwürdigung» in einer Anm. des Manuskriptes *Das chinesische Denken,* 1937, II, oben, S. 296 f., und an einigen Stellen des Haupttextes bescheinigt Schweitzer dem «chinesischen Denken» «noch mythische Züge» (vgl. auch *Kultur und Ethik*, S. 85), wenngleich er es primär als «in tiefer Weise ethisch und *mystisch*» ansieht, entsprechend der Notiz «Die Spaltung ist entstanden» in Anm. 56, S. 255. In der *Geschichte des indischen und chinesischen Denkens* indes wird das «chinesische Denken» zwar als «monistisch», aber gleichwohl durchweg als mystisch, also jenseits der «Spaltung» stehend, interpretiert.

56 Schweitzer hat hierbei direkt das taoistische *Yin-fu-ching* vor Augen (s. *Geschichte des indischen und chinesischen Denkens*, Anm. 65, S. 57), in dem das Geschehen der Natur ohne Wertung als «Raub» bzw. «Schädigung» (*tsei*) bezeichnet wird. Daß Richard Wilhelms Datierung des *Yin-fu-ching*, für ihn der älteste daoistische Text, sehr fragwürdig ist, kann hier außer acht bleiben, findet sich doch eine verwandte Aussage in *Lao-tzu* 5 (zit. von Schweitzer in *Geschichte des indischen und chinesischen Denkens,* oben, S. 104).

57 *Geschichte des indischen und chinesischen Denkens*, oben, S. 103 und 105.

58 Ebd., S. 110 und 108.

schlechthin.[59] Die Einlösung des rationalistischen Anspruchs ist jedoch für Schweitzer innerhalb des Taoismus nicht möglich, da dieser aufgrund seiner naturphilosophischen Fundierung dem urteilenden Individuum nicht den gleichen Rang einräumen kann wie der Konfuzianismus. Erst im Scheitern seines Programms an der Realität, so ließe sich Schweitzers Überlegung weiterführen, wird der Taoist auf seine Individualität zurückgeworfen.

Zwar sehen für Schweitzer auch die Taoisten den für die Ethik konstitutiven «tiefen Unterschied zwischen Geschehen und Tun».[60] Allerdings schlagen sie sich auf die Seite des «Geschehens», indem sie nicht die Überlegung, sondern die (gebändigte) Ekstase, nicht das Erkennen, sondern das Erleben über das Verhalten zur Welt entscheiden lassen.[61] Im Aufgeben alles «aus Absichten entspringenden Handelns» wird der Mensch zum bloßen «Organ des im Weltgeschehen waltenden Tao».[62] Auch durch den im Grunde gar nicht natürlichen Tuns-Verzicht aber, so moniert Schweitzer, kann der Mensch nicht «Organ der in dem All wirkenden Kräfte» sein, weil er nämlich «Individuum ist». Das taoistische Programm bedeutet die Verkennung des «individuellen Seins».[63]

Wegen ihrer Kehrseite, der «Außer-Kraft-Setzung der Individualität», machen Schweitzer die Motive des «Geschehens» und des «sich Ereignens» den Taoismus, in einem bezeichnenden Unterschied zu Heidegger, bei aller Sympathie suspekt.[64] Da für den Aufklärer, dem jedes Denken in Kollektiven, Ethnien oder Nationen zuwider ist, «die Größe, auf die alles ankommt, die geistige und sittliche Wertigkeit des Einzelnen» ist und Kultur nicht möglich ist, ohne daß ethische Vernunftideale «von den Einzelnen gedacht» werden,[65] kann er sich mit dieser Konsequenz des Taoismus nicht anfreunden. Wenn er letztlich dem Konfuzianismus den Vorzug gibt, dann deshalb, weil er, im Unterschied zu einem verbreiteten Mißverständnis, dessen individualethischen Kern erkennt. Als Konfuzius' – bzw. *Kung-tse's*, wie er durchweg sagt, denn «es geht nicht an, daß diese Denker bei uns weiterhin einen Namen führen, den sie nie besaßen»[66] – in der Vorstellung des *Edlen* aufscheinendes Ideal identifiziert er «die ethische Individualität».[67]

---

59 Skizzen 1939/40, Dok.-S. 367 f. [Nicht abgedruckt.]

60 *Geschichte des indischen und chinesischen Denkens*, oben, S. 102.

61 Ebd., S. 100 und 95 f.

62 Ebd., S. 100.

63 Ebd., S. 103.

64 *Das chinesische Denken*, 1937, II, oben, S. 247 u. Anm. 52 S. 254. Zu Heidegger vgl. Walter Schweidler, «Heideggers Laozi-Rezeption», in: Peter Koslowski und Richard Schenk, Hg., *Jahrbuch für Philosophie des Forschungsinstituts für Philosophie Hannover*, Band 8, 1997, S. 270 f.

65 *Kultur und Ethik*, S. 60 und 23.

66 *Geschichte des indischen und chinesischen Denkens*, oben, S. 54.

67 *Das chinesische Denken*, 1937, II, oben, S. 258; vgl. die unten zitierte ähnliche Einschätzung Meng-tzus.

Auch die sungzeitliche neo-konfuzianische, nur scheinbar entwickeltere Variante des Verhältnisses zur Welt vermag Schweitzer nicht zu überzeugen. Zwar sind die Neokonfuzianer – eben als Konfuzianer und anders als die Taoisten – Ethiker. Doch bauen sie, wobei Schweitzer vor allem Chu Hsi (1130–1200) vor Augen hat, unter dem Eindruck des Buddhismus die konfuzianische Ethik zu einem problematischen «System»[68] aus, indem sie ihr ein im Grunde taoistisches Fundament unterlegen. Was Chu Hsi postuliert, ist nicht weniger als ein «ethisches Prinzip des Geschehens» selber.[69]

Wäre dies das letzte Wort der chinesischen Ethik, so hätte ihr Schweitzer kaum etwas abgewinnen können und vielmehr in eine scharfe Gegnerschaft zu ihr geraten müssen. Die Ethik «mit dem Naturgeschehen in Einklang zu bringen», geschweige denn, sie aus ihm zu «entwickeln», gilt ihm als «Verhängnis»,[70] das schon die westliche Philosophie, namentlich mit Hegel, ereilte. Zudem würde die «Geschlossenheit eines Systems» die Zukunftfähigkeit der chinesischen Ethik behindern.[71] Schweitzer muß also in der chinesischen Ethik, und zwar im dritten der genannten Modelle, dem des klassischen Konfuzianismus, noch einen anderen Ansatz identifiziert haben, um zu seinem überaus positiven Urteil zu kommen. Nun hat es den Anschein, als sähe er in der neokonfuzianischen Ontologie eine bloße Explikation unausgesprochener kosmologischer Hintergrundannahmen der antiken Konfuzianer. So schreibt er bei seiner Darstellung des Neokonfuzianismus, daß die Lehre Konfuzius' und Meng-tzus «nur von Gut und Böse zu handeln *scheint*», sich in Wirklichkeit aber implizit wie selbstverständlich auf das «Naturgeschehen» beziehe, und zwar im Sinne der Weltsicht des *I-ching*.[72] Mit diesem Urteil, das zeigt, wie sehr er letztlich dem seit der Aufklärung die westliche Sicht Chinas dominierenden Natur-Paradigma verhaftet bleibt, fällt Schweitzer allerdings hinter eine zuvor geleistete differenzierte Analyse des Naturverhältnisses der antiken Denker zurück – einer der unbereinigten Widersprüche in den nicht durchredigierten Manuskripten.

Zwar konstatiert Schweitzer auch für den klassischen Konfuzianismus einen Übergang von der Naturbetrachtung zur Ethik, so daß das Ethische die «Vollendung des Naturhaften»[73] wird. Dies heißt aber nicht, daß Ethik mit Kosmologie identisch würde, denn der vorliegende Naturbezug ist nur von schwacher Form. Er besteht im wesentlichen darin, daß die Natur den Menschen als ethisches Wesen hervorbringt, was

68 *Geschichte des indischen und chinesischen Denkens,* oben, S. 143.
69 Ebd., S. 145.
70 *Kultur und Ethik,* S. 242.
71 *Geschichte des indischen und chinesischen Denkens,* oben, S. 174.
72 Ebd., S. 142.
73 Ebd., S. 72.

sich als ihr «Ziel» deuten läßt. Im übrigen soll der Naturbezug ein nicht näher zu ergründendes «Geheimnis» bleiben, womit Schweitzer auf die durch das *Lun Yü* (Konfuzius' «Gesammelte Worte») dokumentierte «Scheu» Konfuzius' anspricht, sich über die «letzten Fragen» zu äußern.[74] Ihre Tabuisierung soll den die Ethik auflösenden, im Konfuzianismus erst später vollzogenen Kurzschluß mit Naturphilosophie verhindern. Natur wird nicht Gegenstand des Aufbegehrens wie in den dualistischen Religionen, wofür China die «nötigen Energien»[75] fehlten (wieder liegt die Erinnerung an Weber nahe), sie wird aber auch nicht in die Ethik *über*nommen, sondern «hingenommen»[76] wie sie ist. Somit «endet das Naturhafte im Ethischen», ohne daß der Unterschied zwischen beidem aufgehoben würde.[77] Schweitzer bescheinigt der Ethik Konfuzius' sogar, sie sei «groß darin, daß sie es wagt, auf sich selbst gestellt zu sein und sich auf nichts anderes als darauf, daß sie notwendig und wahr ist, beruft».[78] Am Menschen und nicht an den «Urkräften» Yin und Yang, so erkennt Schweitzer, «liegt es, ob es eine sittliche Weltordnung gibt oder nicht».[79] Nur die Schwäche der implizit in Anspruch genommenen Kosmologie kann auch erklären, warum Konfuzius' Verzicht auf eine religiöse Absicherung der Ethik mit der «Beanstandung» des Glaubens an Himmel, Götter und Geister als «nicht vernunftgemäß» (eher wäre hier von einer vorsichtigen bis skeptischen Zurückhaltung zu sprechen) für Schweitzer zum «Wagnis» wird.[80] Daß Konfuzius die Notwendigkeit dieses Wagnisses einsehe und die «sich immer wieder aufs neue einstellende Schicksalsfrage», ob die Ethik des «Haltes in einem ihr entsprechenden Glauben» entbehren und «aus eigener Kraft bestehen» könne, bejaht, macht ihn für den Philosophen Schweitzer zu einem der «ganz großen Denker».[81] Diese Einschätzung ist auch insofern bemerkenswert, als von der Theologie her kommende Autoren in aller Regel dazu neigen, Konfuzius, falls sie ihn denn positiv bewerten, selbst zu einem theistischen Ethiker zu machen. Sie wirft ein bezeichnendes Licht auf das Verhältnis von Philosophie und Theologie im Denken Schweitzers.

Auch ohne Kenntnis der Position Hsün-tzus erweist sich Schweitzer somit als sensibel für die Kluft, die sich im alten China zwischen dem Menschlichen und dem Natürlichen aufgetan hat und die zwar überbrückt, aber nicht wirklich wieder geschlossen werden kann. «Das Ei-

---

74 Ebd., S. 81; vgl. auch S. 168. Vgl. hierzu Roetz 1998, S. 82 f.

75 *Geschichte des indischen und chinesischen Denkens*, oben, S. 72.

76 Ebd., Anm. 111 S. 71.

77 Ebd., S. 147 Anm. 349.

78 Ebd., S. 92.

79 Ebd., Anm. 143, S. 81.

80 Ebd., S. 115 und 83.

81 Ebd., S. 83.

gentümliche des chinesischen Denkens», so schreibt er unmißverständlich im Manuskript von 1937, «ist, daß bei ihm keine tiefgehende Verbundenheit zwischen der Anschauung von der Welt und der Ethik besteht. Bei den Taoisten ergibt sich aus dem Nachdenken über die Welt nur eine ganz unlebendige Ethik. Bei Kung Tse und Meng Tse ist die Ethik etwas für sich. Sie hat die – wenig ausgebildete – Anschauung von der Welt mehr zum Hintergrund, als daß sie sich aus ihr ergibt.»[82] Und kurz zuvor: «Bei den Chinesen steht der Glaube an die sittliche *Weltordnung* im Hintergrund. Aber nicht so, daß die Ethik davon abhängig ist. Das Problem der sittlichen [Weltordnung] stellt sich nicht so. [Vielmehr:] Eine Grundharmonie, auf der die Motive der Ethik sich frei entfalten.»[83]

Mit einer seiner musikalischen Metaphern, die er sehr aufschlußreich einzusetzen weiß, kennzeichnet Schweitzer hier das Verhältnis «der» chinesischen Ethik zur Natur als freie Gebundenheit – ein origineller und sehr entwicklungsfähiger Deutungsvorschlag, der über die undifferenzierten, namentlich im Gefolge Hegels, Webers und Granets in großer Verbreitung vertretenen holistischen Lesarten hinausführt und zwischen diesen und der Betonung der Differenz steht, die ich selbst in meinen eigenen Arbeiten vorgenommen habe. Er ist Ausdruck der vielleicht tiefsten Affinität der Ethik Schweitzers, die selbst zwischen der «natürlichen Weltordnung» und «voraussetzungslosem Vernunftdenken» changiert,[84] zu jener Chinas.

Ohne ihre Ablösung von der Natur mit der entsprechenden frühen Erkenntnis, daß sie «auf sich selbst gestellt» ist und «sich selbst genügen» muß,[85] wäre die chinesische Ethik zu keiner der von Schweitzer geschätzten Leistungen fähig gewesen – weder der konsequenten Absage an den Utilitarismus, der Meng-tzu in seinen Augen zu einem «Vorläufer Kants» macht,[86] noch der in Konfuzius' Goldener Regel angelegten Komplementarität des persönlichen «Vollkommener-Werdens» und der «Rücksichtnahme auf den Nebenmenschen», in der Schweitzer nicht nur den Kern der Ethik des *Lun Yü*, sondern der Ethik überhaupt sieht.[87] Mit der spezifischen Fassung des Naturbezugs hat Schweitzer somit eine Perspektive gewonnen, von der aus sich ihm die häufig übersehene Doppelbödigkeit der klassischen chinesischen, namentlich der konfuzianischen Ethik erschließt. Die Lockerung der engen Bindung der Ethik an die natürliche Welt schafft den Spielraum für den strukturanalogen Schritt hinaus über die konventionelle Moral und das Hergebrachte,

82 *Das chinesische Denken,* 1937, II, Dok.-S. 265. [Nicht abgedruckt.]
83 *Das chinesische Denken,* 1937, II, oben, S. 261.
84 Vgl. Günzler, 1996, S. 58 ff.
85 *Das chinesische Denken,* 1937, II, oben, S. 285.
86 *Geschichte des indischen und chinesischen Denkens*, oben, S. 225.
87 Ebd., S. 87. Vgl. Lenk 1990, S. 104.

ohne beides doch einfach zu negieren.[88] So ist Konfuzius für Schweitzer wie die «chinesischen Denker» überhaupt «nur Fortbildner» der Tradition, steht dieser aber keineswegs unkritisch gegenüber, sondern prüft und beurteilt sie am Maßstab der «wahren Kultur».[89] Wenngleich «die chinesische Ethik», wie es wieder verallgemeinernd heißt, sinnvoll aber nur auf den Konfuzianismus zu beziehen ist, nicht den Anspruch habe, «mehr zu sein als eine Festlegung der in der Vergangenheit zur Ausbildung gekommenen und in der Überlieferung enthaltenen ethischen Sitte», sei sie sich doch gleichwohl schon «der Unzulänglichkeit des durch das Gesetz und die Tradition Gebietbaren» bewußt geworden.[90] Entsprechend werde nicht erwartet, daß der Einzelne sich der gesellschaftlichen Ordnung einfach unterwirft, sondern daß er ihr, wie es in einer gelungenen Formulierung heißt, «in der besten Gesinnung angehört».[91] Und wenngleich Schweitzer zufolge die alt-chinesische Ethik noch «vornehmlich mit den durch die natürlichen Verhältnisse gegebenen Pflichten beschäftigt» ist, wobei er die von Meng-tzu aufgestellten «fünf Beziehungen (*wu lun*) Fürst und Untertan, Vater und Sohn, älterer und jüngerer Bruder, Mann und Frau, Freund und Freund» vor Augen hat,[92] sieht er China doch gleichwohl schon auf dem Weg zur bedingungslosen «allgemeinen Menschenliebe». Indem nämlich unter die «fünf Beziehungen» auch jene zwischen Freunden aufgenommen ist, werden «Beziehungen, die Menschen in spontaner Weise miteinander eingehen, den natürlich gegebenen gleichgestellt».[93] Wie nur wenige Autoren hat Schweitzer hiermit die potentielle Sprengkraft der fünften «Beziehung» erkannt.[94] Zur Entfaltung kommt das bei Meng-tzu angelegte Potential allerdings erst in seiner Ethik des «universalen Mitemp-

---

88 Ich habe diese Eigenart der konfuzianischen Ethik als sittlich-moralische Doppelstruktur zu beschreiben versucht; s. z. B. Roetz 1998, S. 90 ff.

89 *Geschichte des indischen und chinesischen Denkens*, oben, S. 80 und 79. – In der Tat sah Konfuzius sich selbst nicht als Innovator, sondern beanspruchte für sich, «weiterzugeben und nichts Neues zu schaffen» (*Lun-yü* 7.1). Gleichwohl geht er in seiner Ethik, wie Schweitzer richtig feststellt, über die Tradition hinaus. Vgl. hierzu Roetz 1998, S. 68.

90 *Geschichte des indischen und chinesischen Denkens*, oben, S. 72. Vgl. hierzu meinen Beitrag «Eine Brücke zur Moderne: Chinas Tradition der Traditionskritik», in: Christiane Hammer und Bernhard Führer, Hg., *Tradition und Moderne – Religion, Philosophie und Literatur in China*, Edition Cathay Bd. 31, Dortmund, Projekt, 1997, S. 15–36.

91 *Geschichte des indischen und chinesischen Denkens*, oben, S. 72.

92 Ebd., S. 73. In der bei Schweitzer vorliegenden Auflistung finden sich die fünf Beziehungen in *Chung-yung* 20 (seine Angabe des *Shu-ching* als Quelle beruht auf einem Mißverständnis); die vermutlich ältere Auflistung in *Meng-tzu* III A, 4 ist Vater-Sohn (bzw. Kind), Fürst-Untertan, Mann-Frau, Alt-Jung, Freund (bzw. Kommilitone)-Freund.

93 *Geschichte des indischen und chinesischen Denkens*, oben, S. 73.

94 Vgl. Roetz, 1992, S. 167–173.

findens», die für Schweitzer den Höhepunkt der chinesischen Philosophie markiert.

Ich habe mich in diesem Nachwort im wesentlichen darauf beschränkt, die wohl zentrale Architektonik der Überlegungen Schweitzers vorzustellen und seine Argumentation an einigen Punkten fortzuführen, um die Leistungsfähigkeit seiner Heuristik zu demonstrieren und zu zeigen, in welch fundierter und noch heute gewinnbringender Weise er sich mit China auseinandersetzt. Dabei war er sich als «Nicht-Fachmann», wie er sich selbst bezeichnet,[95] darüber im klaren, daß seine Texte Fehler und Lücken enthalten, und manchem seiner Urteile wird man nicht folgen können. So verklärt er etwa nostalgisch das alte Kaisertum und steht der modernen republikanischen Bewegung Chinas mit einem heute schwer nachvollziehbaren Unverständnis gegenüber. Die Mängel seiner Arbeit, bei denen immer auch der sinologische Forschungsstand in Rechnung zu stellen ist, treten aber zurück hinter dem, was Schweitzer leistet – eine begrifflich durchgebildete, argumentativ anspruchsvolle, über weite Strecken dicht geschriebene und eigenständige Interpretation von Grundpositionen der chinesischen Philosophie, deren ganzer Reichtum erst noch auszuschöpfen ist. Sie beweist die Produktivität fundierter Fragestellungen und eines normativen Erkenntnisinteresses, an denen es der zünftigen Philologie allzuoft mangelt.

So darf man Schweitzers Arbeiten zu den wenigen originellen Deutungen der chinesischen Philosophie rechnen. Ihr weltbürgerlicher, moralischer Ansatz ist gerade in einer Zeit, wo der Konfuzianismus als Front im «clash of civilizations» aufgebaut wird und zugleich dazu herhalten muß, einer boomenden Kommerzkultur die spirituelle Weihe zu verleihen, hoch aktuell.

---

95 Brief an Eduard von Tscharner vom 9.12.37, zit. in «Einleitung», oben, S. 13.

Literaturverzeichnis[1]

Zum chinesischen Denken

Chantepie de la Saussaye, P. D., *Lehrbuch der Religionsgeschichte,* I und II, Tübingen ^{3}1905, ^{4}1925

Faber, E., *Die Grundgedanken des alten chinesischen Socialismus oder die Lehre des Philosophen Micius,* Elberfeld 1877

Forke, A., *Geschichte der alten chinesischen Philosophie,* Hamburg 1927

Ders., *Mê Ti, des Sozialethikers und seiner Schüler philosophische Werke.* Zum ersten Male vollständig übersetzt. Berlin 1922*

Ders., *Die Gedankenwelt des chinesischen Kulturkreises.* München / Berlin, 1927*

Giles, H. A. (Übers.), *Chuang Tzu, Mystic, Moralist and Social Reformer.* Shangai ^{2}1926

Grousset, R., *Histoire de l'Asie.* Bd. I: *L'Orient,* Paris 1921*; Bd. II: *L'Inde et la Chine,* Paris 1922*; Bd. III: *Le Monde Mongole,* Paris 1922*

Grube, W., *Geschichte der chinesischen Literatur,* Leipzig ^{2}1909*

Hackmann, H., *Chinesische Philosophie,* München 1927*

Ders., *Die dreihundert Mönchsgebote des chinesischen Taoismus,* Amsterdam 1931*

Heussi, K., *Kompendium der Kirchengeschichte,* Tübingen ^{4}1919*

Julien, S. (Übers.), *Le livre des récompenses et des peines,* Paris 1835*

Ku Hung-Ming, *Chinas Verteidigung gegen europäische Ideen,* deutsch v. R. Wilhelm, Jena ^{2}1921*

Ders., *Der Geist des chinesischen Volkes und der Ausweg aus dem Krieg,* Jena 1916*

Legge, J. (Übers.), *The Sacred Books of China,* in der Reihe *The Sacred Books of the East:*

Bd. III: *The Shû King, The religious Portions of the Shih King, and the Hsiâo King,* Oxford 1879

Bd. XVI: *The Yi king,* Oxford 1882

Bd. XXXIX: S. 45–124, *The Tâo Teh King,* Oxford 1891
S. 164–392, *The Writings of Kwang-Zze,* Books I–XVII

Bd. XL: S. 1–232, *The Writings of Kwang-Zze,* Books XVIII–XXXIII
S. 235–246, *The Thâi-Shang Tractate of Actions and their Retribuations,* Oxford 1891

Ders. (Übers.), *The Chinese Classics,* Bd. I–V, Hongkong / London 1861–72:

Bd. III, *The Shoo-King, or the Book of Historical Documents,* 1865

Bd. IV, *The She-King, or the Book of Poetry,* 1872

Merkel, R. F., *China und das Abendland im 17. und 18. Jahrhundert,* 1931[2]

Schweitzer, A., *Aus meinem Leben und Denken.* Leipzig 1931*

---

1 Mit * bezeichnete Ausgaben befinden sich in Schweitzers Bibliothek im ZAG.

2 Trotz bekannter Seitenzahlen (129–135) und angegebener Signatur (Bibl. Nat. Straßburg, M 500 905, 406) konnten Titel und Erscheinungsort des betreffenden Sammelbandes nicht ausfinding gemacht werden.

Ders., *Das Christentum und die Weltreligionen*. München/Bern 1924*
Ders., *Kultur und Ethik in den Weltreligionen*, Kap. III, 1920/21 (in: *Kultur und Ethik in den Weltreligionen*, München 2001, S. 35–70)
Ders., *Mensch und Kreatur*, Kap. II, 1933 (ebendort, S. 182–188)
Soothill, W. E., *Les trois religions de la Chine (Confucianisme – Bouddhisme – Taoisme)*. Paris 1934 (Übers. von Lepage G. nach der 3. Aufl. der engl. Originalausgabe: *The Three Religions of China*, London 1929)
Suzuki, D. T./Carus P. (Übers.), *Yin Tschi Wen, the Tract of the Quiet Way, with Extracts from the Chinese Commentary*, Chicago 1906
Wilhelm, R., *Chinesische Philosophie*, Breslau 1929*
Ders., *Die Seele Chinas*, Berlin 1926
Ders., (Übersetzungen aus dem Chinesischen):
- *Dschuang Dsi. Das wahre Buch vom Südlichen Blütenland*, Jena 1920*
- *I Ging. Das Buch der Wandlungen*, I–III, Jena 1924*
- *Kungfutse. Gespräche (Lun Yü)*, Jena 1914*
- *Laotse. Tao te king. Das Buch des Alten vom Sinn und Leben*, Jena 1911*
- *Liä Dsi. Das Buch vom quellenden Urgrund*, Jena 1921*
- *Li Gi. Das Buch der Sitte*, Jena 1930
- *Lü Schi Tschun Tsiu. Frühling und Herbst des Lü Bu We*, Jena 1928*
- *Mong Dsi (Mong Ko)*, Jena 1916*

Zenker, V. E., *Geschichte der chinesischen Philosophie*, Bd. I, Reichenberg 1926*; Bd. II, Reichenberg 1927*

Zum indischen Denken

Schlegel, F., *Über Sprache und Weisheit der Indier*, Heidelberg 1808
Schweitzer, A., *Die Weltanschauung der indischen Denker*, München/Bern 1935*

Bhagavad-Gitá

Deussen, P./Strauss, O. (Übers.), *Vier philosophische Stücke des Máhabhárata*, Leipzig 1906.
Garbe, R. (Übers.), *Die Bhagavadgitá*, Leipzig ²1921
Schrœder, L. von, *Die Bhagavadgitá. Des Erhabenen Sang*, Jena 1912

Das Gesetzbuch Manus

Bühler, G. (Übers.), *The Laws of Manu*, in: *The Sacred Books of the East*, Bd. XXV, Oxford 1886
Strehly, G. (Übers.), «Les lois de Manou», in: *Annales du Musée Guimet*, Bd. II, Paris 1893

Kural

Pope, G. U., *The «Sacred» Kurral of Tiruvalluvar-Nâyanar*, London 1866

Rigveda

Hillebrandt, A. (Übers.), *Lieder des Rigveda*, Göttingen/Leipzig 1913

Register

1. Namen

Das Register enthält Namen von Personen, Dynastien, Göttern und mythologischen Gestalten sowie geographische Bezeichnungen.

2. Sachen